MySQL 5

Das bhv Taschenbuch

Dieter Staas

MySQL 5
Das bhv Taschenbuch

Copyright © 2006 by
bhv, Redline GmbH, Heidelberg
www.vmi-Buch.de

1. Auflage

10 09 08 07 06
10 9 8 7 6 5 4 3 2 1

ISBN 3-8266-8141-X

Printed in Germany

Inhaltsverzeichnis

Teil II: Techniken und Praxis 79

Einleitung

Neben LINUX und dem Apache-Web-Server gehört MySQL zu den Aushängeschildern der Open-Source-Bewegung. Von den ersten Versionen an galt die Software als schnell und zuverlässig. Allerdings fehlten bis zur Version 5 wichtige Funktionen, etwa die Unterstützung von gespeicherten Prozeduren und Triggern. Für bestimmte unternehmenskritische Anwendungen wurden daher in der Regel rein kommerzielle Datenbanksysteme vorgezogen. Mit dem Erscheinen der Version 5 hat sich das grundlegend geändert. MySQL kann nun als vollwertiger Datenbankserver betrachtet werden, für dessen Einsatz es kaum noch Einschränkungen gibt, auch wenn MySQL auf absehbare Zeit noch die ideale Datenbank für Webanwendungen bleiben wird. In diesem Buch wollen wir daher nicht nur auf die Verwendung der Software im Internet eingehen. Vielmehr soll gezeigt werden, wie Sie MySQL als Datenbankserver für alle Arten von datenbankgestützten Anwendungen nutzen.

Was ist MySQL?

MySQL ist zunächst ein so genannter SQL-Server bzw. SQL-Datenbankserver. Solche Programme speichern und verwalten große strukturierte Datenmengen und stellen Funktionen zur Verfügung, mit denen sich diese Daten auswerten und manipulieren lassen. Normalerweise arbeiten SQL-Server nach dem Prinzip relationaler Datenbanken. Die Daten werden dann in Datensätzen (Zeilen) und diese wiederum in Tabellen organisiert. Als Abfragsprache kommt, wie in fast allen Datenbanksystemen, eine SQL-Variante (*SQL* = *Structured Query Language*) zum Einsatz.

Was Sie erwartet

Eine MySQL-Distribution besteht nicht nur aus der eigentlichen Serveranwendung. Hinzu kommen Administrationstools und eventuell noch so genannte *APIs* (*Application Programming Interfaces*), also Programmierschnittstellen für verschiedene Programmiersprachen wie beispielsweise PHP, C++ oder Java. Die Daten, die ein SQL-Server verwaltet, werden ja üblicherweise nicht mit den Administrations-Tools eingegeben und manipuliert, sondern indirekt über Anwendungs-Software, beispielsweise Masken für Kunden- oder Rechnungsdaten. Solche Client-Anwendungen greifen normalerweise über APIs auf den SQL-Server zu. Wer sich mit MySQL vertraut machen will, muss sich also mit den folgenden Themen beschäftigen:

✔ Administration

✔ SQL-Grundlagen

✔ Programmierung

Diese Punkte beschreiben auch den Umfang der Themen, die wir uns für dieses Buch vorgenommen haben. Sehr wichtig ist dabei die von MySQL verwendete SQL-Variante. Ob Sie neue Datenbanken, Tabellen und Indizes anlegen oder Datensätze hinzufügen, ändern oder löschen wollen, immer werden Sie dafür SQL-Anweisungen benötigen.

Version 4.x

Schon diese Version hat gegenüber der Versionsreihe 3.x erhebliche Verbesserungen erfahren, die insbesondere der Sicherheit und der Beschleunigung von Datenbankoperationen dienen. Dazu gehören unter anderem Transaktionen, die Unterstützung von Fremdschlüsseln, Volltext-Indizes und so genannte Unterabfragen (Subqueries, ab Version 4.1).

Version 5.x

Für dieses Buch haben wir die Version 5 verwendet, die zusätzlich gespeicherte Prozeduren (Stored Procedures) und Trigger unterstützt. Mit „Stored Procedures" sind in der Datenbank gespeicherte SQL-Anweisungen gemeint, die bei Bedarf vom MySQL-Server ausgeführt werden. Weitere Verbesserungen beziehen sich auf die möglichst vollständige Unterstützung der ANSI-SQL-Syntax.

MySQL und Internet

MySQL wird sehr häufig als Internet-Datenbankserver eingesetzt. Die üblichen Skriptsprachen für Internet-Anwendungen wie Perl oder PHP verfügen daher auch über spezielle Funktionen, mit denen direkt auf MySQL-Datenbanken zugegriffen werden kann. Eine MySQL-Eigenschaft, die grundsätzlich bei jedem Mehrbenutzerbetrieb von Bedeutung ist, aber ganz besonders im Internet zum Tragen kommt, ist *Multithreading.* Dieser unaussprechliche Begriff steht für eine Technik, bei der die Software mehrere Aufgaben gleichzeitig erledigt. So ist für jede Anfrage ein eigener Thread zuständig. MySQL ist daher nicht nur sehr robust, sondern in der Regel auch noch sehr schnell. Zwar sollen auch MySQL-Server schon abgestürzt sein, dem Autor ist dies mit den als stabil freigegebenen Versionen aber noch nicht passiert.

Natürlich dürfte zum Teil auch die in der Regel kostenfreie Verwendung dafür verantwortlich sein, dass MySQL zusammen mit LINUX, dem Webserver Apache und der Skriptsprache PHP fast schon so etwas wie die technische Basis von Webanwendungen bildet. Dass MySQL aber auch für viele lokale Datenbankanwendungen eine erstklassige Wahl darstellt, soll in diesem Buch ebenfalls gezeigt werden.

Lizenzmodelle

Die aktuelleren Versionen von MySQL (4.1.x und 5.x) unterliegen der GPL-Lizenz (*GPL* = *General Public License*). Die Verwendung von MySQL ist daher eigentlich nicht kostenpflichtig. Das gilt jedoch nur mit Einschränkungen. Der private Einsatz und auch der interne Einsatz in Firmen und Organisationen erfordern keine Lizenzierung. Wenn Sie MySQL jedoch mit anderer Software verbinden, die nicht der GPL unterliegt, und diese Software dann kommerziell vertreiben wollen, müssen Sie eine Lizenz erwerben. Durch die Einbindung von MySQL wird Ihre Anwendung sonst selbst zu freier Software, die dann ebenfalls der GPL unterliegt. Auch einige andere Umstände können bewirken, dass für die kommerzielle Nutzung Lizenzen erforderlich werden. An dieser Stellen soll jedoch nicht auf alle möglichen Fälle eingegangen werden. Entsprechende Hinweise finden Sie im ersten Abschnitt der MySQL-Dokumentation und natürlich auf der MySQL-Homepage (*www.mysql.com*). Für die meisten Anwender gilt jedoch:

MySQL kann für den internen Gebrauch im privaten Bereich, aber auch in Unternehmen und Organisationen ohne Lizenzgebühren eingesetzt werden.

Hinweise zum Buch

Das Buch wendet sich sowohl an Einsteiger mit relativ geringen Vorkenntnissen als auch an Anwender, die bereits über Programmiererfahrung verfügen. Da die einzelnen Teile des Buches aufeinander aufbauen, sollten Sie diese auch in der vorgesehenen Reihenfolge durcharbeiten. Sie erhalten dann eine umfassende und gründliche Einführung in die Verwendung und Programmierung des MySQL-Datenbankservers.

Das Buch ist in fünf große Abschnitte unterteilt. In den Kapiteln des ersten Teils finden Sie alles, was Sie über die Installation und die Inbetriebnahme der Software wissen sollten. Dazu gehören auch die Grundlagen der Administration und des Datenbankentwurfs.

Der zweite Teil bildet den eigentlichen Schwerpunkt des Buches. Hier werden die von MySQL unterstützten SQL-Befehle umfassend und mit vielen nachvollziehbaren Beispielen dargestellt.

Der dritte Teil wendet sich vor allem an Programmierer und Webentwickler, die MySQL in eigenen Anwendungen, beispielsweise als Webdatenbank, nutzen wollen. Auch etwas komplexere SQL-Themen, beispielsweise Joins, haben wir hier untergebracht.

Im vierten Teil zeigen wir, wie Sie MySQL-Datenbanken konfigurieren und optimieren. Hier dürfen Sie auch Tipps und Tricks zum Umgang mit MySQL erwarten. Zudem finden Sie im vierten Teil die Beschreibung separater Tools, mit denen sich die Administration von MySQL-Datenbanken wesentlich komfortabler gestalten lässt. Diese Tools können die im Lieferumfang von MySQL enthaltenen Werkzeuge teilweise oder gar vollständig ersetzen.

Schließlich bleibt noch der fünfte Teil, der unter anderem ein Glossar und den Index enthält. Zudem beschreiben wir hier den Inhalt der beiliegenden CD.

Hinweise zur SQL-Syntax

Relationale Datenbanken und die standardisierte Abfragesprache SQL bilden fast schon eine Einheit. Allerdings hält sich kaum ein SQL-Server vollständig an die unter der Bezeichnung SQL/2 bzw. SQL/92 oder auch ANSI-SQL vereinbarte Syntax. MySQL macht da keine Ausnahme. Bei einigen Befehlen müssen Sie daher mit Abweichungen von der Standardsyntax rechnen. Zudem kennt MySQL Befehle, die in SQL/92 nicht vorgesehen sind. Unterstützt wird jedoch der so genannte *SQL/92-Entry-Level*. Dabei handelt es sich um eine Untermenge des Standards. Die in diesem Buch angeführten Beispiele beziehen sich natürlich immer auf die MySQL-Syntax und können folglich von der offiziellen SQL/92-Syntax abweichen. Sie werden auch kaum auf einige spezifische MySQL-Befehle verzichten wollen, weil diese, wie beispielsweise der Volltext-Index, zu den besonders leistungsfähigen Befehlen zählen.

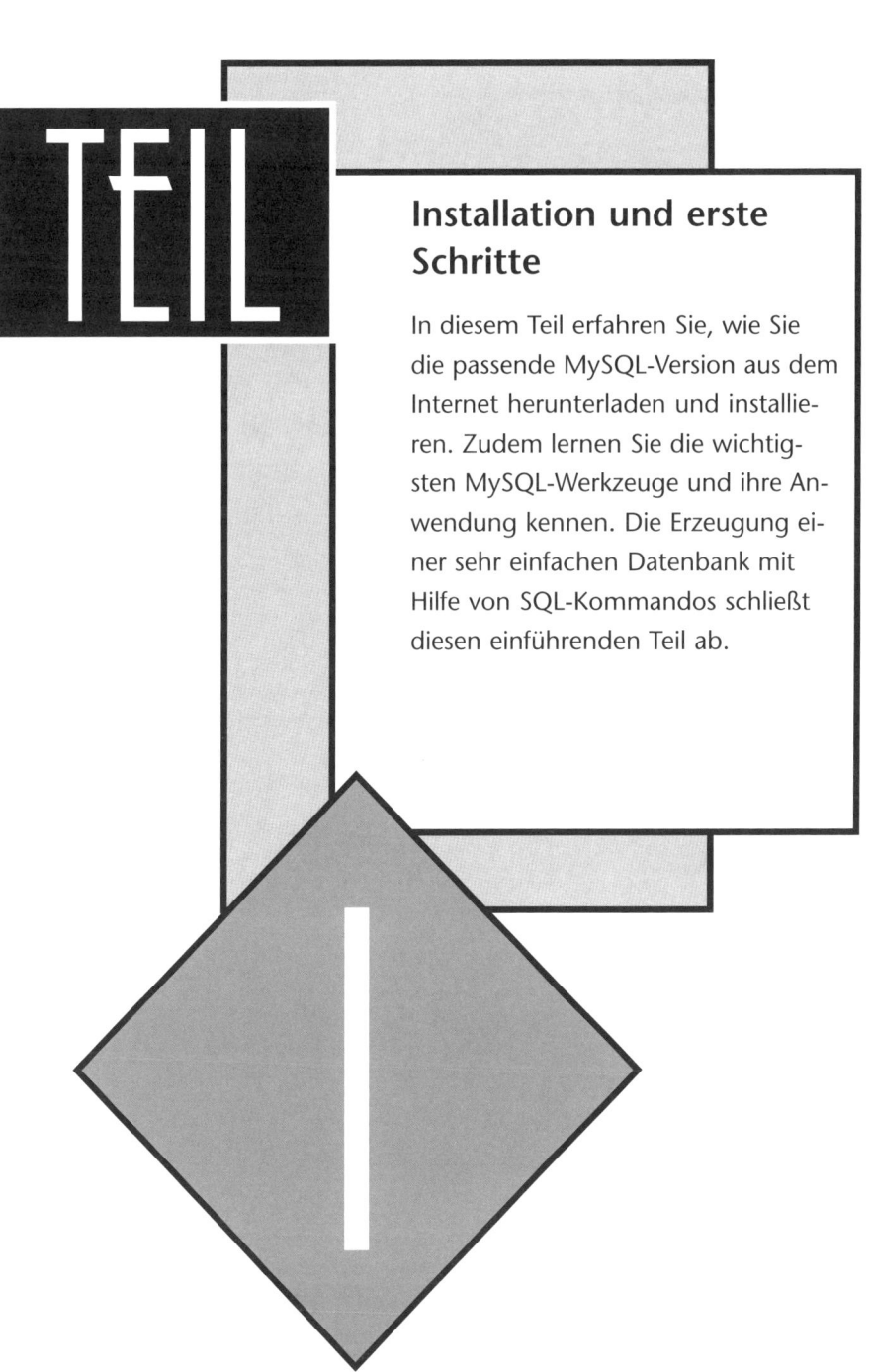

TEIL

Installation und erste Schritte

In diesem Teil erfahren Sie, wie Sie die passende MySQL-Version aus dem Internet herunterladen und installieren. Zudem lernen Sie die wichtigsten MySQL-Werkzeuge und ihre Anwendung kennen. Die Erzeugung einer sehr einfachen Datenbank mit Hilfe von SQL-Kommandos schließt diesen einführenden Teil ab.

I

1 Installation

Wenn MySQL wie vorgesehen funktionieren soll, muss die Laufzeitumgebung bestimmten Mindestanforderungen genügen. Dies gilt vor allem für die Hardware und das Betriebssystem. In diesem Kapitel soll daher nicht nur die Installation beschrieben werden. Vielmehr wollen wir auch auf die notwendigen Voraussetzungen eingehen, die für einen einwandfreien Betrieb des MySQL-Servers erfüllt sein müssen.

Systemanforderungen

MySQL ist eigentlich ein außerordentlich genügsamer SQL-Server, der insbesondere relativ geringe Anforderungen an die Hardware stellt. Dies gilt jedoch nur, wenn Sie MySQL für recht einfache Anwendungen mit wenigen oder gar nur einem Client einsetzen. Sobald MySQL große Datenbanken und viele gleichzeitig darauf zugreifende Anwender verwalten bzw. bedienen soll, explodieren die Anforderungen. Entscheidend ist dabei jedoch weniger die Größe der Datenbank als vielmehr die Zahl der gleichzeitig möglichen Zugriffe und damit indirekt die Zahl der Clients. Die nachfolgende Beschreibung definiert lediglich eine Mindestausstattung.

Hardware

Nahezu jeder PC mit Pentium/AMD-Athlon sollte ausreichen. Auch kommen Sie mit relativ wenig Arbeitsspeicher und mit wenig Platz auf der Festplatte aus. Für erste Versuche genügen schon 128 MB Arbeitsspeicher und etwa 100 MB Festplattenspeicher. Die eigentlichen Programmdateien (der MySQL-Server sowie die verschiedenen Tools und Hilfsdateien) benötigen davon nur den geringsten Teil.

Wenn Sie große Webanwendungen planen, müssen Sie auch bei der Hardware etwas drauflegen. Besonders wichtig wird dann der Arbeitsspeicher, weil MySQL versucht, möglichst viele Daten im Arbeitsspeicher zu halten (Caching). Ein ordentlicher Server sollte mindestens über 512 MB Arbeitsspeicher verfügen.

Bei Abfragen erzeugt MySQL gegebenenfalls umfangreiche temporäre Dateien, für die immer genug Platz auf der Festplatte vorhanden sein muss. Sehr vorteilhaft ist daher auch eine große und schnelle Festplatte. Andernfalls besteht die Gefahr, dass die Performance einbricht oder MySQL eine Operation gar mit einer Fehlermeldung quittiert.

Betriebssystem/Software

An Software genügt zunächst eines der unterstützten Betriebssysteme. Grundsätzlich können Sie auch noch Windows 98/ME einsetzen. Es ist aber zu empfehlen, neuere Betriebssysteme zu verwenden. Neben LINUX und UNIX sind besonders die Windows-Varianten NT/2000/XP geeignet, weil sie einen echten Mehrbenutzerbetrieb ermöglichen und die einzelnen Anwendungen besser gegeneinander abschirmen. Sie müssen dann nicht befürchten, dass eine andere Anwendung beim Absturz den MySQL-Server ebenfalls abstürzen lässt. Eine hohe Stabilität der Systemumgebung ist eine der wichtigsten Voraussetzungen für die langfristige Konsistenz der Daten.

TCP/IP-Unterstützung

Die Kommunikation mit dem MySQL-Server erfolgt in der Regel über das Netzprotokoll TCP/IP bzw. über so genannte Sockets. Das Betriebssystem muss daher über TCP/IP-Unterstützung verfügen. Da Sie TCP/IP schon allein für den Internet-Zugang benötigen, ist das bei den Windows-Versionen 98, ME, NT, 2000 und XP bei einer Standardinstallation die Regel. Auch die üblichen UNIX- und LINUX-Systeme bringen TCP/IP-Unterstützung schon von Haus aus mit.

Download

Die aktuellen MySQL-Versionen für Windows-Systeme finden Sie im Internet unter der folgenden Adresse:

http://www.mysql.com

Wenn Sie eine Version aus dem Internet herunterladen, ist darauf zu achten, dass es sich um eine stabile, für Produktionsumgebungen geeignete Version handelt. Die auf der MySQL-Homepage ebenfalls verfügbaren Beta-Versionen sind zwar aktueller, aber für die Einarbeitung weniger gut geeignet. Da die Entwicklung relativ langsam verläuft, müssen Sie auch kaum auf wichtige Funktionen verzichten.

Sollten Sie über keinen Zugang zum Internet verfügen oder momentan in großer Eile sein, können Sie auch die Version auf der beiliegenden CD verwenden.

Binär-Distribution versus Quellcode

Wie bei praktisch allen Open-Source-Anwendungen haben Sie auch bei MySQL die Wahl zwischen Binär- und Source-Distributionen. Bei den so genannten *Binär-Distributionen* handelt es sich in der Regel um fertig kompilierte Anwendungen, die Sie nach dem Entpacken und der Installation direkt ausführen können. *Sourcen* (Quellcode) müssen Sie zunächst selbst kompilieren. Dieser Weg hat den Vorteil, dass Sie bestimmte Funktionen mit einbinden können, die nicht unbedingt in den vorkompilierten Binär-Distributionen enthalten sind. Allerdings setzt das Kompilieren voraus, dass Sie sich mit C-Compilern auskennen. Wir werden für dieses Buch nur Binär-Distributionen verwenden, zumal MySQL keine so große Auswahl an zusätzlichen Funktionen bietet wie beispielsweise LINUX.

Umfang der Binär-Distribution

Die MySQL-Distribution umfasst in einer vollständigen 5.x-Version etwa 45 MB (4.x etwa 20 MB) und besteht aus einer Reihe von Anwendungen, die größtenteils der Administration von Datenbanken dienen. Mit einem langsamen (analogen) Internet-Zugang werden Sie wohl etwas Online-Zeit investieren müssen, um so an eine aktuelle Version zu gelangen.

Aktuelle Versionen finden Sie häufig auf den CDs, die vielen Computer-Magazinen beiliegen. Dies gilt besonders für Magazine, die sich mit der Programmierung von Internet-Anwendungen beschäftigen.

Abbildung 1.1: MySQL-Zip-Archiv im Windows-Explorer

Die Download-Datei besteht aus einem großen Zip-Archiv, dessen Namen bereits die Version erkennen lässt. Wichtig sind die beiden ersten, durch einen Punkt getrennten Ziffern. So enthält die Datei mit dem nachfolgenden Namen eine Variante der Version 5.0:

mysql-5.0.12-beta-win32.zip

Die Dateien des Archivs entpacken Sie in ein Verzeichnis Ihrer Wahl.

Für das Entpacken benötigen Sie natürlich ein Programm wie beispielsweise *Winzip*. Die neuesten Windows-Versionen (XP) verfügen zudem über einen integrierten Entpacker, so dass Sie Zip-Archive praktisch wie normale Verzeichnisse behandeln können.

Normalerweise ist unter Windows XP noch nicht einmal ein vorhergehendes Entpacken erforderlich. Vielmehr doppelklicken Sie im Windows-Explorer lediglich auf das mysql-Zip-Archiv, um dessen Inhalt anzuzeigen. Sie haben dann einen direkten Zugriff auf die für die Installation erforderliche Setup-Datei (*setup.exe*).

Installation

MySQL ist für viele Plattformen verfügbar. Neben Windows sind dies vor allem LINUX, verschiedene UNIX-Varianten und Mac OS X. Für das jeweilige Betriebssystem benötigen Sie eine angepasste Distribution. Wir gehen davon aus, dass unsere Leser vor allem mit Windows arbeiten. Auch die meisten Datenbankentwickler programmieren zunächst unter Windows und installieren ihre Anwendung dann später auf dem eigentlichen Zielsystem, beispielsweise einem LINUX-Server. Die Hinweise zur Installation beziehen sich daher auf Windows-Systeme, insbesondere auf Windows 2000 und XP.

Windows-Installation

Für Windows stehen verschiedene Distributionen zur Verfügung. Insbesondere können Sie neben den aktuellen 5.x-Versionen auch noch die letzten 4.x-Versionen einsetzen. Der Installationsvorgang wird sich dadurch nicht wesentlich unterscheiden. Für die Beispiele dieses Buches haben wir jedoch ausschließlich 5.x-Versionen verwendet.

Die Installation starten Sie durch einen Doppelklick auf die Setup-Anwendung (*Setup.exe*), die Sie nach dem Entpacken im jeweiligen Zielordner finden. Unter Windows XP ist es aber auch möglich, das Zip-Archiv zu öffnen und *setup.exe* per Doppelklick direkt zu starten (siehe Abbildung 1.1).

Installation im Admin-Modus

Noch in Version 4 wollte MySQL in der Voreinstellung im Ordner *c:/mysql* installiert werden. Das Setup-Programm der Version 5.x geht sinnvollerweise davon aus, dass Sie MySQL wie andere Anwendungen auch im *Programme*-Ordner installieren. Allerdings setzt das voraus, dass Sie über die erforderlichen Rechte verfügen. Sie werden MySQL daher in der Regel im Admin-Modus, also als Administrator, installieren müssen. Der Zugriff auf MySQL-Datenbanken sollte später aber auch mit normalen Benutzerrechten möglich sein.

Zielordner

Wenn Sie die Vorgaben nicht ändern, legt des Setup-Programm eine Ordner-Struktur wie die folgende an:

c:/programme/mysql/mysql server 5.0/

Ein solcher Pfad ist wegen der Leerzeichen nicht ganz unproblematisch. Schließlich werden Sie für die Administration des Servers gelegentlich über Kommandozeilen-Tools auf den Server zugreifen und dabei häufig Pfade angeben müssen. Es kann daher sinnvoll sein, das Installationsverzeichnis wie folgt zu verkürzen:

c:/programme/mysql/mysql5/

Für die Beispiele in diesem Buch sind wir jedoch davon ausgegangen, dass Sie die Voreinstellungen des Setup-Programms akzeptieren.

Typische Installation

Das Setup-Programm bietet Ihnen drei Installationsvarianten an. Sie sollten zumindest beim ersten Mal die Installation *Typical* wählen, weil Sie damit eine vollständige MySQL-Version erhalten.

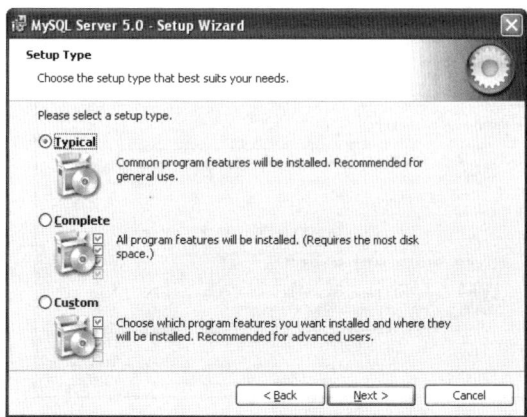

Abbildung 1.2: Installationsvariante wählen

Die Variante *Complete* dürfte für die meisten Anwender nicht erforderlich sein, zumal MySQL schon in der Standardvariante (*Typical*) alle notwendigen Dateien auf die Festplatte kopiert. Die *Custom*-Installation ist hingegen etwas grob unterteilt und erlaubt daher nur eine eingeschränkte Aus- bzw. Abwahl von Komponenten. Sie ist eigentlich nur für Experten sinnvoll, die lediglich eine Teilinstallation vornehmen wollen. Allerdings müssen Sie die *Custom*-Installation wählen, wenn Sie (wie weiter oben vorgeschlagen) das voreingestellte Installationsverzeichnis ändern wollen.

Konfiguration

Gleich nach der Installation öffnet sich ein *Login*-Dialog, der Ihnen einen Zugang zu Angeboten des MySQL-Herstellers ermöglicht. Dieses Angebot können Sie überspringen (*Skip Sign-Up* markieren und dann auf *Next* klicken). Sie erhalten dann den *Konfigurations*-Dialog angezeigt. Hier sollten Sie die Einstellung *Standard-Configuration* wählen. Im nächsten Schritt erscheint dann der Dialog aus Abbildung 1.3.

Abbildung 1.3: Standardeinstellungen im *Konfigurations*-Dialog vornehmen

Auf dieser Seite können Sie alle drei Optionen aktivieren. Falls Sie bereits eine frühere MySQL-Version als Dienst eingerichtet hatten oder eine frühere Installation nicht korrekt entfernt wurde, kann es sinnvoll sein, den vorgeschlagenen Dienste-Namen (*Service-Name*) zu ändern. In Abbildung 1.3 haben wir den Namen *mysql* durch *mysql5* ersetzt. Dienste-Namen müssen immer eindeutig sein. Wenn Sie versuchen, einen Dienst mit einem schon existierenden Namen zu erzeugen, bricht die Konfiguration mit einer Fehlermeldung ab.

Auf der Folgeseite des Dialogs können Sie schließlich noch ein Passwort für den Administrator eingeben. Wie Sie Benutzer mit eingeschränkten Rechten einrichten, soll später noch gezeigt werden (Kapitel 14). Die Konfiguration kann nun abgeschlossen werden. Der MySQL-Server wird dann als Dienst installiert und auch gleich gestartet.

Bei der Installation werden jetzt auch Menüoptionen erzeugt. Diese dienen jedoch nur dazu, das Kommandozeilen-Tool *mysql.exe* bzw. die grafische Anwendung für die Konfiguration aufzurufen. Den MySQL-Server starten und beenden Sie nur über den *Dienste*-Dialog (oder per Kommandozeile).

Verzeichnisstruktur

Bei der Installation erzeugt das Setup-Programm eine Ordnerstruktur wie die in Abbildung 1.4. Die ausführbaren Dateien, also die verschiedenen Varianten des MySQL-Servers (*mysqldnt* beispielsweise) und die Administrations-Tools, befinden sich im Unterordner */bin*. Neue Datenbanken werden zunächst im Ordner */data* angelegt. Hier finden Sie auch die bei der Installation erzeugte und noch leere Testdatenbank.

Abbildung 1.4: MySQL-Ordnerstruktur (hier zusätzlich mit dem separat zu installierenden *Query Browser*)

Wichtig ist auch der Ordner */docs*, der ein (englisches) Manual im kompilierten HTML-Format enthält (*manual.chm*). Es kann sinnvoll sein, für die Dokumentation eine Verknüpfung auf dem Desktop einzurichten. Dazu schieben Sie die Datei bei gedrückter rechter Maustaste aus dem Explorer auf den Desktop. Im Kontextmenü, das Sie beim Loslassen der Taste erhalten, wählen Sie dann die Option *Verknüpfung hier erstellen*.

Dateien im Verzeichnis /bin

Nach der Installation sollten Sie im Ordner */mysql/bin* unter anderem die in Tabelle 1.1 gezeigten Anwendungen finden.

Datei	Funktion
mysql	Eine nicht grafische Anwendung (Kommando-zeilen-Tool) für die Administration von MySQL-Datenbanken und die Manipulation von Daten. Diese Anwendung ist das wichtigste Tool für den Zugriff auf MySQL-Datenbanken, zumindest dann, wenn nur die in der Distribution enthaltenen Tools betrachtet werden.
mysqld mysqld-nt	Der eigentliche MySQL-Server. Je nach Distribution finden Sie im Paket auch noch andere Varianten des Servers, beispielsweise *mysqld-max-nt*.
mysqladmin	Das wichtigste Kommandozeilen-Tool für die Administration des MySQL-Servers.

Tabelle 1.1: Wichtige Dateien der Windows-Binär-Distribution

Neben den genannten Anwendungen enthält das */bin*-Verzeichnis weitere Dateien, auf die aber an dieser Stelle nicht eingegangen werden soll. Eine ausführliche Darstellung der verschiedenen MySQL-Tools finden Sie im vierten Teil dieses Buches.

Achten Sie auf den kleinen Unterschied: *mysql* ist nur ein Tool für die Administration von MySQL-Datenbanken, während *mysqld* (bzw. *mysqld-nt*) der eigentliche MySQL-Datenbank-Server ist.

MySQL beenden

Wenn Sie den Computer im Betrieb einfach abschalten, werden nicht nur moderne Betriebssysteme wie Windows oder

LINUX verschnupft reagieren und beim nächsten Start erst einmal den Zustand des Dateisystems überprüfen. Gerade auch Datenbankserver, die im Betrieb viele Dateien geöffnet halten, können dadurch ins Stolpern geraten. Als Anwender müssen Sie dann mit einer Beschädigung von Dateien und als Folge mit Datenverlust rechnen. Es sollte daher selbstverständlich sein, MySQL immer korrekt herunterzufahren, damit das Programm offene Dateien noch schließen und eventuell den Inhalt von Zwischenspeichern (Cache) auf die Festplatte sichern kann. Ist MySQL als Dienst installiert (Windows 2000/XP), müssen Sie sich allerdings nicht darum kümmern. Beim Herunterfahren von Windows werden auch die aktiven Dienste ordentlich beendet.

Gelegentlich werden Sie MySQL aber auch im normalen Betrieb beenden oder neu starten müssen, ohne gleich auch Windows zu beenden. Sie haben dann grundsätzlich zwei Möglichkeiten:

✔ als Kommandozeile am Shell-Prompt (vergleichbar dem DOS-Prompt)

✔ über den *Dienste*-Dialog in der Windows-Systemsteuerung

Wir wollen nachfolgend beide Varianten vorstellen. Für die Eingabe der Kommandozeile benötigen Sie zunächst eine Shell. Diese erhalten Sie unter Windows XP beispielsweise über das Startmenü mit der Option *Programme / Zubehör / Eingabeaufforderung*. Alternativ können Sie im Startmenü auch die Option *Ausführen* wählen und im dann erscheinenden Dialog das cmd-Kommando ausführen. In beiden Fällen erhalten Sie daraufhin ein Fenster wie das aus Abbildung 1.5 angezeigt.

Hier geben Sie das Shell-Kommando für das Beenden eines Dienstes (net stop Dienst) ein und schließen dieses mit der Eingabetaste ab:

```
net stop mysql5
```

Windows versucht dann, den Dienst zu veranlassen, sich selbst zu beenden. Sind diese Bemühungen erfolgreich, erhalten Sie eine entsprechende Meldung angezeigt (siehe Abbildung 1.5).

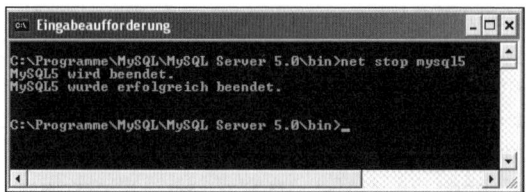

Abbildung 1.5: MySQL am Shell-Prompt beenden

MySQL erneut starten

Für den Start an der Eingabeaufforderung ist das net-Kommando mit dem Argument start aufzurufen. Wenn Sie den Dienst unter dem Namen *mysql5* eingerichtet haben, genügt das folgende Kommando:

```
net start mysql5
```

Sie können aber auch den *Dienste*-Dialog verwenden. Diesen rufen Sie im Windows-Startmenü über die Option *System-steuerung / Leistung und Wartung / Verwaltung / Dienste* auf (siehe Abbildung 1.6). In der Spalte *Status* können Sie ersehen, ob der Dienst läuft, also bereits gestartet ist. Ein nicht gestarteter Dienst enthält hier keinen Eintrag. Sie können den Dienst dann über das Kontextmenü starten und auch wieder beenden.

Ist der Server gestartet, bietet der *Dienste*-Dialog auch die Möglichkeit, den Dienst anzuhalten (Kommandozeile: net pause mysql5).

Beachten Sie, dass hier die Bezeichnung *mysql* bzw. *mysql5* verwendet wird. Das ist in diesem Fall lediglich der Name des Dienstes. Der MySQL-Server, der sich dahinter verbirgt, ist in der Regel *mysqld-nt*.

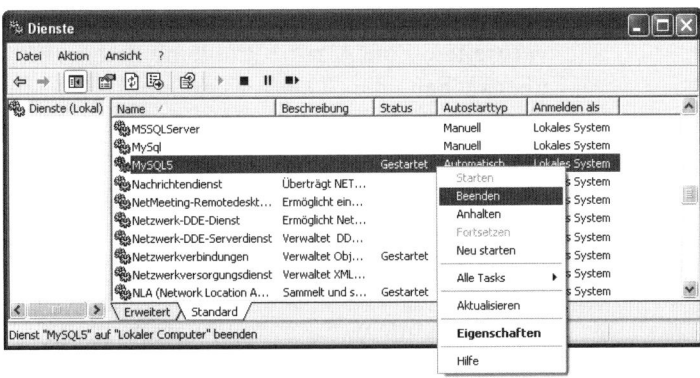

Abbildung 1.6: Dienste starten und beenden (Windows XP)

Autostarttyp ändern

Bei der Installation von MySQL als Dienst wird üblicherweise der Autostarttyp *Automatisch* eingestellt. MySQL startet dann automatisch bei jedem Windows-Start. Wenn Sie MySQL permanent benötigen, ist diese Einstellung auch sinnvoll. Sollten Sie MySQL jedoch nur gelegentlich einsetzen, empfiehlt sich die Option *Manuell*. Sie müssen den MySQL-Server dann bei Bedarf wie oben gezeigt starten. Die Einstellung nehmen Sie im *Eigenschaften*-Dialog vor, den Sie ebenfalls über das Kontextmenü des Dienstes aufrufen.

Firewalls und Virenscanner

Die Welt wird immer gefährlicher, besonders für PC-Besitzer mit Internet-Zugang. Wo aber Gefahr droht, wächst auch das Abwehrpotenzial. Viele PCs sind inzwischen mit Virenscannern, Firewalls, Anti-Dialern und allen möglichen Programmen zur Abwehr aller denkbaren Gefahren ausgerüstet. Allerdings hat die Hochrüstung zur Folge, dass gelegentlich auch ganz friedliche und vor allem nützliche Programme daran gehindert werden, ihre Aufgaben zu erfüllen. Bezüglich MySQL

können besonders so genannte Firewalls (beispielsweise das
verbreitete ZoneAlarm) Probleme bereiten. Solche Programme
überwachen die TCP/IP-Kommunikation und unterbinden
diese gegebenenfalls. Da MySQL-Server und MySQL-Clients
aber per TCP/IP kommunizieren, werden diese Programme regelmäßig aktiviert. Das gilt auch dann, wenn Server und Clients auf dem gleichen Rechner laufen, also keine wirklichen
Netzzugriffe erfolgen. In der Regel lassen sich Firewalls jedoch in einem Lernmodus betreiben, so dass sie sich nach ei-
niger Zeit nicht mehr mit Warnmeldungen in die MySQL-
Kommunikation einmischen. Es ist also nicht unbedingt erforderlich, Firewalls zu deaktivieren. Mit Virenscannern sind
dem Autor hingegen keine Probleme bekannt. Das muss allerdings nicht für jeden beliebigen Virenscanner gelten.

Hinweise zum Start unter Windows 98/ME

Die Betriebssysteme Windows 98/ME oder gar noch Windows
95 sind für den Betrieb von Datenbankservern eigentlich völlig ungeeignet. Dennoch können Sie MySQL in einer solchen
Umgebung betreiben. Wir wollen daher kurz auf einige Besonderheiten beim Umgang mit MySQL eingehen. Üblicherweise
verwenden Sie unter Windows 98/ME den Server *mysqld*.

Sie müssen zunächst ein DOS-Fenster (Eingabeaufforderung)
öffnen. Dazu wählen Sie im Windows-Startmenü die Option
Programme / Zubehör / MSDOS-Eingabeaufforderung. Am
Prompt, der üblicherweise aus einer bestimmten Pfadangabe
besteht, wechseln Sie mit dem cd-Kommando (cd = change
directory) zum Verzeichnis *c:/programme/mysql/mysql server
5.0/ bin*. Den MySQL-Server starten Sie am DOS-Prompt beispielsweise mit folgendem Kommando:

```
mysqld
```

Selbst ein Doppelklick auf die Datei *mysqld* im Windows-Explorer sollte genügen, den MySQL-Server unter Windows 98/
ME zu starten. Unter Windows NT/2000/XP dürfte das nur

funktionieren, wenn MySQL noch nicht als Dienst eingerichtet ist. Hier sollte aber folgende Zeile funktionieren:

```
mysqld --console
```

Dass der MySQL-Server erfolgreich gestartet ist, erkennen Sie daran, dass der DOS-Prompt nicht wieder angezeigt wird. Erst nach dem korrekten Beenden des Servers gibt dieser die Kontrolle wieder an die DOS-Shell zurück. Sie dürfen das DOS-Fenster daher erst nach dem Beenden des Servers schließen.

Zum Beenden des MySQL-Servers benötigen Sie das Tool *mysqladmin.exe*, das an einem zweiten DOS-Prompt (also in einem zweiten DOS-Fenster bzw. einer zweiten Eingabeaufforderung) wie folgt aufzurufen ist:

```
mysqladmin -u root -p shutdown
```

Die Option –u steht für den Namen des Benutzers, der anschließend durch ein Leerzeichen getrennt anzugeben ist. Die Option -p bewirkt, dass Sie gegebenenfalls nach dem Passwort gefragt werden. Ist der Server schon heruntergefahren, gibt *mysqladmin* beim oben vorgestellten Kommando eine Fehlermeldung aus.

MySQL deinstallieren

Eventuell werden Sie MySQL auch einmal deinstallieren wollen, beispielsweise um anschließend eine neue Version zu installieren. Da MySQL keine entsprechenden Menüeinträge erzeugt und damit auch kein Deinstallations-Programm anbietet, müssen Sie über die Windows-Systemsteuerung die Option *Software* aufrufen. Hier finden Sie auch einen Eintrag für den MySQL-Server. Wenn Sie diesen Eintrag markieren und anschließend den Schalter *Entfernen* bzw. *Ändern / Entfernen* (XP) betätigen, wird MySQL deinstalliert. In der Regel müssen Sie das MySQL-Verzeichnis aber trotzdem noch manuell löschen.

Alternativ können Sie aber einfach das Setup-Programm erneut starten. Dieses prüft beim Start, ob bereits eine Installation besteht, und bietet gegebenenfalls eine Option zur Deinstallation an.

2 Grundlagen der Administration

Das Thema Administration wird uns in nahezu allen Kapiteln diese Buches wieder begegnen. Im Gegensatz zu Desktop-Datenbanken wie beispielsweise Access ist MySQL nämlich kein schlichtes Anwenderprogramm, sondern ein komplexes System mit vielen Konfigurationsmöglichkeiten, das Anwender, die eigentlich nur ihre Daten verwalten wollen, schnell überfordert. Bei Desktop-Datenbanken wie Access sind Administrator und Anwender oft identisch. SQL-Server wie MySQL unterscheiden hingegen zwischen diesen Bereichen und weisen speziell dem Administrator einen recht genau umschriebenen Aufgabenbereich zu.

Aufgaben des Administrators

Zu den Aufgaben der Administration eines Datenbanksystems gehören unter anderem die Einrichtung von Datenbanken, die Verwaltung von Zugangsberechtigungen, die Überwachung des Betriebs, die Sicherung der Daten, die Konfiguration und das Einspielen neuer Versionen. Auf die wichtigen Themen »Verwaltung der Zugangsberechtigungen« und »Datensicherung« soll in späteren Kapiteln ausführlich eingegangen werden. In diesem Kapitel wollen wir nur die Punkte ansprechen, die Sie für den Einstieg in die Administration unbedingt benötigen. Insbesondere wollen wir einige MySQL-Tools vorstellen, die vor allem für den Administrator gedacht sind. Für die Administration verwenden Sie unter anderem folgende Tools:

✔ *mysqladmin*

✔ *mysql*

✔ *MySQL Administrator*

Sehr leistungsfähig sind die Tools *mysqladmin* und *mysql*, die aber nur als umständlich zu bedienende Kommandozeilen-Tools zur Verfügung stehen. Die Tools finden Sie im */bin*-Ordner (in der Regel *c:/Programme/mysql/ MySQl Server 5.0/bin*). Der MySQL-Administrator gehört hingegen nicht zur normalen MySQL-Distribution. Es handelt sich dabei um ein grafisches Tool, das separat über die MySQL-Homepage heruntergeladen und installiert werden muss.

Im vierten Teil dieses Buches gehen wir recht ausführlich auf verschiedene Tools ein, die üblicherweise in einer MySQL-Standard-Distribution enthalten sind, die aber in diesem einleitenden Kapitel noch nicht angesprochen werden.

Administration mit mysqladmin

Wenn Sie kein grafisches Tool wie beispielsweise den MySQL Administrator installieren, sind Sie für viele Aufgaben auf das recht umständlich zu bedienende *mysqladmin* angewiesen. Aufgrund der recht komplexen Bedienung wollen wir in diesem einführenden Teil aber nur ganz wesentliche Kommandos vorstellen.

Bei *mysqladmin* handelt es sich um ein Kommandozeilen-Teil, das eine Operation ausführt und sich dann wieder beendet. Um das Tool starten zu können, benötigen Sie eine Eingabeaufforderung (früher DOS-Fenster genannt). Unter Windows 98/ME öffnen Sie das DOS-Fenster über das Startmenü mit der Option *Programme / DOS-Eingabeaufforderung*. Unter Windows 2000/XP finden Sie die Eingabeaufforderung in der Zubehörgruppe. Am DOS- bzw. Shell-Prompt wechseln Sie zunächst zum *bin*-Verzeichnis, beispielsweise mit dem schon früher gezeigten cd-Kommando:

```
cd c:/programme/mysql/mysql server 5.0/bin
```

Anschließend können Sie das erste *mysqladmin*-Kommando eingeben und mit der Eingabetaste abschicken. Das folgende Beispiel prüft zunächst, ob der Server gestartet ist:

```
mysqladmin ping
```

Eine Kommandozeile besteht aus dem Namen des *mysqladmin*-Tools und einer oder mehreren Optionen bzw. Kommandos, im vorstehenden Beispiel dem Kommando ping.

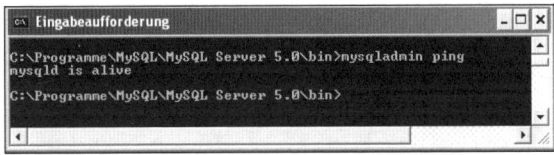

Abbildung 2.1: Administration mit *mysqladmin*

Einige Optionen können auch noch Parameter erfordern, beispielsweise den Namen einer Datenbank. So erzeugt das folgende Beispiel eine neue Datenbank mit dem Namen *Kontakte*:

```
mysqladmin -u root -p create Kontakte
```

Nach dem Abschicken des Kommandos mit der Eingabetaste erhalten Sie in diesem Fall erst noch eine Passwortabfrage angezeigt. Mit der folgenden Anweisung löschen Sie die Datenbank wieder:

```
mysqladmin -u root -p drop Kontakte
```

Da das Löschen einer Datenbank keine ganz unkritische Operation darstellt, fragt *mysqladmin* sicherheitshalber nochmals nach. Sie müssen die Frage mit dem Zeichen y (für yes) bestätigen und mit der Eingabetaste abschicken.

Hilfsseite anzeigen

Eine Übersicht der verfügbaren Optionen und Kommandos erhalten Sie angezeigt, wenn Sie die Option --help verwenden. Um alle Optionen einsehen zu können, müssen Sie im Fenster der Eingabeaufforderung scrollen:

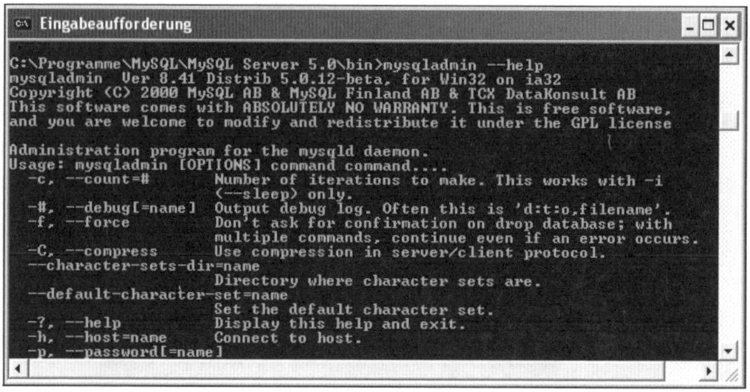

Abbildung 2.2: Anzeige der Optionen und Kommandos des Tools

Auch die anderen Tools, die wir in diesem Teil des Buches noch nicht vorstellen können, verfügen in der Regel über eine solche Hilfeseite, die Sie auch mit der gleichen Option aufrufen.

Das wichtige Kommando shutdown, das den MySQL-Server (insbesondere unter Windows 98/ME) herunterfährt, haben wir bereits in Kapitel 1 vorgestellt. Eine umfassende Darstellung dieses und weiterer MySQL-Tools finden Sie im vierten Teil dieses Buches.

Administration mit mysql

Das oben vorgestellte *mysqladmin*-Tool dient vor allem der Administration des MySQL-Servers. Mit dem Tool *mysql* (dem *mysql-Monitor*) administrieren Sie hingegen Datenbanken. Dazu gehören praktisch alle Aufgaben im Zusammenhang mit dem Erzeugen, Ändern, Löschen von Datenbanken, Tabellen und Daten. Da Sie mit Hilfe des Tools hauptsächlich SQL-

Kommandos ausführen, kann es auch als *SQL-Client* bezeichnet werden.

Das Tool, das Sie ebenfalls im */bin*-Ordner finden, starten Sie eigentlich im Windows-Explorer mit einem Doppelklick. Es erscheint dann in einer DOS-Box (Eingabeaufforderung). Das dürfte allerdings nur funktionieren, wenn kein Passwortschutz für den Server besteht. Sie werden daher wohl ein Fenster für die Eingabeaufforderung öffnen, dort zum */bin*-Verzeichnis wechseln und am Prompt eine Zeile wie die folgende ausführen müssen:

```
mysql -u root -p
```

Das Tool fragt dann zunächst noch das Passwort ab. Im Gegensatz zu anderen MySQL-Tools wird *mysql* nach Abarbeitung einer Aufgabe nicht gleich wieder beendet. Vielmehr übernimmt es die Kontrolle, so dass Sie die Kommandos nicht mehr am DOS- bzw. Shell-Prompt eingeben, sondern innerhalb des Tools am *mysql*-Prompt.

Da Sie zunächst hauptsächlich mit dem *mysql*-Monitor arbeiten werden, kann es sinnvoll sein, dafür eine Verknüpfung auf dem Desktop einzurichten. Dazu fassen Sie das Tool im Explorer bei gedrückter rechter Maustaste und schieben es aus dem Explorer auf den Desktop. Im Kontextmenü, das bei Freigabe der Maustaste erscheint, wählen Sie die Option *Verknüpfung hier erstellen*. Im *Eigenschaften*-Dialog der Verknüpfung (zu öffnen über das Kontextmenü des Icons) müssen Sie anschließend auf der Seite *Verknüpfung* noch das *Ziel* mit den erforderlichen Parametern ausstatten, so dass hier etwa folgende Zeile erscheint:

```
"C:\Programme\MySQL\MySQL Server 5.0\bin\mysql.exe" -u
root -p
```

Beachten Sie, dass sich *mysql* nur starten lässt, wenn der MySQL-Server bereits läuft. Andernfalls wird die Eingabeaufforderung gleich wieder geschlossen.

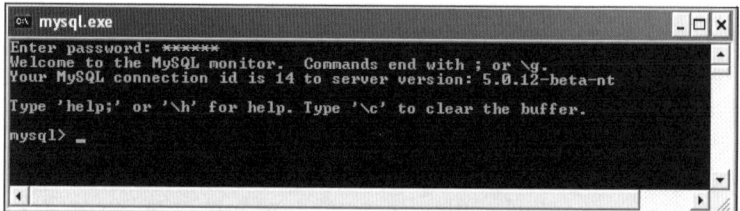

Abbildung 2.3: MySQL mit dem *mysql*-Monitor administrieren

Das Tool meldet sich mit einer Begrüßungszeile und dem *mysql*-Prompt (mysql>). An diesem Prompt können Sie nun SQL-Kommandos eingeben. Die folgende Anweisung zeigt beispielsweise alle Datenbanken an, auf die der MySQL-Server zurzeit zugreifen kann:

```
Show databases;
```

Mit der ⏎-Taste schicken Sie das Kommando ab. Ganz wichtig ist dabei der Abschluss mit dem Semikolon. Wenn Sie darauf verzichten, erfolgt nach Betätigen der ⏎-Taste lediglich ein Zeilenumbruch. Der Befehl wird jedoch nicht an den Server geschickt und folglich auch nicht ausgeführt. Auf diese Weise können Sie auch mehrzeilige Kommandos eingeben, was besonders bei langen SQL-Anweisungen hilfreich ist. Erst nach Eingabe des Semikolons (und Betätigen der ⏎-Taste) werden dann alle Zeilen als ein einziges Kommando abgeschickt.

Groß- und Kleinschreibung

Bei der Eingabe von Befehlen müssen Sie nicht auf Groß- und Kleinschreibung achten. Sie können Groß- und Kleinschreibung auch beliebig mischen. Wir werden jedoch im folgenden Text alle MySQL-Sprachelemente bzw. alle SQL-Kommandos großschreiben, weil das den üblichen Konventionen entspricht. Eigene Bezeichnungen, etwa für Datenbanken, Tabellen und Spalten, sollten Sie hingegen so schreiben, wie Sie diese auch verwenden wollen, also beispielsweise klein und mit einem Großbuchstaben am Anfang. Ein solches Vorgehen erleichtert zudem das Lesen längerer Anweisungen.

Das mysql-Tool beenden

Das *mysql*-Tool, nicht jedoch den MySQL-Server, beenden bzw. schließen Sie mit der folgenden Anweisung:

```
Exit;
```

Grundsätzlich könnten Sie auch einfach das *Schließen*-Kästchen des Fensters betätigen, besser ist jedoch eine korrekte Beendigung mit Hilfe des genannten Kommandos.

Datenbank wählen

Wenn Sie noch keine eigene Datenbank angelegt haben, wird die Anweisung Show database nur zwei Datenbanken anzeigen: *Mysql* und *Test* (und vermutlich noch *information_schema*) Die Datenbank *Mysql* wird für interne Zwecke des MySQL-Servers benötigt. Diese Datenbank sollten Sie nicht direkt bearbeiten. Sie können sich jedoch die Datenbank *Test* anschauen und für erste Übungen nutzen. Damit sich Anweisungen auf eine bestimmte Datenbank beziehen, müssen Sie diese zunächst mit dem USE-Kommando auswählen:

```
USE Test;
```

Anschließend können Sie SQL-Kommandos eingeben, um beispielsweise Tabellen einzusehen, neue Tabellen zu erzeugen oder Daten zu selektieren. Mit dem folgenden Kommando zeigen Sie beispielsweise alle in der ausgewählten Datenbank enthaltenen Tabellen an:

```
SHOW TABLES;
```

Sie werden allerdings nicht sehr viel zu sehen bekommen, weil die Datenbank Test leer ist, also keine Tabellen enthält.

Bedienung von mysql

Da *mysql* eine nicht grafische Anwendung ist, stehen Ihnen verschiedene Befehle und Tastenkombinationen zur Verfügung, mit denen sich das Tool steuern lässt. Unter anderem können Sie folgende Tasten nutzen:

Esc   Löschen des gerade angezeigten Befehls

↑   Anzeigen des zuvor ausgeführten Befehls

↓   Anzeigen des danach ausgeführten Befehls

F7   Anzeigen einer Liste der ausgeführten Befehle

Mit den Pfeiltasten (den Cursor-Tasten) ↑ und ↓ blättern Sie also zwischen den bereits ausgeführten Befehlen. Sehr hilfreich ist die Befehlsliste, die Sie mit F7 aufrufen. Hier können Sie einen Befehl, den Sie wiederholen wollen, mit den Cursor-Tasten auswählen und mit der ⏎-Taste auch direkt ausführen. Die Liste verschwindet wieder, wenn Sie die Taste Esc betätigen.

Zusätzlich stellt das Tool einige Befehle zur Verfügung, die sich nicht auf den Server, sondern auf die Bedienung des Tools beziehen.

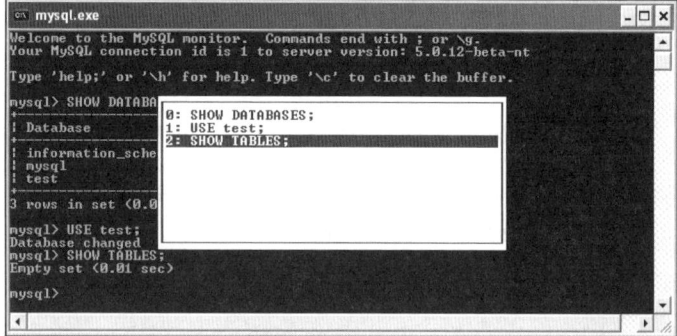

Abbildung 2.4: Liste der bisher ausgeführten Befehle aufrufen

Diese Befehle erhalten Sie angezeigt, wenn Sie am Prompt das Fragezeichen (?) oder den Befehl help eingeben und mit der ⎵-Taste abschicken. Unter anderem werden dann die in Tabelle 2.1 beschriebenen Befehle aufgelistet:

Befehl	Beschreibung
help	Zeigt den Hilfebildschirm an
exit	Beendet das mysql-Tool (identisch mit quit)
source	Führt einen Befehls aus, der sich in einer Datei (einem Skript) befindet. Der Name der Datei muss als Argument übergeben werden
status	Ermittelt Statusinformationen des MySQL-Servers
use	Wählt eine andere Datenbank aus. Der Name der Datenbank muss als Argument übergeben werden

Tabelle 2.1: Befehle des *mysql*-Monitors

Die Befehle sind üblicherweise mit dem Semikolon abzuschließen. Einige Befehle (source, use) erfordern zudem die Angabe eines Arguments. Wir kommen noch darauf zurück.

SQL-Skripte verwenden

Eine sehr interessante Option ist die Möglichkeit, mit dem Befehl *source* den Namen bzw. Pfad einer Textdatei anzugeben, die ihrerseits den eigentlichen Befehl enthält. Sie können die eigentlichen SQL-Anweisungen dann recht komfortabel mit einem Texteditor schreiben und editieren. Wenn Sie die Textdatei nicht im Ordner des *mysql*-Tools (*/bin*) speichern, ist allerdings der komplette Pfad anzugeben. Ein Beispiel:

```
Source C:/temp/test.sql;
```

Beachten Sie, dass es sich um eine »richtige« Textdatei (ASCII) handeln muss. Sie können also nicht das normale Word-Format verwenden. Gut geeignet ist beispielsweise der Editor, den Sie in der Windows-Zubehörgruppe finden. Die Datei muss natürlich einen gültigen SQL-Befehl enthalten. Beachten Sie auch die Schreibweise des Pfades. MySQL kommt aus der UNIX-Welt und erwartet daher einen Slash (/) als Pfadtrennzeichen, nicht den unter DOS/Windows üblichen Backslash.

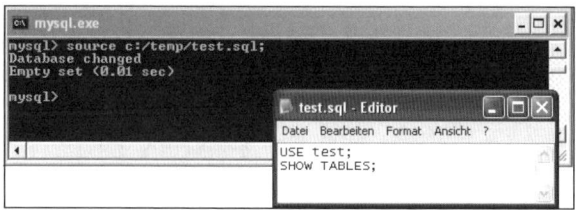

Abbildung 2.5: Skripte im *mysql*-Monitor ausführen

Die Textdatei (das Skript) kann auch mehrere Anweisungen enthalten, die jeweils durch ein Semikolon abzuschließen sind. Die Verwendung von Textdateien hat zudem den Vorteil, dass Sie die unter Windows sehr komfortablen *Kopieren/Einfügen*-Funktionen (Copy & Paste) nutzen können. Der *mysql*-Monitor unterstützt solche Funktionen leider nur sehr eingeschränkt über das Kontextmenü.

Was noch fehlt

Die Einrichtung von neuen Benutzern, die Datensicherung und Wiederherstellung beschädigter Datenbanken sowie andere Themen, die mit der Administration eines MySQL-Systems zusammenhängen, erfordern ordentliche Kenntnisse der von MySQL unterstützten SQL-Syntax. Diese soll in den verschiedenen Kapiteln des vorliegenden Buches noch ausführlich vorgestellt werden.

MySQL Administrator

Bis Version 4 war in der Standarddistribution ein sehr einfaches grafisches Administrations-Tool *(WinMySQLAdmin)* enthalten. Version 5 verzichtet auf dieses nur bedingt hilfreiche Tool. Auf der MySQL-Homepage findet sich stattdessen jedoch ein grafisches Administrations-Tool, das Sie bei Bedarf separat herunterladen und installieren müssen. Dieses Tool *(MySQL Administrator)* ist ein richtiges Experten-Tool und so komplex, dass wir es in diesem Buch nicht umfassend darstellen können. Wir wollen daher nur auf einige Aspekte des *MySQL Administrators* eingehen. Wichtiger ist zweifellos das Tool *MySQL Query Browser*, das wir in Kapitel 28 vorstellen und mit dem Sie Datenbanken, nicht den Server selbst verwalten.

Den *MySQL Administrator* laden Sie als Windows-Installationspaket *(msi*-Datei) über die MySQL-Homepage herunter und starten die Installation dann mit einem Doppelklick.

Bei der Installation wird eine Menüoption *(Programme / MySQL / MySQL Administrator)* eingerichtet, über die Sie den Administrator starten können. Dort finden Sie auch eine Option *(MySQL System Tray Monitor)*, die ein Symbol in der *System Tray* der Windows-Taskleiste erzeugt. Über das Kontextmenü dieses Symbols können Sie den MySQL-Server starten oder beenden und auch bestimmte Funktionen des Administrators aufrufen.

Die Startseite, die nach der Abfrage des Passworts erscheint, zeigt Informationen über den Server. Im linken Fenster finden Sie die Steuerleiste, über die Sie die verschiedenen Seiten des Dialogs einblenden.

Der MySQL-Server muss schon gestartet sein. Andernfalls erhalten Sie beim Aufruf des Administrators eine Fehlermeldung angezeigt.

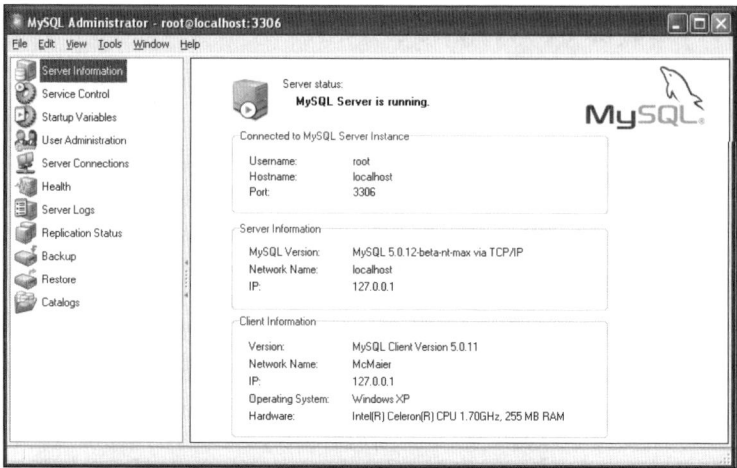

Abbildung 2.6: Startseite des MySQL Administrators

Server Control

Auf der Seite *Server Control* lässt sich der Server herunterfahren oder neu starten. Zudem können Sie Einstellungen für den betreffenden Windows- Dienst vornehmen. Dazu wechseln Sie auf der *Server-Control*-Seite zum Reiter *Configure Service*. Die dortigen Einstellungen sind jedoch mit Vorsicht zu behandeln, weil fehlerhafte Parameter den Start des Servers verhindern können. Das gilt besonders für die Pfadangaben zur Konfigurationsdatei *my.ini* und zu den ausführbaren Dateien (*Path to binary*).

Startup Variables

Die nächste wichtige Seite finden Sie unter der Option *Startup Variables*. Hier wechseln Sie zunächst zum Reiter *General Parameters*. Die Einstellungen, die Sie dort finden, betreffen beispielsweise den Datenbankordner (*Data directory*) und die voreingestellte Datenbank-Engine (*Default Storage*).

Wichtig ist auch der Reiter *Advanced*. Hier bestimmen Sie den voreingestellten Zeichensatz (*Def. Char Set*) und die zugehörige Sortierung (*Default Collation*).

Alle Einstellungen werden erst wirksam, nachdem Sie Änderungen mit dem Schalter *Apply Changes* zugewiesen und den MySQL-Server danach neu gestartet haben.

User Administration

Auf der Seite *User Administration* lassen sich neue Benutzer anlegen sowie deren Rechte für den Zugriff auf die vorhandenen Datenbanken bestimmen. Sie sparen sich damit den Umgang mit den nicht sehr einfachen SQL-Befehlen GRANT und REVOKE, die wir in Kapitel 14 vorstellen. Die Eingabefelder werden erst zugänglich, nachdem Sie den Schalter *New User* betätigt haben. Das gilt auch für die Rechteauswahl auf dem Reiter *Schema Privileges*. Dort markieren Sie zunächst eine Datenbank und überführen dann die gewünschten Rechte aus der Liste *Available Privileges* in die Liste *Assigned Privileges*. Die Benutzereinstellungen werden erst wirksam, wenn Sie diese mit dem Schalter *Apply Changes* übernehmen.

Server Connections

Für die Einarbeitung in MySQL auf Ihrem lokalen Rechner wird Ihnen die *Threads*-Tabelle auf der Seite *Server Connections* nicht sehr hilfreich erscheinen. Das ändert sich jedoch, wenn Sie in einer Mehrbenutzerumgebung arbeiten und viele Benutzer gleichzeitig auf MySQL-Datenbanken zugreifen. Für jeden Benutzer (bzw. jede Anwendung) wird dann ein eigener Prozess eingerichtet.

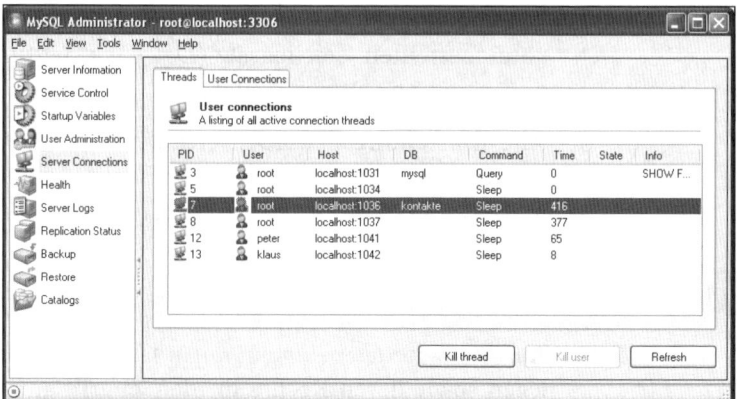

Abbildung 2.7: Threads überwachen und beenden

Sie können hier die Prozesse/Threads überwachen und sogar »abschießen« (beenden). Die Option *Kill Thread* beendet den gerade markierten Prozess. Mit dem Schalter *Refresh* wird die Anzeige der laufenden Prozesse aktualisiert. Auf die Bedeutung von Threads und den feinen Unterschied zwischen Threads und Prozessen gehen wir in Kapitel 23 ein.

Catalogs – Tabellen erzeugen

Besonders interessant ist die Seite *Catalogs*. Hier können Sie alle Datenbanken einsehen, auf die der Server momentan Zugriff hat. Wenn Sie eine Datenbank im linken unteren Fenster markieren, werden im großen Fenster die Tabellen dieser Datenbank angezeigt. Markieren Sie eine der Tabellen, können Sie mit dem Schalter *Edit Table* einen weiteren Dialog aufrufen, der die Struktur der betreffenden Tabelle anzeigt und diese zur Bearbeitung anbietet. Zudem lassen sich auch neue Tabelle erzeugen (*Create Table*). Beachten Sie aber, dass der Administrator keine Daten anzeigt und keine Dateneingabe ermöglicht.

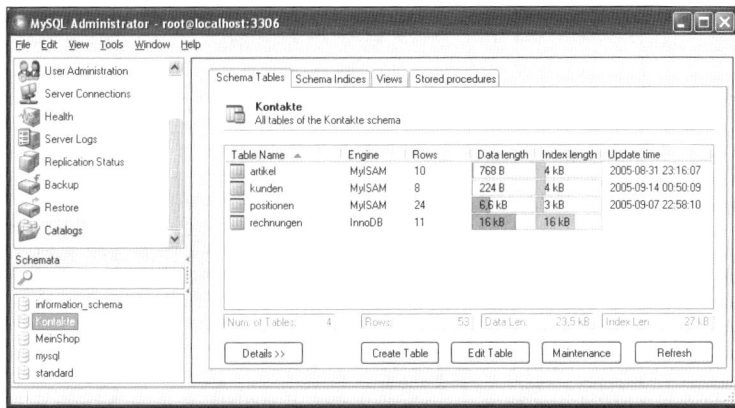

Abbildung 2.8: Datenbanken und Tabellen bearbeiten

Hinter dem Schalter *Maintenance* verbirgt sich ein weiterer Dialog, der es ermöglicht, Tabellen zu überprüfen, zu optimieren und zu reparieren. Auf die entsprechenden SQL-Befehle gehen wir in Kapitel 14 ein.

Weitere Admin-Tools

Die MySQL-Distribution enthält noch einige weitere Administrations-Tools, auf die hier aber nicht näher eingegangen werden soll. Dazu gehören beispielsweise *mysqlcheck*, *mysqlimport* und *mysqldump*. Bei diesen Anwendungen handelt es sich um Kommandozeilen-Tools, die Sie gleich mit den erforderlichen Parametern aufrufen müssen. Im vierten Teil dieses Buches stellen wir die meisten MySQL-Tools ausführlich vor.

3 Erste Schritte

MySQL und insbesondere die Abfragesprache SQL erfordern einen nicht zu unterschätzenden Lernaufwand. Bevor wir im nächsten Teil des Buches ausführlich auf SQL eingehen, soll auf den folgenden Seiten ein kurzer Einblick in die Welt eines SQL-Servers gegeben werden. Konkret zeigt der Text, wie Sie eine Datenbank und darin eine Tabelle anlegen und Daten hineinschreiben. Ganz unverzichtbar ist dabei das in Kapitel 2 vorgestellte Tool *mysql*, das wir hier als SQL-Client verwenden.

Datenbank anlegen

Eine neue, leere Datenbank erhalten Sie, indem Sie am Prompt des *mysql*-Tools den folgenden Befehl eingeben:

```
CREATE DATABASE Faktura;
```

Wenn Sie den Befehl mit der ⏎-Taste abschließen, erzeugt MySQL die Datenbank *Faktura*. Das Tool gibt nach Ausführung des Befehls eine Meldung aus, die Ihnen den Erfolg (Query OK ...) oder Misserfolg der Operation anzeigt. Abbildung 3.1 zeigt, wie Befehl und Ergebnismeldung im *mysql*-Monitor erscheinen.

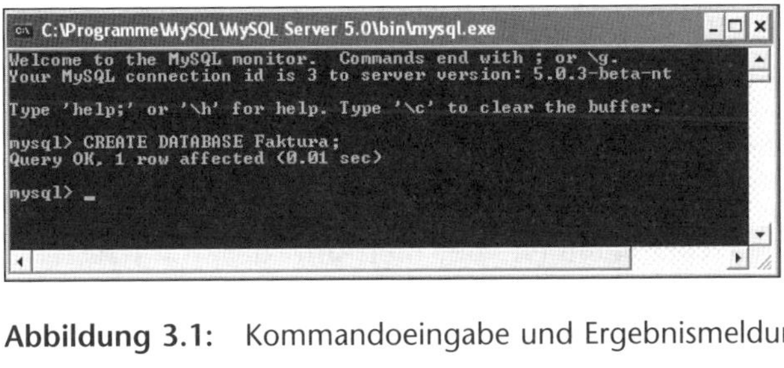

Abbildung 3.1: Kommandoeingabe und Ergebnismeldung

Das vorstehende Beispiel besteht im Grunde aus zwei Teilen: den beiden SQL-Wörtern CREATE DATABASE und dem von Ihnen zu bestimmenden Namen für das zu erzeugende oder zu bearbeitende Objekt. Natürlich dürfen Sie das abschließende Semikolon nicht vergessen.

Aktive Datenbank wählen

Bevor Sie nun eine Tabelle für die neue Datenbank anlegen können, ist zunächst die gerade erzeugte als aktuelle Datenbank auszuwählen. Dazu verwenden Sie den schon früher vorgestellten USE-Befehl:

```
USE Faktura;
```

Nach Ausführung dieser Anweisung beziehen sich alle zukünftigen Befehle auf die Datenbank *Faktura*.

Tabelle erstellen

Für die Erstellung einer schlichten Tabelle ist etwas mehr Aufwand erforderlich. Sie müssen nicht nur die Tabellen selbst definieren, sondern vor allem auch die Spalten. Jede Spalte ist mit ihrem Namen und einem Datentyp zu definieren. Auf die Details wollen wir allerdings erst im zweiten Teil dieses Buches ausführlich eingehen. Die folgende Anweisung erzeugt eine Tabelle mit drei Spalten:

```
CREATE TABLE Kunden (
    KundenNr INTEGER,
    Firma CHAR(50),
    Ort CHAR(50) );
```

Sie können die Anweisung in eine Zeile schreiben oder wie im vorstehenden Beispiel mit der ⏎-Taste einen Zeilenumbruch vornehmen. Erst das Semikolon schließt die komplette Anweisung ab. Wenn Sie anschließend (also nach Eingabe des Semikolons) die ⏎-Taste betätigen, wird die Anweisung ausgeführt.

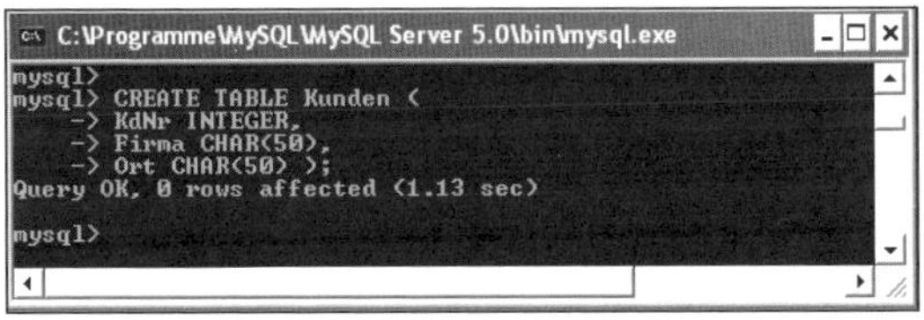

Abbildung 3.2: Mehrzeilige Eingabe eines SQL-Befehls

Die Umständlichkeit der Eingabe legt die Verwendung von Skripten nahe, die wir weiter oben schon vorgestellt haben, zumal die Anweisung aus Abbildung 3.2 noch recht kurz ist. Viele SQL-Anweisungen werden wesentlich länger sein.

Wie die einzelnen Teile der Anweisung zu verstehen sind, soll später noch geklärt werden. Schon aus der Schreibweise dürfte aber zu ersehen sein, dass mit *Kunden* der Name der Tabelle und mit *KdNr*, *Firma* und *Ort* Spaltennamen gemeint sind, dass es sich hier also um eigene Bezeichner handelt. Alle durchgängig großgeschriebenen Begriffe sind hingegen Elemente der MySQL-Syntax.

Beim Nachvollziehen des Beispiels sollten Sie unbedingt darauf achten, kein Komma und keine Klammer zu vergessen. Diese gehören ebenfalls zum MySQL-Sprachumfang und sind für das Funktionieren des Beispiels unverzichtbar.

Fehler bei wiederholter Ausführung

Die oben vorgestellte Anweisung erzeugt eine Tabelle mit dem Namen *Kunden*. Da in einer Datenbank keine zwei Tabellen mit dem gleichen Namen existieren können, erzeugt ein erneuter Aufruf der Anweisung eine Fehlermeldung. Ob die Tabelle korrekt angelegt wurde, können Sie mit dem SHOW-Befehl überprüfen. Dieser muss dann folgende Form haben:

```
SHOW TABLES;
```

MySQL gibt dann eine Liste der in der aktuellen Datenbank vorhandenen Tabellen aus. Für unser Beispiel dürfte das zunächst nur die Tabelle *Kunden* sein. Damit hätten wir eine komplette Datenbank erstellt, auch wenn diese vorerst nur aus einer noch leeren Tabelle besteht.

Daten einfügen

Im nächsten Schritt sind nun Daten einzufügen. Zuständig ist dafür die INSERT-Anweisung. Diese erwartet die Angabe der Tabelle und der Spalten, in die Werte einzutragen sind. Die Werte selbst übergeben Sie in einer VALUES-Klausel:

```
INSERT INTO Kunden (KundenNr, Firma, Ort)
VALUES (1, 'Mayer', 'Berlin');
```

Wie Sie aus dem Beispiel ersehen, sind bestimmte Werte in Anführungszeichen zu setzen, während andere ohne diese Einschließung auskommen. Auf die Unterschiede bei der Wertübergabe soll später noch ausführlich eingegangen werden. Mit dem vorstehenden Beispiel schreiben Sie einen vollständigen Datensatz in die Tabelle *Kunden*.

Anweisung wiederholen

Sie können das Beispiel beliebig wiederholen und so weitere Datensätze erzeugen. Dabei sollten Sie die Daten in der VALUES-Klausel ein wenig variieren, damit nicht immer nur Mayers aus Berlin mit der Kundennummer 1 in der Tabelle erscheinen. Vergessen Sie aber nicht die Anführungszeichen und auch nicht die Kommata, mit denen Sie die einzelnen Spaltennamen und Werte trennen.

Daten auslesen

Der letzte Schritt in dieser Minimaleinführung besteht darin, die Daten wieder auszulesen. Dazu verwenden Sie den wich-

tigsten SQL-Befehl, das SELECT-Kommando. Die folgende Anweisung gibt alle Daten der Tabelle *Kunden* aus:

```
SELECT * FROM Kunden;
```

Die Darstellung des *mysql*-Tools ist sicher nicht sehr überzeu-
gend. Sie lässt aber sehr schön die Struktur der Tabelle erkennen (Abbildung 3.3).

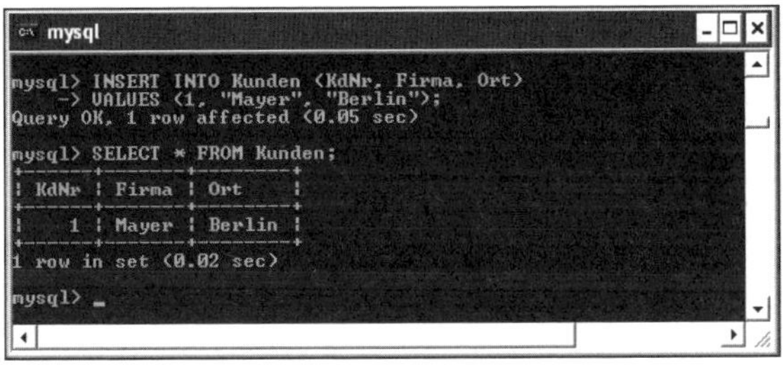

Abbildung 3.3: Ausgabe der Daten mit SELECT

Damit hätten wir den Zyklus von der Erstellung einer Daten-
bank bzw. Tabelle über die Dateneingabe bis zum Auslesen der
Daten abgeschlossen. Die Beispiele sollten gezeigt haben, dass
SQL eigentlich eine recht einfach zu verstehende Sprache ist.
Wer sich im Englischen halbwegs auskennt, wird die An-
weisungen auch gedanklich leicht nachvollziehen können.

Allerdings sollten die sehr einfachen Beispiele nicht darüber
hinwegtäuschen, dass SQL durchaus eine mächtige Sprache
ist, mit der sich sehr komplexe Anweisungen bilden lassen.
Der zweite Teil dieses Buches ist diesem Thema gewidmet.

Schreibweise von Tabellen- und Datenbanknamen

Solange Sie nur unter Windows arbeiten, ist es unerheblich,
wie Sie Datenbank-, Tabellen- und Spaltennamen schreiben.
Auf UNIX- bzw. LINUX-Systemen müssen Sie jedoch darauf
achten. Da es sich bei Datenbanken um Ordner und bei Tabel-

len um Dateien handelt, gelten hier die Konventionen des jeweiligen Betriebssystems.

4 Datenbanktheorie

Relationale Datenbanken basieren auf dem so genannten *ER-Modell* (*Entity Relationship Model*). Solche Modelle unterscheiden zwischen Entitäten und Entitätsbeziehungen. Als *Entität* gelten beliebige Objekte, etwa Produkte oder Personen, beispielsweise Kunden. Auch Strukturen, etwa die Abteilungen in einer Firma oder Vorgänge wie Kontobuchungen, können als Entitäten bezeichnet werden. Das ER-Modell beschreibt nun, wie sich solche Entitäten in Form von Daten abbilden lassen.

Verfügen Sie noch nicht über tiefer gehende Erfahrungen mit Datenbanken, sollten Sie dieses Kapitel keineswegs übergehen. Nur wenn Sie eine halbwegs fundierte Vorstellung davon haben, wie die Daten von einer relationalen Datenbank organisiert werden, können Sie eine konsistente Datenhaltung realisieren.

Das ER-Modell

Üblicherweise organisiert das ER-Modell gleichartige Daten in *Tupeln*, auch *Datensätze*, *Records* oder einfach nur *Zeilen* genannt. Die Datensätze werden aus Attributen (Eigenschaften) gebildet, die eine Entität beschreiben, beispielsweise einen Kunden. In diesem Fall könnten das die Attribute *Kundennummer*, *Name*, *Ort* und *Straße* ein. Alle gleich strukturierten Datensätze, also alle gleichartigen Entitäten, bilden eine *Entitätsmenge*, für die im relationalen Modell die Bezeichnung *Relation* verwendet wird. In der Praxis betrachten wir die Begriffe *Relation* und *Tabelle* als synonym, auch wenn das nur mit Einschränkungen gilt.

Kurz: Wenn wir im folgenden Text von Entitäten (bzw. Entitätsmengen), Relationen oder Tabellen sprechen, meinen wir eigentlich immer das Gleiche. Sie sollten sich jedoch merken, dass *Relation* nicht die Verknüpfung mehrerer Tabellen meint, wie häufig zu lesen ist, sondern eben die Tabelle selbst.

Entitätsbeziehungen

Für die Verknüpfung von Tabellen, etwa zwischen Kunden und Rechnungen, lässt sich zunächst der Begriff *Entitätsbeziehungen* verwenden. Möglicherweise haben Sie schon Erfahrungen mit Desktop-Datenbanken wie Access gesammelt. Hier werden solche Verknüpfungen einfach nur Beziehungen genannt. Welche Bedeutung diesen Beziehungen zukommt, soll später noch geklärt werden.

Schlüssel

Die Datensätze einer Relation (Tabelle) beschreiben jeweils ganz bestimmte Objekte (bzw. Vorgänge und Strukturen). Die Objekte müssen sich natürlich eindeutig identifizieren lassen. Zu diesem Zweck werden *Schlüssel* benötigt, die für jeden Datensatz eindeutig sind. Grundsätzlich lassen sich Schlüssel aus einer Attribut-Kombination bilden. In einer Kundentabelle könnten das beispielsweise die Attribute *Firma*, *Ort* und *Straße* sein. Es ist jedoch nicht auszuschließen, dass einmal zwei Kunden den gleichen Namen tragen und auch noch in der gleichen Straße desselben Ortes wohnen. Die Kunden ließen sich dann in der Datenbank nicht mehr eindeutig identifizieren. Kurz: Schlüssel aus natürlichen Attributen (*natürliche Schlüssel*) erfüllen nur in Ausnahmefällen die unverzichtbare Forderung nach Eindeutigkeit.

Künstliche Schlüssel

In der Regel werden daher *künstliche Schlüssel* bevorzugt, etwa Kundennummern. Diese sind per Definition immer eindeutig. Da Schlüssel der Identifizierung eines Datensatzes dienen, müssen sie aber nicht nur eindeutig sein, sie dürfen sich auch durch Änderungen an den Daten selbst nicht ändern. Es wäre sonst vielleicht nicht mehr möglich, dem Kunden seine alten, eventuell noch offenen Rechnungen zuzuordnen. Wird ein Kundendatensatz gelöscht, etwa weil der Kunde schon lange keine Umsätze mehr erzeugt hat, sollte auch seine Kundenummer gelöscht und nicht für neue Kunden verwendet werden.

Redundanz und Datenkonsistenz

Beim Entwurf einer Datenbank, also beim Definieren der Tabellen, sind unbedingt einige Regeln zu beachten. Die wohl wichtigste Regel lautet, dass die Tabellen so wenig redundante Daten wie möglich enthalten sollten. Das Problem der *Datenredundanz* ist eng mit dem Problem der *Datenkonsistenz*, der Widerspruchsfreiheit der Daten, verbunden. Redundante Daten, beispielsweise eine mehrfach vorhandene Kundenanschrift, können dazu führen, dass bei Datenänderungen nicht immer alle betreffenden Daten des Kunden aktualisiert werden, so dass für diesen schließlich unterschiedliche Anschriften gespeichert sind. Die Daten sind dann nicht mehr konsistent. Eine inkonsistente Datenbank ist aber nur noch bedingt in der Lage, die ihr zugedachten Zwecke zu erfüllen.

Normalisierung

Um unnötige Datenredundanz zu vermeiden, sind Verfahren entwickelt worden, die eine weitgehend redundanzfreie Datenhaltung gewährleisten sollen. Diese Verfahren werden als *Normalisierung* bezeichnet. Darunter sind Regeln zu verstehen, die in einem üblicherweise dreistufigen Prozess auf die Tabellen angewendet werden. Die Stufen des Prozesses tragen Bezeichnungen wie *Erste Normalform*, *Zweite Normalform* usw. Abbildung 4.1 zeigt zunächst eine nicht normalisierte Tabelle, die drei Rechnungen enthält.

RechnungsNr	KundenNr	Kunde	Artikel	Betrag
1	1	Wilms, Leipzig	Birnen, Bananen	20
2	2	Holter, Dresden	Kirschen, Tomaten	30
3	3	Wünsche, Köln	Birnen	20

Abbildung 4.1: Tabelle ohne Normalisierung

Die Spalten (Attribute) enthalten teilweise Aufzählungen (*Artikel*) oder strukturierte Einträge (*Kunde*). Wenn wir nun eine neue Rechnung für den Kunden *Wilms* eingeben wollen, müssen wir eine neue Zeile (einen neuen Datensatz) anlegen. Die Kundendaten sind dann redundant. Ändert der Kunde seinen Wohnsitz, muss die Änderung gleich an mehreren Stellen in der Tabelle erfolgen.

Erste Normalform

Die Erste Normalform verlangt, dass die einzelnen Attribute nicht zusammengesetzt sein dürfen. Da ein Attribut üblicherweise durch die Spalte einer Tabelle gebildet wird, bedeutet das, dass diese Spalte nur einfache Werte aufweisen darf. Wir müssen folglich die Struktur »Kunde« auflösen und daraus beispielsweise die Spalten *Kunde* und *Ort* machen.

RechnungsNr	KundenNr	Kunde	Ort	Artikel	Preis
1	1	Wilms	Leipzig	Birnen	10
1	1	Wilms	Leipzig	Bananen	10
2	2	Holter	Dresden	Kirschen	10
2	2	Holter	Dresden	Tomaten	20
3	3	Wünsche	Köln	Birnen	20

Abbildung 4.2: Tabelle in der Ersten Normalform

Die Aufzählung in der Spalte *Artikel* beseitigen wir, indem wir für jeden Artikel eine eigene Zeile einrichten. Damit verteilen sich die Positionen der Rechnungen auch über mehrere Zeilen. Die Rechnung mit der Rechnungsnummer 1 belegt beispielsweise zwei Zeilen. Eigentlich haben wir jetzt keine Rechnungstabelle mehr, sondern eine Tabelle mit Rechnungspositionen. Folglich zeigt die Tabelle auch keinen Rechnungsbetrag an, sondern den Preis für einzelne Artikel.

Etwas formaler ausgedrückt besagt die Erste Normalform, dass ein Attribut keine innere Struktur aufweisen und nur aus einfachen Merkmalswerten bestehen darf.

Durch das Hinzufügen von Spalten und/oder die Verteilung auf mehrere Zeilen lässt sich die Struktur in die Erste Normalform bringen. Allerdings zeigt die Tabelle noch erhebliche Redundanz. Die Erste Normalform ist daher auch nur eine Art Vorbereitung auf die nächste Stufe der Normalisierung.

Die Zweite Normalform

Für die Zweite Normalform gilt, dass eine Tabelle in der Ersten Normalform vorliegen muss und zudem alle Attribute vom Schlüssel der Tabelle abhängen müssen. Die Zweite Normalform erzwingt in der Regel schon eine Aufteilung auf mehrere Entitäten und damit auf mehrere Tabellen.

Kunden					Rechnungen		
KundenNr	Kunde	Ort		RechnungsNr	KundenNr	Betrag	
1	Wilms	Leipzig		1	1	20	
2	Holter	Dresden		2	2	30	
3	Wünsche	Köln		3	3	20	

Artikel		
ArtikelNr	Artikel	Preis
1	Birnen	10
2	Bananen	10
3	Kirschen	10
4	Tomaten	20

Abbildung 4.3: Tabelle(n) in der Zweiten Normalform

Ein Attribut hängt dann vom Schlüssel der Tabelle (der Relation) ab, wenn es genau eine Eigenschaft dieser Relation beschreibt. Das gilt beispielsweise für den Firmennamen. Dieser hängt unbedingt vom Schlüssel, der Kundennummer, ab. Auch die Bezeichnung eines Artikels ist an die jeweilige Artikelnummer gebunden, so wie Rechnungsbetrag und Rechnungsdatum dem Schlüssel Rechnungsnummer zuzuordnen sind.

Wie Abbildung 4.3 zeigt, erfordert die Zweite Normalform üblicherweise auch zusätzliche Schlüsselspalten, um die Beziehungen zwischen den Daten realisieren zu können (hier die Kundennummer in der Tabelle *Rechnungen*). Wir werden auf diese oft als *Fremdschlüssel* bezeichneten Spalten noch zurückkommen.

Die Dritte Normalform

Die Dritte Normalform setzt voraus, dass alle Tabellen schon in der Zweiten Normalform vorliegen. Zusätzlich wird gefordert, dass alle nicht zum Schlüssel gehörenden Attribute untereinander unabhängig sind. Wenn Sie ein Attribut ändern, darf sich daraus nicht die Notwendigkeit ergeben, auch das andere Attribut ändern zu müssen.

Diese Forderung ist problematisch, da die Bestimmung der Abhängigkeit nicht immer eindeutig möglich ist. Zudem kann die Dritte Normalform eine starke Aufteilung der Daten erzwingen, so dass sich möglicherweise viele kleine Tabellen ergeben.

Konsequent angewendet, würde das beispielsweise bedeuten, dass Sie PLZ und Ort in unterschiedlichen Tabellen unterbringen müssen, weil sich üblicherweise bei einem Ortswechsel auch eine Änderung der PLZ ergibt. Beide sind also voneinander abhängig. Eine solche Aufteilung ist aber nicht immer sinnvoll, weil Sie dann bei der Auswertung der Datenbank bzw. der Programmierung einer Datenbankanwendung erheblich mehr Aufwand treiben müssen. Dieser Aufwand steigert auch wieder die Fehleranfälligkeit. Zudem kann die Leistung des ganzen Systems leiden, wenn häufig Zugriffe über mehrere Tabellen erfolgen müssen.

Zwischen Leistung und Redundanz ist also oft ein Kompromiss zu schließen. Der Normalisierungsprozess lässt sich daher nicht immer mit aller Konsequenz durchführen. In der Praxis endet die Normalisierung deshalb häufig mit der Zweiten Normalform, auch wenn eine Datenstruktur erst mit der Dritten Normalform als normalisiert gilt.

Tabellen ergänzen

Die wenigen Spalten unseres Beispiels konnten wir recht leicht auf Tabellen verteilen. Allerdings fehlen noch Informationen, die wir für ein komplettes Datenmodell unbedingt ergänzen müssen. Eine Rechnung setzt beispielsweise voraus, dass für die einzelnen Rechnungspositionen Mengenangaben vorhanden sind. Diese Angabe lässt sich ohne Verletzung der Normalisierungsregeln in keiner der bisher entworfenen Tabellen unterbringen. Wir benötigen daher noch eine zusätzliche Tabelle für Rechnungspositionen, die solche Angaben aufnimmt. Abbildung 4.4 zeigt, wie das Modell nun aussehen könnte.

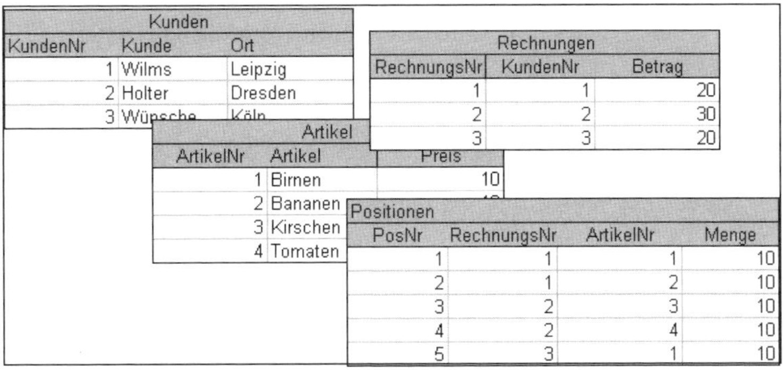

Abbildung 4.4: Das komplette Datenmodell

Die Tabelle *Positionen (Rechnungspositionen)* enthält neben der Mengenangabe eigentlich nur noch Spalten für Rechnungs- und Artikelnummern. Damit lässt sich bestimmen, welcher Artikel in welcher Menge welcher Rechnung zuzuordnen ist.

Beziehungen herstellen

Der Normalisierungsprozess löst zunächst die Beziehungen zwischen den Daten, etwa zwischen Kunden und Rechnungen, auf. Um mit den Daten aber auch vernünftig arbeiten zu können, müssen diese Beziehungen nun wiederhergestellt werden. Dazu dienen die schon vorgestellten Schlüssel, etwa die Kunden- und Rechnungsnummern.

Beziehungstypen

Der Typ der Beziehung bestimmt, wie viele Datensätze aus der einen Tabelle mit wie vielen Datensätzen aus einer anderen Tabelle in Beziehung stehen. Grundsätzlich lassen sich folgende Typen unterscheiden:

1:n

1:1

n:n

Üblich sind die beiden ersten Varianten. Die Beziehung 1:n besagt, dass einem Datensatz aus der ersten Tabelle beliebig viele Datensätze aus der zweiten Tabellen zugeordnet sein können. Zu einem Kunden können folglich beliebig viele Rechnungen gehören. Das schließt auch den Fall mit ein, dass ein Kunde noch keine Rechnung erhalten hat, etwa weil ein Auftrag noch nicht ausgeführt wurde. Sonderfälle dieser Variante sind Beziehungen, bei denen mindestens ein Datensatz aus der zweiten Tabelle vorhanden sein muss (1:1-n). Beispiele für den Typ 1:n sind unter anderem folgende Beziehungen:

Kunden:Rechnungen

Rechnungen:Rechnungspositionen

Rechnungspositionen:Artikel

Der Typ 1:1 wird relativ selten benötigt. In der Regel verwenden Sie ihn, um Daten, die auch in der gleichen Tabelle enthalten sein könnten, auf mehrere Tabellen zu verteilen. So kann es aus Gründen des Datenschutzes oder der Performance sinnvoll sein, bestimmte Kundeninformationen, etwa den Geburtstag oder andere persönliche Daten, in einer separaten Tabelle zu speichern.

Selten benötigt wird auch der Typ n:n. Hier können jedem Datensatz aus der ersten bzw. zweiten Tabelle beliebig viele Datensätze aus der jeweils anderen Tabelle zugeordnet sein. Das gilt beispielsweise für die folgende Beziehung:

Autor:Bücher

Dass zu jedem Autor mehrere Bücher gehören können, ist sicher einleuchtend. Ein Buch kann aber auch von mehreren Autoren erstellt worden sein.

Eltern- und Kindtabellen

Zwischen Tabellen herrschen häufig hierarchische Beziehungen. Eine Tabelle (die *Elterntabelle*) ist dann der anderen (der *Kindtabelle*) übergeordnet. Das gilt beispielsweise für die Beziehung Kunde:Rechnungen. Eine Rechnung ist ohne Kunde eigentlich nicht denkbar (es sei denn, wir betrachten anonyme Quittungen und Kassenbelege ebenfalls als Rechnungen). Bei anderen Beziehungen ist die Eltern-/Kind-Zuordnung nicht so eindeutig, beispielsweise bei der Beziehung Autor:Bücher. Natürlich wird ein Buch immer irgendeinen Autor haben. Dieser muss aber keineswegs bekannt sein. Eine Rechnung ohne Kunden (-anschrift) taugt bestenfalls für den Papierkorb, während sich ein Buch auch dann noch gut lesen lässt, wenn der Autor unbekannt ist. Für die Datenbank bedeutet das: Diese darf keine Rechnungen enthalten, wenn dafür kein Kunde existiert. Es ist aber durchaus möglich, Bücher zu speichern, ohne auch den Autor zu erfassen.

Die Möglichkeit, hierarchische Beziehungen zu identifizieren bzw. herzustellen, wird für die Definition von Integritätsbedingungen benötigt. Weiter unten kommen wir auf diesen Punkt zurück.

Schlüssel und Fremdschlüssel

Die Herstellung von Beziehungen setzt voraus, dass sich die zueinander gehörenden Datensätze auch identifizieren lassen. Üblicherweise wird für diesen Zweck der Schlüssel der Elterntabelle verwendet. In der Kundentabelle ist das eben die Kundennummer. Diese Nummer muss dann auch in der Rechnungstabelle (Kindtabelle) erscheinen. Hier wird dieser Schlüssel jedoch Fremdschlüssel genannt.

Im Gegensatz zum Schlüssel muss der Fremdschlüssel nicht eindeutig sein. Mehrere Datensätze in der Tabelle *Rechnungen* (mehrere Rechnungen) können folglich den gleichen Fremdschlüssel, also die gleiche Kundennummer enthalten (1:n-Beziehung). Diese Rechnungen werden dadurch dem gleichen Kunden zugeordnet.

Der Fremdschlüssel dient eben nur der Herstellung der Beziehung. Er muss den Datensatz (hier die einzelne Rechnung) nicht identifizieren. Für die Identifikation der Datensätze in der Rechnungstabelle verfügt diese in der Regel über einen eigenen eindeutigen Schlüssel, hier also die Rechnungsnummer.

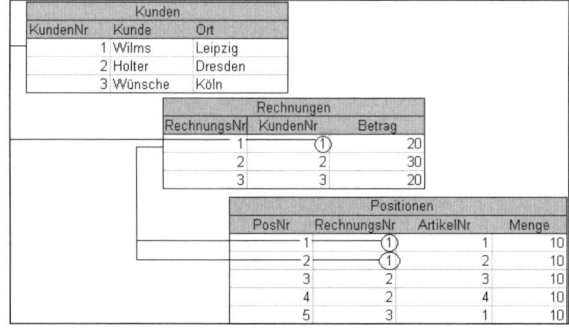

Abbildung 4.5: Beziehungen über Schlüssel und Fremdschlüssel herstellen

Abbildung 4.5 zeigt, wie sich eine Beziehung über Schlüssel und Fremdschlüssel realisieren lässt. Über die Kundennummer wird auf alle Rechnungen verwiesen, die als Fremdschlüssel diese Kundennummer enthalten.

Komplexe hierarchische Strukturen

In komplexen Datenbanken finden sich nicht selten auch mehrfach gestufte Hierarchien. So ist die Rechnungstabelle zwar der Kundentabelle untergeordnet; in Bezug auf die Tabelle mit den Rechnungspositionen handelt es sich jedoch um die übergeordnete Tabelle (Elterntabelle). In diesem Fall bildet der Schlüssel der Rechnungstabelle (also die Rechnungsnummer) den Fremdschlüssel in der Tabelle *Positionen*.

Integritätskonzepte

Wie schon angesprochen, steht der Begriff Konsistenz für die Widerspruchsfreiheit der Daten. Diese wird in der Regel durch eine weitgehende Vermeidung von Datenredundanz gewährleistet. Mit *Integrität* ist hingegen der Schutz der Daten bzw. der Datenbank vor nicht zulässigen Operationen oder vor unzulässigen physischen Einwirkungen, etwa durch Hardware- oder Software-Fehler, gemeint. Normalerweise lassen sich folgende Integritätsbedingungen unterscheiden:

✔ semantische Integrität

✔ operationale Integrität

✔ physische Integrität

✔ referenzielle Integrität

Die Bedeutungen der vorgenannten Konzepte und die Wege zu ihrer Umsetzung überschneiden sich teilweise. So steht die *semantische Integrität* für korrekte Daten, deren Sicherstellung sich unter anderem mit Hilfe von Eingabekontrollen erreichen lässt. Die *operationale Integrität* gewährleisten Sie ebenfalls per

Eingabekontrolle. Sie soll garantieren, dass sich eine konsistente Datenbank auch nach einer Operation (Löschen, Hinzufügen, Ändern) wieder in einem konsistenten Zustand befindet. Hierzu gehört auch die wichtige *referenzielle Integrität*, die weiter unten noch vorgestellt werden soll. Wichtig ist natürlich auch die *physische Integrität*, die üblicherweise durch Bakkup- und Recovery-Strategien zu gewährleisten ist.

Referenzielle Integrität

Die *referenzielle Integrität* erfordert, dass einem Datensatz aus einer untergeordneten Tabelle immer ein Datensatz aus der übergeordneten Tabelle zugeordnet sein muss. Für eine Rechnung muss also immer auch ein Kunde vorhanden sein. Die Sicherstellung der referenziellen Integrität ist unter MySQL eigentlich eine Aufgabe des Entwicklers bzw. Anwenders. Dieser muss beispielsweise dafür sorgen, dass kein Kunde gelöscht werden darf, wenn für diesen Kunden noch Rechnungen existieren. Erst wenn alle Rechnungen des betreffenden Kunden gelöscht wurden, darf auch der Kundendatensatz selbst aus der Datenbank entfernt werden.

Fremdschlüssel in MySQL

In der neuesten Version unterstützt MySQL auch Fremdschlüssel. Damit ist eigentlich eine Hilfestellung bei der Sicherung der referenziellen Integrität gemeint. Wenn Sie eine Tabellenspalte als Fremdschlüssel kennzeichnen, achtet MySQL darauf, dass keine Datensätze in die untergeordnete Tabelle eingefügt werden, für die kein zugehöriger Datensatz in der übergeordneten Tabelle existiert. Die Fremdschlüsselunterstützung muss in MySQL jedoch durch die Verwendung eines bestimmten Tabellentyps erkauft werden, der die Leistung des MySQL-Servers erheblich beeinträchtigen kann.

Transaktionen

Grundsätzlich ist jede elementare Operation, etwa das Löschen oder Hinzufügen eines Datensatzes, auch eine separate Operation. Datenbankanwendungen erfordern jedoch häufig, dass bestimmte Operationen nur gemeinsam oder gar nicht ausgeführt werden dürfen. Das gilt beispielsweise für die Verbuchung von Zahlungseingängen. In diesem Fall muss das Konto *Forderungen* um den Zahlungsbetrag vermindert und das Konto *Kasse* um den Betrag erhöht werden. Die Anwendung (oder die Datenbank) muss sicherstellen, dass notfalls eine der Operationen zurückgenommen wird (*Rollback*), wenn die andere aus irgendeinem Grunde nicht ausgeführt werden konnte. Nur wenn alle erforderlichen Operationen erfolgreich ausgeführt wurden, dürfen die dadurch bewirkten Änderungen dauerhaft in der Datenbank gespeichert werden (*Commit*). Solche unbedingt zusammengehörenden Operationen werden als *Transaktionen* bezeichnet.

MySQL-Unterstützung für Transaktionen

In früheren Versionen wurden Transaktionen von MySQL nicht unterstützt. Der Anwender oder Datenbankentwickler musste sich selbst darum kümmern, dass keine unvollständigen Transaktionen stattfinden konnten. Die aktuellen Versionen verfügen jedoch über einen speziellen Tabellentyp, für den MySQL auch die Definition von Transaktionen zulässt.

Tabellentypen und Transaktionskonzept

MySQL kennt verschiedene Tabellentypen, die sich unter anderem bezüglich der Unterstützung von Fremdschlüsseln und Transaktionen unterscheiden. Wichtig sind vor allem die folgenden Typen:

✔ MyISAM

✔ InnoDB

MyISAM ist der normalerweise in MySQL verwendete Typ, der keine Transaktionen kennt. Inzwischen steht aber auch der InnoDB-Typ zur Verfügung, mit dem sich Transaktionen realisieren lassen. Da die Transaktionsunterstützung jedoch mit einem erheblichen Overhead (also mit zusätzlichen Operationen) belastet ist und Datenbankoperationen damit in der Regel mehr Zeit erfordern, sollten Sie InnoDB immer nur einsetzen, wenn Transaktionen auch wirklich benötigt werden.

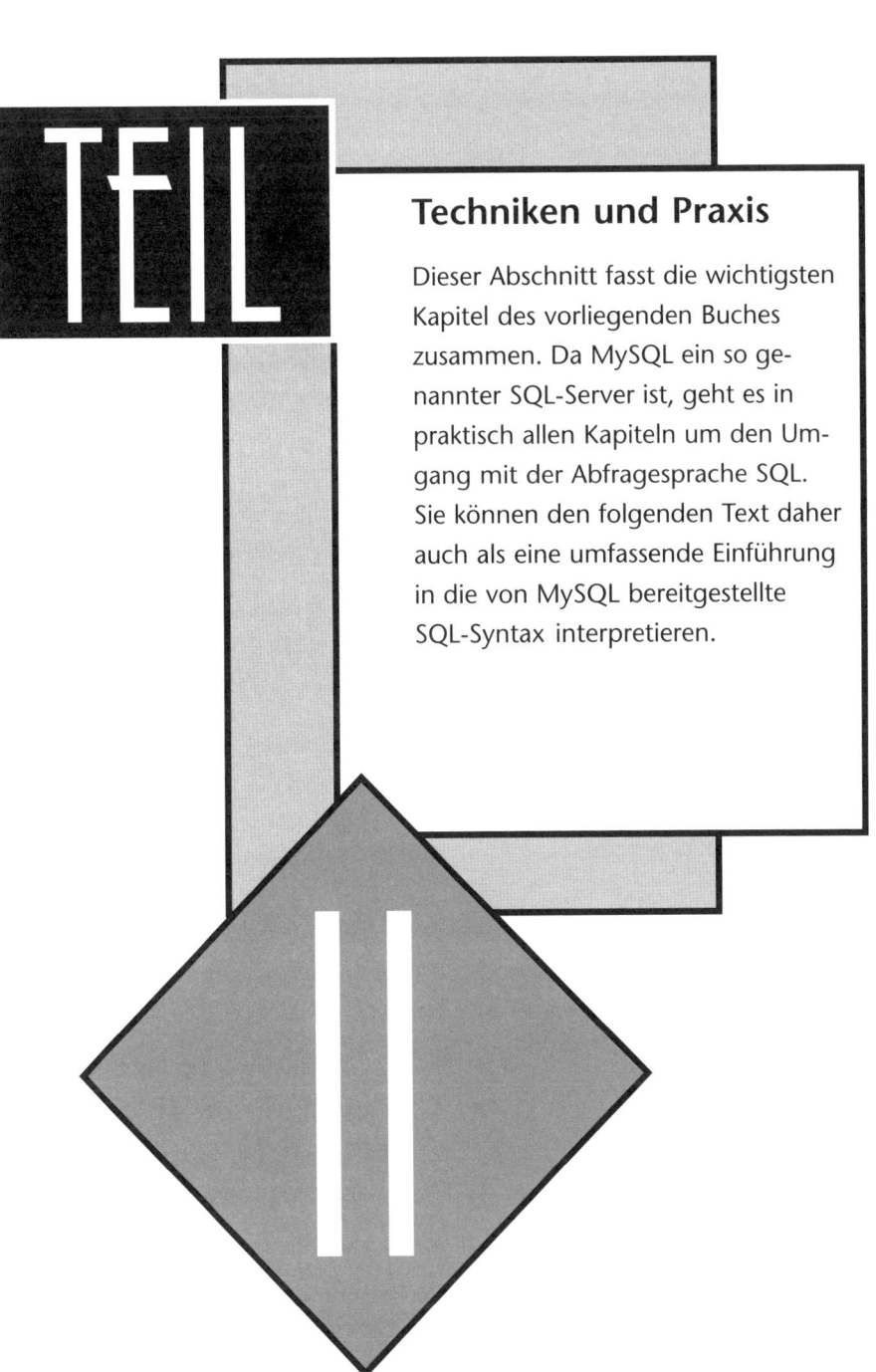

Techniken und Praxis

Dieser Abschnitt fasst die wichtigsten
Kapitel des vorliegenden Buches
zusammen. Da MySQL ein so genannter SQL-Server ist, geht es in
praktisch allen Kapiteln um den Umgang mit der Abfragesprache SQL.
Sie können den folgenden Text daher
auch als eine umfassende Einführung
in die von MySQL bereitgestellte
SQL-Syntax interpretieren.

TEIL

II

5 Datenbanken erzeugen

Datenbanken sind unter MySQL eigentlich nur gewöhnliche
Ordner bzw. die Gesamtheit der Dateien, die sich in diesem
Ordner befinden. Folglich ist der Name der Datenbank auch
der Name dieses Ordners. Eine neue (leere) Datenbank lässt
sich daher ohne Rückgriff auf ein SQL-Kommando durch Anlegen eines neuen Ordners erzeugen. Sie müssen lediglich darauf achten, dass MySQL den Ordner auch findet. In der Voreinstellung sucht MySQL im Ordner *C:/mysql/data* nach Datenbanken (also nach Ordnern bzw. Unterordnern). Wenn Sie
diesen Pfad nicht durch Neukonfiguration geändert haben, erhalten Sie eine Datenbank mit dem Namen *Kontakte* durch
Anlegen des Ordners *Kontakte* im */data*-Ordner (*C:/mysql/data/
Kontakte*). Sie können die Arbeit aber auch MySQL überlassen.
In diesem Fall geben Sie im *mysql*-Tool den folgenden Befehl
ein:

```
CREATE DATABASE Kontakte;
```

Da es sich bei MySQL-Datenbanken um Ordner handelt, gelten zunächst auch die Namenskonventionen für Ordner. Für
Windows sind diese recht großzügig, so dass Sie eigentlich
auch viele Sonderzeichen verwenden könnten. Solche Ordner
mag MySQL jedoch nicht. Insbesondere die deutschen Umlaute werden von vielen MySQL-Tools und speziell vom Tool
mysql nicht akzeptiert. Sie müssen daher auf alle Sonderzeichen und auch auf Leerzeichen und Bindestriche verzichten.
Wenn Sie zusammengesetzte Namen benötigen, können Sie
den Unterstrich verwenden oder die einzelnen Teile direkt zusammensetzen:

```
CREATE DATABASE Kontakte_DE;
CREATE DATABASE KontakteDE;
```

Natürlich sind in Datenbanknamen auch Ziffern zulässig. Diese dürfen auch am Anfang des Namens stehen.

Beachten Sie, dass das grafische Tool *WinMySQLAdmin* die neuen Datenbanken erst nach einem Neuaufruf anzeigt. Sie können sich die vorhandenen Datenbanken jedoch im *mysql*-Tool mit der Anweisung SHOW DATABASES (plus Semikolon) anzeigen lassen.

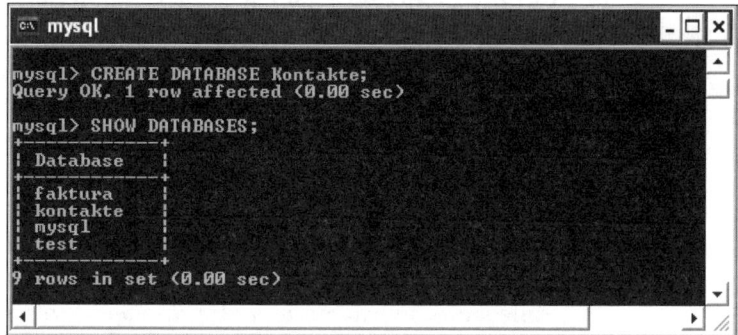

Abbildung 5.1: Datenbanken erzeugen und anzeigen

Der CREATE-Befehl kennt eine Erweiterung (IF NOT EXISTS), die eine Fehlermeldung verhindert, wenn die anzulegende Datenbank bereits existiert:

```
CREATE DATABASE IF NOT EXISTS Kontakte;
```

Existiert die Datenbank *Kontakte* bereits, wird sie in diesem Fall nicht neu erzeugt. Das *mysql*-Tool erzeugt aber auch keine Fehlermeldung.

Datenbanken löschen

Für das Löschen von Datenbanken und anderen Datenbankobjekten ist der DROP-Befehl zuständig. Um eine Datenbank mit allen darin enthaltenen Datenbankobjekten zu löschen, qualifizieren Sie den Befehl noch mit der Objektbezeichnung DATABASE und mit dem Namen der Datenbank. Die weiter oben erzeugte Datenbank *Kontakte* entfernen Sie dann mit der folgenden Anweisung:

```
DROP DATABASE Kontakte;
```

Für den Fall, dass die Datenbank nicht oder nicht mehr existiert, können Sie alternativ noch die Erweiterung IF EXISTS hinzufügen:

```
DROP DATABASE IF EXISTS Kontakte;
```

MySQL unterdrückt dann die sonst fällige Fehlermeldung. Beachten Sie, dass die Datenbank mit allen Tabellen und Indizes wirklich gelöscht wird. Eine Rücknahme dieser Operation ist also nicht möglich. Das *mysql*-Tool zeigt auch keine Sicherheitsabfrage an (Wollen Sie wirklich ...?).

Tabellen erzeugen

Wenn Sie mit dem *mysql*-Tool arbeiten, setzt die Erzeugung einer Tabelle voraus, dass Sie mit USE zunächst die Datenbank wählen. Auf diese Datenbank wirken dann die folgenden Befehle. Die Datenbank *Kontakte* aktivieren Sie mit folgender Anweisung:

```
USE Kontakte;
```

Die weiter oben angelegte Datenbank *Kontakte* ist zunächst noch leer. Sie enthält keine Datenbankobjekte wie beispielsweise Tabellen oder Indizes. Diese müssen erst mit dem CREATE-Befehl erzeugt werden. In einer stark vereinfachten Version hat CREATE folgende Syntax:

```
CREATE TABLE Tabellenname
(Spalte1 Typ(Länge) ,
 Spalte2 Typ(Länge),
 ...);
```

Mit CREATE TABLE bestimmen Sie zunächst den Tabellennamen. Anschließend definieren Sie innerhalb einer Klammer die Spalten (Felder), indem Sie deren Namen und Typ angeben und gegebenenfalls auch die Feldlänge bestimmen. Die einzel-

nen Spaltendefinitionen sind durch Kommata von der vorher-
gehenden abzugrenzen. Eine schlichte Tabelle mit dem Namen
Kunden und mit vier Spalten erhalten Sie mit der folgenden
Anweisung:

```
CREATE TABLE Kunden (
  KundenNr INTEGER,
  Firma CHAR(100),
  Ort CHAR(100),
  Datum DATE );
```

Das Beispiel erzeugt Felder vom Typ INTEGER, CHAR und DATE.
Der Typ INTEGER steht für eine Ganzzahl bestimmter Größe.
Ganzzahlige Typen verwenden Sie in der Regel für Schlüssel
wie beispielsweise Kunden- oder Artikelnummern. Der Typ
CHAR steht für ein Textfeld, in das Sie beliebige alphanumerische Zeichen eingeben können. Solche Felder haben eine bestimmte Länge. Sie müssen daher auch die Typklammer verwenden und darin die maximal zulässige Zahl der Zeichen
vorgeben. Zum Schluss erzeugt das Beispiel ein Datumsfeld
(Type DATE). Beachten Sie, dass auf die letzte Felddefinition
kein Komma mehr folgt. Natürlich ist die komplette Anweisung wieder mit dem Semikolon abzuschließen.

Tabellen löschen

Da im folgenden Text häufig die gleiche Tabelle verwendet
und dabei immer wieder neu erzeugt wird, müssen Sie diese
vermutlich auch regelmäßig löschen. Dazu dient der DROP TA-
BLE-Befehl. Die Tabelle *Kontakte* löschen Sie beispielsweise mit
der folgenden Anweisung:

```
DROP TABLE Kontakte;
```

Natürlich handelt es sich dabei um einen äußerst gefährlichen
Befehl, den Sie möglichst nicht auf Tabellen anwenden sollten,
die bereits Daten enthalten. MySQL löscht die Tabelle tatsächlich, inklusive der darin gespeicherten Daten. Eine Rücknahme ist dann nicht mehr möglich.

Namenskonventionen

Bei der Vergabe eines Tabellennamens und auch bei der Bezeichnung von Feldern (Spalten) sind Sie relativ frei. Bis zu 64 Zeichen können Sie vergeben. Zulässig sind grundsätzlich auch Sonderzeichen wie die deutschen Umlaute. Allerdings können diese bei der Verwendung in Programmen oder SQL-Kommandos Probleme bereiten. Es ist daher dringend anzuraten, dass Sie auf Sonderzeichen und auch auf Bindestriche und Leerzeichen verzichten. Sinnvoll sind hingegen Unterstriche, mit denen Sie Namenskombinationen bilden. So können Sie Tabellen beispielsweise wie folgt benennen:

Kunden_neu

Kunden_alt

Diese Benennungsregel dürfte auch für Spaltenbezeichnungen die beste Wahl sein. Sinnvoll ist es zudem, auf kryptische (unlesbare) Abkürzungen zu verzichten und den Tabellen- und Spaltennamen notfalls einige Zeichen mehr zu gönnen.

Spaltennamen mit Sonderzeichen

Problematisch sind Tabellen- und Spaltenbezeichnungen mit Sonderzeichen auch deshalb, weil der *mysql*-Monitor damit nicht mehr zurechtkommt. Zwar liefert die übliche SELECT-Abfrage noch eine Ergebnistabelle. Wie Abbildung 5.2 zeigt, lassen sich die Spalten aber nur noch mit einer gehörigen Portion Fantasie interpretieren. So tragen die beiden letzten Spalten in Abbildung 5.2 eigentlich die Bezeichnungen *Maßeinheit* und *Größe*. Auf ein CREATE-Beispiel für die dort gezeigte Tabellenstruktur soll an dieser Stelle verzichtet werden.

Auch die Definition von Abfragen gestaltet sich mit Sonderzeichen wesentlich umständlicher. So müssen Sie Spaltenbezeichnungen mit Sonderzeichen beispielsweise in spezielle Anführungszeichen einschließen, um die Namen in SELECT-Abfragen verwenden zu können. In Kapitel 9 kommen wir auf diesen Punkt noch zurück.

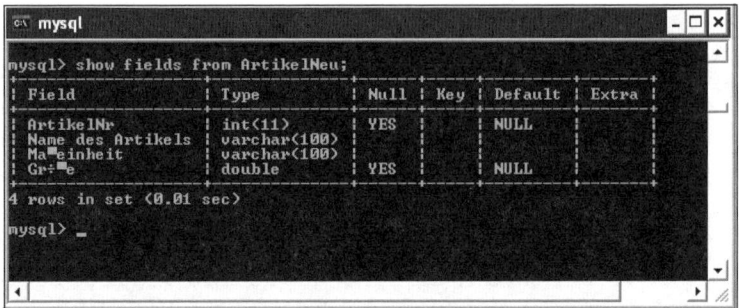

Abbildung 5.2: Ausgabe von Sonderzeichen im *mysql*-Monitor

Der richtige Spaltentyp

Die Wahl des *Spaltentyps* bestimmt zunächst, welche Operationen mit den Werten einer Spalte zulässig sind. Um mit Spaltenwerten rechnen zu können, müssen diese beispielsweise einen numerischen Typ haben. Zudem begrenzt der Datentyp gegebenenfalls die Art der Daten, die sich in das Feld eingeben lassen. So kann der Typ INTEGER (Ganzzahl) keine Buchstaben aufnehmen.

Auch der Typ DATE verweigert die Annahme solcher Zeichen. Mit der Vorgabe des Datentyps erhalten Sie folglich auch schon eine Form der Eingabekontrolle. Es ist daher dringend zu empfehlen, dass Sie die Wahl des Datentyps sorgfältig planen. Beachten Sie aber auch, dass bestimmte Felder, die auf den ersten Blick vielleicht als numerische Felder erscheinen, doch den Texttyp CHAR benötigen. Das gilt beispielsweise für Telefon- und Faxnummern. Hier können nicht numerische Sonderzeichen, etwa die Klammer oder das Pluszeichen, gespeichert werden. Auch die Postleitzahl ist mit dem Typ CHAR, begrenzt auf fünf Zeichen, besser bedient. Bei einem numerischen Typ dürften Sie Schwierigkeiten haben, die führende Null zu speichern, die beispielsweise in der PLZ von Leipzig vorkommt.

Feldlänge

Bei der Wahl der *Feldlänge* sind zwei Dinge zu berücksichtigen: die Länge der möglichen Einträge und die Leistung des Systems. Grundsätzlich könnten Sie einfach die maximale Feldlänge wählen, damit auch ungewöhnlich große Werte, etwa ein überlanger Ortsname, noch hineinpassen. Lange Textfelder erfordern aber entweder viel Platz auf der Festplatte oder schränken die Leistung des Systems ein. Bei Feldern fester Länge, etwa beim Typ CHAR, wird für jeden Eintrag die vorgegebene Zeichenzahl reserviert, auch wenn der Eintrag eigentlich sehr kurz ist. Bei Typen wie dem noch vorzustellenden VARCHAR belegt MySQL zwar nur den wirklich erforderlichen Platz, dafür ist aber mehr Aufwand beim Auffinden von Einträgen erforderlich. Sie sollten die Feldlänge daher nicht zu großzügig bemessen. Für Felder, deren maximale Zeichenzahl bekannt ist, etwa die Postleitzahl, stellen Sie natürlich genau diesen Wert ein (hier fünf Zeichen). Bei Feldern unbekannter Länge wählen Sie üblicherweise einen durchschnittlichen Wert. Für das Feld *Ort* sind beispielsweise 50 bis 100 Zeichen sinnvoll.

Weitere Klauseln

Die weiter oben vorgestellte Version des CREATE-Befehls definiert lediglich eine Minimalsyntax. Zusätzlich lassen sich Klauseln verwenden, so dass sich die Syntax wie folgt erweitern lässt:

```
CREATE [TEMPORARY] TABLE [IF NOT EXISTS] Tabellenname

(Spaltendefinitionen)
```

Die Klausel TEMPORARY bewirkt, dass die Tabelle nur so lange existiert, wie die Verbindung zur Datenbank besteht. Wenn Sie die Verbindung beenden (also beispielsweise das *mysql*-Tool mit exit verlassen), wird die Tabelle gelöscht. Solche temporären Tabellen werden in der Regel nur bei der Programmierung von Datenbankanwendungen benötigt. Sie dienen dann der Zwischenspeicherung temporärer Daten.

Wichtiger ist momentan die Klausel IF NOT EXISTS. Wie schon beim Erzeugen der Datenbank gezeigt, verhindern Sie damit, dass MySQL eine Fehlermeldung erzeugt, wenn die Tabelle bereits existiert.

Beachten Sie, dass die eckigen Klammern nicht Teil des Befehls sind. Sie deuten lediglich an, dass die darin eingeschlossenen Sprachelemente optional sind.

Spaltenoptionen

Auch für die Spalten können Sie zusätzliche (optionale) Klauseln verwenden. Diese werden oft auch erforderlich sein, um die Funktion einer Spalte hinreichend zu bestimmen. Die wichtigsten Erweiterungen bei der Spaltendefinition zeigt folgende Syntax:

```
Spaltenname Typ(Länge) [PRIMARY KEY]
[NULL | NOT NULL]
[DEFAULT Wert] [AUTO_INCREMENT]
```

Die vorstehende Syntax gilt natürlich nur im Rahmen einer Tabellendefinition mit CREATE TABLE.

Der NULL-Wert

Der NULL-Wert ist eigentlich gar kein Wert. Er steht sogar für das Fehlen eines Wertes. Sie dürfen den »Wert« NULL daher keinesfalls mit der leeren Zeichenfolge ("") beim Typ CHAR oder dem echten Wert 0 bei numerischen Spalten gleichsetzen. Auch hat der »Wert« NULL keinen Typ. Kurz: NULL steht für das Fehlen eines Eintrags und ist bezüglich des Typs unbestimmt. Wenn Sie eine Spalte ohne die Erweiterung NULL bzw. NOT NULL definieren, gilt automatisch die Erweiterung NULL. In neuen Datensätzen darf die Spalte dann leer bleiben. Wollen Sie den Anwender zwingen, einen Wert einzugeben, müssen Sie die Spaltendefinition um die Klausel NOT NULL erweitern:

```
...
Firma CHAR(100) NOT NULL,
...
```

Die vorstehende unvollständige Konstruktion bestimmt die Spalte *Firma* als NOT NULL. Sie sollten tatsächlich nur solche Spalten als NOT NULL definieren, die unbedingt einen Eintrag enthalten müssen. Andernfalls zwingen Sie den Anwender, gegebenenfalls unsinnige Daten einzugeben, um einen neuen Datensatz anlegen zu können. Hat der Kunde beispielsweise kein Telefon, dann soll die betreffende Spalte auch leer bleiben (NULL) und nicht mit Einträgen wie »keine Angabe« oder »n.n.« gefüllt werden. Bei der Auswertung der Daten bereiten solche unsinnigen Eingaben oft erhebliche Probleme.

Primärschlüssel

Besonders wichtig ist die Klausel PRIMARY KEY, die eine Spalte zum Primärschlüssel bestimmt. Als *Primärschlüssel* wird unter MySQL eine Spalte oder Spaltenkombination mit eindeutigen Werten bezeichnet, die Sie in der CREATE TABLE-Anweisung mit der genannten Klausel kennzeichnen. Primärschlüssel identifizieren einen Datensatz eindeutig und dienen vorzugsweise der Verknüpfung mit anderen Tabellen (*Joins*). Jede Tabelle kann nur einen Primärschlüssel enthalten.

Das folgende Beispiel erweitert die schon früher gezeigte Definition der Tabelle *Kunden*:

```
CREATE TABLE Kunden (
  KundenNr INTEGER PRIMARY KEY AUTO_INCREMENT,
  Firma CHAR(100) NOT NULL,
  Ort CHAR(100) DEFAULT 'Leipzig',
  Datum DATE );
```

Eine solche Spalte ist automatisch auch eine NOT NULL-Spalte. Damit ist gemeint, dass diese Spalte beim Anlegen eines neuen Datensatzes immer einen Eintrag erhalten muss. Sie darf niemals leer (NULL) sein. Üblicherweise werden Schlüsselfelder wie Kunden-, Personal- oder Artikelnummern als Primär-schlüssel definiert.

AUTO_INCREMENT-Klausel

Für die Kundennummer haben wir zusätzlich die Klausel AUTO_INCREMENT verwendet. Damit wird erreicht, dass das Feld beim Erzeugen eines neuen Datensatzes automatisch einen Eintrag erhält. Der Anwender bzw. Programmierer muss sich dann nicht mehr um die Kundennummer kümmern. Diese wird automatisch für jeden neuen Datensatz (jeden neuen Kunden) um den Wert 1 erhöht. Das betreffende Feld muss natürlich einen numerischen Typ haben. Allerdings besteht grundsätzlich die Möglichkeit, in das Feld auch weiterhin Werte manuell einzutragen. Bei der Vorstellung der INSERT-Anweisung kommen wir darauf zurück.

> Wichtig: Die Klausel AUTO_INCREMENT kann in einer Tabelle nur einmal verwendet werden.

DEFAULT-Klausel

Die DEFAULT-Klausel sorgt dafür, dass die betreffende Spalte beim Erzeugen eines neuen Datensatzes automatisch einen Wert zugewiesen erhält. Diese Option können Sie nutzen, wenn Sie sehr häufig den gleichen Wert in eine Spalte eintra-gen müssen. Eine lokal tätige Firma wird beispielsweise die meisten Kunden in derselben Stadt haben. Diese Stadt kann dann als DEFAULT-Wert vorgegeben werden. Sollte der automa-tisch erzeugte Wert einmal nicht passen, kann er problemlos überschrieben werden. Beachten Sie, dass Sie einen DEFAULT-Wert, der als Zeichenfolge übergeben wird, in Anführ-rungszeichen setzen müssen. Das gilt auch für Datumswerte. Numerische Werte übergeben Sie hingegen ohne Anführungs-zeichen. Einige (unvollständige) Beispiele:

```
...
Ort CHAR(100) DEFAULT 'Leipzig'
Datum DATE DEFAULT '2003-12-25'
Umsatz DOUBLE DEFAULT 123.45
```

Auf die Verwendung von Datumsangaben und die Schreibweise numerischer Werte, etwa den Dezimalpunkt, soll später noch eingegangen werden. Beachten Sie auch, dass die vorstehenden Spaltendefinitionen nur innerhalb einer vollständigen CREATE-Anweisung funktionieren.

Primärschlüssel über mehrere Spalten

Nicht immer werden Sie künstliche Schlüssel wie Kunden- oder Artikelnummern verwenden wollen. Um in diesem Fall dennoch einen Primärschlüssel definieren zu können, müssen Sie gelegentlich zwei oder auch mehr Spalten zu einem Schlüssel verbinden. Jede einzelne Spalte darf dann durchaus mehrfach den gleichen Eintrag enthalten. Nur in der Kombination der betreffenden Spalten müssen sich immer eindeutige Werte ergeben. Das folgende Beispiel erzeugt eine *Kunden*-Tabelle, die einen Primärschlüssel über zwei Spalten (hier *Firma* und *Ort*) bildet:

```
CREATE TABLE Kunden (
    Firma CHAR(100) NOT NULL,
    Ort CHAR(100) NOT NULL,
    PRIMARY KEY (Firma, Ort),
    Datum DATE );
```

Jede am Primärschlüssel beteiligte Spalte ist mit der Erweiterung NOT NULL zu definieren. Beachten Sie, dass das vorstehende Beispiel nur drei Spalten erzeugt (*Firma, Ort, Datum*). Die Primärschlüsseldefinition wird hier zwar nicht mehr als Klausel, sondern wie eine separate Spaltendefinition behandelt, sie erzeugt jedoch keine eigene Spalte.

Syntaxvarianten

Die vorstehenden Beispiele verwenden die einfachste Syntaxvariante, bei der die eigenen Bezeichner (Tabellen- und Spaltennamen) ohne zusätzliche Einschließungszeichen auskommen. Unter MySQL können Sie aber auch das Akzentzeichen nutzen, das Sie in der Regel nur für bestimmte Sonderzeichen, etwa in französischen Begriffen, benötigen:

```
CREATE TABLE `Kunden` (
  `KundenNr` INTEGER,
  `Firma` CHAR(100) );
```

In der Regel kommen Sie ohne diese umständlichen Einschließungszeichen aus. Es ist aber durchaus möglich, dass einzelne Clients darauf bestehen, auch wenn die zu MySQL gehörenden Tools nicht darauf angewiesen sind.

Textdatei verwenden

Die Möglichkeit, Befehle in einer Textdatei zu speichern und dann mit dem Befehl source auszuführen, wurde bereits weiter oben angesprochen. Textdateien haben aber noch weitere Vorteile: Sie können hier gleich mehrere Befehle unterbringen und beliebige Anweisungen löschen oder per Zwischenablage einfügen. Zudem haben Sie die Möglichkeit, Anweisungen über beliebig viele Zeilen zu verteilen (zu umbrechen) und damit zu strukturieren. Wie bekannt und wie in Abbildung 5.3 gezeigt, ist auch in der Textdatei jeder Befehl durch ein Semikolon abzuschließen.

Die Textdatei in Abbildung 5.3 enthält zwei Befehle: Der erste wechselt zur Datenbank *Kontakte*. Der zweite erzeugt in dieser Datenbank die Tabelle *Kunden*. Sie können so sehr leicht mit der Struktur der Tabelle experimentieren. Das gilt allerdings nur, wenn noch keine Daten eingegeben wurden. Am Prompt des *mysql*-Tools führen Sie die Befehle der Textdatei mit der folgenden Anweisung aus:

```
Mysql> source Textdatei;
```

Haben Sie der Textdatei beispielsweise den Namen *sql.txt* gegeben, ist am *mysql*-Prompt folgende Anweisung erforderlich:

```
Mysql> source sql.txt;
```

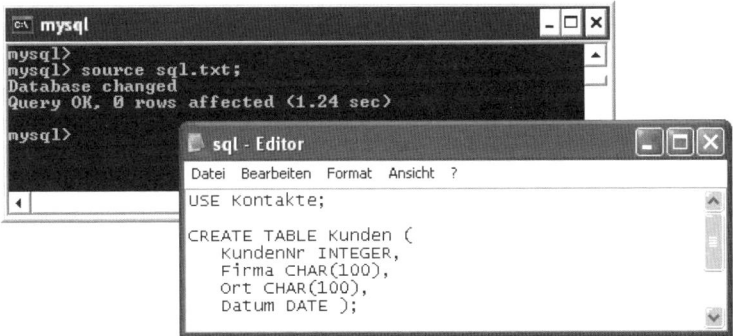

Abbildung 5.3: Mehrere Anweisungen in einer Textdatei

Wenn sich die Textdatei nicht im gleichen Verzeichnis wie das *mysql*-Tool befindet, müssen Sie nicht nur den Namen der Textdatei, sondern den kompletten Pfad angeben.

Kommentare

Wenn Sie SQL-Kommandos nicht direkt am Prompt des *mysql*-Tools eingeben, sondern Skripte erstellen und ausführen, können Sie auch Kommentare nutzen. MySQL ignoriert grundsätzlich alles, was in einem *Kommentar* steht. Es kommt allerdings darauf an, welche Zeichen Sie für die Kennzeichnung von Kommentaren verwenden. Möglich sind zunächst Kommentare, wie sie in der Programmiersprache C verwendet werden:

```
/* Kommentartext */
```

Alles, was zwischen den Zeichenkombinationen /* und */ steht, wird nicht als SQL-Code interpretiert und grundsätzlich ignoriert. Das gilt auch dann, wenn der Kommentar über mehrere Zeilen geht. Allerdings veranlassen bestimmte Zeichen MySQL doch, diese als Teil von Kommandos zu interpretieren. So wird das Semikolon auch innerhalb eines so gekennzeichneten Kommentars als Abschlusszeichen für SQL-Kommandos betrachtet. Sicherer ist daher die Verwendung des Nummernzeichens (#). Dieses gilt jedoch immer nur bis zum Ende der betreffenden Zeile. Mehrzeilige Kommentare müssen Sie daher in jeder neuen Zeile mit dem Nummernzeichen einleiten:

```
# Kundentabelle mit kombiniertem
# Primärschlüssel erzeugen
CREATE TABLE Kunden (
  Firma CHAR(100) NOT NULL,
  Ort CHAR(100) NOT NULL,
  PRIMARY KEY (Firma, Ort), # Schlüssel definieren
  Datum DATE );
```

Diese Schreibweise eignet sich auch dazu, bestimmte SQL-Anweisungen zeitweise »auszukommentieren«. Der betreffende Code wird dann von MySQL ignoriert, also nicht ausgeführt. In SQL-Skripten können Sie so alternative Anweisungen testen, ohne die jeweils andere immer erst löschen zu müssen.

Datentypen

Für die unterschiedlichsten Daten stellt MySQL eine Reihe von *Datentypen* zur Verfügung, von denen wir nur die wichtigsten in diesem Kapitel ansprechen wollen. Eine vollständige Übersicht finden Sie im Anhang.

Grundlagen

Bei der Klassifizierung von Datentypen sind zunächst die folgenden Grundtypen zu unterscheiden, auf die sich praktisch alle spezielleren Typen zurückführen lassen:

✔ Zahlen (numerischer Typ)

✔ Text (beliebige alphanumerische Zeichenfolgen, auch String genannt)

✔ Datum/Zeit

✔ logischer Typ

✔ Binärtyp

Die vorstehende Einteilung orientiert sich an den Operationen, die mit den Daten dieses Typs möglich sind. Konkret sind damit die Operatoren und Funktionen gemeint, die SQL für die Behandlung der Daten zur Verfügung stellt.

Daten vom numerischen Typ lassen sich beispielsweise in Berechnungen (Addition, Multiplikation etc.) verwenden. Mit Daten vom Typ Text ist das nicht unbedingt möglich. Dieser Typ bildet zudem eine Art Standardformat für alle Daten, die sich nicht einem der anderen Typen zuordnen lassen. Solange Sie keine Berechnungen vornehmen wollen, speichern Sie die betreffenden Daten folglich in einem der Texttypen. Das gilt auch dann, wenn diese Daten eigentlich nur aus Ziffern bestehen (Postleitzahl, Telefonnummer etc.).

Der Typ Datum ließe sich auch als Variante des numerischen Typs interpretieren, weil MySQL diesen Typ intern als Zahl verwaltet. Für den Typ Datum sind jedoch eine Reihe von speziellen Funktionen definiert, die sich nur mit Datumswerten sinnvoll einsetzen lassen. Wir kommen weiter unten noch darauf zurück.

Auch der logische Typ (`Ja/Nein`, `True/False`) wird intern als Zahl verwaltet (`False = 0`, `True = 1`). MySQL behandelt diesen Typ allerdings etwas stiefmütterlich und stellt dafür keinen eigenen Datentyp zur Verfügung.

Eine Besonderheit stellt der Binärtyp da. Dieser speichert schlicht alle Informationen, die ein Computer überhaupt verarbeiten kann. Dazu gehören Grafik-, Video- und Audioformate.

Numerische Typen

Besonders reichhaltig ist das Angebot an numerischen Typen. So lassen sich Ganzzahlen, Dezimalzahlen und Fließkommazahlen unterscheiden. Zudem können Sie für einige Typen noch die Zahl der Stellen und der Nachkommastellen vorgeben. Sie haben damit die Möglichkeit, den Typ recht genau an den Verwendungszweck anzupassen. Eine Übersicht der wichtigsten Typen zeigt Tabelle 5.1.

Typ	Beschreibung
SMALLINT	Ganzzahliger Typ mit einem Wertebereich von –32768 bis 32767 oder 0 bis 65535
INTEGER	Ganzzahliger Typ mit einem Wertebereich von -2147483648 bis 2147483647 oder 0 bis 4294967295. Dieser Typ ist identisch mit dem Typ INT
FLOAT	Fließkommazahl mit einfacher Genauigkeit
DOUBLE	Fließkommazahl mit doppelter Genauigkeit
DECIMAL	Dezimalzahl. Alternativ kann auch die Bezeichnung DEC verwendet werden

Tabelle 5.1: Numerische Datentypen

Die ganzzahligen Typen sind in der Voreinstellung mit einem Vorzeichen (+ -) ausgestattet. In diesem Fall gilt der in der Tabelle zuerst genannte Wertebereich. Wenn Sie den Typ ohne Vorzeichen (UNSIGNED) verwenden, steht Ihnen der zweite Wertebereich zur Verfügung. Die Klausel UNSIGNED bewirkt, dass Sie in der betreffenden Spalte nur noch positive Zahlen speichern können. Die Syntax einer Spaltendefinition für den Typ INTEGER hat folgende Form:

```
Spaltenname INTEGER[(Größe)] [UNSIGNED] [ZEROFILL]
```

Alle zusätzlichen Angaben sind optional. In der Typklammer können Sie die Länge der Darstellung bestimmen. Für den Typ SMALLINT gilt die gleiche Syntax. Dieser belegt im Speicher jedoch nur 2 Byte, während der Typ INT 4 Byte benötigt. Schon aus Gründen der Optimierung sollten Sie immer den Typ wählen, der für Ihre Zwecke ausreicht: Wenn Sie beispielsweise die Kundenverwaltung für ein kleines Unternehmen mit weniger als 10.000 Kunden als MySQL-Datenbanken einrichten, genügt für die Kundennummer auf jeden Fall der Typ SMALLINT. Das folgende (unvollständige) Beispiel kombiniert die früher schon gezeigten Klauseln mit der Klausel UNSIGNED:

```
CREATE TABLE Kunden (
  KundenNr SMALLINT(5) UNSIGNED PRIMARY KEY,
  Firma CHAR(100) );
```

Beachten Sie in der vorstehenden Zeile die Reihenfolge: Die UNSIGNED-Klausel gehört zum Typ. Sie muss daher direkt nach der Typangabe stehen.

ZEROFILL

Mit der ZEROFILL-Klausel bestimmen Sie, dass die Spalte bei kleineren Werten von links mit Nullen aufgefüllt werden soll. Die Längenangabe in der Typklammer bestimmt dann indirekt die Anzahl der Nullen. Die Definition für die Spalte *KundenNr* hat dann folgende Form:

```
KundenNr SMALLINT(5) UNSIGNED ZEROFILL PRIMARY KEY
```

Mit dieser Definition gibt MySQL die Kundennummern immer fünfstellig aus, so dass Sie bei Abfragen beispielsweise folgende Kundennummern erhalten:

```
00022
00234
```

Eine solche Darstellung kann sinnvoll sein, wenn die Ausgabe für eine formatierte Darstellung benötigt wird. Auf die Möglichkeit, mit den Werten Berechnungen durchzuführen, hat die Darstellung keinen Einfluss.

AUTO_INCREMENT und ganze Zahlen

Weiter oben wurde AUTO_INCREMENT bereits als allgemeine Klausel bzw. Attribut numerischer Spaltendefinitionen vorgestellt. Das ist aber nur eingeschränkt richtig. Eigentlich steht die Klausel nur für ganzzahlige Typen, also für die verschiedenen INT-Typen, zur Verfügung.

Fließkommaspalten

Für Fließkommazahlen verwenden Sie unter anderem die Typen FLOAT und DOUBLE. Eine Spaltendefinition mit dem Typ FLOAT hat folgende Syntax:

```
Spaltenname FLOAT([Größe, Dezimalstellen])
[UNSIGNED] [ZEROFILL]
```

Die Größe in der Typklammer bestimmt wieder die Zahl der anzuzeigenden Zeichen. Sie können zudem die Anzahl der Dezimalstellen vorgeben. Beide Werte sind optional. Sie können auch nur die Größe angeben. Wenn Sie hier einen Wert bis 24 eintragen, handelt es sich um einen Typ mit einfacher Genauigkeit:

```
CREATE TABLE Artikel (
  ArtikelNr SMALLINT(5) UNSIGNED PRIMARY KEY,
  Bezeichnung CHAR(100),
  Preis FLOAT(10,2) UNSIGNED );
```

Da wir für die Größe den Wert 10 vorgegeben haben, können wir maximal Preise mit zehn Stellen in die Spalte *Preis* eintragen. Das gilt jedoch nur, wenn keine Dezimalstellen hinzukommen. Mit zwei Dezimalstellen bleiben für den Vorkommawert nur noch sieben Stellen, weil auch der Dezimalpunkt eine Stelle belegt. Zulässig sind dann beispielsweise folgende Werte:

```
9 999 999 999
99 999 999.9
9 999 999.99
```

In allen drei Fällen werden hier die zehn zulässigen Stellen voll ausgenutzt. Natürlich können Sie beliebige Zahlen mit weniger als zehn Stellen in die Spalte eingeben. Die Leerstellen haben wir allerdings nur eingefügt, um Ihnen das Nachzählen zu erleichtern. Der Datentyp selbst akzeptiert natürlich keine Leerzeichen.

Doppelte Genauigkeit

Die Syntax für den Typ DOUBLE ist praktisch identisch. Sie können jedoch eine Größe von bis zu 53 Zeichen angeben. Damit erhalten Sie Fließkommazahlen mit doppelter Genauigkeit.

Fließkommazahlen verwenden Sie nicht unbedingt für Werte wie Preise oder Artikelmengen. Vielmehr dienen sie eher der Erfassung wissenschaftlicher Daten. Sie können jedoch universell eingesetzt werden, etwa wenn Sie nicht genau wissen, welche (numerischen) Daten in einer Spalte gespeichert werden sollen.

Dezimalzahlen

Für die Dezimalzahlen, die unbedingt exakte Werte speichern und zurückgeben sollen, verwenden Sie am besten den Typ DECIMAL, den Sie abgekürzt auch DEC schreiben können. Dieser hat folgende Syntax:

```
Spaltenname DECIMAL([Genauigkeit, Dezimalstellen])
[UNSIGNED] [ZEROFILL]
```

Mit diesem Typ bestimmen Sie genau, wie viele Ziffern insgesamt gespeichert werden (Genauigkeit) und wie viele davon für Dezimalstellen reserviert sein sollen. Davon ist auch abhängig, wie viel Speicher ein Wert belegt. Die folgende Spalte belegt beispielsweise 12 Byte:

```
Preis DECIMAL(10,2) UNSIGNED
```

10 Byte werden für die Ziffern reserviert und 2 Byte benötigt MySQL für die Verwaltung. In der vorstehend definierten Spalte können Sie Preisangaben wie die folgenden speichern:

```
9 999 999 999
999 999 999.9
99 999 999.99
```

Im Gegensatz zum Typ FLOAT können Sie die Anzahl der Stellen immer vollständig ausnutzen, weil der Dezimalpunkt nicht mitgezählt wird. Für unser Beispiel stehen folglich immer zehn Ziffern zur Verfügung.

Den Dezimaltyp verwenden Sie am besten auch dann, wenn Sie Mengenangaben wie beispielsweise Liter oder Kilogramm erfassen müssen. Auch für Längen- und Raumangaben (Meter, Kubikmeter etc.) sind Dezimalzahlen sehr gut geeignet. Das folgende Beispiel erzeugt eine Artikeltabelle mit den zuvor besprochenen Datentypen:

```
CREATE TABLE Artikel (
    ArtikelNr SMALLINT PRIMARY KEY AUTO_INCREMENT,
    Bezeichnung CHAR(100) NOT NULL,
    Menge DECIMAL(12, 3) UNSIGNED,
    Einheit CHAR(10),
    Preis DECIMAL(10,2) UNSIGNED
);
```

Das Feld *Einheit* soll in diesem Fall die Maßeinheit aufnehmen (kg, l, m etc.), damit sich der Wert im Feld *Menge* (der Lagerbestand) auch interpretieren lässt.

FLOAT, DOUBLE oder DECIMAL

Der Unterschied zu den Typen FLOAT und DOUBLE besteht darin, dass DECIMAL die Werte im Textformat speichert. Je größer die Anzahl der Ziffern, die Sie im ersten Argument angeben, umso größer ist auch der dafür reservierte Speicher. Für die Fließkommatypen sind hingegen feste Speichergrößen reserviert (FLOAT = 4 und DOUBLE = 8 Byte). Eine höhere Genauigkeit geht dann zu Lasten der Zahlengröße.

Für exakte Werte sollten Sie daher den Typ DECIMAL bevorzugen, auch wenn dieser in der Regel erheblich mehr Platz benötigt. Um den Speicherplatz nicht unnötig anwachsen zu lassen, empfiehlt sich die Einschränkung der Ziffernzahl auf das wirklich Erforderliche.

Texttypen

Spalten, die beliebige alphanumerische Zeichenfolgen speichern, bilden in der Regel den größten Teil einer Tabelle. Textspalten sind allerdings auch recht flexibel, zumal MySQL dafür eine Reihe von spezialisierten Typen zur Verfügung stellt. Ein Untermenge der in MySQL verfügbaren Texttypen zeigt Tabelle 5.2.

Typ	Beschreibung
CHAR	Typ fester Länge. Eine CHAR-Spalte kann bis zu 255 Zeichen aufnehmen
VARCHAR	Typ variabler Länge. Auch dieser Typ ist für maximal 255 Zeichen vorgesehen
TEXT	Texttyp für bis zu 65.535 Zeichen. In anderen Datenbanksystemen wird dieser Typ häufig auch als Memo bezeichnet

Tabelle 5.2: Datentypen für Textspalten

Die Typen CHAR und VARCHAR weisen grundsätzlich die gleiche Syntax auf. Die Unterschiede ergeben sich erst beim Speichern der Daten und bei bestimmten Datenbankoperationen:

```
Spaltenname [NATIONAL] CHAR(n) [BINARY] [DEFAULT Wert]
```

In der Typklammer übergeben Sie die Länge der maximal zu speichernden Zeichenfolge. Der Unterschied zwischen CHAR und VARCHAR besteht darin, dass MySQL für CHAR tatsächlich die vorgegebene Zeichenzahl bereitstellt. Der nicht benötigte Platz wird mit Leerzeichen aufgefüllt.

Typen variabler Länge

VARCHAR belegt hingegen nur so viel Platz im Speicher (bzw. auf der Festplatte), wie für die jeweilige Zeichenfolge tatsächlich benötigt wird. Wir sprechen dann von einem Typ variabler Länge. Sie könnten daher eigentlich nur noch den Typ VARCHAR einsetzen. Dieser hat jedoch den Nachteil, bei bestimmten Operationen, etwa bei Vergleichen, langsamer zu sein. Der Typ CHAR behält daher für bestimmte Daten, insbesondere für kurze Einträge mit relativ geringer Schwankung der Zeichenzahl, seine Berechtigung. Typische Beispiele sind die PLZ oder die Telefonnummer. Zu den Typen variabler Länge gehört auch der Typ TEXT.

MySQL ändert unter bestimmten Bedingungen den Typ von Spalten selbstständig. Dies trifft beispielsweise schon dann zu, wenn auch nur eine Spalte der Tabelle zu den Typen variabler Länge gehört. In diesem Fall werden alle CHAR-Spalten (Typ fester Länge), die länger als drei Zeichen sind, in den VARCHAR-Typ umgewandelt. Sie sollten deshalb solche Spalten von vornherein als VARCHAR-Typ definieren.

Struktur überprüfen

Um zu überprüfen, was MySQL aus Ihrer CREATE-Anweisung macht, können Sie sich die Struktur der Tabelle anzeigen lassen. Dazu verwenden Sie eine Variante des SHOW-Befehls, der in diesem Fall folgende Syntax aufweist:

```
SHOW FIELDS FROM Tabelle
```

Die Struktur der weiter oben bereits erzeugten Tabelle *Artikel* erhalten Sie beispielsweise mit folgender Anweisung:

```
SHOW FIELDS FROM Artikel;
```

Wie Abbildung 5.4 zeigt, gibt MySQL unter anderem Namen, Typ, Länge, Default-Wert und auch Erweiterungen wie beispielsweise *Auto_Increment* aus.

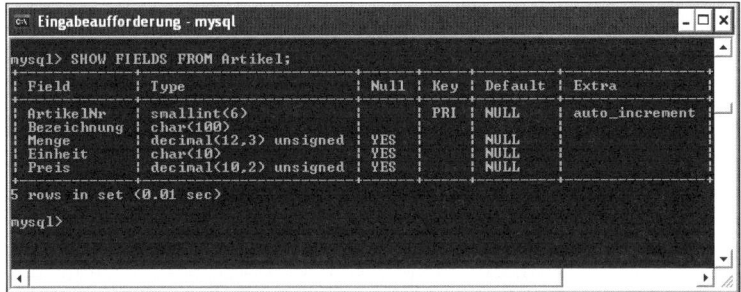

Abbildung 5.4: Ausgabe der Tabellenstruktur

Beachten Sie, dass die übliche Anzeigenbreite der meisten DOS-Fenster (80 Zeichen) nicht ausreicht, die Struktur korrekt wiederzugeben. Sie müssen dies eventuell im *Eigenschaften*-Dialog des Fensters ändern. Dazu rufen Sie im Kontextmenü des Fensters die Option *Eigenschaften* auf.

Große Textspalten (Memo-Spalten)

Eine Besonderheit stellt der Typ TEXT dar. Dieser dient zunächst der Speicherung großer, unstrukturierter Textdaten mit bis zu 65.000 Zeichen. In anderen Datenbanken, beispielsweise Access, wird dieser Typ auch als Memo-Feld bezeichnet. Der Typ TEXT sollte auf keinen Fall verwendet werden, um darin Standarddaten wie den Firmennamen, den Ort, die Straße usw. zu speichern. Er hat den Nachteil, dass er für alle Datenbankoperationen, die Vergleiche erfordern, also beispielsweise das Suchen, nicht oder nur sehr eingeschränkt verwendet werden kann. Üblicherweise speichern Sie darin Textinformationen wie etwa eine ausführliche Artikelbeschreibung. Auch Kundentabellen enthalten häufig ein Memo-Feld, etwa mit der Bezeichnung *Bemerkung*. Das folgende Beispiel erzeugt eine solche Tabelle:

```
CREATE TABLE Kunden (
Kundennr INTEGER PRIMARY KEY AUTO_INCREMENT,
Firma CHAR(100) NOT NULL,
PLZ CHAR(5),
Ort CHAR(100) DEFAULT 'Leipzig',
Strasse CHAR(100),
Bemerkung TEXT,
Datum DATE );
```

Beachten Sie, dass der Typ TEXT kein Argument für die Zahl der Zeichen akzeptiert. Die einzige Klausel, die Sie hinzufügen können, ist BINARY. Damit haben Sie die Möglichkeit, auch Binärdaten in einem TEXT-Feld zu speichern. Auf die Verwendung von Binärdaten (Grafiken, Sound, Videos etc.) soll im dritten Teil dieses Buches näher eingegangen werden.

Die Erweiterung BINARY

Wenn Sie Texttypen mit der Erweiterung BINARY definieren, kann sich dies auf Vergleiche und damit auf die Sortierung der Daten auswirken. Ohne BINARY unterscheidet MySQL beispielsweise nicht zwischen Groß- und Kleinschreibung (a = A). Mit der Erweiterung nimmt MySQL einen so genannten Binärvergleich vor. In diesem Fall werden die ASCII-Werte der Zeichen verglichen, so dass sich zwischen Groß- und Kleinbuchstaben ein Unterschied ergibt.

Die Erweiterung BINARY werden Sie daher immer dann verwenden, wenn es auf die Unterscheidung von Groß- und Kleinschreibung ankommt. Wir gehen weiter unten bei der Behandlung von SELECT-Abfragen noch ausführlich auf den Vergleich von Zeichenfolgen ein.

Datumsspalten

Datumswerte werden in praktisch jeder Datenbank benötigt. Der Datumstyp ist aber oft auch problematisch, weil die verschiedenen SQL-Datenbanken durchaus unterschiedliche

Formate verwenden können. MySQL kennt unter anderem die in Tabelle 5.3 genannten Datums- und Zeitformate.

Typ	Beschreibung
DATE	Speichert Datumswerte im Format jjjj-mm-tt
DATETIME	Speichert einen kombinierten Datums- und Zeitwert im Format jjjj-mm-tt hh:mm:ss
TIME	Speichert einen Zeitwert im Format hh:mm:ss

Tabelle 5.3: Datums- und Zeittypen

Beim Speichern werden Werte zwischen dem 1.1.1000 und dem 31.12.9999 berücksichtigt. Die genannten Typen erfordern bei der Spaltendefinition keine weiteren Angaben. Sie können jedoch einen Default-Wert vorgeben, der bei jedem Datensatz automatisch in die Spalte eingetragen wird:

```
CREATE TABLE Kunden (
    KundenNr INTEGER PRIMARY KEY AUTO_INCREMENT,
    Firma CHAR(100) NOT NULL,
    Ort CHAR(100),
    Datum DATETIME DEFAULT '2005-08-23 15:33:45' );
```

Den Wert übergeben Sie entweder wie im vorstehenden Beispiel in einfachen oder in doppelten Anführungszeichen:

```
… Datum DATETIME DEFAULT "2005-08-23 15:33:45"
```

Auch beim DATETIME-Typ ist es nicht unbedingt erforderlich, die Zeit mit anzugeben. Wenn Sie darauf verzichten, ergänzt MySQL das Datum mit dem Zeitwert '00:00:00'.

Struktur anderer Tabellen übernehmen

Mit der CREATE-Anweisung lassen sich auch Spalten aus einer bereits bestehenden Tabelle übernehmen. Dazu wird jedoch die SELECT-Anweisung benötigt, mit deren Hilfe die Spalten ausgewählt werden. Das folgende Beispiel erzeugt die Tabelle

KundenNeu und übernimmt dabei die Spaltendefinitionen für die Spalten *Ort* und *Strasse* aus der Tabelle *Kunden*:

```
CREATE TABLE KundenNeu (
  KundenNr INTEGER PRIMARY KEY AUTO_INCREMENT,
  Firma CHAR(100) NOT NULL)
  SELECT Ort, Strasse FROM Kunden;
```

Die Anweisung übernimmt nicht nur die Spaltendefinitionen, sondern auch die bereits eingegebenen Daten. Sie können die Übernahme der Daten verhindern, indem Sie noch eine WHERE-Klausel und eine Bedingung anhängen. Auf diese Möglichkeit kommen wir später bei der Behandlung von SELECT-Abfragen noch zurück.

Tabellenoptionen

Die CREATE TABLE-Anweisung lässt sich um Optionen erweitern, die sich auf die ganze Tabelle beziehen. Diese *Tabellenoptionen* sind unter anderem für folgende Funktionen zuständig:

✔ Tabellentyp bestimmen

✔ Startwert für Auto_Increment-Spalte setzen

✔ Kommentar als Tabellenbeschreibung hinzufügen

✔ Indexaktualisierung verzögern

Wie die folgende Syntaxbeschreibung zeigt, wird die Tabellenoption an die Definition der Tabelle angehängt. Sie steht folglich hinter der Klammer mit den Spaltendefinitionen:

```
CREATE TABLE Tabelle (
    Spaltendefinitionen
    ) Tabellenoption=Wert;
```

Eine Tabellenoption besteht aus dem Namen der betreffenden Option und einer Wertzuweisung.

Startwert für Auto_Increment-Spalte

Üblicherweise beginnt die Zählung für `Auto_Increment`-Spalten mit dem Wert 1. Sie können jedoch den Startwert vorgeben, indem Sie bei der Tabellendefinition die Option `AUTO_INCREMENT` auf einen beliebigen Wert setzen:

```
CREATE TABLE KundenNeu (
   KundenNr INTEGER PRIMARY KEY AUTO_INCREMENT,
   Firma CHAR(100) NOT NULL
   ) AUTO_INCREMENT = 1000;
```

Das vorstehende Beispiel setzt einen Startwert von 1000. Die Datensätze, die Sie danach einfügen, erhalten dann automatisch Kundennummern wie 1000, 1001, 1002 usw. Die Klausel kann natürlich nur eingesetzt werden, wenn die Tabelle auch eine `Auto_Increment`-Spalte enthält. Zudem funktioniert diese Option nicht mit jeder CREATE-Anweisung. So können Sie beispielsweise keine Spaltendefinitionen aus bestehenden Tabellen übernehmen, wenn Sie den Startwert wie hier gezeigt setzen wollen.

Kommentar als Tabellenbeschreibung

In SQL-Skriptdateien lassen sich, wie schon an früherer Stelle gezeigt, auch Kommentare unterbringen. Die hier vorzustellende Möglichkeit bedeutet jedoch, dass der Kommentar, also eine beliebige Beschreibung, mit der Tabellendefinition gespeichert wird. Sie müssen daher nicht unbedingt Ihre SQL-Skripte speichern (auch wenn das durchaus sinnvoll ist). Eine entsprechende Anweisung könnte dann wie folgt aussehen:

```
CREATE TABLE KundenNeu (
   KundenNr INTEGER PRIMARY KEY AUTO_INCREMENT,
   Firma CHAR(100) NOT NULL
   ) AUTO_INCREMENT = 1000
   COMMENT = 'Diese Tabelle dient lediglich
             der Eingabe von neuen Kunden';
```

Der Kommentar lässt sich, neben anderen Tabelleneigenschaften, mit dem Befehl SHOW TABLE STATUS ausgeben. Wir werden weiter unten noch darauf zurückkommen. Die vorstehende Anweisung zeigt auch, dass Sie mehrere Tabellenoptionen in einer CREATE-Anweisung unterbringen können. Die einzelnen Optionen sind nicht durch Kommata zu trennen.

Tabellentypen

MySQL kennt verschiedene Tabellentypen. Diese unterscheiden sich beispielsweise dadurch, dass sie Transaktionen unterstützen (transaktionssichere Tabellentypen) oder eben nicht. Verfügbar sind zurzeit die in Tabelle 5.4 aufgelisteten Typen.

Typ	Beschreibung
ISAM	Der ursprünglich von MySQL verwendete Tabellentyp. Dieser sollte mit MySQL 5 nicht mehr verwendet werden, auch wenn MySQL vorläufig noch damit umgehen kann. Die MySQL-Entwickler haben jedoch schon angekündigt, *ISAM*-Tabellen nicht mehr dauerhaft zu unterstützen.
MyISAM	In Version 5 immer noch Standardtyp für MySQL-Tabellen. Wenn Sie keine Transaktionsunterstützung benötigen, können Sie in der Regel diesen Typ wählen.
HEAP	*HEAP*-Tabellen werden im Arbeitsspeicher angelegt und verwenden eine spezielle Zugriffstechnik (Hash-Index).
InnoDB	Dieser Typ ermöglicht die Ausführung von Transaktionen mit Sperrung auf Zeilenebene. Er dürfte bald den Standardtyp darstellen und sollte bei großen Datenbankprojekten grundsätzlich zum Einsatz kommen.
BDB	*BDB*-Tabellen unterstützen Transaktionen mit Sperrung auf Seitenebene. *BDB*-Tabellen lassen sich momentan nicht auf allen Systemen verwenden, auf denen MySQL läuft.

Typ	Beschreibung
MERGE	Tabellen vom Typ *MERGE* fassen andere gleich struktu-rierte Tabellen unter einem Namen zusammen. Es handelt sich also nicht um »richtige« Tabellen, sondern um eine Art Alias für zusammengefasste Tabellen. *MERGE*-Tabellen sollen im vierten Teil dieses Buches ausführlich vorgestellt werden.

Tabelle 5.4: Tabellentypen in MySQL

Im Wesentlichen haben Sie die Wahl zwischen den beiden Typen *MyISAM* und *InnoDB*. Funktional am weitesten entwickelt ist *InnoDB*. Eigentlich könnten Sie daher immer den Typ *InnoDB* einsetzen. Dieser hat aber auch erhebliche Nachteile, die sich vor allem auf die Geschwindigkeit bei Abfragen beziehen. Häufig werden Sie daher auch noch unter MySQL 5 den als schnell und stabil bekannten Standardtyp *MyISAM* verwenden. Den Typ bestimmen Sie in der CREATE-Anweisung wie folgt:

```
CREATE TABLE Tabelle (
Spaltendefinitionen
) ENGINE=Tabellentyp
```

Die Typangabe wird also nach der Klammer mit den Spaltendefinitionen verwendet. Das folgende Beispiel erzeugt eine vereinfachte Artikeltabelle vom Typ *MyISAM*:

```
CREATE TABLE Artikel (
  ArtikelNr INTEGER,
  Bezeichnung CHAR(100),
  Preis DECIMAL(9,3) UNSIGNED
  ) ENGINE=MYISAM;
```

Die Typangabe (ENGINE=MYISAM) ist in diesem Fall erforderlich, weil MySQL in der Version 5 automatisch den Typ *InnoDB* erzeugt, wenn Sie auf die Klausel verzichten. Beachten Sie, dass Sie an Stelle der Klausel ENGINE eigentlich auch die Klausel TYPE verwenden könnten. Diese dürfte künftig jedoch wegfallen, so dass nur noch ENGINE zu empfehlen ist.

Da die Unterstützung für die verschiedenen in Tabelle 5.4 genannten Tabellentypen nicht unbedingt in jeder MySQL-Binärversion enthalten ist, kann es sogar geschehen, dass MySQL den Typ *MyISAM* verwendet, auch wenn Sie einen anderen Typ vorgegeben haben.

AutoCommit-Modus

Bei Tabellen vom Typ *MyISAM* arbeitet MySQL automatisch im so genannten *AutoCommit*-Modus. Jede einzelne SQL-Anweisung wird dann als abgeschlossene Transaktion betrachtet und sofort ausgeführt. Verwenden Sie hingegen eine Tabelle vom Typ *InnoDB*, können Sie mehrere SQL-Anweisungen, also mehrere Operationen, zu einer Transaktion zusammenfassen. Im Zusammenhang mit Transaktionen werden wir auf dieses Thema noch ausführlich eingehen.

HEAP-Tabellen

Der Typ *HEAP* dient eigentlich nur dem Einsatz von temporären Tabellen. Da MySQL *HEAP*-Tabellen vollständig im Arbeitsspeicher hält und für den Zugriff eine besonders schnelle Technik verwendet, können Sie *HEAP*-Tabellen vor allem für die Optimierung von Abfragen nutzen. Bei der Vorstellung von Optimierungsstrategien im vierten Teil dieses Buches kommen wir darauf zurück.

Sonstige Tabellentypen

Der Typ *ISAM* ist, wie schon in Tabelle 5.4 angedeutet, nicht mehr relevant und sollte daher auch nicht mehr zum Einsatz kommen. Im Prinzip gilt das auch für den Typ *BDB*, der unter MySQL relativ selten verwendet wird. Auf den Typ *MERGE* werden wir im vierten Teil dieses Buches etwas genauer eingehen.

Indizes

Indizes sind separate Sortierungen über eine oder mehrere Spalten, mit denen sich Suchoperationen erheblich beschleunigen lassen. Der Index besteht üblicherweise aus der indizierten und sortierten Spalte und einem Verweis auf den zugehörigen Datensatz in der Datentabelle (siehe Abbildung 5.5). Aufgrund der Sortierung kann ein Datensatz wesentlich schneller gefunden werden. Ohne Index würde eine Suche bei 1.000 Datensätzen im schlechtesten Fall auch 1.000 Vergleiche erfordern. Mit einem Index sind es weniger als zehn. Zudem kann MySQL Indizes oft vollständig im Arbeitsspeicher halten, was Zugriffe auf die Festplatte erspart und die Suche nochmals beschleunigt. MySQL legt Indizes in separaten Dateien ab.

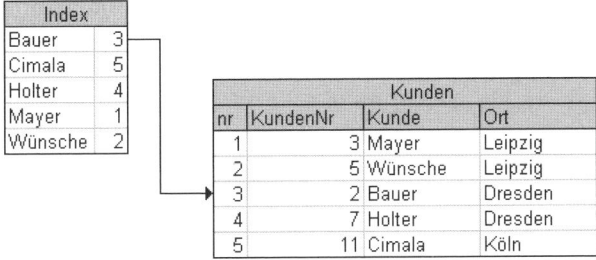

Abbildung 5.5: Index und Tabelle

Mit Abbildung 5.5 haben wir uns die Darstellung der Index-Datei jedoch etwas sehr einfach gemacht. In der Regel handelt es sich bei Index-Dateien um so genannte *Binärbäume*, die eine erheblich komplexere Struktur aufweisen. Solche Strukturen dienen vor allem der schnelleren Aktualisierung der Indizes.

Nachteile von Index-Dateien

Ein Index hat aber auch einige Nachteile: Er muss beim Hinzufügen, Löschen und Ändern von Daten ebenfalls aktualisiert werden. Solche Operationen können dann mehr Zeit kosten als ohne Indizes. Für die Verwendung von Indizes folgt daraus, dass Sie diese nur für solche Spalten erzeugen sollten, die sehr häufig für Such- und Sortieroperationen benötigt werden.

Indizes anlegen

Indizes lassen sich sowohl bei der Tabellendefinition als auch noch nachträglich anlegen. Grundsätzlich stehen Ihnen die folgenden Optionen zur Verfügung:

✔ beim Erzeugen der Tabelle mit CREATE TABLE

✔ separat mit der CREATE INDEX-Anweisung

✔ separat durch Änderung der Tabelle mit ALTER TABLE

Indizes, die Sie regelmäßig benötigen, etwa für Spalten wie *Firma*, *Artikelname* etc., legen Sie am besten gleich mit der Tabelle an. Indizes, die Sie nur gelegentlich einsetzen, können Sie separat erzeugen und nach der Verwendung gegebenenfalls wieder löschen.

In vierten Teil dieses Buches gehen wir ausführlich auf die Optimierung von Datenbanken bezüglich der Performance ein. Dabei spielen Indizes ebenfalls eine wichtige Rolle.

Indizes mit der Tabelle anlegen

Für die Definition eines Indizes innerhalb einer CREATE TABLE-Anweisung lässt sich die schon vorgestellte Syntax um eine INDEX-Klausel erweitern. Die erweiterte Syntax hat dann folgende Form:

```
CREATE TABLE Tabellenname
(Spalte1 Typ(Länge) ,
 Spalte2 Typ(Länge),
 INDEX Indexname (Spalte1, Spalte2, ...),
 ...);
```

Die Indexdefinition wird also wie eine normale Spaltendefinition in die Liste der »Spalten« aufgenommen. Beachten Sie aber, dass damit keine neue Spalte erzeugt wird. Die Bezeichnung »Spalte« in der Klammer bezieht sich auf eine oder mehrere schon bestehende, also zuvor definierte Spalten. Die Angabe des Indexnamens ist optional. Sie müssen in den Klammern aber mindestens eine der zuvor definierten Spalten angeben. Das folgende Beispiel erzeugt für die Spalte *Firma* einen Index mit dem Namen *IndexFirma*:

```
CREATE TABLE Kunden (
    KundenNr INTEGER,
    Firma CHAR(100),
    Ort CHAR(100),
    INDEX IndexFirma (Firma) );
```

An Stelle der INDEX-Klausel können Sie auch die gleichwertige KEY-Klausel verwenden. Die INDEX-Zeile des vorstehenden Beispiels hätte dann folgende Form:

```
... KEY IndexFirma (Firma)
```

Ein Index, den Sie wie vorstehend mit INDEX oder KEY erzeugen, kann bestimmte Auswirkungen auf die Spalte haben, für die der Index definiert wurde, zumindest, wenn Sie so genannte »Constraints« verwenden.

Beachten Sie, dass Sie pro Tabelle bis zu 32 Indizes anlegen können. Jeder Index kann zudem aus bis zu 16 Spalten aufgebaut werden.

Einschränkungen (Constraints)

Der mit Hilfe des letzten Beispiels erzeugte Index wirkt sich kaum auf die betreffende Spalte aus, weil wir keine weiteren Einschränkungen definiert haben. So kann die Spalte durchaus NULL-Werte und auch mehrfach die gleichen Werte enthalten. Das ändert sich jedoch, wenn Sie einen UNIQUE-Index erzeugen. Hier sind keine identischen Werte mehr zulässig. Die Syntax hat dann folgende Form:

```
CREATE TABLE Tabellenname
(Spalte1 Typ(Länge) ,
Spalte2 Typ(Länge),
UNIQUE Indexname (Spalte1, Spalte2, ...),
...);
```

Sie müssen also lediglich das Schlüsselwort INDEX bzw. KEY gegen UNIQUE austauschen. Solche Indizes dürfen Sie natürlich nicht für Spalten definieren, in denen identische Einträge unvermeidlich sind, also beispielsweise nicht für Spalten wie *Ort* oder *PLZ*. Auch Spalten wie beispielsweise *Firma* eignen sich in der Regel nicht für einen UNIQUE-Index. Ein Beispiel:

```
CREATE TABLE Kunden (
   KundenNr INTEGER,
   Firma CHAR(100),
   Ort CHAR(100),
   Strasse CHAR(100),
   UNIQUE KdNr (KundenNr) );
```

Wenn Sie die betreffende Spalte auch noch mit der Erweiterung NOT NULL ausstatten, sind auch NULL-Werte nicht mehr zulässig. Die Spalte muss dann für jeden neuen Datensatz zwingend einen eindeutigen Eintrag erhalten:

```
CREATE TABLE Kundenxy (
   KundenNr INTEGER NOT NULL,
   ...
   UNIQUE KdNr (KundenNr) );
```

Das vorstehende Beispiel erzeugt eine Tabelle mit einem eindeutigen Index für die Spalte *KundenNr*.

Mehrspalten-Indizes

Mehrspalten-Indizes gehen über mehrere Spalten (maximal 16). Entscheidend ist dabei jedoch immer die erste Spalte. Diese bestimmt die Hauptsortierung. Die Einträge der anderen Spalten kommen nur zum Zuge, wenn die erste Spalte identische Werte enthält. Ein Index über die Spalten *Firma* und *Ort* würde beispielsweise folgende Sortierung ergeben:

```
Maier, Leipzig
Maier, München
Müller, Aachen
```

Sie erzeugen einen Mehrspalten-Index, indem Sie die zu indizierenden Spalten in der Klammer der Indexklausel durch Kommata getrennt auflisten.

```
CREATE TABLE Kunden (
    KundenNr INTEGER,
    Firma CHAR(100),
    Ort CHAR(100),
    INDEX IndexFirma (Firma, Ort) );
```

Mehrspalten-Indizes verwenden Sie auch, um Schlüssel über mehrere Spalten zu bilden. In diesem Fall würden Sie an Stelle der INDEX- die UNIQUE-Klausel verwenden. Jede am Mehrspalten-Index beteiligte Spalte könnte dann durchaus identische Werte enthalten, der Gesamtausdruck über alle beteiligten Spalten müsste aber für jeden Datensatz unbedingt eindeutig sein. Die oben verwendeten Spalten *Firma* und *Ort* eignen sich allerdings nicht für einen eindeutigen Index, weil nicht auszuschließen ist, dass gleichnamige Firmen im gleichen Ort vorkommen.

Sortiertiefe bestimmen

Wenn Sie über Spalten mit langen Einträgen, etwa den Firmennamen, indizieren, sind für die Sortierung oft nur die ersten 10 bis 20 Zeichen relevant. MySQL muss jedoch alle Zeichen berücksichtigen, was die Größe der Indexdateien und das Zeitverhalten bei Vergleichen negativ beeinflusst. Zur Abhilfe bietet MySQL die Möglichkeit, die Sortiertiefe zu begrenzen. Zu diesem Zweck erweitern Sie die Angabe des zu indizierenden Feldes durch eine Klammer, in welcher Sie die Anzahl der zu indizierenden Zeichen bestimmen:

```
...
INDEX Indexname ( Spalte1(n), Spalte2(n),... )
```

Beachten Sie, dass hier keine Spalten erzeugt werden. Die benannten Spalten müssen bereits, wie schon früher gezeigt, in der Tabellendefinition existieren. Auch sollten die Spalten in der Tabelle eine größere Breite (Zeichenzahl) aufweisen als der darauf aufbauende Index. Natürlich funktioniert das nur mit Textspalten, beispielsweise mit den Typen CHAR und VARCHAR. Das folgende Beispiel erzeugt die Tabelle *Kunden* mit einem Index, der die Sortiertiefe auf 20 Zeichen begrenzt. Die Spalte selbst kann hingegen 100 Zeichen aufnehmen:

```
CREATE TABLE Kunden (
    KundenNr INTEGER,
    Firma CHAR(100),
    Ort CHAR(100),
    INDEX IndexFirma (Firma(20) ) );
```

Wenn Sie MySQL später allerdings einen Suchbegriff übergeben, der mit 20 Zeichen nicht auskommt, wird eine volle Suche über die gesamte Spalte durchgeführt. Der Geschwindigkeitsvorteil, den ein Index bietet, kann dann wieder verloren gehen. Sie sollten daher die Sortiertiefe eines Index auch nicht zu stark begrenzen.

Für Spalten vom Typ BLOB bzw. TEXT ist die Vorgabe der Länge schon zwingend, weil diese Spalten sehr große Datenmengen speichern können. Ein Index wäre überfordert, wenn er den vollständigen Eintrag eines TEXT-Feldes berücksichtigen müsste. Allerdings begrenzt MySQL die Gesamtzahl der Zeichen, die bei der Erzeugung eines Index berücksichtigt wird, ohnehin auf 500. Wird dieser Wert von einem Index überschritten, bricht MySQL die Operation mit einer Fehlermeldung ab.

Indizes separat erstellen

In der Regel werden Sie Indizes separat erstellen. Sie verwenden dann die CREATE INDEX-Anweisung, die folgende Syntax hat:

```
CREATE [UNIQUE] INDEX Indexname
ON Tabelle(Spalte1, Spalte2, …)
```

Die einzelnen Elemente sollten Ihnen aus der INDEX-Klausel der CREATE TABLE-Anweisung weitgehend vertraut sein. Bei der separaten Definition müssen Sie lediglich in der ON-Klausel die Tabelle benennen, für die Sie einen Index definieren wollen. Das folgende Beispiel erzeugt für die Tabelle *Kunden* einen Index über das Feld *Firma*:

```
CREATE INDEX IndexFirma
ON Kunden(Firma(30));
```

Der Index ist in diesem Fall auf eine Tiefe von 30 Zeichen begrenzt. Beachten Sie, dass der Index nur angelegt werden kann, wenn nicht schon ein gleichnamiger Index existiert. Das gleiche Feld, hier *Firma*, können Sie jedoch beliebig oft in einem Index verwenden.

Wenn Sie die Erweiterung UNIQUE hinzufügen, wird ein eindeutiger Index erzeugt, so dass der Anwender auch nur noch eindeutige Werte eingeben kann.

Index per ALTER TABLE erstellen

Die zweite Möglichkeit, einen Index noch nachträglich anzulegen, besteht darin, ALTER TABLE zu verwenden. Wir werden diese Option später im Zusammenhang mit der Änderung der Datenbank- bzw. Tabellenstruktur noch vorstellen. Die Wirkung der beiden Anweisungen ist identisch, zumal MySQL CREATE INDEX-Anweisungen ohnehin intern in ALTER TABLE-Anweisungen umsetzt.

Volltext-Indizes

MySQL verfügt über die ungewöhnliche Option, einen Index zu erzeugen und zu verwalten, der die einzelnen Wörter eines Spalteneintrags indiziert. Lediglich Kurzbegriffe bis zu drei Zeichen bzw. bestimmte Füllwörter werden vom Volltext-Index ignoriert.

Beim Suchen mit einem solchen Index können Sie dann einzelne Wörter des Eintrags als Suchbegriffe verwenden. Richten Sie für eine Kunden- oder Artikeltabelle beispielsweise eine Spalte für *Bemerkungen* ein, also für freie Einträge, können Sie mit der Geschwindigkeit eines Index in dieser Spalte suchen. Die zuständige Klausel FULLTEXT lässt sich sowohl in CREATE TABLE- als auch in CREATE INDEX-Anweisungen einsetzen. In der CREATE TABLE-Anweisung verwenden Sie FULLTEXT an Stelle der INDEX-Klausel:

```
CREATE TABLE Tabelle (
    Spalte1 Typ,
    Spalte2 Typ,
    ...,
    FULLTEXT (Spalte1, Spalte2, ...) )
```

Wie die vorstehende Syntax zeigt, kann FULLTEXT auch über mehrere Spalten indizieren. Das folgende Beispiel indiziert in einer Artikeltabelle die Spalte *Beschreibung*:

```
CREATE TABLE Artikel (
    ArtikelNr INTEGER,
    Artikelname CHAR(100),
    Beschreibung VARCHAR(250),
    FULLTEXT (Beschreibung) );
```

Da im Beispiel kein expliziter Name für den Index vergeben wurde, erhält dieser die Bezeichnung der Spalte (hier *Beschreibung*). Die Tabelle könnte nun folgenden Datensatz enthalten:

ArtikelNr	Artikelname	Beschreibung
1	Keramikvase	Eine schöne blaue Vase mit Streifen

Wenn Sie lediglich einen »normalen« Index erzeugt hätten, müssten Sie ziemlich genau wissen, was im Feld *Beschreibung* steht. Sie könnten nur dann mit Unterstützung durch den Index rechnen, wenn Sie zumindest den ersten Teil des Eintrags als Suchbegriff vorgeben, beispielsweise:

```
"Eine schöne blaue"
```

Mit einem FULLTEXT-Index lassen sich einzelne Wörter des Eintrags als Suchbegriffe verwenden:

```
"blau"
"schön"
"Streifen"
```

Eine Suchanfrage könnte umgangssprachlich lauten: »Zeige alle Datensätze an, welche die Begriffe blau, schön und/oder Streifen enthalten.« Sie können sich bestimmt denken, dass eine Suche mit ungenauen Angaben gerade im Internet sehr hilfreich ist. So werden Sie im Web gelegentlich die Möglichkeit finden, eine so genannte Volltextsuche durchzuführen. Nicht selten verbirgt sich dahinter die hier vorgestellte My-SQL-Funktion.

FULLTEXT-Index statt Mustervergleich

Beachten Sie jedoch, dass FULLTEXT nicht unbedingt erforderlich ist, um mit Teilbegriffen zu suchen. Vielmehr können Sie mit Hilfe des LIKE-Operators auch Mustervergleiche vornehmen. Sie müssen dann jedoch auf die Unterstützung eines Index verzichten. Statt Sekunden kann eine Suche dann schon mal Minuten oder auch noch länger dauern. Der FULLTEXT-Index ist daher fast immer zu empfehlen, wenn Sie in einer längeren Spalte nach Teileinträgen suchen müssen. Auf Alternativen, insbesondere den angesprochenen LIKE-Operator, kommen wir später noch zurück.

Für den Volltext-Index sind verschiedene Operatoren definiert, mit denen sich Suchbegriffe kombinieren lassen. Zudem können Sie FULLTEXT konfigurieren, so dass nicht alle Wörter eines Eintrags bei der Indexbildung berücksichtigt werden. Im dritten Teil des vorliegenden Buches wollen wir diese Funktionen ausführlich vorstellen.

Indizes löschen

Nicht benötigte Indizes sollten Sie auf jeden Fall löschen, weil diese den MySQL-Server bei Änderungen des Datenbestandes nur unnötig mit Aktualisierungen belasten. Einen Index löschen Sie mit der DROP INDEX-Anweisung. Die Syntax hat folgende Form:

```
DROP INDEX Indexname ON Tabelle
```

Sie müssen lediglich den Indexnamen angeben und die Tabelle benennen, auf die sich die Operation beziehen soll. Das folgende Beispiel löscht in der Tabelle *Kunden* den Index IndexFirma:

```
DROP INDEX IndexFirma ON Kunden;
```

Es kann sinnvoll sein, Indizes gelegentlich zu löschen und neu aufzubauen. Dies gilt besonders für Tabellen, deren Daten durch Hinzufügen, Löschen oder Ändern häufig aktualisiert werden.

Auf der beiliegenden CD finden Sie Skripte für Kunden- und Artikeltabellen, die auch mehrere Indexdefinitionen enthalten. Die Skripte können Sie wie schon früher gezeigt im *mysql*-Tool mit der source-Anweisung ausführen.

Indizes überprüfen

Sie können sich die Indizes einer Tabelle anzeigen lassen, wenn Sie den SHOW-Befehl wie folgt aufrufen:

```
SHOW INDEX FROM Kunden;
```

Wenn Sie die Datenbank nicht schon zuvor mit USE auswählen wollen, haben Sie auch die Möglichkeit, deren Namen, durch einen Punkt getrennt, vor den Tabellennamen zu setzen:

```
SHOW INDEX FROM Kontakte.Kunden;
```

MySQL listet dann alle Indizes der betreffenden Tabelle auf. Angezeigt werden unter anderem der Indexname (key_name) sowie die Spalten, die den Index bilden.

Indizes und NULL-Werte

Spalten, die NULL-Werte zulassen, können auch in einem eindeutigen Index vorkommen. Sie dürfen eine solche Spalte jedoch nur in einem einzigen Index verwenden. Beim Erzeugen eines Index berücksichtigt MySQL die NULL-Werte nicht. Sortieren Sie über eine Indexspalte, die NULL-Werte enthält, werden die Datensätze mit den NULL-Werten zuerst ausgegeben.

6 Daten einfügen

Dass MySQL kein komfortables DBMS ist, merken Sie vor allem beim Eingeben und Ändern von Daten. Solange Sie nicht eines der im vierten Teil dieses Buches vorzustellenden grafischen Zusatztools verwenden oder per selbst programmierter Anwendung auf MySQL zugreifen, sind Sie auf SQL-Befehle und das recht umständliche *mysql*-Tool angewiesen. Wie schon früher gezeigt, kann es daher sinnvoll sein, für die Dateneingabe entsprechende SQL-Skripte zu erstellen und diese mit *mysql* nur noch auszuführen.

Die INSERT-Anweisung

Für die Dateneingabe ist zunächst der INSERT-Befehl zuständig. Sie können damit einzelne Datensätze in Tabellen einfügen oder Daten aus einer Tabelle in eine andere kopieren. Im ersten Fall hat die Syntax folgende Form:

```
INSERT INTO Tabelle([Feldliste])
VALUES (Werteliste)
```

Wichtig ist die Übereinstimmung zwischen der Feldliste (Spaltenliste) in der INTO-Klausel und der Werteliste in der VALUES-Klausel. Diese müssen sowohl bezüglich der Anzahl als auch der Reihenfolge übereinstimmen. Der erste Wert der Werteliste landet im ersten Feld (der ersten Spalte) der Feldliste. Die einzelnen Elemente der Feld- und Wertelisten sind durch Kommata zu trennen. Das folgende Beispiel erzeugt einen neuen Datensatz in der Tabelle *Artikel*:

```
INSERT INTO Artikel (Bezeichnung, Preis, Datum)
VALUES ('Grüne Bohnen', 2.45, '2003-09-30');
```

Das Beispiel zeigt die Übergabe von drei verschiedenen Datentypen. In das Feld *Bezeichnung* wird der String (die Zeichenfolge) Grüne Bohnen eingetragen. Strings übergeben Sie in einfachen oder doppelten Anführungszeichen.

Spalten mit automatischer Wertzuweisung

Wenn Sie Spalten mit den Attributen AUTO_INCREMENT und DE-FAULT definiert haben, erhalten diese beim Einfügen neuer Datensätze automatisch Werte zugewiesen, auch wenn Sie die Spalten in den Spalten- und Wertelisten der INSERT-Anweisung nicht verwenden. Sie können natürlich trotzdem Werte zuweisen und damit die sonst automatisch erzeugten Werte überschreiben.

Numerische Werte

An der zweiten Stelle des obigen Beispiels übergeben wir den Preis. Dabei handelt es sich um einen numerischen Wert. Dieser wird üblicherweise ohne Anführungszeichen übergeben. MySQL akzeptiert Anführungszeichen aber auch für numerische Daten, so dass unter anderem folgende Zahlenangaben zulässig sind:

123
123.45
'123.45'
123.45e2

Das letzte Zahlenformat steht für die so genannte wissenschaftliche Notation. Der Wert nach dem Buchstaben e bezeichnet dabei Zehnerpotenzen, so dass hier ein Wert von 2 bedeutet, dass der Dezimalpunkt um zwei Stellen nach rechts verschoben wird (123.45 *10 * 10 = 12345). Wichtig ist natürlich auch der Dezimalpunkt selbst. Sie können unter MySQL in numerischen Werten kein Komma verwenden.

Datumswerte

Auch Datumswerte (Typ DATE) erfordern ein spezielles Übergabeformat. Zunächst sind Anführungszeichen zu verwenden.

MySQL erwartet zudem das amerikanische Format (JJJJ-MM-TT). Allerdings können Sie verschiedene Varianten nutzen, so dass unter anderem folgende Wertangaben zulässig sind:

```
"2003/08/22"
"03/08/22"
"2003-08-22"
```

MySQL akzeptiert auch andere Eingabeformate, ohne eine Fehlermeldung zu erzeugen. Die Einträge in der DATE-Spalte haben dann jedoch oft nichts mehr mit dem von Ihnen vorgesehenen Datum zu tun. Sie müssen daher sehr sorgfältig auf richtige Datumsformate achten. Nur so können Sie verhindern, dass MySQL die Angaben falsch interpretiert und regelrechten Datenmüll speichert. Zudem nimmt MySQL keine vollständige Validierung der Datumswerte vor.

Fehlerhafte und unzulässige Datumswerte

Gerade bei Datumswerten lässt sich nicht ausschließen, dass gelegentlich fehlerhafte bzw. unzulässige Werte eingegeben werden. Beim Umgang mit solchen Werten unterscheidet MySQL folgende Fälle:

✔ Eingabe ungültiger Datumswerte

✔ Verletzung des vorgegebenen Wertebereichs

Bei ungültigen Datumswerten ist wiederum zwischen solchen zu unterscheiden, die grundsätzlich nicht möglich sind, weil es nun mal keinen 13. Monat und keinen 32. Tag gibt. Solche Datumswerte setzt MySQL schlicht auf den Zero-Wert »0000-00-00«. Datumswerte, die grundsätzlich möglich wären, werden hingegen akzeptiert, auch wenn sie im Kalender nicht vorgesehen sind. Das gilt beispielsweise für die folgenden:

```
2004-02-30
2004-06-31
```

Betroffen sind vor allem der Februar und die Monate, die nur über 30 Tage verfügen. Als Anwender bzw. Programmierer müssen Sie selbst darauf achten, dass ungültige Datumswerte nicht eingegeben werden. Bei der Programmierung von Datenbankanwendungen sind dafür Eingabekontrollen vorzusehen.

Wertebereich einhalten

Der zweite wichtige Punkt betrifft die Verletzung des Wertebereichs. Dieser liegt bei den Datumstypen zwischen dem 1. Januar des Jahres 1000 (1000-01-01) und dem 31. Dezember 9999 (9999-12-31). Die Verletzung dieses Wertebereichs hat unterschiedliche Folgen. Ein größeres Jahr als 9999 können Sie schon deshalb nicht eingeben, weil eben nur vier Stellen für die Jahresangabe zur Verfügung stehen. MySQL kann das Datum dann nicht interpretieren und setzt den Eintrag auf den Wert »0000-00-00«.

Anders verhält es sich mit Werten vor dem 01.01.1000. Diese speichert MySQL durchaus. Teilweise funktionieren sogar Berechnungen. Jedoch liefern die meisten Datumsfunktionen (beispielsweise DATE_SUB) keine korrekten Ergebnisse mehr. Sie sollten daher auch die untere Bereichsgrenze unbedingt einhalten.

In der Praxis werden statt der vorhandenen Datumstypen gelegentlich auch Texttypen für die Speicherung von Datumswerten verwendet. Diese Option kann nicht nur für Historiker und Archäologen eine Alternative sein. Da Berechnungen mit Datumswerten häufig erst in einer Anwendung erfolgen, werden die in MySQL integrierten Datumsfunktionen nicht immer benötigt.

Der Primärschlüssel

Fast jede Tabelle verfügt über einen Primärschlüssel. Für diese Felder, beispielsweise die Artikel- oder Kundennummer, gilt praktisch immer die NOT NULL-Klausel. Solche Felder müssen

beim Erzeugen neuer Datensätze unbedingt einen (zudem
noch eindeutigen) Wert erhalten. Wenn wir im weiter oben gezeigten Beispiel darauf verzichtet haben, kann das praktisch
nur bedeuten, dass es sich beim Schlüssel um ein
AUTO_INCREMENT-Feld handelt. Der Wert wird dann beim Einfügen mit INSERT automatisch von MySQL gesetzt. Wurde
die Schlüsselspalte (hier *ArtikelNr*) ohne den Zusatz
AUTO_INCREMENT erzeugt, muss die INSERT-Anweisung diese
Spalte unbedingt berücksichtigen:

```
INSERT INTO Artikel (ArtikelNr,
                     Bezeichnung,
                     Preis, Datum)
VALUES (15, "Rote Kirschen", 1.99, "2003/08/22");
```

Beachten Sie, dass MySQL auch manuelle Einträge in
AUTO_INCREMENT-Spalten akzeptiert. Sie können die automatisch erzeugten Einträge also überschreiben. Allerdings müssen Sie darauf achten, dass es sich um eindeutige Werte handelt.

Mehrfache Wertelisten

Wir sind bisher davon ausgegangen, dass eine INSERT-Anweisung immer nur einen Datensatz hinzufügt. Sie können jedoch
in einer Anweisung mehrere Wertelisten übergeben und so in
einem Rutsch gleich mehrere Datensätze erzeugen. Die Syntax
hat dann folgende Form:

```
INSERT INTO Tabelle (Feldliste)
VALUES (Werteliste1), (Werteliste2), (...);
```

Jede Werteliste wird in Klammern eingeschlossen und per
Komma von der jeweils folgenden abgegrenzt. Das folgende
Beispiel erzeugt gleich drei Datensätze:

```
INSERT INTO Artikel (ArtikelNr, Bezeichnung,
                     Preis, Datum)
VALUES (17, "Rote Kirschen", 1.99, "2003/08/22"),
```

(18, "Schwarze Kirschen", 2.99, "2003/08/22"),
(19, "Blaue Kirschen", 3.99, "2003/08/22");

Beim Einfügen von mehreren Datensätzen ist besonders bei Spalten, die nur eindeutige Einträge enthalten dürfen, auf unterschiedliche Werte zu achten. Die Anweisung scheitert sonst ganz oder auch nur teilweise. Stehen am Anfang korrekte Datensätze, werden diese übernommen. Datensätze, die auf einen fehlerhaften Datensatz folgen, werden nicht übernommen, auch wenn sie korrekt sind. Natürlich unterbleibt auch die Übernahme des fehlerhaften Datensatzes.

Anzahl der eingefügten Datensätze prüfen

Speziell bei mehrfachen Wertelisten sollten Sie überprüfen, ob MySQL die Datensätze wie gewünscht gespeichert hat. Dazu wird eine Meldung ausgegeben, die auch im *mysql*-Monitor erscheint. Diese kann beispielsweise folgende Form haben:

```
Records: 2  Duplicates: 0  Warnings: 0
```

Abbildung 6.1 zeigt eine INSERT-Anweisung mit zwei Wertelisten und die Meldung, mit der *mysql* die Ausführung der Anweisung kommentiert.

Die noch vorzustellenden Befehle DELETE und UPDATE erzeugen ebenfalls eine Meldung mit der Anzahl der von einer Operation betroffenen – beispielsweise gelöschten – Datensätze.

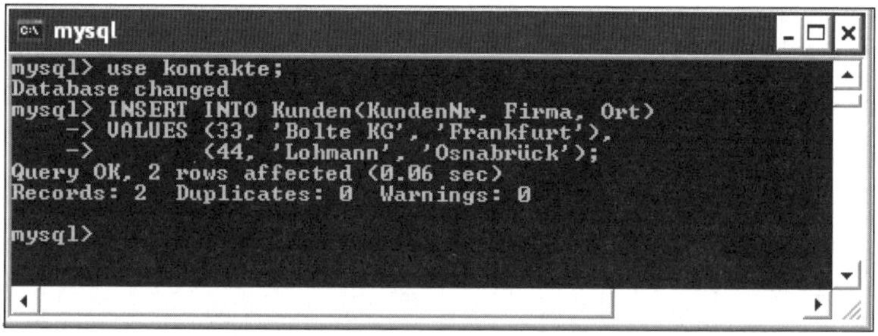

Abbildung 6.1: Ausgabe der Anzahl der eingefügten Datensätze

Funktionswerte zuweisen

Die MySQL-Funktionen sollen eigentlich erst später bei der Behandlung von SELECT-Abfragen vorgestellt werden. Wir erlauben uns hier jedoch einen kleinen Vorgriff, weil auch INSERT-Anweisungen von Funktionen profitieren können. Funktionen sind Befehle, die einen Rückgabewert liefern. So erzeugt die Funktion SYSDATE beispielsweise das aktuelle, also das auf Ihrem Rechner gerade eingestellte Datum. Sie können die Funktion nutzen, um das jeweils aktuelle Tagesdatum in eine Datumsspalte zu schreiben. Eine passende INSERT-Anweisung wird dann folgende Form haben:

```
INSERT INTO Artikel (Bezeichnung,
                     Preis, Datum)
VALUES ('Dicke Bohnen', 2.45, SYSDATE());
```

Die Funktion wird anstelle eines festen Wertes in die VALUES-Klammer aufgenommen. Bei der Ausführung der Anweisung ersetzt MySQL die Funktion durch ihren aktuellen Wert (den Funktionswert).

Daten aus anderen Tabellen

Beim Einfügen neuer Datensätze können die Daten auch aus einer anderen Tabelle stammen. Der INSERT-Befehl hat dann, etwas vereinfacht, folgende Syntax:

```
INSERT INTO Zieltabelle (Feldliste)
SELECT Feldliste FROM Quelltabelle;
```

Der INSERT-Befehl wird hier mit dem später noch ausführlich vorzustellenden SELECT-Befehl kombiniert. Letzterer liefert die einzufügenden Daten. Wenn Ziel- und Quelltabelle die gleiche Struktur aufweisen, sind die Feldlisten nicht unbedingt anzugeben:

```
INSERT INTO Artikelneu ()
SELECT * FROM Artikel;
```

Die vorstehende Anweisung kopiert alle Datensätze aus der Tabelle *Artikel* in die Tabelle *ArtikelNeu*. Dabei werden alle Spalten übernommen. Das setzt jedoch voraus, dass die Zahl der Spalten und die Datentypen der jeweils an gleicher Position befindlichen Spalten weitgehend übereinstimmen. Die Übereinstimmung muss jedoch nicht vollständig sein. Es genügt in der Regel, wenn die betreffenden Typen kompatibel sind. So lässt sich ein ganzzahliger Wert (INTEGER) durchaus in ein Feld vom Typ DOUBLE kopieren. Wollen Sie nur bestimmte Spalten übernehmen, müssen Sie diese angeben. Die einzelnen Spaltennamen sind dabei durch Kommata zu trennen:

```
INSERT INTO Artikelneu (ArtikelNr,
                        Bezeichnung, Preis)
SELECT ArtikelNr, Bezeichnung, Preis
FROM Artikel;
```

Die SELECT-Anweisung kann natürlich mit einer WHERE-Klausel, also einer Bedingung ausgestattet sein, so dass nur Datensätze kopiert werden, die dieser Bedingung genügen. Wir werden in Kapitel 9 ausführlich auf SELECT und WHERE eingehen.

ON DUPLICATE KEY UPDATE

Die INSERT-Anweisung verfügt mit ON DUPLICATE KEY UPDATE über eine optionale Klausel, die sich einsetzen lässt, wenn zweifelhaft ist, ob ein neu einzufügender Datensatz nicht vielleicht schon existiert. Die Syntax hat folgende Form:

```
ON DUPLICATE KEY UPDATE spalte=Ausdruck,...
```

Die Klausel bewirkt, dass kein neuer Datensatz eingefügt wird, wenn der in VALUES angegebenen Primärschlüssel bereits in der Tabelle enthalten ist. In diesem Fall können Sie mit der Auflistung von Wertzuweisungen nach dem Muster *Spalte = Ausdruck* Update-Operationen bestimmen, die auf den betreffenden (vorhandenen) Datensatz angewendet werden.

Das folgende Beispiel versucht zunächst, einen neuen Datensatz mit der Artikelnummer 8 (Primärschlüssel) in die *Artikel*-Tabelle einzufügen:

```
INSERT INTO Artikel (ArtikelNr, Bezeichnung, Preis)
VALUES (8, "Rote Kirschen", 1.99)
ON DUPLICATE KEY UPDATE Preis = 1.99
```

Ist die Artikelnummer 8 aber schon vorhanden, wird kein neuer Datensatz erzeugt, sondern lediglich der Preis des bereits vorhandenen Artikels geändert.

Eingabe kontrollieren

Mit Hilfe von SELECT sollten Sie den Erfolg der INSERT-Anweisungen überprüfen. Solange die Zahl der Datensätze noch begrenzt ist, genügt dazu die einfachste Variante des SELECT-Befehls. Abbildung 6.2 zeigt den Befehl und das Ergebnis im *mysql*-Monitor.

Je nach Zahl und Art der ausgeführten INSERT-Anweisungen wird sich die Darstellung auf Ihrem Bildschirm natürlich von der in Abbildung 6.2 unterscheiden.

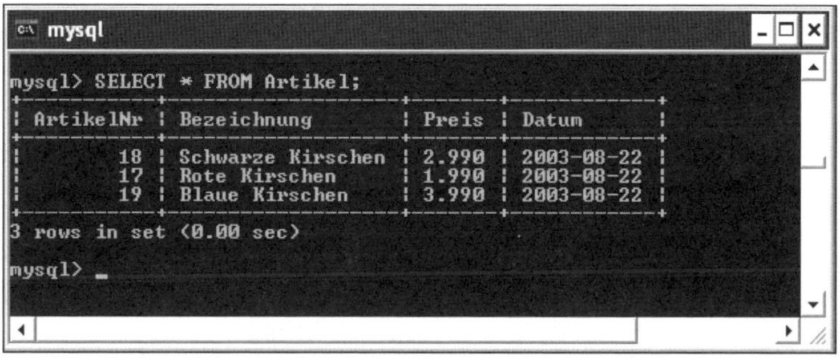

Abbildung 6.2: Ergebnis der Eingabe mit SELECT kontrollieren

REPLACE

Eine MySQL-Spezialität ist der REPLACE-Befehl. Dieser erzeugt nicht unbedingt neue, sondern überschreibt gegebenenfalls bereits bestehende Datensätze. Die Grundsyntax unterscheidet sich praktisch nicht von derjenigen des INSERT-Befehls:

```
REPLACE INTO Tabelle ([Feldliste])
VALUES (Werteliste)
```

In der Wirkung können sich die beiden Befehle jedoch erheblich unterscheiden. So erzeugt die folgende Anweisung nur unter bestimmten Bedingungen einen neuen Datensatz:

```
REPLACE INTO Artikel (ArtikelNr,
                      Bezeichnung,
                      Preis, Datum)
VALUES (25, "Rote Kirschen", 1.95, "2003/08/22");
```

Handelt es sich beim Feld *ArtikelNr* um den Primärschlüssel oder zumindest um ein eindeutiges Feld, wird nur dann ein neuer Datensatz erzeugt, wenn nicht schon ein solcher mit der Artikelnummer 25 existiert. Andernfalls wird der schon bestehende Datensatz zunächst gelöscht und dann erst der neue (mit der Artikelnummer des gelöschten) eingefügt. Der alte Datensatz wird dadurch praktisch überschrieben. REPLACE kann sehr nützlich sein, wenn es darum geht, Datensätze zu ändern. Er ist dann auch in der Lage, UPDATE-Befehle zu ersetzen (siehe Kapitel 8).

REPLACE lässt sich ebenfalls mit SELECT kombinieren, so dass Sie die Daten auch, wie weiter oben gezeigt, aus einer anderen Tabelle übernehmen können.

Alternative REPLACE-Syntax

Der REPLACE-Befehl steht auch in einer zweiten (und sogar in einer dritten) Syntaxvariante zur Verfügung. Diese orientiert sich am UPDATE-Befehl und hat folgende Form:

```
REPLACE INTO Tabelle
SET Spalte1 = Wert,
    Spalte2 = Wert,
    ...
```

Die Umsetzung zeigt, dass der Befehl in dieser Variante einen besser lesbaren Code ergibt:

```
REPLACE INTO Artikel
SET ArtikelNr = 19,
    Bezeichnung = 'Dicke Gurken',
    Preis = 1.99,
    Datum = '2004-08-16';
```

Im Gegensatz zur weiter oben gezeigten Variante haben Sie hier jedoch nicht die Möglichkeit, mehrere Wertelisten, also mehrere Datensätze gleichzeitig einzufügen (oder zu ersetzen).

Priorität der INSERT/REPLACE-Anweisung

INSERT-Anweisungen erfordern das teilweise Sperren von Tabellen. Dadurch können sich auch Lesezugriffe mit SELECT verzögern. Um das zu verhindern, besteht die Möglichkeit, die Priorität von Schreibzugriffen zu verringern. Diese werden dann erst ausgeführt, wenn gerade kein Lesezugriff erfolgt. INSERT und REPLACE sind zu diesem Zweck um die Klausel LOW PRIORITY zu ergänzen:

```
INSERT LOW_PRIORITY ...
```

Das folgende Beispiel verwendet die Klausel für eine schon früher gezeigte INSERT-Anweisung:

```
INSERT LOW_PRIORITY
    INTO Artikel (ArtikelNr,
                  Bezeichnung,
                  Preis, Datum)
    VALUES (35, "Rote Kirschen", 1.99, "2003/08/22");
```

Die Klausel lässt sich auch auf die noch vorzustellenden Befehle DELETE und UPDATE anwenden.

INSERT DELAYED

Wenn Datensätze von anderen Anwendern benutzt werden, kann es vorkommen, dass diese Datensätze für Schreibzugriffe gesperrt sind. Eine INSERT-Anweisung lässt sich dann möglicherweise nicht bzw. nicht sofort ausführen. Damit der Anwender, der seinen Datensatz speichern will, nicht so lange warten muss und keine Fehlermeldung angezeigt erhält, lässt sich mit der Klausel DELAYED bewirken, dass der zu speichernde Datensatz zunächst in eine Warteschlange eingestellt wird. Für den Anwender sieht es so aus, als ob MySQL den Datensatz gleich in die Tabelle schreibt. Die erweiterte Syntax hat folgende Form:

```
INSERT DELAYED INTO Tabelle (Spalte1, Spalte2, …)
VALUES (Wert1, Wert2, …)
```

Das folgende Beispiel schreibt die Daten gegebenenfalls verzögert in die Tabelle *Artikel*:

```
INSERT DELAYED
INTO Artikel (Bezeichnung, Preis)
VALUES ('Grüne Bohnen', 123.45);
```

DELAYED ist sehr sinnvoll, wenn es nicht unbedingt auf höchste Aktualität der Daten ankommt. Das dürfte für die meisten Datenbankanwendungen zutreffen. INSERT DELAYED hat zudem den Vorteil, dass gegebenenfalls mehrere INSERT-Operationen zusammengefasst und in einem Block ausgeführt werden. Die Schreibzugriffe können dann unter Umständen sogar schneller erfolgen.

Nachteilig ist, dass die Datensätze zunächst nicht auf der Festplatte gespeichert, sondern nur im Arbeitsspeicher gehalten werden. Ein Absturz des Systems führt dann eventuell zum Datenverlust.

Die INSERT DELAYED-Anweisung funktioniert nur mit *ISAM-* und *MyISAM*-Tabellen.

7 Daten löschen

Das Löschen ist eine sehr kritische Operation. MySQL führt Löschbefehle ohne Rückfrage aus. Zudem können Sie alle Daten einer Tabelle mit nur einem kurzen Befehl löschen. Dieses Kapitel zeigt daher auch, wie Sie beim Löschen vorgehen sollten, um beim Einsatz des DELETE-Befehls größere Unfälle zu vermeiden. Recht ausführlich soll auch der leistungsfähige, aber leider nicht ANSI-konforme TRUNCATE-Befehl vorgestellt werden. Schließlich gehen wir darauf ein, wie Sie DELETE und INSERT kombinieren können, um Update-Operationen durchzuführen.

Die DELETE-Anweisung

Für das Löschen von ganzen Datensätzen ist der DELETE-Befehl zuständig. Der Befehl hat in der einfachsten Version folgende Syntax:

```
DELETE FROM Tabelle
[WHERE Bedingung]
```

Wenn Sie auf die Angabe einer Bedingung verzichten, werden alle Datensätze der betreffenden Tabelle gelöscht:

```
DELETE FROM Artikel;
```

Normalerweise grenzen Sie die Wirkung von DELETE ein, indem Sie eine WHERE-Klausel hinzufügen und die Bedingung für diese Klausel definieren. Die folgende Anweisung löscht nur den Artikel mit der Artikelnummer 15 (also nur einen Datensatz):

```
DELETE FROM Artikel
WHERE ArtikelNr = 15;
```

Die Bedingung ist entscheidend für die Zahl der Datensätze, die gelöscht werden. Sie sollte daher sehr sorgfältig definiert und gegebenenfalls mit einer SELECT-Anweisung getestet werden. So zeigt die folgende Anweisung alle Datensätze an, die der Bedingung in der WHERE-Klausel genügen. Sie können dann immer noch entscheiden, ob Sie anschließend den DELETE-Befehl mit der gleichen WHERE-Bedingung anwenden wollen:

```
SELECT * FROM Artikel
WHERE ArtikelNr = 15;
```

Bedingungen in WHERE-Klauseln können allerdings sehr komplex sein und sich auch auf mehrere Datensätze beziehen. So löscht das folgende Beispiel alle Datensätze, die zur Artikelgruppe *Obst* gehören:

```
DELETE FROM Artikel
WHERE Artikelgruppe = 'Obst';
```

Wie Sie komplexe Bedingungen für die WHERE-Klausel definieren, können Sie in Kapitel 9 nachlesen.

Beachten Sie, dass Löschvorgänge mit DELETE und auch das Überschreiben von Datensätzen mit REPLACE in der Regel endgültig sind. MySQL kennt dafür keinen Rücknahmebefehl. Dies gilt zumindest im so genannten AutoCommit-Modus, bei dem alle Änderungen sofort nach Ausführung des Befehls wirksam werden.

Zahl der betroffenen Datensätze begrenzen

Die Zahl der von einer Löschoperation betroffenen Datensätze lässt sich begrenzen. Dazu verwenden Sie die Klausel LIMIT. Allerdings dürfte es wenig sinnvoll sein, nur eine beliebige und letztlich zufällige Anzahl von Datensätzen zu löschen. Nur wenn das Löschen in einer bestimmten Reihenfolge (Sortierung) vorgenommen wird, etwa nach dem Erzeugungsdatum, lassen sich halbwegs sinnvolle Operationen denken. So können Sie beispielsweise die ältesten drei Datensätze löschen:

```
DELETE FROM Artikel
WHERE Datum <= '2002-12-31'
ORDER BY Datum
LIMIT 3;
```

Die vorstehende Anweisung sortiert zunächst die Datensätze nach dem Datum (ORDER BY Datum) und stellt zudem sicher, dass von der Löschoperation nur Datensätze betroffen sind, die vor dem Jahr 2003 (<= 31.12.2002) in die Datenbank aufgenommen wurden. Mit diesen beiden Einschränkungen (WHERE-Klausel und LIMIT) können Sie wenigstens halbwegs sicher sein, keine unbeabsichtigten Schäden anzurichten.

Löschen über mehrere Tabellen

Für das gleichzeitige Löschen von Datensätzen in mehreren (in der Regel verknüpften) Tabellen stellt MySQL eine spezielle Syntaxvariante zur Verfügung, die etwas vereinfacht folgende Form hat:

```
DELETE [LOW_PRIORITY] [QUICK] [IGNORE]
        Tabelle1, Tabelle2, ...
        FROM Tabelle1, Tabelle2, ...
        [WHERE Bedingung]
```

Diese Variante können Sie nutzen, wenn Sie beispielsweise einen Kunden mit allen zugehörigen Rechnungen aus der Datenbank entfernen wollen:

```
DELETE Kunden, Rechnungen
    FROM Kunden, Rechnungen
    WHERE KundenNr = 1 AND
        Kunden.KundenNr = Rechnungen.Kdnr;
```

Das vorstehende Beispiel löscht in der Tabelle *Kunden* den Datensatz mit der Kundennummer 1 und gleichzeitig alle zugehörigen Rechnungen in der Rechnungstabelle.

Das Löschen von Datensätzen in einfachen Tabellen ist schon eine sehr kritische Operation. In verknüpften Tabellen lässt sich noch wesentlich mehr Schaden anrichten. Sie sollten sich daher erst intensiv mit der Verknüpfung von Tabellen beschäftigen, die wir unter anderem in Kapitel 18 vorstellen.

TRUNCATE statt DELETE

MySQL kennt mit TRUNCATE auch einen speziellen Löschbefehl, der alle Datensätze einer Tabelle löscht. Im Unterschied zum entsprechenden DELETE-Befehl löscht TRUNCATE zunächst die ganze Tabelle und erzeugt dann eine neue (leere) Tabelle mit der gleichen Struktur. Diese Operation ist in der Regel schneller als das reguläre Löschen aller Datensätze mit DELETE. Entsprechend einfach ist auch die Syntax:

```
TRUNCATE TABLE Tabelle
```

Die folgende Anweisung löscht alle Datensätze der Tabelle *Artikel*:

```
TRUNCATE TABLE Artikel;
```

Im Gegensatz zu DELETE können Sie TRUNCATE jedoch nicht in jeder Situation einsetzen, beispielsweise nicht innerhalb einer Transaktion.

Das Löschen von einzelnen Datensätzen ist je nach Zahl der Indizes ebenfalls eine oft zeitaufwändige Operation. Hier bestehen jedoch Optimierungsmöglichkeiten, auf die im vierten Teil dieses Buches näher eingegangen werden soll.

Priorität der DELETE-Anweisung

DELETE-Anweisungen erfordern gegebenenfalls das Sperren von Tabellen. Dadurch können sich auch Lesezugriffe verzögern. Um das zu verhindern, besteht die Möglichkeit, die Priorität von Schreibzugriffen zu verringern. Diese werden dann erst ausgeführt, wenn momentan kein Lesezugriff erfolgt. Wie schon für den INSERT-Befehl in Kapitel 6 gezeigt, ist DELETE zu diesem Zweck um die Klausel LOW PRIORITY zu ergänzen:

```
DELETE LOW_PRIORITY FROM Artikel
WHERE Artikelgruppe = 'Obsts';
```

Zudem können Sie die Klausel DELAYED einsetzen, die wir ebenfalls schon in Kapitel 6 vorgestellt haben.

DELETE und INSERT kombinieren

Für das Ändern bzw. Überschreiben von bestehenden Datensätzen lässt sich zunächst der UPDATE-Befehl einsetzen. In der Praxis werden zu diesem Zweck aber gelegentlich DELETE- und INSERT-Befehle kombiniert. Diese Technik hat unter anderem den Vorteil, dass Spaltenwerte einfach dadurch gelöscht werden können, dass die INSERT-Anweisung den betreffenden Spalten keinen Wert zuweist. So löscht die folgende Anweisung zunächst den Datensatz mit der Artikelnummer 3 und erzeugt dann wieder einen Datensatz mit der gleichen Nummer:

```
DELETE FROM Artikel WHERE ArtikelNr = 3;
INSERT INTO Artikel(ArtikelNr, Bezeichnung)
VALUES (3, "Grüne Erbsen");
```

Die Kombination lässt sich beispielsweise nutzen, wenn Sie Spalten auf den DEFAULT-Wert zurücksetzen wollen, diesen aber nicht kennen. Alle in der INSERT-Anweisung nicht aufgeführten Spalten haben nach Ausführung der beiden Anweisungen den Wert NULL oder den in einer DEFAULT-Klausel bestimmten Wert.

8 Daten ändern

Ähnlich wie beim DELETE-Befehl können sich Änderungen mit UPDATE auf mehrere oder gar auf alle Datensätze auswirken. Der Befehl ist daher mit gleicher Sorgfalt zu behandeln wie DELETE. Zudem setzt die Änderung der Daten voraus, dass Sie die Struktur der Tabelle recht genau kennen. Bei der Übergabe der Daten sind nämlich sowohl der Spaltenname als auch der Datentyp zu berücksichtigen.

Die UPDATE-Anweisung

Für die Änderung von Daten lassen sich grundsätzlich zwei Befehle einsetzen: UPDATE und REPLACE. Wichtiger und vor allem auch konform zu den Standards SQL/92 und SQL/99 ist UPDATE. Die Basissyntax des Befehls hat folgende Form:

```
UPDATE Tabelle
SET Spalte1 = Wert1,
    Spalte2 = Wert2,
    ...
[WHERE Bedingung]
```

In der SET-Klausel definieren Sie die Wertzuweisungen an die einzelnen Spalten. Jede einzelne Wertzuweisung ist von der jeweils vorhergehenden durch ein Komma abzugrenzen. Wie schon beim INSERT-Befehl sind wieder die Erfordernisse der einzelnen Spaltentypen zu beachten. Das folgende Beispiel ändert drei Spalten in der Tabelle *Artikel*:

```
UPDATE Artikel
SET Bezeichnung = 'Blaue Trauben',
    Preis = 1.98,
    Datum = '2003-11-19'
WHERE ArtikelNr = 25;
```

Wie üblich, sind Zeichenfolgen (CHAR- und VARCHAR-Spalten) in doppelte bzw. einfache Anführungszeichen zu setzen. Bei numerischen Spalten verzichten Sie hingegen auf eine Einschließung der Werte. Auch das (amerikanische) Datumsformat sollte Ihnen schon von INSERT her bekannt vorkommen. Sie können auch die dort gezeigten Datumsvarianten verwenden.

Bedeutung der WHERE-Klausel

Grundsätzlich ist die WHERE-Klausel optional. Allerdings werden Sie nur in Ausnahmefällen darauf verzichten können. Ohne die WHERE-Klausel ändert MySQL nämlich alle Datensätze, so dass unsere Artikeltabelle nach Ausführung des zuletzt gezeigten Befehls nur noch blaue Trauben enthalten würde. Erst die Bedingung in der WHERE-Klausel bewirkt, dass sich die Änderungen nur auf ausgewählte Datensätze beziehen. Im obigen Beispiel beschränkt die Bedingung die Änderungen auf den Datensatz mit der Artikelnummer 25. Sie können UPDATE-Anweisungen jedoch nutzen, um beispielsweise alle Werte einer Spalte zu löschen. In diesem Fall verzichten Sie auf die WHERE-Klausel:

```
UPDATE Artikel
SET Menge = NULL;
```

Das vorstehende Beispiel setzt alle Einträge in der Spalte *Menge* zurück. Wenn es Sinn macht, können Sie numerischen Feldern auch den Wert 0 zuweisen. Sie sollten aber auf den Unterschied achten: Der »Wert« NULL steht für einen nicht vorhandenen Eintrag, während 0 tatsächlich einen Wert meint, mit dem man auch rechnen kann. Das vorstehende Beispiel setzt zudem voraus, dass die Spalte *Menge* nicht mit dem Attribut NOT NULL definiert wurde.

Berechnungen in der SET-Klausel

Die Wertzuweisungen in der SET-Klausel können Ausdrücke enthalten, mit denen Berechnungen durchgeführt werden. In die Spalte wird dann das Ergebnis der Berechnung eingetragen. Berechnungen können sich auf die zu ändernde Spalte selbst oder auch auf andere Spalten beziehen. Sie dürfen zudem auch Funktionen enthalten. Das folgende Beispiel ändert in der Tabelle *Artikel* alle Preise, soweit die betreffenden Datensätze (Artikel) zur Artikelgruppe *Obst* gehören:

```
UPDATE Artikel
SET Preis = Preis + 1.5
WHERE Artikelgruppe = "Obst";
```

Die Zuweisung verwendet den alten Preis. Auf diesen werden einfach 1,5 (Euro) aufgeschlagen. Sie haben zudem die Möglichkeit, MySQL-Funktionen in Berechnungen zu verwenden. Wir kommen bei der Behandlung von Funktionen noch darauf zurück.

Erweiterungen

Der UPDATE-Befehl kennt wie auch INSERT und DELETE verschiedene Erweiterungen. Die vollständige Syntax hat folgende Form:

```
UPDATE [LOW_PRIORITY] [IGNORE] Tabelle
SET Spalte1 = Wert1,
...
[WHERE Bedingung]
[ORDER BY Spalte1, …]
[LIMIT Zeilenzahl]
```

Mit LOW_PRIORITY verzögern Sie die Änderungsoperation. Erst wenn keine anderen Zugriffe mehr erfolgen, wird die Operation ausgeführt. Diese Option kann sinnvoll sein, wenn Sie Lesezugriffe beschleunigen wollen.

Fehlzuweisungen ignorieren

Sehr interessant ist IGNORE. Mit dieser Erweiterung wird verhindert, dass eine UPDATE-Operation abbricht, wenn eine Schlüsseländerung fehlerhaft ist, also innerhalb einer Schlüsselspalte zu Duplikaten führen würde. Lediglich die Änderung des Datensatzes, bei dem der Fehler auftrat, unterbleibt. Alle anderen Datensätze werden geändert. Das folgende, etwas zweifelhafte Beispiel versucht die Artikelnummer (den Primärschlüssel) zu ändern:

```
UPDATE IGNORE Artikel
SET ArtikelNr = ArtikelNr + 1,
Preis = 2.99;
```

Enthält die Spalte *ArtikelNr* eines Datensatzes beispielsweise den Wert 3, versucht die Anweisung daraus den Wert 4 zu machen. Wenn aber bereits ein anderer Datensatz mit der Nummer 4 existiert, bricht die Anweisung den Versuch ab. Ohne IGNORE wäre die Anweisung an dieser Stelle auch ganz beendet. IGNORE sorgt dafür, dass die Anweisung doch noch alle folgenden Datensätze durchläuft und, wenn möglich, ändert. Nur die Datensätze, bei denen die Änderung zu doppelten Artikelnummern führen würde, werden übersprungen (ignoriert).

ORDER BY und LIMIT

Wie schon gezeigt, bewirkt die Klausel ORDER BY eine Sortierung. Sie wird in der Regel nur mit SELECT-Abfragen eingesetzt. Im Zusammenhang mit einer UPDATE-Anweisung bewirkt die Klausel, dass die Datensätze in der Reihenfolge der Sortierspalte geändert werden. Diese Option erscheint zunächst wenig sinnvoll, weil schließlich doch alle Datensätze an die Reihe kommen. Erst durch den zusätzlichen Einsatz von LIMIT ergibt die Sortierung Sinn. Setzen Sie LIMIT beispielsweise auf den Wert 3, ändert UPDATE die ersten drei Datensätze in der Reihenfolge der Sortierung. Das folgende Beispiel ändert in der Tabelle *Artikel* die drei ältesten (zuerst eingegebenen) Datensätze:

```
UPDATE Artikel
SET Preis = Preis * 1.1
ORDER BY Datum
LIMIT 3;
```

ORDER BY sortiert zunächst nach dem Datum, wobei der Datensatz mit dem ältesten (am weitesten zurückliegenden) Datum an erster Stelle kommt. Dann beginnt UPDATE mit den Änderungen. Da LIMIT nur die Änderung von drei Datensätzen zulässt, werden nur die ältesten drei geändert.

Die Kombination aus ORDER BY und LIMIT hat natürlich etwas Zufälliges. Sie sollten die Daten der Tabelle schon recht gut kennen, wenn eine solche Anweisung nicht zu unkalkulierbaren Ergebnissen führen soll. Im normalen Betrieb werden Sie die zu ändernden Datensätze eher durch eine ausgefeilte WHERE-Klausel bestimmen.

9 Daten auswerten

Mit »Auswertung« ist die Ausgabe der in einer Datenbank gespeicherten Daten nach bestimmten Kriterien gemeint. Dazu definieren Sie Abfragen und bestimmen mit Hilfe von Klauseln und Bedingungen Zahl und Auswahl der Daten. Für die Definition solcher Datenbankabfragen ist der SELECT-Befehl zuständig. Das vorliegende Kapitel beschäftigt sich fast ausschließlich mit diesem Befehl.

Da der SELECT-Befehl außerordentlich leistungsfähig ist und zudem über unzählige Klauseln verfügt, sollen in diesem Kapitel nur dessen Grundlagen vorgestellt werden. Weitere Beispiele zum Einsatz von SELECT finden Sie im dritten und vierten Teil dieses Buches.

Beachten Sie, dass ein DOS-Fenster (Menüoption *Eingabeaufforderung* im Windows-Startmenü) nicht gerade das ideale Ausgabemedium für Tabellen darstellt. Üblicherweise können Sie per Voreinstellung in der Breite nur 80 Zeichen ausgeben. In der Regel haben Sie aber die Möglichkeit, über die Option *Einstellungen* im Systemmenü des DOS-Fensters eine größere Zahl von Zeichen vorzugeben. Je nach Größe der Schrift (auch über die Option *Einstellungen* zu ändern) können Sie bei einer Bildschirmauflösung von 1024 * 768 auch 120 Zeichen darstellen. Diese Option sollten Sie nutzen. Eine Alternative bieten natürlich die grafischen Benutzeroberflächen, die wir im vierten Teil dieses Buches vorstellen.

Die Beispiele, die wir in diesem Kapitel verwenden, basieren auf Tabellen, die wir im Anhang dokumentiert und als Skripte auch auf die beiliegende CD kopiert haben (Ordner *skripte*). Die Skripte enthalten zudem Daten, die wir in den Beispielen des folgenden Textes ebenfalls verwenden.

Die SELECT-Anweisung

Datenbankabfragen definieren Sie mit dem SELECT-Befehl und vielen Klauseln. In der einfachsten Version hat der Befehl folgende Syntax:

```
SELECT Spaltenliste
FROM Tabelle;
```

Die Spaltenliste besteht aus der Aufzählung von Spaltennamen, die durch Kommata zu trennen sind:

```
SELECT ArtikelNr, Bezeichnung, Preis
FROM Artikel;
```

Wie schon früher gezeigt, können Sie jedoch alle Spalten ausgeben, wenn Sie an Stelle der Aufzählung das Ersatzzeichen »*« verwenden:

```
SELECT * FROM Artikel;
```

Das vorstehende Beispiel liefert immer alle Spalten und alle Zeilen, also alle Datensätze der betreffenden Tabelle und damit praktisch die komplette Tabelle. Sollen nur bestimmte Spalten und Datensätze angezeigt werden, müssen Sie die Spalten vorgeben und gegebenenfalls eine WHERE-Klausel verwenden.

Alias-Namen

Für die Felder (Spalten) der SELECT-Anweisung können Sie so genannte Alias-Namen verwenden. In der Ergebnistabelle erscheinen dann nicht mehr die Spaltenbezeichnungen der Tabelle, sondern die von Ihnen vergebenen Alias-Namen. Die Syntax hat folgende Form:

```
SELECT Spalte1 AS Alias1, Spalte2 AS Alias2, …
FROM Tabelle;
```

Alias-Namen sollen unter anderem die vorhandenen Spaltenbezeichnungen aussagekräftiger machen. So können Sie diese Option beispielsweise nutzen, um englische Bezeichnungen für die Ergebnistabelle durch deutsche Bezeichnungen zu ersetzen. Das folgende Beispiel verwendet jedoch die schon bekannte Artikeltabelle:

```
SELECT Bezeichnung AS Artikelname,
       Preis AS Nettopreis
FROM Artikel;
```

In der Ergebnistabelle erhalten Sie in diesem Fall an Stelle der Spaltennamen *Bezeichnung* und *Preis* die Bezeichnungen *Artikelname* und *Nettopreis*.

Alias-Namen werden auch benötigt, um Bezeichnungen für berechnete Spalten zu definieren. Wir werden später noch ausführlich darauf zurückkommen.

Die WHERE-Klausel

Erst mit der WHERE-Klausel lassen sich wirklich komplexe Abfragen definieren. Man könnte sogar sagen, dass WHERE die zentrale Klausel der SQL-Abfragesprache darstellt. Die um WHERE erweiterte Syntax hat folgende Form:

```
SELECT Spaltenliste
FROM Tabelle
WHERE Bedingung;
```

Die WHERE-Bedingung schränkt die Auswahl der Zeilen, der Datensätze, ein. In der einfachsten Variante besteht die Bedingung aus einem einfachen Vergleich zwischen einem Spalteninhalt und einem Wert. Das folgende Beispiel zeigt alle Artikel an, die zur Artikelgruppe *Obst* gehören:

```
SELECT *
FROM Artikel
WHERE Artikelgruppe = 'Obst';
```

Der einfache Vergleich kann sich auf nahezu alle Datentypen beziehen. Das folgende (unvollständige) Beispiel lässt nur Zeilen zu, die in der Datumsspalte den Wert 11.11.2005 enthalten:

```
... WHERE Datum = '2005-11-11'
```

Bei numerischen Spalten ist der Vergleichswert nicht in Anführungszeichen zu setzen. Bei Dezimalzahlen ist ein Dezimalpunkt, kein Komma, zu verwenden:

```
... WHERE Preis = 1.99
```

Ganz besonders leistungsfähig wird die WHERE-Klausel, wenn sie auch noch Funktionen enthält. Wir kommen weiter unten darauf zurück.

Groß- und Kleinschreibung

Beim Vergleich von Zeichenfolgen werden Groß- und Kleinschreibung normalerweise nicht berücksichtigt. Achten Sie jedoch auf die korrekte Schreibweise von Tabellennamen. So sind die folgenden WHERE-Klauseln in ihrer Wirkung identisch:

```
... WHERE Artikelgruppe = 'obst'
... WHERE Artikelgruppe = 'OBST'
```

Betriebssysteme wie beispielsweise LINUX unterscheiden bei Datei- und Verzeichnisnamen zwischen Groß- und Kleinschreibung. Da es sich bei Tabellen um Dateien handelt, müssen deren Bezeichnungen unter solchen Betriebssystemen unbedingt korrekt geschrieben werden. Eventuell kann es sinnvoll sein, für Tabellennamen grundsätzlich nur die Kleinschreibung zu verwenden.

Vergleiche mit Groß- und Kleinschreibung

Die Unterscheidung zwischen Groß- und Kleinschreibung lässt sich jedoch erzwingen, indem Sie die Anweisung um die Klausel BINARY erweitern. Der sonst identische Vergleich erzeugt mit dieser Klausel den Wert 0 (*False*), so dass die Bedingung falsch wird. Für unsere Beispieltabelle erhalten Sie deshalb mit der folgenden Anweisung keine Daten angezeigt:

```
SELECT ArtikelNr, Bezeichnung, Preis
FROM Artikel
WHERE BINARY Artikelgruppe = 'obst';
```

BINARY können Sie auch direkt hinter SELECT einfügen. Es wirkt dann nur auf Berechnungen in der Spaltenliste, nicht auf die Bedingung in der WHERE-Klausel. In Abfragen setzen Sie BINARY jedoch üblicherweise in der WHERE-Klausel ein.

Wie aus dem vorstehenden Beispiel schon zu ersehen ist, gehört BINARY nicht zur SELECT-Anweisung und auch nicht zur WHERE-Klausel, sondern zu einem Ausdruck, der einen Vergleich bildet, also einen logischen Wert (0 oder 1) liefert. BINARY ist daher eigentlich schon ein Operator.

Qualifizierte Bezeichnungen

Wenn Sie Tabellen und Spalten wie in den vorstehenden Beispielen gezeigt verwenden, setzt dies voraus, dass die betreffende Datenbank zuvor mit USE aktiviert wurde:

```
USE Kontakte;
SELECT KundenNr, Firma, Ort
FROM Kunden
WHERE Ort = 'Leipzig';
```

Zudem müssen in Abfragen über mehrere Tabellen die Spaltenbezeichnungen eindeutig sein. Da sich diese Anforderungen nicht immer erfüllen lassen, kann es gelegentlich notwendig werden, qualifizierte Bezeichnungen zu verwenden. Solche Bezeichnungen setzen sich wie folgt aus Datenbank-, Tabellen- und Spaltennamen zusammen:

```
Datenbankname.Tabellenname
Tabellenname.Spaltenname
```

Sie bilden die vollständigen Bezeichnungen also mit Hilfe eines Punktes. Ein schon früher gezeigtes Beispiel, das die Datenbank *Kontakte* verwendet, hätte dann folgende Form:

```
SELECT Kunden.KundenNr, Kunden.Firma,
       Kunden.Ort
FROM Kontakte.Kunden
WHERE Kunden.Ort = 'Leipzig';
```

Mit dieser Anweisung ersparen Sie sich die USE-Anweisung zur Aktivierung der Datenbank *Kontakte*, weil diese schon in der FROM-Klausel benannt wird.

Ergebnistabelle sortieren

Die Ausgabe des SELECT-Befehls lässt sich sortieren. Dazu ist die schon gezeigte SELECT-Syntax um die Klausel ORDER BY zu erweitern:

```
SELECT Spaltenliste
FROM Tabelle
WHERE Bedingung
ORDER BY Spaltenliste
```

Die Spaltenliste kann aus einer beliebigen Auflistung von Spalten bestehen, die untereinander durch Kommata abzugrenzen sind. Die folgende Anweisung sortiert nach den Spalten *Artikelgruppe* und *Bezeichnung*:

```
SELECT ArtikelNr, Artikelgruppe,
       Bezeichnung, Preis
FROM Artikel
WHERE Preis > 0.99
ORDER BY Artikelgruppe, Bezeichnung;
```

Beachten Sie, dass das zweite und jedes weitere Sortierfeld erst wirksam werden, wenn die Einträge im ersten Sortierfeld identisch sind. Abbildung 9.1 zeigt, dass unser vorstehendes Beispiel zunächst nur nach der Artikelgruppe sortiert. Die zweite Sortierspalte wirkt lediglich innerhalb der jeweiligen Artikelgruppe.

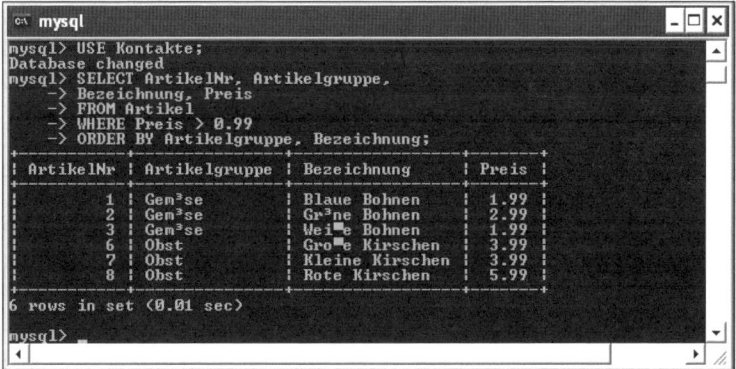

Abbildung 9.1: Ausgabe mit Sortierung über zwei Spalten

Der Nutzen zusätzlicher Sortierspalten ist folglich recht begrenzt. Üblicherweise werden Sie daher lediglich über eine Spalte sortieren.

Beachten Sie auch, dass die Spaltenliste des SELECT-Befehls und die der ORDER BY-Klausel nicht übereinstimmen müssen. Sie können folglich auch nach Spalten sortieren, die in der SELECT-Spaltenliste nicht erscheinen:

```
SELECT ArtikelNr, Artikelgruppe,
       Bezeichnung, Preis
FROM Artikel
ORDER BY Datum;
```

Das vorstehende Beispiel sortiert nach dem Datum, was Sie aber nicht direkt überprüfen können, weil die Datumsspalte in der Ergebnistabelle nicht angezeigt wird.

Sortierrichtung vorgeben

Die ORDER BY-Klausel verfügt über die Erweiterungen ASC und DESC. Sie bestimmen damit die Sortierrichtung: ASC (ascending) sortiert aufsteigend, DESC (descending) absteigend. ASC ist voreingestellt, so dass Sie auch dann eine aufsteigende Sortierung erhalten, wenn Sie keine Erweiterung angeben. Sinn-

voll ist die Verwendung der Erweiterung, wenn Sie Datumswerte oder Zahlen, etwa Umsatzzahlen, sortieren wollen. So
können Sie beispielsweise die neuesten (aktuellsten) Datensätze zuerst anzeigen lassen, wenn Sie auf eine Datumsspalte eine
DESC-Sortierung anwenden:

```
SELECT KundenNr, Firma, Ort, Datum
FROM Kunden
ORDER BY Datum DESC;
```

Die jüngsten (aktuellsten) Datumswerte sind üblicherweise
die größten Werte und werden daher bei einer aufsteigenden
Sortierung (ASC) zuletzt angezeigt.

Wie Sie aus dem vorstehenden Beispiel ersehen, wird die DESC-
Erweiterung hinter die Sortierspalte gesetzt. Sie gilt auch nur
für die Spalte und nicht für die ganze ORDER BY-Klausel. So liefert die folgende Klausel keineswegs eine absteigende, sondern
eine aufsteigende Sortierung über die Spalte *Ort*:

```
... ORDER BY Ort, Firma DESC
```

Die Erweiterung DESC bezieht sich hier lediglich auf die Spalte
Firma. Die ganze Klausel ist daher in der Wirkung identisch
mit der folgenden:

```
... ORDER BY Ort ASC, Firma DESC
```

Kurz: Verwenden Sie mehrere Sortierspalten, können Sie die
Erweiterungen ASC und DESC für jede Sortierspalte separat setzen.

Sortierordnung

Die Sortierordnung bestimmt, wie die einzelnen Zeichen bei
der Sortierung berücksichtigt werden. Das betrifft vor allem
die Sonderzeichen, etwa die deutschen Umlaute, sowie die
Groß- und Kleinschreibung.

Normalerweise wird auch bei der Sortierung nicht zwischen
Groß- und Kleinschreibung unterschieden (A = a). Sie kön-

nen jedoch auch beim Sortieren den BINARY-Operator verwenden:

```
SELECT KundenNr, Firma, Strasse, Ort, Datum
FROM Kunden
ORDER BY BINARY Strasse;
```

Mit dieser Erweiterung werden erst alle Großbuchstaben ausgegeben und dann erst alle Kleinbuchstaben (A, B, C, ..., a, b, c, ...). Fügen Sie die Erweiterung DESC hinzu, können Sie diese Reihenfolge allerdings umkehren. Die Sortierung beginnt dann mit dem kleinen x.

Problematisch sind allerdings die deutschen Umlaute. Diese sortiert MySQL in der Voreinstellung nicht nach der im deutschsprachigen Raum üblichen Ordnung. Um die voreingestellte Sortierung zu ändern, müssen Sie in die Konfiguration des MySQL-Servers eingreifen. Wir werden im vierten Teil dieses Buches darauf eingehen.

Zahl der Datensätze limitieren

Wie schon bei früherer Gelegenheit gezeigt, lässt sich die Zahl der von einer Operation betroffenen Datensätze mit der LIMIT-Klausel begrenzen. Das gilt auch für SELECT. Hier bestimmt LIMIT nicht nur die maximale Zahl der auszugebenden Datensätze, sondern bei Bedarf auch einen so genannten Offset:

```
SELECT Spaltenliste FROM Tabelle
WHERE Bedingung
ORDER BY Spaltenliste
LIMIT [Offset,] Anzahl
```

Mit den Werten *Offset* und *Anzahl* können Sie eine Auswahl vorgeben, etwa die Datensätze 3 bis 10. Diese Werte beziehen sich nicht auf die Datensätze der Tabelle, sondern auf die von der Abfrage gelieferten. Diese können bereits durch die Bedingung einer WHERE-Klausel eingeschränkt sein. Nur wenn Sie keine WHERE-Klausel verwenden, wirkt LIMIT auf Basis aller

Datensätze. Das folgende Beispiel liefert die ersten drei Artikel der Artikelgruppe *Obst*:

```
SELECT * FROM Artikel
WHERE Artikelgruppe = "Obst"
LIMIT 1, 3;
```

Die Offset-Angabe (hier 1) wäre in diesem Fall nicht erforderlich gewesen, weil MySQL automatisch den Wert 1 verwendet, wenn dieser nicht gesetzt ist. Geben Sie lediglich einen Wert ein, interpretiert MySQL diesen immer als Anzahl der Datensätze.

Sortierung und Limit

Sehr sinnvoll ist die Limitierung im Zusammenhang mit der Sortierung. Sie können so zum Beispiel die drei Kunden mit den höchsten Umsätzen ermitteln oder die zehn Artikel, die am besten laufen. Das folgende Beispiel liefert die drei Artikel mit dem höchsten Preis:

```
SELECT ArtikelNr, Bezeichnung, Preis
FROM Artikel
ORDER BY Preis DESC
LIMIT 3;
```

Die Sortierung muss natürlich absteigend erfolgen (DESC), damit die höchsten Preise auch zuerst angezeigt werden.

Identische Zeilen ausblenden

Wenn Sie eine Spaltenliste vorgeben, kann es vorkommen, dass Sie identische Zeilen angezeigt erhalten. So liefert die folgende Anweisung die Artikelgruppen der Tabelle *Artikel*:

```
SELECT Artikelgruppe
FROM Artikel;
```

Dabei kann die gleiche Artikelgruppe sehr häufig vorkommen. Um identische Ergebniszeilen nur einmal anzuzeigen, ist die Erweiterung DISTINCT erforderlich:

```
SELECT DISTINCT Artikelgruppe
FROM Artikel;
```

Mit dieser Anweisung wird für jede Artikelgruppe in der Ergebnistabelle nur noch eine Zeile erzeugt. Das funktioniert
auch, wenn Sie in der Feldliste mehrere Felder verwenden. DI-
STINCT blendet immer identische Ergebniszeilen aus.

DISTINCT kennt jedoch auch ein Gegenstück, die Klausel ALL.
Diese bewirkt, dass immer alle Zeilen angezeigt werden, auch
identische. Allerdings können Sie in der Regel auf ALL verzichten, weil diese Klausel automatisch angenommen wird.

Operatoren

In SELECT-Anweisungen und WHERE-Klauseln dürfen auch
komplexe Ausdrücke stehen, die Sie aus Operanden, Operatoren und Funktionen bilden. Die Möglichkeiten von SQL-Anweisungen lassen sich dadurch erheblich erweitern.

Ausdrücke

Ein *Ausdruck* liefert immer einen bestimmten Wert, also eine
Zahl, eine Zeichenfolge (String), ein Datum oder einen logi-
schen Wert (1 oder 0). Er hat folglich auch immer einen Typ.
Zulässige Ausdrücke zeigt die folgende Liste:

```
3 * 10 / 5    - numerischer Ausdruck, Wert = 6
3 = 3         - logischer Ausdruck, Wert = 1 (True)
```

Sie können die vorstehenden Ausdrücke recht einfach mit
SELECT testen, auch wenn das keine besonders sinnvolle Anwendung ist:

```
SELECT 3 * 10 / 5;
```

Üblicherweise verwenden Sie als Operanden jedoch nicht nur
feste Werte, sondern Spaltenwerte. Im Ausdruck erscheint
dann der Spaltenname:

```
Preis * 1.16
Lagerbestand = 0
```

Wichtig ist dann natürlich der Datentyp. Dieser muss mit dem Typ des Feldes, für das er verwendet wird, übereinstimmen oder zumindest verträglich sein. Das folgende Beispiel verwendet sowohl in der Spaltenliste der SELECT-Anweisung als auch in der WHERE-Klausel einen Ausdruck:

```
SELECT ArtikelNr, Bezeichnung,
       Preis, Menge,
       Preis * Menge AS Lagerwert
FROM Artikel
WHERE (Preis * Menge) > 0;
```

In beiden Fällen wird der Ausdruck aus dem Produkt der beiden Spalten *Preis* und *Menge* gebildet:

```
Preis * Menge
```

Da wir zwei numerische Spalten miteinander multiplizieren, erhalten wir als Ergebnis auch einen numerischen Wert. Dieser wird in der WHERE-Klausel mit dem Wert 0 verglichen. Nur Artikel, für die das Ergebnis (der Lagerwert) größer als 0 ist, sollen angezeigt werden. Der Wert kann natürlich nur 0 sein, wenn entweder die Menge 0 ist oder kein Preis angegeben wurde.

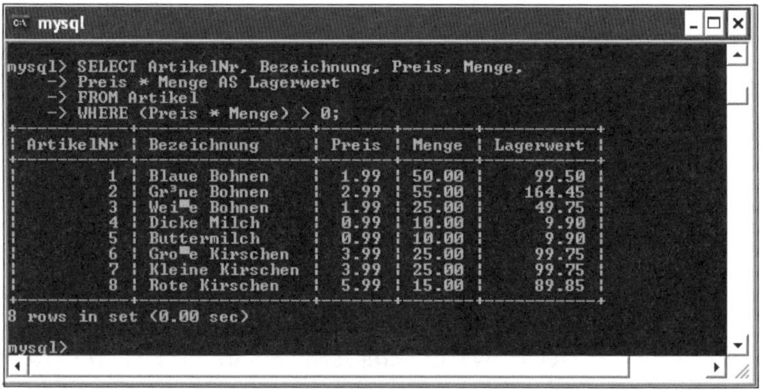

Abbildung 9.2: Ausgabe mit berechneten Spalten

Beachten Sie auch den Alias in der Spaltenliste. Wenn Sie einen Ausdruck verwenden, wird die dafür erzeugte Spalte in der Ergebnistabelle normalerweise auch mit diesem Ausdruck als Feld- bzw. Spaltenbezeichnung benannt. Um also nicht den Ausdruck *Preis*Menge* als Spaltenüberschrift zu erhalten, geben Sie üblicherweise einen Alias-Namen an. Den Aliasnamen (hier *Lagerwert*) können Sie dann auch in die ORDER BY-Klausel einsetzen, um eine sortierte Ausgabe zu erhalten:

```
SELECT ArtikelNr, Bezeichnung,
       Preis, Menge,
       Preis * Menge AS Lagerwert
FROM Artikel
WHERE (Preis * Menge) > 0
ORDER BY Lagerwert DESC;
```

Alternativ lässt sich in ORDER BY aber auch der Ausdruck *(Preis * Menge)* selbst verwenden.

Vergleichsoperatoren

MySQL unterstützt eine Vielzahl von *Operatoren*, die sich üblicherweise nach den grundlegenden Datentypen unterscheiden lassen. Die Einteilung kennt daher arithmetische (numerische), alphanumerische und logische Operatoren. Dazu kommen Vergleichsoperatoren, etwa das Gleichheitszeichen =, die wir zum Teil schon vorgestellt haben.

Besonders wichtig, vor allem für WHERE-Klauseln, sind natürlich die Vergleichsoperatoren, mit denen Sie logische Ausdrücke bilden. Neben dem Gleichheitszeichen, das auf Identität prüft, kennt SQL noch eine Reihe weiterer Vergleichsoperatoren, etwa für Kleiner-größer-Vergleiche. Tabelle 9.1 zeigt die wichtigsten.

Operator	Beschreibung
=	Identität
<	Kleiner als
>	Größer als
<=	Kleiner oder gleich
>=	Größer oder gleich
<> oder !=	Ungleich
<=>	Identität für NULL-sichere Vergleiche
LIKE	Teilidentität
IN	Der Vergleichswert ist in einer Werteliste enthalten
BETWEEN	Der Vergleichswert liegt innerhalb eines Wertebereichs

Tabelle 9.1: Vergleichsoperatoren für WHERE-Bedingungen

Identitäts- und Kleiner-größer-Vergleiche wenden Sie vorzugsweise auf numerische Daten und Datumswerte an. Das folgende Beispiel wählt nur Artikel aus, deren Preis mindestens 1,95 beträgt:

```
SELECT * FROM Artikel
WHERE Preis >= 1.95;
```

MySQL kann solche Vergleiche auch auf Datumswerte anwenden. So liefert die folgende Abfrage alle Datensätze, die in der Spalte *Datum* einen Wert vor dem 11.11.2005 enthalten:

```
SELECT * FROM Artikel
WHERE Datum < '2005-11-11';
```

Wie schon früher gezeigt, ist bei der Verwendung von Datumswerten auf die amerikanische Schreibweise zu achten.

Grundsätzlich lassen sich Kleiner-größer-Vergleiche auch auf Zeichenfolgen anwenden, auch wenn das nicht immer Sinn macht. Wichtiger und sinnvoller sind sicher Mustervergleiche, auf die wir weiter unten noch ausführlich eingehen.

Ungleichheit

Den *Ungleichoperator* setzen Sie mit praktisch allen Datentypen ein. So liefert die folgende Abfrage alle Kunden, die nicht in Leipzig wohnen:

```
SELECT * FROM Kunden
WHERE Ort != 'Leipzig';
```

Alternativ können Sie auch den in anderen Sprachen häufig verwendeten Operator <> einsetzen.

Mustervergleiche

Besonders interessant ist der LIKE-Operator, mit dem Sie Zeichenfolgen auf Teilidentität, also auf eine teilweise Übereinstimmung prüfen. Die Frage, die Sie damit stellen, lautet umgangssprachlich:

Ist eine Zeichenfolge in einer anderen Zeichenfolge enthalten?

Üblicherweise wollen Sie natürlich wissen, ob eine bestimmte Zeichenfolge (die wir als *Suchmuster* bzw. *Muster* bezeichnen) in den Einträgen einer bestimmten Spalte enthalten ist. Das Muster besteht in der Regel nur aus Teilen der zu vergleichenden Zeichenfolge und aus bestimmten Ersatzzeichen, den so genannten *Wildcards*.

Ersatzzeichen	Beschreibung
%	Ersetzt beliebig viele Zeichen
_	Ersetzt genau ein Zeichen

Tabelle 9.2: Ersatzzeichen für Suchmuster

Wenn Sie nicht wissen, wie viele Zeichen vor und nach einem Suchbegriff kommen, werden Sie das Fragezeichen sowohl vor als auch nach dem Suchbegriff verwenden müssen. Das Suchmuster kann dann beispielsweise die in der folgenden Anweisung gezeigte Form haben:

```
SELECT * FROM Artikel
WHERE Artikelgruppe LIKE '%gemüse%';
```

Mit dieser Anweisung finden Sie alle Artikel, die in der Spalte *Artikelgruppe* die Zeichenfolge *gemüse* enthalten, also beispielsweise *Winter-* und *Sommergemüse*. Dabei ist es unerheblich, ob der gesuchte Begriff am Anfang, am Ende oder irgendwo innerhalb des Eintrags zu finden ist. Auch auf Groß- und Kleinschreibung wird nicht geachtet. Sind Sie sicher, dass der zu suchende Begriff am Anfang der betreffenden Einträge steht, können Sie auf das einleitende Ersatzzeichen verzichten. Steht der Begriff immer am Ende der zu suchenden Einträge, erübrigt sich das abschließende Ersatzzeichen. Das trifft für das oben angeführte Beispiel zu. Die Einträge *Sommer-* und *Wintergemüse* werden auch mit dem folgenden Suchmuster gefunden:

```
'%gemüse'
```

Ersatzzeichen dürfen zudem auch innerhalb des Suchbegriffs erscheinen. Mit dem folgenden Muster finden Sie beispielsweise alles, was grün ist, auch wenn es in den Einträgen *gruen* geschrieben wird:

```
'%gr%ne%'
```

Allerdings steht das Ersatzzeichen »%« wirklich für beliebig viele Zeichen. Das vorstehende Muster wird daher auch Fundstellen anzeigen, die nichts *Grünes* enthalten, wohl aber die beiden Zeichenfolgen *gr* und *ne*. Zuverlässiger ist daher das Zeichen »_«, das immer nur ein Zeichen ersetzen kann. Das Suchmuster lässt sich damit präziser definieren. Sie müssen allerdings die Struktur der möglichen Fundstellen kennen. Die verschiedenen Maiers (ai, ey, ei) lassen sich dann mit der folgenden Abfrage ermitteln:

```
SELECT * FROM Kunden
WHERE Firma LIKE '%M__er%';
```

In der Mitte des Suchbegriffs werden hier zwei Unterstriche verwendet. Die Prozentzeichen vor und nach dem Suchbegriff sollen sicherstellen, dass auch Firmen wie »Friedrich Mayer & Söhne« gefunden werden.

Ersatzzeichen am Anfang des Suchmusters verhindern die Verwendung von Indizes. Das Muster muss dann tatsächlich mit jedem Eintrag der betreffenden Spalte verglichen werden. Bei Tabellen mit sehr vielen Datensätzen kann das einen ganz erheblichen Zeitaufwand erfordern. Ersatzzeichen am Anfang eines Suchmusters sollten daher nur verwendet werden, wenn keine anderen Möglichkeiten zur Verfügung stehen. Eine solche Möglichkeit bietet beispielsweise die noch vorzustellende FULLTEXT-Suche.

IN und BETWEEN

Die Operatoren IN und BETWEEN ermöglichen Vergleiche mit einer Liste von Werten (IN) bzw. mit einem Wertebereich (BETWEEN). Die Syntax einer Bedingung mit dem IN-Operator hat folgende Form:

```
... WHERE  Wert IN (Wert1, Wert2, ...)
```

Das folgende Beispiel gibt nur Artikel aus, die zu den Artikelgruppen *Obst* und *Gemüse* gehören:

```
SELECT * FROM Artikel
WHERE Artikelgruppe IN ('Obst', 'Gemüse');
```

Grundsätzlich lässt sich eine Bedingung mit dem IN-Operator auch durch mehrere mit OR (oder) verknüpfte Bedingungen ersetzen:

```
... WHERE  Artikelgruppe = 'Obst'
           OR Artikelgruppe = 'Gemüse';
```

Mit dem IN-Operator können Sie jedoch wesentlich kürzere und damit einfacher zu lesende und zu pflegende Bedingungen aufbauen. Schon ein dritter Vergleichswert würde die alternative Formulierung mit OR stark anwachsen lassen.

Auch der BETWEEN-Operator kann grundsätzlich durch eine verknüpfte Bedingung nachgebildet werden. Allerdings gilt auch hier, dass BETWEEN die besser lesbare Darstellung ermöglicht. Schon die Syntax lässt diesen Vorteil recht gut erkennen:

```
...WHERE Wert BETWEEN Untergrenze AND Obergrenze
```

Wie die Syntax zeigt, wird zusätzlich noch der Operator AND benötigt, der die beiden Grenzwerte verbindet. Beim Vergleich berücksichtigt MySQL auch die Grenzwerte. So liefert das folgende Beispiel alle Artikel, deren Preis zwischen 1,99 und 4,99 liegt, inklusive der Grenzwerte:

```
SELECT * FROM Artikel
WHERE Preis BETWEEN 1.99 AND 4.99;
```

Grundsätzlich eignen sich BETWEEN-Bedingungen vor allem für numerische Werte und Datumswerte. Bei Datumswerten sind natürlich Anführungszeichen bzw. Hochkommata zu setzen:

```
...WHERE Datum BETWEEN '2004-01-01' AND '2006-12-31';
```

Die vorstehende Bedingung lässt sich auch mit Hilfe von zwei verknüpften Bedingungen ohne BETWEEN nachbilden:

```
...WHERE Datum >= '2004-01-01'
    AND Datum <= '2006-12-31';
```

Die Operatoren IN und BETWEEN dienen daher vor allem der besseren Lesbarkeit.

Im Prinzip können Sie BETWEEN auch mit Zeichenfolgen einsetzen, obwohl das nicht immer sinnvoll ist. Dabei ist jedoch auf einen kleinen Haken zu achten: So liefert das folgende Beispiel nur Datensätze, deren Einträge in der Spalte *Ort* mit den Buchstaben *L* bis *N* beginnen:

```
SELECT * FROM Kunden
WHERE Ort BETWEEN 'L' AND 'O';
```

Sie erhalten in der Regel keinen Ort mit *O* angezeigt, weil dieser Buchstabe die Obergrenze bezeichnet. Praktisch jeder Ort, der mit *O* beginnt, verfügt noch über einen weiteren Buchstaben und überschreitet damit die Grenze. Er gehört daher nicht mehr zur Ergebnismenge.

NULL-Werte in Vergleichen

Wir sind bisher davon ausgegangen, dass ein Vergleich immer nur die Werte 0 (falsch) und 1 (wahr) liefert. Das triff aber nicht immer zu. In bestimmten Situationen können Sie als Ergebnis eines Vergleichs auch den »Wert« NULL erhalten. Das gilt in der Regel dann, wenn einer der Operanden für den Wert NULL steht.

NULL-Werte in Vergleichen erzeugen immer den Wert NULL, auch wenn Sie den NULL-Wert mit sich selbst vergleichen:

```
SELECT NULL = NULL;
```

Dieser Vergleich ist weder wahr noch falsch, obwohl Sie auf den ersten Blick sicher auf Identität schließen würden. Der NULL-Wert gilt eben nicht als Wert und kann daher auch nicht mit irgendetwas anderem identisch sein. Allerdings trifft das auch wieder nur eingeschränkt zu. So können Sie mit dem Operator für NULL-sichere Werte auch zwei NULL-Werte vergleichen und erhalten dann das Ergebnis 1 (*wahr*):

```
SELECT NULL <=> NULL;
```

Da es sich nicht um einen richtigen Wert handelt, können Sie NULL jedoch nicht wie einen »normalen« Wert mit einer Konstanten bzw. einem Spaltenwert vergleichen. Der folgende Vergleich erzeugt daher kein korrektes Ergebnis:

```
SELECT * FROM Kunden
WHERE Strasse = NULL;
```

Die Abfrage soll alle Kunden liefern, für die in der Spalte *Strasse* kein Wert eingetragen ist. Da sich Strings und NULL-Werte jedoch nicht vergleichen lassen, erhalten Sie keine Ergebnisse, auch wenn mehrere Datensätze in der betreffenden Spalte keinen Eintrag enthalten. Sie müssen vielmehr den IS-Operator verwenden, um auf NULL zu prüfen:

```
SELECT * FROM Kunden
WHERE Strasse IS NULL;
```

Alternativ steht auch der schon gezeigte NULL-sichere Vergleichsoperator zur Verfügung, so dass Sie grundsätzlich auch die folgende Anweisung verwenden können:

```
SELECT * FROM Kunden
WHERE Strasse <=> NULL;
```

Sollen nur Datensätze angezeigt werden, die einen Eintrag in der Spalte *Strasse* enthalten, bietet sich der Operator IS NOT an:

```
… WHERE Strasse IS NOT NULL;
```

Diese Konstruktion lässt sich sowohl auf Spalten vom Typ *String* als auch auf numerische oder Datumsspalten anwenden.

Numerische Operatoren

Mit Hilfe *numerischer Operatoren* addieren, multiplizieren oder dividieren Sie beliebige numerische Werte. Zum Teil lassen sich die Operatoren auch auf Datumswerte anwenden, die MySQL ähnlich wie numerische Werte behandelt.

Operator	Beschreibung
+	Addition
-	Subtraktion
*	Multiplikation
/	Division
%	Divisionsrest (Modulo)

Tabelle 9.3: Numerische Operatoren

Sie können Operatoren recht einfach testen, indem Sie damit erzeugte Ausdrücke ohne FROM-Klausel mit SELECT ausgeben:

```
SELECT 1000 * 1.16;
```

Natürlich werden Sie Ausdrücke normalerweise einsetzen, um in der Ergebnistabelle berechnete Spalten zu erzeugen.

Berechnete Spalten

Solche Spalten sind in der Ursprungstabelle nicht enthalten. So liefert das folgende Beispiel eine Ergebnistabelle, die eine Spalte für die berechnete Umsatzsteuer enthält:

```
SELECT ArtikelNr, Bezeichnung,
       Preis, UstSatz,
       Preis * UstSatz / 100 AS Ust
FROM Artikel;
```

Mit der vorstehenden Anweisung erhalten Sie die in Abbildung 9.3 gezeigte Ausgabe. Beachten Sie, dass die berechnete Spalte durch einen Alias-Namen die Bezeichnung *Ust* erhalten hat.

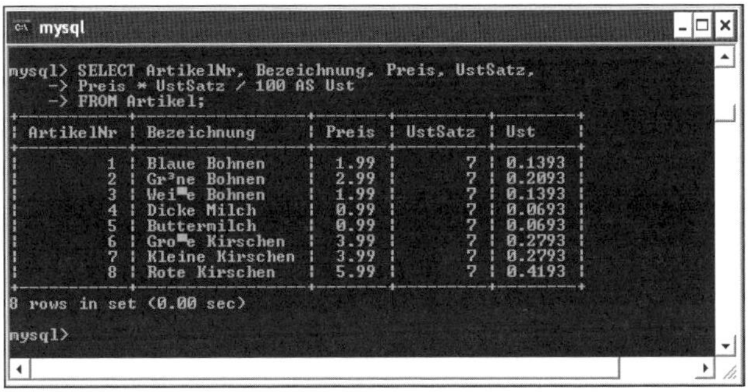

Abbildung 9.3: Berechnete Spalte in der Ergebnistabelle

Ein arithmetischer Ausdruck kann nahezu beliebig komplex sein. In diesem Fall ist auf die Priorität der Teilausdrücke zu achten.

Priorität durch Klammern bestimmen

Sie müssen die von Ihnen vorgesehene Reihenfolge bei der Auswertung des Ausdrucks (also die Priorität der Teilausdrücke) notfalls durch Klammerung mit runden Klammern erzwingen. MySQL wertet dann immer erst die geklammerten Teilausdrücke aus. So liefern die folgenden zwei Beispiele unterschiedliche Ergebnisse, obwohl grundsätzlich die gleichen Operanden und Operatoren verwendet werden:

```
SELECT 1000 + 1000 * 1.16;
SELECT (1000 + 1000) * 1.16;
```

MySQL arbeitet die Ausdrücke in der Regel nicht einfach von links nach rechts ab, sondern berücksichtigt Vorrangregeln (etwa: Punktrechnung geht vor Strichrechnung). Multiplikationen und Divisionen werden zuerst ausgeführt. Im ersten Beispiel berechnet MySQL daher zunächst den Ausdruck 1000*1.16. Auf das Ergebnis dieses Teilausdrucks wird dann der am Anfang stehende Wert addiert. Durch die Klammerung im zweiten Beispiel erzwingen Sie, dass MySQL zunächst die beiden ersten Operanden addiert und dann das Ergebnis dieses Teilausdrucks mit dem Operanden 1.16 multipliziert.

Numerische Ausdrücke können in Abfragen häufig vorkommen, weil viele Attribute, beispielsweise Bruttobeträge und Lagerwert, sich leicht aus vorhandenen Spalten, etwa Nettobetrag und Menge (Lagerbestand), errechnen lassen. Es ist daher nicht sinnvoll, solche Attribute zusätzlich zu speichern. Das folgende Beispiel ermittelt diese Werte für die Artikel unserer Beispieltabelle:

```
SELECT Preis AS Nettopreis,
       Preis * (1 + UstSatz / 100) AS Brutto,
       Menge,
       Menge * Preis AS Lagerwert
FROM Artikel;
```

Das Beispiel erzeugt eine Ausgabe mit vier Spalten. Davon finden sich lediglich die Spalten *Preis* und *UstSatz* in der Artikeltabelle. Die beiden anderen Spalten werden durch Berechnungen erzeugt.

Beachten Sie, dass wir bei der Berechnung davon ausgegangen sind, dass der Mehrwertsteuersatz als ganzer Wert (7 bzw. 16) gespeichert ist. Speichern Sie den Satz als Dezimalwert (0,07 bzw. 0,16), dürfen Sie natürlich nicht mehr durch 100 teilen.

NULL-Werte in Berechnungen

Auch beim Rechnen mit Feldinhalten kann der NULL-Wert das Ergebnis beeinflussen. So erzeugt die folgende »Berechnung« das Ergebnis 0:

```
SELECT 1.95 * 0;
```

Hingegen erhalten Sie mit der nächsten Anweisung kein Ergebnis bzw. den Ergebniswert NULL:

```
SELECT 1.95 * NULL;
```

Mit etwas gutem Willen lässt sich dieses Verhalten noch als korrekt interpretieren. Wenn Sie einen beliebigen Wert mit »nichts« multiplizieren, kann eigentlich auch nur »nichts« herauskommen. Das gilt jedoch nicht mehr für folgende Beispiele:

```
SELECT 1.95 * 0 + 100;
```

Erhalten Sie damit noch den korrekten Wert (100), erzeugt die folgende Rechnung ein in jedem Fall nicht erwartetes und im Sinne des Anwenders wohl auch falsches Ergebnis (eben NULL):

```
SELECT 1.95 * NULL + 100;
```

Bei Anweisungen mit Spaltenbezug kann das Auftreten von NULL-Werten ebenfalls zu »falschen« bzw. nicht erwarteten Ergebnissen führen:

```
SELECT Bezeichnung,
Preis * (1 + UstSatz / 100) * Menge AS BruttoLagerwert
FROM Artikel
WHERE Artikelgruppe = 'Obst';
```

Wenn im vorstehenden Beispiel die Spalte *UstSatz* den Wert NULL enthält, also kein Umsatzsteuersatz definiert ist, liefert die Anweisung den Wert NULL, obwohl die Spalten *Preis* und *Menge* Werte größer 0 aufweisen und damit ein positiver Lagerwert berechnet werden müsste.

Für die Verwendung von Spalten in Berechnungen hat das zur Folge, dass Sie die Ergebnisse immer auf NULL-Werte überprüfen sollten. Auf der sicheren Seite sind Sie natürlich, wenn Sie NULL-Werte in der Regel nicht zulassen, also beim Anlegen der Spalte mit CREATE TABLE diese als NOT NULL definieren. Beim Anlegen eines neuen Datensatzes mit INSERT erwartet MySQL dann eine Eingabe. Andernfalls wird eine Fehlermeldung ausgegeben. Zudem können Sie Default-Werte verwenden, bei numerischen Spalten üblicherweise den Wert 0.

Ausdrücke in WHERE-Klauseln

Eigentlich verwenden Sie in WHERE-Klauseln immer nur Ausdrücke, weil jede Bedingung (jeder Vergleich) schon einen Ausdruck darstellt. In diesem Unterkapitel soll es jedoch um komplexe, vorzugsweise numerische Ausdrücke gehen. Das folgende Beispiel erweitert die zuletzt gezeigte Anweisung um eine WHERE-Klausel:

```
SELECT ArtikelNr, Bezeichnung,
Preis * (1 + UstSatz / 100) * Menge AS BruttoLagerwert
FROM Artikel
WHERE (Preis * (1 + UstSatz / 100) * Menge) > 1000;
```

Im Prinzip verwendet die WHERE-Bedingung den gleichen Ausdruck, den wir auch schon als berechnete Spalte ausgeben, eben den Bruttolagerwert. Die Abfrage liefert die Artikel, deren Lagerwert mehr als 1000 (Euro) beträgt.

Keine Alias-Namen in WHERE-Klauseln

Beachten Sie, dass Sie keine Alias-Namen in WHERE-Klauseln verwenden können. Die folgende Anweisung ist also nicht zulässig und verursacht daher auch eine Fehlermeldung:

```
SELECT ArtikelNr, Bezeichnung,
Preis * (1 + UstSatz / 100) * Menge AS BruttoLagerwert
FROM Artikel
WHERE BruttoLagerwert > 1000;
```

Sie müssen in der WHERE-Klausel unbedingt den richtigen Namen der Spalte bzw. den kompletten Ausdruck verwenden.

Andere Klauseln, etwa ORDER BY und die noch vorzustellende GROUP BY-Klausel, akzeptieren hingegen auch Alias-Namen. Das folgende Beispiel sortiert über die Alias-Spalte *BruttoLagerwert*:

```
SELECT ArtikelNr, Bezeichnung,
Preis * (1 + UstSatz / 100) * Menge AS BruttoLagerwert
FROM Artikel
WHERE (Preis * (1 + UstSatz / 100) * Menge) > 1000
ORDER BY BruttoLagerwert DESC;
```

Wie noch zu zeigen sein wird, lassen sich Alias-Namen besonders gut für berechnete Spalten verwenden.

Logische Operatoren

Logische Operatoren verknüpfen logische Operanden bzw. logische Teilausdrücke. Das Ergebnis ist immer ein logischer Wert (1/0, Ja/Nein bzw. True/False). Tabelle 9.4 zeigt die unter MySQL verfügbaren logischen Operatoren und die ersatzweise einzusetzenden Operatorzeichen.

Operator	Zeichen	Beschreibung
AND	&&	Logisches UND
OR	||	Logisches ODER
NOT	!	Negation

Tabelle 9.4: Logische Operatoren

Ausdrücke, die Sie mit AND verknüpfen, müssen beide den Wahrheitswert 1 liefern, damit der gesamte Ausdruck wahr wird:

```
SELECT 1 AND 1;
```

Da MySQL jeden numerischen Wert ungleich 0 als True interpretiert, können Sie bis auf die 0 eigentlich jeden Wert einsetzen. Eine mit AND kombinierte Bedingung in einer Anweisung könnte folgende Form haben:

```
SELECT * FROM Artikel
WHERE Preis = 1.95 AND
      Artikelgruppe = "Gemüse";
```

Das vorstehende Beispiel liefert nur solche Artikel, deren Preis genau 1,95 beträgt und die zur Artikelgruppe *Gemüse* gehören. Beide Einzelbedingungen müssen also zutreffen, damit der Datensatz ausgewählt wird.

Soll es bereits genügen, dass eine der Bedingungen erfüllt ist, müssen Sie für die Verknüpfung der Teilbedingungen den OR-Operator verwenden. Nur wenn beide Operanden den Wert 0 liefern, wird die Gesamtbedingung falsch, sonst erhalten Sie immer den Gesamtwert 1:

```
SELECT 0 OR 0;
```

In einer WHERE-Klausel setzen Sie den OR-Operator beispielsweise wie folgt ein:

```
... WHERE Preis = 1.95 OR Artikelgruppe = "Gemüse";
```

Den OR-Operator werden Sie auch verwenden, wenn Sie beispielsweise Artikel aus mehreren Artikelgruppen ausgeben wollen:

```
SELECT * FROM Artikel
WHERE Artikelgruppe = "Gemüse" OR
      Artikelgruppe = "Obst";
```

Mit dieser Abfrage erhalten Sie alle Artikel angezeigt, die entweder zur Gruppe *Gemüse* oder zur Gruppe *Obst* gehören. Beachten Sie, dass Sie in diesem Fall keinesfalls den Operator AND verwenden können. Ein Artikel müsste dann gleichzeitig zu beiden Artikelgruppen gehören, was unsere Datenbank aber nicht zulässt. In der Spalte *Artikelgruppe* kann immer nur ein Wert stehen.

Negation

Sollen Datensätze ausgewählt werden, die eine bestimmte Bedingung nicht erfüllen, können Sie entweder den Wahrheitswert eines Ausdrucks mit NOT umkehren oder beispielsweise den Gleichheitsoperator durch den Ungleichheitsoperator ersetzen. Im letzten Fall ergibt sich dann folgende Anweisung:

```
SELECT * FROM Artikel
WHERE Artikelgruppe <> "Gemüse";
```

Diese Abfrage liefert alle Datensätze, die nicht zur Artikelgruppe *Gemüse* gehören. Wenn Sie stattdessen den NOT-Operator verwenden, müssen Sie das Gleichheitszeichen beibehalten, um das gleiche Ergebnis zu erzielen:

```
... WHERE NOT (Artikelgruppe = "Gemüse");
```

In diesem Fall ist auch eine Klammerung erforderlich, damit MySQL die Negation auch auf den kompletten Ausdruck bezieht. Grundsätzlich gilt, dass bei der Verwendung des NOT-Operators fast immer Klammern benötigt werden.

Vorrang durch Klammerung

Wie schon früher gezeigt, bestimmen Sie mit runden Klammern Teilausdrücke, die immer zuerst ausgewertet werden. Die weitere Auswertung des Gesamtausdrucks basiert dann immer auf den schon berechneten Teilausdrücken. Das gilt nicht nur für numerische, sondern auch für kombinierte logische Ausdrücke.

Sehr wichtig wird die Klammerung, wenn Sie mehr als zwei Teilausdrücke mit AND bzw. OR verknüpfen. In der Regel kön-

nen Sie dann nur per Klammerung die gewünschte Interpretation erzwingen. Die folgende Anweisung liefert alle Artikel,
die zur Artikelgruppe *Obst* gehören, unabhängig vom Preis, sowie alle Artikel, die zur Artikelgruppe *Gemüse* gehören und die
nicht mehr als 1,99 kosten:

```
SELECT * FROM Artikel
WHERE Artikelgruppe = "Gemüse" OR
      Artikelgruppe = 'Obst' AND
      Preis <= 1.99;
```

Das Ergebnis wird dadurch erreicht, dass MySQL eine interne
Vorrangregel verwendet, bei der AND-Verknüpfungen vor OR-
Verknüpfungen ausgewertet werden. Den gleichen Effekt er-
zielen Sie mit der folgenden Klammerung:

```
... WHERE Artikelgruppe = "Gemüse" OR
      (Artikelgruppe = 'Obst' AND
      Preis <= 1.99);
```

Damit wird lediglich die ohnehin wirksame Vorrangregel bestätigt. Funktional ist die Klammerung hier ohne Bedeutung.
Das gilt jedoch nicht mehr für die folgende Konstruktion:

```
... WHERE (Artikelgruppe = "Gemüse" OR
      Artikelgruppe = 'Obst') AND
      Preis <= 1.99;
```

Hier werden zunächst alle Artikel der Artikelgruppen *Gemüse*
und *Obst* ausgewählt. Zur Anzeige kommen jedoch nur solche,
deren Preis nicht mehr als 1,99 beträgt. Bei den früheren Beispielen bezog sich die Preisrestriktion nur auf die Artikel der
Gruppe *Obst*.

Daten gruppieren

Mit der Klausel GROUP BY lassen sich Datensätze *gruppieren*
(bzw. aggregieren). Damit ist gemeint, dass sich die Werte einzelner Spalten bezüglich eines Merkmals zusammenfassen las-

sen. So können Sie beispielsweise die Anzahl der Artikel für jede Artikelgruppe bilden, die Zahl der Leipziger Kunden ermitteln oder die Summe der Kundenumsätze auf die einzelnen Orte beziehen.

Die Informationen, die sich in den einzelnen Datensätzen befinden, gehen dabei in einem zusammengefassten neuen Datensatz auf. Als Ergebnis erhalten Sie daher nicht mehr eine Menge von Datensätzen, sondern eben neue Daten, die sich so nicht in der Ursprungstabelle finden. Die folgenden Zeilen zeigen zunächst zwei »normale« Datensätze einer Artikel-Tabelle:

```
ArtikelNr   Artikelgruppe   Bezeichnung
----------------------------------------
1           Obst            Bananen
2           Obst            Orangen
```

Das Ergebnis einer SELECT-Anweisung mit GROUP BY-Klausel könnte dann wie folgt aussehen:

```
Artikelgruppe   Anzahl (Artikel)
------------------------------------
Obst            2
```

Sie erfahren also nur noch, dass die Tabelle zwei Artikel enthält, die zur Artikelgruppe *Obst* gehören. Detailinformationen über die einzelnen Datensätze liefert eine Gruppierungsabfrage nicht mehr. Die um eine GROUP BY-Klausel erweiterte Syntax hat (stark vereinfacht) folgende Form:

```
SELECT Spaltenliste|Aggregatfunktion
FROM Tabelle
GROUP BY Spaltenliste;
```

Wichtig ist dabei, dass die Spaltenliste der SELECT-Anweisung mit der Spaltenliste in der GROUP BY-Klausel übereinstimmt. Ein Beispiel:

```
SELECT Artikelgruppe
FROM Artikel
GROUP BY Artikelgruppe;
```

Die vorstehende Anweisung listet alle Artikelgruppen auf, die in der Tabelle *Artikel* enthalten sind. Jede Gruppe erscheint jedoch nur ein Mal, auch wenn zu den einzelnen Gruppen Hunderte von Artikeln (Datensätzen) gehören.

Damit sollte auch schon klar geworden sein, dass Gruppierungen nur für Spalten mit relativ wenigen Wertausprägungen sinnvoll sind. Eine Gruppierung über die Spalte *Firma* in einer Kundentabelle ist wenig sinnvoll, weil jede Firma dann eine eigene Gruppe bilden würde, die lediglich diesen einen Datensatz enthielte. Gruppieren können Sie beispielsweise nach Spalten wie *Kunden.Ort*, *Kunden.Land*, *Artikel.Lagerort* etc.

Aggregatfunktionen

Erst durch den Einsatz von Aggregatfunktionen wird die Gruppierung wirklich sinnvoll. Im Gegensatz zu den normalen Funktionen, die immer nur auf einzelne Werte wirken, lassen sich mit Aggregatfunktionen viele oder alle Werte einer Spalte zusammenfassen. So können Sie beispielsweise die Summe aller Werte einer numerischen Spalte bilden. Die in MySQL verfügbaren Aggregatfunktionen zeigt Tabelle 9.5.

Funktion	Beschreibung
AVG	Ermittelt den Durchschnitt aller Werte einer numerischen Spalte
BIT_AND	Liefert eine bitweise Oder-Verknüpfung für alle Werte einer Spalte
BIT_OR	Liefert eine bitweise Und-Verknüpfung für alle Werte einer Spalte
COUNT	Zählt die Anzahl der Werte einer Spalte
GROUP_CONCAT	Verkettet die Werte einer Spalte (erst ab Version 4.1 verfügbar)
MAX	Ermittelt den höchsten der Werte einer numerische Spalte

Funktion	Beschreibung
MIN	Ermittelt den niedrigsten der Werte einer numerischen Spalte
STD	Ermittelt die Standardabweichung für die Werte einer numerischen Spalte
STDDEV	Ermittelt die Standardabweichung für die Werte einer numerischen Spalte
SUM	Summiert die Werte einer numerischen Spalte
VARIANCE	Ermittelt die Varianz der Werte einer numerischen Spalte (erst ab Version 4.1 verfügbar)

Tabelle 9.5: Aggregatfunktionen in MySQL

Die Funktionen erwarten als Argument einen Ausdruck, der in der einfachsten Variante aus dem Namen einer Spalte besteht. Dabei lässt sich die COUNT-Funktion als Einzige auch auf nicht-numerische Spalten anwenden. Hier können Sie sogar das Sternchen (*) als Argument einsetzen:

```
SELECT COUNT(*)
FROM Artikel;
```

Das vorstehende Beispiel ermittelt die Zahl der Datensätze der Tabelle *Artikel*. In der Regel erhalten Sie das gleiche Ergebnis, wenn Sie einen Spaltennamen einsetzen:

```
SELECT COUNT(ArtikelNr)
FROM artikel;
```

Das gilt jedoch nur, wenn die betreffende Spalte für jeden Datensatz auch einen Eintrag enthält. Andernfalls wird der betreffende Datensatz nicht mitgezählt.

Numerische Spalten

Die übrigen Funktionen wenden Sie normalerweise nur auf numerische Spalten an. So ermittelt die folgende Anweisung für die Artikeltabelle den höchsten Artikelpreis:

```
SELECT MAX(Preis)
FROM Artikel;
```

Als Ergebnis erhalten Sie allerdings nur den Preis angezeigt, nicht den Namen des zugehörigen Artikels. Sie können den Namen der betreffenden Spalte auch nicht einfach in der SELECT-Anweisung angeben. Funktionen wie MIN, MAX und SUM sind in der Regel auf die GROUP BY-Klausel angewiesen. Wir kommen noch darauf zurück.

Zusammengesetzte Ausdrücke in Aggregatfunktionen

Bisher sind wir davon ausgegangen, dass einzelne Spalten als Argumente von Aggregatfunktionen dienen. Das ist richtig, aber unvollständig. Ein Funktionsargument kann auch aus komplexen Ausdrücken bestehen. So ist es beispielsweise möglich, den aktuellen Wert des Lagerbestands über alle Artikel zu summieren. Da unsere Artikeltabelle keine Spalte für den Lagerwert enthält, muss dieser zunächst aus den Spalten *Preis* und *Menge* (Lagerbestand) errechnet werden. Dieses Produkt lässt sich dann mit der Funktion SUM über alle Datensätze summieren:

```
SELECT SUM(Preis*Menge) AS Lagerwert
FROM Artikel;
```

Damit das Ergebnis auch einen korrekten Namen erhält, haben wir diesen hier per Alias bestimmt. Das vorstehende Beispiel liefert nur einen einzigen Wert: den summierten Lagerwert aller Artikel.

Mehrere Aggregatfunktionen

Natürlich lassen sich mehrere Aggregatfunktionen gleichzeitig verwenden, auch wenn das nicht immer sinnvoll ist. Das folgende Beispiel liefert neben der Anzahl der Artikel auch den Lagerwert und den durchschnittlichen Lagerbestand:

```
SELECT COUNT(ArtikelNr) AS AnzahlArtikel,
       SUM(Preis*Menge) AS Lagerwert,
       AVG(Menge) AS Durchschnittsbestand
FROM Artikel;
```

Zumindest der durchschnittliche Lagerbestand ist für unsere Beispieltabelle eine etwas zweifelhafte Kategorie, weil die Tabelle sowohl Artikel umfasst, deren Lagerbestand in Kilogramm gemessen wird, als auch solche, bei denen die Stückzahl gemeint ist. Aussagekräftiger ist vermutlich der durchschnittliche Lagerwert, für den Sie auch in der AVG-Funktion das Produkt aus Preis und Menge bilden müssten.

	AnzahlArtikel	Lagerwert	Durchschnittsbestand
1	8	622.85	26.875000

Abbildung 9.4: Ausgabe mit mehreren Aggregatfunktionen

Sie sollten also schon darauf achten, welche Daten Sie aggregieren. So kann es für das obige Beispiel sinnvoll sein, die Datenauswahl mit einer WHERE-Klausel auf eine bestimmte Maßeinheit (kg etc.) zu beschränken. Wir kommen auf diesen Punkt noch zurück.

Das *mysql*-Tool wird mit zunehmender Komplexität der SQL-Anweisungen immer unkomfortabler. Für die Beispiele der noch folgenden Kapitel haben wir daher nur noch grafische Anwendungen (beispielsweise den MySQL Query Browser) verwendet. Abbildung 9.4 zeigt schon die Ausgabe eines solchen Tools. Wenn Sie sich diesem Beispiel anschließen wollen, können Sie die Beschreibung des Query Browsers im vierten Teil des Buches lesen. Sollte Ihnen das schlichte *mysql* inzwischen aber ans Herz gewachsen sein, dürfen Sie es natürlich gerne weiter verwenden.

Aggregatfunktionen und NULL-Werte

Auch bei der Verwendung von Aggregatfunktionen können NULL-Werte das Ergebnis beeinflussen. Grundsätzlich zählt COUNT beispielsweise keine Datensätze, die in der betreffenden Spalte keine Daten, also den NULL-Wert enthalten. Je nach Spalte müssen Sie also mit unterschiedlichen Ergebnissen rechnen. Sind für einige Artikel beispielsweise noch keine Preise erfasst, liefert die folgende Anweisung zwei unterschiedliche Ergebnisse:

```
SELECT COUNT(ArtikelNr) AS Anzahl_ArtikelNr,
       COUNT(Preis) AS Anzahl_Preis
FROM Artikel;
```

Wollen Sie wirklich alle Datensätze einer Tabelle zählen, müssen Sie daher »zuverlässige« Spalten auswählen. Dabei wird es sich in der Regel um Schlüsselspalten, etwa die Artikel- oder Kundennummer, handeln.

Aggregatfunktionen und Gruppierung

Noch wesentlich sinnvoller wird die Verwendung von Aggregatfunktionen, wenn Sie diese mit der GROUP BY-Klausel verbinden. So lassen sich Summen und Durchschnitte beispielsweise für einzelne Artikelgruppen bilden. Die Aggregatfunktionen wirken dann nicht mehr auf alle Werte einer Spalte, sondern immer nur auf die zu einer Artikelgruppe gehörenden Spaltenwerte. Das folgende Beispiel berechnet die Summen der Lagerwerte und gibt diese separat für jede Artikelgruppe aus:

```
SELECT Artikelgruppe,
       SUM(Preis*Menge) AS Lagerwert
FROM Artikel
GROUP BY Artikelgruppe;
```

Das Beispiel erzeugt folglich so viele Ergebniszeilen, wie Artikelgruppen vorhanden sind.

	Artikelgruppe	Lagerwert
1	Gemüse	313.70
2	Milchprodukte	19.80
3	Obst	289.35

Abbildung 9.5: Summen für Artikelgruppen bilden

Beachten Sie, dass in der Feldliste des SELECT-Befehls nicht nur die Summenformel, sondern auch die Artikelgruppe enthalten sein muss. Die GROUP BY-Klausel akzeptiert eben nur Spalten, die auch dort aufgeführt sind.

Normalerweise müssen alle SELECT-Spalten auch in der GROUP BY-Klausel aufgelistet werden. Sie erhalten sonst eine Fehlermeldung angezeigt. Zusätzliche Spalten in GROUP BY sind aber nicht unbedingt erwünscht, weil Sie damit Untergruppen bilden und so die Abfrage stark verändern. Auf mögliche Ausnahmen kommen wir noch zurück.

Untergruppen

Das Hinzufügen eines Gruppierungsfeldes bewirkt, dass Untergruppen gebildet werden. Die jeweilige Hauptgruppierung wird wie bei der Sortierung vom ersten Feld der GROUP BY-Klausel bestimmt. Wie Untergruppierungen wirken, zeigt folgende Anweisung:

```
SELECT Artikelgruppe, Lagerort,
       SUM(Preis*Menge) AS Lagerwert
FROM Artikel
GROUP BY Artikelgruppe, Lagerort;
```

Hier gruppieren wir innerhalb (bzw. unterhalb) der Artikelgruppe noch nach der Spalte *Lagerort*. Wenn Artikelgruppen auf mehrere Standorte verteilt sind, können diese Orte auch in mehreren Artikelgruppen auftauchen. Eine mögliche Ausgabe könnte wie in Abbildung 9.6 aussehen:

	Artikelgruppe	Lagerort	Lagerwert
1	Gemüse	Dresden	214.20
2	Gemüse	Leipzig	99.50
3	Milchprodukte	Dresden	9.90
4	Milchprodukte	Leipzig	9.90
5	Obst	Leipzig	289.35

Abbildung 9.6:   Ausgabe einer Abfrage mit Untergruppierung

Beachten Sie auch die automatische Sortierung, die mit der Gruppierung verbunden ist.

Gruppieren und Sortieren

Die Gruppierung bewirkt automatisch auch eine Sortierung nach dem Gruppierungsfeld. Sind mehrere Gruppierungsfelder angegeben, erfolgt die Gruppierung zunächst nach dem ersten Feld und innerhalb dieser Gruppen nach dem zweiten bzw. jedem weiteren Feld. Mit ORDER BY können Sie die Sortierung jedoch ändern. Sollen die Artikelgruppen nach dem Lagerwert (und nicht nach dem Namen der Artikelgruppe) sortiert werden, ist folgende Anweisung erforderlich:

```
SELECT Artikelgruppe,
       SUM(Preis*Menge) AS Lagerwert
FROM Artikel
GROUP BY Artikelgruppe
ORDER BY Lagerwert;
```

ORDER BY wird also nach der GROUP BY-Klausel eingesetzt. Im vorstehenden Beispiel verwenden wir den Alias-Namen, um nach dem virtuellen Feld mit den berechneten Lagerwerten zu sortieren.

Beachten Sie, dass Sie auch für die Sortierung nur noch Spalten verwenden sollten, die in der SELECT-Feldliste erscheinen. Die Angabe anderer Felder aus der betreffenden Tabelle ist zwar grundsätzlich möglich, erzeugt in der Regel aber keine sinnvollen Ergebnisse.

Sortierrichtung umkehren

Wie schon früher gezeigt, lässt sich die Sortierung mit Hilfe der Erweiterung DESC umkehren. Sie müssen dazu jedoch nicht unbedingt die ORDER BY-Klausel verwenden, auch der GROUP BY-Zweig kann DESC (bzw. ASC) aufnehmen:

```
SELECT Artikelgruppe,
       SUM(Preis*Menge) AS Lagerwert
FROM Artikel
GROUP BY Artikelgruppe DESC;
```

Wie üblich bezieht sich die Erweiterung auf die unmittelbar davor stehende Spalte (bzw. den Ausdruck). Gruppieren Sie über mehrere Spalten, kann jede Spalte eine eigene DESC- bzw. ASC-Erweiterung erhalten.

Gruppenauswahl mit HAVING

Die im vorstehenden Text gezeigten Beispiele liefern alle Gruppen, also beispielsweise alle Artikelgruppen. Wollen Sie lediglich einzelne Gruppen anzeigen lassen, können Sie analog zur Verwendung von WHERE auch für gruppierte Abfragen eine Bedingung definieren. Diese wird in der HAVING-Klausel angegeben. Da HAVING nur auf gruppierte Daten wirkt, muss die Klausel nach GROUP BY erscheinen:

```
SELECT Artikelgruppe,
       SUM(Preis*Menge) AS Lagerwert
FROM Artikel
GROUP BY Artikelgruppe
HAVING Artikelgruppe = 'Obst';
```

HAVING erwartet also eine Bedingung, die einen logischen Wert (1 oder 0) liefert. Nur Gruppen, die der Bedingung entsprechen, werden bei der Ausgabe berücksichtigt. Im vorstehenden Beispiel kann das lediglich eine Gruppe sein. Sie erhalten daher auch nur eine Ausgabezeile.

Komplexe Bedingungen in HAVING-Klauseln

Wie in WHERE-Klauseln ist es aber auch möglich, mehrere Bedingungen zu kombinieren. Die folgende HAVING-Klausel liefert beispielsweise zwei Zeilen (= Gruppen):

```
... HAVING Artikelgruppe = 'Obst' OR
           Artikelgruppe = 'Gemüse';
```

Wichtig ist, dass Sie auch Größer-kleiner-Vergleiche verwenden und dabei auch solche Spalten einsetzen können, die mit
Hilfe von Aggregatfunktionen gebildet wurden. So liefert das
folgende Beispiel nur Gruppen, deren Lagerbestand größer als
100 ist:

```
SELECT Artikelgruppe,
       SUM(Preis*Menge) AS Lagerwert
FROM Artikel
GROUP BY Artikelgruppe
HAVING Lagerwert > 100;
```

Wie oben gezeigt, lassen sich in GROUP BY- und HAVING-Klauseln die in der SELECT-Spaltenliste definierten Alias-Namen
verwenden. Das ist besonders hilfreich, wenn Sie berechnete
Spalten erzeugen, die auch in den genannten Klauseln benötigt werden. In der HAVING-Klausel kann statt des Alias-Na-
mens aber auch direkt die Formel verwendet werden, so dass
für das vorstehende Beispiel auch folgende Klausel zulässig
wäre:

```
... HAVING SUM(Preis*Menge) > 100;
```

Da HAVING keine Einzeldatensätze zu sehen bekommt, sondern
nur noch Gruppen, können Sie auch nur solche Spalten in der
Bedingung verwenden, die in der SELECT-Feldliste erscheinen.
Diese dürfen dann aber zu recht komplexen Bedingungen
kombiniert werden:

```
… HAVING SUM(Preis*Menge) > 100 AND
         (Artikelgruppe = 'Gemüse'  OR
          Artikelgruppe = 'Obst');
```

Dabei ist gegebenenfalls durch Klammerung sicherzustellen, dass die Ausdrücke in der gewünschten Reihenfolge ausgewertet werden. Ohne die Klammern würde die vorstehende Klausel je nach Daten unterschiedliche Ergebnisse liefern.

GROUP BY- und WHERE-Klausel

Eine sehr interessante und teilweise auch recht kniffelige Konstruktion ergibt sich, wenn Sie eine WHERE-Bedingung mit einer Gruppierungsabfrage verbinden. Die WHERE-Klausel erscheint vor der GROUP BY-Klausel und bewirkt, dass vor der Gruppierung bereits bestimmte Datensätze aussortiert werden. GROUP BY bekommt dann nur noch die Datensätze zu sehen, die WHERE durchgelassen hat:

```
SELECT Artikelgruppe,
       SUM(Preis*Menge) AS Lagerwert
FROM Artikel
WHERE Lagerort = 'Leipzig'
GROUP BY Artikelgruppe;
```

Die vorstehende Anweisung liefert nur noch die Lagerbestände für den Lagerort Leipzig, weil WHERE alle Artikel ausgeschlossen hat, die an anderen Orten lagern.

HAVING- und WHERE-Klausel

Noch ein wenig komplexer wird die Auswahl, wenn WHERE und HAVING in einer Abfrage erscheinen. Hier ist ganz besonders auf die Reihenfolge zu achten, in der die beiden Klauseln wirken:

➊ WHERE wirkt zuerst und schränkt dabei die Zahl der Datensätze ein.

➋ Anschließend fasst GROUP BY die von WHERE durchgelassenen Datensätze zu Gruppen zusammen.

➌ Erst dann kann HAVING wirksam werden und die gewünschten Gruppen auswählen.

Die Tabelle, die der ganzen Abfrage zugrunde liegt, bekommt
HAVING gar nicht zu sehen. Üblicherweise addieren sich die
Filterwirkungen von WHERE und HAVING, so dass beide zusammen bestimmen, was schließlich angezeigt wird:

```
SELECT Artikelgruppe,
       SUM(Preis*Menge) AS Lagerwert
FROM Artikel
WHERE Lagerort = 'Leipzig'
GROUP BY Artikelgruppe
HAVING Artikelgruppe = 'Obst' OR
       Artikelgruppe = 'Gemüse';
```

Das vorstehende Beispiel ermittelt die Lagerwerte für Obst
und Gemüse am Standort Leipzig.

Unterschiedliche SELECT- und GROUP BY-Feldlisten

Wir hatten anfangs behauptet, dass die Spaltenlisten im SEL-
ECT- und im GROUP BY-Zweig identisch sein müssen. Diese
Aussage gilt allerdings nur für den SQL-Standard und für ältere MySQL-Versionen. Hier wäre die folgende Anweisung un-
zulässig und würde eine Fehlermeldung auslösen:

```
SELECT Artikelgruppe, Bezeichnung,
       SUM(Preis*Menge) AS Lagerwert
FROM Artikel
GROUP BY Artikelgruppe;
```

Die Spalte *Bezeichnung*, die hier nicht in der GROUP BY-Klausel
verwendet wird, liefert in diesem Fall keine sinnvolle Information. Zwar zeigt sie den Namen eines Artikels der jeweiligen
Artikelgruppe an, die Gruppe kann aber viele Artikel enthalten, die in diesem Beispiel nicht ausgegeben werden. Bezüglich der Spalte *Bezeichnung* ist das Ergebnis daher eher zufällig
und nicht wirklich verwertbar. Ab Version 4.0 akzeptiert My-
SQL solche Anweisungen jedoch, so dass dafür eventuell auch
ein sinnvolles Beispiel zu finden sein sollte.

Bezogen auf unsere Artikel-Tabelle wäre denkbar, dass jede Artikelgruppe nur jeweils an einem Lagerort gelagert wäre. In diesem Fall bestünde eine hierarchische Beziehung zwischen Lagerort und Artikelgruppe. Dafür ließe sich dann folgende durchaus sinnvolle Anweisung bilden:

```
SELECT Artikelgruppe, Lagerort
FROM Artikel
GROUP BY Artikelgruppe;
```

Die Spalte *Lagerort* liefert dann eine nützliche Zusatzinformation zur Auflistung der Artikelgruppen. In der GROUP BY-Klausel muss aber unbedingt die untergeordnete Gruppe erscheinen. Schon die Umkehrung, also die Verwendung der übergeordneten Gruppe (hier *Lagerort*), würde wieder unvollständige und damit in der Regel unsinnige Ergebnisse liefern.

Eine ähnliche hierarchische Beziehung wie im vorstehenden Beispiel besteht zwischen dem Ort und der PLZ. Zu jedem Ort können mehrere Postleitzahlen gehören. Eine PLZ kann aber (nach Kenntnis des Autors) immer nur zu einem Ort gehören. Sie gruppieren dann nach der PLZ und erhalten den Ort als zusätzliche Information angezeigt.

Volltext-Indizes

Die in den vorstehenden Kapiteln behandelten Befehle und Klauseln entsprechen weitgehend dem SQL-Standard (SQL/92 bzw. SQL/99). In diesem Kapitel soll nun eine Erweiterung vorgestellt werden, die Sie üblicherweise nicht bei anderen SQL-Servern finden: die Suche über so genannte *Volltext*-Indizes.

Suche im FULLTEXT-Index

Beim Erzeugen von Tabellen sind wir bereits auf die Definition eines FULLTEXT-Index eingegangen (siehe Kapitel 5). Solche Indizes können einzelne Wörter bzw. Textelemente in längeren Spalteneinträgen indizieren. Bei der Suche lassen sich einzelne Wörter des Eintrags als Suchbegriffe angeben, ohne dass Sie deren Position kennen oder mit Hilfe von Funktionen ermitteln müssen. Der Vorteil gegenüber einer komplexen Suche mit Hilfe von Funktionen oder Suchmustern besteht darin, dass Sie die hohe Geschwindigkeit eines Index nutzen können. FULLTEXT-Indizes sind daher ein ideales Mittel für die komplexe Volltextsuche in Internet-Anwendungen. Zudem bieten FULLTEXT-Indizes folgende Vorteile:

✔ Ranking von Fundstellen (Relevanz von Fundstellen)

✔ web-ähnliche Bildung von Suchbegriffen (Boole'scher Modus)

MySQL bewertet gegebenenfalls die *Relevanz* von Fundstellen. Nach bestimmten Regel werden einige Fundstellen dann höher bewertet und bei der Ausgabe der Ergebnisse zuerst angezeigt. Der *Boole'sche Modus* ermöglicht unter anderem die Qualifizierung von Suchbegriffen mit Plus und Minus. Weiter unten kommen wir noch darauf zurück. Um die Beispiele des folgenden Textes nachvollziehen zu können, sollten Sie möglichst die gleichen Daten verwenden. Abbildung 9.7 zeigt daher zunächst einen Ausschnitt aus unserer Artikel-Tabelle.

	⚷ ArtikelNr	Bezeichnung	✦ Beschreibung
1	1	Blaue Bohnen	Bohnen, schön blau und dünn
2	2	Grüne Bohnen	Bohnen, schön grün und dick
3	3	Weiße Bohnen	Bohnen, schön weiß und dick
4	4	Dicke Milch	[NULL]
5	5	Buttermilch	schön dick
6	6	Große Kirschen	Kirschen, schön rot und Kirschen schön blau
7	7	Kleine Kirschen	Kirschen, schön rot und klein
8	8	Rote Kirschen	Kirschen, rot und dick
9	9	Neue Birnen	Birnen, schön grün und gelb

Abbildung 9.7:   Daten in der Spalte *Beschreibung* der Artikel-Tabelle

Für die Beispiele sind eigentlich nur die Daten in der Spalte *Beschreibung* von Interesse, weil wir nur über diese Spalte einen FULLTEXT-Index gebildet haben. Das CREATE-Skript für die Artikel-Tabelle können Sie sich im Anhang anschauen.

Syntax der WHERE-Klausel

Die Syntax der WHERE-Klausel muss für die FULLTEXT-Suche etwas angepasst werden. Sie hat nun folgende Form:

```
… WHERE MATCH (Spalte1, Spalte2, ...)
AGAINST (Suchausdruck)
```

Sie müssen zunächst die Funktion MATCH verwenden, um die FULLTEXT-Suche zu veranlassen. In der folgenden Klammer sind dann die Spalten anzugeben, die Sie in die Suche einbeziehen wollen. Diese müssen zu einem FULLTEXT-Index gehören. Die AGAINST-Klausel kennzeichnet dann den Suchausdruck, der ebenfalls in einer Klammer zu übergeben und zudem in Anführungszeichen zu setzen ist. Das folgende Beispiel sucht im Feld *Beschreibung* nach dem Begriff *grün*:

```
SELECT ArtikelNr, Bezeichnung, Beschreibung
FROM Artikel
WHERE MATCH (Beschreibung)
AGAINST ('grün');
```

Auf Groß- und Kleinschreibung ist bei der Angabe von Suchbegriffen nicht zu achten. Allerdings müssen die Wörter ausgeschrieben sein. Mit dem vorstehenden Beispiel erhalten Sie für unsere Artikel-Tabelle die in Abbildung 9.7 gezeigte Ausgabe.

	⚲ ArtikelNr	Bezeichnung	◆ Beschreibung
1	2	Grüne Bohnen	Bohnen, schön grün und dick
2	9	Neue Birnen	Birnen, schön grün und gelb

Abbildung 9.8: Ergebnis einer Volltextsuche

Sie können sich jedoch nicht immer darauf verlassen, dass jeder Begriff gefunden wird. MySQL bewertet die einzelnen Wörter schon bei der Aufnahme in den Index und schließt einige gegebenenfalls aus.

Ausschluss von Stopwörtern

Bei der FULLTEXT-Indizierung werden so genannte *Stopwörter* berücksichtigt bzw. nicht berücksichtigt. Das sind zunächst Wörter wie beispielsweise »der«, »die«, »das«. Solche Wörter indiziert MySQL nicht. Auch kurze Wörter mit drei oder weniger Zeichen, also beispielsweise Abkürzungen, werden normalerweise nicht in den Index aufgenommen. Für unsere Beispieldaten hat das schon Folgen: So liefert die folgende WHERE-Klausel keine Fundstellen, weil MySQL den Begriff *rot* als zu kurz beurteilt und gar nicht erst in den Index aufnimmt:

```
… WHERE MATCH (Beschreibung)
  AGAINST ('rot');
```

MySQL schließt gegebenenfalls aber auch längere Wörter aus, die in vielen Datensätzen vorkommen. Wenn ein Begriff beispielsweise in allen Datensätzen enthalten ist, macht es keinen Sinn, diesen zu indizieren, weil eine Suche dann alle Datensätze als Ergebnis liefern müsste. Die Schwelle liegt bei 50 %. Ist ein Suchbegriff in mehr als 50 % der Einträge enthalten, nimmt MySQL diesen nicht mehr in den Index auf. Bei einer Tabelle mit vielleicht nur 1.000 Datensätzen darf der Suchbegriff also nicht in der indizierten Spalte von mehr als 500 Datensätzen vorkommen. Sie sollten sich daher nicht wundern, wenn Sie bei der Suche nach bestimmten Begriffen keine Ergebnisse angezeigt erhalten, obwohl Sie wissen, dass die Suchbegriffe in den indizierten Spalten sehr häufig vorkommen. In unserer Artikel-Tabelle gilt das beispielsweise für den Begriff *schön*, den wir für die Volltextsuche etwas zu inflationär verwendet haben. MySQL ignoriert ihn vollständig.

Relevanz von Fundstellen

Wenn Sie im Internet eine Suche starten, dann wollen Sie die Ergebnisse nicht in einer beliebigen Reihenfolge angezeigt erhalten, schon gar nicht bei sehr großen Datenmengen. Es macht normalerweise auch wenig Sinn, eine Sortierung nach bestimmten Begriffen oder nach dem Eingabedatum zu wählen. Die einzig sinnvolle Sortierung ist die nach der Relevanz der Fundstellen. Der Begriff »Relevanz« ist allerdings nicht ganz scharf definiert. Internet-Suchmaschinen verwenden verschiedene Kriterien, um die Relevanz einer Fundstelle zu bestimmen, beispielsweise die Häufigkeit des Begriffs auf der jeweiligen Website oder die Zahl der Links, die auf diese Seite verweisen. MySQL bewertet unter anderem die Häufigkeit des gesuchten Begriffs in der jeweiligen Fundstelle. Je häufiger ein Suchbegriff im jeweiligen Eintrag vorkommt, umso weiter oben wird der betreffende Datensatz in der Ergebnistabelle platziert. Ein Begriff, der in vielen Datensätzen vorkommt, liefert hingegen nur einen sehr geringen Beitrag zur Relevanz des betreffenden Datensatzes.

Die Relevanz bewertet MySQL mit Hilfe von Dezimalwerten. Diese können Sie sich in der Ergebnistabelle anzeigen lassen, wenn Sie eine berechnete Spalte mit dem kompletten Suchausdruck hinzufügen:

```
SELECT ArtikelNr, Bezeichnung, Beschreibung,
MATCH (Beschreibung) AGAINST ('Kirschen') AS Relevanz
FROM Artikel
WHERE MATCH (Beschreibung)
AGAINST ('Kirschen');
```

Damit erhalten Sie eine Ausgabe wie die in Abbildung 9.9. Je größer der Relevanzwert, umso höher ist natürlich die Relevanz der betreffenden Fundstelle.

	♀ ArtikelNr	Bezeichnung	◆ Beschreibung	Relevanz
1	6	Große Kirschen	Kirschen, schön rot und Kirschen schön blau	0.77591326757965
2	8	Rote Kirschen	Kirschen, rot und dick	0.67756324121582
3	7	Kleine Kirschen	Kirschen, schön rot und klein	0.67003110026735

Abbildung 9.9: Relevanz in der Ergebnistabelle anzeigen

Sie können diesen Umstand nutzen und bei der Dateneingabe bestimmte Datensätze durch mehrfache Verwendung relevanter Begriffe bevorzugen (wie im Beispiel den Begriff *Kirschen*).

Normalerweise ist die Volltextfunktion jedoch dazu gedacht, beispielsweise Zeitungsartikel und wissenschaftliche Aufsätze zu indizieren.

Boole'scher Modus

Die FULLTEXT-Suche ermöglicht nicht nur eine Suche nach einfachen Begriffen. Sie können vielmehr den so genannten Boole'schen Modus nutzen, um beispielsweise auch Begriffe vorzugeben, die nicht in den Fundstellen enthalten sein sollen. Wie in verschiedenen Internet-Suchmaschinen üblich, setzen Sie einfach ein Minuszeichen vor den auszuschließenden Begriff. Sie müssen MySQL dann noch anweisen, den Boole'schen Modus zu verwenden, so dass sich für die WHERE-Klausel folgende Syntax ergibt:

```
… WHERE MATCH(Spalte1, Spalte2, ...)
  AGAINST(Suchausdruck IN BOOLEAN MODE)
```

Der Suchausdruck wird dann üblicherweise mehrere Begriffe enthalten, die durch entsprechende Boole'sche Operatoren gekennzeichnet sind. So sucht die folgende Anweisung beispielsweise nach dem Begriff *Bohnen*. Die Fundstellen sollen aber nicht den Begriff *grün* enthalten:

```
SELECT ArtikelNr, Bezeichnung, Beschreibung,
MATCH (Beschreibung)
AGAINST ('Bohnen -grün' IN BOOLEAN MODE) AS Relevanz
FROM Artikel
WHERE MATCH (Beschreibung)
AGAINST ('Bohnen -grün' IN BOOLEAN MODE);
```

Die Abfrage liefert dann alle Bohnen mit Ausnahme der grünen. Der Boole'sche Modus kennt nicht nur Plus- und Minuszeichen. Welche Zeichen noch möglich sind und welche Bedeutung diese bei der Suche haben, zeigt Tabelle 9.6.

Operator	Beschreibung
+	Der Begriff muss im Feldeintrag enthalten sein
-	Der Begriff darf nicht im Feldeintrag enthalten sein
"	Suchbegriffe aus mehreren Wörtern in doppelten Anführungszeichen müssen so wie im Suchbegriff geschrieben auch im Eintrag enthalten sein
~	Umkehrung der Relevanz des Begriffs. Im Gegensatz zum Minuszeichen darf der Begriff im Eintrag enthalten sein
<	Verminderung der Relevanz des Begriffs
>	Erhöhung der Relevanz des Begriffs
*	Ersatzzeichen
()	Begriffe gruppieren

Tabelle 9.6: Operatoren für Boole'schen Modus

Schon mit den Operatoren + und - lassen sich sehr komplexe Suchmuster für die Volltextsuche bilden. So erfordert der folgende Suchausdruck, dass beide Begriffe im Eintrag vorkommen:

```
... AGAINST ('+Bohnen +grün' IN BOOLEAN MODE)
```

Verzichten Sie auf das Plus vor dem zweiten Begriff, genügt es, wenn ein Eintrag nur den ersten Begriff enthält:

```
... AGAINST ('+Bohnen grün' IN BOOLEAN MODE)
```

Das Vorhandensein des zweiten Begriffs im Eintrag erhöht jedoch die Relevanz, so dass der betreffende Datensatz in der Ergebnistabelle weiter oben angezeigt wird.

Mustervergleich

Es ist auch möglich, ähnlich wie mit dem Operator LIKE nur nach Teilen von indizierten Wörtern zu suchen.

So könnte ein Suchausdruck beispielsweise wie folgt aufgebaut sein:

```
… AGAINST ('B*' IN BOOLEAN MODE)
```

Damit finden Sie auch Einträge, die das Suchwort nur in Zusammensetzungen enthalten, also alle Bohnen und Birnen und wegen der Vernachlässigung von Groß- und Kleinschreibung auch den Begriff *blau*.

Suchbegriffe mit mehreren Wörtern

Der Volltext-Index erlaubt auch die Suche nach Begriffen aus mehreren Wörtern. In diesem Fall ist der Begriff jedoch zusätzlich in doppelte Anführungszeichen einzuschließen:

```
… AGAINST ('"schön grün und dick"' IN BOOLEAN MODE)
```

MySQL zeigt in diesem Fall nur Fundstellen an, die alle Begriffe in der hier vorgegebenen Reihenfolge enthalten. Es genügt nicht, wenn die Begriffe irgendwo im Eintrag vorkommen.

Relevanz vermindern oder erhöhen

Recht diffizil ist auch die Anwendung der Operatoren, mit denen Sie die Relevanz einzelner Begriffe vermindern oder erhöhen. Im folgenden Beispiel vermindern wir die Relevanz des zweiten und erhöhen die des dritten Begriffs:

```
… AGAINST ('+Bohnen <grün >dick' IN BOOLEAN MODE)
```

In der Wirkung hat der Operator zunächst die Folge, dass nur einer der beiden Begriffe in der Klammer im Eintrag enthalten sein muss, damit der Datensatz angezeigt wird. Einträge, die den Begriff *dick* enthalten, werden jedoch höher bewertet als Einträge mit dem Begriff *grün*. Die folgende Zeile verwendet die Tilde, die den Relevanzwert negiert:

```
… AGAINST ('+Bohnen ~grün >dick' IN BOOLEAN MODE)
```

Während der Operator < die Relevanz des Begriffs lediglich vermindert, sorgt die Tilde dafür, dass der Beitrag des betreffenden Begriffs zur gesamten Relevanz negativ wird. Der betreffende Datensatz landet dann weiter unten als ein Datensatz ohne diesen Begriff.

Ausgabe nach Relevanz sortieren

Bei einer Suche im Boole'schen Modus wird die Ergebnistabelle nicht automatisch nach dem Relevanzwert sortiert. Sie müssen folglich selbst dafür sorgen, dass Sie eine solche Ausgabe erhalten. Dazu nutzen Sie die berechnete Spalte mit dem Suchausdruck und wenden darauf die ORDER BY-Klausel an:

```
SELECT ArtikelNr, Bezeichnung, Beschreibung,
MATCH (Beschreibung)
AGAINST ('+Bohnen <grün >dick' IN BOOLEAN MODE)
AS Relevanz
FROM Artikel
WHERE MATCH (Beschreibung)
AGAINST ('+Bohnen <grün >dick' IN BOOLEAN MODE)
ORDER BY Relevanz DESC;
```

Mit dieser Anweisung erhalten Sie für unsere Beispieldaten die in Abbildung 9.10 gezeigte Ausgabe.

	ArtikelNr	Bezeichnung	Beschreibung	Relevanz
1	2	Grüne Bohnen	Bohnen, schön grün und dick	1.7222222089767
2	3	Weiße Bohnen	Bohnen, schön weiß und dick	1.5
3	1	Blaue Bohnen	Bohnen, schön blau und dünn	1

Abbildung 9.10: Nach Relevanz sortierte Ausgabe

In der Spalte *Beschreibung* sehen Sie die einzelnen Wörter, die in den Volltext-Index aufgenommen wurden.

In der von uns verwendeten Version wollten nicht alle Operatoren so funktionieren, wie das vermutlich vorgesehen ist. Insbesondere die Gruppierung könnte momentan noch Probleme bereiten.

Alternativen zur Volltextsuche

Der FULLTEXT-Index ist eigentlich nur eine automatische Verschlagwortung. FULLTEXT extrahiert einzelne Begriffe (Schlagwörter) aus einem längeren Spalteneintrag bzw. aus mehreren Spalteneinträgen und bildet daraus einen Index, also im Prinzip einen Schlagwortkatalog. Wenn Sie mehr Kontrolle über die Suchbegriffe (die Schlagwörter) haben wollen, müssen Sie diese selbst eingeben. Dazu ist in der Regel eine separate Tabelle erforderlich, für die Sie über den Primärschlüssel eine Beziehung mit der Ursprungstabelle herstellen. Im dritten Teil dieses Buches (Kapitel 18) soll unter anderem gezeigt werden, wie Sie Beziehungen definieren und in Abfragen einsetzen.

SOUNDEX-Suche

Eine schon etwas ältere und bei vielen Datenbanksystemen anzutreffende Suchoption bietet die SOUNDEX-Funktion. Dabei wird nach »ähnlich klingenden« Begriffen gesucht. Begriffe, die sich nur in bestimmten Zeichen unterscheiden, verwandelt die Funktion in einheitliche Suchbegriffe. Das gilt beispielsweise für den Namen *Mayer*, der in vielen Varianten auftreten kann (*Maier*, *Meier* etc.). Wenn Sie darauf die Funktion SOUNDEX anwenden, erhalten Sie als Suchbegriff immer den Wert bzw. Code »M600«. Die Umwandlung können Sie mit der folgenden Anweisung testen:

```
SELECT SOUNDEX("Meyer")
```

Ist die Schreibweise eines Suchbegriffs nicht bekannt, verwenden Sie bei der Suche nach *Mayer* üblicherweise folgende Konstruktion:

```
SELECT * FROM Kunden
WHERE Firma = "Mayer" or
      Firma = "Maier" or
      Firma = "Meier";
```

Die vorstehende Anweisung ist schon recht umständlich. Trotzdem können Sie nicht sicher sein, damit alle Schreibweisen des Namens erfasst zu haben. Alternativ bietet sich die Funktion SOUNDEX an, mit der Sie folgende Anweisung erhalten:

```
SELECT * FROM Kunden
WHERE SOUNDEX(Firma) = SOUNDEX("Mayer");
```

Die beiden Anweisungen sind nicht unbedingt gleichwertig, weil die SOUNDEX-Funktion durchaus noch weitere Schreibweisen berücksichtigen kann. Wegen der schwer einzuschätzenden Wirkung werden Sie SOUNDEX jedoch nur in bestimmten Fällen oder als ergänzende Option zur »normalen« Suche einsetzen können.

10 Funktionen

Die *Funktionen*, die im Folgenden vorgestellt werden, fassen im Gegensatz zu den schon angesprochenen Aggregatfunktionen nicht mehrere oder alle Werte einer Spalte zusammen, sondern wirken immer nur auf einzelne Werte. Sie aggregieren also keine Spalten. Mit Hilfe solcher »normalen« Funktionen lässt sich beispielsweise die Darstellung bei der Ausgabe von Daten ändern. Zudem dienen Funktionen der Flexibilisierung von Bedingungen in WHERE- bzw. HAVING-Klauseln.

Funktionswert und Funktionstyp

Funktionen liefern immer einen Rückgabewert, der in der Regel als *Funktionswert* bezeichnet wird. Da sich dieser Wert irgendeinem Typ zuordnen lässt, sind Funktionen auch von einem bestimmten Typ. Dieser Typ bestimmt schließlich, in welchen Ausdrücken eine Funktion eingesetzt werden kann. Liefert die Funktion einen numerischen Wert, lässt sie sich wie ein numerischer Operand in Berechnungen verwenden.

Der Typ des Funktionswertes ist allerdings nicht entscheidend, wenn es um die Einteilung in Kategorien geht. Funktionen erwarten regelmäßig auch Argumente (Parameter). Eine Funktion, die beispielsweise numerische Argumente verarbeitet, ist dann eben eine numerische Funktion. Üblicherweise ist auch der Rückgabewert einer solchen Funktion vom numerischen Typ.

Numerische Funktionen

Die meisten MySQL-Funktionen verarbeiten und erzeugen numerische Werte. Das gilt beispielsweise für die recht häufig benötigte Funktion ROUND. Diese rundet einen Ergebniswert auf eine vorgegebene Zahl von Dezimalstellen auf oder ab. Die Anzahl der gewünschten Dezimalstellen ist als zweites Funktionsargument zu übergeben. Im ersten Argument wird üblicherweise die Spalte benannt, deren Werte gerundet werden sollen. Die Syntax hat folgende Form:

```
ROUND(Spalte, Dezimalstellen)
```

Da ROUND die Darstellung von Spalten beeinflusst, kommt die Funktion vorzugsweise in der Feldliste der SELECT-Anweisung zum Einsatz:

```
SELECT ArtikelNr, Bezeichnung,
       ROUND(Preis, 2)
FROM Artikel;
```

Auch in diesem Fall handelt es sich um eine berechnete Spalte, die nicht den Namen der im Argument verwendeten Spalte (hier *Preis*) erhält. In der Regel werden Sie daher noch einen Alias-Namen vergeben wollen:

```
… ROUND(Preis, 2) AS Nettopreis …
```

Neben ROUND kennt MySQL noch zahllose andere numerische Funktionen. Eine kleine Auswahl zeigt Tabelle 10.1; die ausführliche Darstellung der MySQL-Funktionen finden Sie im Anhang.

Funktion	Beschreibung
ABS	Ermittelt den Absolutwert einer Zahl
CEILING	Ermittelt die kleinste Ganzzahl, die nicht kleiner ist als der Argumentwert
FLOOR	Ermittelt die größte Ganzzahl, die nicht größer ist als der Argumentwert
LN	Ermittelt den natürlichen Logarithmus eines Wertes
POW	Potenziert einen Wert
RAND	Liefert eine Zufallszahl zwischen 0 und 1

Funktion	Beschreibung
ROUND	Rundet einen Wert auf die vorgegebene Anzahl von Dezimalstellen
SQRT	Ermittelt die Quadratwurzel eines numerischen Wertes

Tabelle 10.1: Numerische Funktionen in MySQL

Die meisten mathematischen Funktionen erwarten lediglich ein Argument. Dabei darf es sich aber auch um einen zusammengesetzten Ausdruck handeln. Sie können die Ausdrücke mit Hilfe von Konstanten testen, ohne zunächst Spalten als Argumente anzugeben:

```
SELECT ROUND(32345.345 * 123);
```

Wenn Sie ROUND wie vorstehend gezeigt ohne zweites Argument einsetzen, erhalten Sie einen auf- oder abgerundeten ganzzahligen Wert. Die Verwendung von Ausdrücken mit Spalten zeigt folgendes Beispiel:

```
SELECT ArtikelNr, Bezeichnung,
       ROUND(Preis * Menge) AS Lagerwert

FROM Artikel;
```

Funktionen lassen sich auch in den Bedingungen von WHERE-Klauseln verwenden. Sie dienen dann häufig der Vereinfachung von Befehlen:

```
SELECT ArtikelNr, Bezeichnung,
       ROUND(Preis * Menge) AS Lagerwert
FROM Artikel
WHERE ROUND(Preis * Menge) > 1000;
```

Da ROUND eben eine Rundung vornimmt, bedeutet die vorstehende Anweisung, dass schon Werte ab 999,5 zur Auswahl des betreffenden Datensatzes führen. Den gleichen Effekt hätte daher auch folgende WHERE-Klausel erzielt, die ohne ROUND auskommt:

```
… WHERE (Preis * Menge) >= 999.5;
```

Besser lesbar und vor allem verständlicher ist aber zweifellos der früher gezeigte Ausdruck.

Potenzieren

Die Funktion POW, die Sie auch POWER schreiben können, potenziert einen Wert mit einer Zahl. Als Argumente sind der zu potenzierende Wert und die Potenz anzugeben:

```
POW(Wert, Potenz)
```

Die folgende Anweisung potenziert den Wert 10 mit der Zahl 3, so dass als Ergebnis der Wert 1000 herauskommen sollte:

```
SELECT POW(10, 3);
```

Hilfreich ist die Funktion vor allem in technischen Anwendungen. Für unsere Artikel- und Kundentabellen lässt sich hingegen nur schwer eine sinnvolle Verwendung denken, weswegen hier auf ein Beispiel verzichtet werden soll. Sie können natürlich beliebige numerische Spalten für die Argumente einsetzen.

Numerische Werte formatieren

Bei der Ausgabe numerischer Werte produziert MySQL regelmäßig eine Unzahl von Nachkommastellen. Schon mit ROUND lässt sich diese Inflation der Stellen eingrenzen. Für die Formatierung von numerischen Werten bietet sich aber vor allem die Funktion FORMAT an. Mit dieser lässt sich die Zahl der auszugebenden Dezimalstellen bestimmen:

```
SELECT FORMAT(12345.6789, 2);
```

Im Gegensatz zur ROUND-Funktion erhalten Sie mit FORMAT einen String als Ausgabe, der auch nach jeweils drei Stellen ein Komma einfügt (leider keinen Tausenderpunkt). Für den deutschsprachigen Raum ist die Funktion daher nicht sinnvoll einzusetzen.

Trigonometrische Funktionen

Eine spezielle Variante der numerischen Funktionen sind *trigonometrische* bzw. *Winkelfunktionen*. Eine kleine Auswahl zeigt Tabelle 10.2.

Funktion	Beschreibung
COS	Ermittelt den Cosinus eines Winkels
PI	Liefert den Wert pi
SIN	Ermittelt den Sinus eines Winkels
RADIANS	Konvertiert Grad in Bogenmaß
TAN	Ermittelt den Tangens eines Winkels

Tabelle 10.2: Trigonometrische Funktionen

Die Winkelfunktionen erwarten in der Regel einen Argumentwert, der als Bogenmaß interpretiert wird. Einen Vollkreis erhalten Sie beispielsweise mit der Formel 2 * PI, wobei Sie den Wert PI mit der gleichnamigen Funktion ermitteln. Um einen 45°-Winkel zu erhalten, müssen Sie den Vollkreis durch den Wert 8 teilen. Die Funktion SIN liefert dann den Sinus dieses Winkels:

```
SELECT SIN(2 * PI() / 8);
```

Alternativ können Sie den Winkel auch mit der Funktion RADIANS in Bogenmaß umrechnen lassen, so dass die folgende Anweisung das gleiche Ergebnis liefert wie die oben gezeigte:

```
SELECT SIN(RADIANS(45));
```

Die hier vorgestellten Beispiele sollten Ihnen vor allem zeigen, dass Sie Funktionen auch verschachteln können. Der Rückgabewert einer Funktion bildet dann den Argumentwert einer anderen. Für betriebswirtschaftliche Anwendungen sind trigonometrische Funktionen allerdings nicht sehr sinnvoll, weswegen wir weitere Beispiele gerne Ihrer Experimentierlust überlassen. Eine vollständige Übersicht dieser Funktionen finden Sie im Anhang.

Zeichenfolgen-Funktionen

Die Manipulation von *Zeichenfolgen* (*Strings*) gehört zu den wichtigsten Aufgaben einer Programmiersprache. Eine Abfragesprache wie SQL kommt hier eigentlich mit weniger String-Funktionen aus.

Funktion	Beschreibung
ASCII	Ermittelt den ASCII-Wert des ersten Zeichens einer Zeichenfolge
CHAR	Verwandelt eine Folge von ASCII-Codes in die entsprechende Zeichenfolge
CONCAT	Verknüpft mehrere Zeichenfolgen zu einer neuen Zeichenfolge
LCASE / UCASE	Verwandelt die Zeichen einer Zeichenfolge in Klein- bzw. Großbuchstaben
LOCATE	Ermittelt die Position einer Zeichenfolge in einer anderen Zeichenfolge. Sie können stattdessen auch die Funktionen INSTR und POSITION verwenden
LEFT / RIGHT	Ermittelt links bzw. rechts beginnend einen Teil aus einer Zeichenfolge
REPLACE	Ersetzt in einem String einen Teilstring, der einem vorgegebenen Muster entspricht, durch eine andere Zeichenfolge
SUBSTRING	Liefert einen Teilstring aus einem größeren String
TRIM	Entfernt führende und folgende Leerzeichen aus einem String. Für die Entfernung von Leerzeichen stehen auch noch die Funktionen LTRIM (nur führende) und RTRIM (nur folgende Leerzeichen) zur Verfügung

Tabelle 10.3: Funktionen für die Bearbeitung von Zeichenfolgen

MySQL bietet aber gerade in diesem Bereich eine außerordentliche Fülle an Funktionen, von denen Tabelle 10.3 daher nur einen sehr kleinen Ausschnitt zeigt.

Verkettung

Die Funktion für die *Verkettung* von Strings (CONCAT) ist recht häufig erforderlich, weil Sie in Datenbankanwendungen regelmäßig Zeichenketten bilden müssen. Das folgende Beispiel zeigt zunächst die grundsätzliche Anwendung:

```
SELECT CONCAT('Mayer KG', ', 04109', ', Leipzig')
AS Adresse;
```

CONCAT kann nahezu beliebig viele Argumente aufnehmen. Diese sind üblicherweise in einfache oder doppelte Anführungszeichen zu setzen. Da CONCAT die Strings unmittelbar aneinander anhängt, müssen Sie selbst für eventuell erforderliche Trennzeichen sorgen, damit ein sinnvoller (also lesbarer) Gesamtstring herauskommt. Im vorstehenden Beispiel haben wir Kommata als Teile der Strings verwendet. Diese dürfen natürlich nicht mit den Kommata verwechselt werden, welche die einzelnen Argumente der Funktion trennen.

CONCAT und NULL-Werte

Eine Besonderheit von CONCAT ist die Reaktion auf NULL-Werte. In der Regel verknüpfen Sie ja Feldinhalte, so dass sich durchaus mal ein NULL-Wert einschleichen kann. Wenn eines der Argumente ein NULL-Wert ist, liefert CONCAT als Ergebnis ebenfalls einen NULL-Wert:

```
SELECT CONCAT('Mayer KG', NULL, ', Leipzig')
AS Adresse;
```

Im vorstehenden Beispiel geht die komplette Adresse unter, weil statt der Postleitzahl ein NULL-Wert übergeben wurde. Die Anwendung der Funktion auf die Tabelle *Kunden* zeigt das folgende Beispiel:

```
SELECT CONCAT(Firma, ' - ', PLZ, ' ', Ort) AS Adresse
FROM Kunden;
```

Für die korrekte Darstellung bei der Ausgabe mussten noch Trennzeichen (hier der Bindestrich und ein Leerzeichen) eingefügt werden. Diese sind hier als separate Strings zu übergeben. Das vorstehende Beispiel verwendet folglich fünf Argumente. Die Ausgabe kann beispielsweise wie in Abbildung 10.1 aussehen:

	Adresse
1	Mayer KG - 04109 Leipzig
2	Bauer GmbH - 04109 Dresden
3	Cimala AG - 04109 Leipzig
4	Wilms OHG - 04109 Leipzig
5	Wünsche&Co - 48175 Münster
6	Krause KG - 04109 Leipzig
7	Kunze GmbH - 04109 Leipzig

Abbildung 10.1: Ausgabe von verketteten Spalten

Die zusätzlichen Trennzeichen für die gewünschte Darstellung des Ausgabestrings lassen sich auch als Argument vorgeben. Sie müssen dann aber die CONCAT-Variante CONCAT_WS verwenden. Hier steht das erste Argument für beliebige Trennzeichen, die im Ausgabestring die einzelnen Argumentstrings trennen sollen. Für das folgende Beispiel verwenden wir als Trennzeichen einen Bindestrich und jeweils davor und danach ein Leerzeichen:

```
SELECT CONCAT_WS(' - ', Firma, PLZ, Ort) AS Adresse
FROM Kunden;
```

Diese Variante unterscheidet sich auch noch bei der Behandlung von NULL-Werten. Fehlt beispielsweise eine Postleitzahl, enthält die betreffende Spalte also einen NULL-Wert, wird der Reststring trotzdem ausgegeben. Schon aus diesem Grund kann es sinnvoller sein, CONCAT_WS zu verwenden. Sie können trotzdem zwischen jeden Teilstring eigene Trennzeichen einfügen. Dazu setzen Sie für das erste Argument eben einen

Leerstring ein. Die eigentlichen Trennzeichen übergeben Sie, wie früher gezeigt, als separate Argumente:

```
SELECT CONCAT_WS('', Firma, ', ', PLZ, ' ', Ort)
    AS Adresse
FROM Kunden;
```

NULL-Werte in den Spalten können Ihnen dann nicht mehr die Ausgabe verderben.

Trimmen

Zeichenfolgen enthalten gelegentlich überflüssige führende oder folgende Leerzeichen. Solche Zeichen kommen beispielsweise zustande, wenn Anwender bei der Dateneingabe unnötigerweise die Leertaste betätigen. Bei Abfragen, beim Sortieren, beim Indizieren und bei vielen anderen Operationen können solche Leerzeichen jedoch zu Fehlfunktionen führen. Auch die Datenausgabe, etwa die korrekte Ausrichtung, kann darunter leiden. Sie werden daher regelmäßig Leerzeichen entfernen müssen. MySQL stellt dafür die Funktionen TRIM, LTRIM und RTRIM zur Verfügung. TRIM entfernt alle führenden und folgenden Leerzeichen, während LTRIM sich auf führende und RTRIM auf folgende Leerzeichen beschränkt:

```
SELECT TRIM('      Mayer KG - 04105 Leipzig');
```

Ohne Trimmung würde die vorstehende Anweisung eine verschobene Ausgabe erzeugen. Wenn Sie TRIM einsetzen, dann häufig im Zusammenhang mit der Verkettung von Zeichenfolgen. In diesem Fall müssen Sie die Funktion TRIM als Argument der CONCAT-Funktion einsetzen:

```
SELECT CONCAT(TRIM(Firma), ' - ',
              TRIM(PLZ), ' ',
              TRIM(Ort)) AS Adresse
FROM Kunden;
```

Die Trimmung verhindert hier, dass eventuell vorhandene Leerzeichen in den einzelnen Spalten die Ausgabe durcheinander bringen.

Teilidentität

Funktionen wie LOCATE und INSTR überprüfen, ob eine Zeichenfolge in einer anderen Zeichenfolge enthalten ist. LOCATE akzeptiert zu diesem Zweck bis zu drei Argumente:

```
LOCATE(Teilstring, String, [Start])
```

Das letzte Argument ist optional, weswegen wir es hier in eckige Klammern eingeschlossen haben. Verzichten Sie darauf, beginnt der Vergleich beim ersten Zeichen des zweiten Arguments. Die Funktion liefert im Erfolgsfall die Position des Teilstrings im Argumentstring. Mit der folgenden Anweisung erhalten Sie beispielsweise den Wert 7:

```
SELECT LOCATE('Leipzig', '04109 Leipzig');
```

Der Teilstring *Leipzig* beginnt eben an der siebten Position des zweiten Arguments. Sie können die Funktion unter anderem in der WHERE-Klausel nutzen. Im zweiten Argument ist dann der Name der Spalte zu übergeben, die durchsucht werden soll:

```
SELECT ArtikelNr, Bezeichnung
FROM Artikel
WHERE LOCATE('Kirschen', Bezeichnung) > 0;
```

Die WHERE-Klausel muss prüfen, ob die Funktion einen Wert >0 liefert. Damit finden Sie alle roten, schwarzen, gelben und sonstigen Kirschen und auch Kirschen im Glas. Allerdings kann die Performance leiden, wenn Sie in WHERE-Klauseln Funktionen verwenden. In der Regel ist es sinnvoller, den schon gezeigten LIKE-Operator zu nutzen. Wir kommen weiter unten noch auf eine andere Verwendung für LOCATE zurück.

Anstelle von LOCATE können Sie auch INSTR einsetzen. Allerdings sind hier die Argumente umgekehrt anzugeben. Im ersten Argument übergeben Sie den zu durchsuchenden String und im zweiten den Teilstring:

```
... WHERE INSTR(Bezeichnung, 'Kirschen') > 0
```

Zudem verfügt INSTR nicht über das dritte Argument, die Startposition. Der Vergleich beginnt daher immer beim ersten Zeichen.

Teilstrings

Mit Funktionen wie LEFT, RIGHT und SUBSTRING erhalten Sie Teile aus einem String. Dabei wird üblicherweise beginnend bei einer Startposition die Länge des Strings angegeben. LEFT beginnt beim ersten und RIGHT beim letzten Zeichen. Mit SUB-STRING lässt sich die Startposition frei bestimmen. Die Syntax von LEFT und RIGHT hat folgende Form:

```
LEFT (Zeichenfolge, Zeichenzahl)
RIGHT (Zeichenfolge, Zeichenzahl)
```

Die folgende Anweisung selektiert die ersten fünf Zeichen aus der Zeichenfolge des ersten Arguments:

```
SELECT LEFT('04105 Leipzig', 5);
```

Als Ergebnis erhalten Sie aus einer Adresse die Postleitzahl. Wesentlich flexibler ist die Funktion SUBSTRING:

```
SUBSTRING (String, Start, Länge)
```

Das Argument String steht für die Zeichenfolge. Im zweiten Argument übergeben Sie die Startposition und im dritten die Länge des auszugebenden Strings. Das folgende Beispiel ermittelt aus einer URL die eigentliche Webadresse:

```
SELECT SUBSTRING(
  'http://www.mayer-kg.provider.de/index.html', 8, 24);
```

Beginnend beim achten Zeichen werden 24 Zeichen ausgegeben, so dass die Anweisung schließlich den folgenden String liefert:

```
www.mayer-kg.provider.de
```

Allerdings werden Sie bei solchen Operationen nicht immer wissen, wo der zu ermittelnde String beginnt. Auch die Länge dürfte nur in den seltensten Fällen fest vorgegeben sein.

Komplexe Ausdrücke

Bei der Manipulation von Zeichenfolgen kommen Sie in der Regel um komplexe Ausdrücke mit mehrfach verschachtelten Funktionen nicht herum. Wir wollen die Konstruktion eines solchen Ausdrucks einmal Schritt für Schritt durchgehen.

Für das oben gezeigte SUBSTRING-Beispiel lässt sich die Startposition mit der Funktion INSTR ermitteln. Der Start beginnt dabei mit der Zeichenfolge www:

```
SELECT INSTR(
    'http://www.mayer-kg.provider.de/index.html', 'www');
```

Um die Länge des gewünschten Strings zu erhalten, müssen Sie auch die Position des letzten Zeichens bestimmen. Dazu eignet sich beispielsweise folgende Anweisung:

```
SELECT INSTR(
'http://www.mayer-kg.provider.de/index.html',
'.de') + 3;
```

Sie werden sich vielleicht wundern, dass wir nicht das Zeichen »/« als Argument verwendet haben. Aber nicht immer enthält eine URL auch nach der so genannten Toplevel-Domain (hier *de*) noch weitere Angaben. Weil aber ».de« selbst zum gewünschten String zählt, müssen wir anschließend noch den Wert 3 addieren. Wir suchen schließlich das (nicht immer vorhandene) Zeichen nach der Toplevel-Domain. Die Länge des gewünschten Strings erhalten wir nun durch Abzug der ersten Position von der zweiten. Das folgende Beispiel fasst alle Schritte zu einer einzigen Formel zusammen:

```
SELECT SUBSTRING(
 'http://www.mayer-kg.provider.de/index.html',
 INSTR(
```

```
'http://www.mayer-kg.provider.de/index.html', 'www'),
INSTR(
'http://www.mayer-kg.provider.de/index.html', '.de')
+ 3
- INSTR(
'http://www.mayer-kg.provider.de/index.html', 'www')
);
```

Das ist natürlich äußerst unübersichtlich. Etwas besser verständlich wird die Konstruktion, wenn Sie statt des Strings die Spalte *WebAdresse* einsetzen:

```
SELECT SUBSTRING(WebAdresse,
        INSTR(WebAdresse, 'www'),
        INSTR(WebAdresse, '.de') + 3
        - INSTR(WebAdresse, 'www'))
        AS URL
FROM Kunden;
```

Damit lassen sich alle Zeilen der betreffenden Tabelle durchlaufen und die eigentlichen Webadressen extrahieren. Abbildung 10.2 zeigt, wie das Ergebnis für die Daten unserer *Kunden*-Tabelle aussehen könnte:

	URL
1	www.mayer.de
2	www.bauer.de
3	www.cimala.de
4	[NULL]
5	[NULL]
6	www.krause.de
7	[NULL]

Abbildung 10.2: Webadressen extrahieren

Etwas einfacher geht es, wenn Sie eine String-Funktion verwenden, die speziell für solche Aufgaben gedacht ist. Eine solche soll nachfolgend vorgestellt werden.

Spezielle String-Funktionen

Die Probleme bei der Zerlegung strukturierter Zeichenfolgen sind auch den MySQL-Entwicklern nicht verborgen geblieben. MySQL verfügt daher inzwischen über zusätzliche Funktionen, die den Umgang mit strukturierten Zeichenfolgen erleichtern sollen. Dazu gehört vor allem die Funktion SUB-STRING_INDEX, die folgende Syntax aufweist:

`SUBSTRING_INDEX(Zeichenfolge, Begrenzer, Anzahl)`

Vor dem Einsatz der Funktion will diese jedoch erst einmal verstanden werden. Die Funktion liefert ausgehend von einem Begrenzungszeichen den linken oder rechten Teil der Zeichenfolge. Das Argument *Anzahl* bestimmt dabei, welcher Begrenzer als Ausgangspunkt dienen soll. Ist das Argument *Anzahl* positiv, wird der linke Teil zurückgegeben, andernfalls liefert die Funktion den rechten Teil. Ein Beispiel hilft vielleicht, die Wirkungsweise zu verstehen. Als Ausgangspunkt dient die folgende Zeichenfolge:

`'links.mitte.rechts'`

Wir können nun jeden der durch einen Punkt begrenzten Teile durch die Anwendung der Funktion ermitteln. Das folgende Beispiel liefert den Abschnitt links:

`SELECT SUBSTRING_INDEX('links.mitte.rechts', '.', 1);`

Die Funktion nimmt hier das erste Trennzeichen (den im zweiten Argument angegebenen Punkt) und ermittelt davon ausgehend den linken Teil. Das folgende Beispiel liefert den String links.mitte, weil wir hier das Argument Anzahl auf 2 (den zweiten Punkt) gesetzt haben:

`SELECT SUBSTRING_INDEX('links.mitte.rechts', '.', 2);`

Wenn Sie das Argument Anzahl auf −1 setzen, erhalten Sie den Abschnitt rechts, mit −2 liefert die Funktion den Abschnitt mitte.rechts. Die Funktion ist natürlich vor allem dazu gedacht, strukturierte Zeichenfolgen wie beispielsweise

Internet-Adressen zu zerlegen. So schneidet die folgende Anweisung die Protokollangabe (*http://*) ab:

```
SELECT SUBSTRING_INDEX(
    'http://www.mayer-kg.provider.de/index.html',
    '://', -1);
```

Anders formuliert: Die Funktion liefert ausgehend von den Trennzeichen den rechten Teil der Adresse. Als Trennzeichen haben wir in diesem Fall die Zeichenfolge »://« angegeben. Enthält die Adresse keine Protokollangabe, liefert die Funktion die Adresse unverändert zurück. Im nächsten Schritt schneiden wir den Teil ab, der auf Unterverzeichnisse bzw. Dateien verweist:

```
SELECT SUBSTRING_INDEX(
    'www.mayer-kg.provider.de/index.html', '/', 1);
```

Natürlich haben wir hier etwas gemogelt und den Protokollteil schlicht weggelassen. Beide Anweisungen müssen natürlich geschachtelt werden, um aus einer URL die Kernadresse zu extrahieren:

```
SELECT
    SUBSTRING_INDEX(
        SUBSTRING_INDEX(
            'http://www.mayer-kg.provider.de/index.html',
            'http://',
            -1
        ), '/', 1
    );
```

Das ist sicher etwas kürzer als das weiter oben gezeigte Beispiel, das wir mit SUBSTRING und INSTR aufgebaut haben. Noch übersichtlicher wird die Verschachtelung, wenn Sie einen kurzen Spaltennamen einsetzen:

```
SELECT SUBSTRING_INDEX(
        SUBSTRING_INDEX(WebAdresse, '://', -1),
        '/', 1)
FROM Kunden;
```

Die Ausgabe sollte genau der entsprechen, die wir bereits mit dem umständlicheren Beispiel weiter oben erzielt haben und die Sie aus Abbildung 10.2 ersehen können.

Teilstringersetzung mit REPLACE

Mit REPLACE ändern Sie Teile von Zeichenfolgen. REPLACE sucht darin zunächst nach einem Muster und ersetzt dieses durch eine beliebige Zeichenfolge. Die Funktion hat folgende Syntax:

```
REPLACE(String, Muster, Ersatzstring)
```

Das folgende Beispiel ersetzt in einer Anredeformel die Zeichenfolge «Prof. Dr.» durch die Folge »Professor«:

```
SELECT REPLACE(
    "Herrn Prof. Dr. Maier", "Prof. Dr.", "Professor")
```

Die Funktion kann sehr hilfreich sein, wenn Sie Teile der Werte einer Spalte ändern müssen. Das folgende Beispiel sollte nur einen Datensatz ändern:

```
UPDATE Kunden
SET Firma = REPLACE(Firma, "GmbH", "GmbH & Co.")
WHERE KundenNr = 7;
```

Hier wird der Firmenname für den Datensatz mit der Kundennummer 7 geändert. Die Änderung erfolgt zudem nur, wenn im Feld *Firma* auch die Zeichenfolge »GmbH« enthalten ist.

Verschlüsseln/Entschlüsseln

Eine besondere Variante sind String-Funktionen, mit denen Sie Zeichenfolgen verschlüsseln. Seit der Version 4 verfügt MySQL über eine noch größere Auswahl, von der Tabelle 10.4 die wichtigsten zeigt:

Funktion	Beschreibung
AES_ENCRYPT	Verschlüsselt eine Zeichenfolge nach dem AES-Algorithmus (AES = Advanced Encryption Standard)
AES_DECRYPT	Entschlüsselt eine mit AES_ENCRYPT verschlüsselte Zeichenfolge
DECODE	Verschlüsselt eine Zeichenfolge.
ENCODE	Entschlüsselt eine zuvor mit DECODE verschlüsselte Zeichenfolge
PASSWORD	Verschlüsselt MySQL-Passwörter
SHA	Erzeugt eine Checksumme, die sich auch für die Verschlüsselung von Passwörtern eignet

Tabelle 10.4: Funktionen für die Verschlüsselung von Strings

Üblicherweise verwenden Sie solche Funktionen, um beispielsweise Passwörter vor unbefugten Zugriffen zu sichern. Gelegentlich kann es aber auch sinnvoll sein, bestimmte Spalten zu verschlüsseln. Die Daten, die MySQL verarbeitet, werden nämlich in der Regel im Klartext auf der Festplatte gespeichert. Mit recht einfachen Systemwerkzeugen können dann auch Personen darauf zugreifen, die eigentlich keine Zugangsberechtigung für den MySQL-Server haben.

ENCODE/DECODE

Sehr einfach zu handhaben und auch relativ sicher sind ENCODE und DECODE. Mit diesen Funktionen lassen sich Zeichenfolgen schnell verschlüsseln und wieder entschlüsseln. ENCODE sorgt dafür, dass die Daten in Form unlesbarer Zeichenfolgen abgelegt werden. Die Syntax hat folgende Form:

```
ENCODE(Zeichenfolge, Passwort)
```

Da die Funktion so genannte Binärdaten erzeugt, sollten Spalten, deren Werte Sie damit verschlüsseln wollen, vom Typ BLOB sein. Das folgende Beispiel verschlüsselt den Namen einer Firma:

```
INSERT INTO Kunden(Firma)
VALUES(ENCODE('Heine & Co GmbH', 'geheim'));
```

Wir erzeugen hier einen neuen Datensatz für die Tabelle *Kunden* und speichern dabei den Firmennamen 'Heine & Co GmbH' in der Spalte *Firma*. Abbildung 10.3 zeigt, wie MySQL den verschlüsselten Wert in der Kundentabelle ablegt.

⚷ KundenNr	◆ Firma		Strasse	Postfach	PLZ
6	6	Krause KG	Lange Allee 35	[NULL]	04109
7	7	Kunze GmbH	Kurzer Weg	[NULL]	04109
8	8	{ ⅰ›ùÈÙŸïJê◀5Š	[NULL]	[NULL]	[NULL]

Abbildung 10.3: Speicherung von verschlüsselten Werten

Für unberechtigte Anwender dürfte es nun kaum noch möglich sein, die Daten sinnvoll zu nutzen, auch wenn die Verschlüsselung nur auf den Firmennamen angewendet wird. Natürlich müssen die Daten auch wieder entschlüsselt werden. Diese Aufgabe übernimmt DECODE. Die Funktion hat folgende Syntax:

```
DECODE(Binärdaten, Passwort)
```

Wenn hier im ersten Argument von Binärdaten die Rede ist, dann deshalb, weil ENCODE beim Verschlüsseln von Zeichenfolgen eben Binärdaten erzeugt. Gemeint ist aber auf jeden Fall der zuvor mit ENCODE verschlüsselte String. Das Passwort muss natürlich mit dem beim Verschlüsseln verwendeten identisch sein. Das folgende Beispiel gibt den zuvor verschlüsselten Firmennamen im Klartext aus:

```
SELECT DECODE(Firma, 'geheim') AS Firma
FROM Kunden WHERE KundenNr = 7;
```

Hier gehen wir davon aus, dass zumindest die Kundennummer bekannt ist. Sie können DECODE aber auch in der WHERE-Klausel verwenden, um beispielsweise nach dem verschlüsselten Begriff zu suchen:

```
SELECT DECODE(Firma, 'geheim') AS Firma
FROM Kunden
WHERE DECODE(Firma, 'geheim') LIKE '%Heine%'
```

Allerdings dürfte es nur in Ausnahmefällen sinnvoll sein, zentrale Spalten wie den Firmennamen zu verschlüsseln. Vielleicht können Anwälte ihre Klientendaten auf diese Art vor fremden Zugriffen schützen. Bei einigen hundert Datensätzen sollte das auch noch problemlos funktionieren. Die Verschlüsselung mit ENCODE ist jedoch ein Performance-Killer. Große Kundentabellen mit Zehntausenden von Datensätzen sind dafür nicht sehr gut geeignet.

AES_ENCRYPT/AES_DECRYPT

AES, das erst mit der Version 4.02 in MySQL integriert wurde, bietet ein besonders sicheres Verfahren. Es verwendet für die Codierung einen 128-Bit-Schlüssel.

```
AES_ENCRYPT(Zeichenfolge, Schlüssel)
AES_DECRYPT(Zeichenfolge, Schlüssel)
```

Das folgende Beispiel gibt den mit dem Schlüssel *geheim* verschlüsselten Wert direkt aus:

```
SELECT AES_ENCRYPT('Diese Zeichenfolge wird
                   verschlüsselt', 'geheim');
```

Bei der Anwendung auf eine Spalte gehen Sie so vor, wie wir dies bereits bei der ENCODE-Funktion gezeigt haben:

```
INSERT INTO Kunden(Firma)
VALUES(AES_ENCRYPT('Möllers AG', 'geheim'));
```

Für die Ausgabe können Sie dann eine Anweisung wie die folgende verwenden:

```
SELECT KundenNr,
       AES_DECRYPT(Firma, 'geheim') AS Firmenname
FROM Kunden
WHERE Firma = AES_ENCRYPT('Möllers AG', 'geheim');
```

Die Anweisung verwendet beide Funktionen. In der Spaltenliste müssen Sie die AES_DECRYPT-Funktionen einsetzen, um den entschlüsselten Wert zu erhalten. Wird die verschlüsselte Spalte auch in der WHERE-Klausel benötigt, verschlüsseln Sie den Vergleichswert mit AES_ENCRYPT.

PASSWORD

Die Funktion PASSWORD dient vor allem der Verschlüsselung von MySQL-Passwörtern. Für die Verschlüsselung von normalen Spaltenwerten ist sie nicht gedacht und auch nicht geeignet. Zwar verschlüsselt auch PASSWORD eine Zeichenfolge. Sie haben aber keine Möglichkeit, die mit PASSWORD verschlüsselten Strings wieder zu entschlüsseln. Es besteht lediglich die Möglichkeit des Vergleichs: Ein in einer Datenbank gespeicherter und dabei bereits mit PASSWORD verschlüsselter Wert lässt sich mit einem neuen von PASSWORD verschlüsselten Wert vergleichen. Da MySQL diese Funktion bzw. die dahinter stehende Verschlüsselung auch für die eigenen Passwörter nutzt, werden wir im Rahmen der Vergabe von Benutzerrechten (GRANT/ REVOKE) nochmals auf diese Funktion eingehen.

Die Aussagen des letzten Absatzes gelten grundsätzlich auch für die Funktion SHA, die eine Checksumme erzeugt. Eine Rückwandlung des Codes in die ursprüngliche Zeichenfolge ist nicht mehr möglich. Wir wollen daher nicht weiter auf diese Funktion eingehen.

Datumsfunktionen

Zu den besonders wichtigen Operationen bei der Arbeit mit Datenbanken zählen Datumsberechnungen. So müssen beispielsweise Zahlungsfristen und datumsbezogene Summen berechnet werden. MySQL stellt daher für diese Zwecke sehr viele Funktionen zur Verfügung.

Funktion	Beschreibung
DATE_ADD	Ermittelt das Datum, das sich aus Addition eines Zeitintervalls zu einem Datumswert ergibt
DATE_SUB	Ermittelt das Datum, das sich aus Subtraktion eines Zeitintervalls von einem Datumswert ergibt
DATE_FORMAT	Formatiert ein Datum für die Ausgabe
DAYNAME	Ermittelt aus einem Datumswert den Namen des Wochentags
DAYOFMONTH	Ermittelt aus einem Datumswert den Monatstag als numerischen Wert
MONTH	Ermittelt den Monat als numerischen Wert (1-12)
NOW	Liefert das aktuelle Datum und die aktuelle Zeit (Systemdatum und Systemzeit des betreffenden Rechners)
QUARTER	Ermittelt das Quartal als numerischen Wert
WEEK	Ermittelt die Woche eines Datums als numerischen Wert (1-53)
YEAR	Ermittelt das Jahr eines Datums

Tabelle 10.5: Datumsfunktionen

Das aktuelle Datum und die aktuelle Zeit erhalten Sie mit der Funktion NOW. Diese benötigt kein Argument:

```
SELECT NOW();
```

Sie werden NOW bzw. das aktuelle Datum recht häufig selbst als Argument in anderen Datumsfunktionen benötigen, etwa um eine Datumsdifferenz zu berechnen. Auch beim Einfügen eines neuen Datensatzes kann NOW verwendet werden, etwa wenn neue Datensätze immer mit dem Erstellungsdatum gespeichert werden sollen:

```
INSERT INTO Kunden(Firma, Datum)
VALUES('Möller&Co.', NOW());
```

In ähnlicher Weise setzen Sie NOW in UPDATE-Anweisungen ein, um beispielsweise ein Aktualisierungsdatum festzuhalten.

Datumsberechnungen

Für die Berechnung von Datumsdifferenzen, beispielsweise von Zahlungsfristen, lassen sich Funktionen wie DATE_ADD und DATE_SUB einsetzen. Die Funktionen haben folgende Syntax:

```
DATE_ADD(Datum, INTERVAL Ausdruck Typ)
DATE_SUB(Datum, INTERVAL Ausdruck Typ)
```

Die Syntax ist etwas kompliziert, weil das zweite Argument eigentlich aus mehreren Argumenten zusammengesetzt ist. Das folgende Beispiel zeigt zunächst die Anwendung:

```
SELECT DATE_ADD('2005-07-20', INTERVAL 10 DAY);
```

Mit der Anweisung werden auf ein bestimmtes Datum zehn Tage aufaddiert. Das zweite Argument besteht dabei aus dem Befehlswort INTERVAL, dem eigentlichen Wert (hier 10) und der Typangabe. Mit der Typangabe teilen Sie der Funktion mit, wie der Wert zu interpretieren ist. In diesem Fall verwenden wir die Typangabe DAY, so dass MySQL die Wertangabe als Tage interpretiert.

Für das folgende Beispiel wurde die Datumskonstante durch den Funktionswert der Funktion NOW ersetzt:

```
SELECT DATE_SUB(NOW(), INTERVAL 10 DAY);
```

Die Funktion DATE_SUB ermittelt in diesem Fall das Datum, das zehn Tage vor dem aktuellen Datum liegt. Für die Typangabe stellt MySQL verschiedene Typnamen zur Verfügung, von denen Tabelle 10.6 die wichtigsten zeigt.

Typ	Interpretation/Format des Wertes
DAY	Tage
MONTH	Monate
YEAR	Jahre
YEAR_MONTH	Jahre-Monate

Tabelle 10.6: Typangaben für DATE_ADD und DATE_SUB

Die Typen bestimmen indirekt auch das Format des Wertes. Üblicherweise handelt es sich um einfache numerische Werte. Typen wie YEAR_MONTH stehen jedoch für einen zusammengesetzten Typ, der aus einem Jahres- und einem Monatsteil bestehen sollte. Das folgende Beispiel zeigt, wie der Wert zu strukturieren ist:

```
SELECT DATE_ADD('2005-11-25',
                INTERVAL '1-5' YEAR_MONTH);
```

Der Ausdruck 1-5 bedeutet hier, dass zum angegebenen Datum ein Jahr und fünf Monate hinzuaddiert werden sollen. Beachten Sie auch die Anführungszeichen: Bei zusammengesetzten Werten sind diese unbedingt erforderlich, um ein korrektes Ergebnis zu erhalten. MySQL reagiert andernfalls zwar nicht mit einer Fehlermeldung; das Ergebnis entspricht jedoch nicht den Erwartungen (hier 2007-04-25).

Grundsätzlich können Sie auch einfache numerische Werte verwenden, auch wenn der Typ eigentlich einen zusammengesetzten Wert erwartet. In diesem Fall geht MySQL jedoch davon aus, dass der Wert sich auf den rechten Teil des Ausdrucks bezieht, dass also beim Typ YEAR_MONTH nur die Monate gemeint sind. Ein Intervall von einem Jahr und fünf Monaten (= 17 Monate) erhalten Sie dann beispielsweise auch mit einer Anweisung wie der folgenden:

```
SELECT DATE_ADD('2005-11-25',
                INTERVAL 17 YEAR_MONTH);
```

Diese Anweisung ist dann äquivalent zur folgenden Konstruktion, in der gleich der Typ MONTH verwendet wird:

```
SELECT DATE_ADD('2005-11-25',
                INTERVAL 17 MONTH);
```

Beachten Sie auch, dass für einfache INTERVAL-Werte grundsätzlich keine Anführungszeichen benötigt werden. Sie können diese aber dennoch verwenden.

Intervall-Addition ohne Funktion

Für die Berechnung von neuen Datumswerten durch Intervall-Addition bzw. -Subtraktion sind die oben vorgestellten Funktionen DATE_ADD und DATE_SUB eigentlich gar nicht notwendig. MySQL begnügt sich auch mit einer einfachen Addition. Wie das folgende Beispiel zeigt, ist die Syntax jedoch sehr ähnlich:

```
SELECT '2005-11-25' + INTERVAL '1-5' YEAR_MONTH;
```

Zwischen Datumswert und Intervall steht lediglich der Plusoperator. Die Subtraktion hat dann folgende Form:

```
SELECT '2005-11-25' - INTERVAL '1-5' YEAR_MONTH;
```

Bei gleichen Werten liefert die Funktion DATE_SUB auch das gleiche Ergebnis:

```
SELECT DATE_SUB('2005-11-25',
                INTERVAL '1-5' YEAR_MONTH);
```

Zum Schluss sei noch angemerkt, dass Sie statt der Funktionen DATE_ADD und DATE_SUB auch die synonymen Funktionen ADDDATE und SUBDATE verwenden können. Die Syntax ist identisch mit den hier vorgestellten Funktionen.

Datumsdifferenz ermitteln

Die Differenz zwischen zwei Datumswerten in Tagen benötigen Sie beispielsweise für die Berechnung von Fristen. Um die

Differenz bilden zu können, müssen Sie zunächst ein Datum vollständig in Tage umwandeln. Sie können dafür die Funktion TO_DAYS verwenden, die für ein Datum alle Tage seit dem 01.01.01 errechnet:

```
SELECT TO_DAYS('2005-11-25') - TO_DAYS('2005-11-11');
```

Die Differenz, hier 14 Tage, ergibt sich dann einfach durch eine simple Subtraktion. Natürlich werden Sie in Datumsfunktionen normalerweise Datumsspalten als Argumente einsetzen. So liefert das folgende Beispiel alle Kundendatensätze, die innerhalb der letzten zehn Tage geändert wurden:

```
SELECT KundenNr, Firma, Geaendert
FROM Kunden
WHERE (TO_DAYS(NOW()) - TO_DAYS(Geaendert)) <= 10;
```

In der ersten Funktion verwenden wir NOW als Funktionsargument, um das Tagesdatum zu erhalten. Als Argument der zweiten TO_DAYS-Funktion dient die Spalte *Geaendert*, die vom Typ DATE ist.

Datumsteile ermitteln

Gelegentlich werden nur Teile eines Datums, beispielsweise der Tag, die Woche, der Monat oder das Jahr, benötigt. Für diese Aufgaben können Sie Funktionen wie DAYNAME, DAYOFMONTH, WEEK, MONTH und YEAR einsetzen. Alle genannten Funktionen erwarten als Argument einen Datumswert:

```
SELECT DAYNAME('2005-11-26');
SELECT DAYOFMONTH('2005-11-26');
SELECT WEEK('2005-11-26');
SELECT YEAR('2005-11-26');
```

Die erste Anweisung gibt den Namen des Tages aus. Dabei handelt es sich allerdings um die englische Bezeichnung, weswegen diese im deutschsprachigen Raum nicht sehr hilfreich ist. Mit der zweiten Anweisung erhalten Sie den Tag des Monats als numerischen Wert. Die Funktion WEEK in der dritten

Anweisung liefert die Kalenderwoche. Diese ist speziell in kaufmännischen Anwendungen recht sinnvoll, weil für wichtige Datumswerte, etwa einen Liefertermin, häufig eben Kalenderwochen genannt werden.

Datumswerte formatieren

Datumswerte müssen für die Ausgabe häufig in einem bestimmten Format vorliegen, zumal im deutschsprachigen Raum das von MySQL verwendete amerikanische Format nicht üblich ist. Für diese Aufgabe lässt sich die Funktion DATE_FORMAT einsetzen, die folgende Syntax aufweist:

```
DATE_FORMAT (Datum, Format)
```

Das Argument Format wird mit Hilfe von Formatcodes gebildet. So erzeugt das folgende Beispiel lediglich den (englischen) Wochentagsnamen:

```
SELECT DATE_FORMAT('2005-10-16', '%W');
```

Das Format bestimmt also nicht nur die Darstellung, sondern entscheidet auch darüber, welche Teile des Datums ausgegeben werden. Ein komplettes Datum erhalten Sie beispielsweise mit folgender Anweisung:

```
SELECT DATE_FORMAT('2005-10-16', '%W %D %M %Y' );
```

MySQL stellt für die Formatierung ein Reihe von Formatcodes zur Verfügung, die im zweiten Argument der Funktion in beliebiger Kombination als Zeichenfolge übergeben werden. Die wichtigsten Codes zeigt Tabelle 10.7. Eine vollständige Übersicht findet sich im Anhang.

Formatcode	Beschreibung
%a	Erzeugt abgekürzte Wochentagsnamen (Mon, Tue, ...)
%b	Erzeugt abgekürzte Monatsnamen (Sep, Oct, ...)
%d	Erzeugt den Tag des Monats

Formatcode	Beschreibung
%w	Erzeugt den Wochentag als numerischen Wert
%D	Erzeugt den Tag des Monats nach dem Muster ‚1st', ‚2nd' etc.
%M	Erzeugt den Namen des Monats
%Y	Erzeugt eine vierstellige Jahreszahl

Tabelle 10.7: Formatcode der Funktion DATE_FORMATE

Für den deutschsprachigen Raum sind die Wochentags- und Monatsnamen wohl weniger brauchbar. Hier werden Sie vor allem Codes verwenden, die das Datum aus Zahlen aufbauen. Dabei ist es hilfreich, dass Sie eigene Trennzeichen verwenden und durch die Position der Codes die Reihenfolge der Datumsteile bestimmen können. So zeigt das folgende Beispiel das Datum noch ohne Trennzeichen, aber schon in der in Deutschland üblichen Reihenfolge an:

```
SELECT DATE_FORMAT('2005-10-19', '%d %m %Y' )
AS DATUM;
```

Als Trennzeichen wurden hier einfach Leerzeichen verwendet. Die folgende Anweisung ersetzt diese durch Punkte:

```
SELECT DATE_FORMAT('2005-10-19', '%d.%m.%Y' )
AS DATUM;
```

Damit erhalten Sie das in Deutschland übliche Ausgabeformat. Sie haben zudem die Möglichkeit, nahezu beliebige Texte in den Formatstring einzufügen. Dieser Text wird dann mit dem Datum ausgegeben:

```
SELECT DATE_FORMAT('2005-10-19',
               'Abgabetermin: %d.%m.%Y' )
AS DATUM;
```

Bei der konkreten Anwendung auf Datumsspalten sind dann Anweisungen wie die folgende möglich:

```
SELECT ArtikelNr, Bezeichnung, Preis,
       DATE_FORMAT(Datum, '%d.%m.%Y' ) AS DATUM
FROM Artikel;
```

Die Funktion DATE_FORMAT erweist sich damit als eine sehr wichtige Funktion für die Behandlung und Darstellung von Datumswerten.

Datumsfunktionen und zulässiger Wertebereich

Wie schon besprochen, unterstützen die MySQL-Datumstypen den Wertebereich vom 01.01.1000 bis zum 31.12.9999. Die Obergrenze werden Sie schon deshalb nicht überschreiten können, weil MySQL größere Jahreszahlen nicht speichert. Die Untergrenze ist nicht ganz so fixiert. Zumindest können Sie kleine Datumswerte speichern. Bei den Berechnungen und insbesondere bei der Verwendung von Funktionen kann es jedoch zu fehlerhaften Ausgaben kommen. So liefert die folgende Anweisung noch einen korrekten Wert:

```
SELECT YEAR('0055-12-30');
```

Das gilt jedoch nicht mehr für die folgende Anweisung. Hier ignoriert MySQL grundsätzlich die führenden Nullen der Jahresangabe und geht automatisch vom aktuellen Jahrtausend aus:

```
SELECT DATE_ADD('0055-12-30', INTERVAL 10 DAY);
```

In diesem Fall addiert MySQL nicht nur die erwünschten zehn Tage, sondern gleich 2000 Jahre und zehn Tage, so dass Sie als Ergebnis den folgenden Wert erhalten:

```
2056-01-09
```

Auch DATE_SUB liefert (in der Regel) beim Unterschreiten der zulässigen Datumsgrenze keine korrekten Ergebnisse mehr. Sie sollten daher unbedingt auf die Einhaltung der vom Datentyp DATE bestimmten Datumsgrenzen achten. Andernfalls lassen sich korrekte Datumsberechnungen nicht mehr gewährleisten.

Zeitfunktionen

Zeitfunktionen sind eigentlich nur eine Variante der Datums-funktionen. Beide werden daher häufig auch zusammengefasst und als Datums-/Zeitfunktionen bezeichnet. Da viele der schon vorgestellten Datumsfunktionen auch Zeitwerte bzw. kombinierte Datums-/Zeitwerte verarbeiten, werden Sie einige der in Tabelle 10.8 gezeigten Funktionen sicher wiedererken-nen.

Funktion	Beschreibung
CURTIME	Ermittelt die aktuelle Zeit (die Systemzeit des Rech-ners)
DATE_ADD	Berechnet einen neuen Zeitwert durch Addition ei-nes Zeitintervalls
DATE_FORMAT	Formatiert die Ausgabe von Datums- und Zeitwer-ten
HOUR	Ermittelt aus einem Zeit- bzw. kombinierten Zeit-/Datumswert die Stunden des Tages
MINUTE	Ermittelt aus einem Zeit- bzw. kombinierten Zeit-/Datumswert die Minuten der angefangenen Stun-de
SECOND	Ermittelt aus einem Zeit- bzw. kombinierten Zeit-/Datumswert die Sekunden der angefangenen Mi-nute
TIME_FORMAT	Formatiert die Ausgabe von Zeitwerten
TIME_TO_SEC	Rechnet einen Zeitwert in Sekunden um

Tabelle 10.8: Zeitfunktionen

Weitere Zeit- bzw. Zeit- und Datumsfunktionen und deren Syntax können Sie im Anhang nachschlagen.

Zeitformate

Je nach Datentyp, den Sie für eine Spalte verwenden, speichert MySQL in der betreffenden Spalte kombinierte Zeit-/Datumswerte (DATETIME) oder nur das Datum (DATE) bzw. nur die Zeit (TIME). Kombinierte Werte haben das folgende Format:

```
JJJJ-MM-TT hh:mm:ss
2005-07-28 15:48:32
```

Datum und Zeit werden lediglich durch ein Leerzeichen getrennt. Der Wertebereich umfasst die Zeit vom 01.01.1000 bis 31.12.9999. Das dürfte für die meisten Aufgaben genügen. Für reine Zeitangaben ist das folgende Format zuständig:

```
hh:mm:ss
15:48:32
```

Hier liegt der Wertebereich zwischen 00:00:00 und 23:59:59. Die in Tabelle 10.8 vorgestellten Zeitfunktionen lassen sich auf beide Formate anwenden, so dass die folgenden Anweisungen identische Ergebnisse liefern:

```
SELECT MINUTE('2005-07-28 15:48:32');
SELECT MINUTE('15:48:32');
```

In beiden Fällen wird der Wert 48 angezeigt, also nur der Minutenanteil der angebrochenen Stunde.

Die aktuelle Zeit

Die aktuelle Zeit erhalten Sie mit CURTIME oder auch als kombinierten Datums-/Zeitwert mit NOW:

```
SELECT CURTIME();
SELECT NOW();
```

Durch Formatierung lässt sich die Ausgabe von kombinierten Werten auf den Zeitteil einschränken.

Zeitwerte formatieren

Wie Datumswerte lassen sich auch Zeitwerte mit Hilfe der Funktion DATE_FORMAT formatieren. Sie können aber auch die Funktion TIME_ FORMAT einsetzen. Beide Funktionen verwenden grundsätzlich die gleiche Syntax:

```
TIME_FORMAT(Zeitwert, Format)
```

Tabelle 10.9 zeigt, welche Formatcodes für die Formatierung von Zeitwerten zur Verfügung stehen.

Funktion	Beschreibung
%H	Stunden einer Zeitangabe (24-Stunden-Format, immer zweistellig)
%I	Minuten einer Zeitangabe
%S	Sekunden einer Zeitangabe (immer zweistellig)
%s	Sekunden einer Zeitangabe (ein- bzw. zweistellig)
%p	AM/PM-Darstellung
%T	Vollständige Zeitangabe im 24-Stunden-Format

Tabelle 10.9: Formatcodes für die Formatierung von Zeitwerten

Der Formatstring im zweiten Argument der Funktion kann neben den Formatcodes auch wieder beliebige Zeichenfolgen enthalten, so dass folgende Anweisung möglich ist:

```
SELECT TIME_FORMAT('15:48:32', 'Start: %H:%i Uhr');
```

Für die Formatierung kombinierter Datums-/Zeitwerte ist ausschließlich DATE_FORMAT zuständig.

```
SELECT DATE_FORMAT('2005-07-28 15:48:32',
                   'Start: %d.%m.%y um %H:%i Uhr');
```

TIME_FORMAT würde den Datumsanteil einfach auf den Wert 00.00.00 setzen.

Zeitarithmetik

Für Berechnungen mit Zeitwerten können Sie zunächst die schon früher vorgestellten Datumsfunktionen DATE_ADD und DATE_SUB verwenden. So erzeugt das folgende Beispiel einen neuen Zeitwert durch Addition eines Zeitintervalls von 45 Minuten:

```
SELECT DATE_ADD('1000-01-01 15:48:32',
                INTERVAL 45 MINUTE);
```

Allerdings erwartet DATE_ADD unbedingt auch einen gültigen Datumswert. Da MySQL am 1.1.1000 zu rechnen beginnt, müssen Sie mindestens dieses Datum einsetzen. Zu berücksichtigen ist dabei, dass die Berechnung auch einen Datumswechsel bewirken kann. Der Datumswert wird daher immer in die Rechnung einbezogen. Soll lediglich eine reine Zeitberechnung erfolgen, sollten Sie daher die Funktion TIME_TO_SEC verwenden. Diese berechnet aus den Stunden, Minuten und Sekunden einer normalen Zeitangabe die Sekunden:

```
SELECT TIME_TO_SEC('15:48:32');
```

Sie addieren oder subtrahieren dann einfach Sekunden und erzeugen erst zum Schluss wieder eine normale Zeitangabe nach dem üblichen hh:mm:ss-Format. Das folgende Beispiel addiert zum vorgegebenen Zeitwert 45 Minuten hinzu:

```
SELECT TIME_TO_SEC('15:48:32') + (45*60)
AS NeueZeit;
```

Wenn Ihnen das Umrechnen von Minuten in Sekunden zu viel Mühe macht, können Sie diese Aufgabe, wie im vorstehenden Beispiel, auch noch dem Computer überlassen. Für die Rückwandlung in eine normale Zeitangabe ist die Funktion SEC_TO_TIME zuständig:

```
SELECT SEC_TO_TIME(TIME_TO_SEC('15:48:32') + (45*60))
       AS NeueZeit;
```

Das funktioniert auch, wenn die Addition einen größeren Gesamtwert als 24 Stunden ergibt. Die Funktion erzeugt dann beispielsweise eine Zeitangabe wie '25:48:32'. Sie müssen also nicht befürchten, dass die Funktion beim Überschreiten der Tagesgrenze wieder bei 0 zu zählen beginnt.

Funktionen zur Ablaufsteuerung

In einem sehr begrenzten Umfang lassen sich SQL-Anweisungen erzeugen, die eine Ausführung alternativer Zweige ermöglichen. Zu einer vollständigen Programmiersprache wird SQL dadurch jedoch nicht.

Funktion	Beschreibung
IF	Wertet in Abhängigkeit vom Wahrheitswert eines Ausdrucks einen von zwei alternativen Ausdrücken aus
IFNULL	Wertet einen Ausdruck aus, wenn ein anderer Ausdruck den Wert NULL ergibt
NULLIF	Erzeugt den Wert NULL, wenn zwei vorgegebene Ausdrücke identisch sind

Tabelle 10.10: Funktionen für die Ablaufsteuerung

Die Funktion IF ist eine allen Programmierern vertraute Funktion. Sie ist im Programmablauf für Verzweigungen zuständig. Ihre Syntax hat folgende Form:

```
IF(Bedingung, Ausdruck1, Ausdruck2)
```

Ist die Bedingung wahr (1), wird Ausdruck1 ausgewertet. Liefert die Bedingung den Wert Falsch (0), kommt Ausdruck2 zum Zuge. Das folgende Beispiel zeigt die Funktionsweise. Die Bedingung im ersten Argument besteht aus einem Vergleich:

```
SELECT IF('a' = 'b', 'Ausdruck1', 'Ausdruck2');
```

Üblicherweise setzen Sie die Funktion in einer Datenbankabfrage ein. Hier erscheint sie in der Regel in der Feldliste der SELECT-Anweisung und steuert dann die Ausgabe von Daten. Das folgende Beispiel gibt zwei Spalten aus. In der ersten erscheint der Name eines Artikels (Bezeichnung). Die zweite Spalte mit dem Alias-Namen *Hinweis* wird von der Abfrage erzeugt. Sie zeigt an, ob der Artikel lieferbar ist:

```
SELECT Bezeichnung,
       IF(Menge <= 0, 'z.Z. nicht lieferbar', ' ')
       AS Hinweis
FROM Artikel;
```

Wenn die Prüfung der Lagermenge (Menge <= 0) ergibt, dass der Artikel zurzeit nicht vorrätig ist, wird die Zeichenfolge *z.Z. nicht lieferbar* ausgegeben.

	Bezeichnung	Hinweis
3	Weiße Bohnen	z.Z. nicht lieferbar
4	Dicke Milch	
5	Buttermilch	z.Z. nicht lieferbar
6	Große Kirschen	
7	Kleine Kirschen	

Abbildung 10.4: Durch IF gesteuerte Ausgabe

Andernfalls erzeugt IF eine leere Zeichenfolge. Sollte die Spalte *Menge* auch NULL-Werte akzeptieren, müssen Sie die Bedingung im ersten Argument der IF-Funktion wie folgt zusammensetzen:

```
Menge <= 0 OR Menge IS NULL
```

Statt einer leeren Zeichenfolge im dritten Argument können Sie auch die Lieferfrist angeben, die unsere *Artikel*-Tabelle in der gleichnamigen Spalte speichert. Die Abfrage wird dann schon sehr komplex:

```
SELECT Bezeichnung,
       IF(Menge <= 0 OR Menge IS NULL,
          'z.Z. nicht lieferbar',
```

```
                CONCAT('Lieferfrist: ', Lieferfrist, ' Tage') )
                AS Hinweis
FROM Artikel;
```

In WHERE-Klauseln werden Sie IF vermutlich seltener benötigen, weil Sie viele Such- und Filteraufgaben auch mit komplexen Bedingungen erledigen können.

IFNULL und NULLIF

Die Funktion IFNULL ist eine vereinfachte Variante der IF-Funktion. Sie hat folgende Syntax:

```
IFNULL(Ausdruck1, Ausdruck2)
```

Liefert Ausdruck1 den Wert NULL, wird Ausdruck2 ausgewertet. Andernfalls liefert IFNULL das Ergebnis von Ausdruck1. Beachten Sie diese Reihenfolge und die doppelte Funktion von Ausdruck1. Zum einen ist Ausdruck1 Teil der Bedingung. Umgangssprachlich übersetzt könnte man die Funktion wie folgt umschreiben:

Wenn Ausdruck1 NULL *ergibt, dann liefere das Ergebnis von* Ausdruck2, *andernfalls liefere das Ergebnis von* Ausdruck1.

Sie verwenden die Funktion, um beispielsweise Spalten auf Nullwerte zu prüfen und in Abhängigkeit vom Ergebnis der Prüfung eine andere Spalte auszugeben:

```
SELECT Firma, IFNULL(Strasse, Postfach), Ort
FROM Kunden;
```

Die vorstehende Anweisung prüft, ob in der Spalte *Strasse* ein NULL-Wert enthalten ist, ob also die Straße fehlt. In diesem Fall wird die Spalte *Postfach* ausgegeben. Existiert die Straße, erscheint diese auch in der Ausgabe, das Postfach hingegen nicht.

Die Funktion NULLIF, die ebenfalls zwei Ausdrücke als Argumente erwartet, prüft hingegen, ob beide Ausdrücke identische Ergebnisse erzeugen. In diesem Fall liefert die Funktion den Wert NULL. Andernfalls wird das Ergebnis von Ausdruck1 zurückgegeben. Ausdruck2 dient also nur als Vergleichswert.

```
SELECT NULLIF(LEFT(PLZ,2), '04') AS ExterneAdr, Ort
FROM Kunden;
```

Das vorstehende Beispiel gibt die ersten zwei Stellen der Postleitzahlen aus. Nur wenn diese mit 04 (= Leipzig) beginnen, wird NULL ausgegeben.

Vergleichsfunktionen

Die MySQL-Vergleichsoperatoren haben wir bereits früher ausführlich vorgestellt. MySQL kennt aber auch eine ganze Reihe von Funktionen, die ebenfalls der Durchführung von Vergleichen dienen. Die wichtigsten zeigt Tabelle 10.11.

Funktion	Beschreibung
COALESCE	Ermittelt die Position des ersten Ausdrucks aus einer Liste von Ausdrücken, der nicht NULL ist
ELT	Gibt in Abhängigkeit von einer Positionsangabe einen String aus einer Liste von Strings zurück
FIELD	Ermittelt die Position eines Strings in einer Liste von Strings
FIND_IN_SET	Ermittelt die Position eines Strings in einer Menge
ISNULL	Prüft, ob ein Ausdruck den Wert NULL liefert

Tabelle 10.11: Vergleichsfunktionen

Besonders interessant ist die Funktion ELT. Die Funktion, die beispielsweise einer Positionsangabe (einer Ordnungszahl) einen String zuordnen kann, hat folgende Syntax:

```
ELT(Position, String1, String2, ...)
```

Damit eignet sich die Funktion beispielsweise für die Ausgabe von deutschen Wochentagsnamen. Die eigentlich dafür zu-

ständige Datumsfunktion liefert lediglich die englischen Bezeichnungen. Das folgende Beispiel demonstriert zunächst das
Prinzip:

```
SELECT ELT(3, 'So', 'Mo', 'Di', 'Mi',
          'Do', 'Fr', 'Sa');
```

Die Zahl im ersten Argument bestimmt, dass der dritte String
(das vierte Argument) ausgegeben werden soll. Anstelle der
Zahl können wir aber auch die Funktion DAYOFWEEK einsetzen,
die den Tag der Woche als Zahl liefert:

```
SELECT ELT(DAYOFWEEK('2004-07-26'),
          'So', 'Mo', 'Di', 'Mi', 'Do', 'Fr', 'Sa');
```

Ein vollständiges langes Datum mit Wochentagsausgabe für
die Spalte *Datum* der *Kunden*-Tabelle erhalten wir dann mit der
folgenden Anweisung:

```
SELECT Firma,
   CONCAT(
      ELT(
         DAYOFWEEK(Datum),
            'Sonntag', 'Montag',
            'Dienstag', 'Mittwoch',
            'Donnerstag', 'Freitag', 'Samstag'
      ),
      DATE_FORMAT(Datum, ', den %d.%m.%Y')
   ) AS LangesDatum
FROM Kunden;
```

Die Einrückungen helfen Ihnen hoffentlich, die Verschachtelungen zu entschlüsseln. Öffnende und schließende Funktionsklammern haben wir mit dem gleichen Einzug versehen.
Mit der Anweisung sollten Sie Datumsausgaben wie die in Abbildung 10.5 erhalten.

	◆ Firma	LangesDatum
1	Mayer KG	Donnerstag, den 11.11.2004
2	Bauer GmbH	Donnerstag, den 10.07.2003
3	Cimala AG	Sonntag, den 02.05.2004
4	Wilms OHG	Donnerstag, den 19.02.2004
5	Wünsche&Co	Freitag, den 12.12.2003

Abbildung 10.5: Ein langes Datum ausgeben

Während ELT den String liefert, der an einer bestimmten Position einer String-Liste steht, ermitteln die anderen in Tabelle 10.11 gezeigten Funktionen die Position selbst. Besonders interessant ist dabei noch die Funktion FIELD, welche die Position eines Strings in einer Liste von Strings ermittelt. Die Funktion hat folgende Syntax:

```
FIELD(Suchstring, String1, String2, ...)
```

Entspricht der Suchstring dem String1 (dem zweiten Argument), liefert FIELD als Ergebnis den Wert 1 usw. Kann der Suchstring in der String-Liste nicht gefunden werden, liefert die Funktion den numerischen Wert 0. Die folgende Anweisung ermittelt die Position einer bestimmten Farbe (hier Grün) in einer Liste von Farben:

```
SELECT FIELD('Grün', 'Rot', 'Gelb', 'Blau', 'Grün');
```

Die Funktion lässt sich unter anderem in der WHERE-Klausel einsetzen. So liefert das folgende Beispiel nur Datensätze, die zu bestimmten Orten gehören:

```
SELECT Firma, Ort
FROM Kunden
WHERE FIELD(Ort, 'Dresden', 'Leipzig', 'Berlin') > 0;
```

In diesem Fall ersetzt die Konstruktion mit FIELD eine kombinierte Bedingung mit identischer Wirkung, die etwa folgende Form hätte:

```
… WHERE ORT = 'Dresden' OR
        Ort = 'Leipzig' OR
        Ort = 'Berlin';
```

Zumindest bei vielen zu verknüpfenden Bedingungen dürfte die Konstruktion mit FIELD übersichtlicher sein.

ISNULL

Eine Sonderstellung nimmt die Funktion ISNULL ein. Wie die folgenden zwei Anweisungen zeigen, lässt sich diese alternativ zum Operator IS NULL einsetzen:

```
SELECT * FROM Artikel
WHERE ISNULL(Menge);
```

oder:

```
SELECT * FROM Artikel
WHERE Menge IS NULL;
```

Die Funktion kann natürlich auch komplexe Ausdrücke auswerten und das Ergebnis auf den Wert NULL prüfen.

Daten konvertieren

Der Datenaustausch gehört zu den wichtigsten Aufgaben bei der Entwicklung von Datenbankanwendungen. Dabei tritt regelmäßig das Problem auf, dass Daten nicht im gerade gewünschten Format vorliegen. Auch bei einfachen Ausgabeoperationen müssen Sie häufig Daten umformatieren, damit ein lesbares Ergebnis erzielt werden kann. Bei der Konvertierung von Daten sind zunächst zwei Fälle zu unterscheiden:

✔ Datentypkonvertierung

✔ Konvertierung der Zahlenbasis

Die Datentypkonvertierung dürfte am häufigsten benötigt werden. Sie wird von MySQL auch gut unterstützt. So schließt MySQL beispielsweise schon aus dem Operator, dass im folgenden Beispiel zwei Werte addiert werden sollen, auch wenn Sie einen der Operanden als String übergeben:

```
SELECT 123 + '234';
```

Selbst Buchstaben im String hindern MySQL nicht daran, eine korrekte Addition vorzunehmen. Die Buchstaben dürfen jedoch nicht am Anfang des Strings stehen:

```
SELECT '123' + '234abc';
```

Sie können sich folglich in der Regel darauf verlassen, dass MySQL am Operator erkennt, welche Typkonvertierung benötigt wird, und diese dann, soweit möglich, automatisch vornimmt.

Konvertierungsfunktionen

Für die Konvertierung können Sie auch die im Prinzip identischen Funktionen CAST und CONVERT einsetzen. Diese haben folgende Syntax:

```
CAST(Ausdruck AS Typ)
CONVERT(Ausdruck, Typ)
```

Das Argument Ausdruck steht für den zu konvertierenden Wert. Mit Typ ist der Zieltyp gemeint, in den Sie den Wert konvertieren möchten. Sie können dafür eine der in Tabelle 10.12 gezeigten Bezeichnungen verwenden.

Typ	Beschreibung
BINARY	Konvertierung in Binärwert
CHAR	Konvertierung in den Typ CHAR
DATE	Konvertierung in den Typ DATE
DATETIME	Konvertierung in den Typ DATETIME
SIGNED	Konvertierung in den Typ SIGNED
TIME	Konvertierung in den Typ TIME
UNSIGNED	Konvertierung in den Typ UNSIGNED

Tabelle 10.12: Zieltypen für die Typkonvertierung

Aufgrund der automatischen Konvertierung bleiben für die Funktionen in der Regel nur exotische Anwendungsfälle. Die MySQL-Dokumentation empfiehlt die Funktion vor allem für die CREATE TABLE ... SELECT-Anweisung. Hier kann die CAST-Funktion den Typ einer Spalte bestimmen, die nicht in der Ursprungstabelle enthalten ist:

```
CREATE TABLE TestTabelle
SELECT CAST(12345 AS UNSIGNED) AS Spalte1,
       CAST('1234567890' AS CHAR) AS Spalte2,
       CAST('2004-11-11' AS DATE) AS Spalte3;
```

Das vorstehende Beispiel erzeugt eine Tabelle mit drei Spalten. Mit dem Typ UNSIGNED erhalten Sie dabei eine INTEGER-Spalte, die in diesem Fall aus fünf Ziffern besteht, weil der Beispielwert im ersten Argument eben fünf Ziffern enthält. Spalte 2 ist vom Typ CHAR mit einer Länge von zehn Zeichen und Spalte 3 wird zur Datumsspalte.

Sinnvoll kann die Konvertierung auch bei Binärvergleichen sein. So liefert der folgende Vergleich den Wert 1 (*True*), weil MySQL Groß- und Kleinschreibung zunächst nicht unterscheidet:

```
SELECT "ABC" = "abc";
```

Soll die Unterscheidung jedoch unbedingt gelten, können Sie den Vergleich wie folgt formulieren:

```
SELECT CAST("ABC" AS BINARY) = "abc";
```

Damit erzwingen Sie einen Vergleich nach der ASCII-Ordnung und damit auch eine Berücksichtigung der Groß- und Kleinschreibung. Für unser Beispiel erhalten Sie dann den Wert 0 (*False*). In einer vollständigen SELECT-Abfrage setzen Sie die CAST-Funktion wie folgt ein:

```
SELECT * FROM Kunden
WHERE CAST(Ort AS BINARY) = "Leipzig";
```

Diese Anweisung gibt nur die Datensätze aus, in denen der Ort *Leipzig* korrekt geschrieben ist. Mit der folgenden Anweisung können Sie alle Datensätze ausgeben, in denen dies nicht zutrifft:

```
SELECT * FROM Kunden
WHERE Ort = 'Leipzig' AND
      CAST(Ort AS BINARY) != "Leipzig";
```

Damit erhalten Sie Datensätze angezeigt, in denen verantwortungslose Anwender den Namen der schönen Stadt Leipzig etwas verunstaltet haben (leipzig, LeiPzig etc.).

Zahlenbasis ändern

Eine Änderung der Zahlenbasis dürfte in normalen Datenbankanwendungen nicht ganz so häufig vorkommen. Lediglich die Umwandlung von Binärzahlen in Dezimalzahlen und umgekehrt kann gelegentlich erforderlich werden. Sie verwenden dafür die Funktion CONV, die folgende Syntax aufweist:

```
CONV(Zahl, Basis, Zielbasis)
```

Im ersten Argument geben Sie die Zahl an, die Sie in ein anderes Zahlensystem überführen wollen. Das zweite Argument bezeichnet die Basis dieser Zahl. Im dritten Argument bestimmen Sie die Zielbasis. So verwandelt das folgende Beispiel die Binärzahl 1101101 in die Dezimalzahl 123:

```
SELECT CONV(1111011, 2, 10);
```

Wenn Sie eine Dezimalzahl in eine Binärzahl umwandeln, tauschen Sie gegenüber dem ersten Beispiel Basis und Zielbasis aus:

```
SELECT CONV(123, 10, 2);
```

Enthält die zu konvertierende Zahl im ersten Argument Ziffern, die nicht zum Zahlensystem der angegebenen Basis passen (eine Binärzahl kann beispielsweise nur aus den Ziffern 1 und 0 bestehen), erzeugt MySQL eine Fehlermeldung.

Natürlich können Sie mit CONV auch hexadezimale Werte in das Dezimalsystem überführen (oder umgekehrt). Sie müssen

jedoch darauf achten, bei den Systemen, die sich nicht mehr
mit den Ziffern des Dezimalsystems darstellen lassen, beispielsweise hexadezimale Zahlen in Anführungszeichen zu setzen. MySQL protestiert sonst mit einer Fehlermeldung:

```
SELECT CONV('ff', 16, 10);
```

Die vorstehende Anweisung konvertiert den hexadezimalen
Wert ff in den dezimalen Wert 255. Die Gegenprobe machen
Sie mit dem folgenden Beispiel:

```
SELECT CONV(255, 10, 16);
```

MySQL kennt noch eine Reihe weiterer Funktionen wie beispielsweise BIN, OCT oder HEX, mit denen sich Werte ebenfalls
in ein anderes Zahlensystem überführen lassen. CONV kann diese Funktionen aber fast immer ersetzen.

Sonstige Funktionen

Neben den bisher vorgestellten Funktionen verfügt MySQL
noch über einige Funktionen, die sich nicht direkt einem Datentyp und auch keinem bestimmten Thema zuordnen lassen.
Diese werden beispielsweise dafür verwendet, Informationen
über die Datenbank bzw. deren aktuellen Status zu erhalten.
So liefert die Funktion DATABASE beispielsweise den Namen
der gerade aktiven Datenbank:

```
SELECT DATABASE();
```

Eine Auswahl der »sonstigen« Funktionen zeigt Tabelle 10.13.
Weitere Funktionen finden Sie im Anhang.

Funktion	Beschreibung
DATABASE	Liefert den Namen der aktuellen Datenbank
FOUND_ROWS	Ermittelt die Zahl der Datensätze, die von einer mit LI-MIT begrenzten SELECT-Anweisung tatsächlich gefunden wurden

Funktion	Beschreibung
`LAST_INSERT_ID`	Ermittelt die zuletzt für eine Auto-Increment-Spalte erzeugte ID
`MAKE_SET`	Erzeugt ein MySQL-Set (für den gleichnamigen Datentyp)
`ROW_COUNT`	Ermittelt die Zahl der von einer vorhergehenden INSERT-, UPDATE- oder DELETE-Anweisung betroffenen Datensätze
`SESSION_USER`	Synonym für USER
`USER`	Liefert den Namen des aktuellen Benutzers
`VERSION`	Ermittelt die Versionsnummer der verwendeten MySQL-Version.

Tabelle 10.13: Sonstige Funktionen

Die Funktionen sollen an dieser Stelle nicht weiter vorgestellt werden. Wir kommen jedoch im folgenden Text noch darauf zurück. Bis auf `MAKE_SET`, das wir im dritten Teil dieses Buches benötigen, kommen alle Funktionen ohne Argument aus und können daher direkt mit dem `SELECT`-Befehl aufgerufen werden.

Die Funktion `FOUND_ROWS` setzt voraus, dass in der vorhergehenden `SELECT`-Anweisung die Klausel `SQL_CALC_FOUND_ROWS` verwendet wurde (`SELECT SQL_CALC_FOUND_ROWS * FROM kunden LIMIT 3`). In der von uns verwendeten Version funktionierte `FOUND_ROWS` jedoch nur mit dem Kommandozeilen-Tool *mysql.exe* und per Programmierung, nicht jedoch mit dem grafischen Tool *MySQL Query Browser*.

11 Datenbankstruktur ändern

Bei sorgfältiger Planung und konsequenter Normalisierung sollten Änderungen an der Datenbankstruktur eigentlich nicht erforderlich sein. Gelegentlich muss eine Datenbank jedoch erweitert werden, um zusätzliche Attribute speichern zu können. In diesem Kapitel wollen wir daher zeigen, wie sich Änderungen schnell und vor allem ohne Datenverlust realisieren lassen. Zuständig für praktisch alle Änderungen an Tabellen, Spalten und Indizes ist der ALTER-Befehl, der über eine Unzahl von Syntaxvarianten verfügt.

Tabellenstruktur ändern

Die Änderung der Tabellenstruktur kann sich auf die Anzahl und den Typ der Spalten und auch auf den Namen der Tabelle beziehen. Für die Änderung von Tabellen setzen Sie vor allem den ALTER-Befehl ein, der unter anderem folgende Operationen ermöglicht:

✔ Spalten hinzufügen

✔ Spalten löschen

✔ Spaltentyp ändern

✔ Indizes hinzufügen

✔ Indizes löschen

✔ Primärschlüssel löschen

✔ Tabellenoptionen ändern

Im Prinzip lässt sich mit dem ALTER-Befehl eine Tabelle vollständig umdefinieren. Dabei ist jedoch das Problem des möglichen Datenverlusts zu beachten.

Strukturänderungen und Datenverlust

Solange eine Tabelle noch keine Daten enthält, können Sie die Struktur beliebig ändern. In der Regel werden Sie eine leere Tabelle einfach löschen und mit einer modifizierten SQL-Anweisung (die Sie hoffentlich als Skript vorliegen haben) neu erstellen. Nach der Eingabe von Daten ist eine Modifikation auf diese Art nicht mehr möglich. Sie verlieren sonst alle eingegebenen Daten. Allerdings können Sie auch gefüllte Tabellen modifizieren, ohne diese erst löschen und neu aufbauen zu müssen. In diesem Fall verwenden Sie eine Variante des schon genannten SQL-Befehls ALTER. Doch auch dabei droht Datenverlust, etwa durch Typänderung oder Verkürzung einer Spalte. Der mögliche Datenverlust ist daher auch der Punkt, den Sie beim nachträglichen Ändern der Datenbankstruktur immer im Hinterkopf behalten sollten.

Backup erstellen

Es dürfte in der Regel sehr sinnvoll sein, vor einer Änderung der Datenstruktur eine Sicherheitskopie (Backup) anzulegen. Auf die vielfältigen Möglichkeiten, die MySQL für diese Zwecke anbietet, wollen wir später noch ausführlich eingehen. Die folgende Anweisung erstellt auf die Schnelle eine Kopie einer Tabelle inklusive aller Daten:

```
CREATE TABLE Backup
SELECT * FROM Kunden;
```

Sie können die Änderungen an der Ursprungstabelle dann etwas gelassener in Angriff nehmen.

Tabellen umbenennen

Eine Operation, bei der zwar keine Daten verloren gehen, die in Anwendungen aber dennoch Probleme bereiten kann, ist das Umbenennen von Tabellen. Möglicherweise wird die Tabelle dann ohne Änderungen am Programmcode nicht mehr von der Anwendung erkannt. Auch viele SQL-Skripte funktionieren vielleicht nicht mehr. Die Umbenennung kann daher durchaus kritische Folgen haben und einen erheblichen Arbeitsaufwand nach sich ziehen. Zuständig für die Umbenennung ist nicht ALTER, sondern die RENAME-Anweisung:

```
RENAME TABLE AlterName TO NeuerName
      [, AlterName TO NeuerName, …]
```

Die Umbenennung mit Hilfe von RENAME hat den Vorteil, dass auch die Hilfsdateien, etwa Indizes, entsprechend umbenannt werden. Das folgende Beispiel benennt die Tabelle *KundenBakkup* in *Kunden* um:

```
RENAME TABLE KundenBackup TO Kunden;
```

Die Umbenennung setzt voraus, dass die betreffenden Tabellen nicht für andere Operationen gesperrt sind.

RENAME kann in einer Anweisung mehrere Tabellen umbenennen. Die einzelnen Teilanweisungen sind durch Kommata voneinander abzugrenzen. MySQL nimmt die Umbenennungen dann in der Reihenfolge der Auflistung vor.

Änderung von Spalten

Die meisten Änderungen beziehen sich auf einzelne Spalten. Sie können neue Spalten hinzufügen und bestehende bezüglich Typ und Größe ändern. Auch spezielle Spaltenattribute lassen sich unter Umständen noch hinzufügen bzw. entfernen.

Spalten hinzufügen

Das Hinzufügen von Spalten ist in der Regel unkritisch. Einen Datenverlust müssen Sie nicht befürchten. Einzelne Spalten lassen sich an beliebiger Stelle in die Struktur einer bestehenden Tabelle einfügen. Die Syntax hat folgende Form:

```
ALTER [IGNORE] TABLE Tabelle
```

```
ADD [COLUMN] Spaltenname Typ[(Länge)]
    [FIRST | AFTER Spalte ]
```

Mit FIRST bzw. AFTER bestimmen Sie die Position der neuen Spalte in der Tabelle. FIRST fügt die Spalte gleich am Anfang der Tabelle ein. Mit AFTER können Sie die Spalte bestimmen, nach der die neue Spalte erscheinen soll.

Das folgende Beispiel fügt der Tabelle *Kunden* die Spalte *Telefon2* hinzu. Die neue Spalte wird nach der Spalte *Telefon* eingefügt:

```
ALTER TABLE Kunden
ADD COLUMN Telefon2 CHAR(30)
AFTER Telefon;
```

Die Bezeichnung COLUMN ist eigentlich nicht erforderlich. MySQL verwendet diese nur noch aus Kompatibilitätsgründen.

Die Angaben zur Spaltendefinition, also Name, Typ und gegebenenfalls die Länge, entsprechen den Definitionen, die wir bereits bei der Darstellung des CREATE TABLE-Befehls vorgestellt haben (siehe Kapitel 5). Einige Beispiele:

```
... ADD Umsatz DECIMAL(10, 2)
... ADD Rechnungsdatum DATE
... ADD Bemerkung TEXT
```

Die verfügbaren Typen und deren Syntax können Sie im Anhang nachschlagen.

Die Risikoklausel IGNORE

IGNORE regelt den Umgang mit doppelten Einträgen in Schlüsselspalten, also in eindeutigen Spalten. Diese dürfen üblicherweise nur eindeutige Einträge enthalten. Wenn Sie auf IGNORE verzichten, bricht MySQL die ALTER-Operation beim Auftreten doppelter Einträge in dieser Spalte ab und stellt den ursprünglichen Zustand wieder her. Verwenden Sie IGNORE, übernimmt MySQL bei doppelten Einträgen nur jeweils den ersten der beiden Datensätze. Die anderen werden praktisch gelöscht. Kurz: Mit IGNORE droht ein erheblicher Datenverlust, ohne IGNORE müssen Sie lediglich mit dem Abbruch der Operation rechnen.

IGNORE ist jedoch nur dann von Bedeutung, wenn Sie bei der Änderung Schlüsselspalten (UNIQUE bzw. PRIMARY KEY) definieren oder umdefinieren. So wird die folgende Anweisung immer scheitern, wenn die Tabelle bereits Daten enthält:

```
ALTER TABLE Kunden
ADD NeueSpalte CHAR(20) NOT NULL UNIQUE;
```

MySQL weiß in diesem Fall nicht, wo es die verlangten eindeutigen Werte hernehmen soll (die Spalte ist ja zunächst leer). Da wir mit NOT NULL auch NULL-Werte ausgeschlossen haben, ist auch dieser Ausweg versperrt. NULL-Werte dürfen auch in Schlüsselspalten mehrfach auftreten. Sie gelten eben nicht als »Werte«.

Das folgende Beispiel funktioniert jedoch, weil wir hier das Schlüsselwort IGNORE verwendet haben:

```
ALTER IGNORE TABLE Kunden
ADD NeueSpalte CHAR(20) NOT NULL UNIQUE;
```

Allerdings hat diese Anweisung die verheerende Folge, dass bis auf den ersten alle Datensätze verloren sind. Nur der erste Datensatz kann in der neuen Spalte eindeutig sein. Alle anderen werden dann wegen fehlender Eindeutigkeit von MySQL verworfen.

Die Gefahr des Datenverlusts besteht auch, wenn Sie, wie weiter unten noch zu zeigen sein wird, Spaltendefinitionen ändern und dabei eine »normale« Spalte (eine Spalte mit nicht eindeutigen Einträgen) zu einer Schlüsselspalte erklären. In diesem Fall werden zwar »nur« Datensätze gelöscht, die in der neuen Schlüsselspalte identische Werte enthalten. Sie haben aber keine Kontrolle darüber, welche Datensätze davon betroffen sind.

> Zusammengefasst lässt sich sagen: Die Klausel IGNORE stellt ein nicht unerhebliches Risiko dar. Sie sollte daher in der Regel nicht verwendet werden.

Spalte in zwei Schritten einfügen

Wollen Sie eine Schlüsselspalte hinzufügen, sollte dies in zwei Schritten erfolgen. Im ersten Schritt erzeugen Sie die Spalte als nicht eindeutige Spalte (keine Schlüsselspalte). Anschließend tragen Sie Satz für Satz eindeutige Werte in die Spalte ein. Im letzten Schritt definieren Sie die Spalte als Schlüssel. Dabei können Sie auf IGNORE verzichten, weil die Operation bei eindeutigen Werten problemlos ablaufen sollte. Auf die beruhigende Wirkung einer Sicherheitskopie vor Änderungen an der Datenstruktur haben wir bereits weiter oben hingewiesen.

Mehrere Spalten gleichzeitig einfügen

Der ALTER-Befehl erlaubt auch das gleichzeitige Einfügen mehrerer Spalten, die einzelnen Spaltendefinitionen sind dann per Kommata zu trennen. Zudem stehen dann auch die Klauseln FIRST und AFTER nicht zur Verfügung:

```
ALTER TABLE Kunden
ADD COLUMN Telefon2 CHAR(30),
ADD COLUMN Fax2 CHAR(30);
```

Die neuen Spalten werden dann am Ende der Tabellenstruktur eingefügt. Kann eine der Spalten nicht eingefügt werden, etwa weil bereits eine gleichnamige Spalte existiert, bricht MySQL die ganze Operation mit einer Fehlermeldung ab.

Spalten löschen

Einzelne Spalten löschen Sie innerhalb des ALTER-Befehls mit der DROP-Anweisung. Der komplette ALTER-Befehl hat dann folgende Syntax:

```
ALTER [IGNORE] TABLE Tabelle
DROP [COLUMN] Spalte
```

Auch hier können Sie wieder das Wort COLUMN weglassen, so dass beispielsweise folgende Anweisung genügt:

```
ALTER TABLE Kunden
DROP Telefon2;
```

Spalten müssen einzeln gelöscht werden, Sie können also keine Auflistung von Spalten verwenden. Beachten Sie, dass MySQL die Spalte inklusive aller darin enthaltenen Daten ohne Rückfrage löscht.

Spalten ändern

Die Änderung von Spalten kann sich auf den Namen, den Typ und gegebenenfalls die Länge beziehen. Zudem lassen sich der DEFAULT-Wert und die Position der Spalte in der Tabellenstruktur ändern. MySQL stellt für diese Aufgaben gleich mehrere Syntaxvarianten zur Verfügung. Die flexibelste ist CHANGE:

```
ALTER [IGNORE] TABLE Tabelle
CHANGE [COLUMN] AlteSpalte NeueSpaltendefinition
               [FIRST | AFTER Spalte]
```

CHANGE erwartet die Angabe der zu ändernden (alten) Spalte und die komplette Definition der neuen Spalte. Damit haben Sie die Möglichkeit, nicht nur den Typ, sondern auch den Namen zu ändern. Das folgende Beispiel ändert in der *Artikel*-Tabelle die Spalte *Menge*:

```
ALTER TABLE Artikel
CHANGE Menge
       Lagerbestand DOUBLE(10,2) UNSIGNED
       DEFAULT 0
       AFTER Lagerort;
```

Die Spalte erhält den neuen Namen *Lagerbestand* und wird mit dem Typ DOUBLE versehen. Zudem legt die Spaltendefinition fest, dass als Standardwert der Wert 0 eingetragen und die Spalte in der Struktur nach der Spalte *Lagerort* erscheinen soll.

Typwechsel und Datenverlust

Beachten Sie, dass auch mit einer Änderung des Typs ein Datenverlust verbunden sein kann. Zwar versucht MySQL, alle Daten in die geänderte Spalte zu übernehmen, das kann jedoch nicht bei jedem Typwechsel funktionieren. So werden Sie beim Wechsel von einer Dezimalzahl zu Integer damit rechnen müssen, dass die Werte nach der Änderung nicht mehr vollständig sind. Unvollständige Werte können aber einem Totalverlust gleichkommen, weil sich solche Werte häufig nicht mehr sinnvoll nutzen lassen.

Indizes hinzufügen und löschen

Index hinzufügen

Das Hinzufügen von Indizes mit Hilfe des ALTER-Befehls ist nicht unbedingt erforderlich. Sie können dafür auch den eigenständigen Befehl CREATE INDEX verwenden, der bereits weiter oben vorgestellt wurde. An dieser Stelle soll daher nur kurz auf die ADD INDEX-Anweisung eingegangen werden. Die Syntax für das Hinzufügen eines nicht eindeutigen Index hat folgende Form:

```
ALTER [IGNORE] TABLE Tabelle
ADD INDEX [Indexname] (Spalte1 [, Spalte2, ...])
```

Das nachstehende Beispiel erzeugt einen Index über die Spalten *Ort* und *Strasse* der *Kunden*-Tabelle:

```
ALTER TABLE Kunden
ADD INDEX OrtStrasse (Ort, Strasse);
```

Einen eindeutigen Index erhalten Sie mit der Syntaxvariante ADD UNIQUE:

```
... ADD UNIQUE [Indexname] (Spalte1 [, Spalte2, ...])
```

Bis auf die Schlüsselwörter ist die Syntax identisch mit der IN-DEX-Variante. Sie müssen aber darauf achten, dass Sie ADD UNIQUE nur auf Spalten anwenden, die eindeutige Werte enthalten. Für den weiter oben definierten Index *OrtStrasse* ist das nicht garantiert, weil gleichnamige Orte durchaus auch gleichnamige Straßen haben können.

Index löschen

Auch für das Löschen von Indizes steht eigentlich ein separater Befehl zur Verfügung. Das Löschen ist aber auch mit Hilfe der folgenden ALTER-Anweisung möglich:

```
ALTER [IGNORE] TABLE Tabelle
DROP INDEX Indexname
```

Sie löschen damit eindeutige und nicht eindeutige Indizes. Das folgende Beispiel löscht den früher erzeugten Index Ort-Strasse:

```
ALTER TABLE Kunden
DROP INDEX OrtStrasse;
```

Das Löschen von Indizes ist in der Regel unkritisch, weil sich diese jederzeit wieder aufbauen lassen.

Primärschlüssel löschen

Eine Variante der Löschoptionen für Indizes ist das Löschen von Primärschlüsseln. Damit werden nicht die zum Primärschlüssel gehörenden Spalten gelöscht. Da es nur einen Primärschlüssel geben kann, muss dieser auch nicht individuell benannt werden:

```
ALTER [IGNORE] TABLE Tabelle
DROP PRIMARY KEY
```

Ein ausführliches Beispiel sollte sich bei dieser einfachen Syntax erübrigen.

Indizes deaktivieren

Indizes werden nicht immer benötigt. Beim Ändern, Löschen und Hinzufügen von Datensätzen kosten sie zudem Zeit. Wenn die nicht eindeutigen Indizes nur selten zum Einsatz kommen, kann es daher sinnvoll sein, diese zwischendurch zu deaktivieren. Die Deaktivierung bewirkt, dass die Indizes bei Änderungsoperationen nicht mehr angepasst werden. Sie sind dann auch nicht mehr aktuell. Erst bei Bedarf werden sie wieder aktiviert und dadurch auch neu aufgebaut. Zuständig für Deaktivierung und (Re-)Aktivierung sind folgende ALTER-Anweisungen:

```
ALTER TABLE Tabelle DISABLE KEYS
ALTER TABLE Tabelle ENABLE KEYS
```

Beachten Sie, dass die Anweisungen nur für nicht eindeutige Indizes gelten. Primärschlüssel und UNIQUE-Indizes bleiben davon unberührt. Alternativ besteht natürlich immer die Möglichkeit, Indizes zu löschen (DROP INDEX) und völlig neu aufzubauen. Die hier vorgestellten ALTER-Anweisungen gelten jedoch als schneller. Üblicherweise verwenden Sie die Befehle nur dann, wenn sehr viele Änderungsoptionen durchzuführen sind. Sie gehen dann nach dem folgenden Schema vor:

```
ALTER TABLE Kunden DISABLE KEYS;

INSERT INTO Kunden(Firma, Ort)
        VALUES('Althoff AG','München');
INSERT INTO Kunden(Firma, Ort)
        VALUES('Wolf&Co GmbH','Köln');
#... weitere Anweisungen
ALTER TABLE Kunden ENABLE KEYS;
```

Zunächst schalten Sie die Indizes ab, führen dann alle Änderungen durch und schalten die Indizes zum Schluss wieder ein. Beachten Sie, dass es sich im vorstehenden Beispiel um mehrere Anweisungen handelt. Jede Anweisung ist mit einem Semikolon abzuschließen.

Tabellenoptionen ändern

Tabellenoptionen haben wir bereits bei der Erstellung von Tabellen mit `CREATE TABLE` vorgestellt. Diese Optionen lassen sich mit `ALTER` größtenteils auch noch nachträglich definieren bzw. ändern. Unter anderem betrifft das folgende Tabelleneigenschaften:

✔ Startwert für `AutoIncrement`-Spalten

✔ Tabellentyp (*MyISAM, InnoDB* etc.)

✔ Kommentar (`COMMENT`)

✔ Einfügemethode (`INSERT_METHOD`, nur *Merge*-Tabellen)

✔ minimale und maximale Anzahl der Datensätze

Die Syntax ist recht einfach: Sie müssen lediglich die Tabelle benennen und den Wert bzw. Typ (die Engine) zuweisen:

```
ALTER TABLE Tabelle ENGINE=Tabellenoption
```

Das folgende Beispiel ändert den Typ der Tabelle *Kunden* in den Typ *InnoDB*:

```
ALTER TABLE Kunden ENGINE=INNODB;
```

Die Einfügemethode bezieht sich lediglich auf den Tabellentyp *Merge*. Hier bestimmen Sie, in welche der zusammengefassten Tabellen neue Datensätze eingefügt werden sollen. Sie können zwischen den Werten `NO`, `FIRST` und `LAST` wählen. Für »normale« Tabellen (*MyISAM, InnoDB* etc.) hat diese Option keine Bedeutung.

Die minimale und die maximale Anzahl der Datensätze (`MIN_ROWS` und `MAX_ROWS`) sind keine tatsächlichen Grenzwerte. Sie gelten lediglich als Hinweise, die es MySQL ermöglichen, den Speicherplatz zu kalkulieren und diese Information für die Optimierung des Datenzugriffs zu verwenden.

12 Datenbankinformationen

MySQL stellt viele Befehle und Befehlserweiterungen zur Verfügung, die Informationen über den MySQL-Server und die Datenbanken liefern. Für die Ausgabe von Datenbankinformationen, etwa die Struktur von Tabellen, können Sie in verschiedenen Varianten den SHOW-Befehl einsetzen. Zudem bietet MySQL noch den DESCRIBE-Befehl an, der zum Teil ähnliche Informationen liefert wie SHOW. Für die Analyse von SELECT-Abfragen lässt sich EXPLAIN einsetzen. EXPLAIN ist daher vor allem ein Werkzeug für die Optimierung von Abfragen. Dieser Befehl wird uns im vierten Teil des vorliegenden Buches nochmals beschäftigen.

Metadaten

Informationen (Daten) über Daten bzw. die Struktur von Daten werden *Metadaten* genannt. Die hier vorzustellenden Befehle liefern daher zunächst Metadaten. Unter anderem lassen sich folgende Informationen ausgeben:

✔ Datenbankstruktur

✔ CREATE-Skript

✔ Spaltendefinitionen

✔ Indexdefinitionen

✔ Tabellenoptionen

✔ Optimierungshinweise für Abfragen

Der wichtigste Lieferant von Metadaten ist SHOW. Wir können im Folgenden nur einige wichtige Optionen bzw. Klauseln dieses Befehls darstellen. Eine genaue Beschreibung der Syntax der verschiedenen Varianten dieses Befehls finden Sie im Anhang.

Systeminformationen

Neben den Metadaten können Sie *Systeminformationen* abfragen. Damit sind Daten über das Verhalten und den Zustand, etwa bestimmte Variableninhalte des MySQL-Servers, gemeint. In diesem Bereich kommt es zu erheblichen Überschneidungen mit der Konfiguration, auf die der vierte Teil noch ausführlich eingehen wird.

Datenbankstruktur

Neu in MySQL 5 ist die Möglichkeit, die Struktur einer Datenbank mit Hilfe des SELECT-Befehls auszugeben. Sie verwenden dazu die Erweiterung INFORMATION_SCHEMA. In der SELECT-Anweisung sind dazu die gewünschten Tabelleneigenschaften (Name, Typ etc.) zu benennen. Ein Beispiel für die Datenbank *Faktura* könnte wie folgt aussehen:

```
SELECT *
FROM INFORMATION_SCHEMA.tables
WHERE table_schema = 'faktura';
```

Etwas präziser bei der Auswahl der anzuzeigenden Spalten ist die folgende Variante:

```
SELECT table_name, table_type, engine
FROM INFORMATION_SCHEMA.tables
WHERE table_schema = 'faktura'
ORDER BY table_name;
```

In der Ergebnistabelle werden in diesem Fall die Tabellennamen, der jeweilige Typ (BASE TABLE, VIEW) und die Datenbankengine (*MyISAM*, *InnoDB* etc.) angezeigt. Eine ähnliche Ausgabe erhalten Sie aber auch mit dem noch vorzustellenden SHOW-Befehl. Die vorstehende Anweisung zeigt zudem auch alle Views an. Wollen Sie nur die Views ausgeben, genügt beispielsweise folgende Variante:

```
SELECT *
FROM INFORMATION_SCHEMA.views
ORDER BY table_name;
```

Wie Sie die in MySQL 5 ebenfalls neuen Views erzeugen und einsetzen, können Sie in Kapitel 15 nachlesen.

Tabelleninformation

Für die Ausgabe von allgemeinen *Tabelleninformationen* lässt sich die SHOW-Anweisung wie folgt verwenden:

```
SHOW TABLE STATUS [FROM Datenbank] [LIKE Muster]
```

In der einfachsten Form genügt die Angabe der Anweisung ohne jeden Parameter. In diesem Fall muss die Datenbank jedoch schon mit USE vorgewählt worden sein:

```
SHOW TABLE STATUS;
```

Die Anweisung erzeugt eine Ergebnistabelle, in deren erster Spalte die Namen der Tabellen stehen. Unter anderem werden dann noch der Tabellentyp und die Zahl der Spalten ausgegeben. Diese Informationen dürften insbesondere Programmierer zu schätzen wissen. Sie können damit Benutzeroberflächen bauen, mit denen sich der Anwender beispielsweise eine eigene Abfrage »zusammenklicken« kann. Mit der folgenden Anweisung, die auch die optionalen Klauseln verwendet, erhalten Sie Informationen über alle Tabellen der Datenbank *Kontakte*, die mit der Bezeichnung *Kunden* beginnen (beispielsweise *Kunden*, *KundenNeu* etc.):

```
SHOW TABLE STATUS
FROM Kontakte LIKE 'Kunden%';
```

Wie Sie aus der Anweisung ersehen, muss der Datenbankname in einer FROM-Klausel übergeben werden. Das Muster des LIKE-Operators ist in einfache Anführungszeichen zu setzen. Es kann zudem Ersatzzeichen (Wildcards) enthalten. Einen Teil der Ausgabe zeigt Abbildung 12.1.

Name	Engine	Version	Row_format	Rows	Avg_row length	Data_length	Max_data_length	Index_length
▶ kunden	InnoDB	10	Compact	8	2048	16384	0	32768
kundenalt	MyISAM	10	Dynamic	0	0	0	281474976710...	1024
kundenneu	MyISAM	10	Dynamic	0	0	0	281474976710...	1024
kundenost	MyISAM	10	Dynamic	7	83	584	281474976710...	4096
kundenwest	MyISAM	10	Dynamic	7	83	584	281474976710...	4096

Abbildung 12.1: Statusausgabe für mehrere Tabellen (Auswahl)

Für jede Tabelle, die dem Suchmuster entspricht, wird eine Zeile ausgegeben. Diese enthält unter anderem den Tabellentyp, die Zahl der Datensätze, das Erstellungsdatum und den Tabellenkommentar.

Der Befehl SHOW TABLE STATUS zeigt gegebenenfalls auch Views an. Wenn es sich um einen View handelt, finden Sie einen entsprechenden Eintrag in der *Comment*-Spalte.

Tabellenstruktur anzeigen

Nicht ganz unwichtig für Anwender und Programmierer ist die SHOW COLUMNS-Anweisung. Damit erhalten Sie die Struktur einer bestimmten Tabelle als Tabelle angezeigt. Der schon vorgestellte Befehl SHOW CREATE liefert hingegen die SQL-Anweisung. SHOW COLUMNS hat folgende Syntax:

```
SHOW COLUMNS
FROM Tabelle [FROM Datenbank]
[LIKE Muster]
```

Die Angabe der Datenbank ist wieder nur erforderlich, wenn Sie diese nicht schon mit USE vorgewählt haben. In der einfachsten Form genügt daher folgende Anweisung:

```
SHOW COLUMNS FROM Artikel;
```

Damit erhalten Sie eine Ergebnistabelle, die in der ersten Spalte alle Spaltennamen der Tabelle *Artikel* auflistet (siehe Abbildung 12.2). Zudem werden der Typ und Eigenschaften wie

NULL/NOT NULL bzw. DEFAULT ausgegeben. Hilfreich ist dieser SHOW-Befehl, wenn Sie eine Abfrage definieren müssen und Ihnen die Struktur der Tabelle nicht bekannt ist.

Field	Type	Null	Key	Default	Extra
▶ ArtikelNr	int(11)	NO	PRI	NULL	auto_increment
Bezeichnung	varchar(255)	NO			
Artikelgruppe	varchar(255)	YES		halloo	
Preis	decimal(10,2)	YES		NULL	
UstSatz	tinyint(4)	YES		NULL	
Einheit	enum('l','g','kg','st')	YES		NULL	
Menge	decimal(10,2)	YES		NULL	
Lagerort	varchar(255)	YES		NULL	
Lieferfrist	tinyint(4)	YES		NULL	
Beschreibung	text	YES	MUL	NULL	

Abbildung 12.2: Tabellenstruktur mit SHOW ausgeben (Teilansicht)

Auch den LIKE-Operator können Sie wieder verwenden. Sie definieren damit ein Muster für Spaltennamen, so dass in der Ergebnistabelle nur Spalten angezeigt werden, die diesem Muster entsprechen.

Eine praktisch identische Ausgabe erhalten Sie mit dem DESCRIBE-Befehl, der folgende Syntax aufweist:

```
DESCRIBE Tabelle [Spaltenmuster]
```

Ist die Datenbank mit USE vorgewählt, genügt in der einfachsten Variante die Angabe des Tabellennamens:

```
DESCRIBE Artikel;
```

Wenn Sie das Argument Spaltenmuster verwenden, können Sie die Zahl der Spalten eingrenzen. Das Muster kann die bereits mit dem LIKE-Operator vorgestellten Ersatzzeichen »%« und »_« enthalten. Das folgende Beispiel zeigt nur die Spaltendefinitionen an, deren Spaltenname den Ausdruck *Lager* enthält:

```
DESCRIBE Artikel '%Lager%';
```

Beachten Sie vor allem, dass zwischen den beiden Parametern, dem Namen der Tabelle und dem Muster, kein Komma stehen darf.

Indexstruktur anzeigen

Für die Anzeige von Indizes steht ebenfalls eine Variante des SHOW-Befehls zur Verfügung. Wie die Syntax zeigt, genügt bereits die Angabe der Tabelle:

```
SHOW INDEX
FROM Tabelle [FROM Datenbank]
```

Möglich ist auch eine Syntax, die wie folgt Datenbank und Tabelle mit dem Punkt-Operator verknüpft:

```
SHOW INDEX FROM Kontakte.Artikel;
```

Das folgende Beispiel zeigt die Indizes (und den Primärschlüssel) der Tabelle *Artikel* an:

```
SHOW INDEX
FROM Artikel;
```

Die Informationen, die der SHOW-Befehl liefert, eignen sich vor allem für Programmierer. Unter anderem erhalten Sie die in Tabelle 12.1 gezeigten Spalten angezeigt.

Spaltenname	Beschreibung
Column_name	Zeigt den Namen der im Index verwendeten Spalte an
Key_name	Name des Indizes. Bei Primärschlüsseln wird automatisch der Name *Primary* angezeigt
Non_unique	Zeigt an, ob der Index Duplikate, also nicht eindeutige Werte, enthalten kann. In diesem Fall steht hier der Wert 1, andernfalls 0
Seq_in_index	Gibt die Position einer Spalte in einem kombinierten Index an
Sub_part	Liefert für den Fall, dass die Spalte nicht in voller Breite indiziert wurde, die Anzahl der im Index berücksichtigten Zeichen. Enthält der Index alle Zeichen, wird NULL ausgegeben. Bei Indizes über Spalten vom Typ TEXT steht hier der Wert 1

Spaltenname	Beschreibung
NULL	Zeigt an, ob der Index NULL-Werte enthalten kann. In diesem Fall finden Sie hier die Angabe YES

Tabelle 12.1: Ausgabespalten des SHOW INDEX-Befehls

Wenn Sie einen aus zwei Spalten kombinierten Index verwenden, liefert die Ausgabetabelle auch zwei Zeilen. In der ersten Zeile wird der Index für die erste Spalte angezeigt. Die zweite Zeile beschreibt dann die zweite Spalte des Index. Hier ist der Wert Seq_in_index auf den Wert 2 gesetzt. Beide Zeilen beschreiben natürlich den gleichen Index (Key_name).

Tabellenskript ausgeben

Üblicherweise werden Sie die SQL-Anweisungen, mit denen Sie Tabellen erzeugen (CREATE TABLE), als Skripte abspeichern, damit Sie diese jederzeit wieder verwenden und gegebenenfalls überarbeiten können. Bei schon bestehenden Tabellen haben Sie aber auch die Möglichkeit, die Strukturdefinition als CREATE TABLE-Anweisung auszugeben. Der SHOW-Befehl ist dann mit der folgenden Syntax aufzurufen:

```
SHOW CREATE TABLE Tabelle;
```

Sie müssen also lediglich den Namen der Tabelle angeben:

```
SHOW CREATE TABLE Artikel;
```

Die Strukturdefinition wird als Ergebnistabelle mit zwei Spalten ausgegeben. Die erste Spalte enthält den Namen der Tabelle. In der zweiten steht der SQL-String mit der kompletten CREATE TABLE-Anweisung.

Table	Create Table
Artikel	CREATE TABLE `artikel` (`ArtikelNr` int(11) NOT NULL auto_increment, `Bezeichnung` varchar(255) NOT NULL default '', `Artikelgruppe` varchar(255) default NULL, `Preis` decimal(10,2) default NULL, `UstSatz` tinyint(4) default NULL, `Einheit` enum('l','g','kg','st') default NULL, `Menge` decimal(10,2) default NULL, `Lagerort` varchar(255) default NULL,

Abbildung 12.3: Ausgabe der CREATE TABLE-Anweisung

Sie können die SHOW-Anweisung nutzen, um SQL-Skripte für Tabellen zu generieren, die Sie nicht selbst erzeugt haben. Dazu kopieren Sie die mit SHOW erzeugte CREATE TABLE-Anweisung einfach in ein Skript. Allerdings funktioniert das nicht mit dem *mysql*-Tool. Vielmehr müssen Sie dazu ein grafisches Werkzeug wie den im vierten Teil dieses Buches vorgestellten *MySQL Query Browser* einsetzen.

SELECT-Anweisungen analysieren

MySQL unterstützt die Analyse von SELECT-Anweisungen durch Bereitstellung des EXPLAIN-Befehls. Die Syntax hat folgende Form:

```
EXPLAIN {Tabelle | SELECT-Anweisung}
```

Sie können entweder einen Tabellennamen als Argument angeben oder eine komplette SELECT-Anweisung. Das folgende Beispiel analysiert eine SELECT-Abfrage:

```
EXPLAIN SELECT ArtikelNr, Bezeichnung, Preis
        FROM Artikel
        WHERE ArtikelNr = 3
        ORDER BY Bezeichnung;
```

Die Ausgabe des Befehls dient vor allem der Optimierung von Datenstrukturen und Abfragen. So können Sie beispielsweise ersehen, ob für eine Abfrage Indizes verwendet werden. Bei der Vorstellung von Optimierungsstrategien (Kapitel 25) kommen wir auf diesen Befehl zurück.

Systeminformationen

Für die Ausgabe von *Systeminformationen*, also von Informationen über den MySQL-Server, verwenden Sie Befehle wie die folgenden:

```
SHOW PROCESSLIST
SHOW STATUS [LIKE Muster]
SHOW VARIABLES [LIKE Muster]
```

Der Befehl SHOW STATUS liefert eine zweispaltige Liste mit Variablennamen und den zugehörigen aktuellen Werten. Das gilt auch für den Befehl SHOW VARIABLES.

```
SHOW STATUS LIKE "Inno%";
SHOW VARIABLES LIKE "max%";
```

Beide Ausgaben dienen vor allem der Konfiguration und der Optimierung des Systems. Wir werden daher in den entsprechenden Kapiteln des vierten Teils noch ausführlich darauf eingehen.

SHOW ENGINES

Mit SHOW ENGINES erhalten Sie die vom MySQL-Server unterstützten Datenbanktreiber (*MyISAM*, *InnoDB* etc.) angezeigt:

```
SHOW ENGINES;
```

Zudem liefert die Ausgabe auch Kommentare, die Hinweise zum sinnvollen Einsatz der betreffenden Engines geben.

13 Import und Export

Für Import und Export kann MySQL Daten aus nach bestimmten Regeln formatierten Textdateien in eigene Dateien einlesen (importieren) oder in solche Dateien schreiben. Zuständig sind dafür der Befehl LOAD und eine spezielle Variante des SELECT-Befehls. Ein- und Ausgabe lassen sich mit nahezu beliebigen Trennzeichen für Spalten und Datensätze formatieren. MySQL kann jedoch nur Textdateien (beispielsweise *csv*-Dateien) erzeugen oder einlesen, ein Import bzw. Export von bekannten Datenbankformaten ist nicht möglich.

Import mit LOAD

Für den Import von Daten aus Fremddateien in MySQL-Tabellen setzen Sie den LOAD-Befehl ein. Die vereinfachte Syntax hat folgende Form:

```
LOAD DATA [LOW_PRIORITY | CONCURRENT] [LOCAL]
        INFILE 'Dateinname'
        [REPLACE | IGNORE]
        INTO TABLE Tabelle
```

Die zu importierenden Daten müssen bestimmten Bedingungen genügen, damit MySQL die Strukturelemente, also Spalten und Zeilen, korrekt erkennen und zuordnen kann. In der Klausel INFILE geben Sie den kompletten Dateinamen an, inklusive der Dateiendung. Befindet sich die Textdatei nicht im aktuellen Datenbankverzeichnis, benötigt MySQL auch den Pfad.

Wenn Sie ein sehr einfaches Beispiel wie das folgende verwenden, müssen die Daten schon in einem ganz bestimmten Format vorliegen, um korrekt eingelesen zu werden:

```
LOAD DATA INFILE 'C:/temp/test.txt'
        INTO TABLE Kunden;
```

Die Daten landen nur dann in den gewünschten Spalten, wenn die einzelnen Spaltenwerte durch Tab und die einzelnen Datensätze (Zeilen) durch Zeilenumbrüche (Return) getrennt sind. Die Textdatei (hier *test.txt*) könnte beispielsweise wie folgt aufgebaut sein:

```
11122       Maier KG
11133       Rolfes GmbH
```

Die Reihenfolge der Spalten muss der Struktur der Zieldatenbank entsprechen. MySQL schreibt die erste Spalte der Textdatei in die erste Spalte der Zieltabelle usw. Wir zeigen weiter unten, wie sich die Reihenfolge durch die Definition einer Spaltenliste bestimmen lässt.

Trennzeichen für Zeilen und Spalten

Wesentlich flexibler wird der Import, wenn Sie Trennzeichen für Zeilen und Spalten vorgeben können. Dazu ist die oben vorgestellte Syntax um folgende Klauseln zu erweitern:

```
...
[FIELDS [TERMINATED BY '\t']
       [[OPTIONALLY] ENCLOSED BY '']
       [ESCAPED BY '\\' ]]
[LINES TERMINATED BY '\n']
```

Wie Sie aus der Syntaxbeschreibung erkennen, besteht mit ENCLOSED BY auch noch die Möglichkeit, ein Einschließungszeichen für Spalten anzugeben. Dies kann erforderlich sein, wenn die Spalteneinträge in den Textdateien entsprechend formatiert sind. Für das nächste Beispiel wollen wir annehmen, dass die Daten in der Textdatei wie folgt strukturiert sind:

```
11122,Maier KG,Leipzig
11133,Rolfes GmbH,München
```

Beachten Sie vor allem, dass die einzelnen Spaltenwerte direkt an das Trennzeichen (hier das Komma) anschließen. Eventuelle Leerzeichen würde MySQL auch in die Tabelle übernehmen. Die SQL-Anweisung für den Import der vorstehenden Daten hat nun folgende Form:

```
LOAD DATA INFILE 'C:/temp/test.txt'
    INTO TABLE Kunden
FIELDS TERMINATED BY ',';
```

In der Klausel FIELDS TERMINATED BY ist das Trennzeichen, in unserem Fall also das Komma, anzugeben. Da wir kein Trennzeichen für die Datensätze angegeben haben, erwartet MySQL, dass dieses aus einem Zeilenumbruch besteht.

Spaltenwerte einschließen

In den meisten Fällen dürften Fremddaten aus Textdateien wie vorstehend gezeigt formatiert sein. Es ist aber auch möglich, dass die einzelnen Werte noch zusätzlich, wie in den folgenden Zeilen, in Anführungszeichen eingeschlossen sind:

```
"11122","Maier KG","Leipzig"
"11133","Rolfes GmbH","München"
```

Solche Daten benötigen auch noch die Angabe des Einschließungszeichens (hier die doppelten Anführungsstriche). Für den Import ist dann folgende Anweisung erforderlich:

```
LOAD DATA INFILE 'C:/temp/test.txt'
    INTO TABLE Kunden
    FIELDS TERMINATED BY ','
    ENCLOSED BY '"';
```

Auch in diesem Fall wird wieder unterstellt, dass die Datensätze der Textdatei durch einen Zeilenumbruch getrennt sind.

Beachten Sie, dass der Importmechanismus des LOAD-Befehls wenig fehlertolerant arbeitet. Schon kleine Abweichungen können den Import scheitern lassen. Das gilt selbst für Dateien, die im Windows-Editor eigentlich ganz sauber aussehen. Am besten überprüfen Sie die Textdateien vor dem Import in einem reinen Programmeditor.

Spaltenzuordnung vorgeben

Nicht immer liegen die zu importierenden Daten in der gewünschten Reihenfolge vor. Der LOAD-Befehl lässt sich daher um eine Spaltenliste ergänzen. Die Liste besteht aus Spalten der Zieltabelle:

```
LOAD DATA INFILE 'C:/temp/test.txt'
    INTO TABLE Kunden
    FIELDS TERMINATED BY ','
    ENCLOSED BY '"'
    (KundenNr, Firma, Ort);
```

Die vorstehende Anweisung schreibt den ersten Wert aus der Textdatei in die Spalte *KundenNr* der Zieltabelle, den zweiten Wert in die Spalte *Firma* usw.

Doppelte Schlüsselwerte

Schlüsselwerte sind Werte, die in UNIQUE-Spalten bzw. in einer Primärschlüsselspalte stehen. Enthalten die Importdaten Schlüsselwerte, die mit bereits in der Tabelle vorhandenen Schlüsselwerten übereinstimmen, kann MySQL diese Daten nicht importieren. Die Anweisung wird dann mit einer Fehlermeldung abgebrochen. Sie können den Abbruch verhindern, wenn Sie mit IGNORE oder REPLACE vorgeben, wie MySQL solche Konflikte auflösen soll. IGNORE bewirkt, dass der alte Datensatz in der Tabelle erhalten bleibt. Der betreffende Datensatz der Textdatei wird dann nicht importiert. Mit REPLACE veranlassen Sie MySQL, den Datensatz in der Tabelle durch den betreffenden Datensatz der Textdatei zu ersetzen:

```
LOAD DATA INFILE 'C:/temp/test.txt'
    REPLACE
    INTO TABLE Kunden
    FIELDS TERMINATED BY ','
    ENCLOSED BY '"'
    (KundenNr, Firma, Ort);
```

Die vorstehende Anweisung ersetzt alle Datensätze, die sonst in den Schlüsselspalten durch den Import identische Einträge aufweisen würden. In diesem Fall dürfte das nur für die Spalte *KundenNr* gelten, die üblicherweise als Primärschlüssel dient.

Wie Sie inzwischen gemerkt haben sollten, liefert MySQL nach jeder Operation eine Rückmeldung über deren Erfolg bzw. Misserfolg. Für die vorstehende Anweisung erhalten Sie die Meldung, dass MySQL eine bestimmte Zahl von Datensätzen gelöscht hat. Das ist aber nicht ganz richtig: Die Datensätze werden lediglich durch Importdaten überschrieben, nicht aber wirklich gelöscht.

Lokale Importdateien

Üblicherweise erwartet MySQL, dass sich die Importdatei auf dem gleichen Rechner befindet wie MySQL selbst. Allerdings wird MySQL meistens auf einem Server installiert sein, während der Anwender auf einem mit dem Server verbundenen Client arbeitet. Die Verbindung kann zudem noch über einen Webserver erfolgen. Kurz: MySQL hat in der Regel erhebliche Probleme, wenn sich die Importdatei auf dem Client des Anwenders befindet, also aus Sicht des Anwenders eine lokale Datei ist. Nur wenn MySQL bzw. der Webserver Lesezugriffe auf dem Client ausführen können, ist ein Zugriff grundsätzlich möglich. In diesem Fall veranlassen Sie den lokalen Zugriff mit der Klausel LOCAL:

```
LOAD DATE LOCAL INFILE …
```

Wird MySQL als Internet-Datenbank eingesetzt, ist ein solcher Zugriff praktisch nicht möglich. Kaum ein Surfer wird dem Webserver Zugriffsrechte auf seinen Rechner einräumen.

Keine Kopfzeilen einlesen

Textdateien enthalten häufig eine Kopfzeile mit Spaltenüberschriften. Da es sich hierbei nicht um zu importierende Daten handelt, müssen Sie solche »Datensätze« entweder nach dem Import löschen oder gleich von der Übernahme in die MySQL-Tabelle ausschließen. Sie können dafür die Klausel IGNORE verwenden, die folgende Syntax aufweist:

```
LOAD DATA … IGNORE Anzahl LINES
```

Im Argument Anzahl geben Sie die Zahl der Zeilen an, die Sie vom Import ausschließen wollen. Üblicherweise enthält nur die erste Zeile Spaltenüberschriften, so dass die folgende Anweisung genügen sollte:

```
LOAD DATA INFILE 'C:/temp/test.txt'
  REPLACE
  INTO TABLE Kunden
  FIELDS TERMINATED BY ','
  ENCLOSED BY '"'
  IGNORE 1 LINES
  (KundenNr, Firma, Ort);
```

Beachten Sie insbesondere die Position der Klausel: Diese ist vor der Spaltenliste einzufügen.

MySQL-Daten exportieren

Daten müssen nicht nur sicher in einer Datenbank gespeichert, sondern regelmäßig in viele Anwendungen und Formate übertragen werden. Häufiger noch als auf den Import sind Sie daher auf den Export der MySQL-Daten angewiesen. MySQL erfüllt die Anforderungen an eine Exportfunktion jedoch nur mit Einschränkungen. Für diese Aufgabe steht lediglich eine Variante des SELECT-Befehls zur Verfügung.

Ausgabe in externe Datei umleiten

Die SELECT-Ausgabe lässt sich in externe Dateien umleiten. Diese Exportfunktion können Sie beispielsweise für Backup-Zwecke nutzen. Die Syntax des SELECT-Befehls ist zu diesem

Zweck um die Klausel INTO OUTFILE und den Namen der Zieldatei zu erweitern. Da es sich bei der Ausgabedatei in der Regel um eine Textdatei, beispielsweise ein *csv*-Format, handelt,
ist üblicherweise noch die Klausel FIELDS TERMINATED BY anzugeben. Als Argument der Klausel kann das gewünschte
Trennzeichen bestimmt werden, das die einzelnen Spaltenwerte trennt. Die vereinfachte Syntax hat dann folgende Form:

```
SELECT Spaltenliste
INTO OUTFILE 'Dateiname'
FIELDS TERMINATED BY 'Zeichen'
FROM Tabelle
WHERE Bedingung;
```

Das folgende Beispiel schreibt alle Artikel der Gruppe *Obst* in
eine Textdatei:

```
SELECT *
INTO OUTFILE "C:/temp/Ausgabe.txt"
FROM Artikel
WHERE Artikelgruppe = 'Obst';
```

In dieser Variante werden jedoch alle Spalteninhalte einfach
ohne Trennzeichen aneinander gehängt. Wollen Sie Trennzeichen einfügen, was in der Regel wohl unverzichtbar ist, müssen Sie auch die Klausel TERMINATED BY verwenden:

```
SELECT *
INTO OUTFILE "C:/temp/Ausgabe.txt"
FIELDS TERMINATED BY ','
FROM Artikel
WHERE Artikelgruppe = 'Obst';
```

Sollen die einzelnen Spalten mit einem Tabulator getrennt
werden, verwenden Sie die Escape-Sequenz »\t«:

```
… FIELDS TERMINATED BY '\t'…
```

Dies ist allerdings auch die Voreinstellung, die Sie erhalten,
wenn Sie ganz auf die Klausel verzichten.

Existiert die Zieldatei bereits, bricht MySQL die Operation mit einer Fehlermeldung ab. Sie müssen daher die erzeugte Textdatei zwischendurch immer wieder löschen, wenn Sie die hier präsentierten Anweisungen wiederholt ausführen wollen.

Einige Dateiformate erwarten, dass die einzelnen Spaltenwerte noch in besondere Zeichen, beispielsweise Anführungszeichen, eingeschlossen werden. In diesem Fall wird auch noch die zur FIELDS-Klausel gehörende Erweiterung ENCLOSED BY benötigt:

```
…
INTO OUTFILE "C:/temp/Ausgabe.txt"
FIELDS TERMINATED BY '\t'
ENCLOSED BY '"' …
```

Auch für den Abschluss einer Zeile (eines Datensatzes) lässt sich ein Zeichen vorgeben. Sie verwenden dazu die Klausel LINES TERMINATED BY, so dass eine nahezu vollständige Exportanweisung wie folgt aussehen könnte:

```
SELECT *
INTO OUTFILE "C:/temp/Ausgabe.txt"
FIELDS TERMINATED BY ','
ENCLOSED BY '"'
LINES TERMINATED BY '#'
FROM Artikel
WHERE Artikelgruppe = 'Gemüse';
```

Das vorstehende Fragment verwendet als Zeilenabschluss das Nummernzeichen. Üblich ist aber in der Regel ein Zeilenumbruch. Diesen erhalten Sie mit Hilfe einer so genannten Escape-Sequenz:

```
LINES TERMINATED BY '\n'
```

Solche Sequenzen werden mit dem Backslash eingeleitet. Die in der vorstehenden Klausel verwendete Sequenz erzeugt einen Zeilenvorschub. Wenn Sie allerdings ganz auf die Klausel verzichten, fügt die Anweisung auch automatisch einen Zeilenumbruch ein, weil es sich dabei wieder um die Voreinstellung handelt.

```
"1","Blaue Bohnen","Gemüse","1.99","7","kg","50.00","Leipzig",
"2","Grüne Bohnen","Gemüse","2.99","7","kg","55.00","Dresden",
"3","Weiße Bohnen","Gemüse","1.99","7","kg","25.00","Dresden",
```

Abbildung 13.1: Mit INTO OUTFILE erzeugte Textdatei

Abbildung 13.1 zeigt, wie die mit den letzten Einstellungen erzeugte Textdatei in einem Editor, beispielsweise Word, aussehen könnte.

Die hier verwendeten Beispiele funktionieren nur unter Windows, weil Sie nur unter Windows komplette Pfade wie *C:/temp/Ausgabe.txt* verwenden können. Unter LINUX/ UNIX gibt es üblicherweise keine Laufwerksbezeichnungen.

INTO DUMPFILE-Klausel

Die Syntax des Exportbefehls enthält noch eine Erweiterung mit der Bezeichnung INTO DUMPFILE. Diese sorgt dafür, dass MySQL-Daten ohne zusätzliche Trenn- und Einschließungszeichen in eine Datei geschrieben werden. Sie verwenden die Klausel, um den Inhalt von BLOB-Feldern, also beispielsweise Binärdaten wie Sound- und Grafikdaten, zu exportieren. Wir gehen im vierten Teil dieses Buches ausführlich auf den Umgang mit Binärdaten ein. An dieser Stelle soll daher auf eine Erläuterung der Klausel verzichtet werden.

Probleme beim Export

Bestimmte Zeichen können sich zudem als kritisch erweisen, wenn Sie die mit INTO OUTFILE erzeugten Dateien wieder einlesen wollen. Das wird beispielsweise der Fall sein, wenn Zeichen, die Sie als Trennzeichen verwendet haben, auch in den Spalteneinträgen vorkommen. Zudem interagieren einige Klauseln, so dass die Ausgabe nicht immer das gewünschte Ergebnis bringt. Unter bestimmten Umständen wird beispielsweise auch für das Zeilenende das als Spaltentrennzeichen definierte Zeichen verwendet. Sie sollten die Ausgabe daher sorgfältig überprüfen.

Die Import- und vor allem die Exportbefehle, die MySQL bietet, sind nur bedingt ausreichend, wichtige Formate wie XML fehlen. Einen ganzen Schritt weiter geht ein grafisches MySQL-Tool (*phpMyAdmin*), das wir im vierten Teil dieses Buches ansprechen wollen. Mit diesem browserbasierten Werkzeug lassen sich auch XML-Dateien erzeugen.

14 Datenbanksicherheit

Die Datenbanksicherheit umfasst zunächst alle Maßnahmen, mit denen die Datenbank bzw. die Daten vor unzulässigen Manipulationen geschützt werden. Dazu gehört vor allem, dass, zumindest in einer Mehrbenutzerumgebung, nur autorisierte Personen Zugriff auf die Datenbank erhalten. Wichtig ist aber auch der Schutz der Datenbank vor physischer Beschädigung, etwa durch Fehler der Hardware, insbesondere der Festplatte. Für solche Fälle sind regelmäßig und in möglichst kurzen Zeitabständen Sicherheitskopien anzulegen.

MySQL-Sicherheitskonzepte

MySQL unterstützt den Datenbankentwickler bei der Umsetzung von Sicherheitskonzepten durch verschiedene Funktionen und Werkzeuge, die sich in der Regel sinnvoll ergänzen. Unter anderem lassen sich folgende MySQL-Angebote nutzen:

✔ Zugangsbeschränkungen

✔ Datensicherungsbefehle

✔ Prüf- und Reparaturbefehle

✔ Verschlüsselung

✔ Backup-Tools

Für die Beschränkung des Zugangs stellt MySQL die üblichen SQL-Befehle GRANT und REVOKE zur Verfügung. Die Datensicherung, also die Erzeugung von Backups, kann entweder mit SQL-Befehlen oder mit speziellen MySQL-Tools erfolgen. Dazu kommen Maßnahmen, die Sie selbst realisieren müssen, etwa so genannte Audit-Trail-Funktionen, die wir zum Schluss dieses Kapitels vorstellen.

Der unvorsichtige Umgang mit den MySQL-Sicherheits-funktionen kann dazu führen, dass Sie sich selbst den Zugang zum MySQL-Server verbauen. Auf Ihrem lokalen Rechner wird das in der Regel aber kein Drama sein. Hier haben Sie üblicherweise Administratorrechte und können MySQL notfalls löschen (bzw. über die Windows-Systemsteuerung deinstallieren) und dann neu einspielen.

Zugangsbeschränkungen

Wenn Sie sich nach dem Einrichten von MySQL und dem Anlegen von Datenbanken nicht um Zugangsbeschränkungen kümmern, können Sie bequem auf alle Datenbankobjekte zugreifen. Diese Annehmlichkeit ist jedoch nur zu vertreten, solange Sie der einzige Anwender sind. Sobald auch andere mit den Datenbanken arbeiten sollen, ist die Einrichtung von *Zugangsbeschränkungen* bzw. *Zugangsrechten* zwingend. Entsprechend den Rollen, die den einzelnen Anwendern zugedacht sind, müssen sich die Anwenderrechte unterscheiden. Tabelle 14.1 zeigt beispielhaft, welche Rechte mit bestimmten Rollen verbunden sein können.

Rolle	Rechte
Admin	Der Administrator besitzt im Prinzip alle Rechte. Er kann alle MySQL-Befehle (CREATE, SELECT, INSERT, UPDATE, DELETE) ausführen und auch neue Benutzerrechte gewähren (GRANT, REVOKE).
Benutzer mit umfassenden Rechten	Der Administrator kann nicht für alle Aufgaben zuständig sein. In der Regel muss er bestimmten Anwendern umfassende Rechte einräumen, etwa das Anlegen von neuen Datenbanken. Solche Benutzer werden normalerweise auch volle Lese- und Schreibrechte auf bestimmte Datenbanken bzw. Tabellen haben (INSERT, UPDATE, SELECT). Nur die Einrichtung neuer Benutzerrechte verbleibt dann beim Administrator.

Rolle	Rechte
Benutzer mit eingeschränkten Rechten	Benutzer, die aufgrund ihrer Funktion nur eingeschränkte Rechte, etwa Leserechte, benötigen, sollten auch nur diese erhalten (SELECT). Anwender, die nur für die Datenerfassung zuständig sind, benötigen normalerweise nur INSERT-Rechte.

Tabelle 14.1: Benutzerrollen und Rechte

Natürlich lassen sich Benutzerrollen noch beliebig feiner gestalten. Die Dreiteilung aus Tabelle 14.1 stellt daher nur ein sehr grobes Raster dar. Beachten Sie jedoch, dass MySQL keine Rollen kennt, sondern jeder Anwender über ein eigenes Rechteprofil verfügt.

Das root-Passwort vergeben

Nach der Installation können Sie MySQL starten und praktisch jeden Befehl ausführen. MySQL fragt in diesem Zustand nach keiner Zugangsberechtigung, weil sich ohnehin jeder unter dem weltweit bekannten Namen *root* anmelden kann. Erst wenn das *root-Passwort* vergeben ist, kann MySQL prüfen, ob derjenige, der behauptet, »*root*« zu sein, auch wirklich der Betreffende ist. Erst dann macht es auch Sinn, andere Benutzerkennungen (so genannte Accounts) abzufragen. Das *root-Passwort* (hier: geheim) vergeben Sie am DOS- bzw. Terminalfenster mit dem folgenden Kommando:

```
mysqladmin –u root password geheim
```

Dazu müssen Sie, wie früher schon mehrfach gezeigt, zum *mysql/bin*-Ordner wechseln. Nur hier steht das Kommandozeilen-Tool *mysqladmin* zur Verfügung. Für den Benutzernamen und das Passwort sind maximal jeweils 16 Zeichen zulässig.

Der oben gezeigt Befehl funktioniert natürlich nicht mehr, wenn Sie, wie in Kapitel 1 gezeigt, das *root*-Passwort bereits bei der Installation gesetzt haben.

Passwort per UPDATE-Befehl zuweisen

Wenn noch kein Passwort eingerichtet ist oder Sie bereits mit einem beliebigen SQL-Client als *root* angemeldet sind, können Sie das Passwort aber auch mit einem normalen UPDATE-Befehl setzen bzw. ändern. Dazu ist unbedingt die PASSWORD-Funktion zu verwenden, die ein Passwort in der von MySQL erwarteten Form verschlüsselt. Da MySQL die Benutzer in der Datenbank *mysql* verwaltet, müssen Sie zunächst zu dieser Datenbank wechseln:

```
USE mysql;
```

Der UPDATE-Befehl hat dann folgende Form:

```
UPDATE user
SET password = PASSWORD('geheim')
WHERE user = 'root';
```

Damit ändern Sie in der Tabelle *user* den Eintrag in der Spalte *password*. Die hier unverzichtbare WHERE-Klausel stellt sicher, dass nur das Passwort für den Benutzer *root* geändert wird. Abbildung 14.1 zeigt, wie das Passwort in der Tabelle *user* erscheint.

	🔑 Host	🔑 User	password	Select_priv	Insert_priv	Update_priv	Delete_priv
1	localhost	klaus	58982d15048734ee	Y	Y	Y	N
2	localhost	root	58982d15048734ee	Y	Y	Y	Y
3	%			N	N	N	N
4	localhost	karl	58982d15048734ee	Y	Y	Y	N

Abbildung 14.1: Eintrag für den Benutzer *root* in der Tabelle *user*

Danach sollte jeder Client, den Sie neu starten, nach Benutzername und Passwort fragen. Solange allerdings noch keine weiteren Benutzer eingerichtet sind, können und müssen Sie sich natürlich als *root* anmelden. Den *mysql*-Client (den MySQL-Monitor) starten Sie dann beispielsweise mit der folgenden Anweisung:

```
mysql -u root -p
```

In diesem Fall präsentiert Ihnen das Tool zunächst eine Passwort-Abfrage. Sie können aber auch gleich beim Aufruf das Passwort übergeben, etwa mit der folgenden Kommandozeile:

```
mysql -u root --password=geheim
```

Nach Änderungen an den Einträgen in der *user*-Tabelle sollten Sie zudem den MySQL-Server kurz herunterfahren und dann neu starten. Das gilt zumindest, wenn Sie, wie weiter oben gezeigt, UPDATE- oder INSERT-Anweisungen verwenden (an Stelle von GRANT und REVOKE) oder gar mit Hilfe von grafischen Tools direkt in die Tabelle schreiben.

Einige Clients, insbesondere Zusatztools wie das früher gern verwendete *MySQL Control Center* oder auch die PHP-Anwendung *phpMyAdmin*, starten mit bestimmten Voreinstellungen für die Zugangsdaten (Benutzername und Passwort). Wenn Sie solche Clients nach der Änderung von Passwörtern starten, kann es vorkommen, dass der Zugriff verweigert wird, ohne dass Ihnen ein Passwort-Dialog angeboten wird. In der Regel verfügen diese Tools jedoch über die Möglichkeit, Voreinstellungen zu ändern.

Benutzer hinzufügen

Weil MySQL Benutzer in einer normalen MySQL-Tabelle speichert, könnten Sie neue Benutzer eigentlich mit normalen INSERT-Anweisungen einfügen. Dazu setzen Sie in der *user*-Tabelle der Datenbank *mysql* (USE mysql;) Passwort und einige Rechte:

```
INSERT INTO user (Host, User, password,
                  Select_priv, Insert_priv,
                  Update_priv)
VALUES ('localhost', 'klaus',
        PASSWORD('geheim'), 'Y', 'Y', 'Y');
```

Das vorstehende Beispiel verwendet nur eine kleine Auswahl
der Spalten in der *user*-Tabelle. Die Spalte *Host* nimmt den Namen des Hosts auf. Das wird auf dem eigenen Rechner in der
Regel *localhost* sein. Den Benutzernamen tragen Sie in die
Spalte *user* ein. Beachten Sie, dass MySQL in dieser Spalte Binärdaten speichert. Sie müssen bei der Vergabe des Benutzer-
namens daher auf Groß- und Kleinschreibung achten. Der Benutzer *klaus* kann sich später nicht als *Klaus* anmelden. Das
Passwort ist wieder unbedingt mit der Funktion PASSWORD einzutragen. Schließlich vergeben wir noch einige Rechte: Der
Anwender *klaus* soll SELECT-, INSERT- und UPDATE-Anweisungen ausführen dürfen.

GRANT und REVOKE statt INSERT und UPDATE

INSERT- und UPDATE-Befehle sind allerdings nicht der übliche
Weg, um Benutzerrechte zu verwalten. So können Sie durch
direktes Schreiben in die *user*-Tabelle nur Rechte für alle Datenbanken, alle Tabellen usw. einrichten. Um auch den Zugriff
auf einzelne Datenbankobjekte einzuschränken, müssten Sie
auch noch Einträge in den anderen Tabellen der *mysql*-Daten-
bank vornehmen. Dafür sind die Befehle GRANT und UPDATE jedoch besser geeignet. Sie sollten daher auch nur diese verwenden.

Rechteprofile

Die Zugriffsrechte (Privilegien) lassen sich auf bestimmte Datenbankobjekte, etwa Datenbanken, Tabellen und Spalten, und
auf bestimmte Operationen (INSERT, SELECT, UPDATE etc.) beschränken. Sie können sich das Rechteprofil eines Anwenders
daher als Matrix vorstellen.

	Artikel	Kunden	Rechnungen
SELECT	x	x	
INSERT		x	x
UPDATE		x	x
DELETE		x	
CREATE			
ALTER		x	

Abbildung 14.2: Rechteprofil aus Operationen und Objekten

Abbildung 14.2 zeigt beispielhaft, wie das Rechteprofil eines einzelnen Anwenders aussehen könnte. Dabei haben wir schon das meiste weggelassen, weil unsere Zeichenkünste nicht ausreichen, die volle Komplexität umfangreicher Profile darzustellen. Sie sollten daher sorgfältig planen, welche Rechte Sie an welche Benutzer vergeben wollen. Als Administrator verlieren Sie sonst leicht die Übersicht.

GRANT – Rechte vergeben

Wie der vorstehende Text gezeigt haben sollte, muss die Zuweisung von Rechten drei Parameter berücksichtigen: den Benutzer, das Objekt und das Privileg. Die stark vereinfachte Syntax des GRANT-Befehls lässt diese Struktur deutlich erkennen:

```
GRANT Privileg [(Spaltenliste)]
    ON {Tabelle | * | *.* | Datenbank.*}
    TO Anwender
    [IDENTIFIED BY [PASSWORD] 'Passwort']
```

Die folgende Zuweisung erlaubt es dem Benutzer *thomas*, SELECT-Abfragen für die Tabelle *Artikel* auszuführen:

```
GRANT SELECT
    ON Artikel
    TO thomas
    IDENTIFIED BY 'geheim';
```

Die erfolgreiche Ausführung des Befehls setzt voraus, dass die Datenbank, in der sich die Tabelle *Artikel* befindet, als aktuelle Datenbank eingestellt ist (USE Datenbank).

Ist für den Benutzer in der *user*-Tabelle noch keine Zeile eingerichtet (handelt es sich also um einen neuen Benutzer), wird dieser mit der vorstehenden Anweisung auch dort registriert. Zudem schreibt GRANT auch das Passwort in die Tabelle. Sie dürfen in diesem Fall nicht die Funktion PASSWORD verwenden, weil GRANT selbst schon für die Verschlüsselung sorgt.

Auswirkungen der GRANT-Anweisung

Nach Ausführung der GRANT-Anweisung (und Neuanmeldung unter dem neuen Account) zeigen einige SQL-Kommandos ein anderes Verhalten bzw. erzeugen andere Ergebnisse. So liefert die Anweisung SHOW TABLES für den Benutzer *thomas* nur noch die Tabelle *Artikel*. Selbst SHOW DATABASES zeigt nur noch die Datenbank an, in der sich das Objekt (hier die Tabelle *Artikel*) befindet. Der Benutzer hat dann keine Möglichkeit mehr, andere Objekte zu verwenden. Befehle, für die kein Privileg eingeräumt wurde, erzeugen lediglich eine Fehlermeldung (Kommando abgelehnt etc.).

Additive Wirkung von GRANT-Anweisungen

Weitere Rechtezuweisungen mit GRANT wirken additiv. Wenn Sie zusätzlich zu der schon weiter oben gezeigten Anweisung noch die folgende ausführen, kann der Benutzer *thomas* anschließend per SELECT auf die *Artikel*- und die *Kunden*-Tabelle zugreifen:

```
GRANT SELECT
    ON Kunden
    TO thomas;
```

Die vorstehende Anweisung kann natürlich nicht vom Benutzer *thomas* selbst ausgeführt werden. Hatten Sie sich zwischendurch als *thomas* angemeldet, müssen Sie daher erst wieder zum Benutzer *root* werden.

Qualifizierte Objektbezeichnungen

Um sich die Auswahl der aktiven Datenbank mit USE zu ersparen, können Sie die GRANT-Anweisung auch wie folgt schreiben:

```
GRANT SELECT
    ON Kontakte.Kunden
    TO thomas;
```

Hier wird das Objekt (die Tabelle *Kunden* der Datenbank *Kontakte*) mit seinem qualifizierten Namen angesprochen. Die Syntax der ON-Klausel lässt sich aber auch um das Ersatzzeichen * erweitern, so dass die folgende Klausel alle Tabellen der Datenbank *Kontakte* umfasst:

```
... ON Kontakte.*
```

Soll der Benutzer gar auf alle Tabellen in allen Datenbanken zugreifen können, lässt sich die ON-Klausel wie folgt bilden:

```
... ON *.*
```

Das Passwort war im vorstehenden Beispiel nicht mehr erforderlich, weil es bereits in der ersten GRANT-Anweisung gesetzt wurde. Allerdings ist das Passwort ohnehin optional, selbst wenn der Benutzer noch nicht angelegt ist. Dieser landet dann zunächst ohne Passwort in der *user*-Tabelle, was natürlich ein Sicherheitsproblem darstellt und daher vom Administrator nicht akzeptiert werden sollte.

Weitere Privilegien

Neben dem SELECT-Privileg kennt MySQL noch viele andere Privilegien, was eine sehr differenzierte Zuweisung von Rechten erlaubt. Eine kleine Übersicht zeigt Tabelle 14.2. Die vollständige Liste finden Sie in der Kurzreferenz im Anhang dieses Buches.

Privileg	Beschreibung
ALL	Erlaubt die Verwendung fast aller einfachen Rechte
ALTER	Erlaubt die Änderung von Tabellenstrukturen
CREATE	Erlaubt das Anlegen von Tabellen
DELETE	Erlaubt das Löschen von Datensätzen
DROP	Erlaubt das Entfernen von Tabellen
INDEX	Erlaubt das Anlegen und Löschen von Indizes (CREATE INDEX, DROP INDEX)
INSERT	Erlaubt das Einfügen von Datensätzen (INSERT, REPLACE)
SELECT	Erlaubt das Ausführen von SELECT-Abfragen
SHUTDOWN	Erlaubt das Herunterfahren des MySQL-Servers
UPDATE	Erlaubt das Ändern von Datensätzen
USAGE	Mit diesem Privileg sind keine wirklichen Rechte verbunden, es kann lediglich eine Verbindung zum MySQL-Server aufgebaut werden

Tabelle 14.2: Privilegien (Auswahl)

In einer einzigen GRANT-Anweisung lassen sich zwar mehrere Benutzer kombinieren, nicht jedoch Datenbanken, Tabellen und Privilegien. Für jedes Recht und für jede Tabelle sind daher separate Anweisungen erforderlich. So erhalten die Benutzer *thomas* und *klaus* mit der folgenden Anweisung alle Änderungsrechte für die Tabellen *Artikel* in der Datenbank *Kontakte* zugewiesen:

```
GRANT UPDATE
    ON Kontakte.Artikel
    TO thomas, klaus, peter;
```

Beachten Sie aber, dass Benutzer, die noch nicht in der *user*-Tabelle enthalten sind, mit diesem Befehl dort angelegt werden. Da wir keine Passwörter zugewiesen haben, kann sich dann jeder unter diesen Namen anmelden. Sie sollten die TO-Klausel daher eventuell wie folgt um Passwörter ergänzen:

```
... TO thomas,
    klaus IDENTIFIED BY 'geheim',
    peter IDENTIFIED BY 'geheim'
```

Für *thomas* wurde hier kein Passwort definiert, weil er bereits früher eines erhalten hat. Die erneute Zuweisung würde das vorhandene Passwort überschreiben.

Das ALL-Privileg

Sehr kritisch ist natürlich die Verwendung des ALL-Privilegs, vor allem, wenn Sie dies noch für alle Datenbanken zulassen. Das ALL-Privileg sollten Sie nur verwenden, wenn Sie einem Benutzer wirklich nahezu alle Rechte des *root*-Benutzers zuweisen wollen. Die betreffende Anweisung für den Benutzer *thomas* hat dann folgende Form:

```
GRANT ALL
    ON *.*
    TO thomas;
```

Bis auf das GRANT-Privileg verfügt *thomas* damit über nahezu alle einfachen Rechte. Nur für die Rechtevergabe selbst (und einige spezielle Rechte wie beispielsweise SHUTDOWN) ist weiterhin der Benutzer *root* zuständig.

Privileg-Level

MySQL behandelt Rechte je nach deren Umfang etwas anders. Zu diesem Zweck werden vier Level unterschieden:

- ✔ global
- ✔ Datenbank

✔ Tabelle

✔ Spalte

Globale Rechte beziehen sich auf alle Datenbanken, auf die der MySQL-Server zugreifen kann. Rechte, die lediglich für einzelne Datenbanken gelten, ermöglichen den Zugriff auf alle Tabellen dieser Datenbank. Entsprechend können Sie auf der Tabellenebene alle Spalten einer bestimmten Tabelle nutzen und auf der Ebene von Spalten nur einzelne Spalten.

Rechte auf Spaltenebene

Rechte auf Spaltenebene ermöglichen eine sehr differenzierte Steuerung der Zugangsberechtigung. Sie sind aber auch sehr unübersichtlich und können bei restriktiver Handhabung im Betrieb zu Behinderungen führen. Nicht immer lässt sich eben genau festlegen, auf welche Spalten ein Anwender bei der täglichen Arbeit wirklich zugreifen muss. Zudem benötigt auch MySQL etwas mehr Zeit, um stark differenzierte Rechte auszuwerten. Kurz: Rechte auf Spaltenebene sollten Sie nur dann definieren, wenn dies für eine Anwendung zwingend erforderlich ist. Dazu setzen Sie die gewünschten Spalten hinter das Privileg in eine Klammer:

```
GRANT UPDATE (Preis, Menge)
    ON Kontakte.Artikel
    TO thomas;
```

Die vorstehende Anweisung sollte eigentlich die Änderungsrechte für den Benutzer *thomas* auf die Spalten *Preis* und *Menge* beschränken. Das gilt jedoch nur, wenn *thomas* nicht schon über weiter gehende Rechte verfügt. In diesem Fall könnte die Anweisung im Sinne einer Beschränkung völlig wirkungslos sein. Eventuell müssen Sie erst Rechte mit REVOKE entziehen, um dann neue Rechte (und damit neue Einschränkungen) zuweisen zu können. Wir kommen weiter unten darauf zurück.

Rechte weitergeben

Die Vergabe von Privilegien ist natürlich selbst ein Privileg. Dieses steht zunächst nur dem *root*-Benutzer zu. Auch das Privileg ALL schließt GRANT nicht mit ein. Sie müssen GRANT explizit als Recht zuweisen. Das kann beispielsweise mit der folgenden Anweisung geschehen, mit der Sie dem Benutzer *thomas* das Recht einräumen, Rechte für die Tabelle *Kunden* zu vergeben:

```
GRANT GRANT OPTION
ON Kontakte.Kunden
TO thomas;
```

Üblich und halbwegs ANSI-konform ist allerdings eine Syntaxvariante, mit der Sie auch noch ein anderes Recht oder gleich alle zuweisen können:

```
GRANT ALL
ON Kontakte.Kunden
TO thomas
WITH GRANT OPTION;
```

Der Benutzer *thomas* verfügt nun über alle einfachen Rechte (ALL) inklusive des GRANT-Rechts. Wurden die einem Anwender zugewiesenen Rechte mit der Option WITH GRANT OPTION definiert, kann dieser einen Teil der in der Zuweisung aufgeführten Rechte an andere Anwender weitergeben. Um das folgende Beispiel in diesem Sinne ausführen zu können, müssen Sie sich allerdings zuvor als *thomas* anmelden:

```
GRANT ALTER
ON Kontakte.Artikel
TO klaus;
```

Aus der Anweisung geht schließlich nicht hervor, dass diese von *thomas* ausgeführt wurde. Allerdings vermerkt MySQL den Urheber des zugewiesenen Rechts in der betreffenden Systemtabelle.

Bei der Weitergabe der ihm zugestandenen Rechte unterliegt der »normale« Anwender jedoch bestimmten Einschränkungen. So ist es beispielsweise nicht möglich, das ALL-Privileg zu übertragen.

Host und Benutzername

Wir sind bisher davon ausgegangen, dass es einzig auf den Benutzernamen (und das Passwort) ankommt. MySQL unterscheidet jedoch auch nach dem Rechner (dem Client), von dem aus die Anmeldung erfolgt. Der wirkliche Benutzername setzt sich dann aus dem Hostnamen (dem Namen des Client) und dem Benutzernamen zusammen. Beide werden von MySQL wie folgt gebildet:

```
Benutzername@Hostname
```

Gültige Kombinationen aus Benutzer- und Hostname könnten beispielsweise wie folgt aussehen:

```
thomas@www.abc.de
thomas@localhost
thomas@127.0.0.1
```

Die letzte Kombination verwendet statt des Namens die IP-Nummer des Hosts, für *localhost* ist das eben die hier gezeigte Nummer. Die Einbeziehung des Hosts hat zur Folge, dass MySQL gleichnamige Benutzer als verschieden betrachtet, wenn diese sich über unterschiedliche Clients anmelden. Der Vorteil besteht darin, dass bestimmte Rechte auf bestimmte Hosts beschränkt werden können. So können Sie Leserechte für alle einräumen, Schreibrechte aber auf Benutzer beschränken, die über bestimmte Hosts auf die Datenbank zugreifen. Wenn Sie Rechte für Anwender im Netz einrichten, müssen Sie daher auch den Hostnamen verwenden. Eine GRANT-Anweisung hat dann beispielsweise folgende Form:

```
GRANT UPDATE
ON Kontakte.Kunden
TO thomas@www.abc.de;
```

Existiert in der *user*-Tabelle bereits ein Benutzer mit dem Namen *thomas*, der jedoch zu einem anderen Host gehört, legt MySQL einen zweiten *thomas* an. Nur dieser erhält dann das hier zugewiesene Recht.

Wildcards im Hostnamen

Das Internet ist zumindest im Prinzip anonym. Folglich wissen Sie nicht, welcher Benutzer von welchem Host aus irgendwann auf Ihre Webanwendung zugreifen möchte. Solange der Zugriff nur über eine von Ihnen bereitgestellte Anwendung, beispielsweise ein PHP-Skript, erfolgt, können Sie einen beliebigen Benutzernamen fest codiert vorgeben. Der Hostname wird jedoch automatisch übergeben. Um daher nicht ganz auf Zugriffsbeschränkungen verzichten zu müssen, verwenden Sie in diesem Fall das Prozentzeichen als Wildcard. Dieses steht für eine beliebige Zahl von Zeichen und kann auch komplette Hostnamen ersetzen. So definiert die folgende GRANT-Anweisung ein Leserecht für den Benutzer *ralf*, unabhängig vom verwendeten Host:

```
GRANT SELECT
ON Kontakte.Artikel
TO ralf@'%';
```

Beachten Sie die Schreibweise: Sobald Sie Wildcards verwenden, müssen Sie den Hostnamen in einfache oder doppelte Anführungszeichen setzen. Mit Hilfe von Wildcards lassen sich auch Hostnamen bilden, die aus Teilbegriffen bestehen. Zulässig sind unter anderem folgende TO-Klauseln:

```
… TO ralf@'www.abc.%'
… TO ralf@'www.%.de'
```

Die erste Klausel gilt dann für alle *abc*-Adressen, ob diese nun zu einer *de-*, *com-* oder einer anderen Domain gehören. Die zweite akzeptiert beliebige Adressen, soweit es sich dabei um eine *de*-Domain handelt.

> Auch Benutzernamen sind in einfache bzw. doppelte Anführungszeichen einzuschließen, wenn sie Sonderzeichen, beispielsweise Bindestriche, enthalten. Spezielle Sonderzeichen wie die deutschen Umlaute sollten in Benutzernamen überhaupt nicht verwendet werden. Das @-Zeichen ist davon jedoch auszunehmen, so dass Sie die TO-Klausel wie folgt definieren müssen:
>
> ```
> ... TO 'Benutzer'@'Host'
> ```

Überschneidung von Zugangsberechtigungen

Bei der Zuweisung von Zugangsberechtigungen kann es zu Überschneidungen kommen. MySQL geht dann in der Regel so vor, dass zunächst konkrete Benutzer-/Host-Kennungen berücksichtigt werden. Erst wenn keine passenden Einträge gefunden werden, berücksichtigt MySQL auch Wildcards.

SHOW GRANTS

Bei den vielen Möglichkeiten, differenzierte Rechte zu vergeben, verliert ein Administrator sehr schnell den Überblick. Sie können sich daher mit einer Variante des SHOW-Befehls die zugewiesenen Rechte anzeigen lassen. Der Befehl hat in dieser Version folgende Syntax:

```
SHOW GRANT FOR Benutzer
```

Der Benutzer ist in Anführunsgzeichen zu setzen, so dass sich beispielsweise für den Benutzer *thomas* die folgende Anweisung ergibt:

```
SHOW GRANTS FOR 'thomas'
```

Leider erzeugt der Befehl nur eine etwas unübersichtliche Ausgabe. Wie Abbildung 14.3 zeigt, wird jede GRANT-Option in einer separaten Zeile und praktisch als Skript angezeigt.

	Grants for thomas@%
1	GRANT USAGE ON *.* TO 'thomas'@'%'
2	GRANT UPDATE (Menge, Preis) ON `kontakte`.`artikel` TO 'thomas'@'%'
3	GRANT ALL PRIVILEGES ON `kontakte`.`kunden` TO 'thomas'@'%' WITH GRANT OPTION

Abbildung 14.3: Ausgabe des SHOW GRANT-Befehls

In der ersten Zeile finden Sie das so genannte USAGE-Privileg, das praktisch mit jeder Rechtezuweisung verbunden ist und lediglich die Herstellung einer Verbindung gestattet. Erst ab der zweiten Zeile folgen dann die eigentlichen Rechte.

Wegen der unübersichtlichen Darstellung des SHOW GRANT-Befehls kann es gegebenenfalls sinnvoller sein, normale SELECT-Abfragen auf die Systemtabellen für die Benutzerverwaltung anzuwenden. So liefert die folgende Anweisung alle Benutzer, die SELECT-, INSERT-, UPDATE- oder DELETE-Befehle für alle Datenbanken (globale Ebene) ausführen dürfen:

```
SELECT user, host
FROM user
WHERE select_priv = 'Y' or
      insert_priv = 'Y' or
      update_priv = 'Y' or
      delete_priv = 'Y';
```

Sie können solche Anweisungen als kommentierte Skripte vorhalten, so dass Sie diese immer nur noch aufrufen müssen. Ein Skript, mit dem Sie Benutzer und Rechte auf Tabellenebene erhalten, könnte folgende Form haben:

```
SELECT host, user, db, table_name, table_priv
FROM tables_priv
```

Auf jeden Fall ist es unverzichtbar, nicht mehr erforderliche Berechtigungen umgehend wieder zu entziehen. Zuständig ist dafür der REVOKE-Befehl.

REVOKE – Rechte aufheben

Mit REVOKE heben Sie die mit GRANT gewährten Rechte wieder auf. Der Befehl hat folgende Syntax:

```
REVOKE Rechtetyp [(Spaltenliste)]
       [,Rechtetyp [(Spaltenliste)] ...]
    ON {Tabelle | * | *.* | Datenbank.*}
    FROM Anwender [, Anwender ...]
```

Das folgende Beispiel entzieht dem Benutzer *thomas* das SELECT-Recht für alle Tabellen in allen Datenbanken:

```
REVOKE SELECT ON *.*

FROM thomas;
```

In früheren MySQL-Version mussten wir das Objekt (hier die Tabelle) jedoch explizit benennen, um eine Wirkung zu erzielen:

```
REVOKE SELECT
ON Kontakte.Artikel
FROM thomas;
```

In den von uns verwendeten Beta-Versionen (zuletzt MySQL 5.07) funktionierte aber auch die erste Variante.

Ein kleines Problem bei relativ neu implementierten Funktionen besteht wohl darin, dass die MySQL-Dokumentatoren schon mal etwas schneller sind als die Programmierer. Gelegentlich fügen die Programmierer zunächst funktionslose SQL-Befehle ein, um möglichst kompatibel zum ANSI-Standard zu sein. Erst nach und nach werden diese dann mit Funktionalität ausgestattet.

Mehrere Rechte entziehen

Natürlich können Sie gleichzeitig auch mehrere Rechte des betreffenden Anwenders entziehen. Diese sind dann wie im folgenden (unvollständigen) Beispiel aufzulisten:

```
REVOKE SELECT, INSERT, UPDATE, DELETE
ON ...
```

Zumindest in den aktuellen MySQL-Versionen ist diese Option schon implementiert.

Benutzer löschen

Natürlich löschen wir keinen Benutzer, sondern nur einen Benutzer-Account, also den Benutzereintrag in der Tabelle *user*. Zuständig ist dafür der ganz normale DELETE-Befehl. Vor dem Löschen eines Anwenders sollten Sie diesem jedoch mit REVOKE alle Rechte entziehen. Wenn die Rechte erfolgreich widerrufen wurden, existiert für den Benutzer nur noch ein Eintrag in der Tabelle *user*. Diesen entfernen Sie mit der folgenden Anweisung:

```
DELETE FROM mysql.user
WHERE user = 'thomas';
```

Beachten Sie, dass mit dieser Anweisung eventuell mehrere Zeilen in der *user*-Tabelle gelöscht werden. Schließlich kann der Benutzername *thomas* dort mit verschiedenen Hosts verzeichnet sein. Wenn REVOKE Ihnen zu umständlich erscheint, lassen sich auch die einzelnen Rechte eines Benutzers per DELETE »widerrufen«. Für die Rechte auf Tabellenebene erledigt das beispielsweise die folgende Anweisung:

```
DELETE FROM mysql.tables_priv
WHERE user = 'thomas';
```

Die Anweisung müssten Sie gegebenenfalls noch auf die Tabellen *db* und *columns_priv* anwenden, um ganz sicher alle Einträge für den betreffenden Benutzer zu entfernen.

MySQL-Server neu starten

Vergessen Sie, die Rechte vorher mit REVOKE zu widerrufen, bleiben Einträge in den Tabellen *db*, *tables_priv* usw. erhalten. Der betreffende Anwender kann aber trotzdem nicht mehr auf

MySQL zugreifen. Das gilt allerdings nur, wenn Sie den My-SQL-Server zwischendurch herunterfahren und neu starten. MySQL speichert die Daten der Systemtabellen beim Start im Arbeitsspeicher und kann daher Änderungen, die mit INSERT, UPDATE oder DELETE vorgenommen werden, erst nach einem Neustart erkennen.

Im vierten Teil des Buches (Kapitel »Inside MySQL«) gehen wir auf die Struktur der Systemtabellen in der Datenbank *mysql* ein. Hier finden Sie auch zusätzliche Informationen über die Verwendung dieser Tabellen durch MySQL.

Audit-Trail

Mit *Audit-Trail* ist die Aufzeichnung der Benutzeraktivitäten in der Datenbank gemeint. Wichtige Änderungen am Datenbestand werden dabei mit dem Benutzernamen und einem Zeitstempel gekennzeichnet. So lässt sich immer nachvollziehen, welcher Benutzer einen Datensatz zuletzt geändert bzw. gelöscht hat. Diese Maßnahme dient nicht nur der Überwachung; sie soll vor allem das Verhalten der Benutzer beeinflussen. Wenn ein Anwender weiß, dass die von ihm vorgenommenen Änderungen mit seiner persönlichen Kennung gespeichert werden, dürfte er in der Regel vorsätzliche Fehleingaben unterlassen.

In einer erweiterten Version werden beim Audit-Trail auch die Änderungen selbst gespeichert. Allerdings sind dafür recht komplexe Datenstrukturen und Datenbankoperationen erforderlich. Auf die Darstellung solcher Strukturen soll daher an dieser Stelle verzichtet werden. Da MySQL nun auch *Trigger* und *Stored Procedures* unterstützt, lässt sich die Audit-Trail-Funktionalität nicht nur im Rahmen der Anwendungsprogrammierung realisieren. Auf *Stored Procedures* und *Trigger* soll später noch eingegangen werden. Soweit der folgende Text

SQL-Anweisungen verwendet, sind diese in der Regel dazu gedacht, in Programmiersprachen eingebettet zu werden.

Sicherheitsfunktionen in Tabellen

Sicherheitsfunktionen realisieren Sie zunächst durch die Definition zusätzlicher Spalten. Da Spalten nicht nur für die Änderung benötigt werden, sondern in der Regel auch für das Einfügen und gegebenenfalls Löschen von Datensätzen, könnte eine erweiterte CREATE-Anweisung folgende Form haben:

```
CREATE TABLE Kunden (
    KundenNr INTEGER AUTO_INCREMENT PRIMARY KEY,
    Firma VARCHAR(100),
    ...,
    Datum DATETIME,
    Erzeugt_von VARCHAR(77),
    Geaendert DATETIME,
    Geaendert_von VARCHAR(77),
    Geloescht DATETIME,
    Geloescht_von VARCHAR(77)
    ) ENGINE=MYISAM;
```

Die erste Datumsspalte speichert das Erstellungsdatum des Datensatzes. In der zugehörigen Spalte *Erzeugt_von* landet der betreffende Benutzername. Die anderen Sicherheitsspalten sollten ihre jeweilige Funktion schon durch ihren Namen erkennen lassen.

Möglicherweise wundern Sie sich über die Länge der Spalten für den Benutzernamen. MySQL liefert bei Verwendung der betreffenden Funktion nicht nur den eigentlichen Benutzernamen (maximal 16 Zeichen), sondern auch noch den Host (maximal 60 Zeichen). Beide werden durch das @-Zeichen verbunden, so dass sich 77 Zeichen ergeben.

Neue Datensätze mit Benutzerkennung

Eine auf die wesentlichen Angaben verkürzte INSERT-Anweisung für die Tabelle *Kunden* könnte wie folgt aussehen:

```
INSERT INTO Kunden (Firma, Datum, Erzeugt_von)
VALUES ('Wünsche KG', SYSDATE(), USER());
```

Sowohl das Erzeugungsdatum als auch den Benutzernamen erhalten Sie über Funktionen. Das setzt natürlich voraus, dass Sie die Rechte der einzelnen Benutzer per GRANT-Anweisung zugewiesen haben.

Datensatzänderung mit Benutzerkennung

Wie Sie sich denken können, kommen die Funktionen SYSDATE und USER auch bei UPDATE-Anweisungen zum Einsatz. Hier sind jedoch die Änderungsspalten zu setzen:

```
UPDATE Kunden
SET Firma = "Wünsche GmbH & Co KG",
    Geaendert = SYSDATE(),
    Geaendert_von = USER()
WHERE Firma = 'Wünsche KG';
```

Wenn Ihnen bei der hier verwendeten WHERE-Klausel etwas unwohl ist, haben Sie damit nicht ganz unrecht. Eigentlich sollten Sie bei Änderungen an einem bestimmten Datensatz nur Spalten verwenden, die unbedingt eindeutig sind, in der Regel also den Primärschlüssel. Wir wollten hier nur den Zusammenhang mit der oben gezeigten INSERT-Anweisung wahren und hoffen daher auf Nachsicht.

Datensatz löschen

Die Löschoperation geht davon aus, dass ein »normaler« Anwender selber gar nicht löschen darf. Er kann lediglich einen Datensatz als gelöscht markieren. Die tatsächliche Löschoperation erfolgt durch den Administrator, der in regelmäßigen Abständen alle als gelöscht markierten Datensätze überprüft und dann gemeinsam löscht. Der Anwender führt folglich nur eine UPDATE-Anweisung aus, die etwa folgende Form haben kann:

```
UPDATE Kunden
SET Geloescht = SYSDATE(),
    Geloescht_von = USER()
WHERE Firma = 'Wünsche GmbH & Co KG';
```

Auch hier gilt wieder die Einschränkung, dass in der WHERE-Klausel eigentlich eine eindeutige Spalte (*KundenNr*) verwendet werden sollte.

Bei normalen SELECT-Abfragen dürfen zum Löschen markierte Datensätze natürlich nicht mehr angezeigt werden, weshalb die WHERE-Klausel immer auch die Löschmarkierung berücksichtigen muss:

```
SELECT * FROM Kunden
WHERE Geloescht IS NULL;
```

Wir prüfen hier einfach auf den Wert NULL, weil ein nicht gelöschter Datensatz in dieser Spalte eben keinen Eintrag enthält. Beim Löschen der markierten Datensätze ist dann natürlich umgekehrt zu verfahren (IS NOT NULL). Nachfolgend sollen alle Datensätze entfernt werden, die in der Spalte *Geloescht* einen Eintrag enthalten:

```
DELETE FROM Kunden
WHERE Geloescht IS NOT NULL;
```

Sicherheitshalber wird der Administrator vor Ausführung dieser Anweisung eine SELECT-Abfrage mit der gleichen WHERE-Klausel starten, um die endgültig zu löschenden Datensätze noch einmal zu überprüfen.

Änderungen abfragen

Bei Problemen mit den Daten dienen die zusätzlichen Spalten natürlich dazu, die Änderungen zu überprüfen und den betreffenden Benutzer zu ermitteln. Die Änderungen der letzten zehn Tage erhalten Sie dann beispielsweise mit der folgenden Anweisung:

```
SELECT KundenNr, Firma, Geaendert, Geaendert_von
FROM Kunden
WHERE (TO_DAYS(NOW()) - TO_DAYS(Geaendert)) <= 10;
```

Wir bilden hier einfach die Differenz zwischen dem aktuellen Systemdatum (NOW) und dem Datum in der Spalte *Geaendert*.

Sicherheitskopien

Die regelmäßige Sicherung des Datenbestandes gehört zu den unverzichtbaren Aufgaben des Administrators. Entsprechend umfangreich sind die Möglichkeiten, die MySQL dafür zur Verfügung stellt. Grundsätzlich lassen sich folgende Optionen nutzen:

✔ Kopieren des Datenbankordners

✔ Verwendung von speziellen Kommandozeilen-Tools

✔ Verwendung von SQL-Befehlen

Sie können Sicherheitskopien Ihrer Datenbank erstellen, indem Sie einfach das komplette Datenbankverzeichnis auf ein anderes Laufwerk bzw. ein Sicherungsband (Streamer) kopieren. Diese Art der Sicherung ist auch durchaus zu empfehlen. In der Regel lässt sich dabei auch die Möglichkeit nutzen, die Datenbanken per Zip-Tool zu komprimieren.

Backup-Tools

Das MySQL-Paket enthält zwei spezialisierte Werkzeuge, mit denen sich ebenfalls Sicherungskopien anlegen lassen:

✔ *mysqldump*

✔ *mysqlhotcopy*

Wie schon von anderen MySQL-Tools bekannt, handelt es sich dabei wieder um so genannte Kommandozeilen-Tools. Um diese unter Windows verwenden zu können, müssen Sie folglich wieder ein DOS-Fenster bzw. ein Fenster für die Eingabeaufforderung öffnen.

mysqldump

Mit *mysqldump* erzeugen Sie keine Kopie der Dateien im Datenbankverzeichnis. Vielmehr erstellt das Tool ein SQL-Skript, also eine Textdatei, die sämtliche SQL-Anweisungen zur Erzeugung der Tabellen und Indizes (CREATE TABLE etc.) und zum Einfügen der Daten (INSERT) enthält. Sie können sich leicht vorstellen, dass dabei sehr große Dateien entstehen. Diese Vorgehensweise hat jedoch den Vorteil, dass sich die Skripte sehr leicht auf anderen Systemen, etwa unter LINUX, wieder einspielen lassen. Sie müssen diese lediglich mit dem *mysql*-Tool ausführen. Zur Aufbewahrung lassen sich die Skripte zudem recht wirkungsvoll mit Hilfe von Packern wie beispielsweise WinZip komprimieren.

Sicherungsskripte erstellen

Da es sich um ein Kommandozeilen-Tool handelt, führen Sie *mysqldump* in einem DOS-Fenster (Windows 98/ME) bzw. am Prompt einer Shell aus (Windows NT/2000/XP). Hier wechseln Sie zunächst zum MySQL-Unterverzeichnis */mysql/bin*. Das Kommando hat dann in der einfachsten Variante folgende Form:

```
mysqldump Kontakte Kunden > backup.sql
```

Damit veranlassen Sie *mysqldump*, die SQL-Anweisungen für die vollständige Rekonstruktion der Tabelle *Kunden* in die Datei *backup.sql* zu schreiben. Haben Sie bereits Benutzer eingerichtet und Passwörter vergeben, wird die Kommandozeile etwas länger. Diese könnte dann beispielsweise folgende Form haben:

```
mysqldump Kontakte Kunden > backup.sql --user=root
--password=geheim
```

Beachten Sie, dass die Anweisung aus einer einzelnen Zeile besteht, die wir nur aus Platzgründen umbrechen mussten. Da es sich bei der Sicherungsdatei um eine reine Textdatei handelt, können Sie sich diese mit jedem Texteditor anschauen, beispielsweise mit dem Windows-Editor, den Sie in der Zubehörgruppe finden. Sinnvoller ist allerdings ein Programm-Editor, der SQL-Anweisungen farblich hervorhebt. Abbildung 14.4 zeigt, wie die von *mysqldump* erzeugte Datei in einem solchen Editor aussehen könnte.

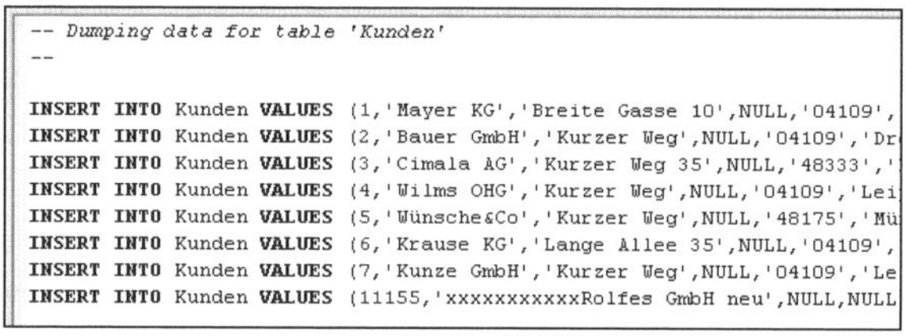

```
-- Dumping data for table 'Kunden'
--

INSERT INTO Kunden VALUES (1,'Mayer KG','Breite Gasse 10',NULL,'04109',
INSERT INTO Kunden VALUES (2,'Bauer GmbH','Kurzer Weg',NULL,'04109','Dr
INSERT INTO Kunden VALUES (3,'Cimala AG','Kurzer Weg 35',NULL,'48333','
INSERT INTO Kunden VALUES (4,'Wilms OHG','Kurzer Weg',NULL,'04109','Lei
INSERT INTO Kunden VALUES (5,'Wünsche&Co','Kurzer Weg',NULL,'48175','Mü
INSERT INTO Kunden VALUES (6,'Krause KG','Lange Allee 35',NULL,'04109',
INSERT INTO Kunden VALUES (7,'Kunze GmbH','Kurzer Weg',NULL,'04109','Le
INSERT INTO Kunden VALUES (11155,'xxxxxxxxxxxRolfes GmbH neu',NULL,NULL
```

Abbildung 14.4: Von *mysqldump* erzeugte Datei im Windows-Editor

Sollen alle Tabellen einer bestimmten Datenbank als Skript gesichert werden, kann die Kommandozeile wie folgt aussehen:

```
mysqldump Kontakte > backup.sql
```

Sie verzichten dann einfach auf die Angabe einer Tabelle. Das Tool schreibt alle Tabellendefinitionen und alle INSERT-Anweisungen in eine einzige Datei. Diese dürfte bei sehr vielen Datensätzen allerdings entsprechend groß und unhandlich werden, so dass sie für Backup-Zwecke nur noch bedingt zu verwenden ist. Bei Bedarf sind, wie weiter oben gezeigt, Benutzernamen und Passwort zu ergänzen.

Die Datei wird in dem Verzeichnis angelegt, in dem Sie den Befehl ausgeführt haben, hier also im Verzeichnis *C:/MySQL/ bin*. Sie können anstelle des Dateinamens aber auch einen kompletten Pfad angeben und so den Speicherort selbst bestimmen.

Sicherungsskripte ausführen

Die Ausführung der Sicherungsskripte kann mit Hilfe des Tools *mysql* erfolgen. Sie müssen also zunächst *mysql* aufrufen, beispielsweise mit der folgenden Zeile:

```
mysql --user=root --password=geheim
```

Am Prompt des *mysql*-Tools ist dann lediglich die folgende Zeile einzugeben:

```
Mysql> source backup.sql;
```

Natürlich müssen Sie zuvor mit USE die gewünschte Datenbank aktiviert haben. Zudem darf die Datenbank keine gleichnamigen Tabellen enthalten. Gegebenenfalls sind diese daher erst noch zu löschen.

Das Tool *mysqldump* verfügt über viele Optionen, auf die an dieser Stelle nicht weiter eingegangen werden soll. Eine ausführlichere Darstellung der Möglichkeiten des Tools finden Sie im vierten Teil dieses Buches.

mysqlhotcopy

Mit *mysqlhotcopy* kopieren Sie nur die Datenbankdateien (Tabellen) an einen anderen Ort. Das Tool ist zwar recht schnell; sie können stattdessen aber auch einfach die normalen Kopierfunktionen Ihres Betriebssystems nutzen bzw. ein spezielles Backup-Programm dafür einsetzen. Da einige Sicherungsdateien (Tabellen) betriebsspezifische Daten enthalten, erzeugt *mysqlhotcopy* auch keine portablen Kopien, so dass Sie diese beispielsweise nicht einfach von Windows auf LINUX übertragen können. In der Regel ist daher *mysqldump* vorzuziehen. Zudem handelt es sich bei *mysqlhotcopy* um ein so genanntes Perl-Skript. Wenn Ihr Rechner nicht dafür eingerichtet ist, werden Sie daher erst noch eine Perl-Laufzeitumgebung herunterladen und installieren müssen. Zumindest auf Windows-Rechnern ist *mysqlhotcopy* deshalb nur eingeschränkt zu empfehlen. An dieser Stelle soll es daher auch nicht weiter behandelt werden.

BACKUP und RESTORE

Für die Datensicherung von *MyISAM*-Tabellen können Sie neben den vorgestellten separaten MySQL-Tools auch normale SQL-Befehle einsetzen. Zu diesen Befehlen gehören SELECT INTO OUTFILE (siehe Kapitel 9) und vor allem BACKUP und RE-STORE. Mit BACKUP erstellen Sie Sicherheitskopien von Tabellen. Der Befehl hat folgende Syntax:

```
BACKUP TABLE Tabelle1 [, Tabelle2, ...]
TO 'Pfad'
```

Das folgende Beispiel sichert die Tabellen *Kunden* und *Artikel* in das Verzeichnis *c:/backup*. Dabei werden sowohl die Strukturdefinitionen als auch die Datendateien kopiert, nicht jedoch die Index-Dateien.

```
BACKUP TABLES Kunden, Artikel
TO 'c:/backup';
```

Wenn bei der Ausführung keine Probleme auftreten, erzeugt die Anweisung eine tabellarische Ausgabe wie die in Abbildung 14.5 (allerdings nicht im *MySQL Query Browser*).

	Table	Op	Msg_type	Msg_text
1	kontakte.kunden	backup	status	OK
2	kontakte.artikel	backup	status	OK

Abbildung 14.5: Rückgabe der BACKUP-Anweisung

Die Spalte *Op* bezeichnet die ausgeführte Operation (hier *bakkup*). In der Spalte *Msg_text* meldet MySQL den Erfolg oder Misserfolg der Operation. Eine Fehlermeldung produziert MySQL beispielsweise, wenn der angegebene Pfad nicht existiert (Fehlernummer 2). Die Ausgabe wird dann ungefähr wie in Abbildung 14.6 aussehen:

	Table	Op	Msg_type	Msg_text
1	kontakte.Kunden	backup	error	Failed copying .frm file (errno: 17)
2	kontakte.kunden	backup	status	Operation failed
3	kontakte.Artikel	backup	error	Failed copying .frm file (errno: 17)
4	kontakte.artikel	backup	status	Operation failed

Abbildung 14.6: Rückgabe beim Auftreten von Fehlern

Fehler treten auch dann auf, wenn im angegebenen Zielverzeichnis bereits gleichnamige Dateien existieren (Fehlernummer 17). BACKUP überschreibt also nicht einfach die alten Sicherungsdateien.

Sicherheitskopien wieder einspielen

RESTORE verwendet die mit BACKUP gesicherten Tabellen, um die ursprünglichen Tabellen wiederherzustellen. Die Syntax ist nahezu identisch mit der des BACKUP-Befehls und hat folgende Form:

```
RESTORE TABLE Tabelle1 [, Tabelle2, ...]
FROM 'Pfad'
```

Beachten Sie, dass bestehende Tabellen nicht überschrieben werden. Damit verhindert MySQL, dass Tabellen durch eventuell veraltete Sicherungsdateien ersetzt werden. MySQL bricht die Operation in diesem Fall mit einer Fehlermeldung ab. Um die Tabellen *Kunden* und *Artikel* zurückzuschreiben, ist folgende Anweisung erforderlich:

```
RESTORE TABLES Kunden, Artikel
FROM 'c:/backup';
```

Auch mit RESTORE erhalten Sie eine tabellarische Ausgabe. Kann MySQL die Tabellen nicht wiederherstellen, weil in der aktuellen Datenbank gleichnamige Tabellen existieren, liefert die Spalte *Msg_text* die folgende Nachricht:

```
table exists, will not overwrite on restore
```

Sie müssen die entsprechenden Tabellen in der aktuellen Datenbank erst manuell löschen, beispielsweise mit einer DROP TABLE-Anweisung.

Datenbank benennen

Wie Ihnen inzwischen bekannt sein sollte, beziehen sich Operationen, die nur einfache Tabellennamen verwenden, immer auf die aktuelle Datenbank. Sie müssen diese daher gegebenenfalls mit der USE-Anweisung aktivieren. Alternativ besteht die Möglichkeit, vollständige Namen, also den Objektpfad aus Datenbank- und Tabellennamen, zu verwenden. Mit der folgenden Anweisung können Sie auf ein vorhergehendes USE-Kommando verzichten:

```
BACKUP TABLES Kontakte.Kunden,
              Kontakte.Artikel
TO 'c:/backup';
```

Die vorstehende Anweisung bezieht sich ausdrücklich auf Tabellen aus der Datenbank *Kontakte*.

Zum Zeitpunkt der Drucklegung dieses Buches war die Zukunft von BACKUP und RESTORE nicht mehr gesichert. Möglicherweise fallen die Befehle in zukünftigen Versionen weg. Da »bessere« Nachfolgefunktionen zwar schon angekündigt, aber noch nicht näher bezeichnet (und schon gar nicht programmiert) sind, können Sie BACKUP und RESTORE durchaus noch einsetzen.

Tabellen prüfen und reparieren

Tabellen bzw. die Dateien, die Tabellendaten speichern, sind hoch dynamische Objekte. Sie werden in der Regel sehr häufig geändert und müssen daher regelmäßig ganz oder teilweise neu auf die Festplatte geschrieben werden. Wenn dabei unvorhergesehene Ereignisse auftreten, etwa ein Absturz des Systems, wird möglicherweise auch die Tabelle beschädigt. Ein solcher Zwischenfall muss keinen vollständigen Datenverlust zur Folge haben. Nicht selten lassen sich die meisten Daten noch retten. Für Prüfung und Reparatur stellt MySQL daher die hier vorzustellenden Befehle CHECK und REPAIR zur Verfügung.

Überprüfen mit CHECK

Vor dem Versuch, eine eventuell beschädigte *MyISAM-* oder *InnoDB*-Tabelle zu reparieren, sollten Sie diese überprüfen. Dazu setzen Sie den CHECK TABLE-Befehl ein, der folgende Syntax aufweist:

```
CHECK TABLE Tabelle1 [,Tabelle2, ...]
             [Option1 [Option2 ...]]
```

Als Option können Sie Werte wie QUICK, FAST, CHANGED, MEDIUM und EXTENDED hinzufügen. Damit realisieren Sie eine Art abgestuften Prüfumfang. So verzichtet QUICK auf die Überprüfung der einzelnen Spalten. Dafür ist die Prüfung auch recht schnell abgeschlossen:

```
CHECK TABLE Kunden QUICK;
```

Auch die Rückgabe dieser Anweisung ist recht mager. Eigentlich erhalten Sie nur die Mitteilung, dass die Tabelle *Kunden* in Ordnung ist (oder auch nicht). Dazu erzeugt die Anweisung eine tabellarische Ausgabe, die lediglich aus einer Zeile besteht. Die wichtigste Meldung steht in der Spalte *Msg_text* und wird, wenn alles in Ordnung ist, lediglich das Kürzel ‚OK' anzeigen. Etwas mitteilsamer ist dann schon folgende Anweisung, die zumindest auch Spalten überprüft, um festzustellen, ob gelöschte Verknüpfungen in Ordnung sind (MEDIUM). Zudem wird über Schlüsselspalten ein Checksummenvergleich durchgeführt:

```
CHECK TABLE Kunden CHANGED MEDIUM;
```

Die Klausel CHANGED sorgt dafür, dass lediglich Tabellen überprüft werden, die seit der letzten Überprüfung geändert oder nicht korrekt geschlossen wurden. Eine umfassende Prüfung veranlassen Sie mit der folgenden Anweisung:

```
CHECK TABLE Kunden EXTENDED;
```

Damit überprüfen Sie unter anderem die Schlüssel für jeden einzelnen Datensatz. Bei sehr großen Tabellen kann das schon etwas mehr Zeit in Anspruch nehmen.

Wichtig! Unter MySQL 5.x können Sie CHECK TABLE auch auf Views anwenden.

Reparieren mit REPAIR

Lässt sich eine Tabelle noch reparieren, können Sie dafür den Befehl REPAIR einsetzen. Wie die Syntax erkennen lässt, lassen sich auch hier bezüglich des Umfangs der Reparatur bestimmte Abstufungen vornehmen:

```
REPAIR TABLE Tabelle1 [, Tabelle2,...]
            [QUICK] [EXTENDED] [USE_FRM]
```

Die folgende Anweisung versucht, die Tabelle *Kunden* zu reparieren:

```
REPAIR TABLE Kunden EXTENDED;
```

In der Regel dürften Sie CHECK und insbesondere REPAIR kaum benötigen. Anstelle der SQL-Befehle können Sie zudem wieder ein Kommandozeilen-Tool (*myisamcheck*) verwenden, das wir im vierten Teil dieses Buches vorstellen.

15 Views

Views gehören schon lange zum SQL-Standard. MySQL hat dieses Konstrukt jedoch erst mit Version 5.0 erhalten. Mit Views schränken Sie die Sicht auf Tabellen ein, indem Sie dem Anwender lediglich bestimmte Spalten einer oder mehrerer Tabellen zur Verfügung stellen. Views sind also keine eigenen Tabellen, sondern basieren auf bereits vorhandenen Tabellen. Gegenüber dem Anwender verhalten sich Views jedoch wie normale Tabellen. Der Anwender kann insbesondere SELECT-Abfragen darauf ausführen und in der Regel auch Daten hinzufügen, ändern oder löschen.

Views haben heute jedoch nicht mehr ganz die Bedeutung, die ihnen früher einmal zukam. Früher war es nicht unüblich, dass Anwender direkt per SQL-Kommando auf die Datenbank zugreifen konnten. Heute wird die Sicht des Anwenders in der Regel durch Datenbankprogramme, also beispielsweise durch Formulare, eingeschränkt. Der Programmierer bestimmt dann, welche Spalten der Anwender noch zu sehen bekommt.

Die CREATE VIEW-Syntax

Die Erzeugung von Views erfolgt mit Hilfe des CREATE VIEW-Kommandos. Der Befehl hat folgende Syntax:

```
CREATE VIEW Name [(Spalte1, Spalte2, …)]
    AS Select-Anweisung
    [WITH [CASCADED | LOCAL] CHECK OPTION]
```

In der einfachsten Variante genügt folgende Anweisung, um für die Tabelle *Kunden* einen View zu erzeugen:

```
CREATE VIEW KundenAdr
AS SELECT Firma, PLZ, Ort
    FROM Kunden
```

Das wichtigste Element der CREATE VIEW-Syntax ist also eine «normale" SELECT-Anweisung. Diese kann auch eine WHERE-Klausel enthalten, so dass Sie nicht nur die Spalten, sondern auch die Zeilen beschränken können. Das folgende Beispiel erzeugt einen View, der lediglich die Leipziger Kunden zur Verfügung stellt:

```
CREATE VIEW KundenAdr
AS SELECT Firma, PLZ, Ort
   FROM Kunden
   WHERE Ort = "Leipzig"
```

Ein Sachbearbeiter, der beispielsweise nur Leipziger Kunden betreuen soll, kann damit nicht mehr auf die Datensätze der Dresdner Kunden zugreifen. Er bekommt diese erst gar nicht zu sehen.

Grundsätzlich lassen sich in der SELECT-Anweisung auch wieder Gruppierungsklauseln (GROUP BY) verwenden. Ein solcher View lässt dann aber keine Datenänderung mehr zu.

Die Ergänzungen WITH CHECK OPTION werden eventuell benötigt, wenn Sie Views selber wieder als Datenquellen in einem View verwenden. Wir kommen noch darauf zurück.

Views als Datenquelle

Views können grundsätzlich wie Tabellen verwendet werden. Daraus folgt, dass Views auch wieder als Datenquellen von Views dienen und damit im SELECT-Statement vorkommen können. So erzeugen die folgenden Anweisungen zwei Views, wobei der zweite auf dem ersten View aufbaut. Die dritte Anweisung schreibt Daten in den View, die natürlich in der zugrunde liegenden (realen) Tabelle (hier *Kunden*) landen. Die letzte Anweisung liest dann die Daten aus der Ursprungstabelle aus:

```
CREATE VIEW Kunden1 AS SELECT * FROM Kunden;
CREATE VIEW Kunden2 AS SELECT * FROM Kunden1;
INSERT INTO Kunden2(firma, ort)
```

```
VALUES("Maier", "Leipzig");
SELECT * FROM Kunden;
```

Das Einfügen (oder Ändern) von Daten ist jedoch von bestimmten Bedingungen abhängig, auf die nachfolgend eingegangen werden soll.

Daten in Views einfügen, editieren oder löschen

Grundsätzlich lassen sich die Daten eines Views, wie schon
weiter oben gezeigt, auch bearbeiten. Da ein View natürlich
immer nur die Daten einer oder mehrerer zugrunde liegender
Tabellen abbildet, wirken sich die Änderungen nur auf die Daten dieser Tabellen aus.

Die Möglichkeit, View-Daten zu bearbeiten, gilt jedoch nicht
für alle Views. Grundsätzlich ist die Bearbeitung unmöglich,
wenn der View eine GROUP BY-Klausel enthält. Auch Views
über mehrere Tabellen können kritisch sein. Wurde zudem die
Klausel WITH CHECK OPTION verwendet, muss eine Änderung
bzw. ein neu einzufügender Datensatz auch der WHERE-Klausel
des Views genügen. Das folgende Beispiel erzeugt zunächst einen View mit einer WHERE-Klausel und der Erweiterung WITH
CHECK OPTION:

```
CREATE VIEW Kunden3
AS SELECT * FROM Kunden
WHERE Ort = "Leipzig"
WITH CHECK OPTION;
```

Die folgende INSERT-Anweisung funktioniert in diesem Fall
nicht, weil sie die WHERE-Klausel der View-Definition verletzt:

```
INSERT INTO Kunden3(Firma, Ort)
VALUES("Schulze", "Dresden");
```

Da die WHERE-Klausel der View-Definition im Feld *Ort* nur den
Wert »Leipzig« zulässt und zudem CHECK OPTION aktiv ist,
wird die Anweisung wegen der Ortsangabe »Dresden« mit der
Fehlermeldung »CHECK OPTION failed« abgebrochen.

CHECK OPTION qualifizieren

Bei Views, die von anderen Views abgeleitet sind, können Sie mit den Angaben CASCADED und LOCAL bestimmen, wie beim Einfügen und Ändern von Daten die Einhaltung der WHERE-Bedingungen übergeordneter Views kontrolliert wird. LOCAL bewirkt, dass lediglich die Bedingung des aktuellen Views berücksichtigt wird, während CASCADED auch die Überprüfung der WHERE-Klauseln der übergeordneten Views veranlasst. Das folgende Beispiel erzeugt zunächst einen View, der lediglich Datensätze mit dem Ort »Leipzig« enthält:

```
CREATE VIEW kunden1
AS SELECT * FROM kunden
WHERE Ort = "Leipzig"
```

Der nächste View, der auf dem vorstehenden aufbaut, verwendet eine weitere WHERE-Klausel und zudem die LOCAL-Option:

```
CREATE VIEW kunden2
AS SELECT * FROM kunden1
WHERE Kundentyp = "Firma"
WITH LOCAL CHECK OPTION
```

Wenn Sie auf den letzten View eine SELECT-Abfrage anwenden, erhalten Sie immer nur Daten angezeigt, die sowohl der ersten als auch der zweiten WHERE-Klausel genügen. Fügen Sie dem zweiten View jedoch mit INSERT Daten hinzu, muss der Datensatz lediglich der zweiten Bedingung genügen, hier also vom Kundentyp »Firma« sein. Der Ort ist hingegen beliebig:

```
INSERT INTO kunden2 (Ort, Kundentyp)
VALUES("Dresden", "Firma")
```

Wurde der zweite View (*kunden2*) hingegen mit der Option CASCADED erzeugt, müssen für die INSERT-Anweisung beide Bedingungen erfüllt sein (hier *Ort* = »Leipzig« und *Kundentyp* = »Firma«).

Natürlich lassen sich auch UPDATE- und DELETE-Anweisungen auf den View anwenden. So ändert die folgende UPDATE-Anweisung, die auf den weiter oben definierten View *Kunden2* angewendet wird, nur Datensätze, die in der Spalte *Ort* den Wert »Leipzig« und gleichzeitig in der Spalte *Kundentyp* den Wert »Firma« enthalten, obwohl der Ort in der Anweisung gar nicht vorkommt:

```
UPDATE Kunden2
SET Bemerkung = "Lieferung gegen Rechnung"
WHERE Kundentyp = "Firma";
```

Da *Kunden2* in unserem Fall auf dem weiter oben definierten View *Kunden1* basiert, gilt zusätzlich dessen WHERE-Klausel. Und dort lautet die Bedingung eben: Ort = "Leipzig". Beachten Sie, dass es in diesem Fall gar nicht auf die CHECK OPTION-Klausel ankommt, weil der zweite View (hier *Kunden2*) grundsätzlich nur noch den Zugriff auf Firmenkunden aus Leipzig erlaubt.

Welche Daten ein View überhaupt zur Bearbeitung anbietet, erfahren Sie, indem Sie einfach eine SELECT-Abfrage darauf ausführen:

```
SELECT * FROM kunden2
```

Nur diese Daten können Sie über den betreffenden View (*Kunden2*) ändern oder löschen.

Spaltenlisten verwenden

Die CREATE VIEW-Anweisung kann auch eine Spaltenliste aufnehmen. Damit bestimmen Sie die Namen der Spalten im View. Die Spaltenliste muss bezüglich der Spaltenzahl mit der Anzahl der Spalten in der SELECT-Anweisung übereinstimmen.

```
CREATE VIEW kunden4 (unternehmen, stadt)
AS SELECT firma, ort
FROM kunden;
```

Sie nehmen damit für den View praktisch eine Umbenennung der Spalten der zugrunde liegenden Tabelle vor. Die Umbe-

nennung gilt natürlich nur für den View; in der Tabelle bleiben die ursprünglichen Namen erhalten. Notwendig ist das jedoch nicht, weil Sie stattdessen auch im SELECT-Teil Alias-Namen verwenden können (siehe Kapitel 9):

```
CREATE VIEW Kunden5
AS SELECT firma AS unternehmen,
ort AS stadt
FROM Kunden;
```

Bei der Verwendung des Views sind dann natürlich die (neuen)
Namen der Spaltenliste zu verwenden:

```
SELECT unternehmen, stadt FROM Kunden4;
```

Bei Verwendung der Spaltennamen der Ursprungstabelle
bricht die SELECT-Anweisung mit einer Fehlermeldung ab.

Berechnete Spalten

Wie schon bei normalen SELECT-Abfragen können auch Views
berechnete Spalten enthalten (siehe Kapitel 9). Die Berechnungen nehmen Sie im SELECT-Abschnitt vor, nicht in der
Spaltenliste des Views:

```
CREATE VIEW Artikel2
AS SELECT ArtikelNr, Bezeichnung,
       Preis, UstSatz,
       Preis * UstSatz / 100 AS Ust
FROM Artikel;
```

Mit der folgenden SELECT-Abfrage überprüfen Sie die Ausgabe
des Views:

```
SELECT * FROM Artikel2;
```

Natürlich sollte klar sein, dass sich die Daten berechneter
Spalten nicht editieren oder löschen lassen.

REPLACE VIEW – Views ersetzen

Anstelle von CREATE können Sie auch REPLACE verwenden. In diesem Fall wird ein View gleichen Namens damit überschrieben, also praktisch gelöscht. Die Syntax ist nahezu identisch mit der Syntax der CREATE-Variante:

```
CREATE [OR REPLACE] VIEW Name [(Spalte1, Spalte2, …)]
    AS Select-Anweisung
    [WITH [CASCADED | LOCAL] CHECK OPTION]
```

Es handelt sich bei REPLACE also nicht um einen eigenen Befehl, sondern um eine Klausel des CREATE VIEW-Befehls. Die Anwendung hat daher folgende Form:

```
CREATE OR REPLACE VIEW Kunden3
AS SELECT * FROM Kunden
```

Existiert ein gleichnamiger View bereits, wird dieser überschrieben, andernfalls erzeugt die Anweisung einen neuen View.

Views ändern

Wie Tabellen und andere Datenbankobjekte lassen sich Views auch mit Hilfe des ALTER-Befehls ändern. Die Syntax hat folgende Form:

```
ALTER VIEW View-Name [(Spaltenliste)]
    AS Select-Anweisung
    [WITH [CASCADED | LOCAL] CHECK OPTION]
```

Eigentlich handelt es sich bei ALTER VIEW lediglich um eine andere Variation für CREATE OR REPLACE VIEW. Mit beiden Befehlen können Sie einen bestehenden View vollständig neu definieren. Der einzige Unterschied besteht darin, dass bei Anwendung von ALTER ein View gleichen Namens bereits bestehen muss. An dieser Stelle soll daher auf ein Beispiel verzichtet werden.

Views löschen

Für das Löschen von Views ist die DROP VIEW-Anweisung zuständig, die über folgende Syntax verfügt:

```
DROP VIEW [IF EXISTS]
    View1 [, View2] ...
    [RESTRICT | CASCADE]
```

Den View *KundenAlt* löschen Sie mit der folgenden Anweisung:

```
DROP VIEW KundenAlt;
```

Um für den Fall, dass der View nicht oder nicht mehr existiert, eine Fehlermeldung zu vermeiden, sollten Sie in der Regel die Klausel IF EXISTS verwenden:

```
DROP VIEW IF EXISTS KundenAlt;
```

Wichtig! Beim Löschen von Views gehen keine Daten verloren, auch nicht solche, die Sie über den View eingefügt oder geändert haben. Diese werden ja immer nur in der zugrunde liegenden Tabelle gespeichert.

> Die Klauseln RESTRICT und CASCADE werden lediglich aus Gründen der Kompatibilität akzeptiert. Sie sind in MySQL 5 aber ohne Wirkung.

View-Definition anzeigen

Mit dem Befehl SHOW CREATE VIEW können Sie die Definition eines Views ausgeben. Als Parameter wird lediglich der Name eines bereits erzeugten Views erwartet:

```
SHOW CREATE VIEW Kunden2;
```

Die Ausgabe der Definition erfolgt in der zweiten Spalte einer einzeiligen Tabelle. Beachten Sie, dass der Anwender in diesem Fall über das Privileg SHOW VIEW verfügen muss (siehe Rechtevergabe in Kapitel 12).

Was Sie noch wissen sollten

Da es sich bei Views um abgeleitete Strukturen handelt, unterliegen sie einigen Einschränken. Zudem können Sie mit Hilfe einer ALGORITHM-Klausel beeinflussen, wie MySQL den View generiert.

Einschränkungen

Views können keine Unterabfragen enthalten. Es ist auch nicht möglich, in einem View temporäre Tabellen zu verwenden. Auch System- und Benutzervariablen stehen in Views nicht zur Verfügung.

Bei einigen Operationen müssen Sie zudem mit einem problematischen Verhalten rechnen. So können Sie in Views die GROUP BY-Klausel verwenden. Eine Abfrage auf dem View, die eine eigene GROUP BY-Klausel verwendet, ignoriert jedoch die Klausel des Views.

In Stored Procedures sollten Views nicht zum Einsatz kommen, weil sie nicht auf Parameter zugreifen können.

ALGORITHM-Klausel

MySQL kennt zwei verschiedene Methoden, einen View auszuführen, wenn dieser beispielsweise in einer Abfrage verwendet wird. Voreingestellt ist UNDEFINED. In diesem Fall entscheidet MySQL selbst, wie bei der Ausführung vorzugehen ist. Mit dem Algorithmus MERGE veranlassen Sie MySQL, die View-Syntax in die Abfragesyntax einzubinden. In der Regel nutzt auch MySQL diese Strategie, weil sie normalerweise schneller ist. Sie haben aber auch die Möglichkeit, den Algorithmus

TEMPTABLE vorzugeben. MySQL erzeugt dann zunächst mit der View-Syntax eine temporäre Tabelle und führt darauf die Abfrage aus. Das folgende Beispiel zeigt die Anwendung der Befehlserweiterung:

```
CREATE ALGORITHM=TEMPTABLE VIEW Kunden2
AS SELECT firma, ort FROM Kunden;
```

Beachten Sie, dass diese Anweisung (wie jede View-Definition) zunächst lediglich gespeichert wird, aber noch keine weitere Operation auf die Daten auslöst. Erst wenn Sie den View in einer Abfrage wie beispielsweise der folgenden verwenden, erfolgt ein Zugriff auf die Daten:

```
SELECT * FROM Kunden2;
```

Erst jetzt wird auch der Algorithmus wirksam, den Sie in der Erweiterung vorgeben. In der Regel sollten Sie diese Klausel jedoch nicht einsetzen, da MySQL selbst am besten bestimmen kann, welche Strategie am schnellsten zum Ergebnis führt. Üblicherweise ist TEMPTABLE die langsamere Variante. Zudem erlaubt ein mit TEMPTABLE erzeugter View keine Dateneingabe bzw. Datenänderung.

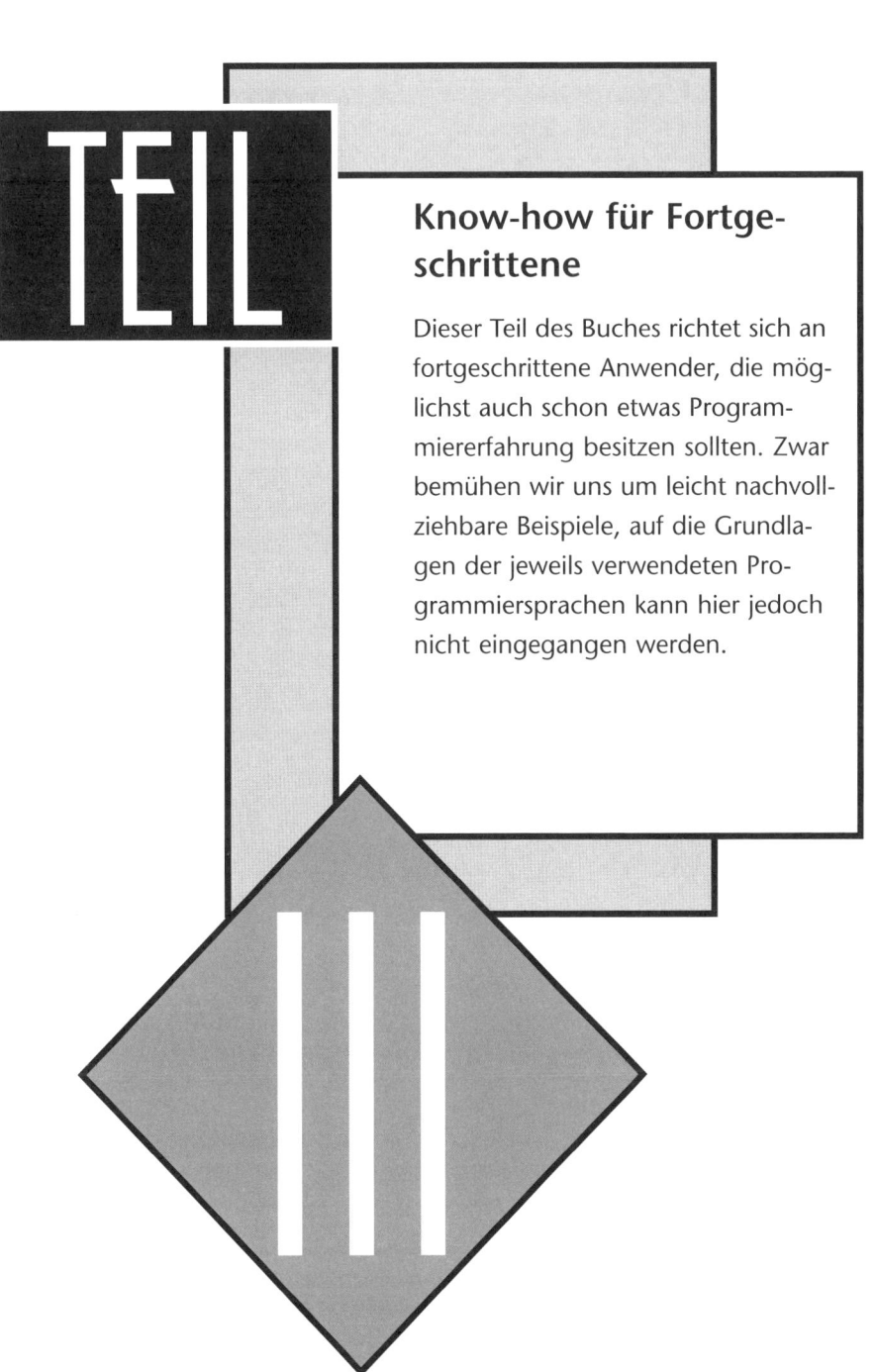

TEIL

Know-how für Fortge-
schrittene

Dieser Teil des Buches richtet sich an
fortgeschrittene Anwender, die möglichst auch schon etwas Programmiererfahrung besitzen sollten. Zwar
bemühen wir uns um leicht nachvoll-
ziehbare Beispiele, auf die Grundlagen der jeweils verwendeten Programmiersprachen kann hier jedoch
nicht eingegangen werden.

III

16 SQL für Fortgeschrittene

Die SQL-Syntax ermöglicht sehr komplexe Anweisungen. So können Sie Abfragen beispielsweise über mehrere Tabellen bilden. MySQL unterstützt zu diesem Zweck auch so genannte Fremdschlüssel. Zudem lassen sich mit MySQL auch spezielle Datentypen wie beispielsweise Binärdaten oder zusammengesetzte Daten (Auflistungen) speichern. Auf alle diese Feinheiten (und noch einiges mehr) wollen wir nachfolgend eingehen. Da sich die Beispiele dieses Kapitels ohne ein tieferes Verständnis der SQL-Grundlagen kaum noch nachvollziehen lassen, setzen wir voraus, dass Sie mit den im zweiten Teil des Buches vorgestellten Befehlen hinreichend vertraut sind.

Binärdaten versus ASCII-Daten

Etwas vereinfacht lassen sich in der Datenverarbeitung zwei »Datentypen« unterscheiden: ASCII- und Binärdaten. Als *ASCII-Daten* wird alles bezeichnet, was sich als lesbare Zeichen interpretieren und darstellen lässt. Jedes Byte (bzw. jedes Doppel-Byte) steht dann für ein bestimmtes Zeichen aus der ASCII-Zeichentabelle. *Binärdaten* sind hingegen Daten, die sich nicht in Byte- oder Doppel-Byte-Schritten interpretieren lassen. Nur noch Programme, die speziell für bestimmte Binärformate zuständig sind, können diese verstehen und entsprechend speichern bzw. verarbeiten. Das gilt beispielsweise für Grafik-, Video- und Sounddateien, aber auch für populäre Formate wie Excel- und Word-Dokumente. MySQL kann solche Daten zwar speichern, diese aber im Gegensatz zu ASCII-Daten nicht darstellen. Eigentlich hat MySQL keine Ahnung von dem, was es da speichert. Es stellt lediglich den Speicherplatz zur Verfügung. Die Eingabe solcher Daten erfolgt normalerweise durch das Einlesen von Dateien. Entsprechend gibt MySQL diese Daten durch das Schreiben von Dateien aus.

In früheren Kapiteln haben wir gelegentlich die Erweiterung BINARY verwendet, um exakte Vergleiche zu ermöglichen. BINARY sorgt dafür, dass der ASCII-Wert eines Zeichens für Vergleiche verwendet wird und sich so beispielsweise Groß- und Kleinbuchstaben unterscheiden lassen. Mit den Binärdaten, auf deren Verwendung wir in diesem Kapitel eingehen, hat das nichts zu tun.

Binärdatentypen

Normalerweise werden Binärdaten nicht in relationalen Datenbanken gespeichert. Ganz vermeiden lassen sich diese Anwendungsfälle jedoch nicht. Wie andere SQL-Server unterstützt MySQL daher auch die Einbindung von Binärdaten. Die Unterstützung ist jedoch begrenzt, weil viele Funktionen, die MySQL anbietet, nicht auf Binärdaten anzuwenden sind. Das gilt vor allem für das Suchen und Sortieren. Tabelle 16.1 zeigt eine Übersicht der wichtigsten Datentypen für Binärdaten.

Typ	Beschreibung
BLOB	Speichert bis zu 65.535 Byte. Dieser Typ entspricht weitgehend dem Typ TEXT
LONGBLOB	Speichert (theoretisch) bis zu 4.294.967.295 Byte (4 GB). Dieser Typ entspricht in etwa dem Typ LONGTEXT
MEDIUMBLOB	Speichert (theoretisch) bis zu 16.777.215 Byte (16 MB). Dieser Typ entspricht dem Typ MEDIUMTEXT
TINYBLOB	Speichert (theoretisch) bis zu 255 Byte. Dieser Typ entspricht dem Typ TINYTEXT

Tabelle 16.1: Auswahl von Binärdatentypen

Wie Sie aus der Aufstellung schon ersehen, existiert für jeden BLOB-Typ auch ein entsprechender TEXT-Typ. Es lässt sich sogar sagen, dass beide Varianten weitgehend identisch sind. Sie können folglich auch einen BLOB-Typ wählen, um ganz normale Texte zu speichern. MySQL interpretiert die Daten jedoch etwas unterschiedlich, besonders bei Vergleichen.

Einschränkung der Speichergröße

Bei den Angaben zu den großen BLOB-Typen handelt es sich in der Regel um theoretische Werte, weil das von MySQL verwendete Kommunikationsprotokoll normalerweise nur Datenpakete bis zu 16 MB akzeptiert. Zudem sind die üblichen *MyISAM*-Tabellen auf 16 MB pro Datensatz beschränkt.

Typ auswählen

Für Abbildungen dürfte vor allem der Typ MEDIUMBLOB in Frage kommen, weil dieser die Begrenzungen des Kommunikationsprotokolls bzw. der Datensatzgröße voll ausschöpft. Wenn Sie kleine Abbildungen verwenden, etwa JPEG- und PNG-Dateien für das Internet, kommen Sie meistens auch mit dem Typ BLOB aus. MEDIUMBLOB ist in der Regel auch der richtige Typ, um beispielsweise große Excel- und Word-Dokumente zu speichern.

Spalte für Binärdaten anlegen

Um Binärdaten verwalten zu können, müssen Sie zunächst eine Tabelle mit einer entsprechenden Spalte anlegen. Die folgende Anweisung erzeugt eine etwas verkürzte *Artikel*-Tabelle mit der Binärspalte *Abbildung*:

```
CREATE TABLE Artikel (
    ArtikelNr INTEGER PRIMARY KEY AUTO_INCREMENT,
    Bezeichnung CHAR(50) NOT NULL,
    Abbildung MEDIUMBLOB );
```

Wir haben hier den Typ MEDIUMBLOB gewählt, weil dieser für die meisten einfachen Abbildungen völlig ausreichen sollte. Besteht die Tabelle bereits, können Sie mit ALTER TABLE eine Binärspalte (eigentlich Binärdatenspalte) hinzufügen:

```
ALTER TABLE Artikel
ADD COLUMN Abbildung MEDIUMBLOB;
```

Die Anweisung erzeugt die neue Spalte am Ende der Tabelle. Wollen Sie die Position selbst bestimmen, müssen Sie die Klausel AFTER verwenden und als Argument die vorhergehende Spalte angeben:

```
ALTER TABLE Artikel
ADD COLUMN Abbildung MEDIUMBLOB
AFTER Beschreibung;
```

Die vorstehende Anweisung fügt die BLOB-Spalte nach der Spalte *Beschreibung* in die Tabelle ein. Die Spalte *Beschreibung* muss natürlich schon vorhanden sein.

BLOB-Spalten (und auch die entsprechenden TEXT-Spalten) können im Gegensatz zu CHAR- bzw. VARCHAR-Typen keinen Standardwert erhalten. Sie müssen also auf die DEFAULT-Klausel verzichten.

BLOB-Spalten indizieren

Auch BLOB- und TEXT-Spalten lassen sich indizieren. Sie müssen dann aber die Indexlänge begrenzen. Allerdings ist es nicht unbedingt sinnvoll, Spalten zu indizieren, die, wie im folgenden Beispiel, Abbildungen aufnehmen sollen:

```
CREATE INDEX bild
ON Artikel(Abbildung(30));
```

Diese Option werden Sie daher vorzugsweise nutzen, wenn Sie nicht »echte« Binärdaten wie Grafiken, sondern Textdaten in einer BLOB-Spalte ablegen wollen. Im vorstehenden Beispiel wird ein Index mit einer Tiefe von 30 Byte angelegt.

Binärdaten einfügen

Das Speichern von Binärdaten setzt zunächst voraus, dass Sie auf diese Daten auch zugreifen können. Binärdaten geben Sie ja nicht wie den Namen eines Artikels als String ein. Vielmehr liegen Abbildungen und andere Binärdaten üblicherweise als Dateien vor. Kurz: Sie müssen eine Datei laden, um diese an INSERT oder UPDATE übergeben zu können. MySQL verfügt zu diesem Zweck über die Funktion LOAD_FILE, die folgende Syntax aufweist:

```
LOAD_FILE('Datei')
```

Üblicherweise ist als Datei der vollständige Pfad anzugeben. Der Zugriff setzt zudem voraus, dass sich die Datei auf dem gleichen Rechner befindet, auf dem auch MySQL läuft. Die folgende Anweisung erzeugt einen neuen Datensatz und fügt die Datei *bild.jpg* aus dem Verzeichnis */temp* in die Spalte *Abbildung* ein:

```
INSERT INTO Artikel (Bezeichnung, Abbildung)
VALUES ('Dicke Birnen',
        LOAD_FILE('c:/temp/bild.jpg') );
```

Soll eine Abbildung in die betreffende Spalte eines schon bestehenden Datensatzes eingefügt werden, müssen Sie in der WHERE-Klausel der UPDATE-Anweisung genau angeben, um welchen Datensatz es sich handelt:

```
UPDATE Artikel
SET Abbildung = LOAD_FILE('c:/temp/bild.jpg')
WHERE ArtikelNr = 35;
```

Jede Anweisung sollte immer nur eine Spalte in einem Datensatz ändern. Allerdings schreibt MySQL die gleichen Binärdaten auch in beliebig viele Datensätze.

Wie schon angedeutet, können Sie in Binärspalten natürlich auch normalen Text speichern. Die Syntax der INSERT- und UPDATE-Anweisungen ist dann identisch mit derjenigen, die wir im zweiten Teil dieses Buches bereits vorgestellt haben.

Binärdaten auswerten

Aus Sicht eines Datenbanksystems haben Binärdaten nicht nur den Nachteil, oft sehr groß zu sein – so können schon einzelne Fotos (Bitmaps) mehrere Megabyte belegen –, problematisch an Binärdaten ist auch, dass MySQL nach diesen Daten nicht suchen und sie auch nicht indizieren kann. Kurz: Binärdaten sind nicht gerade das optimale Futter für relationale Datenbanken. Die üblichen SELECT-Anweisungen lassen sich zwar anwenden, sind aber, wie schon dargestellt, weitgehend sinnlos.

Binärdaten ausgeben

Die Ausgabe von Binärdaten bedeutet normalerweise, diese in eine Datei zu schreiben. MySQL verfügt zu diesem Zweck über eine Variante des SELECT-Befehls, mit der sich entsprechende Dateien erzeugen lassen. Diese hat folgende Syntax:

```
SELECT Binärspalte
INTO DUMPFILE 'Dateipfad'
FROM Tabelle
WHERE Bedingung
```

Da Sie nicht einfach mehrere Bilder in einer Datei zusammen speichern können, erzeugt jede Anweisung eine Datei, die nur den Inhalt eines Binärfeldes ausgibt. So schreibt die folgende Anweisung den Inhalt des Feldes *Abbildung* für den Datensatz mit der Artikelnummer 46 in die Datei *neuesbild.jpeg*:

```
SELECT Abbildung
INTO DUMPFILE 'c:/temp/neuesbild.jpeg'
FROM Artikel
WHERE ArtikelNr = 46;
```

In der WHERE-Klausel ist folglich eine Bedingung anzugeben, die lediglich einen Datensatz auswählt. Stimmen mehrere Datensätze mit der Bedingung überein, erhalten Sie eine Fehlermeldung angezeigt. Das gilt auch, wenn die zu erzeugende Datei bereits existiert. Eine bestehende Datei wird also nicht einfach überschrieben.

Binärspalten sortieren

Auch auf Binärdaten lässt sich die ORDER BY-Klausel anwenden. Sie müssen aber in der Regel die Sortiertiefe durch Verwendung einer entsprechenden Funktion (LEFT, SUBSTRING etc.) eingrenzen:

```
… ORDER BY LEFT(Ort, 10) …
```

Natürlich macht es keinen Sinn, Multimediadaten sortieren zu wollen. Eine Sortierung werden Sie daher nur verwenden, wenn Sie einen BLOB-Typ für die Speicherung von normalen ASCII-Daten verwenden. Dabei ist jedoch auf einen großen Unterschied in der Sortierordnung zu achten. Tabelle 16.2 zeigt, wie die gleichen Daten von einer BLOB- und einer TEXT-Spalte (bzw. CHAR oder VARCHAR) sortiert werden.

BLOB-Sortierung	TEXT-Sortierung
Leipzig	*berlin*
Stuttgart	*Leipzig*
berlin	*Stuttgart*

Tabelle 16.2: Sortierung von BLOB- und TEXT-Spalten

Die BLOB-Sortierung erfolgt nach dem Binärwert (dem ASCII-Code) der einzelnen Zeichen. In dieser Sortierung kommen die großen Buchstaben vor den kleinen. Die TEXT-Sortierung kennt diesen Unterschied nicht und betrachtet daher große und kleine Zeichen, die für den gleichen Buchstaben stehen, als gleichwertig. Sie unterscheidet folglich nicht zwischen Groß- und Kleinschreibung.

Voreingestellte Sortiertiefe

Die auch für BLOB-Spalten relevante Sortiertiefe ist in der Voreinstellung auf 1024 Zeichen begrenzt. MySQL speichert diesen Wert in der Variablen max_sort_length, die sich beispielsweise mit SHOW VARIABLES ausgeben lässt:

```
SHOW VARIABLES LIKE "max_sort_length";
```

Mit der folgenden SET-Anweisung ändern Sie die Sortiertiefe auf einen Wert von 20 Zeichen:

```
SET GLOBAL max_sort_length = 20;
```

Auf die Syntax der SHOW- und SET-Anweisungen soll später noch eingegangen werden (beispielsweise in Kapitel 24).

Über Binärspalten gruppieren

In ähnlicher Weise wie für das Sortieren gilt für die Gruppierung von Daten mit GROUP BY, dass Sie normalerweise nicht die ganze Spalte verwenden können. Auch hier müssen Sie die Tiefe mit Funktionen wie LEFT oder SUBSTRING begrenzen. BLOB-Spalten werden allerdings nur dann in Gruppierungsabfragen vorkommen, wenn Sie darin normale Textdaten speichern. Bei der Bildung von Gruppen unterscheidet MySQL dann wieder zwischen großen und kleinen Buchstaben, so dass beispielsweise die Begriffe *Berlin* und *berlin* zwei Gruppen bilden. Bei einem Textfeld werden diese hingegen zu einer Gruppe zusammengefasst.

Alternativen

Bevor Sie darangehen, Ihre Fotos in einer MySQL-Datenbank abzulegen, soll kurz eine schlichte, aber häufig ausreichende Alternative skizziert werden. Binärdaten liegen üblicherweise als separate Dateien vor. Es ist dann nicht unbedingt erforderlich, diese Daten, etwa einzelne Bilddateien, in der Datenbank abzulegen. Vielmehr können Sie die Dateien nach bestimmten Kriterien in Verzeichnissen speichern und in der Datenbank lediglich auf die jeweilige Bilddatei verweisen. Sie speichern also praktisch nur den Pfad zu der betreffenden Datei und einige zusätzliche Informationen für deren Identifizierung. Eine schlichte Tabelle für die Verwaltung von Bilddaten könnte beispielsweise folgende Struktur aufweisen:

```
CREATE TABLE Bilddaten (
    BildNr INTEGER,
    Bildname CHAR(100),
    Bildpfad CHAR(255),
    Beschreibung TEXT,
    Suchbegriffe CHAR(255),
    Datum DATE
) ENGINE=MYISAM;
```

Für die Suche und die Generierung eines Index verwenden Sie das normale Textfeld *Bildname*. Auch beim Pfad handelt es sich lediglich um ein großes Textfeld. In der Spalte *Suchbegriffe* lassen sich beliebige Stichwörter unterbringen, so dass Sie mit Hilfe von String-Funktionen bzw. eines Volltext-Index detaillierte Suchabfragen definieren können.

Mit den eigentlichen Binärdaten kommt MySQL dann gar nicht erst in Berührung. Der Zugriff auf die Datensätze wird in diesem Fall auch schneller sein, weil MySQL für den einzelnen Datensatz weniger Speicher benötigt und daher mehr Datensätze im Arbeitsspeicher halten kann. Der Verzicht auf die Speicherung von Binärdaten in der MySQL-Datenbank dient daher auch der Optimierung des Leistungsverhaltens.

Die Datentypen ENUM und SET

MySQL stellt zwei Datentypen zur Verfügung, die Sie in vielen anderen Datenbanksystemen so nicht finden werden: ENUM und SET. Beide speichern Werte aus einer vorgegebenen Liste von Werten. ENUM kann jedoch jeweils nur einen Wert speichern, während SET eine beliebige Auswahl aus der vorgegenen Liste aufnimmt. Die Verwendung der beiden Typen hat zwei Vorteile:

✔ Sie gewähren eine gewisse Eingabekontrolle, weil andere Werte als die der Werteliste nicht zugelassen sind.

✔ Beide Typen gehen relativ sparsam mit dem Speicherplatz um, weil lediglich ein Verweis auf das Element der Liste gespeichert wird, nicht jedoch der Wert selbst.

Ein Beispiel mag verdeutlichen, wie MySQL bei der Speicherung des ENUM-Wertes vorgeht. Es soll angenommen werden, dass die von Ihnen vorgegebene Liste aus folgenden Werten besteht:

✔ *Obst*

✔ *Gemüse*

✔ *Getränke*

Wenn Sie das Element *Gemüse* in das betreffende ENUM-Feld eintragen, speichert MySQL nicht diese Zeichenfolge, sondern die Zahl 2, weil das betreffende Element eben an der zweiten Stelle der Liste steht.

ENUM und SET lassen sich grundsätzlich für Spalten mit begrenzten Wertausprägungen einsetzen, in unserer *Artikel*-Tabelle beispielsweise für Spalten wie *Artikelgruppe* oder *Einheit* (Kg, Liter, Meter etc.). Allerdings konkurrieren sie hier mit Nachschlagetabellen, die in der Regel flexibler sind, insbesondere was die Erweiterung der Werteliste angeht. ENUM und SET gehen hingegen sparsamer mit dem Speicherplatz um und sind üblicherweise auch schneller. Der Typ ENUM kann Wertelisten mit bis zu 65.535 Elementen verwalten, während SET auf 64 Elemente beschränkt ist.

ENUM-Spalten erzeugen

Genau genommen kann ENUM entweder bis zu 255 oder bis zu 65.535 Elemente (Werte) unterscheiden. Im ersten Fall kommt der Typ mit 1 Byte aus. Bei mehr als 255 Elementen werden 2 Byte pro Eintrag benötigt. Diese Angaben beziehen sich auf die Spalteneinträge. Natürlich muss auch die Liste der Elemente selbst gespeichert werden, diese jedoch nur ein Mal pro ENUM-Spalte. Die einzelnen Elemente können beliebig oft verwendet (referenziert) werden. Die Werteliste definieren Sie beim Anlegen der Spalte. Die Syntax innerhalb der CREATE TABLE-Anweisung hat dann folgende Form:

```
CREATE TABLE Tabelle (
    Spaltendefinitionen,
    Spalte ENUM (Wert1, Wert1, ...)
)
```

Das folgende Beispiel erzeugt eine *Artikel*-Tabelle mit einer ENUM-Spalte. Diese Spalte soll unterschiedliche Maßeinheiten wie beispielsweise Liter (*l*) oder Kilogramm (*kg*) aufnehmen. Bei der Definition der Spalte muss auch gleich die mögliche Werteliste übergeben werden. Diese lässt sich jedoch später noch erweitern:

```
CREATE TABLE Artikel (
        ArtikelNr INTEGER PRIMARY KEY AUTO_INCREMENT,
        Bezeichnung CHAR(100),
        Menge DOUBLE NULL,
        Einheit ENUM('l', 'g', 'kg', 'st')
);
```

Die Spalte *Einheit* akzeptiert anschließend nur noch Wertzuweisungen, die mit einem der Elemente aus der Werteliste übereinstimmen. Das Einfügen von Daten kann nun mit folgender INSERT-Anweisung erfolgen:

```
INSERT INTO Artikel (Bezeichnung, Menge, Einheit)
VALUES ('Grüne Birnen', 100, 'st');
```

Anstelle des in Anführungszeichen gesetzten Elements können Sie auch die Position des Elements als Ordnungszahl übergeben. Mit dem Wert 2 erhalten Sie aus der Werteliste das zweite Element, hier also das Element „*g*":

```
INSERT INTO Artikel (Bezeichnung, Menge, Einheit)
VALUES ('Grüne Birnen', 100, 2);
```

Auch beim Ändern der Einträge mit UPDATE haben Sie die Wahl zwischen der Benennung des Elements und der Ordnungszahl. Auf ein Beispiel wollen wir an dieser Stelle verzichten.

ENUM-Spalten und NULL-Werte

ENUM-Spalten können auch NULL-Werte enthalten. Wenn Sie NULL-Werte jedoch beim Definieren der Tabellenstruktur ausschließen (NOT NULL), müssen Sie später beim Einfügen von Datensätzen mit INSERT auch einen Wert der Liste zuweisen. Verzichten Sie darauf, wird einem neuen Datensatz automatisch das erste Element der Liste zugewiesen.

Liste der ENUM-Elemente erweitern

Um einen Überblick über die Elemente der Liste zu erhalten, können Sie sich mit SHOW COLUMNS die Spalten der Tabelle ausgeben lassen:

```
SHOW COLUMNS FROM Artikel;
```

Für die betreffende Spalte werden dann, wie in Abbildung 16.1 zu sehen, neben dem Typ auch die Elemente der Werteliste angezeigt.

Field	Type	Null	Key	Default	Extra
▶ ArtikelNr	int(11)	NO	PRI	NULL	auto_increment
Bezeichnung	varchar(255)	NO			
Artikelgruppe	varchar(255)	YES		NULL	
Preis	decimal(10,2)	YES		NULL	
UstSatz	tinyint(4)	YES		NULL	
Einheit	enum('l','g','kg','st')	YES		NULL	

Abbildung 16.1: Struktur einer Tabelle mit ENUM-Spalte

Wollen Sie diese um zusätzliche Werte erweitern, ist der ALTER TABLE-Befehl einzusetzen. Die folgende Anweisung ergänzt die bisherige Liste um zwei auf nun sechs Elemente:

```
ALTER TABLE Artikel
CHANGE COLUMN Einheit
        Einheit ENUM('l','g','kg','st','cm','m');
```

Sie sollten darauf achten, dass dabei die Reihenfolge der alten Elemente erhalten bleibt, auch wenn sich die bereits zugewiesenen Spaltenwerte durch eine andere Reihenfolge nicht ändern. MySQL löscht gegebenenfalls bestehende Einträge in einem ENUM-Feld, wenn Sie beispielsweise eine völlig neue Liste definieren. Sie müssen also nicht damit rechnen, dass ein Artikel plötzlich eine neue Einheit erhält, weil das ursprünglich Element nicht mehr in der neuen Liste enthalten ist.

ENUM-Spalten in SELECT-Abfragen

ENUM-Spalten verwenden Sie in der Regel wie normale Textspalten. So liefert das folgende Beispiel alle Datensätze, für die in der ENUM-Spalte *Einheit* das Element ‚cm' zugewiesen wurde:

```
SELECT * FROM Artikel
WHERE Einheit = 'cm';
```

Alternativ können Sie auch wieder die Ordnungszahl des betreffenden Elements einsetzen. Das folgende Beispiel liefert daher alle Datensätze, die das zweite Element der ENUM-Werteliste enthalten:

```
SELECT * FROM Artikel
WHERE Einheit = 2;
```

Wenn Sie eine ENUM-Spalte mit SELECT ausgeben, erhalten Sie jedoch immer das Element angezeigt, nicht die Ordnungszahl des Elements.

Sie können auch die Ordnungszahl 0 verwenden. In diesem Fall erhalten Sie als Wert immer einen Leerstring (»«).

SET-Spalten erzeugen

SET speichert eine beliebige Auswahl aus einer vorgegebenen Liste. Dieser Typ eignet sich folglich für alle Daten, bei denen einem Datensatz mehrere Objekte aus einer vordefinierten Objektmenge zugeordnet sein können. SET geht damit über die Möglichkeiten von ENUM hinaus, weil es – mit Einschränkungen – auch Tabellenverknüpfungen (Joins) ersetzen kann. Der Typ kann daher helfen, separate Tabellen bzw. Nachschlagetabellen einzusparen, ohne auf zweifelhafte Konstruktionen zurückgreifen zu müssen. Abbildung 16.2 zeigt zunächst eine Konstruktion mit drei Tabellen.

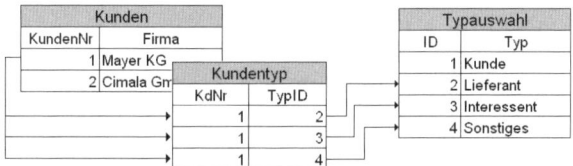

Abbildung 16.2: Zugriff auf Daten über untergeordnete Tabellen

Die Tabelle *Kundentyp* enthält die dem jeweiligen Kunden zugeordneten Typangaben. Jedem Datensatz in der Tabelle *Kunden* können mehrere Typangaben zugeordnet sein (1:m). Gespeichert wird allerdings nur die *TypID*. Die eigentliche Bezeichnung des Typs findet sich in der Tabelle *Typauswahl*. Diese dient praktisch als so genannte Nachschlagetabelle, mit der sich die Auswahl des Typs vereinfachen lässt. Die Verknüpfung zwischen den Tabellen ist schon sehr komplex und kann einen erheblichen Programmieraufwand erfordern.

Wird stattdessen ein SET verwendet, sind keine untergeordneten Tabellen erforderlich. SET bietet zudem noch die Möglichkeit, die Auswahlmenge zu begrenzen, ohne dafür auf Programmierung angewiesen zu sein. Die Dateneingabe kann folglich trotz geringeren Aufwands noch erheblich sicherer gestaltet werden. Abbildung 16.3 zeigt die Umsetzung des gleichen Beispiels mit Hilfe einer SET-Spalte. Hier wird lediglich die Tabelle *Kunden* benötigt.

Field	Type	Null	Key	Default	Extra
KundenNr	int(11)	NO	PRI	NULL	auto_increment
Firma	varchar(100)	YES	MUL	NULL	
Kundensegment	set('Kunde','Lieferant','Interessent')	YES		NULL	

Abbildung 16.3: Der SET-Typ in einer *Kunden*-Tabelle

Allerdings hat SET auch einige Nachteile. So kann SET eben nur einfache Werte verwalten, keine komplexen Strukturen, wie sie beispielsweise ein Artikel bildet. Dieser besteht ja nicht nur aus seinem Namen, sondern auch aus dem Preis, dem Ust.-Satz und anderen Eigenschaften. Auch der Zugriff auf SET-Spalten ist nicht sehr flexibel, weil die Speicherung als Bitmuster erfolgt. Zudem ist der Umfang sehr begrenzt. Maximal lassen sich 64 Werte speichern. SET kann 1:m-Verknüpfungen daher auch nur bedingt ersetzen, weil eigentlich nur eine »1:64-Verknüpfung« möglich ist. Folglich eignet sich SET nur für den Ersatz von einfachen Nachschlagetabellen mit relativ wenigen Auswahlwerten. Die Syntax der Spaltendefinition gleicht der des ENUM-Typs:

```
CREATE TABLE Tabelle (
    Spaltendefinitionen,
    Spalte SET (Wert1, Wert1, ...)
)
```

Wie das folgende Beispiel zeigt, ist die Werteliste bei der Erzeugung der Spalte zu definieren:

```
CREATE TABLE Kunden (
        KundenNr INTEGER PRIMARY KEY AUTO_INCREMENT,
        Firma CHAR(100),
        Kundentyp SET('Kunde', 'Lieferant',
                    'Interessent', 'Sonstiges')
);
```

Die Anweisung erzeugt eine Kundentabelle, die unter anderem eine Spalte für den *Kundentyp* enthält. Als Datentyp haben wir SET verwendet, wobei eine Liste mit vier Elementen definiert wurde. Der Datentyp SET eignet sich hier besonders gut, weil ein Kunde sowohl als Kunde wie auch als Lieferant auftreten kann. Es muss daher die Möglichkeit bestehen, mehr als einen Wert aus der Liste als Spaltenwerte eines Datensatzes zu verwenden.

Dateneingabe mit INSERT

Die folgende INSERT-Anweisung zeigt, wie die Zuweisung erfolgen kann. Wenn lediglich ein Element der Liste ausgewählt werden soll, übergeben Sie dieses mit seiner Bezeichnung in den üblichen Anführungszeichen:

```
INSERT INTO Kunden (Firma, Kundentyp)
VALUES ('Müller', 'Interessent');
```

Wollen Sie mehrere Elemente auswählen, können Sie beispielsweise folgende Anweisung verwenden:

```
INSERT INTO Kunden (Firma, Kundentyp)
VALUES ('Braun KG', 4);
```

Damit veranlassen Sie MySQL, den dritten Wert der Liste als Spaltenwert zuzuweisen. Die Auswahl bestimmen Sie mit Hilfe einer Binärzahl, also einer Zahl, die lediglich aus den Ziffern 0 und 1 besteht. Von rechts beginnend gilt jede gesetzte 1 als Auswahl des betreffenden Werts in der Liste. Einige Beispiele:

0001 = 1. Wert der Liste (Dezimal 1)

0010 = 2. Wert der Liste (Dezimal 2)

0100 = 3. Wert der Liste (Dezimal 4)

1000 = 4. Wert der Liste (Dezimal 8)

Mit dem Binärwert 1111 wählen Sie folglich alle Werte aus einer Liste mit vier Elementen. Allerdings können Sie die Binärzahl nicht einfach als Wert in der VALUES-Klausel übergeben. Hier ist eine Dezimalzahl erforderlich, die Sie beispielsweise durch Umwandlung der Binärzahl mit Hilfe der CONV-Funktion erhalten:

```
INSERT INTO Kunden (Firma, Kundentyp)
VALUES ('Braun KG', CONV(1111, 2, 10));
```

Die Funktion interpretiert den Wert im ersten Argument als Zahl zur Basis 2 (Binärzahl) und verwandelt ihn in einen Wert zur Basis 10, also in eine Dezimalzahl.

Anstelle des Binärwertes können Sie die Auswahl auch mit Hilfe des entsprechenden Dezimalwertes bestimmen. Vermutlich kommen Sie sogar leichter zurecht, wenn Sie die Dezimalwerte wie im folgenden Beispiel addieren:

```
INSERT INTO Kunden (Firma, Kundentyp)
VALUES ('Braun KG', 1+2+4+8);
```

Damit wählen Sie aus einer SET-Liste mit vier Elementen alle Elemente aus. Natürlich können Sie den Wert auch gleich addiert angeben (hier 15). Wenn Ihre Liste aus mehr als vier Elementen besteht, erhalten Sie das fünfte Element mit dem Dezimalwert 16, das sechste mit dem Dezimalwert 32 usw.

SET-Spalten in SELECT-Abfragen

Bei der Ausgabe mit SELECT können Sie die Elemente (die Bezeichnungen) oder wieder deren numerische Repräsentanz verwenden. Das folgende Beispiel nutzt die Bezeichnungen der Elemente:

```
SELECT * FROM Kunden
WHERE Kundentyp = 'Interessent';
```

Damit erhalten Sie jedoch nur solche Datensätze, für die im Feld *Kundentyp* ausschließlich der Typ *Interessent* ausgewählt ist. Datensätze, für die im betreffenden Feld mehrere Werte ausgewählt sind, werden nicht berücksichtigt. Um auch solche Datensätze zu erhalten, ist folgende Anweisung erforderlich:

```
SELECT * FROM Kunden
WHERE Kundentyp LIKE '%Interessent%';
```

Diese Abfrage liefert tatsächlich alle Datensätze, die im Feld
(auch) den Wert *Interessent* enthalten. Ersetzen Sie die WHERE-
Klausel wie folgt, erhalten Sie alle Datensätze angezeigt, die
gleichzeitig mindestens die Werte *Kunde* und *Interessent* enthalten:

```
...WHERE Kundentyp LIKE '%Kunde%Interessent%';
```

Wenn Sie nach bestimmten Kombinationen suchen, also beispielsweise nur Kunden, die gleichzeitig Kunde und Lieferant
(und nichts anderes) sind, verwenden Sie am besten wieder die
numerische Repräsentation. In unserer SET-Liste entsprechen
Kunde und *Lieferant* den Binärwerten 0001 und 0010. Addiert
erhalten wir den Wert 0011, also dezimal den Wert 3. Daraus
lässt sich dann folgende Anweisung bilden:

```
SELECT * FROM Kunden
WHERE Kundentyp = 3;
```

Die CONV-Funktion wollte in der von uns verwendeten My-
SQL-Version nicht in der WHERE-Klausel funktionieren, weswegen wir den Dezimalwert hier direkt angegeben haben. Sie
können jedoch die Funktion FIND_IN_SET verwenden, mit der
sich eine gut lesbare WHERE-Klausel formulieren lässt. Die
Funktion hat folgende Syntax:

```
FIND_IN_SET(Wert, ENUM-Spalte)
```

Im ersten Argument geben Sie den Wert an, nach dem Sie suchen wollen. Das zweite Argument bezeichnet die ENUM-Spalte.
Die Funktion liefert eine positive ganze Zahl (die Position in
der Werteliste), wenn der Begriff in der betreffenden Spalte
enthalten ist. Andernfalls erhalten Sie den Wert 0. Damit lässt
sich ein Vergleich wie in der folgenden Anweisung bilden:

```
SELECT * FROM Kunden
WHERE FIND_IN_SET('Interessent', Kundentyp) > 0;
```

Wir suchen hier nach dem Wert *Interessent*. Wird dieser in der
Spalte *Kundentyp* gefunden, liefert die Funktion einen größeren Wert als 0, so dass der Vergleich wahr wird. Für die Suche

nach Wertkombinationen wie »Kunde und Lieferant« ist jedoch eine etwas umfangreichere WHERE-Bedingung zu bilden:

```
… WHERE FIND_IN_SET('Kunde', Kundentyp) > 0
  AND FIND_IN_SET('Lieferant', Kundentyp) > 0;
```

Die Funktion FIND_IN_SET lässt sich aber auch so verwenden, dass Sie bestimmte Werte ausschließen können. So liefert die folgende WHERE-Klausel gerade alle Kunden, die nicht den Eintrag *Interessent* enthalten:

```
… WHERE FIND_IN_SET('Interessent', Kundentyp) = 0;
```

Wie die vorstehenden Beispiele zeigen, sind die Möglichkeiten, Daten in SET-Spalten wiederzufinden, recht zahlreich. Die Methoden sind im Grunde auch alle gleichwertig, obwohl die Verwendung der numerischen Repräsentanz am eindeutigsten und daher in der Regel vorzuziehen ist.

Fremdschlüssel

Fremdschlüssel (*Foreign Keys*) sind Spalten, die der Herstellung von Beziehungen zu anderen Tabellen dienen. So wird eine Rechnungstabelle in der Regel eine Spalte für die Kundennummer enthalten. In der Kundentabelle bildet die Kundennummer normalerweise den Primärschlüssel. In der Rechnungstabelle wird sie Fremdschlüssel genannt. Sie dient hier der Zuordnung der Rechnungen zum jeweiligen Kunden (zur Kundennummer).

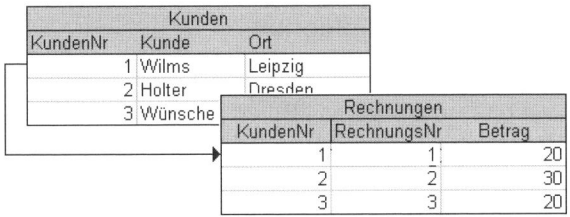

Abbildung 16.4: Fremdschlüssel verwenden

Fremdschlüssel sind unverzichtbar und werden in praktisch jeder etwas größeren Datenbank benötigt. Insofern kamen auch MySQL-Datenbanken nie ohne Fremdschlüssel aus. Wenn Sie Ihre Datenbanken wie in Abbildung 16.4 gezeigt strukturieren, verwenden Sie eben automatisch auch einen Fremdschlüssel.

Fremdschlüssel und Tabellentyp

Die meisten SQL-Server unterstützen Fremdschlüssel jedoch durch spezielle Funktionen, die insbesondere die Integrität der über Fremdschlüssel verknüpften Daten sicherstellen sollen. Diese Funktionalität findet sich erst in späten Versionen von MySQL 3.x und nur bei Tabellen vom Typ *InnoDB*. Sie können also nicht die üblichen MyISAM-Tabellen verwenden. Damit handeln Sie sich auch einige Nachteile ein, die insbesondere die Performance betreffen.

Sie müssen die von MySQL bereitgestellte Fremdschlüsselfunktionalität nicht einsetzen, um mit Fremdschlüsseln arbeiten zu können. Die Fremdschlüsselfunktionalität stellt nur sicher, dass MySQL selbst auf die so genannte Fremdschlüsselintegrität achtet. Programmierer sorgen jedoch häufig selbst dafür, dass diese Forderung eingehalten wird. Wenn Sie bereit sind, etwas mehr Aufwand bei der Programmierung zu treiben, können Sie auch die schnelleren MyISAM-Tabellen nutzen.

Fremdschlüsselintegrität

Die *Fremdschlüsselintegrität* ist eigentlich identisch mit der schon vorgestellten Referenzintegrität. Sie verhindert, dass Datensätze eingefügt werden, für die in der übergeordneten Tabelle (Elterntabelle) kein Datensatz enthalten ist, oder dass Sie Datensätze in der Elterntabelle löschen, für die noch abhängige Datensätze in der Kindtabelle existieren. Sie kön-

nen also keine Rechnungen eingeben, wenn für diese kein
Kunde existiert. Auch lässt sich ein Kundendatensatz nicht löschen, wenn dafür noch Rechnungen vorhanden sind. Wenn
Sie die Fremdschlüsselfunktion nutzen, verhindert MySQL,
dass Sie entsprechende Operationen ausführen können. Andernfalls ist es Ihre Aufgabe, den Benutzer von entsprechenden Operationen abzuhalten.

FOREIGN KEY-Syntax

Die Fremdschlüsseldefinition bezieht sich regelmäßig auf zwei
Tabellen. Bei der Erzeugung der übergeordneten Tabelle (Elterntabelle) verwenden Sie die übliche CREATE-Syntax. Sie
müssen lediglich darauf achten, dass die Tabelle einen Schlüssel, also eine Spalte bzw. Spaltenkombination mit eindeutigen
Werten enthält. In der Regel wird das ein Primärschlüssel sein.
Ganz wichtig ist jedoch der Typ. Hier ist unbedingt der Typ *InnoDB* anzugeben. Die vereinfachte Syntax hat dann folgende
Form:

```
CREATE TABLE Tabelle1 (
    Schlüssel INT NOT NULL PRIMARY KEY,
    nächste Spalte,
    … )
ENGINE=INNODB;
```

Die Definition der zweiten (untergeordneten bzw. abhängigen)
Tabelle ist etwas umständlicher. Diese muss neben dem eigenen Schlüssel auch eine Spalte für den Primärschlüssel der
übergeordneten Tabelle enthalten:

```
CREATE TABLE Tabelle2 (
    Schlüssel INT NOT NULL PRIMARY KEY,
    Fremdschlüssel INT,
    INDEX Indexname (Fremdschlüssel),

    FOREIGN KEY (Fremdschlüssel)
        REFERENCES Tabelle1(Schlüssel aus Tabelle1)
```

```
[ON DELETE CASCADE | ON DELETE SET NULL],

    nächste Spalte,
    ...)
ENGINE=INNODB;
```

Der Schlüssel der übergeordneten Tabelle (*Tabelle1*) und der Fremdschlüssel der untergeordneten Tabelle (*Tabelle2*) beziehen sich auf die gleichen Werte, beispielsweise die Kundennummer. In der zweiten Tabelle darf diese Spalte jedoch in der Regel nicht eindeutig sein (keine UNIQUE-Spalte). Für die Fremdschlüsselspalte ist dann ein Index zu definieren, der natürlich auch nicht eindeutig sein darf. FOREIGN KEY verweist schließlich auf diese Spalte. In der REFERENCES-Klausel benennen Sie die übergeordnete Tabelle und das darin enthaltene Schlüsselfeld (den Primärschlüssel der Elterntabelle). Damit ist die Definition im Prinzip abgeschlossen.

Achten Sie in der vorstehenden Syntaxbeschreibung auch auf die Kommata. Der komplette FOREIGN KEY-Abschnitt geht hier über drei Zeilen. Diese drei Zeilen sind wie eine separate Spaltendefinition zu behandeln und als Ganzes von den anderen Spaltendefinitionen durch ein Komma abzugrenzen.

Löschweitergabe

Wie schon angesprochen, bedeutet Referenzintegrität unter anderem, dass Sie keine Datensätze der übergeordneten Tabelle löschen können, wenn für diese noch Datensätze in der untergeordneten Tabelle enthalten sind. In der Regel müssen Sie erst die entsprechenden Datensätze in der untergeordneten Tabelle löschen. Diese Aufgabe können Sie MySQL überlassen, wenn Sie die FOREIGN KEY-Definition um die folgende Klausel erweitern:

```
ON DELETE CASCADE
```

MySQL löscht die betroffenen Datensätze dann automatisch. Allerdings ist diese Erweiterung nicht ganz unproblematisch.

Nicht jede Beziehung zwischen zwei Tabellen ist so eindeutig wie die zwischen Kunde und Rechnungen. Hier ist selbstverständlich klar, dass beim Löschen des Kunden auch seine Rechnungen nicht mehr benötigt werden. Eine etwas weniger radikale Variante erhalten Sie mit der folgenden Erweiterung:

```
ON DELETE SET NULL
```

In diesem Fall löscht MySQL die Datensätze der untergeordneten Tabelle nicht, sondern setzt den Fremdschlüssel auf den Wert NULL. Die Referenzintegrität bleibt dann gewahrt, auch wenn für bestimmte Rechnungen nun kein Kunde mehr vorhanden ist. Die betreffenden Rechnungen verweisen eben auf keinen Kunden mehr, weil der Fremdschlüssel keine Kundennummer mehr enthält, sondern nur noch den Wert NULL. In vielen Fällen sollten Sie diese Variante vorziehen.

Tabellen erzeugen

Für die folgenden Beispiele erzeugen wir eine Kunden- und eine Rechnungstabelle. Jedem Kunden können beliebig viele Rechnungen zugeordnet sein. Die verkürzte Definition der Kundentabelle hat folgende Form:

```
CREATE TABLE Kunden (
    KundenNr INTEGER NOT NULL PRIMARY KEY,
    Firma VARCHAR(100) NOT NULL,
    Ort VARCHAR(100)
)
ENGINE=INNODB;
```

Beachten Sie vor allem die wesentlichen Elemente: die Kundennummer (*KundenNr* als Primärschlüssel) und den Tabellentyp (*InnoDB*). Die vollständige Definition können Sie im Anhang nachschlagen oder als Skript von der beiliegenden CD laden. Das gilt auch für die Definition der Rechnungstabelle, die nachfolgend ebenfalls verkürzt wiedergegeben wird:

```
CREATE TABLE Rechnungen (
  RechnungsNr INTEGER NOT NULL PRIMARY KEY,
  KdNr INTEGER,
  INDEX kdnr (KdNr),
  FOREIGN KEY (KdNr)
    REFERENCES Kunden(KundenNr)
    ON DELETE SET NULL,
  Datum DATE,
  Betrag DECIMAL(10,2)
)
ENGINE=INNODB;
```

Die Fremdschlüsselspalte haben wir hier *KdNr* genannt. Sie können aber durchaus die gleiche Bezeichnung verwenden wie beim Primärschlüssel in der übergeordneten Tabelle (*KundenNr*).

Dateneingabe

Die Definition eines Fremdschlüssels hat zunächst Folgen für die Dateneingabe. Direkt nach der Definition der Tabellen, wenn noch kein Kunde existiert, dürfte es fast unmöglich sein, einen Datensatz in die Rechnungstabelle einzugeben. Nur wenn Sie auf einen Wert für die Fremdschlüsselspalte (hier *KdNr*) verzichten, akzeptiert MySQL den Datensatz. Die Rechnung hat dann aber keine Beziehung zu einem Kunden, was wohl nicht sehr sinnvoll ist. Die Fremdschlüsseldefinition führt praktisch dazu, dass Sie erst Kunden erfassen müssen. So wird die folgende Anweisung von MySQL erst dann akzeptiert, wenn Sie zuvor in der Kundentabelle einen Kunden mit der Kundennummer 17 erfasst haben:

```
INSERT INTO Rechnungen (RechnungsNr, KdNr, Betrag)
VALUES (1, 17, 123.45);
```

Die Möglichkeiten, Operationen auf die Rechnungstabelle auszuführen, werden also teilweise durch den Zustand der Kundentabelle bestimmt. Umgekehrt, also bei Operationen auf die Kundentabelle, betrifft das vor allem Löschoperationen. Die Reaktion ist dann abhängig von der `ON DELE-TE`-Erweiterung:

```
DELETE FROM Kunden WHERE KundenNr = 17;
```

`ON DELETE CASCADE` wird immer funktionieren, weil MySQL dann die abhängigen Datensätze der Rechnungstabelle ebenfalls löscht. Das gilt auch für `ON DELETE SET NULL`. Hier wird einfach die Referenz auf den gelöschten Kundendatensatz aufgehoben (der Fremdschlüssel auf `NULL` gesetzt). Verwenden Sie jedoch keine der beiden `ON DELETE`-Varianten, bricht MySQL die Operation in der Regel mit einer Fehlermeldung ab. MySQL erwartet dann, dass Sie zuerst die abhängigen Datensätze der Rechnungstabelle löschen:

```
DELETE FROM Rechnungen WHERE KdNr = 17;
```

Löschoperationen auf die Rechnungstabelle selbst sind bezüglich der Referenzintegrität unkritisch und werden daher ohne Probleme ausgeführt.

Löschen über mehrere Tabellen

Für das Löschen von verknüpften Datensätzen über mehrere Tabellen haben Sie grundsätzlich zwei Möglichkeiten:

✔ Wie im vorstehenden Abschnitt beschrieben, definieren Sie eine `FOREIGN KEY`-Beziehung mit `ON DELETE CASCADE` und löschen dann lediglich den gewünschten Datensatz der übergeordneten Tabelle. Um die zugehörigen Datensätze der untergeordneten Tabelle kümmert sich dann MySQL.

✔ Ist keine `FOREIGN KEY`-Beziehung eingerichtet oder haben Sie auf die `ON DELETE`-Erweiterung verzichtet, können Sie eine spezielle Syntaxvariante des `DELETE`-Befehls verwenden, die es erlaubt, Datensätze über mehrere Tabellen gleichzeitig zu löschen.

Diese hier vorzustellende Variante des `DELETE`-Befehls kann selbst für die korrekte Zuordnung der zu löschenden Datensätze sorgen. Sie hat folgende Syntax:

```
DELETE [LOW_PRIORITY] [QUICK]
       Tabelle1[.*] [,Tabelle2[.*], ...]
       FROM Tabellenreferenz
       [WHERE Bedingung]
```

Wichtig ist die WHERE-Klausel, die letztlich über die korrekte Zuordnung der Datensätze entscheidet. Ein Beispiel für das Löschen eines Kunden-Datensatzes mit allen zugehörigen Rechnungen könnte beispielsweise wie folgt aussehen:

```
DELETE Kunden, Rechnungen
FROM Kunden, Rechnungen
WHERE Kunden.KundenNr = Rechnungen.KdNr AND
      Kunden.KundenNr = 17;
```

Diese Variante des Befehls berücksichtigt ebenfalls die Referenzintegrität, ohne dass Sie die weiter oben vorgestellte FOREIGN-Definition verwenden müssen. Wie schon früher gesagt, hat der Verzicht auf FOREIGN KEY den positiven Effekt, dass Sie auch die immer noch sehr langsamen *InnoDB*-Tabellen nicht benötigen und stattdessen die wesentlich schnelleren *MyISAM*-Tabellen nutzen können.

Noch ein Hinweis zur Verwendung der DELETE-Anweisung: Im letzten Beispiel finden sich die Tabellen *Kunden* und *Rechnungen* sowohl in der DELETE-Auflistung als auch in der FROM-Klausel. Diese Angaben sind nur scheinbar redundant. Tatsächlich bezeichnet die DELETE-Liste die Tabellen, in denen die verknüpften Datensätze gelöscht werden sollen. So sollen im folgenden Beispiel nur die Rechnungen der Kunden aus Münster gelöscht werden, die vor dem 31.12.03 ausgestellt wurden. Der Kundendatensatz selbst und spätere Rechnungen werden nicht gelöscht:

```
DELETE Rechnungen
FROM Kunden, Rechnungen
WHERE Kunden.KundenNr = Rechnungen.KdNr AND
      Kunden.Ort = 'Münster' AND
      Rechnungen.Datum < '2003-12-31';
```

Die Liste der FROM-Klausel bezeichnet hingegen die Tabellen, die in dieser Anweisung referenziert werden. Hier sind beide Tabellen aufzulisten, weil wir diese für die Formulierung der Bedingung in der WHERE-Klausel benötigen. Eine solche Konstellation werden Sie auch häufig antreffen, wenn Sie mehr als zwei Tabellen verknüpfen. So wollen Sie beispielsweise die Rechnungen und die Rechnungspositionen eines Kunden löschen. In der DELETE-Liste erscheinen dann nur die Tabellen *Rechnungen* und *Positionen*, während in der FROM-Klausel üblicherweise auch noch die *Kunden*-Tabelle benötigt wird.

 Auf die Verknüpfung von Tabellen und die Bedeutung der Referenz- bzw. Fremdschlüsselintegrität kommen wir weiter unten bei der Vorstellung von Joins noch einmal zurück.

Vereinigungsmengen

Seit der Version 4.0 unterstützt MySQL auch *Vereinigungsmengen*. Diese werden mit dem SQL-Kommando UNION gebildet. Die Syntax hat zunächst folgende Form:

```
SELECT ...
UNION [ALL]
SELECT ...
```

UNION verknüpft die Ergebnisse aus zwei SELECT-Abfragen. Wenn Sie komplette Tabellen zu einer Ergebnistabelle verbinden wollen, können Sie beispielsweise folgende Anweisung verwenden:

```
SELECT * FROM KundenAlt
UNION
SELECT * FROM KundenNeu
```

Die vorstehende Anweisung setzt allerdings voraus, dass die Tabellen grundsätzlich die gleiche Struktur aufweisen. Ist das nicht der Fall, müssen Sie Feldlisten vorgeben. Dabei müssen

die Felder, die sich an der gleichen Position der beiden SELECT-
Abfragen befinden, über »kompatible« Datentypen verfügen.
Ein Beispiel:

```
SELECT KundenNr, Firma, Ort FROM KundenNeu
UNION
SELECT KundenNr, Firma, Ort FROM KundenAlt
```

Nur wenn einer der Datentypen in der Lage ist, die Daten der
zugeordneten Spalte aus der anderen SELECT-Abfrage aufzunehmen, kann MySQL die Vereinigungsmenge bilden. Es ist
allerdings nicht erforderlich, dass die Spaltennamen übereinstimmen. Die Spaltenbezeichnungen der Ergebnistabelle ergeben sich dann aus denen der ersten SELECT-Anweisung.

WHERE-Klauseln

Die einzelnen SELECT-Anweisungen können natürlich auch
über WHERE-Klauseln verfügen. Diese gelten nur für die Teile,
für die sie definiert wurden:

```
SELECT * FROM KundenAlt
WHERE Ort = 'Leipzig'
UNION
SELECT * FROM KundenNeu
WHERE Ort = 'Leipzig';
```

Im Gegensatz zum vorstehenden Beispiel lässt sich für jede
WHERE-Klausel auch eine andere Bedingung definieren.

UNION ALL

MySQL verhindert zunächst doppelte Datensätze in der UNI-
ON-Ergebnistabelle. Mit der ALL-Erweiterung können Sie jedoch bestimmen, dass alle Datensätze in die Ergebnistabelle
übernommen werden:

```
SELECT * FROM KundenAlt
UNION ALL
SELECT * FROM KundenNeu
```

Ein Datensatz muss in allen Spalten identische Einträge enthalten, wenn er (ohne ALL-Erweiterung) von UNION ausgeschlossen werden soll.

Sortierung von Vereinigungsmengen

Sie können an den Gesamtbefehl eine ORDER BY-Klausel anhängen, die für die komplette Vereinigungsmenge gilt. Die Anweisung hat dann beispielsweise folgende Form:

```
SELECT * FROM KundenAlt
UNION ALL
SELECT * FROM KundenNeu
ORDER BY Firma;
```

Allerdings lassen sich auch die einzelnen SELECT-Abfragen sortieren. In diesem Fall müssen Sie per Klammerung die Priorität bestimmen. So liefert die folgende Anweisung ein Ergebnis, das erst alle Datensätze der ersten Tabelle, sortiert nach dem Feld *Firma*, ausgibt und dann alle Datensätze der zweiten Tabelle, ebenfalls sortiert nach dem Feld *Firma*. Es findet jedoch keine gemeinsame Sortierung statt:

```
(SELECT * FROM KundenAlt ORDER BY Firma)
UNION ALL
(SELECT * FROM KundenNeu ORDER BY Firma);
```

Theoretisch könnten Sie jetzt noch nach der letzten Klammer eine dritte ORDER BY-Klausel anfügen, die dann für die gesamte Ergebnismenge gilt. Dies dürfte aber eher unsinnig sein, weil damit die vorhergehenden Sortierungen praktisch wieder aufgehoben werden.

Mehr als zwei Tabellen verwenden

Eine UNION-Abfrage ist nicht auf zwei SELECT-Anweisungen beschränkt. Sie können mit UNION daher auch drei und mehr Tabellen zusammenführen. Das folgende Beispiel begnügt sich mit vier Tabellen:

```
SELECT * FROM KundenOst
UNION ALL
SELECT * FROM KundenWest
UNION ALL
SELECT * FROM KundenNord
UNION ALL
SELECT * FROM KundenSued;
```

Wie schon gezeigt, können Sie die Ergebnistabelle noch sortieren, indem Sie am Ende der Gesamtanweisung eine ORDER BY-Klausel einsetzen.

Ausgabe in Datei umleiten

Die Ergebnismenge einer UNION-Abfrage lässt sich in eine externe Datei umleiten. Dazu ist in die letzte SELECT-Anweisung die Klausel INTO OUTFILE aufzunehmen:

```
SELECT * FROM KundenAlt
UNION ALL
SELECT * INTO OUTFILE 'c:/temp/Kunden.txt'
FROM KundenNeu;
```

Die Anweisung erzeugt im Verzeichnis *c:/temp* die Datei *Kunden.txt* und schreibt alle Datensätze hinein. Dabei trennt MySQL die einzelnen Spaltenwerte durch Tabulatoren. Jeder Datensatz wird zudem von einem Zeilenumbruch begrenzt.

CASE-Verzweigungen

MySQL unterstützt eine CASE-Anweisung, die ein wenig der Mehrfachverzweigung gleicht, die in vielen Programmiersprachen enthalten ist. Zwar wird SQL dadurch nicht zu einer Programmiersprache, Sie können damit jedoch recht flexible Anweisung erzeugen. CASE existiert in zwei Varianten. Die erste hat folgende Syntax:

```
CASE Prüfausdruck
    WHEN [Ausdruck1] THEN Ergebniswert1
    [WHEN [Ausdruck2] THEN Ergebniswert2 ...]
    [ELSE alternativer Ergebniswert]
END
```

Jeder Ausdruckswert wird mit dem Wert des Prüfausdrucks verglichen. Liefern der Prüfausdruck und ein bestimmter WHEN-Ausdruck den gleichen Wert, gibt CASE den zugehörigen Ergebniswert zurück. CASE verteilt die Definition der Bedingung also auf verschiedene Teile der Anweisung. So lautet der erste Vergleich umgangssprachlich beispielsweise:

```
Wenn Wert des Prüfausdrucks = Wert von Ausdruck1,
dann Ergebniswert1 ausgeben.
```

Die Struktur kann nahezu beliebig viele Zweige enthalten. Zudem lässt sich ein ELSE-Zweig definieren, der zum Zuge kommt, wenn keiner der WHEN-Werte mit dem Wert des Prüfausdrucks übereinstimmt. Die folgende Anweisung zeigt zunächst die grundsätzliche Funktion:

```
SELECT CASE 5
        WHEN 2 THEN 'Montag'
        WHEN 3 THEN 'Dienstag'
        WHEN 4 THEN 'Mittwoch'
        WHEN 5 THEN 'Donnerstag'
        WHEN 6 THEN 'Freitag'
        ELSE 'kein Werktag'
    END
    AS Werktage;
```

Die Anweisung prüft nach und nach, ob einer der Vergleichswerte in den WHEN-Zweigen mit dem CASE-Wert (hier 5) übereinstimmt. Sie gibt dann den ersten zugehörigen Ergebniswert zurück (hier Donnerstag). Verwenden Sie keinen ELSE-Zweig und stimmt der Wert des Prüfausdrucks mit keinem Vergleichswert überein, gibt CASE den Wert NULL zurück.

Komplexe Prüfausdrücke

Wie schon in der Syntax angedeutet, können Sie nicht nur einfache Werte vergleichen, sondern auch komplexe Ausdrücke. So verwendet die folgende Variante des obigen Beispiels einen Prüfausdruck mit zwei Funktionen:

```
SELECT CASE DAYOFWEEK(NOW())
        WHEN 2 THEN 'Montag'
        …
        WHEN 6 THEN 'Freitag'
        ELSE 'kein Werktag'
    END
    AS Werktage;
```

Die Funktion DAYOFWEEK ermittelt hier für das Systemdatum (NOW) den Wochentag. In der CASE-Anweisung wird dann der passende Wochentag ausgegeben.

CASE in SELECT-Abfragen

Natürlich können Sie CASE auch bei der Auswertung von Tabellen einsetzen. Das folgende Beispiel gibt die Lieferzeit in Abhängigkeit vom Inhalt der Spalte *Lagerort* aus:

```
SELECT Bezeichnung, Preis,
        CASE Lagerort
            WHEN 'Dresden' THEN 'Lieferzeit 3 Tage'
            WHEN 'Leipzig' THEN 'Lieferzeit 4 Tage'
            ELSE 'Lieferzeit 7 Tage'
        END
        AS Lieferzeit
FROM Artikel;
```

Die Anweisung liefert eine Ergebnistabelle mit drei Spalten, wobei die dritte Spalte nicht in der Ursprungstabelle (*Artikel*) enthalten ist, sondern lediglich durch die CASE-Struktur gebildet wird.

Bezeichnung	Preis	Lieferzeit
Blaue Bohnen	1.99	Lieferzeit 4 Tage
Grüne Bohnen	2.99	Lieferzeit 3 Tage
Weie Bohnen	1.99	Lieferzeit 3 Tage
Dicke Milch	0.99	Lieferzeit 3 Tage
Buttermilch	0.99	Lieferzeit 4 Tage
Große Kirschen	3.99	Lieferzeit 4 Tage

Abbildung 16.5: Ergebnis einer Abfrage mit CASE-Verzweigung

Das vorstehende Beispiel zeigt, dass Sie CASE in der SELECT-Spaltenliste wie eine normale Spalte behandeln. Wir haben allerdings noch einen Alias-Namen (*Lieferzeit*) definiert, weil MySQL sonst die komplette CASE-Definition als Spaltenbezeichnung verwendet.

Die zweite Variante

Die zweite Syntaxvariante der CASE-Struktur ist etwas einfacher aufgebaut. Sie hat folgende Form:

```
CASE WHEN [Bedingung] THEN Ergebnis
     [WHEN [Bedingung] THEN Ergebnis ...]
     [ELSE Ergebnis]
END
```

Hier definieren Sie im WHEN-Zweig komplette Bedingungen. Der erste Zweig, der den Wahrheitswert True liefert, kommt dabei zum Zuge. Sein Ergebniswert wird dann von CASE zurückgegeben. Das folgende Beispiel variiert eine bereits weiter oben gezeigte Anweisung:

```
SELECT Bezeichnung, Preis,
    CASE
        WHEN Lagerort = 'Dresden' THEN 'Lieferzeit 3 Tage'
        WHEN Lagerort = 'Leipzig' THEN 'Lieferzeit 4 Tage'
        ELSE 'Lieferzeit 7 Tage'
    END
    AS Lieferzeit
FROM Artikel;
```

Die Bedingungen lassen sich in diesem Fall einfacher lesen, weil sie nicht auf mehrere Teile der Anweisung verteilt sind. Diese Variante hat zudem den Vorteil, dass die Bedingungen auch mit Hilfe des Operators LIKE und damit unter Verwendung von Wildcards definiert werden können:

```
... WHEN Lagerort LIKE 'D%' THEN 'Lieferzeit 3 Tage'
```

Zudem kann jeder WHEN-Zweig eine vollständig eigene Bedingung enthalten, die auch noch aus mehreren mit OR bzw. AND verknüpften Einzelbedingungen bestehen darf:

```
SELECT Bezeichnung, Preis, Lagerort,
       CASE
          WHEN (Lagerort = 'Dresden' OR
                Lagerort = 'Leipzig') AND
                Menge > 0
                THEN 'Lieferzeit 3 Tage'
          WHEN Lagerort IS NULL
                THEN 'Artikel nicht im Sortiment'
          WHEN Menge < 1
                THEN 'Zur Zeit nicht lieferbar'
          ELSE 'Lieferzeit mindestens 14 Tage'
       END
       AS Lieferzeit
FROM Artikel;
```

Wie Sie komplexe Bedingungen definieren, können Sie im zweiten Teil dieses Buches und insbesondere in Kapitel 9 nachlesen.

Reguläre Ausdrücke

String-Vergleiche müssen oft mit unvollständigen Ausdrücken auskommen, weil die korrekte Schreibweise nicht bekannt ist oder eine Suche möglichst alle ähnlichen Fundstellen liefern soll. Für diese Zwecke stellt MySQL den Operator LIKE zur Verfügung, der Mustervergleiche (*Pattern Matching*) ermöglicht. Bestimmte Stellen des Vergleichsmusters werden dabei durch Ersatzzeichen vertreten. So findet die folgende WHERE-Klausel alle Einträge, die mit dem Muster »%B__nen« überein-stimmen:

```
... WHERE Artikelbezeichnung LIKE ,%B__nen'
```

Dazu gehören *grüne Bohnen, blaue Bohnen* und vermutlich noch unzählige andere Begriffe, beispielsweise *Birnen.*

Die Ersatzzeichen, die Sie in LIKE-Mustern verwenden, sind jedoch schnell überfordert, wenn es um komplexere und gleichzeitig exaktere Vergleiche geht. Schon das obige Beispiel dürfte viele Einträge liefern, die nicht unbedingt erwünscht sind. Die UNIX-Welt, deren komplexe Dateisysteme sehr häufig die Verwendung von Suchmustern erfordern, hat daher ein System entwickelt, das die Bildung von Suchmustern mit hoher Flexibilität und Präzision ermöglicht: so genannte *reguläre Ausdrücke (regular expressions)*. Diese verwenden unter anderem die in Tabelle 16.3 vorgestellten Zeichen.

Muster	Beschreibung
.	Der Punkt kann jedes beliebige Zeichen vertreten. Er übernimmt damit die Funktion des Unterstrichs in LIKE-Mustern
[]	In eckige Klammern eingeschlossene Zeichen können alternativ für ein Zeichen stehen
*	Das Sternchen steht für beliebig viele Folgen des vorhergehenden Zeichens oder Ausdrucks
^	Das Zeichen bestimmt, dass der folgende Ausdruck am Anfang der Zeichenfolge stehen muss
$	Das Zeichen bestimmt, dass der vorhergehende Ausdruck am Ende der Zeichenfolge stehen muss

Tabelle 16.3: Muster für reguläre Ausdrücke (Auswahl)

Beachten Sie, dass ein Vergleich mit regulären Ausdrücken im Gegensatz zu LIKE-Vergleichen zwischen Groß- und Kleinschreibung unterscheidet. Zudem sind reguläre Ausdrücke in Datenbanken eine Besonderheit von MySQL und daher nicht konform zum ANSI-SQL-Standard. MySQL hält sich auch nicht vollständig an die unter UNIX übliche Bedeutung der Muster.

Ganz wichtig! Das Muster muss die zu vergleichende Zeichenfolge nicht vollständig abdecken. Auch wenn das Muster nur auf einen Teil der Zeichenfolge passt, liefert der Vergleich den Wert True.

Mustervergleiche

Die Musterbildung mit regulären Ausdrücken ist wesentlich schwieriger und fehlerträchtiger als die Bildung von LIKE-Mustern, auch wenn das folgende Beispiel noch relativ leicht zu verstehen ist:

```
SELECT * FROM Artikel
WHERE Bezeichnung REGEXP 'B[io][hr]nen';
```

Damit erhalten Sie Birnen und Bohnen in den verschiedensten Ausprägungen. Wie Sie aus der WHERE-Klausel ersehen, ist anstelle des LIKE-Operators der REGEXP-Operator anzugeben. Soll auf Nicht-Identität geprüft werden, verwenden Sie den Operator NOT REGEXP. So liefert die folgende WHERE-Klausel alle möglichen Artikel mit Ausnahme von Birnen und Bohnen:

```
...WHERE Bezeichnung NOT REGEXP 'B[io][hr]nen';
```

Jede eckige Klammer steht für ein Zeichen. Dieses Zeichen muss mit einem der Zeichen in der eckigen Klammer übereinstimmen. Sollen beliebige Zeichen zulässig sein, bilden Sie das Muster der vorstehenden WHERE-Klausel wie folgt:

```
...WHERE Bezeichnung REGEXP 'B..nen';
```

Auch damit erhalten Sie Birnen und Bohnen, aber eben auch beliebige andere Einträge, die mit »B« beginnen, mit »nen« enden und die in der Mitte noch zwei beliebige Zeichen enthalten.

Innerhalb der eckigen Klammern darf nicht nur eine Zeichenfolge stehen. Sie können hier auch Bereiche angeben, wobei das erste und das letzte Zeichen des Bereichs durch einen Bindestrich (das Minuszeichen) zu verbinden sind. Der Ausdruck [0-9] vertritt eine beliebige einstellige Ziffer zwischen 0 und 9. Muster dieser Art lassen sich beispielsweise in Datumsvergleichen nutzen:

```
SELECT * FROM Artikel
WHERE Datum REGEXP '200[4-6]';
```

So liefert das vorstehende Beispiel alle Artikel, die in den Jahren 2004 bis 2006 in die Datenbank aufgenommen wurden.

Da reguläre Ausdrücke nicht die vollständige Zeichenfolge (bzw. das vollständige Datum) abdecken müssen, ist es gegebenenfalls notwendig, MySQL mitzuteilen, dass das Muster am Anfang (^) oder Ende ($) der Zeichenfolge stehen soll. So liefert das folgende Beispiel nur Bohnen und Birnen, wenn diese am Ende der Zeichenfolge stehen:

```
...WHERE Bezeichnung REGEXP 'B[io][hr]nen$';
```

Birnenkompott und Bohnensalat haben in diesem Fall keine Chance, in die Auswahl zu kommen. Dazu wäre folgende Klausel erforderlich:

```
... WHERE Bezeichnung REGEXP '^B[io][hr]nen';
```

Wenn Sie beide Zeichen setzen, lässt MySQL nur noch reine Bohnen und Birnen gelten:

```
... WHERE Bezeichnung REGEXP '^B[io][hr]nen$';
```

Alle Zusammensetzungen, etwa *dicke Birnen* und *Gelbe Bohnen*, fallen dann weg. Das Muster muss in diesem Fall tatsächlich die komplette Zeichenfolge abdecken.

Reguläre Ausdrücke für die Eingabekontrolle

Reguläre Ausdrücke eignen sich natürlich nicht nur für das Auffinden von Obst und Gemüse. Oft werden sie eingesetzt, um die Zulässigkeit von Anwendereingaben zu überprüfen. Bestimmte Einträge, etwa die E-Mail-Adresse, folgen einem Muster, das sich mit regulären Ausdrücken nachbilden lässt. Das folgende Beispiel zeigt die fehlerhaften E-Mail-Adressen der Kundentabelle an:

```
SELECT Firma, Ort, eMail
FROM Kunden
WHERE eMail NOT REGEXP '^.*@.*[.].*$';
```

Das Muster soll zunächst die komplette Zeichenfolge abdecken. Zu diesem Zweck finden Sie am Anfang und Ende die Zeichen »^« und »$«. Anschließend folgt der Punkt, der für ein beliebiges Zeichen steht, und das Sternchen ».*«, das das vorhergehende Zeichen beliebig wiederholen kann. Es können also beliebig viele Zeichen folgen. Danach muss zwingend das @-Zeichen kommen. Nach dem @-Zeichen dürfen wieder beliebig viele Zeichen stehen, bevor dann ein Punkt »[.]« erscheinen muss. Zum Abschluss können wieder beliebig viele Zeichen stehen. Sie merken schon, das Muster ist nicht ganz vollkommen. Eigentlich prüfen wir nur, ob in einer Folge von beliebigen Zeichen mindestens ein @-Zeichen und ein Punkt enthalten sind.

Reguläre Ausdrücke sind zwar sehr mächtig, erfordern bei der Suche aber auch sehr viel Zeit. Schon bei Tabellen mit relativ wenigen Datensätzen kann es mehrere Sekunden dauern, bis MySQL alle Zeilen durchlaufen hat. Für große Tabellen kommt eine Suche mit regulären Ausdrücken daher nur in Ausnahmefällen in Betracht.

Bit-Operationen

Bei einigen Funktionen werden Sie sich vermutlich fragen: Wozu braucht man das? Unter anderem dürfte das für Operatoren und Funktionen gelten, mit denen Sie Daten bitweise auswerten und manipulieren. Eine umfassende Antwort auf diese Frage sollten Sie in diesem Buch nicht erwarten. Wir wollen jedoch versuchen, einige Hinweise zum Einsatz solcher Funktionen zu geben. Dabei soll zwischen Aggregatfunktionen und Bit-Funktionen in SELECT-Spaltenlisten und WHERE-Klauseln unterschieden werden.

Als *Bit-Operationen* bezeichnen wir solche Operationen, die Binärzahlen, also Folgen von Einsen und Nullen, auswerten bzw. manipulieren.

Bit-Operatoren

MySQL unterstützt eine ganze Reihe von Bit-Operatoren, von denen Tabelle 16.4 die wichtigsten zeigt.

Operator	Beschreibung
|	Bitweise ODER
&	Bitweise UND
<<	Bitweise Verschiebung nach links
>>	Bitweise Verschiebung nach rechts

Tabelle 16.4: Operatoren für Bit-Operationen

Die Funktion dieser Operatoren ist zunächst nicht einfach zu verstehen, zumal sie als Operanden auch noch Dezimalwerte erwarten, aber mit deren Binärwert arbeiten. Wir wollen zunächst die ODER-Verknüpfung (*Bitweise ODER*) anhand von Binärwerten vorstellen. Die Binärzahl 100 (dezimal 4) und die Binärzahl 011 (dezimal 3) werden mit dem Operator *Bitweise ODER* (\|) wie folgt verknüpft:

```
                100
                011
    Ergebnis = 111
```

Das ODER bedeutet, dass ein Bit gesetzt wird (1), wenn an der betreffenden Stelle in einem der Operanden (oder auch in beiden) das Bit gesetzt ist. Für unser vorstehendes Beispiel gilt das bei allen drei Stellen. Im oberen Operanden ist das erste Bit gesetzt, im zweiten Operanden sind es die beiden letzten. Der Operator erwartet allerdings die Dezimalwerte und gibt auch einen Dezimalwert (hier 7) zurück, so dass wir die Operation wie folgt schreiben können:

```
SELECT 4 | 3;
```

Wenn Sie die CONV-Funktion einsetzen, lassen sich auch Binärzahlen ein- und ausgeben. Allerdings dürfte die folgende Variante, die zunächst die Operanden in Dezimalwerte und das Ergebnis dann wieder in eine Binärzahl verwandelt, nicht sehr übersichtlich sein:

```
SELECT CONV(CONV(100,2,10) | CONV(011,2,10), 10,2);
```

Beim *Bitweise* UND wird ein Bit nur gesetzt, wenn an der betreffenden Stelle sowohl im ersten als auch im zweiten Operanden das Bit gesetzt ist. Für unser obiges Beispiel mit den Operanden 4 (100) und 3 (011) trifft das an keiner Stelle zu. Die folgende Anweisung liefert folglich den Wert 0:

```
SELECT 4 & 3;
```

Ist dieser Mechanismus erst einmal verstanden, dürfte auch die bitweise Verschiebung nach links oder rechts nicht mehr ganz so schwer nachzuvollziehen sein.

Rechtsverschiebung

Wir nehmen einfach eine Binärzahl und verschieben diese um eine bestimmte Zahl von Stellen nach links oder rechts. Die Anzahl der Stellen muss aber insgesamt gleich bleiben, so dass vorne Stellen gestrichen und hinten Nullen aufgefüllt werden.

Das folgende Beispiel nimmt eine Verschiebung um zwei Stellen nach rechts vor:

```
Binärzahl    : 010111
Verschiebung: 000101̶1̶1̶
Ergebnis     : 000101
```

In diesem Beispiel fallen die beiden Stellen rechts weg, während links zwei Nullen aufgefüllt werden. Bei der Umsetzung in eine Anweisung müssen Sie als Operanden jedoch wieder Dezimalzahlen verwenden. Wie die folgende Syntax zeigt, erwarten die Shift-Operatoren zwei Operanden:

```
Zahl >> Stellen
```

Der erste Operand steht für die zu verschiebende Zahl, der zweite gibt die Zahl der Stellen an. Eine Anweisung, die mit dem Wert des oben gezeigten Beispiels arbeitet (binär 010111 = 23 dezimal), könnte folgende Form haben:

```
SELECT 23 >> 2;
```

Als Ergebnis erhalten Sie den Wert 5 (binär 101 bzw. 000101). Die Umrechnung ist natürlich etwas schwierig. Zum Experimentieren lässt sich jedoch die schon vorgestellte Funktion CONV verwenden, mit der Sie den ersten Operanden als Binärzahl angeben können:

```
SELECT CONV(010111,2,10) >> 2;
```

Die Funktion CONV erwartet im ersten Argument eine Zahl, im zweiten die Basis dieser Zahl und im dritten die Basis des Zielwertes.

Natürlich können Sie auch im Binärsystem führende Nullen einfach weglassen. Am Wert ändert das nichts. Wir haben im vorstehenden Beispiel nur deshalb führende Nullen verwendet, um die Verschiebung besser darstellen zu können.

Linksverschiebung

Mit der Rechtsverschiebung im vorstehenden Beispiel haben wir es uns etwas einfach gemacht. Wenn wir eine Binärzahl mit gerade mal sechs Stellen um sechs Stellen nach rechts verschieben, fallen schließlich alle Stellen rechts heraus und werden links durch Nullen aufgefüllt. Wir erhalten dann auch den Ergebniswert 0. Bei der Linksverschiebung ist hingegen die interne Darstellung von Binärzahlen zu berücksichtigen. MySQL stellt dafür 64 Bit zur Verfügung. Wenn wir die Binärzahl 010111 (dezimal 23) um zwei Stellen nach links verschieben, werden zwar hinten (rechts) zwei Nullen aufgefüllt, links fallen aber noch keine Stellen weg:

```
Binärzahl   :   010111
Verschiebung: 01011100
Ergebnis    : 01011100
```

Als Ergebnis erhalten Sie den Dezimalwert 92. Die Linksverschiebung lässt sich als mehrfache Multiplikation mit dem Faktor 2 darstellen, wobei die Zahl der Stellen für den Exponenten steht. Eine Verschiebung um zwei Stellen nach links entspricht daher der folgenden Formel:

```
Zahl * 2²  (= Zahl * 2 * 2)
```

Das folgende Beispiel bewirkt für den Binärwert der Dezimalzahl 23 eine Verschiebung um vier Stellen nach links:

```
SELECT 23 << 4;
```

Diese Anweisung ist äquivalent zur folgenden Anweisung:

```
SELECT 23 * 2 * 2 * 2 * 2;
```

In beiden Fällen erhalten Sie den Ergebniswert 368. Da die Zahl der Stellen jedoch auf 64 begrenzt ist, wandern die Einser auch bei der Linksverschiebung irgendwann über die Begrenzung hinaus und fallen dann weg. So erhalten Sie mit der folgenden Anweisung noch einen sehr großen Ergebniswert:

```
SELECT 1 << 63;
```

Die folgende Anweisung, mit der wir eine Linksverschiebung um 64 Stellen vornehmen, liefert hingegen den Wert 0:

```
SELECT 1 << 64;
```

Dabei ist es unerheblich, ob wir den Wert 1 verwenden oder eine andere Zahl vorgeben. Nach einer Linksverschiebung um 64 Stellen sind schließlich alle Stellen mit Nullen aufgefüllt.

Die vorstehenden Ausführungen sollten ungefähr gezeigt haben, was mit Bit-Operationen gemeint ist. In den folgenden Unterkapiteln sollen nun noch die Funktionen vorgestellt werden, die für Bit-Operationen zur Verfügung stehen.

Bit-Funktionen in SELECT-Anweisungen

In den Spaltendefinitionen einer SELECT-Abfrage und in WHERE-Klauseln lassen sich die in Tabelle 16.5 gezeigten Funktionen verwenden.

Funktion	Beschreibung
BIN	Verwandelt einen Dezimalwert in einen Binärwert, also in eine Folge von Einsen und Nullen
BIT_COUNT	Ermittelt die Anzahl der gesetzten Bits

Tabelle 16.5: Funktionen für Bit-Operationen

Die Funktion BIN lässt sich beispielsweise einsetzen, um die Ergebnisse von Bit-Operationen auch als Binärzahlen darzustellen. So gibt die folgende Anweisung nicht mehr den Dezimalwert aus, sondern erzeugt eine entsprechende Binärzahl:

```
SELECT BIN(23 << 4);
```

Die Funktion BIT_COUNT liefert die Anzahl der auf den Wert 1 gesetzten Bits. Als Argument erwartet die Funktion jedoch keinen Binär-, sondern einen Dezimalwert:

```
SELECT BIT_COUNT(23);
```

Die vorstehende Anweisung liefert den Wert 4, weil in der binären Repräsentation des Dezimalwertes 23 (10111) eben 4 Stellen auf den Wert 1 gesetzt sind.

Bit-Operationen in Aggregatfunktionen

Auch in Gruppierungen lassen sich Bit-Funktionen einsetzen. Tabelle 16.6 zeigt die dafür angebotenen Aggregatfunktionen.

Funktion	Beschreibung
BIT_AND	Bitweise UND über alle Werte einer Gruppe
BIT_OR	Bitweise ODER über alle Werte einer Gruppe

Tabelle 16.6: Aggregatfunktionen für Bit-Operationen

Aggregatfunktionen beziehen sich üblicherweise auf alle Werte einer Spalte bzw. eine Gruppe von Werten dieser Spalte. Da die Funktion Dezimalzahlen erwartet, kommen als Spaltentyp eigentlich nur Integer-Typen in Betracht, insbesondere BIGINT. Diese Typ stellt die 64 Bit zur Verfügung, die sich mit den Funktionen verarbeiten lassen. Sie können die Wirkung der Funktionen mit derjenigen der Operatoren »|« (Bitweise ODER) und »&« (Bitweise UND) vergleichen. Die Operatoren verknüpfen aber nur jeweils zwei Operanden, während die Aggregatfunktionen eventuell alle Werte einer Gruppe zusammenfassen.

Unsere *Kunden-* und *Artikel*-Tabellen erlauben leider keinen sinnvollen Einsatz der Funktionen. Das folgende Beispiel bezieht sich daher auf die Spalte *Zahl* (Typ INTEGER) einer Tabelle mit dem Namen *Temp*:

```
SELECT BIT_AND(Zahl)
FROM Temp;
```

Nur wenn bei allen Werten in der Spalte *Zahl* das betreffende Bit gesetzt ist, wird dieses auch im Ergebnis als gesetzt angezeigt. Für die folgenden Spaltenwerte liefert die vorstehende Anweisung den Dezimalwert 2:

```
2 (binär: 010)
3 (binär: 011)
6 (binär: 110)
```

Nur das zweite Bit ist bei allen Werten der Spalte gesetzt, so dass als Ergebnis der binäre Wert 010 (= dezimal 2) ermittelt wird.

Bit-Operationen werden gelegentlich in technischen Anwendungen benötigt. Im Bereich betrieblicher Anwendungen sind sie dem Autor bisher noch nicht begegnet.

MyISAM-Direktzugriff

Seit der Version 4.0 verfügt MySQL über den Befehl HANDLER, der einen direkten Zugriff auf den Kern des MySQL-Servers, die so genannte *Storage-Engine*, ermöglicht. Das Ziel ist eine erhebliche Beschleunigung bestimmter Abfragen. HANDLER kann zum Teil SELECT-Anweisungen ersetzen. Wie so viele leistungsfähige MySQL-Befehle ist aber auch HANDLER nicht konform zum ANSI-SQL-Standard.

Der Befehl existiert in verschiedenen Varianten, die teilweise funktional zusammenarbeiten. So läuft eine typische Folge von HANDLER-Anweisungen wie folgt ab:

✔ Tabelle öffnen

✔ Datensatzgruppe erzeugen und ausgeben

✔ bestimmte Datensätze (erster, nächster, vorhergehender, letzter) der Tabelle ausgeben (also in der Ergebnistabelle navigieren)

✔ Tabelle schließen

Die HANDLER-Technik funktioniert nur mit *MyISAM*- und *InnoDB*-Tabellen. Sie ist zudem auf die Verwendung in der Anwendungsprogrammierung ausgelegt. Wenn Sie bereits Datenbankanwendungen erstellt haben (beispielsweise mit VBA und Access), wird Ihnen das vorstehende Schema daher auch bekannt vorkommen.

Index erforderlich

HANDLER benötigt einen Index, um funktionieren zu können. Über diesen Index erfolgt die Auswahl der Zeilen. Das folgende CREATE-Kommando erzeugt eine *Kunden*-Tabelle, die diesen Bedingungen genügt. Sie verfügt über einen Index mit dem Namen IndexFirma:

```
CREATE TABLE Kundenx (
  KundenNr INTEGER,
  Firma CHAR(100),
  INDEX IndexFirma (Firma),
  Ort CHAR(100),
  Datum DATE
) ENGINE=MYISAM;
```

Um die folgenden Beispiele nutzen zu können, sollten Sie einige Datensätze in die Tabelle eingeben.

Tabelle öffnen

Im ersten Schritt öffnen Sie eine *MyISAM*- oder *InnoDB*-Tabelle. Die betreffende Anweisung hat folgende Syntax:

```
HANDLER Tabelle OPEN [AS Alias]
```

Die Tabelle kann mit einem Alias-Namen geöffnet werden. Alle weiteren Zugriffe erfolgen dann über diesen Alias. Das folgende Beispiel verzichtet jedoch darauf, so dass die Zugriffe ebenfalls den Tabellennamen (hier *Kunden*) verwenden müssen:

```
HANDLER Kunden OPEN;
```

Die Zeile erzeugt keine Ausgabe. Dafür ist mindestens ein weiterer Zugriff erforderlich.

 Die HANDLER-Anweisungen ließen sich nicht mit unserer Version des Query Browser ausführen. Wir mussten dazu das Kommandozeilen-Tool *mysql.exe* einsetzen.

Datensatzgruppe ermitteln und ausgeben

Für das Auslesen der Daten wird eine Variante des HANDLER-Befehls verwendet, die etwas Ähnlichkeit mit der SELECT-Syntax hat:

```
HANDLER Tabelle
READ Index { = | >= | <= | < } (Wert1, Wert2, ...)
[WHERE ... ] [LIMIT ... ]
```

Die Funktion unterscheidet sich jedoch erheblich. Auch ohne WHERE-Klausel definieren Sie bereits eine Bedingung für die Datensatzwahl, weil die obligatorische READ-Klausel bereits eine solche Bedingung darstellt. Das folgende Beispiel kommt daher ohne WHERE aus:

```
HANDLER Kunden READ IndexFirma <= ("Cimala");
```

Diese Anwendung liefert lediglich einen einzigen Datensatz. Dabei handelt es sich um den ersten (in der Sortierung des Index), auf den die Bedingung zutrifft. Da wir für das vorstehende Beispiel den Operator <= verwendet haben, kann das ein beliebiger Datensatz sein, dessen Eintrag im Feld *Firma* in der Sortierordnung kleiner oder gleich dem Eintrag *Cimala* ist.

Wenn Sie wie im vorstehenden Beispiel auf LIMIT verzichten, wird praktisch LIMIT mit dem Wert 1 angenommen. Wollen Sie mehrere Datensätze ausgeben, müssen Sie LIMIT setzen. Das folgende Beispiel gibt maximal 3 Datensätze aus:

```
HANDLER Kunden
READ IndexFirma <= ("Cimala") LIMIT 3;
```

Wie schon die Syntax gezeigt haben sollte, können Sie auch einen Mehrspalten-Index verwenden. Sie müssen dann in der Klammer Vergleichswerte für mehrere Spalten bestimmen.

WHERE-Klausel verwenden

Die Bedingung, die Sie mit dem Indexnamen und einem Wert der Indexspalte bilden, ist natürlich lange nicht so flexibel wie eine WHERE-Klausel. Die Syntax erlaubt daher die zusätzliche Verwendung einer solchen Klausel, für die sich eine beliebige Bedingung definieren lässt. So liefert das folgende Beispiel nur Firmen, die in der Sortierordnung des verwendeten Index kleiner oder gleich »*Cimala*« sind und die aus Leipzig kommen:

```
HANDLER Kunden READ IndexFirma <= ("Cimala")
WHERE Ort = 'Leipzig'
LIMIT 3;
```

READ- und WHERE-Bedingung wirken praktisch wie eine kombinierte (durch AND verknüpfte) Bedingung. Sie müssen allerdings damit rechnen, dass WHERE-Klauseln die Performance der Abfrage erheblich beeinträchtigen.

In der Tabelle navigieren

Mit der dritten Variante navigieren Sie praktisch in der Tabelle. Wie die Syntax zeigt, können Sie gezielt den ersten, nächsten, vorhergehenden oder letzten Datensatz ausgeben:

```
HANDLER Tabelle
READ Index { FIRST | NEXT | PREV | LAST }
[ WHERE Bedingung ] [LIMIT Zahl ]
```

Wenn Sie LIMIT verwenden, beispielsweise mit dem Wert 3, erhalten Sie eben die ersten drei, die nächsten drei usw. Datensätze angezeigt.

Das folgende Beispiel gibt in der vom verwendeten Index bestimmten Sortierordnung beim ersten Aufruf den ersten Datensatz der Tabelle *Kunden* aus:

```
HANDLER Kunden READ IndexFirma NEXT;
```

Beim nächsten Aufruf der gleichen Anweisung erhalten Sie
den zweiten Datensatz angezeigt usw. Ist der letzte Datensatz
erreicht, gibt der nächste Aufruf keine Daten mehr aus.

Tabelle schließen

Zum Schluss sollten Sie die Tabelle schließen. Dazu verwenden Sie die fünfte Variante des Befehls, die statt OPEN die Klausel CLOSE erwartet:

```
HANDLER Kunden CLOSE;
```

Nach dem Schließen ist die Tabelle für HANDLER-Anweisungen
nicht mehr zugänglich. Diese lösen dann eine Fehlermeldung
aus. Sie müssen die Tabelle dazu erst wieder mit OPEN öffnen.

Probleme des HANDLER-Befehls

Die MySQL-Entwickler betrachten den HANDLER-Zugriff als so
genannte Low-Level-Technik, die ihren Geschwindigkeitsvorteil dadurch realisiert, dass sie viele Sicherheitsfunktionen der
MySQL-Engine umgeht. HANDLER garantiert keine konsistenten Ergebnisse, weil es direkt auf die Tabelle zugreift und keine Sperren verwendet. Wenn gleichzeitig Datensätze geändert
oder hinzugefügt werden, können die Abfrageergebnisse zufällig ausfallen. Die Änderungen werden dann je nach Zeitpunkt
der Änderung angezeigt oder auch nicht. Kurz: HANDLER eignet
sich nicht für eine Mehrbenutzerumgebung, in der ständig
Datensätze hinzugefügt bzw. geändert oder gelöscht werden.

MySQL-Prozesse beenden

Üblicherweise werden Prozesse (Threads) automatisch beendet, beispielsweise durch Schließen eines Clients. Sie haben aber auch die Möglichkeit, Threads »abzuschießen«, also zwangsweise zu beenden. Zuständig ist dafür der Befehl KILL, der als Argument lediglich die Prozess- bzw. Thread-ID erwartet. Diese müssen Sie natürlich kennen. Für die Ermittlung der Prozess-IDs der gerade laufenden Prozesse können Sie den SHOW-Befehl einsetzen, der in diesem Fall folgende Form hat:

```
SHOW PROCESSLIST;
```

Sie erhalten damit eine Ausgabe wie die in Abbildung 16.6. Die Prozess-ID wird gleich in der ersten Spalte angezeigt.

Id	User	Host	db	Command	Time	State	Info
2	root	localhost:1453	kontakte	Sleep	247		NULL
8	root	localhost:1459	kontakte	Sleep	1234		NULL
9	root	localhost:1460	NULL	Sleep	1210		NULL
14	root	localhost:1465	kontakte	Query	0	NULL	SHOW PROCESSLIST

Abbildung 16.6: Ausgabe der Prozess-Liste

Um den Prozess mit der ID 9 zu beenden, ist dann folgende Anweisung erforderlich:

```
KILL 9;
```

Sie werden einen Prozess beispielsweise mit KILL beenden, wenn sich Prozesse gegenseitig blockieren, etwa in einer so genannten Deadlock-Situation, in der mehrere Prozesse versuchen, eine Tabelle zu sperren.

Escape-Sequenzen

Sie benötigen *Escape-Sequenzen*, um bestimmte Steuerzeichen wie beispielsweise einfache Anführungszeichen (Hochkommata) in Spalten zu speichern bzw. in Bedingungen einzusetzen. Diese Zeichen lassen sich sonst gar nicht nutzen oder sie erzeugen fehlerhafte Ergebnisse. Ohne Escape-Sequenz ist beispielsweise folgende Konstruktion nicht möglich. MySQL bricht die Ausführung mit einer Fehlermeldung ab:

```
SELECT 'Das Buch 'MySQL' behandelt MySQL-Themen.';
```

Sie dürfen einfache Anführungszeichen nicht in Zeichenfolgen einsetzen, wenn Sie diese auch für die Einschließung des Strings verwenden. MySQL kann den Ausdruck dann nicht korrekt interpretieren. Alternativ haben Sie die Möglichkeit, den Gesamtstring in doppelte Anführungszeichen einzuschließen. Die folgende Anweisung funktioniert daher:

```
SELECT "Das Buch 'MySQL' behandelt MySQL-Themen.";
```

Sie können aber auch das Escape-Zeichen »\« verwenden. Wie das folgende Beispiel zeigt, darf dann auch der ganze String in Hochkommata eingeschlossen sein:

```
SELECT 'Das Buch \'MySQL\' behandelt MySQL-Themen.';
```

MySQL interpretiert ein Hochkomma dann nicht als Abschluss des Strings, sondern als zu speicherndes bzw. auszugebendes Zeichen. Eine Auswahl der verfügbaren Escape-Sequenzen zeigt Tabelle 16.7. Die vollständige Übersicht finden Sie im Anhang.

Sequenz	Beschreibung
\'	Hochkomma
\"	doppeltes Anführungszeichen
\n	Zeilenvorschub
\t	Tabulator
\\	Backslash
\%	Prozentzeichen
_	Unterstrich

Tabelle 16.7: Escape-Sequenzen in MySQL

Besonders wichtig sind auch das Prozentzeichen und der Unterstrich. Diese dienen üblicherweise der Bildung von Vergleichsmustern in WHERE-Bedingungen. So sucht die folgende Anweisung nach allen Datensätzen, die im Feld *Bemerkung* an einer beliebigen Stelle den Teilbegriff *Rabatt* enthalten:

```
SELECT * FROM Kunden
WHERE Bemerkung LIKE '%Rabatt%';
```

Wollen Sie jedoch nach Datensätzen suchen, die im Feld *Bemerkung* das Prozentzeichen enthalten (beispielsweise in Einträgen wie »Der Kunde erhält 3 % Rabatt«), müssen Sie dafür das Escape-Zeichen verwenden:

```
SELECT * FROM Kunden
WHERE Bemerkung LIKE '%\%%';
```

Das erste und das letzte Prozentzeichen übernehmen hier die übliche Wildcard-Funktion. Das Prozentzeichen in der Mitte ist hingegen »escaped«. Es wird daher nicht mehr als Wildcard interpretiert, sondern als zu suchendes Textzeichen.

17 Transaktionen

Die Transaktionsunterstützung ist von MySQL-Anwendern immer wieder gefordert worden. Seit der Version 3.23.x verfügt MySQL nun über diese Möglichkeit. *Transaktionen* sollen auch bei komplexen (zusammengesetzten) Operationen die Konsistenz der Daten gewährleisten. Zu diesem Zweck werden Operationen, die nur gemeinsam ausgeführt werden dürfen, zu einer Transaktion zusammengefasst. Nur wenn sich alle an einer Transaktion beteiligten Operationen ausführen lassen, werden die Änderungen in der Datenbank gespeichert (COMMIT). Andernfalls müssen alle bereits ausgeführten Operationen wieder zurückgenommen werden (ROLLBACK). Transaktionen sollen nach dem so genannten ACID-Prinzip erfolgen.

Das ACID-Prinzip

ACID steht für *Atomicity*, *Consistency*, *Isolation* und *Durability*. Diese Begriffe definieren die Anforderungen, denen Transaktionen üblicherweise genügen sollten. *Atomicity* bedeutet, dass Transaktionen unteilbar sind. Sie werden entweder vollständig oder gar nicht ausgeführt.

Consistency

Mit *Consistency* ist gemeint, dass Transaktionen die Datenbank in einem konsistenten Zustand hinterlassen müssen. Die Konsistenzbedingung lässt sich jedoch nicht allein durch die Datenbank bzw. die Transaktionsmechanismen des SQL-Servers garantieren. Auch fehlerhafte Anwendungen können die Daten in einem inkonsistenten Zustand hinterlassen.

Isolation

Der Begriff *Isolation* bezieht sich auf die Verarbeitung mehrerer parallel ablaufender Transaktionen. Diese dürfen sich nicht gegenseitig beeinflussen. So darf sich die Änderung an einem Datensatz nicht auf eine andere zur gleichen Zeit ablaufende Transaktion auswirken. Jede Transaktion sollte die Datenbank zwischen Start und Ende der Transaktion so sehen, wie diese beim Start der Transaktion vorlag. Soweit Änderungen wirksam werden, dürfen diese nur auf Operationen beruhen, die zu der betreffenden Transaktion gehören. Die Forderung nach einer Isolation von parallel ablaufenden Transaktionen ist nur relativ schwer umzusetzen. Sie wird daher von den verschiedenen SQL-Servern auch unterschiedlich realisiert.

Durability

Der letzte Buchstabe des ACID-Konzepts steht für *Durability*, also für Dauerhaftigkeit. Jede Transaktion muss dauerhaft sein, auch wenn es beispielsweise aufgrund von Hardware-Problemen zu einem Systemausfall kommt. Diese Forderung wird üblicherweise durch die Verwendung von Log-Files erfüllt. MySQL speichert darin alle Operationen, so dass sich der Zustand einer Datenbank auch dann wiederherstellen lässt, wenn die Daten vor dem Systemausfall nicht mehr auf die Festplatte geschrieben werden konnten.

Nachteile des ACID-Prinzips

Alle Konzepte, die entschieden mehr Sicherheit versprechen, haben in der Regel auch Nachteile. Das gilt auch für ACID. Hier ist insbesondere der erhebliche Verarbeitungsaufwand (Overhead) zu nennen, der auf Kosten der Performance geht. Mit dem üblichen MySQL-Tabellentyp *MyISAM* lässt sich das ACID-Prinzip nicht umsetzen. MySQL musste daher um neue Tabellentypen (*InnoDB* und *BDB*) und damit auch um neue Funktionen erweitert werden.

Tabellentypen für Transaktionen

InnoDB und *BDB* werden von MySQL als so genannte transaktionssichere Tabellentypen bezeichnet. Alle anderen Typen unterstützen Transaktionen nicht. Der Typ *BDB* wird nur selten verwendet. Die üblichen MySQL-Distributionen sind normalerweise auch nicht dafür vorbereitet. In der Regel kommt daher nur der Typ *InnoDB* zum Einsatz. Das gilt auch für die Beispiele dieses Kapitels.

Transaktionen verwenden

Wie der vorstehende Text gezeigt haben sollte, müssen für die Verwendung von Transaktionen unter MySQL mehrere Voraussetzungen erfüllt sein. Im Einzelnen sind folgende Schritte erforderlich:

1. Erzeugung von transaktionssicheren Tabellen

2. Deaktivierung des AutoCommit-Modus (implizit/explizit)

3. Starten der Transaktion

4. Ausführung der Operationen (INSERT, UPDATE, DELETE)

5. Beendigung oder Rücknahme der Transaktion

Abgesehen vom Typ sind keine besonderen Änderungen an der Struktur von Tabellen erforderlich. Die folgenden Anweisungen sollten Ihnen daher bereits vertraut sein:

```
CREATE TABLE Konten(
    Name VARCHAR(100),
    Kontostand DOUBLE
) ENGINE=INNODB;

INSERT INTO Konten(Name,Kontostand)
VALUES('Mayer', 1000),
      ('Schulze', 1000);
```

In der ersten Anweisung definieren wir eine *InnoDB*-Tabelle, die der Kontenverwaltung dient. In der zweiten Anweisung wird diese Tabelle mit zwei Datensätzen gefüllt. Beide Kunden verfügen in der Ausgangssituation über ein Guthaben von jeweils 1000 (Euro etc.).

AutoCommit-Modus explizit deaktivieren

In der Voreinstellung wird jede Änderung sofort in die Datenbank geschrieben (*AutoCommit*). Jede einzelne Operation steht damit praktisch für eine komplette Transaktion. Diesen so genannten AutoCommit-Modus können Sie explizit oder implizit deaktivieren.

Explizit deaktivieren Sie *AutoCommit*, indem Sie diese Einstellung mit einem SET-Kommando abschalten:

```
SET AUTOCOMMIT=0;
```

Ist *AutoCommit* explizit abgeschaltet, betrachtet MySQL alle Folgeoperationen zunächst als Teile einer Transaktion. Die dadurch bewirkten Änderungen werden zunächst nicht dauerhaft in den Tabellen gespeichert. Jeder BEGIN-, COMMIT- und ROLLBACK-Befehl beendet dann diese Transaktion und beginnt automatisch eine neue. Mit BEGIN bzw. COMMIT speichern Sie dann die Änderungen der vorhergehenden Anweisungen. Sie müssen also unbedingt einen dieser Befehle verwenden, damit Änderungen überhaupt fest gespeichert werden. Die explizite Deaktivierung des AutoCommit-Modus ist also nicht ganz unkritisch.

Implizite Deaktivierung

Implizit deaktivieren Sie *AutoCommit* durch Verwendung des Befehls BEGIN, mit dem Sie eine Transaktion einleiten. Auf den Befehl SET AUTOCOMMIT können Sie dann verzichten. MySQL betrachtet alle nach dem Befehl BEGIN ausgeführten Operationen als zu einer Transaktion gehörend.

Auch bei der impliziten Deaktivierung des AutoCommit-Modus bewirkt erst ein COMMIT, dass die Daten wirklich gespei-

chert werden. Wenn Sie den Server zwischendurch herunterfahren, sind alle seit Deaktivierung des AutoCommit-Modus
erfolgten Änderungen verloren.

Sie sollten folglich jede als Transaktion vorgesehene Anwei-
sungsfolge in die Befehle BEGIN und COMMIT bzw. BEGIN und
ROLLBACK einschließen, unabhängig davon, ob der Auto-
Commit-Modus explizit deaktiviert wurde oder nicht.

Transaktion definieren

Eine Transaktion besteht aus einer beliebigen Zahl von Anweisungen, die von den Befehlen BEGIN und COMMIT bzw. BEGIN
und ROLLBACK eingeschlossen sind. Die folgenden UPDATE-Anweisungen buchen einen Betrag von 100 (Euro) von einem
Konto ab (-100) und fügen ihn dem anderen Konto hinzu
(+100).

```
BEGIN;
UPDATE Konten SET Kontostand = Kontostand - 100
WHERE Name = 'Mayer';
UPDATE Konten SET Kontostand = Kontostand + 100
WHERE Name = 'Schulze';
COMMIT;
```

Das vorstehende Beispiel setzt sich (inklusive BEGIN und COM-
MIT) aus vier Anweisungen zusammen. Jede ist mit dem Semikolon abzuschließen. Sollen die Änderungen zurückgenommen, also nicht gespeichert werden, müssen Sie anstelle von
COMMIT den Rücknahmebefehl ROLLBACK verwenden:

```
BEGIN;
UPDATE Konten SET Kontostand = Kontostand - 100
WHERE Name = 'Mayer';
UPDATE Konten SET Kontostand = Kontostand + 100
WHERE Name = 'Schulze';
ROLLBACK;
```

Unabhängig davon, ob Sie nun mit COMMIT die Änderungen übernehmen oder diese mit ROLLBACK verwerfen, muss die Tabelle *Konten* immer eine Gesamtsumme von 2000 (Euro) ausweisen:

```
SELECT SUM(Kontostand) FROM Konten;
```

Beachten Sie jedoch, dass ein COMMIT die vorgenommenen Änderungen auch dann speichert, wenn eine der Einzeloperationen nicht ausgeführt werden konnte, etwa weil eine Anweisung fehlerhaft war. Es ist Ihre Aufgabe als Anwender oder Programmierer, darauf zu achten, dass die Einzeloperationen korrekt durchgeführt wurden. Sie müssen also für jede einzelne Operation prüfen, ob diese erfolgreich war. In der Regel werden Sie die Rückmeldung bzw. Fehlermeldung auswerten, die MySQL nach jeder Operation liefert. Nur wenn diese keinen Fehler anzeigt, dürfen Sie mit COMMIT die Transaktion abschließen. Tritt ein Fehler auf, nehmen Sie alle seit dem Befehl BEGIN erfolgten Änderungen mit ROLLBACK zurück.

Wenn Sie die vorstehenden Beispiele mit Hilfe des grafischen Tools *MySQL Query Browser* ausführen wollen, müssen Sie anstelle der Befehle BEGIN und COMMIT (bzw. ROLLBACK) die Transaktionsunterstützung des *Query Browser* nutzen. Diese wird über entsprechende Icons in der Toolbar zur Verfügung gestellt (siehe auch Kapitel 28).

Automatische Beendigung einer Transaktion

Unter bestimmten Bedingungen beendet MySQL eine Transaktion auch automatisch. Das ist immer der Fall, wenn Sie einen der folgenden Befehle verwenden:

```
ALTER TABLE
BEGIN
DROP DATABASE
DROP TABLE
CREATE INDEX
```

Die bis dahin vorgenommenen Änderungen werden dann in der Datenbank gespeichert, so als hätten Sie die Transaktion mit COMMIT abgeschlossen.

Wie Sie aus der Liste ersehen, schließt auch ein BEGIN die vorhergehende Transaktion ab. Daraus folgt, dass mit jedem Neubeginn einer Transaktion die vorhergehende beendet und die betreffenden Änderungen gespeichert werden.

Isolationslevel definieren

Mit SET TRANSACTION bestimmen Sie den Umfang der Isolation gegenüber anderen, parallel laufenden bzw. sich zeitlich überschneidenden Transaktionen.

```
SET [GLOBAL | SESSION]
TRANSACTION ISOLATION LEVEL
{ READ UNCOMMITTED | READ COMMITTED |
  REPEATABLE READ | SERIALIZABLE }
```

Bei Aktivierung des Isolationslevels READ UNCOMMITTED können Änderungen einer Transaktion von anderen Transaktionen ausgelesen werden, auch wenn die Änderungen noch nicht mit COMMIT fest gespeichert wurden. Werden die Änderungen der Ursprungstransaktion später nicht gespeichert, sondern mit ROLLBACK zurückgenommen, hat die Folgetransaktion eigentlich ungültige Daten gelesen.

```
SET TRANSACTION ISOLATION LEVEL READ UNCOMMITTED;
BEGIN;
UPDATE Konten SET Kontostand = Kontostand - 100
WHERE Name = 'Mayer';
UPDATE Konten SET Kontostand = Kontostand + 100
WHERE Name = 'Schulze';
SELECT * FROM Konten;
ROLLBACK;
SELECT * FROM Konten;
```

Die vorstehende Anweisungsfolge enthält zwei SELECT-Anweisungen. Die erste wird nach zwei nicht abgeschlossenen UPDATE-Operationen ausgeführt. Da wir den Isolationslevel READ UNCOMMITTED gewählt haben, zeigt SELECT die Änderungen schon an. Anschließend nehmen wir die Änderungen jedoch wieder zurück (ROLLBACK). Die letzte SELECT-Anweisung zeigt dann wieder den ursprünglichen (unveränderten) Zustand an. Die beiden SELECT-Anweisungen liefern also unterschiedliche Daten. Wenn Sie solche Daten weiterverwenden, kann das zu inkonsistenten Daten führen. READ UNCOMMITTED sollte daher die Ausnahme sein und nur in begründeten Fällen zum Einsatz kommen. Der Vorteil von READ UNCOMMITTED besteht in einem geringeren Verwaltungsaufwand für den MySQL-Server. Folglich wirkt sich dieser Level auch weniger auf die Performance des Systems aus.

Wenn Sie das vorstehende Beispiel mit einem grafischen Client ausführen, müssen Sie zumindest die beiden SELECT-Anweisungen in separaten Schritten aufrufen. Die Operationen laufen in der Regel so schnell ab, dass Sie das Ergebnis der ersten SELECT-Abfrage sonst gar nicht zu sehen bekommen. Der *MySQL Query Browser* erwartet ohnehin, dass jede Anweisung separat eingegeben und ausgeführt wird.

READ COMMITTED

Sicherer ist die Isolationsebene READ COMMITTED, bei der eine Transaktion nur Änderungen angezeigt erhält, die von der ursprünglichen Transaktion mit COMMIT abgeschlossen wurden. Diesen Modus sollten Sie in der Regel auch beibehalten, weil er die größte Sicherheit verspricht. Es soll allerdings nicht verschwiegen werden, dass dieser Modus auch stärker zu Lasten der Performance geht.

REPEATABLE READS

Mit der Ebene REPEATABLE READS schränken Sie den Zugriff auf Änderungen anderer (parallel laufender bzw. sich zeitlich überschneidender) Transaktionen weiter ein. Diese Ebene stellt sicher, dass eine Transaktion bei mehrfachen Abfragen immer die gleichen Daten geliefert bekommt, auch wenn zwischenzeitlich andere Transaktionen Daten geändert und mit COMMIT gespeichert haben. Wenn Sie die Isolationsebene nicht selbst bestimmen, ist REPEATABLE READS voreingestellt. Den aktuellen Level ermitteln Sie mit der folgenden Anweisung:

```
SELECT @@tx_isolation;
```

Damit geben Sie den Inhalt der Variablen tx_isolation aus, den Sie unter anderem mit dem weiter oben vorgestellten SET-Kommando auch selbst ändern können.

Transaktionen und MyISAM-Tabellen

Wenn innerhalb einer Transaktion, also innerhalb einer BEGIN/COMMIT-Folge, auch Operationen vorkommen, die sich auf *MyISAM*-Tabellen beziehen, werden die damit vorgenommenen Änderungen sofort gespeichert. Das gilt auch dann, wenn Sie die Transaktion mit ROLLBACK zurücknehmen. Kurz: Operationen auf *MyISAM*-Tabellen werden durch Transaktionen nicht beeinflusst.

MyISAM-Tabellen in InnoDB-Tabellen konvertieren

Sie haben grundsätzlich zwei Möglichkeiten, bereits vorhandene *MyISAM*-Tabellen in *InnoDB*-Tabellen umzuwandeln. Die erste Option besteht darin, einfach *InnoDB*-Tabellen mit einer identischen Struktur anzulegen und dann die Daten aus der *MyISAM*-Tabelle per INSERT-Anweisung zu übernehmen. In der Regel sollte es aber auch unproblematisch sein, den Tabellentyp durch eine ALTER-Anweisung zu ändern:

```
ALTER TABLE Kunden ENGINE=INNODB;
```

Da *InnoDB*-Tabellen praktisch alle Datentypen unterstützen, die auch für *MyISAM*-Tabellen zur Verfügung stehen, ist eine weiter gehende Anpassung der Struktur normalerweise nicht erforderlich.

Alternativen

Transaktionen sind nicht für jede Datenbankanwendung erforderlich. Aufgrund ihrer erheblichen Nachteile für die Performance sollten sie auch nur verwendet werden, wenn sie unverzichtbar sind. Davon abgesehen existieren aber auch Alternativen, die sich mit Hilfe der bewährten und schnellen *MyISAM*-Tabellen realisieren lassen. Schließlich mussten MySQL-Anwender auch schon vor Einführung der *InnoDB*-Technik die Konsistenz ihrer Datenbanken sicherstellen.

Alte Datensätze sichern

Vermutlich sind viele Lösungen denkbar, die ein dem Transaktionsprinzip ähnliches System hervorbringen können. Der Autor will hier nur kurz ein Schema skizzieren, das er in ähnlicher Form schon einmal verwendet hat. Das Prinzip beruht grundsätzlich darauf, dass eine Transaktionsnummer bzw. eine bestimmte Kennzeichnung alle zu einer Transaktion gehörenden Operationen kennzeichnet. Die betreffenden Tabellen müssen dann über eine zusätzliche Spalte für diese Nummer verfügen. Wir beschränken uns hier auf eine schematische Darstellung, weil jede Lösung doch sehr an den jeweiligen Anwendungsfall gebunden ist und daher immer individuell sein wird. Dabei greifen wir auf das oben geschilderte Beispiel einer doppelten Buchung zurück. Unser selbst gestricktes Transaktionsprinzip erfordert dann folgende Schritte:

① Datensatz des ersten Kunden duplizieren und mit Transaktionsnummer kennzeichnen.

② Datensatz des zweiten Kunden duplizieren und mit Transaktionsnummer kennzeichnen.

③ Änderung am ersten Datensatz vornehmen (z.b. Abbuchung).

④ Änderung am zweiten Datensatz vornehmen (z.b. Zubuchung).

⑤ Erfolg derÄnderungen überprüfen.

⑥ Im Erfolgsfall die duplizierten Datensätze löschen und Transaktionsnummern entfernen (Commit).

⑦ Im Fall des Misserfolgs die Originaldatensätze löschen und bei den Duplikaten die Transaktionsnummern entfernen. Diese treten dann an die Stelle der ursprünglichen Datensätze.

Aus dem vorstehenden Schema ersehen Sie bereits, dass auch eine eigene Lösung nicht ohne Overhead auskommt. Vor allem muss der Programmierer mit wesentlich mehr Aufwand rechnen, zumal die Transaktionsnummer auch noch bei der Bildung des Primärschlüssels und bei konkurrierenden Zugriffen in Mehrbenutzerumgebungen zu berücksichtigen ist. Trotz der zusätzlichen Operationen sollte das vorstehende Schema zumindest nicht langsamer sein als die »eingebaute« Transaktionsunterstützung. Sie können so immerhin auf *InnoDB*-Tabellen verzichten und die wesentlich schnelleren *MyISAM*-Tabellen einsetzen. Dennoch darf die Einführung des Transaktionskonzepts als Fortschritt gelten, weil der Programmierer dadurch erheblich entlastet wird.

Duplikate und Primärschlüssel

Datensätze mit Primärschlüsseln und anderen eindeutigen Spalten lassen sich nicht einfach duplizieren, weil sonst der Schlüssel nicht mehr eindeutig ist. MySQL würde sich auch weigern, eine solche Operation zu akzeptieren. Eine Möglichkeit besteht darin, dass der Primärschlüssel aus einer ID

(Kundennummer etc.) und der Transaktionsnummer gebildet wird.

Konkurrierende Zugriffe

Bei einem selbst gestrickten Transaktionsersatz ist vor allem der gleichzeitige Zugriff auf die gleichen Datensätze durch unterschiedliche Clients zu verhindern. Sie können dafür entweder auf die Sperrfunktion zurückgreifen, die MySQL anbietet, oder vor jeder Transaktion prüfen, ob die betreffenden Datensätze gerade in einer Transaktion verwendet werden.

Transaktionen werden Sie praktisch immer nur in Datenbankanwendungen nutzen. Die in diesem Kapitel vorgestellten Konzepte und Anweisungen sind daher nicht für die direkte Eingabe gedacht, sondern für die Einbettung in eine Programmiersprache, beispielsweise PHP oder Java.

18 Joins – Mehrtabellenabfragen

Einfache SELECT-Abfragen über eine Tabelle sind recht einfach zu formulieren. Der Anwender wird dabei durch die leicht verständliche SQL-Syntax unterstützt. Problematischer wird es, wenn Abfragen über mehrere Tabellen ins Spiel kommen. *Joins* machen Abfragen unübersichtlich. Das Ergebnis lässt sich nur noch bedingt mit Hilfe von Plausibilitätsregeln überprüfen. Joins sind daher die hohe Kunst der SELECT-Abfrage und sie sind das tägliche Brot des Anwenders (bzw. Programmierers).

Im Prozess der Normalisierung haben wir die Daten zur Vermeidung von Redundanz erst mühsam auf viele Tabellen verteilt. Nun kommt es darauf an, diese wieder sinnvoll zusammenzuführen. Weil Joins für relationale Datenbanken so wichtig sind, soll nachfolgend nicht nur gezeigt werden, wie sie funktionieren, sondern auch, welche Möglichkeiten sie bei der Nutzung der Daten bieten.

In diesem Kapitel verwenden wir Tabellen, deren Struktur im Anhang dokumentiert ist und die Sie auch als Skripte auf der beiliegenden CD finden. Wenn Sie die Beispiele nachvollziehen wollen, sollten Sie die Skripte ausführen. Diese enthalten zudem Beispieldaten, so dass Sie damit ungefähr die gleichen Ergebnisse erzielen können.

Einfache Joins

Als *einfache Joins* bezeichnen wir solche, bei denen die Beziehung zwischen den beteiligten Tabellen ziemlich eindeutig ist. Das gilt beispielsweise für die Beziehung *Kunden/Rechnungen*. Hier ist von Anfang an klar, dass einem Kunden in der Regel mehrere Rechnungen zugeordnet sein können, dass wir es also mit einer 1:m-Beziehung zu tun haben. Solche Joins erledigen wir mit einer entsprechenden Bedingung in der WHERE-Klausel. Die Syntax für einfache Verknüpfungen hat folgende Form:

```
SELECT Tabelle1.Spalte, ..., Tabelle2.Spalte
FROM Tabelle1, Tabelle2
WHERE Tabelle1.Primärschlüsselspalte =
      Tabelle2.Fremdschlüsselspalte
```

Die hier stark vereinfachte Syntax bedeutet, dass in der SELECT-Liste beliebige Spalten aus den beteiligten Tabellen aufgelistet werden können. Die verwendeten Tabellen (es können auch mehr als die hier genannten zwei sein) sind dann nochmals in der FROM-Klausel anzugeben. Ganz wichtig ist die WHERE-Klausel; diese bestimmt die Zuordnung der Datensätze aus den beiden Tabellen. Wir kommen auf die Bedeutung der WHERE-Klausel noch zurück.

Beachten Sie, dass die Spalten in der Regel mit Tabellen- und Spaltennamen zu bezeichnen sind (qualifizierte Namen). Das gilt zwar grundsätzlich nur für Spalten, die in beiden Tabellen den gleichen Namen tragen. Um Verwechslungen zu vermeiden, sollten Sie sich aber angewöhnen, in Joins nur qualifizierte Namen zu verwenden.

Das folgende Beispiel gibt alle Rechnungen mit den zugehörigen Kundennamen aus:

```
SELECT Kunden.KundenNr,
       Kunden.Firma,
       Rechnungen.Betrag,
       Rechnungen.Datum
FROM Kunden, Rechnungen
WHERE Kunden.KundenNr = Rechnungen.KdNr
ORDER BY KundenNr;
```

Die Bedingung der WHERE-Klausel sorgt dafür, dass jeder Rechnung auch der richtige Kunde zugeordnet wird. Ohne die WHERE-Klausel würde MySQL praktisch jeden Datensatz aus der

Kunden- mit jedem Datensatz aus der Rechnungstabelle verknüpfen. Abgesehen von der Unsinnigkeit solcher Verknüpfungen erhalten Sie dann bei 100 Kunden und etwa 1.000 Rechnungen eine Ergebnistabelle mit 100.000 Datensätzen.

KundenNr	Firma	Betrag	Datum
1	Mayer KG	139.60	2006-07-15
1	Mayer KG	119.80	2006-06-25
1	Mayer KG	358.60	2005-12-05
1	Mayer KG	259.35	2006-06-18
1	Mayer KG	199.40	2005-11-24
2	Bauer GmbH	129.70	2006-10-03
3	Cimala AG	119.60	2006-07-21
3	Cimala AG	478.80	2006-07-16
3	Cimala AG	238.40	2006-06-19
5	Wünsche&Co	159.60	2006-07-16
7	Kunze GmbH	380.67	2006-10-08

Abbildung 18.1: Ergebnis einer Abfrage über zwei Tabellen

Bei korrekter Verknüpfung können es nicht mehr als 1.000 Datensätze sein, weil eben nur so viele Rechnungen vorhanden sind. Abbildung 18.1 zeigt das Ergebnis der Abfrage für die Beispieldaten, die Sie als Skripte auf der beiliegenden CD finden.

Das zuletzt gezeigte Beispiel hat einen kleinen Nachteil: Es liefert nur Kunden, für die auch Rechnungen existieren. Allgemein formuliert: Angezeigt werden nur Datensätze, für die in der jeweils anderen Tabelle verknüpfte Datensätze enthalten sind. Damit haben wir einen so genannten *Natural Join* definiert.

Wollen Sie alle Kunden ausgeben, auch solche, die noch keine Rechnungen erhalten haben (beispielsweise Interessenten), müssen Sie einen anderen Join-Typ verwenden, der beispielsweise alle Datensätze der übergeordneten (linken) Tabelle anzeigt. Solche Joins lassen sich nicht mehr allein mit der WHERE-Klausel bilden. Vielmehr sind dazu spezielle Syntaxvarianten erforderlich, die wir nachfolgend vorstellen wollen.

Join-Typen

MySQL unterstützt verschiedene Join-Typen, die sich vor allem darin unterscheiden, wie sie die Datensätze der beteiligten Tabellen verknüpfen. Tabelle 18.1 zeigt, welche Typen sich wie verwenden lassen.

Join-Typ	Beschreibung
NATURAL JOIN	Liefert nur Datensätze, für die in den Verknüpfungsfeldern beider Tabellen identische Werte enthalten sind
INNER JOIN	Identisch mit NATURAL JOIN
LEFT [OUTER] JOIN	Liefert alle Datensätze der linken (in der Regel übergeordneten) Tabelle, auch wenn dafür in der rechten (untergeordneten) Tabelle keine verknüpften Datensätze enthalten sind
RIGHT [OUTER] JOIN	Liefert alle Datensätze der rechten (untergeordneten) Tabelle, auch wenn dafür in der linken (übergeordneten) Tabelle keine verknüpften Datensätze enthalten sind

Tabelle 18.1: Von MySQL unterstützte Join-Typen

Die Basissyntax einer Join-Abfrage hat zunächst für alle Typen die gleiche Struktur:

```
SELECT Ausdrucksliste
FROM Tabelle1
Join-Typ Tabelle2 ON Join-Bedingung
```

Die Umsetzung für einen Natural Join, den wir weiter oben noch mit Hilfe der WHERE-Klausel realisiert haben, kann dann wie folgt aussehen:

```
SELECT Kunden.KundenNr,
       Kunden.Firma,
       Rechnungen.Betrag,
       Rechnungen.Datum
```

```
FROM Kunden
INNER JOIN Rechnungen
ON Kunden.KundenNr = Rechnungen.KdNr;
```

Sie müssen die drei letzten Zeilen praktisch als eine Einheit lesen: In der FROM-Klausel bestimmen Sie die linke (übergeordnete) und in der JOIN-Klausel die rechte (untergeordnete) Tabelle. Die ON-Klausel liefert die Verknüpfungsbedingung und ersetzt damit die WHERE-Klausel. Die Verknüpfungsbedingung besteht in der Regel darin, dass sie die Primärschlüsselspalte der linken und die Fremdschlüsselspalte der rechten Tabelle gleichsetzt.

MySQL akzeptiert in der ON-Klausel auch andere Operatoren wie beispielsweise LIKE, <, <=, > etc. Zumindest für unser Beispiel lässt sich damit aber keine sinnvolle Anwendung denken. Hier darf, wenn etwas Sinnvolles herauskommen soll, nur das Gleichheitszeichen stehen.

STRAIGHT JOIN

Die SELECT-Syntax enthält auch die optionale Klausel STRAIGHT JOIN. Diese soll MySQL veranlassen, die in der FROM-Klausel angegebenen Tabellen immer in der dort bestimmten Reihenfolge zu verknüpfen. MySQL muss dann nicht mehr umständlich prüfen, welche Reihenfolge die sinnvollste ist. Bei STRAIGHT JOIN handelt es sich folglich nicht um einen Join-Typ, sondern um eine Art Optimierungsanweisung, mit der sich Joins unter Umständen beschleunigen lassen. Normalerweise hat MySQL jedoch keine Probleme, die korrekte Reihenfolge zu ermitteln, so dass Sie in der Regel auf die Klausel verzichten können.

USING statt ON

Alternativ zur ON-Klausel lässt sich auch die USING-Klausel verwenden. Diese ermöglicht gegebenenfalls eine kürzere

Schreibweise, setzt dafür jedoch voraus, dass die jeweiligen Verknüpfungsspalten (in der Regel also Schlüssel und Fremdschlüssel) über identische Bezeichnungen verfügen. Die Syntax hat dann folgende Form:

```
SELECT Ausdrucksliste
FROM Tabelle1
Join-Typ Tabelle2 USING (Verknüpfungsspalte)
```

Grundsätzlich können auch mehrere Spalten, durch Kommata getrennt, in der USING-Klausel angegeben werden. Diese müssen dann aber in beiden Tabellen vorkommen. Für das folgende Beispiel haben wir die Tabellen *Kunden* und *Kontakte* verwendet, weil hier der Primärschlüssel der Tabelle *Kunden* und der zugehörige Fremdschlüssel in der Tabelle *Kontakte* die gleiche Bezeichnung (*KundenNr*) tragen:

```
SELECT Kunden.KundenNr,
       Kunden.Firma,
       Kontakte.Thema,
       Kontakte.Typ,
       Kontakte.Status
FROM Kunden
INNER JOIN Kontakte
USING (KundenNr);
```

Da diese Voraussetzung nicht immer gegeben ist, würden wir Ihnen jedoch empfehlen, diese Klausel nur in gut begründeten Fällen zu verwenden.

LEFT JOIN

Ein LEFT JOIN liefert alle Datensätze der linken (übergeordneten) Tabelle, auch wenn in der rechten Tabelle keine passenden Datensätze vorhanden sind:

```
SELECT Kunden.KundenNr,
       Kunden.Firma,
       Rechnungen.Betrag,
```

```
        Rechnungen.Datum
FROM Kunden
LEFT JOIN Rechnungen
ON Kunden.KundenNr = Rechnungen.KdNr;
```

Das vorstehende Beispiel liefert alle Kunden, auch wenn diese eigentlich noch keine Kunden, sondern lediglich Interessenten sind, also noch keine Rechnungen erhalten haben. Anstelle der Klausel LEFT JOIN können Sie auch die erweiterte Klausel LEFT OUTER JOIN verwenden. Am Ergebnis ändert das nichts. Die erweiterte Klausel sollte jedoch nur erforderlich sein, wenn Sie Abfragen für den Zugriff über ODBC definieren müssen.

KundenNr	Firma	Betrag	Datum
1	Mayer KG	199.40	2005-11-24
1	Mayer KG	358.60	2005-12-05
1	Mayer KG	259.35	2006-06-18
1	Mayer KG	119.80	2006-06-25
1	Mayer KG	139.60	2006-07-15
2	Bauer GmbH	129.70	2006-10-03
3	Cimala AG	238.40	2006-06-19
3	Cimala AG	478.80	2006-07-16
3	Cimala AG	119.60	2006-07-21
4	Wilms OHG	NULL	NULL

Abbildung 18.2: Ergebnis eines Left Join (Teilansicht)

Abbildung 18.2 zeigt das Ergebnis der letzten Abfrage. Um den Unterschied zu erkennen, sollten Sie dies mit dem in Abbildung 18.1 gezeigten Ergebnis eines Natural Joins vergleichen.

Beachten Sie, dass im Ergebnis die Spalten der rechten Tabelle mit NULL aufgefüllt werden, wenn dem betreffenden Datensatz der linken Tabelle keine Datensätze in der rechten Tabelle zugeordnet sind.

RIGHT JOIN

Im Gegensatz zu LEFT JOIN werden Sie RIGHT JOIN recht selten benötigen. Üblicherweise sind Datenbanken hierarchisch strukturiert. Den Elterntabellen sind dabei abhängige Kindtabellen zugeordnet. Die jeweils übergeordnete Tabelle wird normalerweise in der JOIN-Klausel links angeordnet. Da Kinder ohne Eltern nicht vorkommen sollten, wird ein Right Join kaum Datensätze zu Tage fördern, die nicht auch schon ein Inner-Join liefert. Für die Verknüpfung *Kunden/Rechnungen* sollte ein Right Join daher die gleichen Ergebnisse wie ein Inner Join erzielen.

Allerdings sind Fälle vorstellbar, in denen die hierarchische Eltern-/Kind-Metapher nicht zutrifft. Die Datensätze der rechten Tabelle sind dann nicht zwingend an die Existenz von Datensätzen der linken Tabelle gebunden. So kann eine Literaturdatenbank beispielsweise Tabellen für Autoren und Bücher enthalten. Nicht für jedes Buch müssen sich dann auch Autoren finden. In diesem Fall kann ein Right Join Bücher liefern, die über die *Autoren*-Tabelle nicht zu finden wären.

Für unsere grundsätzlich hierarchisch strukturierten Beispieltabellen ist dieser Typ nicht sehr hilfreich. Das folgende Beispiel wirkt daher etwas konstruiert: Es liefert alle Rechnungspositionen (und damit die jeweiligen Artikel) mit den jeweils verkauften Mengen (aus der Tabelle *Positionen*):

```
SELECT Artikel.ArtikelNr,
       Artikel.Bezeichnung,
       Positionen.Menge
FROM Positionen
RIGHT JOIN Artikel
ON Positionen.ArtikelNr = Artikel.ArtikelNr;
```

Ausgegeben werden auch alle Ladenhüter, also alle Artikel, die noch nie verkauft wurden. Hier hat die Spalte *Menge* dann den Wert NULL. Ein Left Join würde diese Artikel unterschlagen.

ArtikelNr	Bezeichnung	Menge
1	Blaue Bohnen	20.000
1	Blaue Bohnen	75.000
2	Grüne Bohnen	NULL
3	Weiße Bohnen	NULL
4	Dicke Milch	NULL
5	Buttermilch	120.000
5	Buttermilch	20.000

Abbildung 18.3: Ergebnis einer Right Join-Abfrage (Ausschnitt)

Allerdings können Sie die gleiche Abfrage auch als Left Join definieren. Sie müssen dann aber auch die Reihenfolge der Tabellen in den FROM- und JOIN-Klauseln ändern. Die folgenden Zeilen zeigen beide Varianten:

```
... FROM Positionen RIGHT JOIN Artikel ...
... FROM Artikel LEFT JOIN Positionen ...
```

Etwas sinnvoller lässt sich die RIGHT JOIN-Klausel einsetzen, wenn Sie die Ergebnisse gruppieren und mit Hilfe von Aggregatfunktionen auswerten. So können Sie die Umsätze pro Artikel bilden und dabei auch die Ladenhüter ausgeben. Wir kommen noch darauf zurück.

WHERE-Klausel in Joins

Abfragen über mehrere Tabellen können zusätzlich zur ON-Klausel auch noch Klauseln wie WHERE und ORDER BY enthalten. Die WHERE-Klausel werden Sie auch regelmäßig benötigen, um die Zahl der Datensätze zu begrenzen. In der Bedingung der WHERE-Klausel dürfen beliebige Spalten aus beiden Tabellen verwendet werden:

```
SELECT Kunden.KundenNr,
       CONCAT(Kunden.Firma, ', ',
              Kunden.Ort) AS Kunden,
       Rechnungen.Betrag,
       Rechnungen.Datum
```

```
FROM Kunden
INNER JOIN Rechnungen
ON Kunden.KundenNr = Rechnungen.KdNr
WHERE Rechnungen.Datum < "2006-07-01";
```

Das vorstehende Beispiel liefert nur Rechnungen, die bis zum 30.06.06 ausgestellt wurden. Die hier ebenfalls verwendete Verkettung von zwei Spalten zu einer Alias-Spalte (*Kunden*) sollte Ihnen schon vertraut sein. Sie hat mit der Bildung von Joins nichts zu tun.

KundenNr	Kunden	Betrag	Datum
1	Mayer KG, Leipzig	199.40	2005-11-24
1	Mayer KG, Leipzig	358.60	2005-12-05
1	Mayer KG, Leipzig	259.35	2006-06-18
1	Mayer KG, Leipzig	119.80	2006-06-25
3	Cimala AG, Leipzig	238.40	2006-06-19

Abbildung 18.4: Ausgabe mit WHERE-Klausel

Wollen Sie ausschließlich Artikel ermitteln, die noch niemals verkauft wurden, können Sie folgende Anweisung ausführen:

```
SELECT Artikel.ArtikelNr,
       Artikel.Bezeichnung,
       Positionen.Menge
FROM Positionen
RIGHT JOIN Artikel
ON Positionen.ArtikelNr = Artikel.ArtikelNr
WHERE Positionen.Menge IS NULL;
```

Bei dieser Abfrage ist interessant, dass wir auf einen NULL-Wert prüfen und durchaus auch Ergebnisse angezeigt erhalten, obwohl in der Tabelle *Positionen* kein Datensatz enthalten ist, der in der Spalte *Menge* einen NULL-Wert aufweist.

Die WHERE-Klausel wird eben erst wirksam, wenn der Join, also die Verknüpfung der Tabellen, bereits gebildet ist. Erst durch diese Verknüpfung entstehen Datensätze, die bei einem Outer Join (LEFT oder RIGHT) auch Datensätze mit NULL-Werten in den entsprechenden Spalten enthalten können.

Komplexe WHERE-Bedingungen

Wie schon im zweiten Teil dieses Buches gezeigt, können WHE-RE-Bedingungen sehr komplex aufgebaut sein. Da auch die JOIN-Klausel eine Art Bedingung darstellt, lässt sich die Wirkung auf die Ergebnistabelle oft nur noch sehr schwer einschätzen. So liefert das folgende Beispiel alle Kunden mit Rechnungen, die im Jahre 2006 ausgestellt wurden und die einen Rechnungsbetrag von mehr als 200 Euro ausweisen. Angezeigt werden zudem nur die Rechnungen von Kunden aus Leipzig:

```
SELECT Kunden.KundenNr,
       Kunden.Firma,
       Kunden.Ort,
       Rechnungen.Betrag,
       Rechnungen.Datum
FROM Kunden
INNER JOIN Rechnungen
ON Kunden.KundenNr = Rechnungen.KdNr
WHERE YEAR(Rechnungen.Datum) = 2006 AND
      Rechnungen.Betrag > 200 AND
      Kunden.Ort = 'Leipzig';
```

Ein LEFT JOIN würde in diesem Fall das gleiche Ergebnis liefern, weil schon die Bedingungen der WHERE-Klausel erzwingen, dass nur Kunden angezeigt werden, die auch Rechnungen erhalten haben.

Ausgabe sortieren

Wie jede normale Abfrage lassen sich auch Joins nach praktisch jeder Spalte sortieren. Dazu fügen Sie lediglich eine OR-DER BY-Klausel hinzu. Wie das folgende Beispiel zeigt, können die Sortierspalten aus allen beteiligten Tabellen stammen:

```
SELECT Kunden.KundenNr,
       Kunden.Firma,
       Rechnungen.Betrag,
```

```
        Rechnungen.Datum
FROM Kunden
LEFT JOIN Rechnungen
ON Kunden.KundenNr = Rechnungen.KdNr
WHERE YEAR(Rechnungen.Datum) = 2006
ORDER BY Rechnungen.Betrag DESC, Kunden.Firma;
```

Die Hauptsortierung wird in dieser Anweisung durch die erste Spalte der Klausel bestimmt (hier *Betrag*). Die Sortierung der zweiten Spalte kommt nur zum Zuge, wenn die erste Spalte identische Werte (also identische Rechnungsbeträge) enthält. Im vorstehenden Beispiel wird über die erste Spalte absteigend sortiert (DESC), so dass in der Ergebnistabelle die Rechnungen mit den höchsten Rechnungsbeträgen zuerst erscheinen.

Indizes verwenden

Die Tabellenangaben in FROM- und JOIN-Klauseln lassen sich um Indexlisten ergänzen, mit denen Sie die Verwendung bestimmter Indizes erzwingen oder ausschließen können. Die Syntax des FROM...JOIN-Abschnitts hat bei Verwendung von Indizes folgende Form:

```
... FROM Tabelle1 USE|IGNORE|FORCE INDEX(Index1,
        Index2, …)
    INNER JOIN Tabelle2
    USE|FORCE|IGNORE INDEX(Index1, Index2, …)
```

Wenn Sie Indizes ausschließen wollen, müssen Sie statt USE oder FORCE den Begriff IGNORE einsetzen. Beachten Sie, dass Sie sowohl die FROM- als auch die JOIN-Klausel separat mit USE bzw. IGNORE erweitern können. Die Erweiterung bezieht sich auf die jeweils in diesen Klauseln genannte Tabelle. Natürlich müssen die angegebenen Indizes schon definiert sein.

Das folgende Beispiel erzwingt die Verwendung des Index Artikel_ind (für die Spalte *ArtikelNr* in der Tabelle *Positionen*):

```
SELECT Artikel.ArtikelNr,
       Artikel.Bezeichnung,
       Positionen.Menge
FROM Positionen USE INDEX(Artikel_ind)
RIGHT JOIN Artikel
ON Positionen.ArtikelNr = Artikel.ArtikelNr;
```

Sie können sich die Wirkung der USE INDEX-Klausel anzeigen lassen, wenn Sie vor die SELECT-Anweisung den EXPLAIN-Befehl setzen:

```
EXPLAIN SELECT Artikel.ArtikelNr …
```

Um allerdings spürbare Perfomancegewinne zu erzielen, sollten die beteiligten Tabellen schon über eine große Zahl von Datensätzen verfügen. Schließlich ist auch das Laden und Öffnen von Indexdateien mit einem gewissen Zeitaufwand verbunden. Unsere Beispieltabellen enthalten zu wenige Datensätze, um davon zu profitieren.

USE / IGNORE INDEX dient der Optimierung von Abfragen. In der Regel bemüht sich MySQL jedoch schon selbst um eine möglichst effektive Ausführung von SQL-Kommandos, so dass Sie nur in Ausnahmefällen auf solche Hilfen angewiesen sind. Auf weitere Möglichkeiten zur manuellen Optimierung von Abfragen gehen wir im vierten Teil dieses Buches ein.

Joins über mehr als zwei Tabellen

Joins lassen sich auch über mehr als zwei Tabellen bilden. Für einen Join über drei Tabellen ist die Syntax wie folgt zu erweitern:

```
SELECT Ausdrucksliste
FROM Tabelle1
Join-Typ Tabelle2 ON Join-Bedingung
Join-Typ Tabelle3 ON Join-Bedingung
```

Sie fügen also lediglich einen JOIN...ON-Abschnitt hinzu. Sollen mehr als drei Tabellen verknüpft werden, ist die Syntax entsprechend zu erweitern. Abbildung 18.5 zeigt zunächst das Schema der Verknüpfung.

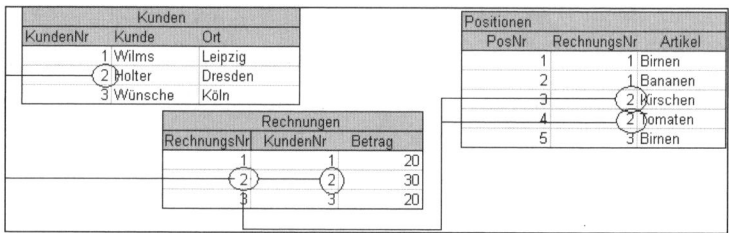

Abbildung 18.5: Drei Tabellen verknüpfen

Dass im Schema aus Abbildung 18.5 die Kunden- und die Rechnungsnummer identisch sind, ist Zufall. Mit der Verknüpfung hat das nichts zu tun. Diese verläuft über die Spaltenpaare *KundenNr/KdNr* und *RechnungsNr/ RechnungsNr*.

Das folgende Beispiel setzt das Schema in eine Abfrage um. Es liefert alle Artikel (aus der Tabelle *Positionen*), die der Kunde mit der Kundennummer 3 bisher erhalten hat:

```
SELECT Kunden.KundenNr,
       Kunden.Firma,
       Rechnungen.RechnungsNr,
       Rechnungen.Betrag,
       Positionen.Bezeichnung
FROM Kunden INNER JOIN Rechnungen
     ON Kunden.KundenNr = Rechnungen.KdNr
INNER JOIN Positionen
     ON Rechnungen.RechnungsNr = Positionen.RechnungsNr
WHERE Kunden.KundenNr = 3
ORDER BY Rechnungen.RechnungsNr;
```

Dazu müssen die Tabellen *Kunden*, *Rechnungen* und *Positionen* miteinander verknüpft werden. Wir haben es folglich mit einer mehrfach gestaffelten 1:m-Verknüpfung zu tun. Das Ergebnis für unsere Beispieldaten zeigt Abbildung 18.6.

KundenNr	Firma	RechnungsNr	Betrag	Bezeichnung
▶ 3	Cimala AG	5	238.40	Buttermilch
3	Cimala AG	5	238.40	Blaue Bohnen
3	Cimala AG	5	238.40	Neue Birnen
3	Cimala AG	7	478.80	Große Kirschen
3	Cimala AG	7	478.80	Neue Birnen
3	Cimala AG	9	119.60	Blaue Bohnen
3	Cimala AG	9	119.60	Neue Birnen

Abbildung 18.6: Ausgabe über drei Tabellen

Störend sind natürlich die Wiederholungen der Daten aus den Kunden- und Rechnungstabellen. Mit der Bildung von Gruppen lässt sich die Darstellung, wie später noch gezeigt werden soll, erheblich verbessern. Die einfachste Lösung besteht aber zunächst darin, die SELECT-Anweisung um die DISTINCT-Klausel zu erweitern. DISTINCT unterdrückt die mehrfache Anzeige von Zeilen, die in allen angezeigten Spalten identische Werte enthalten. Für unser vorstehendes Beispiel funktioniert das jedoch nur, wenn Sie auch die Spalten *RechnungsNr* und *Betrag* weglassen.

Abfrage auf vier Tabellen erweitern

Für das hier vorgestellte Mehrtabellenbeispiel haben wir die Möglichkeit genutzt, die Artikelbezeichnung aus der Tabelle *Positionen* zu entnehmen. Diese Information lässt sich aber auch in der Tabelle *Artikel* finden, so dass sich eine Abfrage über vier Tabellen ergibt. Der FROM...JOIN-Abschnitt des weiter oben gezeigten Beispiels ist dann wie folgt zu erweitern:

```
SELECT DISTINCT Kunden.KundenNr,
        Kunden.Firma,
        Rechnungen.RechnungsNr,
        Rechnungen.Betrag,
        Artikel.Bezeichnung
FROM Kunden INNER JOIN Rechnungen
```

```
ON Kunden.KundenNr = Rechnungen.KdNr
INNER JOIN Positionen
ON Rechnungen.RechnungsNr = Positionen.RechnungsNr
INNER JOIN Artikel
ON Positionen.ArtikelNr = Artikel.ArtikelNr
WHERE Kunden.KundenNr = 3
ORDER BY Rechnungen.RechnungsNr;
```

Natürlich sollten Sie in diesem Fall auch die Spalte *Bezeichnung* aus der Tabelle *Artikel* in der SELECT-Spaltenliste aufführen.

Joins und Gruppierungen

Auch Joins lassen sich gruppieren und mit Hilfe von Aggregatfunktionen auswerten. So ermittelt das folgende Beispiel die gesamten Umsätze (die summierten Rechnungsbeträge) aller Kunden:

```
SELECT SUM(Rechnungen.Betrag) AS Gesamtumsatz
FROM Kunden
INNER JOIN Rechnungen
ON Kunden.KundenNr = Rechnungen.KdNr;
```

Wenn die Rechnungstabelle allerdings nur Rechnungen enthält, die den Kunden der Kundentabelle zugeordnet sind, also keine anonymen Rechnungen, ist kein Join erforderlich. Die folgende Anweisung liefert dann das gleiche Ergebnis, die Summe aller Rechnungsbeträge:

```
SELECT SUM(Betrag) AS Gesamtumsatz
FROM Rechnungen;
```

In diesem Fall bilden alle Kunden zusammen eine einzige Gruppe, so dass die Anweisung auch nur einen Wert liefert. Häufiger werden Sie nach bestimmten Merkmalen, beispielsweise nach dem Ort, gruppieren. So ermittelt die folgende Anweisung die Umsätze, die in den verschiedenen Orten erzielt wurden:

```
SELECT Kunden.Ort,
       SUM(Rechnungen.Betrag) AS Umsatz_pro_Ort
FROM Kunden
INNER JOIN Rechnungen
ON Kunden.KundenNr = Rechnungen.KdNr
GROUP BY Kunden.Ort;
```

Während das Gruppierungsfeld *Ort* zur Tabelle *Kunden* gehört, wird die Aggregatfunktion (hier SUM) auf die Spalte *Betrag* aus der Tabelle *Rechnungen* angewendet. Sie erhalten damit nicht mehr einzelne Datensätze angezeigt, sondern zusammengefasste (gruppierte) Daten. Das Beispiel erzeugt eine Ausgabe wie die in Abbildung 18.7.

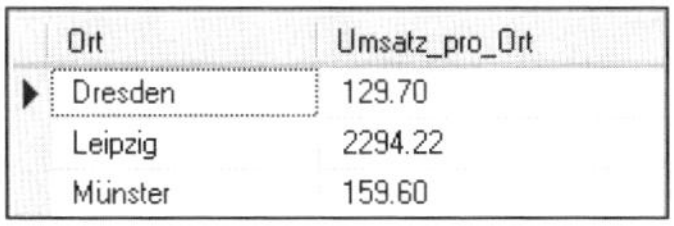

Ort	Umsatz_pro_Ort
▶ Dresden	129.70
Leipzig	2294.22
Münster	159.60

Abbildung 18.7: Ausgabe gruppierter Daten

Grundsätzlich können Sie auch über Spalten wie beispielsweise *Firma* gruppieren. Sie müssen dann aber mit einer sehr großen Ergebnismenge rechnen oder die Ausgabe durch entsprechende Bedingungen einschränken. Im folgenden Beispiel sorgt eine WHERE-Klausel dafür, dass lediglich die Umsätze von zwei Kunden ausgegeben werden:

```
SELECT Kunden.KundenNr,
       Kunden.Firma,
       SUM(Rechnungen.Betrag) AS Umsatz
FROM Kunden
LEFT JOIN Rechnungen
ON Kunden.KundenNr = Rechnungen.KdNr
WHERE KundenNr = 3 OR KundenNr = 5
GROUP BY Kunden.KundenNr;
```

Beachten Sie zudem, dass in der SELECT-Ausdrucksliste des vorstehenden Beispiels auch die Spalte *Firma* enthalten ist, obwohl wir diese nicht in der GROUP BY-Klausel verwenden. In der Regel funktioniert das nur mit MySQL, nicht jedoch mit anderen Datenbanksystemen. In den folgenden Beispielen werden wir daher auf solche Spezialitäten verzichten. Allerdings können Sie im obigen Beispiel die GROUP BY-Klausel einfach wie folgt erweitern:

```
...GROUP BY Kunden.KundenNr, Kunden.Firma
```

Eine solche Darstellung würde auch mit anderen Datenbanken funktionieren, ohne in diesem Fall das Ergebnis zu verändern.

KundenNr	Firma	Umsatz
3	Cimala AG	836.80
5	Wünsche&Co	159.60

Abbildung 18.8: Ausgabe nach Kunden (Spalte *KundenNr*) gruppieren

Das Beispiel erzeugt eine Ausgabe wie die aus Abbildung 18.8. Für die summierten Rechnungsbeträge haben wir die Alias-Spalte *Umsatz* gebildet.

HAVING-Klausel hinzufügen

Das zuletzt gezeigte Beispiel liefert gegebenenfalls auch Kunden, die eigentlich noch keine sind, weil sie eben noch keinen Umsatz erzeugt haben. Um diese »Interessenten« von der Anzeige auszuschließen, können Sie anstelle der LEFT JOIN-Klausel einen INNER JOIN verwenden. Den gleichen Effekt erzielen Sie, wenn Sie GROUP BY noch um eine HAVING-Klausel erweitern:

```
SELECT Kunden.KundenNr,
       Kunden.Firma,
       SUM(Rechnungen.Betrag) AS Umsatz
FROM Kunden
LEFT JOIN Rechnungen
ON Kunden.KundenNr = Rechnungen.KdNr
```

```
WHERE KundenNr = 3 OR KundenNr = 5
GROUP BY Kunden.KundenNr, Kunden.Firma
HAVING SUM(Rechnungen.Betrag) > 0;
```

Ein INNER JOIN ist natürlich eleganter. HAVING werden Sie daher kaum für die Ausschließung von Interessenten verwenden, sondern beispielsweise für die Beschränkung der Ausgabe auf Kunden mit bestimmten Mindestumsätzen:

```
SELECT Kunden.Firma,
       SUM(Rechnungen.Betrag) AS Umsatz
FROM Kunden
INNER JOIN Rechnungen
ON Kunden.KundenNr = Rechnungen.KdNr
GROUP BY Kunden.Firma
HAVING SUM(Rechnungen.Betrag) > 300
ORDER BY Umsatz DESC;
```

Die vorstehende Anweisung liefert alle Kunden, die mindestens einen Umsatz von 300 (Euro) erzielt haben. Beachten Sie auch die Sortierung, die dafür sorgt, dass die Kunden mit den höchsten Umsätzen zuerst angezeigt werden. In der ORDER BY-Klausel verwenden wir zu diesem Zweck den Alias-Namen *Umsatz*. Das Ergebnis zeigt Abbildung 18.9.

Firma	Umsatz
Mayer KG	1076.75
Cimala AG	836.80
Kunze GmbH	380.67

Abbildung 18.9: Ausgabe mit HAVING-Klausel

Noch flexibler wird die Auswahl, wenn Sie zusätzlich eine WHERE-Klausel einfügen.

WHERE- und HAVING-Klausel kombinieren

WHERE- und HAVING-Klauseln lassen sich sehr wirkungsvoll kombinieren. Es macht allerdings in der Regel keinen Sinn, in beiden Klauseln Bedingungen zu definieren, die sich, wie im folgenden Code-Fragment, auf die gleiche Spalte beziehen:

```
... WHERE Rechnungen.Betrag IS NOT NULL
GROUP BY ...
HAVING SUM(Rechnungen.Betrag) > 300;
```

Die HAVING-Klausel (oder die Verwendung eines INNER JOIN) würde in der vorstehenden (unvollständigen) Anweisung schon völlig genügen, um den gewünschten Zweck zu erfüllen. Sinnvoller ist eine Anweisung wie die folgende, die alle Kunden aus Leipzig liefert, mit denen mehr als 300 (Euro) Umsatz erzielt wurden:

```
SELECT Kunden.Firma,
       SUM(Rechnungen.Betrag) AS Umsatz
FROM Kunden
INNER JOIN Rechnungen
ON Kunden.KundenNr = Rechnungen.KdNr
WHERE Kunden.Ort = 'Leipzig'
GROUP BY Kunden.Firma
HAVING SUM(Rechnungen.Betrag) > 300
ORDER BY Umsatz DESC;
```

Mit WHERE schließen wir hier nach Bildung des Joins alle Zeilen aus, in denen die Spalte *Ort* nicht den Eintrag *Leipzig* enthält. Das gilt auch, wenn die Spalte nicht in der Spaltenliste der Anweisung verwendet wird. Erst im nächsten Schritt bildet MySQL dann die Rechnungssummen und gruppiert die Datensätze. Kunden aus anderen Orten sind dann schon gar nicht mehr dabei. Zum Schluss wählt HAVING die Gruppen (hier Kunden aus), die der HAVING-Bedingung genügen.

Gruppierungen über mehrere Tabellen

Eine Gruppierung über mehrere Tabellen erfordert zwar einige Sorgfalt, um die gewünschten Ergebnisse zu erzielen, sie ist technisch aber nicht viel anspruchsvoller als die schon vorgestellten Anweisungen. Das folgende Beispiel ermittelt die

Menge der einzelnen Artikel für jeden Kunden. Wir gruppieren zu diesem Zweck über die Kundennummer, die Firma und die Artikelbezeichnung. Die Artikelbezeichnung aus der Tabelle *Positionen* bildet dabei Untergruppen zur Hauptgruppierung über die Kundennummer:

```
SELECT Kunden.KundenNr,
       Kunden.Firma,
       Positionen.Bezeichnung,
       SUM(Positionen.Menge) AS Artikelmenge,
       SUM(Positionen.Menge * Positionen.Preis) AS Umsatz
FROM Kunden
INNER JOIN Rechnungen
    ON Kunden.KundenNr = Rechnungen.KdNr
INNER JOIN Positionen
    ON Rechnungen.RechnungsNr = Positionen.RechnungsNr
GROUP BY Kunden.KundenNr,
         Kunden.Firma,
         Positionen.Bezeichnung
ORDER BY Kunden.KundenNr,
         Positionen.Bezeichnung;
```

Abbildung 18.10 zeigt das Ergebnis. Es ist sicher leicht nachvollziehbar, dass sich die Artikel aufgrund ihrer unterschiedlichen Einheiten (Liter, Kilogramm etc.) nicht einfach zu einer Gruppe zusammenfassen lassen.

KundenNr	Firma	Bezeichnung	Artikelmenge	Umsatz
1	Mayer KG	Blaue Bohnen	140.000	278.60000
1	Mayer KG	Buttermilch	20.000	19.80000
1	Mayer KG	Große Kirschen	65.000	259.35000
1	Mayer KG	Neue Birnen	40.000	159.60000
1	Mayer KG	Rote Kirschen	60.000	359.40000
2	Bauer GmbH	Buttermilch	10.000	9.90000
2	Bauer GmbH	Rote Kirschen	20.000	119.80000
3	Cimala AG	Blaue Bohnen	40.000	79.60000
3	Cimala AG	Buttermilch	120.000	118.80000
3	Cimala AG	Große Kirschen	80.000	319.20000

Abbildung 18.10: Ausgabe mit Gruppierung und Untergruppierung

Eine Firma, die mehrere Artikel gekauft hat, taucht daher in der Ergebnistabelle auch mehrfach auf, weil jeder Artikel innerhalb der Firma eine eigene Untergruppe bilden muss. Das Ergebnis besagt, dass beispielsweise die Firma Cimala AG im Laufe der Zeit 40 kg Blaue Bohnen erhalten und dafür insgesamt 79,60 Euro gezahlt hat.

Joins über mehrere Datenbanken

MySQL unterstützt auch die Möglichkeit, Tabellen aus verschiedenen Datenbanken in einem Join zusammenzufassen. Diese Option werden Sie in der Regel nur nutzen, um Auswertungen vorzunehmen, die relativ selten benötigt werden. Solche Joins sind nicht sehr schnell und eignen sich daher nicht für häufig benötigte Abfragen. Die Syntax ist jedoch sehr einfach: Es genügt schon, wenn Sie in den FROM- und JOIN-Klauseln qualifizierte Bezeichnungen nach dem Muster Datenbank.Tabelle verwenden:

```
... FROM Datenbank1.Tabelle1
    LEFT JOIN Datenbank2.Tabelle2
    ON Join-Bedingung ...
```

Bei der Tabelle, die sich in der aktuellen Datenbank befindet, können Sie sogar auf die Angabe des Datenbanknamens verzichten. Allerdings ist aus Gründen der Übersichtlichkeit anzuraten, den Datenbanknamen immer anzugeben. Das folgende Beispiel erzeugt einen Join über zwei Tabellen, die sich in den Datenbanken *Backup* und *Kontakte* befinden:

```
SELECT Kunden.KundenNr,
       Kunden.Firma,
       Kunden.Ort,
       Rechnungen.Betrag,
       Rechnungen.Datum
FROM Backup.Kunden
LEFT JOIN Kontakte.Rechnungen
ON Kunden.KundenNr = Rechnungen.KdNr
```

```
WHERE Ort = 'Leipzig'
ORDER BY Firma;
```

Die Angabe des Datenbanknamens ist in der Spaltenliste und in der ON-Klausel nicht mehr erforderlich, weil schon FROM und JOIN darauf verweisen. Natürlich müssen die genannten Datenbanken existieren und auch über die hier verwendeten Tabellen und Spalten verfügen.

Von der Angabe des Datenbanknamens abgesehen, können Sie Abfragen über mehrere Datenbanken praktisch wie normale Mehrtabellenabfragen behandeln. Das gilt auch für den Einsatz der GROUP BY- und HAVING-Klauseln.

NULL-Werte in Fremdschlüsselspalten

Unsere Tabelle *Positionen* enthält eine Spalte für die Artikelnummer, die sich als Fremdschlüsselspalte interpretieren lässt. Allerdings soll es auch möglich sein, Rechnungspositionen frei zu erfassen, ohne einen Artikel aus der *Artikel*-Tabelle auswählen zu müssen. Die Spalte *ArtikelNr* in der Tabelle *Positionen* bleibt in diesem Fall leer und hat folglich den Wert NULL. Damit aber auch solche Datensätze in einem Positionen-/Artikel-Join ausgegeben werden, müssen Sie unbedingt die LEFT JOIN-Klausel verwenden. Das setzt wiederum voraus, dass Sie die Spalte *ArtikelNr* in der Tabelle *Positionen*, also den Fremdschlüssel, nicht als NOT NULL definieren.

Im vierten Teil dieses Buches gehen wir unter anderem auch auf die Optimierung von Abfragen ein. Da gerade Joins besonders viele Ansatzpunkte für die Optimierung bieten, finden Sie dort auch entsprechende Hinweise.

19 Stored Procedures

Stored Procedures (und Stored Functions) stehen in MySQL erst seit der Version 5.0 zur Verfügung. MySQL hält sich dabei weitgehend an die offizielle SQL-Syntax. Stored Procedures können komplexe SQL-Befehlsfolgen unter einem Namen zusammenfassen. Sie werden in der Datenbank selbst abgelegt und stehen dort für den Aufruf durch den Anwender zur Verfügung. Üblicherweise verwenden Sie Stored Procedures für regelmäßig benötigte Operationen und Abfragen. Für die Flexibilität sorgen Parameter, mit denen sich Prozeduren und Funktionen an individuelle Bedürfnisse anpassen lassen.

Syntaxelemente

Eine Stored Procedure kann die üblichen SQL-Anweisungen enthalten. Die Syntax erfordert jedoch zusätzliche Anweisungen und Klauseln, die nachfolgend vorgestellt werden. Für die Erzeugung der Procedure ist die CREATE PROCEDURE-Anweisung zuständig:

```
CREATE PROCEDURE Name ([Parameter1, Paremeter2, ...])
[Characteristic]
BEGIN
    SQL-Anweisungen
END
```

Die eigentlichen SQL-Anweisungen sind in eine BEGIN/END-Struktur einzubetten. Die einfachste Variante einer gespeicherten Prozedur hat dann folgende Form:

```
CREATE PROCEDURE test ()
BEGIN
    SELECT * FROM Kunden;
END
```

Damit erhalten Sie eine gespeicherte Procedure mit dem Namen *test*, die nun auch über diesen Namen aufgerufen werden kann. Beachten Sie, dass jede SQL-Anweisung zwischen `BEGIN` und `END` durch ein Semikolon abzuschließen ist. Sie können natürlich mehrere SQL-Anweisungen verwenden.

Die Prozedur wird für die aktuelle Datenbank erzeugt. Sie können die Datenbank aber auch vorgeben, indem Sie deren Namen vor den Namen der Prozedur setzen:

```
CREATE PROCEDURE faktura.test ()
...
```

Wenn Sie eine gespeicherte Prozedur über den MySQL-Client *mysql.exe* erzeugen, kann es Probleme mit dem Semikolon geben. *Mysql.exe* interpretiert das Semikolon als Abschlusszeichen für eine vollständige Anweisung und führt diese daher beim Auftreten des ersten Semikolons aus. Die Prozedur ist zu diesem Zeitpunkt aber noch unvollständig, so dass es zu einem Abbruch mit Fehlermeldung kommt. Die MySQL-Hilfe empfiehlt daher, den Delimiter (das Abschlusszeichen) zu ändern. Dazu können Sie die `DELIMITER`-Anweisung wie folgt verwenden:

```
DELIMITER //
CREATE PROCEDURE test ()
BEGIN
    SELECT * FROM Kunden;
END//
DELIMITER ;
```

In der ersten Anweisung wird der Delimiter auf das Doppelzeichen »//« gesetzt. Zum Schluss wird der Delimiter wieder auf das Semikolon eingestellt. In grafischen Clients wie dem in diesem Buch häufig verwendeten *Query Browser* sollte das nicht erforderlich sein.

Gespeicherte Prozeduren aufrufen

Für den Aufruf einer gespeicherten Prozedur – und damit für die Ausführung der zwischen BEGIN und END stehenden Anweisungen – ist der CALL-Befehl zuständig, der folgende Syntax aufweist:

```
CALL Name ([Parameter1, Parameter2, …])
```

Für die Prozedur *test*, die keine Parameter erwartet, genügt die folgende Anweisung:

```
CALL test();
```

Beachten Sie, dass die Parameterklammern anzugeben sind, auch wenn sie keine Parameter enthalten. Das vorstehende Beispiel setzt zudem voraus, dass die Datenbank, zu der die Prozedur gehört, voreingestellt ist (USE Datenbank). Ist das nicht der Fall, können Sie den Namen der Datenbank aber auch beim Aufruf angeben:

```
CALL Faktura.test();
```

Das vorstehende Beispiel ruft die Prozedur *test* der Datenbank *Faktura* auf. Die Datenbank *Faktura* muss zu diesem Zweck nicht vorgewählt sein.

Parameter verwenden

Erst durch den Einsatz von Parametern werden gespeicherte Prozeduren (und Funktionen) richtig flexibel. Sie können dann die Eingabe und Auswertung von Daten erheblich vereinfachen. MySQL unterscheidet dabei zwischen Ein- und Ausgabeparametern. Einen Parameter definieren Sie durch Angabe der Art des Parameters (IN, OUT, INOUT), des Namens und des Datentyps. Das Schema der Parameterbildung zeigt folgende Zeile:

```
IN Parametername Datentyp
```

Eine vollständige gespeicherte Prozedur mit einem Eingabeparameter könnte wie folgt aussehen:

```
CREATE PROCEDURE Ausgabe(IN mwst INT)
BEGIN
    SELECT ArtikelNr, Bezeichnung, Preis,
        Preis * ( 1 + mwst/100) AS Bruttopreis
    FROM Artikel;
END
```

Der Parameter (hier *mwst*) ist hier als Eingabeparameter (IN) gekennzeichnet. Er soll für den Mehrwertsteuersatz stehen und ist daher vom Typ *Integer* (INT). Dieser Parameter wird in der SELECT-Anweisung bei der Definition eines berechneten Feldes (*Bruttopreis*) benötigt.

Aufruf mit Parameterübergabe

Der Aufruf der weiter oben definierten Prozedur erfolgt nun mit Hilfe der CALL-Anweisung. Das folgende Beispiel übergibt beim Aufruf den Mehrwertsteuersatz 16:

```
CALL Ausgabe(16);
```

Ist noch keine Datenbank vorgewählt, können Sie diese wie üblich dem Namen der Prozedur voranstellen:

```
CALL Faktura.Ausgabe(16);
```

Bei Verwendung von Zeichenfolgen als Parameter sind diese in Anführungszeichen zu setzen.

Ausgabeparameter

Über Ausgabeparameter kann die Prozedur Rückgabewerte liefern, die sich dann als benutzerdefinierte Variablen verwenden lassen. Ausgabeparameter kennzeichnen Sie in der Parameterliste mit dem vorangestellten Wort OUT. Ein Beispiel:

```
CREATE PROCEDURE Anzahl (OUT zahl INT)
BEGIN
```

```
        SELECT COUNT(KundenNr) INTO zahl
        FROM Kunden;
END
```

Das vorstehende Beispiel ermittelt die Zahl der Kunden in der gleichnamigen Datenbank. Die SELECT-Anweisung liest die Zahl der Datensätze (Kunden) direkt in den Parameter (hier *zahl*) ein. Diesen internen Parameter können Sie aber nicht direkt abfragen. Vielmehr sind die folgenden zwei Anweisungen erforderlich, um den Wert des Parameters auszugeben:

```
CALL Anzahl(@x);
SELECT @x;
```

Beim Aufruf der Prozedur übergeben Sie also zunächst eine benutzerdefinierte Variable als Parameter, wobei der Name beliebig ist. Deren Wert können Sie anschließend mit SELECT ausgeben.

Wenn lediglich der Rückgabewert von Interesse ist, sollten Sie besser eine Stored Function verwenden, die wir weiter unten noch vorstellen.

Etwas sinnvoller ist das folgende Beispiel, das die Umsätze für eine bestimmte Zahl von Tagen bis zum heutigen Datum (beispielsweise den Umsatz der letzten 30 Tage) berechnet. Die Prozedur erwartet zwei Parameter: Im ersten Parameter (*tage*) geben Sie die Zahl der Tage an. Der zweite Parameter (*wert*) ist der Ausgabeparameter:

```
CREATE PROCEDURE umsatz (IN tage INT, OUT wert DECIMAL)
BEGIN
    SELECT SUM(Betrag) INTO wert
    FROM Rechnungen
    WHERE Datum > DATE_SUB(NOW(), INTERVAL tage DAY);
END
```

Etwas kompliziert ist sicher die Formel in der WHERE-Klausel. Hier wird zunächst die Differenz zwischen den im ersten Parameter angegebenen Tagen und dem aktuellen Datum (NOW())

gebildet. Zugelassen werden dann nur die Werte, die in der Spalte *Datum* einen größeren Wert (ein jüngeres Datum) enthalten. Wenn Sie die Prozedur beispielsweise am 31.07.2006 ausführen und als Wert für den ersten Parameter 30 Tage angeben, erhalten Sie die Summe der Rechnungsbeträge für die Zeit vom 01.07. bis zum 31.07.2006. Für die Ausführung ist beispielsweise folgende Zeile zuständig:

```
CALL umsatz(30, @bruttoumsatz);
```

Für die Anzeige des Umsatzes ist nun noch folgende SELECT-Anweisung erforderlich:

```
SELECT @bruttoumsatz;
```

Die Ausgabe ist natürlich noch etwas umständlich. Wir werden weiter unten zeigen, wie sich diese durch Verwendung einer Funktion anstelle der Prozedur noch vereinfachen lässt.

Mit dem grafischen Client *MySQL Query Browser* ließ sich zwar die Prozedur erzeugen, die Ausführung (CALL) und Ausgabe von Rückgabeparametern (SELECT) mussten jedoch mit dem altbekannten Kommandozeilen-Tool *mysql.exe* erfolgen.

Gespeicherte Funktionen

Neben gespeicherten Prozeduren können Sie auch gespeicherte Funktionen erzeugen. Der Unterschied zu Prozeduren besteht darin, dass Funktionen immer einen Rückgabewert erzeugen. Sie müssen daher nicht wie Prozeduren mit CALL ausgeführt werden, sondern können wie beliebige Werte in einem Ausdruck erscheinen oder direkt mit SELECT aufgerufen werden. Die Syntax hat, etwas vereinfacht, folgende Form:

```
CREATE FUNCTION Name ([Parameter1, Parameter2, ...])
RETURNS Typ
[Charakteristik]
```

```
BEGIN
   SQL-Anweisungen;
   RETURN Wert;
END
```

Eigentlich unterscheidet sich die Syntax der Funktion von der Procedure-Syntax nur durch die Angabe des Rückgabetyps (des Funktionstyps) und des Rückgabewerts mit RETURNS bzw. RETURN (achten Sie auf den feinen Unterschied). Als Rückgabetyp sind alle einfachen MySQL-Datentypen zulässig.

Allerdings unterliegen Funktionen momentan noch erheblichen Einschränkungen. So dürfen sie keine Referenzen auf Tabellen enthalten und damit praktisch keine SELECT- oder INSERT-Anweisungen. Diese Einschränkung soll in späteren Versionen aufgehoben werden. Vorläufig sind Funktionen dadurch so weit eingeschränkt, dass sie sich nur bedingt verwenden lassen. Sinnvoll sind beispielsweise Erweiterungen der MySQL-Funktionen.

Das folgende Beispiel erzeugt in der Datenbank *faktura* die Funktion *Brutto*, die für einen beliebigen Betrag den Bruttowert ermittelt:

```
CREATE FUNCTION faktura.Brutto(Netto INT)
RETURNS DECIMAL(10,2)
BEGIN
   RETURN Netto * 1.16;
END
```

Als Parameter ist der Nettobetrag zu übergeben. Dieser wird dann in der Funktion mit dem Wert 1.16 multipliziert. Die einfachste Anwendung besteht darin, die Funktion mit SELECT aufzurufen und dabei gegebenenfalls erforderliche Parameter als Konstanten zu übergeben:

```
SELECT faktura.Brutto(1000);
```

Als Ergebnis erhalten wir in diesem Fall den Wert 1160. Die neue Funktion lässt sich aber auch in komplexen Abfragen verwenden. Das folgende Beispiel nutzt die Funktion für eine berechnete Spalte:

```
SELECT Bezeichnung,
       Preis AS Nettopreis,
       Brutto(Preis) AS Bruttopreis
FROM Artikel;
```

Zudem können Sie Stored Functions in der WHERE-Klausel einsetzen. So liefert das folgende Beispiel nur Artikel mit einem Bruttopreis größer 2 (Euro):

```
SELECT Bezeichnung, Brutto(Preis)
FROM Artikel
WHERE Brutto(Preis) > 2;
```

Damit sind die Einsatzmöglichkeiten für eigene Funktionen aber auch schon weitgehend erschöpft.

Üblicherweise kümmert sich MySQL unter Windows nicht um die Groß- und Kleinschreibung von Datenbanknamen. Beim Aufruf von Stored Functions war die Unterscheidung jedoch wichtig. Wenn der Datenbankname *faktura* lautete, funktionierte der Aufruf auch nur unter Beachtung der Kleinschreibung.

Kontrollstrukturen verwenden

In gespeicherten Prozeduren und Funktionen können Kontrollstrukturen wie beispielsweise IF/ELSE/END IF oder WHILE/DO verwendet werden. Mit diesen Anweisungen lässt sich der Prozedurablauf in Abhängigkeit von bestimmten Kriterien steuern. Tabelle 19.1 zeigt, welche Strukturen zur Verfügung stehen.

Befehl	Beschreibung
IF	Definiert eine einfache Verzweigung
CASE	Definiert eine Mehrfachverzweigung
LOOP	Definiert eine Schleife
REPEAT	Definiert eine Schleife
WHILE	Definiert eine Schleife
ITERATE	Bestimmt, dass eine Schleife erneut durchlaufen werden soll
LEAVE	Verlässt bzw. beendet eine Kontrollstruktur

Tabelle 19.1: Kontrollstrukturen für Stored Procedures

Das wichtigste Konstrukt ist in der Regel die IF-Struktur. Diese hat folgende Syntax:

```
IF Bedingung THEN
    SQL-Anweisungen;
[ELSEIF Bedingung THEN
    SQL-Anweisungen];
    ...
[ELSE
    SQL-Anweisungen];
END IF;
```

Mit Hilfe des optionalen ELSEIF-Zweiges wird aus der klassischen IF/ ELSE-Struktur auch eine Mehrfachverzweigung. In der Regel kommen Sie jedoch mit der einfachen Verzweigung aus. Beachten Sie auch das Abschlusszeichen (;). Die ganze Konstruktion ist nach dem END IF mit einem Semikolon abzuschließen. Zudem müssen die einzelnen Anweisungen in den Verzweigungen ebenfalls ein Semikolon erhalten. Das folgende Beispiel prüft, ob es sich bei einem Datum um einen Wochentag handelt:

```
CREATE FUNCTION faktura.Wochentag(datum DATE)
RETURNS VARCHAR(10)
```

```
BEGIN
    IF DAYOFWEEK(datum) = 1 THEN
        RETURN "Sonntag";
    ELSE
        RETURN "Wochentag";
    END IF;
END
```

Beachten Sie auch, dass die vorstehende Funktion ein Datum als Parameter erwartet, aber eine Zeichenfolge zurückgibt, kein Datum. Der Aufruf kann beispielsweise wie folgt aussehen:

```
SELECT faktura.Wochentag(now());
```

Natürlich können Sie auch ein beliebiges Datum übergeben:

```
SELECT faktura.Wochentag("2006-03-15");
```

Wie weiter oben gezeigt, ist auch wieder der Einsatz in komplexen Abfragen, etwa in berechneten Spalten, möglich.

Mehrfachverzweigung mit CASE/ END CASE

Kontrollstukturen mit mehr als zwei Verzweigungen lassen sich zwar ebenfalls mit IF/END IF aufbauen. Besser geeignet ist dafür jedoch eine CASE-Struktur. Diese hat folgende Syntax:

```
CASE Wert
    WHEN Wert1 THEN
        SQL-Anweisungen;
    [WHEN Wert2 THEN
        SQL-Anweisungen;]
        ...
    [ELSE
        SQL-Anweisung;]
END CASE;
```

Die Bedingung wird durch den Vergleich des CASE-Wertes mit den WHEN-Werten gebildet. Ein unvollständiges Beispiel:

```
CASE KundenNr
  WHEN 3 THEN
    ...
```

Der obige WHEN-Zweig kommt zur Ausführung, wenn hier die Bedingung »KundenNr = 3« erfüllt ist. MySQL unterstützt aber auch eine zweite Syntaxvariante, bei der die Bedingung direkt in den WHEN-Klauseln erscheint:

```
CASE
  WHEN  KundenNr = 3 THEN
    ...
```

Mit ELSE können Sie wieder einen alternativen Zweig definieren, der immer dann zum Zuge kommt, wenn keine der WHEN-Bedingungen zutrifft.

Das folgende vollständige Beispiel liefert für beliebige Datumswerte die deutschen Bezeichnungen der Wochentage:

```
CREATE FUNCTION faktura.Wochentage(datum DATE)
RETURNS VARCHAR(10)
BEGIN
  CASE DAYOFWEEK(datum)
    WHEN 1 THEN
        RETURN "Sonntag";
    WHEN 2 THEN
        RETURN "Montag";
    WHEN 3 THEN
        RETURN "Dienstag";
    WHEN 4 THEN
        RETURN "Mittwoch";
    WHEN 5 THEN
        RETURN "Donnerstag";
    WHEN 6 THEN
        RETURN "Freitag";
    WHEN 7 THEN
        RETURN "Samstag";
  END CASE;
END
```

Die Verwendung der Funktion in einer SELECT-Anweisung könnte folgende Form haben:

```
SELECT RechnungsNr, Betrag,
    CONCAT(Wochentage(Datum), ", ", Datum)
    AS Rechnunsgdatum
FROM faktura.rechnungen
```

Aus der Spalte *Datum* der Rechnungstabelle wird hier ein Datum nach dem Muster »Freitag, 2006-08-25« gebildet. Sie sollten allerdings berücksichtigen, dass solche Operationen das System doch erheblich belasten und entsprechend höhere Antwortzeiten zur Folge haben können.

Schleifen

Von den Schleifenkonstrukten soll an dieser Stelle beispielhaft die WHILE-Schleife vorgestellt werden. Diese hat etwas vereinfacht folgende Syntax:

```
WHILE Bedingung DO
    Anweisungen;
END WHILE
```

Die Schleife wird so lange durchlaufen, wie die Bedingung, die nach jedem Durchlauf erneut geprüft wird, den Wert *True* liefert. Sie müssen daher in der Schleife sicherstellen, dass die Prüfung irgendwann den Wert *False* liefert, andernfalls erhalten Sie eine Endlosschleife. Das folgende Beispiel sorgt durch Hochzählen der Bedingungsvariablen für den Abbruch der Schleife. Sobald die Variable @x den Wert 100 erreicht, ergibt die Prüfung im Schleifenkopf den Wert *False*. Die Schleife wird dann beendet:

```
CREATE FUNCTION faktura.testschleife()
RETURNS INT
BEGIN
    SET @x = 1;
    WHILE @x < 100 DO
        SET @x = @x + 1;
```

```
    END WHILE;
    RETURN @x;
END
```

Das Beispiel, das sonst keine weitere Funktion hat, zeigt zumindest noch, wie Sie innerhalb einer Funktion lokale Variablen (hier @x) einsetzen können. Üblicherweise erfolgt die Zuweisung von Werten an eine Variable mit Hilfe der SET-Anweisung.

Struktur und Status anzeigen

Für die Bearbeitung und Pflege von gespeicherten Prozeduren und Funktionen können Sie Befehle einsetzen, die die Struktur bzw. den Status einer Prozedur oder Funktion anzeigen. Die Anweisungen haben folgende Syntax:

```
SHOW CREATE {PROCEDURE | FUNCTION} Name
SHOW {PROCEDURE | FUNCTION} STATUS [LIKE 'Muster']
```

Die erste Anweisung erwartet den Namen einer Prozedur oder Funktion als Parameter.

```
SHOW CREATE FUNCTION faktura.Brutto;
```

Den Status können Sie gleich für mehrere oder alle Prozeduren bzw. Funktionen anzeigen lassen. Mit der folgenden Anweisung erhalten Sie alle Prozeduren in allen Datenbanken angezeigt:

```
SHOW PROCEDURE STATUS;
```

Diese Zeile ist bezüglich der Wirkung identisch mit der folgenden:

```
SHOW PROCEDURE STATUS Like "%";
```

Wollen Sie die Anzeige eingrenzen, können Sie ein Muster vorgeben. Als Ersatzzeichen sind wie üblich die Zeichen »%« und »_« zulässig:

```
SHOW PROCEDURE STATUS Like "Aus%";
```

Das vorstehende Beispiel gibt alle Prozeduren aus, die mit der Zeichenfolge «Aus" beginnen.

Procedures und Functions löschen

Strored Procedures und Functions löschen Sie mit einer Variante der DROP-Anweisung. Die Syntax hat folgende Form:

```
DROP {PROCEDURE | FUNCTION} [IF EXISTS] Name
```

Die Anwendung ist ebenso einfach. Gegebenenfalls ist noch (wenn nicht schon mit USE vorgewählt) der Datenbankname hinzuzufügen. Die Funktion *Wochentage* in der Datenbank *faktura* löschen Sie dann mit der folgenden Anweisung:

```
DROP FUNCTION faktura.Wochentage;
```

Wie üblich ist die Löschung von Datenbankobjekten endgültig und kann daher nicht zurückgenommen werden.

Was Sie noch wissen sollten

Nicht alle SQL-Anweisungen lassen sich in Stored Procedures (bzw. Functions) einsetzen. So müssen Sie beispielsweise auf LOAD DATA INFILE verzichten.

Stored Procedures werden häufig im Zusammenhang mit Triggern eingesetzt, die MySQL ab Version 5 ebenfalls unterstützt. Allerdings ist die Trigger-Funktionalität momentan noch sehr begrenzt.

20 MySQL als ODBC-Quelle

Mit ODBC ersparen Sie sich die Mühe, komplexe datenbank-spezifische APIs erlernen zu müssen, um aus eigenen Anwendungen auf MySQL-Datenbanken zugreifen zu können. Zudem lassen sich per ODBC Standardprogramme wie beispielsweise MS-Office als MySQL-Clients nutzen. Wir werden später noch darauf zurückkommen.

Allerdings ist ODBC trotz seiner weitgehenden Akzeptanz bei der Programmierung immer nur zweite Wahl. Der Zugriff ist in der Regel langsamer als bei Verwendung der üblichen C-, Perl- oder PHP-APIs. Insbesondere für Anwendungen, die ein hohes Datenvolumen mit möglichst kurzen Zugriffszeiten verarbeiten müssen, kommt ODBC daher nur ausnahmsweise in Betracht.

MySQL-ODBC-Treiber installieren

Den ODBC-Treiber (auch ODBC-Connector genannt) finden Sie ebenfalls auf der MySQL-Homepage (*www.mysql.com*). Unter Windows XP sollten Sie das Windows-Installer-Paket (*msi-*Paket) wählen, das beispielsweise folgende Bezeichnung tragen kann:

MyODBC-3.51.11-2-win.msi

Einstellungen sind bei der Installation nicht vorzunehmen. Sie müssen lediglich die Lizenzbedingungen akzeptieren. Die Installation hinterlässt auch keine Menüoptionen im Windows-*Programme*-Menü. Erst wenn Sie eine ODBC-Datenquelle einrichten, werden Sie die Anwesenheit des MySQL-ODBC-Treibers bemerken.

Zur Zeit der Drucklegung dieses Buches existierte auch schon ein ODBC-Connector in der Version 5. Dieser befand sich jedoch noch in der Alpha-Phase und wollte nicht mit unseren MySQL 5-Versionen kooperieren. Für die Beispiele dieses Buches haben wir daher den ODBC-Treiber 3.51 in der aktuellsten Variante verwendet. Damit kamen sowohl die MySQL-Version 5.0.12 Beta als auch der erste Release Candidate zurecht.

ODBC-Datenquelle einrichten

Nach der Installation steht der ODBC-Treiber in der Windows-Systemsteuerung zur Verfügung. Unter Windows 98/ME/NT können Sie die Systemsteuerung direkt über das Windows-Startmenü öffnen. Unter 2000/XP ist es etwas umständlicher: Hier ist zunächst ebenfalls die Option *Start / Systemsteuerung* aufzurufen. Damit erhalten Sie aber erst einen Zwischendialog angezeigt. Sie wählen darin die Option *Leistung und Wartung*, woraufhin ein weiterer Dialog erscheint. In diesem klicken Sie nun auf die Option *Wartung*. Erst jetzt wird das Icon für die Einrichtung von ODBC-Datenquellen angezeigt (siehe Abbildung 20.1).

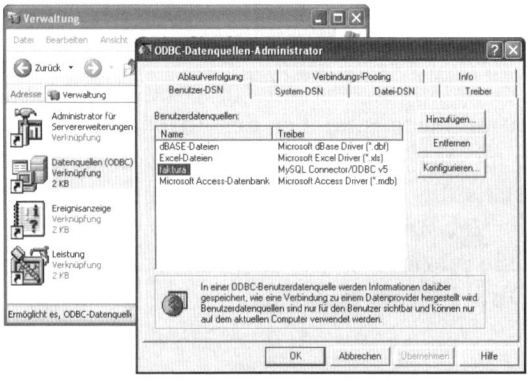

Abbildung 20.1: ODBC-Datenquellen einrichten (hier Windows XP)

Dieses Icon öffnet den ebenfalls in Abbildung 20.1 gezeigten Dialog. Um die Anzeige auf der ersten Seite des Dialogs (*Benutzer-DSN*) müssen Sie sich zunächst nicht kümmern. Vielmehr betätigen Sie hier gleich den Schalter *Hinzufügen*. Damit öffnen Sie einen Auswahl-Dialog, der alle zurzeit verfügbaren ODBC-Treiber auflistet.

Treiber auswählen

Wenn die Installation des MySQL-ODBC-Treibers erfolgreich abgeschlossen wurde, sollte auch dieser hier erscheinen (Abbildung 20.2). Sobald Sie den Treiber markiert haben, klicken Sie auf den Schalter *Fertig stellen*. Die Einrichtung der Datenquelle ist damit aber keineswegs abgeschlossen, auch wenn die Bezeichnung des Schalters darauf schließen lässt.

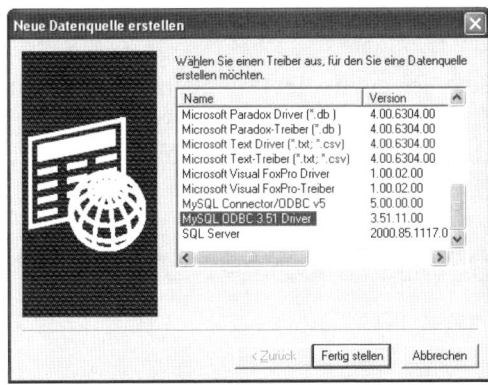

Abbildung 20.2: MySQL-ODBC-Treiber auswählen

Windows öffnet nun einen spezifischen Dialog, der speziell für die Einrichtung einer MySQL-Datenbank als ODBC-Datenquelle vorgesehen ist. Wenn Sie einen anderen ODBC-Treiber verwenden, wird sich dieser Dialog vom MySQL-Dialog unterscheiden.

ODBC-Datenquelle benennen

Im MySQL-Dialog ist zunächst der Namen der Datenquelle anzugeben. Diesen Namen können Sie frei wählen. Er muss nicht mit dem Namen der MySQL-Datenbank identisch sein, die Sie als Datenquelle verwenden wollen. Es spricht allerdings auch nichts dagegen, den gleichen Namen zu verwenden, zumal dieser später bei der Auswahl der Datenquelle anzugeben ist. Die Beschreibung (*Description*) ist nicht unbedingt erforderlich.

Verbindungsparameter einstellen

Unverzichtbar sind hingegen die Verbindungsparameter, insbesondere der Server. Wenn Sie MySQL auf Ihrem lokalen Rechner betreiben, tragen Sie hier die Bezeichnung localhost ein (Voreinstellung). Läuft der MySQL-Server auf einem anderen Rechner, ist dessen Name bzw. IP-Adresse anzugeben.

Natürlich ist auch die Datenbank anzugeben bzw. aus einer Dropdown-Liste auszuwählen. MySQL versucht, die Liste der verfügbaren Datenbanken einzulesen, sobald Sie die Dropdown-Liste öffnen.

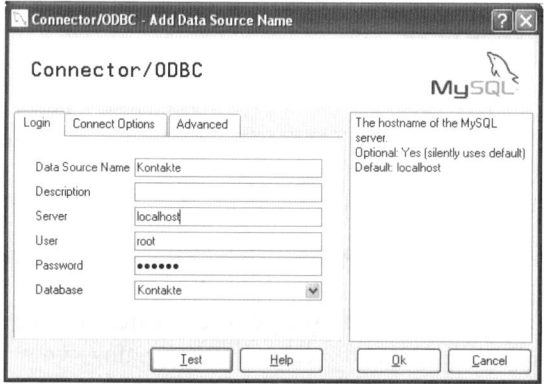

Abbildung 20.3: MySQL-Datenbank als ODBC-Datenquelle einrichten

Benutzername und Passwort sind nur erforderlich, wenn Sie diese unter MySQL zugewiesen haben. Zum Schluss überprüfen Sie noch die Port-Einstellung (auf der Seite *Connection Options*). Der MySQL-Server lauscht in der Regel an Port 3306. Nur wenn Sie den Port in der Konfigurationsdatei *my.ini* geändert haben, müssen Sie diese Änderung auch hier vornehmen. Damit ist die Einstellung der ODBC-Datenquelle auch schon abgeschlossen.

Verbindung testen

Bevor Sie den Dialog mit *OK* schließen, können Sie die Verbindung noch testen. Dazu betätigen Sie den Schalter *Test*. Kann die Verbindung hergestellt werden, zeigt der ODBC-Treiber dies in einem kleinen Dialog an. Natürlich können Sie nur dann eine Verbindung herstellen, wenn der MySQL-Server läuft. Meldet der ODBC-Treiber eine korrekte Verbindung, können Sie alle Zwischendialoge mit *OK* schließen. Die Datenquelle steht dann in allen ODBC-fähigen Anwendungen zur Verfügung.

MySQL-/ODBC-Probleme

Zwei der wichtigsten Schlüsselwörter in der EDV-Branche sind *Schnittstelle* und *Kompatibilität*. Auch ein ODBC-Treiber bildet Schnittstellen, an denen sich zwei Systeme, beispielsweise der MySQL-Server und ein beliebiger Client, treffen. Der ODBC-Treiber liegt zwischen diesen beiden und hat folglich gleich zwei Schnittstellen zu bedienen.

Regelmäßig kommt es an Schnittstellen zu Missverständnissen bezüglich der Behandlung von Daten. Diese werden dann Inkompatibilitäten genannt. Eine vollständige Kompatibilität dürfen Sie auch von der MySQL-/ODBC-Kombination nicht erwarten. So unterstützt ODBC (bzw. MyODBC) nicht alle MySQL-Datentypen bzw. interpretiert diese gegebenenfalls in einer etwas abweichenden Form. BLOB-Spalten werden beispielsweise in den Typ LONGVARBINARY und TEXT-Spalten in den Typ LONGVARCHAR verwandelt.

Bei der Behandlung von Datumswerten müssen Sie ebenfalls mit Abweichungen rechnen. So wird der Zero-Wert »0000-00-00« unter ODBC als NULL-Wert wiedergegeben. Darüber hinaus lassen sich auch nicht alle MySQL-Befehle und Funktionen in einer ODBC-Umgebung nutzen.

Nicht nur die Schnittstelle MySQL/MyODBC ist mit Einschränkungen verbunden. Dazu kommt noch die Schnittstelle MyODBC/Anwendung (bzw. MyODBC/Client), die je nach Client-Anwendung ebenfalls für Überraschungen sorgen kann. Bei der Vorstellung von MS Access als ODBC-/MySQL-Client kommen wir noch darauf zurück.

MS Office und MySQL

Die Einrichtung einer ODBC-Datenquelle macht es möglich, MySQL-Datenbanken in Office-Anwendungen wie Word und Excel zu nutzen. Selbst Access lässt sich als MySQL-Client einsetzen, etwa um Eingabeformulare und Berichte zu erstellen. Sie können MySQL-Datenbanken praktisch vollständig in Access-Anwendungen integrieren. Diese Option kann sinnvoll sein, wenn Sie MySQL als Internet-Datenbank nutzen. Der Kundenzugriff erfolgt dann beispielsweise über eine PHP-Anwendung, während Access-Formulare für die Datenpflege und die Auswertung mit Hilfe von Berichten verwendet werden. Kurz: Access fungiert in diesem Fall als sehr komfortabler MySQL-Client. Access ist diesbezüglich nahezu ohne Konkurrenz, zumindest im MySQL-Umfeld.

Word und ODBC/MySQL

Der Einsatz von Datenbanken in Word dürfte vor allem für Serienbriefe in Frage kommen. Diese Funktion wird von Word über den Befehl *Extras / Seriendruck* angeboten. Sie öffnen damit den Dialog aus Abbildung 20.4. Hier bestimmen Sie zunächst den Typ des Seriendrucks, beispielsweise einen Serienbrief.

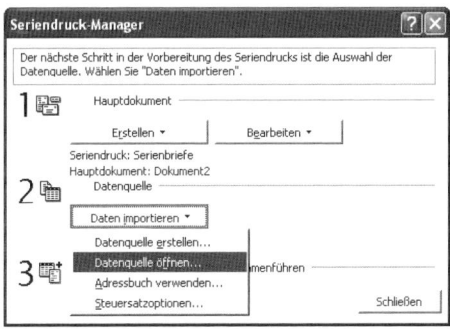

Abbildung 20.4: Seriendruck mit MySQL-Datenbank

Im zweiten Schritt wählen Sie die Datenquelle, aus der die Daten entnommen werden sollen. Bei ODBC-Datenquellen führt der Weg über das Abfragemodul *MS Query*. Dazu wählen Sie im Abschnitt 2 des Dialogs die Option *Datenquelle öffnen*. Sie erhalten daraufhin einen normalen Datei-Dialog angezeigt, in welchem Sie den Schalter *MS Query* betätigen müssen. Wenn die Zusatzanwendung *MS Query* bei Ihnen installiert ist, sollte diese anschließend starten.

MS-Query-Abfrage definieren

MS-Query wird Ihnen zunächst einen Auswahl-Dialog mit den vorhandenen ODBC-Datenquellen präsentieren. Darunter sollte auch die zuvor eingerichtete MySQL-Datenbank zu finden sein (siehe Abbildung 20.5).

Anschließend erscheint in der Regel der MySQL-/ODBC-Dialog, den wir weiter oben schon vorgestellt haben. Hier können Sie die Verbindungsdaten nochmals überprüfen und, soweit erforderlich, Benutzernamen und Passwort angeben.

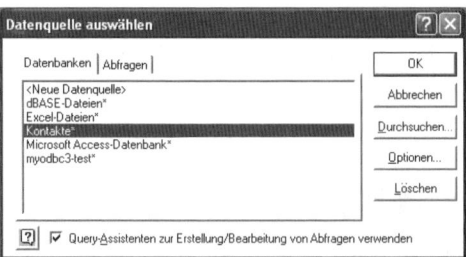

Abbildung 20.5: ODBC-Datenquelle in MS Query auswählen

Abfrage definieren

Kann die Verbindung hergestellt werden, präsentiert MS Query Ihnen den Query-Assistenten. Dieser bietet auf der ersten Seite die Auswahl der verfügbaren Tabellen bzw. Tabellenspalten an. Wenn Sie das Plussymbol vor einem Tabellennamen öffnen, werden alle Spalten der Tabelle angezeigt. Die jeweils markierten Spalten übernehmen Sie mit dem Auswahlschalter in die Abfrageliste. Sind alle benötigten Spalten dort versammelt, wechseln Sie mit dem Schalter *Weiter* zur nächsten Seite des Assistenten. Hier definieren Sie eine WHERE-Bedingung. Dazu markieren Sie zunächst eine Spalte und wählen dann aus einer Dropdown-Liste den erforderlichen Operator.

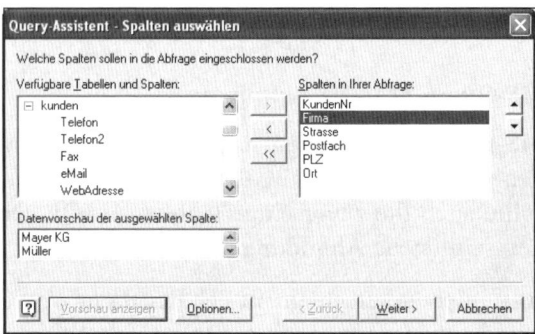

Abbildung 20.6: Abfrage mit Hilfe des Query-Assistenten definieren

Der Query-Assistent bietet die Operatoren in einer umgangssprachlichen Beschreibung an. Wenn Sie den zweiten Teil dieses Buches jedoch erfolgreich bewältigen konnten, dürfte Ihnen die Zuordnung zu den dort vorgestellten Operatoren keine Probleme bereiten. Wir wollen daher nicht weiter darauf eingehen. Nach der Auswahl eines Operators wählen Sie im nächsten Dropdown-Feld entweder einen Vergleichswert oder geben diesen direkt ein. Sie können mehrere Bedingungen definieren, die sich mit Und (AND) bzw. Oder (OR) verknüpfen lassen.

Daten in Word übernehmen

Auf der Folgeseite ist noch eine Sortierung zu bestimmen, bevor dann auf der letzten Seite die Übernahme der Daten in Word geregelt wird. Sie können sich die Daten zunächst in MS Query für die weitere Bearbeitung anzeigen lassen oder gleich zu Word wechseln. Die Daten stehen dann für die Verwendung mit so genannten Feldfunktionen zur Verfügung.

Seriendruckfelder einfügen

Für den Seriendruck müssen Sie anschließend noch die Felder in das Word-Dokument einfügen. Word blendet zu diesem Zweck eine Symbolleiste ein, die alle Spalten der zuvor definierten Abfrage zur Auswahl anbietet. Zwischen der Anzeige der Feldfunktionen und den Daten wechseln Sie über einen kleinen Symbolschalter (*Seriendruck-Vorschau*) in der gleichen Symbolleiste.

Sie haben zudem die Möglichkeit, zwischen den ausgewählten Datensätzen zu blättern. Sind alle Felder eingefügt und ist auch der Text für den Serienbrief erstellt, starten Sie den Seriendruck durch Betätigen des gleichnamigen Schalters.

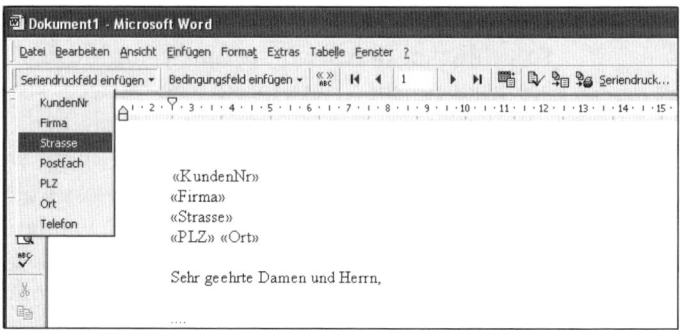

Abbildung 20.7: Seriendruckfelder in Word-Dokument einfügen

Mit MS Query können Sie Abfragen definieren und speichern, so dass Sie die gleichen Abfragen nicht immer wieder neu erzeugen müssen. Allerdings kann es sinnvoller sein, für diese Aufgaben auf Access zurückzugreifen, zumal Access ebenfalls über einen relativ komfortablen Query-Editor verfügt. Sie binden MySQL-Tabellen dann in Access ein und erstellen dort auch die Abfragen. Direkt aus Access heraus lässt sich dann Word aufrufen, um die Felder einzufügen und den Seriendruck zu starten.

Excel und ODBC/MySQL

MS Excel verfügt über außerordentliche Talente bei der Auswertung von Daten. So können Sie beispielsweise sehr komplexe Kreuztabellen (auch Pivot-Tabellen genannt) definieren und Ihren Daten damit viele zusätzliche Informationen entlokken. Excel ist daher eine geradezu ideale Ergänzung für praktisch jedes Datenbanksystem. Der Zugriff auf Daten aus fremden Quellen, insbesondere aus ODBC-Datenquellen, erfolgt grundsätzlich auf zwei Wegen (über zwei Menüoptionen):

Daten / PivotTable und Pivot-Chart-Bericht

Daten / Externe Daten / Neue Abfragen erstellen

Excel greift in beiden Fällen über MS Query auf ODBC-Datenquellen zu. Im Auswahl-Dialog, den Sie mit den Optionen öffnen (und den wir bereits bei der Word-Anbindung vorgestellt haben), sollte auch die zuvor eingerichtete MySQL/ODBC-Datenquelle erscheinen. Der nächste Schritt besteht wieder in der Auswahl der Tabellen bzw. Spalten im Query-Assistenten. Auch diese Prozedur wird Ihnen noch bekannt vorkommen (siehe Abbildung 20.6).

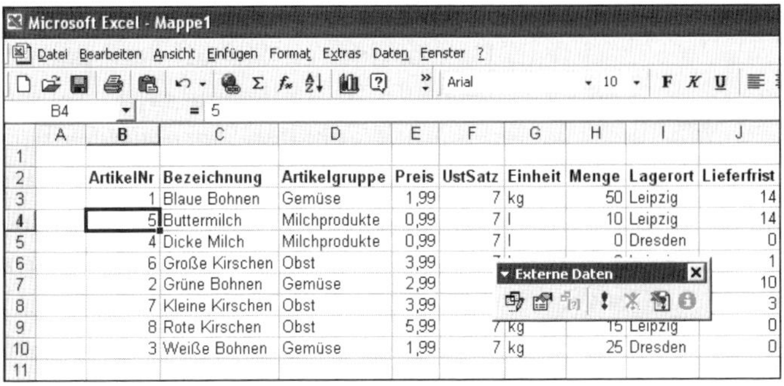

Abbildung 20.8: Daten aus MySQL in Excel importieren

Schließlich müssen Sie noch bestimmen, ob Sie die Abfrage zunächst in MS Query bearbeiten oder die Daten gleich in Excel übernehmen wollen. Nach einer Bearbeitung in MS Query wählen Sie dort zum Schluss die Option *Datei / Daten an Microsoft Excel zurückgeben*. Damit schließen Sie MS Query und fügen die Daten in Excel ein.

In Excel stehen Ihnen nun die ganzen Funktionen und Werkzeuge zur Verfügung, mit denen sich die Daten noch analysieren oder auch nur formatieren lassen. Allein schon die Möglichkeiten der Formatierung lohnen den Import von MySQL-Daten in Excel.

Sie müssen die Prozedur auch nicht immer wieder neu durchlaufen. Excel speichert mit dem Arbeitsblatt auch die Verbindungs- und Abfragedaten, so dass bei Datenänderungen in der betreffenden MySQL-Tabelle nur noch ein Symbolschalter

(*Daten aktualisieren*) zu betätigen ist, um diese Änderungen in Excel zu übernehmen. Zu diesem Zweck blendet Excel eine kleine Symbolleiste ein, die unter anderem diesen Schalter anbietet (siehe Abbildung 20.8).

Pivot-Tabellen

Etwas anders gestaltet sich die Datenübernahme, wenn Sie Daten aus MySQL-Tabellen für die Auswertung in Pivot-Tabellen übernehmen wollen. In diesem Fall startet zunächst der Pivot-Assistent. Hier aktivieren Sie auf der ersten Seite die Option *Externe Datenquelle*. Anschließend erscheint ein kleiner Dialog, in welchem Sie den Schalter *Daten abrufen* betätigen. Nach der Auswahl der Datenquelle landen Sie dann wieder beim Query-Assistenten. Sobald Sie dort die Abfrage definiert haben, übernimmt der Pivot-Assistent wieder die Kontrolle. Wir können an dieser Stelle nicht auf die hoch komplexe Funktionalität einer Pivot-Tabelle eingehen. Abbildung 20.9 sollte jedoch schon andeuten, welche Möglichkeiten dieses Analyseinstrument bietet. Für das Beispiel haben wir die wichtigsten Spalten unserer Artikel-Tabelle übernommen.

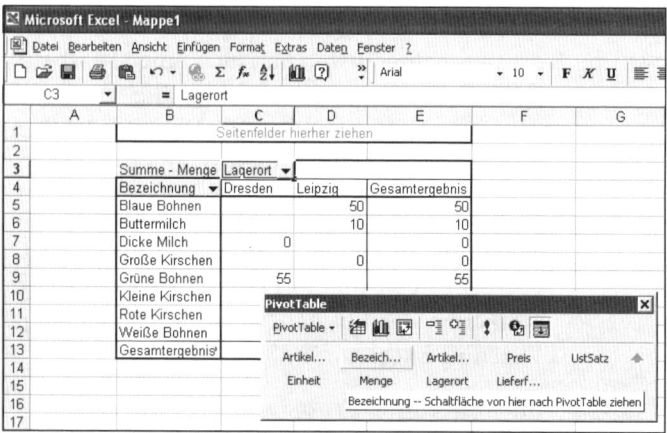

Abbildung 20.9: MySQL-Daten in einer Pivot-Tabelle analysieren

Nach dem Einfügen zeigt Excel zunächst eine leere Pivot-Struktur an. Gleichzeitig wird eine Symbolleiste eingeblendet, die unter anderem für jede Spalte der importierten Daten einen Schalter enthält. Sie können nun einen Schalter mit der Maus fassen und bei gedrückter linker Maustaste in die Struktur schieben.

Für die in Abbildung 20.9 dargestellte Tabelle schieben Sie den Schalter *Bezeichnung* in die Spalte ganz links (Zeilenfelder). Der Schalter *Lagerort* gehört in die obere Zeile (Spaltenfelder) und der Schalter *Menge* in den großen Bereich *Datenfelder*. Damit erhalten Sie automatisch eine Zuordnung der verfügbaren Lagermengen zu den Lagerorten. Eine solche Darstellung ist mit den üblichen SQL-Anweisungen praktisch nicht mehr möglich.

Grafiken erzeugen

Ohne größeren Aufwand kann Excel MySQL-Daten auch noch in Grafiken umsetzen. Dazu verwenden Sie in der Regel natürlich Gruppierungen, um die Menge der Daten einzugrenzen. Wir wollen auf diesen Punkt allerdings nicht mehr explizit eingehen, weil dafür doch ganz erhebliche Excel-Kenntnisse benötigt werden.

Access als MySQL-Client

Ganz besonders sinnvoll ist der Einsatz von Access als MySQL-Client. Access bietet einen sehr leistungsfähigen Formulargenerator und einen noch besseren Reportgenerator. Für MySQL ist auch nicht ansatzweise etwas Ähnliches verfügbar. Grundsätzlich können Sie mit Access umfangreiche Anwendungen entwickeln, deren Basis MySQL-Datenbanken sind. Auf die Programmierung von kompletten Access-Clients können wir an dieser Stelle jedoch nicht eingehen, auch wenn wir zum Schluss noch die Grundlagen des VBA-Zugriffs ansprechen. Hier soll vor allem gezeigt werden, wie Sie MySQL-Datenbanken in Access einbinden und so sinnvolle Hilfen wie den Formular-, den Report- und den Abfragegenerator für den Zugriff auf MySQL-Tabellen nutzen. Wir gehen zudem davon aus, dass Sie bereits über belastungsfähige Access-Kenntnisse verfügen.

Vorteile einer Access-/MySQL-Lösung

Eigentlich enthält Access schon eine recht leistungsfähige Datenbank-Engine. MySQL wird daher nicht unbedingt benötigt. Das ändert sich jedoch, wenn auf die Datenbank gleichzeitig von verschiedenen Clients und unterschiedlichen Plattformen aus zugegriffen werden soll, etwa über das Internet und das lokale Firmennetzwerk. Abbildung 20.10 zeigt das Schema einer solchen Anwendung.

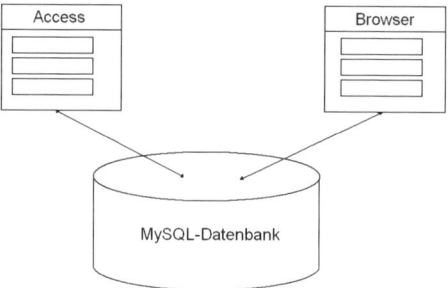

Abbildung 20.10: Verteilte Anwendung mit Access, PHP und MySQL

Solche Anwendungen sind durchaus üblich. Für den Zugriff über das Internet sind dann PHP-Skripte zuständig, während Datenpflege und Auswertung (Reporting) im firmeninternen Netz mit Hilfe von Access erfolgen.

MySQL-Datenbanken bei großen Datenmengen

MySQL-Datenbanken eignen sich aber auch dann als Grundlage von Access-Anwendungen, wenn Sie sehr große Datenbestände verarbeiten müssen. Zwar kommt Access mit einigen zehntausend Datensätzen noch ganz gut zurecht; bei Hunderttausenden oder gar Millionen von Datensätzen stößt es aber schnell an Performance-Grenzen. Das hat unter anderem damit zu tun, dass Access alle Daten einer Tabelle durchlaufen muss, wenn es beispielsweise eine Abfrage ausführt. Schickt Access hingegen eine Abfrage an den MySQL-Server, übernimmt dieser die Ausführung und übergibt an Access nur noch die Ergebnisse.

Verknüpfen oder importieren

Access kennt zwei Möglichkeiten, auf Fremddaten, also auf (zunächst) nicht in der gleichen Access-Datenbank gespeicherte Daten zuzugreifen:

✔ **Import**: Beim Import werden Daten aus Fremdtabellen in Access-Tabellen importiert. Änderungen an den Daten erfolgen in diesem Fall nur an den importierten Daten, also an Kopien. Die Daten in den Ursprungstabellen bleiben davon unberührt. MySQL/ODBC wird in diesem Fall nur für den Import benötigt. Alle weiteren Operationen kommen dann ohne MySQL aus. Damit handeln Sie sich allerdings auch die Nachteile ein, die insbesondere die Performance bei großen Datenmengen betreffen.

✔ **Verknüpfung**: Bei der Verknüpfung stellt Access eine Verbindung zu einer Fremddatenbank her. Da keine Kopie angelegt wird, wirken sich alle Änderungen direkt auf die Daten der Ursprungstabelle aus, hier also der MySQL-Tabellen. Jeder Zugriff erfolgt weiterhin über ODBC und den MySQL-Server. Sie können Daten sowohl über MySQL als auch über Access ändern, hinzufügen oder löschen.

Im folgenden Text soll nur die zweite Möglichkeit (die Verknüpfung) näher vorgestellt werden.

Verknüpfung herstellen

Wenn in Access eine Datenbank geöffnet ist, rufen Sie mit der Option *Datei / Externe Daten / Tabellen verknüpfen* zunächst einen Datei-Dialog auf. Im Dialog ist dann der Dateityp *ODBC* zu wählen.

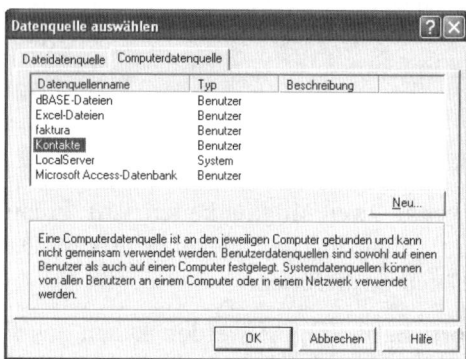

Abbildung 20.11: ODBC-Datenquelle auswählen

Der Datei-Dialog verschwindet daraufhin und Sie erhalten den Auswahl-Dialog aus Abbildung 20.11 angezeigt. Hier wechseln Sie zur Seite *Computerdatenquelle*. Auf dieser Seite werden dann alle ODBC-Quellen angezeigt. Nach der Auswahl der Quelle und dem Schließen des Dialogs mit *OK* wählen Sie die gewünschte Tabelle. Die vorstehend geschilderten Schritte sind praktisch für jede Tabelle neu zu absolvieren. Access fügt die Tabellen der ODBC-Datenquelle mit einem speziellen Icon in das Datenbankfenster ein. An diesem Symbol erkennen Sie, dass es sich um eine Verknüpfung handelt. Mit einem Doppelklick auf den Tabellennamen bzw. durch Betätigen des Schalters *Öffnen* rufen Sie die Tabelle auf (siehe Abbildung 20.12).

Diese erscheint dann in der üblichen Access-Darstellung. Sie können die Daten nun beliebig ändern, ergänzen oder löschen. Auch die Sortier- und Filteroptionen, die Sie unter anderem über das Kontextmenü erreichen, lassen sich darauf anwenden.

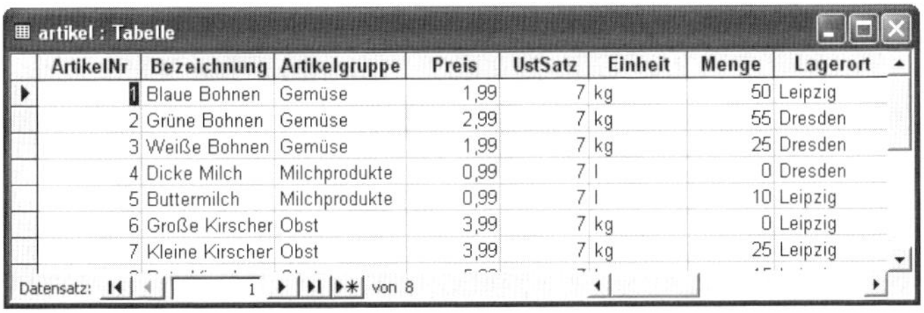

ArtikelNr	Bezeichnung	Artikelgruppe	Preis	UstSatz	Einheit	Menge	Lagerort
1	Blaue Bohnen	Gemüse	1,99	7	kg	50	Leipzig
2	Grüne Bohnen	Gemüse	2,99	7	kg	55	Dresden
3	Weiße Bohnen	Gemüse	1,99	7	kg	25	Dresden
4	Dicke Milch	Milchprodukte	0,99	7	l	0	Dresden
5	Buttermilch	Milchprodukte	0,99	7	l	10	Leipzig
6	Große Kirscher	Obst	3,99	7	kg	0	Leipzig
7	Kleine Kirscher	Obst	3,99	7	kg	25	Leipzig

Abbildung 20.12: MySQL-Tabelle in Access

Auto_Increment-Spalten

Sowohl Access als auch MySQL unterstützen Auto_ Increment-Spalten. Allerdings erkennt Access eine MySQL-Auto_Increment-Spalte nicht und betrachtet diese als normale Integer-Spalte. Zudem werden Auto_Increment-Werte vom jeweiligen System erzeugt. Wenn Sie nun unter Access Daten in eine MySQL-Tabelle eingeben, ist normalerweise MySQL für das Einfügen des Auto_Increment-Wertes zuständig. MySQL trägt den Wert auch ein, allerdings ohne dass Access dies zunächst bemerkt. Ist die Spalte wie üblich als `NOT NULL` definiert, kann Access den Datensatz deshalb nicht akzeptieren und zeigt nach Abschluss der Eingabe alle Einträge des Datensatzes als gelöscht an. Erst beim nächsten Aufruf der Tabelle (bzw. des Formulars) sehen Sie, dass der Datensatz doch übernommen wurde. Dieses Verhalten ist daher nicht unbedingt kritisch, es ist aber lästig. Als Abhilfe bleibt eigentlich nur, auf Auto_Increment-Spalten zu verzichten oder unter Access grundsätzlich auch einen Wert in Auto_Increment-Spalten einzutragen. MySQL akzeptiert einen solchen Wert, wenn dieser eindeutig ist, und verzichtet dann auf eine eigene Wertzuweisung.

Weitere Einschränkungen

Obwohl der ODBC-Zugriff eigentlich recht flexibel ist, müssen Sie, wie die folgende Liste zeigt, doch mit einigen Einschränkungen rechnen:

✔ Problematisch bzw. nicht wirklich verwendbar sind einige der von MySQL unterstützten Datentypen. Das gilt beispielsweise für die komplexen Typen ENUM und SET. Zwar können Sie ENUM-Auswahlwerte eingeben und auslesen. Sie müssen jedoch wissen, welche Werte die Werteliste der betreffenden ENUM-Spalte zulässt.

✔ Verschlüsselte Spalten werden Sie unter Access praktisch nicht nutzen können. Sie erhalten dann lediglich nicht lesbare Binärdaten angezeigt.

✔ Auch Binärdaten dürften in der Regel Probleme bereiten. Das gilt selbst für simple Grafikdateien, etwa im JPEG-Format. Access kann diese in der Regel nicht auslesen und auch nicht in der Tabelle speichern.

✔ Zudem werden Sie einige nicht ANSI-konforme MySQL-Befehle nicht verwenden können. Das sollte in der Regel auch nicht erforderlich sein, weil der gemeinsame SQL-Sprachumfang zwischen Access, ODBC und MySQL doch für die meisten Operationen ausreichen wird.

✔ Eine Änderung der Datenstruktur mit Hilfe des Tabelleneditors ist grundsätzlich nicht möglich. Sie können sich aber anschauen, wie Access (bzw. ODBC) die verschiedenen MySQL-Datentypen interpretiert.

Die Liste der Einschränkungen könnte dazu verführen, die Verbindung Access-ODBC-MySQL als wenig alltagstauglich zu betrachten. Das trifft aber nicht zu. Vielmehr handelt es sich um Einschränkungen, mit denen Sie bei vielen verteilten Anwendungen rechnen müssen und mit denen sich normalerweise sehr gut leben lässt. Wenn Sie planen, Access als MySQL-Client einzusetzen, sollten Sie allerdings von vornherein auf spezifische MySQL-Eigenheiten und insbesondere auf Datentypen wie SET und ENUM verzichten.

Strukturänderungen und Verknüpfung

Die Struktur verknüpfter Tabellen lässt sich unter Access nicht ändern. Wenn Sie eine Tabelle im Entwurfsmodus öffnen, geschieht dies daher ausschließlich im Nur-lesen-Modus. Natürlich können Sie Änderungen an verknüpften MySQL-Tabellen unter MySQL selbst vornehmen. Beim Versuch, diese Tabelle danach wieder unter Access zu verwenden, erhalten Sie jedoch eine Fehlermeldung angezeigt. Ihnen bleibt dann nur die Möglichkeit, die Verknüpfung zu löschen und neu zu erstellen. Das Löschen einer Tabellenverknüpfung in Access löscht nicht die Tabelle selbst, sondern eben nur die Verknüpfung.

Beziehungen zu Access-Tabellen

In einer Access-Anwendung lassen sich Daten aus MySQL- und aus Access-Tabellen gemeinsam nutzen. Es ist sogar grundsätzlich möglich, Beziehungen zwischen solchen Tabellen herzustellen (Menüoption *Extras / Beziehungen*). In einer Anwendung mit Unterformularen sorgt Access dann dafür, dass die zu einem Datensatz in der Elterntabelle gehörenden Datensätze der Kindtabelle angezeigt werden.

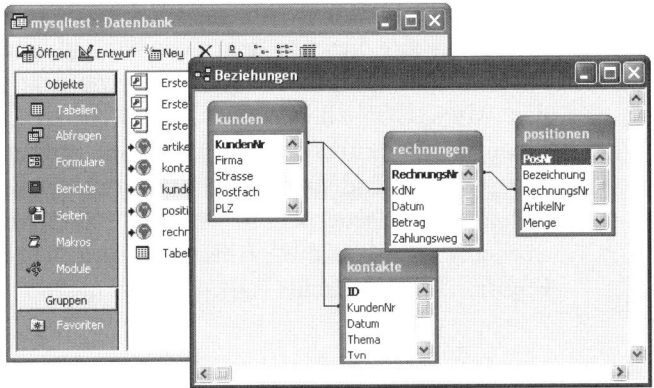

Abbildung 20.13: Beziehungen zwischen Tabellen herstellen

Abbildung 20.13 zeigt die Herstellung von Beziehungen zwischen den Tabellen unserer MySQL/ODBC-Datenquelle. Dazu klicken Sie im Schema der übergeordneten Tabelle lediglich auf den Primärschlüssel und ziehen diesen bei gedrückter linker Maustaste auf den Fremdschlüssel der untergeordneten Tabelle. Zusätzliche Tabellen lassen sich über das Kontextmenü (Option *Tabellen anzeigen*) in das Schema einfügen. Im Kontextmenü der Verbindungslinien können Sie den Dialog *Beziehung bearbeiten* aufrufen, um den Beziehungstyp genauer zu definieren. Voreingestellt ist in der Regel eine 1:m-Beziehung.

Keine Referenzintegrität

Allerdings lassen sich diese Beziehungen nicht mit Referenzintegrität einrichten, womit leider auch Eigenschaften wie *Aktualisierungs-* und *Löschweitergabe* entfallen. Die Aktualisierungsweitergabe bewirkt, dass Access automatisch den Fremdschlüssel einfügt, wenn Sie in der Kindtabelle einen Datensatz hinzufügen. Diese Aufgabe müssen Sie in einer gemischten Anwendung mit verknüpften MySQL-Tabellen selbst übernehmen. Bei der Löschweitergabe werden die zugehörigen Datensätze in der Kindtabelle automatisch gelöscht, wenn Sie einen Datensatz in der Elterntabelle löschen. Auch darum müssen Sie sich in diesem Fall selbst kümmern.

Allerdings gilt dies nur, wenn Sie MySQL- und Access-Tabellen gemischt einsetzen. Verwenden Sie hingegen ausschließlich MySQL-Tabellen, kann der MySQL-Server diese Aufgaben teilweise übernehmen, natürlich nur mit Tabellen vom Typ *InnoDB*. Zudem müssen beim Erzeugen der MySQL-Tabellen die erforderlichen FOREIGN KEY-Klauseln verwendet worden sein. Weitere Hinweise zu diesem Thema finden Sie in Kapitel 16 (Fremdschlüssel).

Abfragen mit MySQL-Tabellen

Für die Definition von Abfragen stellt Access einen durchschnittlich komfortablen Abfragegenerator und einige komfortable, aber nicht sehr leistungsfähige Abfrage-Assistenten zur Verfügung. Die Auswahl des gewünschten Werkzeugs öffnen Sie über die Menüoption *Einfügen / Abfrage*. Im Folgenden wollen wir nur recht kurz auf den Abfragegenerator (Abbildung 20.14) eingehen, den Sie in der Auswahl unter der Bezeichnung *Entwurfsansicht* finden. Sie müssen hier zunächst die Tabellen auswählen, die in der Abfrage vorkommen sollen. Im nächsten Schritt schieben Sie die gewünschten Spalten aus der Spaltenliste in die erste Zeile der Entwurfsansicht. In der Zeile *Kriterien* definieren Sie die Bedingungen der WHERE-Klausel. Wenn Sie für die Spalte *Artikelgruppe* beispielsweise den Ausdruck ="Obst" eingeben (siehe Abbildung 20.14), erzeugt Access daraus die Bedingung *Artikelgruppe = "Obst"*.

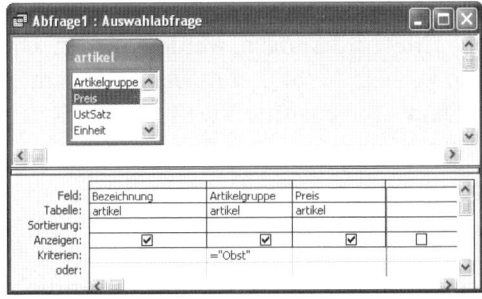

Abbildung 20.14: Abfrage mit Access erstellen

Sie können sich den Zwischenstand der Abfrage jederzeit anzeigen lassen, indem Sie auf den Symbolschalter *Ansicht* klicken oder die Menüoption *Ansicht / Datenblattansicht* aufrufen. Über den gleichen Schalter gelangen Sie anschließend wieder in den Entwurfsmodus. Die fertig gestellte Abfrage speichern Sie zum Schluss unter einem beliebigen Namen. Sie lässt sich dann jederzeit wieder aufrufen und gegebenenfalls auch ändern.

Neben der Entwurfs- und der Datenblattansicht verfügt der Abfragegenerator noch über eine SQL-Ansicht (Menüoption *Ansicht / SQL-Ansicht*). Hier können Sie SQL-Anweisungen direkt eingeben und durch Betätigen des Schalters *Ausführen* ab-

schicken. Bei SELECT-Abfragen genügt es schon, in die Daten-
blattsicht zu wechseln. Allerdings ist der SQL-Modus sehr
unkomfortabel. Selbst die Hervorhebung von Syntaxelemen-
ten fehlt. Für längere SQL-Anweisungen werden Sie diesen
Modus daher kaum verwenden können. Hilfreicher ist es,
SQL-Anweisungen in einem separaten SQL-Editor zu entwerfen und dann über die Zwischenablage in das Access-SQL-
Fenster zu kopieren.

Abfragen als Basis für Formulare und Berichte

Der Vorteil von Access-Abfragen besteht unter anderem darin,
dass Sie diese als Basis für Formulare und Berichte verwenden
können. Normale Auswahlabfragen liefern zudem editierbare
Daten, so dass Sie Datensätze hinzufügen, ändern oder löschen
können. Alle Änderungen werden in den Ursprungstabellen,
hier also in den MySQL-Tabellen, wirksam. Praktisch erzeugen Sie damit so genannte Views, die MySQL erst ab Version 5
unterstützt.

SQL-Pass-Through-Abfragen

Wie schon dargestellt, lassen sich eigentlich nicht alle My-
SQL-Befehle und Funktionen per ODBC nutzen. Die Ursache
liegt vor allem darin, dass der ODBC-Treiber die Anweisungen, die Sie an MySQL schicken, vorab überprüft und alles,
was er nicht kennt, als Fehler zurückweist. Access verfügt jedoch über einen speziellen Abfragemodus, in welchem die
Prüfung entfällt. In diesem *Pass-Through-Modus* reicht ODBC
die SQL-Anweisung direkt an den MySQL-Server weiter. Der
Pass-Through-Modus erlaubt auch die Ausführung von SQL-
Befehlen, die weder Access noch ODBC verstehen.

Pass-Through-Modus aktivieren

Um Pass-Through-Abfragen zu definieren, öffnen Sie zunächst
eine neue Abfrage in der SQL-Sicht und wechseln dann über
die Menüoption *Abfrage / SQL-spezifisch / Pass Through* in den

genannten Modus. Das Abfragefenster zeigt den Modus auch in der Titelleiste an.

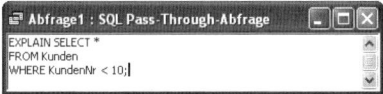

Abbildung 20.15: Pass-Through-Abfragen ausführen

Abbildung 20.15 zeigt eine so genannte EXPLAIN-Abfrage. Dabei handelt es sich um einen MySQL-spezifischen Befehl, den weder Access noch ODBC kennen. In einer normalen Abfrage würde ODBC diesen Befehl mit einer Fehlermeldung zurückweisen. Im Pass-Through-Modus kann höchstens noch MySQL eine Fehlermeldung produzieren (und an ODBC zurückliefern). Allerdings müssen Sie damit rechnen, dass ODBC sich vor der Ausführung noch einmal meldet und nach der Datenbank fragt, auf die sich die Abfrage beziehen soll. Diese etwas umständliche Prozedur ist leider auch die einzige Möglichkeit, Strukturänderungen an MySQL-Datenbanken per Access vorzunehmen.

Formulare erstellen

An dieser Stelle kann nicht der komplette Formulargenerator mit allen seinen Funktionen vorgestellt werden. Wir wollen lediglich einige Formulareigenschaften ansprechen, die Sie im Zusammenhang mit MySQL-Tabellen eventuell benötigen. Ein schlichtes Formular definieren Sie einfach mit Hilfe des Formular-Assistenten. Dieser erzeugt automatisch ein Formular wie das in Abbildung 20.16. Den Assistenten starten Sie unter anderem mit der Menüoption *Einfügen / Formular*. In der dann erscheinenden Auswahl wählen Sie den Assistenten und die Tabelle bzw. Abfrage, die als Basis des Formulars dienen soll. Auf der ersten Seite des Assistenten lassen sich dann die Spalten auswählen. Wenn Sie nun noch das Layout bestimmen, ist die Definition eigentlich schon abgeschlossen. Nachdem Sie den Assistenten beendet und das Formular gespeichert haben, wird dieses umgehend mit den Daten angezeigt.

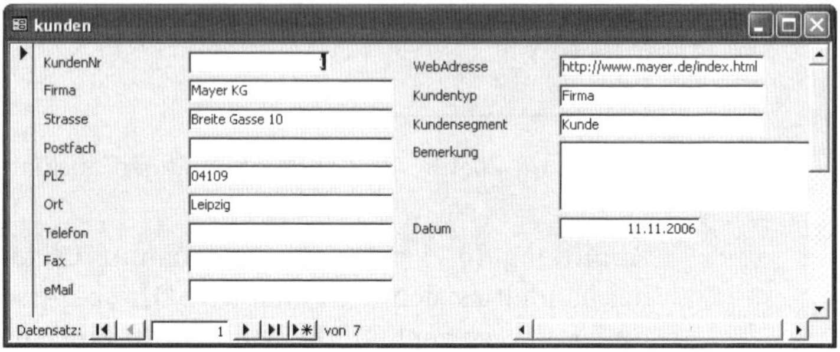

Abbildung 20.16: MySQL-Daten im Access-Formular

Access stattet das in nur wenigen Minuten erstellte Formular mit erstaunlicher Funktionalität aus. Sie können in jedem Feld suchen und die Anzeige der Datensätze sortieren bzw. filtern. Natürlich lassen sich Datensätze hinzufügen, ändern und löschen, ohne dass Sie dafür auch nur eine Zeile programmieren müssen.

Allerdings ist der Formulargenerator nicht perfekt. In der Regel müssen Sie daher noch etwas Zeit in die Überarbeitung investieren. Dazu wechseln Sie über die Menüoption *Ansicht / Entwurfsansicht* oder den gleichnamigen Symbolschalter in den Entwurfsmodus.

Formular im Entwurfsmodus bearbeiten

Der Wechsel in den Entwurfsmodus ruft praktisch den Formulardesigner auf. Dieser bietet Ihnen dann die Möglichkeit, einzelne Felder zu verschieben und in der Größe zu verändern. Zudem können Sie Felder entfernen oder auch wieder hinzufügen. Die Einstellung der Elemente erfolgt in einem *Eigenschaften*-Dialog (Menüoption *Ansicht / Eigenschaften* oder Symbolschalter *Eigenschaften*). Besonders wichtig ist die Eigenschaft *Steuerelementinhalt*, die Sie auf der Seite *Daten* finden. Hier erfolgt die Anbindung an eine Tabellenspalte.

Abbildung 20.17: Formularentwurf mit Feldliste und *Eigenschaften-*Dialog

Wenn das Formular bereits an eine Tabelle gebunden ist (Eigenschaft *Datenherkunft* im *Eigenschaften-*Dialog des Formulars), können Sie die Felder per Feldliste auswählen. Dazu fassen Sie das betreffende Feld in der Feldliste mit der Maus und schieben es in das Formular. Sie können jederzeit in den Datenmodus wechseln und so die Funktion des Formulars überprüfen. Dazu wählen Sie im Menü *Ansicht* die Option *Formularansicht*. Zurück in den Entwurfsmodus gelangen Sie mit der Option *Entwurfsansicht*, die Sie im gleichen Menü finden.

Berichte erstellen

Daten müssen nicht nur regelmäßig ausgewertet werden. In der Regel erwarten Kollegen, Chefs und Kunden auch eine übersichtliche und ästhetisch ansprechende Darstellung. Dieser Punkt gehört zu den größten Schwachstellen von MySQL. Die Möglichkeit, ansprechende Berichte zu erstellen, fehlt sogar vollständig. Auch die Zusatztools, die wir im vierten Teil vorstellen, ignorieren diesen Punkt. Access kann hier also eine echte Lücke füllen. In der Regel erzeugen Sie einen *Report* (*Bericht*) in einem zweistufigen Prozess:

✔ Zunächst ist eine Abfrage zu erstellen, die nur noch die Daten liefert, die im Bericht erscheinen sollen.

✔ Auf Basis dieser Abfrage wird dann der eigentliche Bericht entworfen.

Für den Entwurf eines neuen Berichts rufen Sie zunächst die Menüoption *Einfügen / Bericht* auf. Sie können dann wählen, ob Sie mit einem relativ einfach zu bedienenden Assistenten oder gleich mit dem Berichtsdesigner, hier *Entwurfsansicht* genannt, arbeiten wollen. Außerdem wählen Sie an dieser Stelle die Tabelle oder Abfrage, die Sie als Basis des Berichts verwenden wollen. Im Folgenden gehen wir davon aus, dass Sie den etwas umständlichen, aber dafür leistungsfähigen Entwurfsmodus verwenden. Gerade für MySQL-Benutzer lohnt es sich, etwas Zeit in dieses Access-Modul zu investieren.

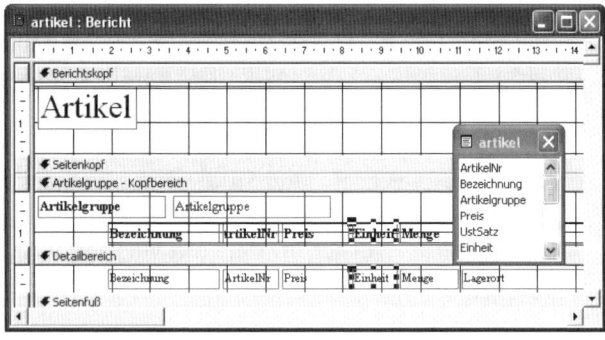

Abbildung 20.18: Bericht im Entwurfsmodus

Ein Bericht ist normalerweise in fünf Abschnitte unterteilt: Im *Berichtskopf* bringen Sie Daten unter, die nur einmal, ganz am Anfang des Berichts, erscheinen sollen. Hier definieren Sie beispielsweise eine Überschrift für den Bericht. Auch der Fußteil erscheint nur einmal. Er fasst häufig Daten zusammen, so dass Sie hier beispielsweise Summen bilden können. Die eigentlichen Daten werden im mittleren Teil (dem *Detailbereich*) ausgegeben. Zusätzlich können Sie *Seitenkopf* und *-fuß* definieren, deren Inhalt auf jeder Seite erneut erscheint.

Felder und Textelemente einfügen

Beschriftungen erzeugen Sie mit Hilfe des betreffenden Tools (*Bezeichnung*) aus der Toolbox (Menüoption *Ansicht / Toolbox*). Die von der Abfrage gelieferten Spalten schieben Sie aus einer Feldliste (Menüoption *Ansicht / Feldliste*), die in der Regel mit dem Entwurfsfenster angezeigt wird, per Drag&Drop in den Detailbereich des Berichts.

Zu jeder Zeit besteht die Möglichkeit, wie beim Abfrage- und Formularentwurf zwischen der Datenansicht und dem Entwurfsmodus zu wechseln, so dass Sie die Wirkung von Änderungen praktisch umgehend überprüfen können.

Wir wollen damit unseren kurzen Ausflug nach Access abschließen. Alles Weitere betrifft nur noch Access selbst und ist daher nicht mehr Thema dieses Buches. Dieser Exkurs sollte aber gezeigt haben, dass Access einen sehr nützlichen MySQL-bzw. MySQL-/ODBC-Client abgeben kann. Access wäre für diese Aufgabe schon fast perfekt, wenn es ebenso komfortabel die Struktur einer MySQL-Datenbank ändern könnte (ALTER TABLE, CREATE TABLE etc.). Leider funktioniert das nur mit Hilfe der sehr umständlichen SQL-Pass-Through-Abfragen. Wenn Sie allerdings bereit sind, sich mit der VBA-Programmierung zu beschäftigen, kommen Sie ebenfalls an die Struktur von MySQL-Datenbanken heran.

VBA-Zugriff

VBA (Visual Basic for Application) ist die Programmiersprache, die allen Microsoft-Office-Anwendungen zur Verfügung steht. Sie erstellen damit Anwendungen, die speziell auf Office-Objekte zugreifen, also beispielsweise auf Excel-Arbeitsmappen, Word-Dokumente oder Access-Tabellen. Natürlich lassen sich solche Office-Anwendungen auch mit einer Datenbankunterstützung ausrüsten. Üblicherweise verwenden Sie dafür Access-Datenbanken, notwendig ist das jedoch nicht. Über ODBC können Sie auch auf MySQL-Datenbanken zugreifen.

Es ist auch nicht erforderlich, die MySQL-Tabellen zuvor über Access zu verknüpfen. Vielmehr wird Access gar nicht benötigt, um beispielsweise in Excel per VBA ein Arbeitsblatt mit Daten aus einer MySQL-Datenbank zu füllen.

Im Folgenden gehen wir etwas sehr gerafft auf die VBA-Programmierung ein. Sie sollten schon über Programmierkenntnisse und besser noch über VBA-Kenntnisse verfügen, um den Beispielen folgen zu können. Insbesondere Hinweise zum Umgang mit der VBA-Entwicklungsumgebung (unter Excel: *Extras / Makros / Visual Basic-Editor*) dürfen Sie in diesem Buch nicht erwarten.

Verweis auf ADO-Bibliothek einrichten

Microsoft stellt für verschiedene Aufgaben eine Unzahl an speziellen Bibliotheken zur Verfügung. Für den Datenzugriff auf nahezu beliebige Datenquellen können Sie DAO (*Data Access Objects*) oder das aktuellere ADO (*ActiveX Database Objects*) einsetzen. Wir wollen das Letztere verwenden, das seit Office 2000 verfügbar ist. Unter Excel ist diese Bibliothek nicht aktiviert, so dass Sie in der Entwicklungsumgebung zunächst einen Verweis darauf einrichten müssen. Dazu öffnen Sie im VBA-Editor mit der Option *Extras / Verweise* den *Verweise*-Dialog (Abbildung 20.19).

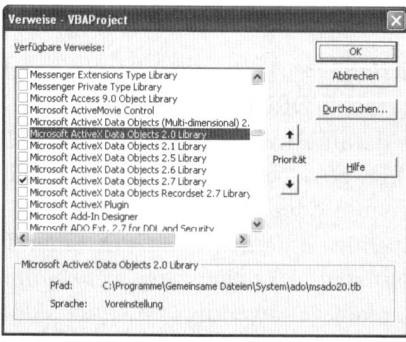

Abbildung 20.19: Verweis auf ADO-Bibliothek einrichten

Nach Aktivierung der Bibliothek (*Microsoft ActiveX Data Objects 2.x Library*) und Schließen des Dialogs mit *OK* stehen die Objekte der Bibliothek für die Programmierung zur Verfügung.

Excel-VBA-Zugriff auf MySQL-Daten

Für den Zugriff auf eine ODBC-Datenquelle ist zunächst eine Verbindung zu dieser Quelle herzustellen. Dazu benötigen Sie einen so genannten Connection-String, der für die Datenquelle *Kontakte* beispielsweise folgende Form haben könnte:

```
Provider=MSDASQL;DSN=Kontakte;SERVER=localhost;
UID=;PWD=;
```

Der String besteht aus vier Abschnitten. Im Provider-Abschnitt benennen Sie praktisch eine Art Treiber. Dieser wird üblicherweise vom Hersteller der betreffenden Datenbank zur Verfügung gestellt. Da es für MySQL keinen spezifischen »Treiber« gibt, sind Sie hier auf den ODBC-Treiber angewiesen, der zur ADO-Grundausstattung gehört und den Namen *MSDASQL* trägt. Für die MySQL-Datenbank muss dann natürlich, wie früher gezeigt, eine ODBC-Datenquelle eingerichtet sein.

Im zweiten Abschnitt (DSN=) geben Sie den Namen der Datenquelle an. Dies ist nicht der Name der Datenbank, sondern der ODBC-Name. Der Server ist eigentlich optional; wenn Sie auf die Angabe verzichten, wird automatisch localhost angenommen. Auch die beiden letzten Abschnitte sind nur anzugeben, wenn für den Zugriff ein Benutzername (UID) und ein Passwort (PWD) benötigt werden. Wenn Sie für MySQL ein *root*-Passwort vergeben haben, könnte beispielsweise ein String wie der folgende erforderlich sein:

```
Provider=MSDASQL;DSN=Kontakte;SERVER=localhost;
UID=root;PWD=geheim;
```

Der Connection-String ist nun in die Open-Methode einzusetzen, mit der Sie die Verbindung herstellen:

```
Dim Verbindung As ADODB.Connection
Sub MySQL_Verbindung()
   Set Verbindung = New ADODB.Connection
   Verbindung.Open "Provider=MSDASQL;DSN=Kontakte; " & _
               "SERVER=localhost;UID=;PWD=;"
   MsgBox Verbindung.ConnectionString
   Verbindung.Close
End Sub
```

Das vorstehende Beispiel stellt lediglich eine Verbindung her, gibt den vollständigen Connection-String aus und schließt die Verbindung dann wieder. Sie können die Prozedur direkt im VBA-Editor starten, indem Sie den Cursor hineinsetzen und dann die Taste F5 drücken. Auf die Einzelheiten der Objektverwendung unter VBA soll hier nicht eingegangen werden.

Tabellen auslesen

Der nächste Schritt besteht nun darin, eine Tabelle der Datenquelle zu öffnen und auszulesen. Dazu wird ein Recordset benötigt, das Sie wieder mit der Open-Methode erhalten. Das folgende Beispiel erzeugt für die Tabelle *Artikel* ein Recordset (eine Datensatzgruppe) mit dem Namen *Gruppe* und gibt die vorhandenen Datensätze aus:

```
Dim Verbindung As ADODB.Connection
Dim Gruppe As ADODB.Recordset
Sub MySQL_Verbindung()
   Set Verbindung = New ADODB.Connection
   Set Gruppe = New ADODB.Recordset
   Verbindung.Open "Provider=MSDASQL;DSN=Kontakte; " & _
               "SERVER=localhost;UID=;PWD=;"

   Gruppe.Open "SELECT * FROM Artikel;", _
            Verbindung, adOpenDynamic
   Gruppe.MoveFirst
   MsgBox Gruppe.GetString(, 3)
   Gruppe.Close
```

```
   Verbindung.Close
End Sub
```

Die Open-Methode des Recordsets erwartet als Argumente mindestens die Angabe eines SQL-Strings und des Connection-Objekts. Zusätzlich lässt sich noch bestimmen, in welchem Modus das Recordset geöffnet werden soll. Mit der Konstanten adOpenDynamic erhalten Sie eine Datensatzgruppe, in der Sie frei navigieren und beliebige Änderungen vornehmen können. GetString liefert gegebenenfalls das komplette Recordset. Im zweiten Argument der Methode können Sie jedoch die Zahl der maximal auszugebenden Datensätze begrenzen. Wir haben hier den Wert 3 eingesetzt, so dass die Message-Box (MsgBox) höchsten drei Datensätze anzeigt.

Datenbanken anzeigen

Mit Hilfe der für das Recordset-Objekt definierten Open-Methoden können Sie fast beliebige SQL-Strings an MySQL schicken und die Rückmeldungen, beispielsweise mit Get-String, auswerten:

```
Sub MySQL_Datenbanken()
    Set Verbindung = New ADODB.Connection
    Set Gruppe = New ADODB.Recordset
    Verbindung.Open "Provider=MSDASQL;DSN=Kontakte; " & _
                    "SERVER=localhost;UID=;PWD=;"
    Gruppe.Open "SHOW DATABASES;", _
                Verbindung, adOpenDynamic
    MsgBox Gruppe.GetString
    Gruppe.Close
    Verbindung.Close
End Sub
```

Das vorstehende Beispiel führt die SQL-Anweisung SHOW DATABASES aus und liefert damit alle Datenbanken, auf die MySQL zurzeit zugreifen kann. Abbildung 20.20 zeigt die von der vorstehenden Prozedur erzeugte Ausgabe.

Abbildung 20.20: Ausgabe der MySQL-Datenbanken

Grundsätzlich lassen sich alle SQL-Anweisungen, die eine Ausgabe produzieren, nach diesem Muster behandeln. Einige Abweichungen sind jedoch beim Einfügen, Ändern und Löschen von Datensätzen zu beachten. Wir kommen noch darauf zurück.

Eigenschaften und Methoden des Recordset-Objekts

Für ADO-Recordset-Objekte sind unter anderem die in Tabelle 20.1 gezeigten Eigenschaften und Methoden definiert.

Eigenschaft/Methode	Beschreibung
AddNew	Methode: Fügt einen neuen Datensatz ein
BOF	Eigenschaft: Prüft, ob der Datensatzzeiger vor dem ersten Datensatz steht
Close	Methode: Schließt ein Recordset-Objekt
Delete	Methode: Löscht einen Datensatz
GetRows	Methode: Liest einen Datensatz aus und speichert diesen in einem Array
EOF	Eigenschaft: Prüft, ob der Datensatzzeiger hinter dem letzten Datensatz steht
Fields	Eigenschaft: Liefert die Auflistung der Fields-Objekte oder ein Field-Objekt (eine Spalte). Auf die Auflistung bzw. das Objekt lassen sich wieder andere Eigenschaften und Methoden anwenden, beispielsweise *Count* für das Zählen der Spalten

Eigenschaft/Methode	Beschreibung
Filter	Bestimmt einen Filter für das Recordset-Objekt
MoveFirst	Methode: Positioniert den Datensatzzeiger auf dem ersten Datensatz.
MoveLast	Methode: Positioniert den Datensatzzeiger auf dem letzten Datensatz
MoveNext	Methode: Positioniert den Datensatzzeiger auf dem nächsten Datensatz
RecordCount	Ermittelt die Anzahl der Zeilen (Datensätze) eines Recordset-Objekts
Sort	Eigenschaft: Bestimmt die Sortierordnung eines Recordset-Objekts
Update	Methode: Speichert Änderungen an einem Datensatz

Tabelle 20.1: Eigenschaften und Methoden des Recordset-Objekts

Mit GetString erhalten Sie eine beliebige Anzahl von Datensätzen in Form einer einzigen Zeichenfolge. Für die geordnete Ausgabe, etwa in Excel-Zeilen, ist die Methode eigentlich nicht geeignet. Hier können Sie besser eine Schleife einsetzen. Die Ausgabe erfolgt dann mit der Fields-Eigenschaft.

Fields liefert die Auflistung der Spalten bzw. ein einzelnes Objekt dieser Auflistung, also eine bestimmte Spalte. Zu diesem Zweck ist als Argument der Fields-Eigenschaft der Name der Spalte oder deren Position (Index) in der Reihenfolge der Spalten anzugeben. Da die Indizierung mit dem Wert 0 beginnt, liefert die folgende Anweisung die dritte Spalte:

```
Gruppe.Fields(2)
```

Sie erhalten damit den Wert dieser Spalte für den jeweils aktuellen Datensatz. Diesen weisen Sie einer Excel-Zelle nach dem folgenden Schema zu:

```
Cells(Zeile, Spalte) = Gruppe.Fields(Spalte)
```

Zum jeweils nächsten Datensatz gelangen Sie mit der Methode MoveNext, die auf das Recordset (hier Gruppe) anzuwenden ist:

```
Gruppe.MoveNext
```

Wenn Sie das Ganze nun in eine Schleife setzen, erhalten Sie die folgende, direkt ausführbare VBA-Prozedur:

```
Dim Verbindung As ADODB.Connection
Dim Gruppe As ADODB.Recordset
Sub MySQL_Verbindung()
    Set Verbindung = New ADODB.Connection
    Set Gruppe = New ADODB.Recordset
    Verbindung.Open "Provider=MSDASQL;DSN=Kontakte; " & _
                    "SERVER=localhost;UID=;PWD=;"

    Gruppe.Open "SELECT * FROM Artikel;", _
                Verbindung, adOpenDynamic
    Spalten = Gruppe.Fields.Count
    Gruppe.MoveFirst
    Zeile = 1
    While Not Gruppe.EOF
        For Spalte = 0 To Spalten - 1
            Cells(Zeile, Spalte + 1) = Gruppe.Fields(Spalte)
        Next
        Gruppe.MoveNext
        Zeile = Zeile + 1
    Wend
    Gruppe.Close
    Verbindung.Close
End Sub
```

Die äußere While-Schleife durchläuft alle Datensätze des Recordsets, bis die Eigenschaft EOF anzeigt, dass der Datensatzzeiger nun hinter dem letzten Datensatz steht. In der inneren For-Schleife werden die einzelnen Spalten des gerade durch MoveNext bestimmten aktuellen Datensatzes ausgegeben. Zu diesem Zweck muss zuvor mit Fields.Count die Anzahl der Spalten ermittelt werden.

Sie können nach dem gezeigten Muster per VBA aus jeder Office-Anwendung heraus auf MySQL-Datenbanken zugreifen. Auch eine Ausgabe in Word-Dokumente bzw. Word-Tabellen ist möglich. Zudem können Sie Access-Anwendungen mit MySQL-/ODBC-Zugriff programmieren, ohne zuvor, wie früher gezeigt, Verknüpfungen in Access einrichten zu müssen.

Daten hinzufügen

Beim Hinzufügen von Datensätzen (und auch beim Ändern und Löschen) können Sie grundsätzlich zwischen zwei Wegen wählen:

✔ Ausführung von SQL-INSERT-Anweisungen

✔ Verwendung von ADO-Methoden

Am einfachsten lassen sich SQL-Anweisungen verwenden. Sie haben jedoch relativ wenig Kontrolle über das Ergebnis der Operation. Das folgende Beispiel zeigt, wie Sie eine SQL-Anweisung ausführen:

```
Sub MySQL_Datenbanken()
    Set Verbindung = New ADODB.Connection
    Set Gruppe = New ADODB.Recordset
    Verbindung.Open "Provider=MSDASQL;DSN=Kontakte; " & _
                    "SERVER=localhost;UID=;PWD=;"
    SQLString = "INSERT INTO Artikel(ArtikelNr, _
                 Bezeichnung) " & _
                "VALUES(22, 'Rote Rüben');"
    Verbindung.Execute (SQLString)
    Verbindung.Close
End Sub
```

Die Ausführung der SQL-Anweisung erfolgt mit Hilfe der Methode Execute, die für das Recordset definiert ist. Nach dem gleichen Muster schicken Sie UPDATE- und DELETE-Anweisungen an den MySQL-Server. Etwas aufwändiger ist die Verwendung von ADO-Methoden. Tabelle 20.2 zeigt zunächst eine Übersicht der wichtigsten Methoden und Eigenschaften.

Eigenschaft/Methode	Beschreibung
AddNew	Methode: Erzeugt einen neuen Datensatz
Delete	Methode: Löscht einen Datensatz
LockType	Eigenschaft: Bestimmt den Typ der Datensatzsperre
Update	Methode: Speichert Änderungen an einem Datensatz

Tabelle 20.2: Methoden für die Änderung von Daten

Eine Änderung der Daten setzt in der Regel voraus, dass der Datensatz zuvor mit LockType gesperrt wurde. Sie können hierfür vordefinierte Konstanten wie adLockOptimistic bzw. adLockPessimistic verwenden. Nur dann lässt sich AddNew einsetzen. Die Methode erwartet als Argumente eine Spalten- und eine Werteliste:

AddNew(Spalten, Werte)

Einzelne Wertezuweisungen an den neuen Datensatz übergeben Sie direkt in den Argumenten:

AddNew "Bezeichnung", "Dicke Bohnen"

Die vorstehende Zeile fügt einen neuen Datensatz ein und schreibt dabei den Wert »Dicke Bohnen« in die Spalte *Bezeichnung* des neuen Datensatzes. Sie können in den Argumenten aber auch Arrays verwenden und so gleich mehrere oder alle Spalten des neuen Datensatzes mit Werten versehen. Anstelle der Spaltennamen akzeptiert die Methode auch die Spaltenpositionen. Dabei erreichen Sie die erste Spalte mit dem Index 0.

Wichtig ist auch die Reihenfolge, in der Sie bestimmte Operationen vornehmen. Das folgende, unvollständige Beispiel setzt voraus, dass Sie ein Recordset-Objekt mit dem Namen Gruppe deklariert, aber noch nicht mit Open geöffnet haben:

```
Gruppe.LockType = adLockOptimistic
Gruppe.Open "Artikel", Verbindung, adOpenDynamic
Gruppe.AddNew "Bezeichnung", "Dicke Bohnen"
Gruppe.Update
```

Im ersten Schritt, noch vor dem Öffnen des Recordsets, bestimmen Sie den Sperrmodus. Üblicherweise können Sie hier adLockOptimistic verwenden. Erst dann öffnen Sie mit Open das Recordset. Beachten Sie dabei die Angabe der Tabelle. Wir übergeben hier keinen SQL-String, sondern lediglich den Tabellennamen. Dieser darf daher kein abschließendes Semikolon enthalten. In der dritten Zeile wird dann AddNew aufgerufen. Die dabei zugewiesenen Daten werden jedoch nur dann in den neuen Datensatz geschrieben, wenn Sie schließlich noch die Methode Update aufrufen.

Für das folgende, ausführbare Beispiel haben wir Arrays als Spalten- und Wertelisten verwendet. Zudem sind die Recordset-Operationen in eine VBA-typische With/End With-Struktur eingebettet:

```
Dim Verbindung As ADODB.Connection
Dim Gruppe As ADODB.Recordset
Sub MySQL_NeuerSatz2()
  Dim Spalten(2) As Variant
  Dim Werte(2) As Variant
  Set Verbindung = New ADODB.Connection
  Set Gruppe = New ADODB.Recordset
  Verbindung.Open "Provider=MSDASQL;DSN=Kontakte; " & _
                  "SERVER=localhost;UID=;PWD=;"
  Spalten(0) = "Bezeichnung"
  Spalten(1) = "Artikelgruppe"
  Spalten(2) = "Preis"
  Werte(0) = "Orangen"
```

```
Werte(1) = "Obst"
Werte(2) = 1.99

With Gruppe
    .LockType = adLockOptimistic
    .Open "Artikel", Verbindung, adOpenDynamic
    .AddNew Spalten, Werte
    .Update
End With
Gruppe.Close
Verbindung.Close
End Sub
```

Es ist grundsätzlich auch möglich, die Methode AddNew ohne Argumente zu verwenden und die Werte dann über die Eigenschaft Fields direkt den einzelnen Spalten zuzuweisen. Das folgende, unvollständige Beispiel zeigt, wie für diesen Fall die With-Struktur der oben vorgestellten Prozedur zu modifizieren ist:

```
With Gruppe
    .LockType = adLockOptimistic
    .Open "Artikel", Verbindung, adOpenDynamic
    .AddNew
    .Fields("Lagerort") = "Leipzig"
    .Fields("Lieferfrist") = 14
    .Update
End With
```

Die Methode Update, mit der Sie die Eingabe eines neuen Datensatzes abschließen, wird auch für die Änderung bestehender Datensätze verwendet.

Daten ändern

Update kann wie AddNew zwei Argumente aufnehmen. Im ersten übergeben Sie einen Spaltennamen bzw. ein Array mit Spaltennamen, im zweiten einen Wert oder ein Array mit Werten. Leider produzierten unsere Versuche, per Update Datensätze zu ändern, nur Fehlermeldungen. Damit bleibt eigentlich nur die Ausführung von SQL-UPDATE-Anweisungen mit Hilfe der Methode Execute. Von der etwas geringeren Flexibilität abgesehen, ist diese Methode durchaus zu empfehlen.

Der Verzicht auf die Update-Methode bedeutet jedoch nicht, dass Sie auch auf die Unterstützung anderer ADO-Methoden verzichten müssen. Für die Navigation zwischen Datensätzen setzen Sie üblicherweise die Move-Methoden (MoveFirst, MoveNext etc.) ein. Für das Auffinden von Datensätzen ist die Methode Find zuständig, die mit Hilfe von Kriterien einen beliebigen Datensatz finden kann. So sucht die folgende Zeile im Recordset *Gruppe* nach dem Datensatz mit der Artikelnummer 8:

```
Gruppe.Find ("ArtikelNr = 8")
```

Wird der Datensatz gefunden, positioniert die Methode den Datensatzzeiger auf diesem Datensatz. Findet Find den Datensatz nicht, positioniert die Methode den Datensatzzeiger hinter dem letzten Datensatz, also auf der so genannten *EOF*-Position (*EOF = End of File*). Sie können dieses Verhalten nutzen, um sicherzustellen, dass ein zu ändernder Datensatz auch existiert. So verwendet das folgende Beispiel eine If-Struktur, um zu prüfen, ob der betreffende Datensatz gefunden wurde:

```
Sub MySQL_SatzAendern2()
  Dim Spalten(2) As Variant
  Dim Werte(2) As Variant

  Set Verbindung = New ADODB.Connection
  Set Gruppe = New ADODB.Recordset
  Verbindung.Open "Provider=MSDASQL;DSN=Kontakte; " & _
                  "SERVER=localhost;UID=;PWD=;"

  Verbindung.Execute ("UPDATE Artikel " & _
                      "SET Bezeichnung = 'Birnen' " & _
                      "WHERE ArtikelNr = 8;")
```

```
Gruppe.Open "Artikel", Verbindung, adOpenDynamic
Gruppe.Find ("ArtikelNr = 8")
With Gruppe
    If Not .EOF Then
        MsgBox .Fields("Bezeichnung")
    Else
        MsgBox "Änderung nicht ausgeführt!"
    End If
End With

Gruppe.Close
Verbindung.Close
End Sub
```

Damit hätten wir den Schnellkurs in der VBA-/ODBC/-My-
SQL-Programmierung abgeschlossen. Im nächsten Kapitel
soll es um die Entwicklung von datenbankgestützten Webanwendungen gehen.

21 PHP-Programmierung

Anders als bei Access wird kaum jemand auf die Idee kommen, MySQL als Desktop-Datenbank einzusetzen. Gegen die komfortable Arbeitsumgebung von Access hätte MySQL mit seinen rudimentären Hilfsprogrammen auch kaum eine Chance. Dazu fehlen praktisch alle visuellen Hilfen (Assistenten), die üblicherweise für eine komfortable Bedienung benötigt werden. MySQL bildet eher die typische Basis für internetgestützte Datenbankanwendungen. In diesem und im folgenden Kapitel wollen wir daher auf die Programmierung und insbesondere die Webprogrammierung von MySQL-Anwendungen eingehen. Dabei kommen exemplarisch die Programmiersprachen PHP und Java (Kapitel 22) zum Einsatz.

APIs – Programmierschnittstellen

Grundsätzlich eignet sich MySQL für nahezu jede Datenbankanwendung. Dabei kann es sich um firmeninterne Anwendungen handeln, etwa Fakturierungs- und Buchhaltungssysteme, oder um Webanwendungen wie beispielsweise Internet-Shops oder Auktionsplattformen. Die Programmierung der Clients (der Bedienungsoberfläche) und der Geschäftslogik erfolgt entweder mit traditionellen Sprachen wie C++ und Java oder mit so genannten Skriptsprachen wie beispielsweise PHP und Perl. Damit per Programmcode überhaupt auf den MySQL-Server zugegriffen werden kann, muss für jede Sprache eine spezielle Funktionssammlung existieren, die üblicherweise API (*Application Programming Interface*) genannt wird. MySQL verfügt über APIs für folgende Sprachen:

✔ C/C++

✔ Java

✔ Perl

✔ PHP

✔ Python

Eine besondere Stellung nimmt die C/C++-API ein, die häufig die Basis für andere APIs bildet. Auch die schon vorgestellte ODBC-Unterstützung wird gelegentlich als API bezeichnet. Über diese Schnittstelle können gegebenenfalls auch andere Programmiersprachen, etwa VBA, die Makrosprache des Microsoft-Office-Pakets, auf MySQL-Datenbanken zugreifen.

Für Webanwendungen werden Skriptsprachen wie Perl oder PHP eingesetzt. Auch die JSP-Programmierung (*JSP* = *Java Server Pages*) konnte in letzter Zeit an Boden gewinnen. Die Auswahl an möglichen Programmiersprachen ist also recht groß, zumal auch noch eher exotische Varianten wie beispielsweise Cold Fusion hinzukommen.

Dynamische Seiten

Der folgende Text geht auf die Zusammenarbeit von PHP (PHP Hypertext Processor) und MySQL ein. Mit PHP und anderen Skriptsprachen erstellen Sie so genannte dynamische Webseiten. Solche Seiten enthalten neben den üblichen HTML-Elementen auch PHP-Abschnitte, die beim Aufruf von der PHP-Laufzeitumgebung ausgeführt werden. Dabei kann es sich beispielsweise um eine Datenbankabfrage handeln. Die Ergebnisse dieser Abfrage werden von PHP an den Webserver übergeben, der diese in die Webseite einfügt (daher dynamische Seiten) und an den Browser schickt. Zwar fordert der Browser vom Server eine HTML/PHP-Seite an (beispielsweise *index.php*); er bekommt aber nur den HTML-Code der Seite mit den eingebetteten Daten zurück, nicht den PHP-Code, der die Daten erzeugt hat. Die ganze Verarbeitung erfolgt also auf dem Server. PHP wird daher auch eine serverseitige Skriptsprache genannt.

Die Skriptsprache PHP

PHP ist so etwas wie die »Haussprache« für MySQL-Anwendungen, zumindest, wenn es um Webanwendungen geht. Allerdings können Sie auf Basis von PHP auch lokale Anwendungen erstellen. Da PHP jedoch eine serverseitige Skriptsprache ist, benötigen Sie auf jeden Fall auch einen Webserver (beispielsweise den Apache). Für die Ausführung einer PHP/MySQL-Anwendung ist daher folgende Software erforderlich:

✔ MySQL

✔ Webserver

✔ PHP

PHP funktioniert praktisch als Erweiterung des Webservers. Es muss also ein Webserver gestartet sein, wenn Sie PHP-Skripte ausführen wollen. Unter Windows 2000/XP können Sie den IIS nutzen. In diesem Kapitel gehen wir jedoch von der »klassischen« Kombination Apache/PHP/MySQL aus.

Viele Anwender haben Probleme, die genannten drei Programme korrekt zu installieren und zu konfigurieren. Deshalb existiert seit einigen Jahren eine Initiative, die ein komplettes Installationspaket daraus gebildet hat und dieses über das Internet als Open-Source-Paket zur Verfügung stellt. Dieses Setup-Paket (XAMPP) hat den Vorteil, dass es auch gleich die Anpassungen vornimmt, die für den gemeinsamen Betrieb der Programme erforderlich sind. Das Paket können Sie über die Adresse *www.apachefriends.org* herunterladen.

Apache und PHP installieren

Wenn Sie den Apache und PHP separat installieren und einrichten wollen, sollten Download und Installation in der folgenden Reihenfolge vorgenommen werden:

✔ Apache 2.x

✔ PHP 5.x

Apache

Den Apache laden Sie über die Seite *www.apache.org*. Die Binärdistribution liegt als so genannte Windows-Installer-Datei (*msi*) vor. Nach dem Download starten Sie die Installation durch einen Doppelklick auf den Dateinamen. Das vorgewählte Installationsverzeichnis können Sie in der Regel akzeptieren. Wichtig sind lediglich die Einstellungen für den Server. Wir gehen davon aus, dass Sie den Apache auf Ihrem lokalen Rechner installieren. In diesem Fall geben Sie den Rechnernamen localhost ein.

Weitere Einstellungen sollten zunächst nicht erforderlich sein. Der Apache-Server wird dann ohne weitere Rückfragen installiert und vorkonfiguriert. Im Startmenü richtet Windows ein Apache-Untermenü ein. Desktop-Icons werden hingegen nicht erzeugt.

Dienst oder Konsole-Anwendung

Unter 2000/XP werden Sie in der Regel die Installation als Dienst wählen. Sie können hier auch einen automatischen Start einstellen (Option *Eigenschaften* im Kontextmenü des *Dienste*-Dialogs, siehe Abb. 21.1), so dass der Apache-Server bei jedem Windows-Start ebenfalls aufgerufen wird.

Es ist jedoch nicht erforderlich, den Apache-Server immer über den *Dienste*-Dialog zu starten bzw. herunterzufahren.

Apache starten, testen und beenden

Um zu testen, ob der Apache korrekt funktioniert, müssen Sie ihn zunächst starten. Dazu rufen Sie im *Programme*-Menü des Windows-Startmenüs die folgende Option auf:

Apache http Server / Control Apache Server / Start

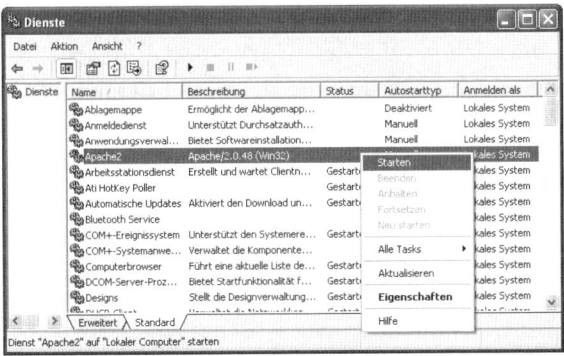

Abbildung 21.1: Der Apache-Server als Dienst (Windows XP)

Mit den Unteroptionen *Stop* und *Restart* können Sie den Server herunterfahren bzw. neu starten. Ein Neustart kann gelegentlich erforderlich werden, wenn Sie zwischendurch die Konfiguration ändern. Ist der Server gestartet, testen Sie dies durch Aufruf der folgenden Adresse in Ihrem Browser:

http://localhost/

Alternativ haben Sie auch die Möglichkeit, die Adresse *http://127.0.0.1* zu verwenden. In beiden Fällen sollte der Browser eine Seite wie die in Abbildung 21.2 anzeigen:

Abbildung 21.2: Apache-Startseite aufrufen

Die hier angezeigte HTML-Datei findet sich im Dokumenten-verzeichnis, das der Apache-Server in seinem Unterordner angelegt hat. In der Voreinstellung handelt es sich um den Ordner *apache/htdocs*. HTML-Dateien, die Sie in diesem Verzeichnis ablegen, können Sie im Browser dann wie folgt aufrufen:

http://localhost/beispieldatei.htm

Der Browser fordert die Datei über den Apache-Server an und gibt deren Inhalt wie in Abbildung 21.2 gezeigt aus. Das Verzeichnis, in dem der Apache-Server nach HTML-Dokumenten sucht, lässt sich natürlich einstellen. Dazu ist in der Konfigurationsdatei *http.conf* die Variable *DocumentRoot* zu ändern. Die Datei können Sie nach der Installation des Apache-Servers im Apache-Menü über die Option *Configure Apache Server* aufrufen. Sie wird dann gleich im Windows-Editor geöffnet.

PHP

Die Windows-PHP-Binärdateien, die Sie über die Webadresse *www.php.net* erhalten, liegen in zwei Versionen vor:

✔ als großes Zip-Paket mit vielen Erweiterungen

✔ als kleines, direkt ausführbares Installations-Paket (Windows-Installer)

Als Installations-Ordner sollten Sie möglichst den Ordner *c:/php* wählen, weil die Konfigurationsdateien in der Voreinstellung dafür eingerichtet sind. Sie vermindern damit den Konfigurationsaufwand.

Das große Paket müssen Sie zunächst in ein Verzeichnis Ihrer Wahl entpacken. Eine Installation ist darüber hinaus eigentlich nicht erforderlich. Sie müssen jedoch PHP und den Apache-Server konfigurieren.

Das kleine Paket starten Sie einfach per Doppelklick und folgen dann der Installationsanweisung. Normalerweise sollte PHP nach Ausführung der Installation korrekt eingerichtet sein, so dass Sie gleich mit der Arbeit beginnen können. Diese einfache Installation ist für die ersten Schritte auf jeden Fall vorzuziehen.

PHP als CGI-Programm einrichten

Wenn Sie hingegen das große Zip-Paket installieren, kann die Konfiguration etwas umständlicher werden. Wir wollen hier nur einige Tipps für die relativ langsame, dafür aber recht zuverlässige CGI-Installation liefern. Für eine genaue Anleitung müssen wir Sie jedoch auf die Dokumentation des PHP-Pakets verweisen. Zu beachten sind bei der CGI-Installation unter anderem folgende Punkte:

✔ Die Konfigurationsdatei *php.ini-dist* (oder auch *php.ini-recommended*) kopieren Sie in den Windows-Ordner und benennen Sie hier in *php.ini* um. Wenn Sie PHP im Ordner *c:/php* installiert haben, sollten nur wenige Änderungen an der Datei erforderlich sein.

✔ Über die Option *Start / Apache http Server / Configure Apache Server / Edit the Apache http.cong Configuration File* im Windows-Startmenü öffnen Sie die Apache-Konfigurationsdatei. Hier sind folgende Einträge vorzunehmen:

```
ScriptAlias /php/ "c:/php/"
AddType application/x-httpd-php .php
Action application/x-httpd-php "/php/php-cgi.exe"
```

✔ Diese Zeilen finden Sie nach dem Entpacken des PHP-Installationspakets beispielsweise in der Datei *install.txt* des PHP-Ordners. Sie sollten die relevanten Abschnitte dieser Datei unbedingt lesen. In der Regel müssen Sie die Einträge nicht selber vornehmen, sondern lediglich in die Apache-Konfigurationsdatei kopieren.

✔ Da die MySQL-Unterstützung ab Version 5.0 nicht mehr automatisch in PHP enthalten ist, sondern nur noch als ladbare Erweiterung (eine so genannte *Extension*) vorliegt,

müssen Sie in der Datei *php.ini* noch die folgende Zeile aktivieren:

```
extension=php_mysql.dll
```

✔ Dazu entfernen Sie das Kommentarzeichen (;) vor dem bereits vorhandenen Eintrag. Eventuell ist auch noch der
Pfad auf die Extensionen in der Datei *php.ini* zu setzen.
Wenn sich die Erweiterung *php_mysql.dll* im Unterverzeichnis */ext* befindet, hat der Eintrag beispielsweise folgende Form:

```
extension_dir = "ext/"
```

Eigentlich sollten damit alle notwendigen Konfigurationsschritte abgeschlossen sein. Sie können nun prüfen, ob Apache, PHP und MySQL wie vorgesehen funktionieren.

Wo eigene PHP-Skripte ablegen?

Ihre PHP-Skripte legen Sie in einem Ordener ab, auf den der
Apache-Server und PHP auch zugreifen können. Wenn Sie
keine weiteren Einstellungen vornehmen, wird das üblicherweise auch der Ordner sein, in welchem der Apache-Server
seine HTML-Dokumente erwartet (*/Apache2/htdocs*). Sie können diese Einstellung ändern und für PHP-Dateien auch ein
separates Verzeichnis vorsehen. Wir würden Ihnen aber empfehlen, für erste Tests die urspüngliche Einstellung beizube-
halten.

Nach Änderungen an der Konfiguration sollten Sie den Apache-Server neu starten. Im Apache-Menü genügt dafür der
Aufruf *Control Apache Server / Restart*. Der PHP-Interpreter
muss überhaupt nicht gestartet werden, weil diese Aufgabe bei
Bedarf vom Apache-Server erledigt wird. Anschließend sollten
sich die von Ihnen erzeugten und im betreffenden Verzeichnis
gespeicherten PHP-Skripte im Browser wie folgt aufrufen lassen:

http://localhost/beispieldatei.php

Die Installations- und Konfigurationsschritte können von Version zu Version immer etwas variieren. Insbesondere bei Versionssprüngen müssen Sie mit Änderungen rechnen. Den Blick in die Installationsanweisungen bzw. *Readme*-Dateien werden Sie sich also nicht ersparen können.

PHP-Anbindung testen

Der Apache-Server startet PHP, wenn Sie im Browser eine Seite (eine Datei) mit der Endung *php* aufrufen. Sie müssen daher zunächst eine solche Datei erstellen. Die Datei könnte beispielsweise den Namen *test.php* tragen und folgende Zeilen enthalten:

```
<html>
<head></head>
<body>
    <?php phpinfo() ?>
</body>
</html>
```

Eigentlich kommt es uns nur auf die Zeile in der Mitte an. Diese sollte aber in ein normales HTML-Dokument eingebettet sein, weswegen wir auch minimalen HTML-Code hinzugefügt haben. In dieser Zeile rufen wir eine PHP-Funktion auf (phpinfo), die Informationen über PHP und die aktuelle Laufzeitumgebung ausgibt. Sie starten die Datei im Browser mit der folgenden Adresse:

http://localhost/test.php

Wenn die Zusammenarbeit zwischen dem Apache-Server und PHP funktioniert, erhalten Sie die Seite aus Abbildung 21.3 angezeigt.

Die Ausgabe der Funktion phpinfo ist ziemlich lang. Sie sollten daher einmal ganz nach unten scrollen und sich die verschiedenen Informationen anschauen. Im mittleren Teil finden Sie auch einen Abschnitt zu MySQL.

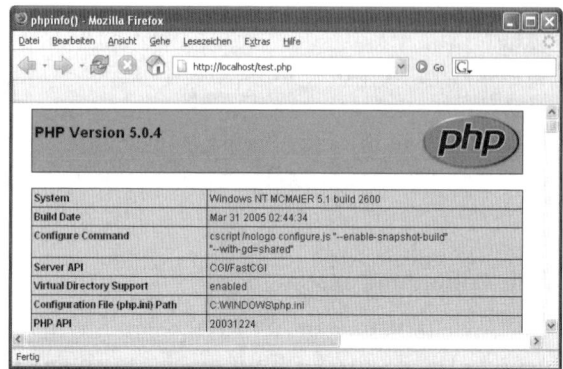

Abbildung 21.3: Ausgabe des PHP-Infos im Browser

Falls alles funktioniert hat und die MySQL-API in PHP erfolgreich integriert ist, können Sie auch gleich mit der Programmierung eines Skripts für den Datenbankzugriff beginnen.

PHP-Grundlagen

In diesem Buch dürfen Sie keine Einführung in die PHP-Programmierung erwarten. Wir gehen daher nur kurz auf die Grundzüge einer PHP-Anwendung ein, damit Sie die Beispiele auch nachvollziehen können, wenn Sie mit PHP noch nicht vertraut sind. Ein PHP-Programm wird in den HTML-Code eingebettet. Das folgende Beispiel zeigt das HTML-Grundgerüst einer Webseite und darin einige Zeilen PHP-Code:

```
<html>
  <head>
    <title>Das erste PHP-Skript</title>
  </head>
<body>
  <? echo "<h3>Heute ist der </h3>" ?>
  <? echo "<h3>", date("d.m.y"), "</h3>" ?>
</body>
</html>
```

Der PHP-Programmcode ist in die Tags <? und ?> einzuschließen. Alternativ können Sie die PHP-Tags auch wie folgt schreiben:

```
<?PHP echo "<h3>", date("d.m.y"), "</h3>" ?>
```

Wenn Sie mehrere PHP-Anweisungen hintereinander schreiben, ohne diese durch HTML-Code zu unterbrechen, müssen Sie die Tag-Zeichen nur einmal angeben. Unsere zwei PHP-Zeilen lassen sich dann wie folgt in einem Tag unterbringen:

```
<?
    echo "<h3>Heute ist der </h3>";
    echo "<h3>", date("d.m.y"), "</h3>";
?>
```

In diesem Fall ist jede einzelne PHP-Anweisung durch ein Semikolon abzuschließen. Die im Laufe dieses Kapitels noch vorzustellenden Beispiele sind alle nach diesem Muster aufgebaut. Wir verzichten zudem auf die Wiedergabe des üblichen HTML-Gerüsts. Wenn Sie die Beispiele nachvollziehen wollen, sollten Sie natürlich eine HTML-Datei mit diesem Gerüst anlegen und den hier vorzustellenden Code jeweils innerhalb der Body-Tags unterbringen.

Noch ein Hinweis zur echo-Anweisung: Dabei handelt es sich um den wohl am häufigsten verwendeten PHP-Befehl. echo gibt einfach nur Werte aus. Dabei kann es sich um Funktionswerte handeln (beispielsweise das aktuelle Datum mit date()) oder um normale Strings ("<h3>Heute ist der </h3>"). Auch die HTML-Tags innerhalb des Strings werden von echo als Zeichenfolgen ausgegeben.

Skript speichern und aufrufen

HTML-Seiten, die PHP-Code enthalten, speichern Sie nicht mit der Endung *html* (bzw. *htm*), sondern mit der Endung *php*. Sobald der Browser den Webserver auffordert, ihm eine solche Seite zu liefern (z.B. *index.php*), übergibt der Server den Dateinamen zunächst an den PHP-Interpreter. PHP führt dann die

PHP-Anweisungen aus und gibt die so modifizierte Seite an den Webserver weiter. Dort kommt nun (neben dem HTML-Gerüst) der folgende HTML-Code an:

```
<h3>Heute ist der</h3>
<h3>21.11.05</h3>
```

Diese Ausgabe liefert der Apache-Server an den Browser, der nun noch die HTML-Tags (hier <h3>) interpretiert und die Seite wie folgt anzeigt:

```
Heute ist der
21.11.05
```

Wir haben damit eine dynamische Seite erzeugt. Abhängig vom Tag, an dem Sie die Seite aufrufen, zeigt diese ein anderes Datum an. Statt des Datums lassen sich mit echo-Anweisungen aber auch Datenbankinhalte ausgeben. Auf diese Option werden wir noch etwas ausführlicher eingehen.

Datenbankzugriff

Für den PHP-Zugriff auf MySQL-Datenbanken lassen sich grundsätzlich zwei Techniken nutzen:

✔ ODBC

✔ MySQL-API

Da PHP eine eigene MySQL-Bibliothek (eine so genannte API) zur Verfügung stellt, verbietet sich der Einsatz von ODBC eigentlich von selbst. In diesem Kapitel soll daher auch nur der Einsatz der MySQL-Funktionen gezeigt werden.

Verbindung herstellen

Der Zugriff erfordert, dass der MySQL-Server gestartet ist. Mit Hilfe der Funktion mysql_connect stellen Sie dann die Verbindung her. Natürlich kommen Sie mit dieser Funktion allein noch nicht sehr weit. Tabelle 21.1 zeigt daher eine Übersicht der für den Anfang benötigten Funktionen.

Funktion	Beschreibung
mysql_connect	Stellt die Verbindung zum MySQL-Server her und gibt eine so genannte Verbindungs-ID zurück
mysql_query	Sendet eine SQL-Anfrage an den MySQL-Server
mysql_result	Liefert einen Wert, beispielsweise den Inhalt einer Spalte, aus der Ergebnismenge einer Abfrage
mysql_close	Schließt eine mit mysql_connect hergestellte Verbindung

Tabelle 21.1: Funktionen für den ersten MySQL-Zugriff

Die Funktion mysql_connect erwartet die Angabe der Verbindungsdaten (eine URL) und eventuell den Benutzernamen und das Passwort. Die Syntax hat folgende Form:

```
mysql_connect(URL, Benutzername, Passwort)
```

Die Verbindungsdaten im ersten Argument bestehen eigentlich nur aus einer URL, also einer Webadresse. Auf dem lokalen Rechner geben Sie hier lediglich localhost an. Wenn Benutzername und Passwort nicht erforderlich sind, lässt sich eine Verbindung schon wie folgt herstellen:

```
<?
    $db = mysql_connect ("localhost") ;
?>
```

Mit Benutzername und Passwort könnte die erste Anweisung folgende Form haben:

```
<?
    $db = mysql_connect ("localhost", "root", "geheim");
?>
```

An die URL können Sie noch die Portadresse anhängen. Das sollte jedoch nur erforderlich sein, wenn Sie in der MySQL-Konfiguration den voreingestellten Port (3306) verändert haben:

```
<?
    $db = mysql_connect ("localhost:3306") ;
?>
```

Um die Verbindungs-ID zu speichern, verwenden wir eine Variable ($db). Wir haben so die Möglichkeit, im laufenden Skript über diese Verbindung auf MySQL zuzugreifen. Es macht allerdings noch keinen Sinn, das Skript auszuprobieren, weil es im Browser noch keine Ausgabe erzeugt. Vermutlich erhalten Sie lediglich ein blankes Browserfenster oder eine Fehlermeldung angezeigt. Letzteres könnte passieren, wenn die Verbindung nicht hergestellt werden kann, weil beispielsweise die Verbindungsdaten nicht stimmen oder der MySQL-Server nicht gestartet ist.

Fehleranzeige aktivieren

Möglicherweise erhalten Sie im Falle eines Misserfolgs nicht einmal eine Fehlermeldung angezeigt, weil die betreffende Option (`display_errors = off`) in der Datei *php.ini* deaktiviert ist. Zumindest für fertige Webanwendungen sollte diese Einstellung auch beibehalten werden, damit der Anwender keine PHP-Fehlermeldungen zu sehen bekommt. Für die Entwicklung und das Testen einer Anwendung wäre es jedoch sinnvoll, die Funktion zu aktivieren (`display_errors = on`). PHP liefert dann auch Hinweise auf die den Fehler auslösende Programmzeile. Alternativ können Sie jedoch eine Konstruktion wie die folgende verwenden, um den Erfolg der Operation zu überprüfen:

```
<?
    $db = mysql_connect ("localhost") ;
    if ($db) {
        echo "Verbindung hergestellt!";
```

```
    } else {
        echo "Fehler: Keine Verbindung!";
    }
?>
```

Konnte die Verbindung hergestellt werden, enthält die Variable $db anschließend einen Wert ungleich Null. Das entspricht dem Wahrheitswert True, so dass sich damit die gezeigte if-Verzweigung aufbauen lässt.

SQL-Abfrage ausführen

Im nächsten Schritt übergeben Sie am besten gleich eine Abfrage an den MySQL-Server. Dafür ist unter anderem die Funktion mysql_query zuständig, die als Argumente die Verbindungs-ID und den Abfrage-String erwartet. Zusammengefasst ergeben sich daraus folgende Anweisungen:

```
<?
    $db = mysql_connect ("localhost", "root", "geheim");
    $Werte = mysql_query("SHOW DATABASES;", $db);
?>
```

Als SQL-Anweisung haben wir hier den SHOW-Befehl verwendet, der in diesem Fall alle Datenbanken anzeigt, auf die MySQL momentan zugreifen kann. Beachten Sie auch die Übergabe der Verbindungs-ID im zweiten Argument. Hier setzen wir die Variable $db ein. Auch mysql_query liefert einen Rückgabewert, den wir in der Variablen $Werte speichern. Dabei handelt es sich um einen so genannten Zeiger auf die Datenstrukturen, in denen mysql_query die Ergebnisse (hier die Liste der Datenbanken) ablegt.

Daten im Browser ausgeben

Wir müssen nun über diesen Zeiger auf die Liste der Werte zugreifen. Dafür lässt sich die Funktion mysql_result einsetzen, die diesen Zeiger und eine fortlaufende Nummer (die Positionsangabe in der Werteliste) als Argumente erwartet. Die

Funktion gibt den Wert zurück, der sich an dieser Position der
Liste befindet. Da für die Ausgabe im HTML-Dokument und
damit für die Anzeige im Browser aber der Befehl echo zuständig ist, erhalten wir folgende Konstruktion:

```
echo mysql_result($Werte,1);
```

Diese Anweisung liefert den zweiten Wert der Liste, weil die
Zählung mit dem Wert 0 beginnt. Alle bisher vorgestellten Anweisungen ergeben zusammengefasst das folgende, ausführbare Skript:

```
<?
    $db = mysql_connect ("localhost", "root", "geheim");
    $Werte = mysql_query("SHOW DATABASES;", $db);
    echo mysql_result($Werte,1);
    mysql_close($db);
?>
```

Das Skript enthält zum Schluss noch die Funktion
mysql_close, mit der Sie eine Verbindung wieder schließen.
Als Argument ist der Funktion die Verbindungs-ID zu übergeben.

Das erste, noch sehr einfache PHP-Skript wäre damit abgeschlossen. Auf eine Abbildung der Browserausgabe soll hier
verzichtet werden, weil der Browser im Erfolgsfall lediglich einen Datenbanknamen ausgibt. Der folgende Text bringt jedoch komplexere Abfragen, für die als Grundlage die Kundentabelle verwendet wird, die Sie als SQL-Skript (inklusive
Daten) auf der beiliegenden CD finden. Für das Nachvollziehen der Beispiele kann es sinnvoll sein, den gleichen Datenbestand zu verwenden.

Datenbankabfragen in PHP

Für normale SELECT-Abfragen, die Navigation in der Ergebnistabelle und die Ausgabe der Daten benötigen Sie unter anderem die in Tabelle 21.2 aufgelisteten Funktionen.

Funktion	Beschreibung
mysql_affected_rows	Ermittelt die Zahl der von einer Abfrage betroffenen Zeilen
mysql_data_seek	Sucht nach einem bestimmten Eintrag und positioniert den Datensatzzeiger
mysql_fetch_array	Erzeugt ein assoziatives Array und schreibt die Daten einer Zeile (eines Datensatzes) hinein
mysql_fetch_object	Liefert einen Datensatz als Objekt und ermöglicht den Zugriff auf die Spalten über die Spaltennamen
mysql_fetch_row	Liefert einen Datensatz als Array
mysql_field_seek	Positioniert einen Zeiger auf einer Spalte, um deren Inhalt ausgeben zu können
mysql_num_fields	Ermittelt die Zahl der Spalten in der Ergebnistabelle.
mysql_num_rows	Ermittelt die Zahl der Datensätze in der Ergebnistabelle.
mysql_query	Führt eine SQL-Abfrage aus.
mysql_select_db	Aktiviert eine bestimmte Datenbank.

Tabelle 21.2: Funktionen für die Bearbeitung von SELECT-Abfragen

Das folgende Beispiel zeigt zunächst, wie Sie eine SELECT-Abfrage mit mysql_query ausführen:

```
<?
$db = mysql_connect ("localhost", "root", "geheim") ;
mysql_query("USE Kontakte;", $db);
$Werte = mysql_query("SELECT * FROM Kunden;", $db);
echo "Anzahl Datensätze: ", mysql_num_rows($Werte);
mysql_close($db);
?>
```

Das Skript enthält zwei mysql_query-Anweisungen. In der ersten wird die aktive Datenbank gewählt. Die zweite führt eine

SELECT-Abfrage aus. Die Auswahl der aktiven Datenbank kann alternativ auch mit Hilfe der Funktion mysql_select_db erfolgen. Diese erwartet lediglich den Namen der Datenbank und die Verbindungs-ID als Argumente:

```
mysql_select_db("Kontakte", $db);
```

Beachten Sie, dass wir die Ergebnistabelle hier noch gar nicht auswerten. Die vorletzte Anweisung mit mysql_num_rows ermittelt lediglich die Zahl der Datensätze in der Ergebnistabelle. Dazu wird als Argument nur die Ergebnis-ID (hier $Werte) benötigt.

Datensätze ausgeben

Natürlich wollen Sie nicht nur wissen, wie viele Datensätze eine Abfrage geliefert hat. Wichtiger ist vermutlich deren Ausgabe im Browser. PHP stellt dafür mehrere Funktionen zur Verfügung, von denen wir zunächst die schon angesprochene Funktion mysql_result vorstellen wollen. Die Funktion hat folgende Syntax:

```
mysql_result(Ergebnis, Zeile, Spalte)
```

Das Argument Ergebnis steht für den Zeiger auf die Ergebnistabelle. Diesen liefert, wie schon gezeigt, die Funktion mysql_query. Im Argument Zeile geben Sie die Zeilennummer des Datensatzes an, den Sie ausgeben wollen, und im Argument Spalte die Nummer oder den Namen der Spalte.

Sowohl die Zählung der Zeilen als auch die der Spalten beginnt mit dem Wert 0. Wenn Sie beide Argumente auf 0 setzen, erhalten Sie folglich die erste Spalte der ersten Zeile.

Das folgende Beispiel liefert mit zwei mysql_result-Anweisungen die dritte Zeile der Ergebnistabelle und daraus die zweite und dritte Spalte:

```
<?
$db = mysql_connect ("localhost", "root", "geheim");
$SQLBefehl = "SELECT * FROM Kunden;";
mysql_select_db("Kontakte", $db);
$Werte = mysql_query($SQLBefehl, $db);
echo mysql_result($Werte, 2, 1);
echo ", ";
echo mysql_result($Werte, 2, 2);
mysql_close($db);
?>
```

Für die eigentliche Ausgabe des Funktionswertes ist natürlich immer der echo-Befehl zuständig. Die Funktionen erzeugen zwar die Ergebniswerte, schreiben sie aber nicht in die von PHP an den Apache-Server gelieferte HTML-Datei.

Statt die Spalte über ihre Positionsnummer in der Tabelle anzusprechen, können Sie auch Spaltennamen verwenden. Die betreffende Anweisung hätte dann folgende Form:

```
echo mysql_result($Werte, 0, "Firma");
```

Unser Beispiel verlässt sich allerdings darauf, dass die Ergebnistabelle überhaupt Datensätze enthält. Normalerweise ist deshalb vorher zu prüfen, ob der auszugebende Datensatz überhaupt existiert (beispielsweise durch Zählen der Datensätze mit mysql_num_rows). Wir kommen auf diesen Punkt noch zurück.

Alle Datensätze in HTML-Tabelle ausgeben

In der Regel sollen mehrere oder gleich alle Datensätze aus der Ergebnistabelle ausgegeben werden. In diesem Fall müssen Sie die Ergebnistabelle in einer Schleife durchlaufen und für die Formatierung auch noch einige HTML-Anweisungen einfügen. Als Schleifenkonstrukt lässt sich unter anderem die Zählschleife for nutzen. Diese hat folgende Syntax:

```
for (Variable=Start, Abbruchbedingung, Schrittweite) {
    Ausgabeanweisungen;
}
```

Im Argument Start geben Sie den Startwert der Zählschleife an. Dieser wird einer Zählvariablen zugewiesen. Die Abbruchbedingung bestimmt, bei welchem Wert der Zählvariablen die Schleife beendet wird. Schließlich geben Sie im Argument Schrittweite noch den Wert an, um den die Zählvariable bei jedem Durchlauf zu erhöhen ist. Das folgende Beispiel durchläuft die Schleife zehnmal:

```
for ($n=1; $n <= 10; $n++) {
    echo "Durchlauf: ", $n, "<br>";
}
```

Beachten Sie ein kleines, aber feines Detail: Die Argumente der for-Schleife werden durch Semikolons, nicht, wie bei Funktionen, durch Kommata voneinander abgegrenzt.

Die Zählvariable der Schleife (hier $n) muss natürlich in der Ausgabefunktion mysql_result zum Einsatz kommen. Das folgende Beispiel liefert zunächst eine Minimalversion:

```
<?
    $db = mysql_connect ("localhost", "root", "geheim") ;
    $SQLBefehl = "SELECT * FROM Kunden;";
    mysql_select_db("Kontakte", $db);
    $Werte = mysql_query($SQLBefehl, $db);
    $MaxZeilen = mysql_num_rows($Werte);

    for ($n=0; $n <= $MaxZeilen - 1; $n++) {
        echo mysql_result($Werte, $n, "Firma"), "<br>";
    }
    mysql_close($db);
?>
```

Wir ermitteln zunächst die Zahl der Datensätze in der Ergebnistabelle und schreiben den Wert in die Variable $MaxZeilen. In der Zählschleife müssen wir mit dem Wert 0 beginnen, weil wir damit den ersten Datensatz erhalten. Die Zählvariable wird dann in der mysql_result-Funktion für die Bestimmung der Zeilennummer verwendet.

Das vorstehende Beispiel liefert allerdings immer nur den Wert der Spalte *Firma*. Um alle Spalten der Ergebnistabelle auszugeben, müssen Sie entweder mehrere Ausgabezeilen in die for-Schleife schreiben oder die Spalten selbst in einer Schleife durchlaufen. Diese Schleife könnte beispielsweise wie im folgenden Skript konstruiert sein:

```
<?
    $db = mysql_connect ("localhost", "root", "geheim");
    $SQLBefehl = "SELECT * FROM Kunden;";
    mysql_select_db("Kontakte", $db);
    $Werte = mysql_query($SQLBefehl, $db);
    $MaxSpalten = mysql_num_fields($Werte);

    for ($m=0; $m <= $MaxSpalten - 1; $m++) {
        echo mysql_result($Werte, 1, $m), "<br>";
    }
    mysql_close($db);
?>
```

Sie liefert alle Spaltenwerte der zweiten Zeile der Ergebnistabelle. Um alle Spalten und alle Datensätze auszugeben, können Sie nun beide Schleifen kombinieren (verschachteln). Die Schleife für die Ausgabe der Spalten bildet dann die innere Schleife:

```
<?
    $db = mysql_connect ("localhost", "root", "geheim");
    $SQLBefehl = "SELECT * FROM Kunden;";
    mysql_select_db("Kontakte", $db);
    $Werte = mysql_query($SQLBefehl, $db);
    $MaxZeilen = mysql_num_rows($Werte);
    $MaxSpalten = mysql_num_fields($Werte);
    for ($n=0; $n <= $MaxZeilen - 1; $n++) {
        for ($m=0; $m <= $MaxSpalten - 1; $m++) {
            echo mysql_result($Werte, $n, $m), ", ";
        }
        echo "<br>";
    }
```

```
mysql_close($db);
?>
```

Dieses Skript gibt alle Daten aus, die von der SQL-Anweisung geliefert werden. Damit die Ausgabe wenigstens halbwegs formatiert erfolgt, fügen wir nach jeder Spalte ein Komma und ein Leerzeichen ein. Nach jedem Datensatz wird mit dem HTML-Tag <br> ein Zeilenumbruch vorgenommen. Wie Abbildung 21.4 zeigt, kann die Ausgabe dennoch nicht als besonders gelungen bezeichnet werden.

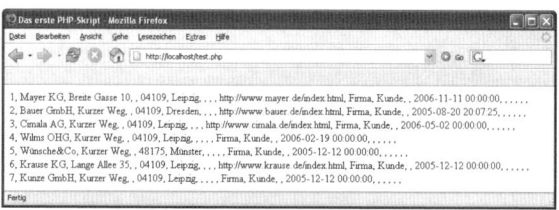

Abbildung 21.4: Ausgabe des PHP-Skripts

Da HTML jedoch ganz ordentliche Tags für die Tabellendarstellung bereitstellt, lässt sich diesem Manko recht leicht abhelfen. Sie müssen lediglich mit Hilfe von echo-Anweisungen oder durch direktes Platzieren im Skript an den richtigen Stellen die erforderlichen Tabellen-Tags ausgeben. Leider wird das Skript dadurch etwas unübersichtlich. Beachten Sie im folgenden Beispiel auch die leicht veränderte SELECT-Anweisung. Wir wollen hier nur einen Teil der Spalten ausgeben, weil, wie Abbildung 21.4 zeigt, einige keine Daten enthalten:

```
<table border="1">
<?
  $db = mysql_connect ("localhost", "root", "geheim");
  $SQLBefehl = "SELECT KundenNr, Firma, Strasse,
                PLZ, Ort, Datum FROM Kunden;";
  mysql_select_db("Kontakte", $db);
  $Werte = mysql_query($SQLBefehl, $db);
  $MaxZeilen = mysql_num_rows($Werte);
```

```
$MaxSpalten = mysql_num_fields($Werte);

for ($n=0; $n <= $MaxZeilen - 1; $n++) {
    echo "<tr>";
    for ($m=0; $m <= $MaxSpalten - 1; $m++) {
        echo "<td>";
        echo mysql_result($Werte, $n, $m);
        echo "</td>";
    }
    echo "</tr>";
}
mysql_close($db);
?>
</table>
```

Die Tabelle wird mit Tags außerhalb und innerhalb des PHP-Abschnitts definiert. Außerhalb des PHP-Abschnitts schreiben Sie ganz normalen HTML-Code (`<table>` etc). Innerhalb des PHP-Abschnitts müssen Sie die Tags in Anführungszeichen setzen und mit echo ausgeben. Wie Abbildung 21.5 zeigt, kann sich das Ergebnis schon sehen lassen:

Abbildung 21.5: Daten in einer HTML-Tabelle ausgeben

Auf die weiteren Möglichkeiten, mit HTML-Anweisungen die Ausgabe zu formatieren, soll an dieser Stelle nicht eingegangen werden.

Das vorstehende Skript finden Sie in einer leicht erweiterten Version, inklusive des üblichen, hier unterschlagenen HTML-Gerüsts, auch auf der beiliegenden CD (*skript01.php*).

URL-Parameter verwenden

Bei der Programmierung müssen selten alle Datensätze der Ergebnistabelle ausgegeben werden. Vielmehr soll zwischen den Datensätzen geblättert oder gezielt ein Datensatz angezeigt werden. Für das Blättern können Sie die schon vorgestellte Funktion mysql_result verwenden, die ein Durchlaufen der Sätze ermöglicht. Um PHP bzw. MySQL mitzuteilen, welcher Datensatz angezeigt werden soll, muss dieser jedoch als URL-Parameter übergeben werden. Einen Parameter mit dem Namen Nr und dem Wert 3 übergeben Sie beispielsweise mit der folgenden URL:

```
http://localhost/paramtest.php?Nr=3
```

Sie rufen damit die Datei *paramtest.php* auf und übergeben den Parameter Nr. Der Apache-Server speichert den Parameter in einer so genannten globalen Variablen und übergibt diese mit der Datei an PHP. In der aufgerufenen Datei (hier *paramtest.php*) kann nun der folgende PHP-Code stehen:

```
<?
    $Nr = $_GET["Nr"];
    echo $Nr;
?>
```

Bei der globalen Variablen $_GET handelt es sich eigentlich um ein Array, das auch mehrere Parameter aufnehmen kann. Diese Parameter können Sie über ihren Namen ansprechen, wobei dieser in Anführungszeichen und in eckigen Klammern anzugeben ist. Im vorstehenden Beispiel weisen wir den Wert des Parameters der gleichnamigen Variablen Nr zu. Der echo-Befehl gibt diesen Wert dann aus. Beim Aufruf der oben gezeigten URL erscheint folglich im Browser nur der Wert 3. Damit Sie den Wert nicht immer per Hand in die URL eintragen müssen, können Sie einen Link einfügen, der dafür sorgt, dass sich die Seite *paramtest.php* beim Anklicken eines Links selbst aufruft und dabei den Wert der Variablen um jeweils 1 erhöht. Dazu ist das Skript wie folgt zu erweitern:

```
<?
   $Nr=$_GET["Nr"];
   echo $Nr;
   $Nr++;
?>
<a href="paramtest.php?Nr=<? echo $Nr ?>" > Weiter </a>
```

Zunächst erhöhen wir den Wert der Variablen $Nr bei jedem Aufruf um den Wert 1 ($Nr++). Die letzte Zeile erzeugt einen Link mit der Bezeichnung *Weiter*. Wenn der Anwender darauf klickt, wird die Seite erneut aufgerufen. Dabei übergibt ein kleiner PHP-Abschnitt den aktuellen Wert der Variablen:

```
<? echo $Nr ?>
```

Das Skript hat allerdings noch einen kleinen Nachteil: Beim ersten Aufruf im Browser müssen Sie unbedingt die URL wie folgt mit dem Parameter angeben:

```
http://localhost/paramtest.php?Nr=7
```

Erst danach können Sie durch Klicken auf den Link *Weiter* den Wert hochzählen. Verzichten Sie beim ersten Aufruf auf die Angabe des Parameters, ist die Variable nicht definiert und das Skript erzeugt eine Fehlermeldung. Um das zu vermeiden, können Sie das Skript noch wie folgt erweitern:

```
<?
   $Nr = 0;
   extract($_GET);
   echo $Nr;
   $Nr++;
?>
<a href="paramtest.php?Nr=<? echo $Nr ?>" > Weiter </a>
```

Die erste Zeile definiert zunächst die Variable. Die zweite extrahiert alle Elemente des Arrays $_GET. Dabei werden die einzelnen Array-Elemente in Variablen mit dem Namen der Parameter geschrieben. Ist dabei ein Parameter mit dem Namen Nr, überschreibt dieser die zuvor definierte Variable $Nr, wenn nicht, startet das Skript eben mit dem Wert 0. Sie können nun die Seite mit der folgenden ULR aufrufen, ohne eine Fehlermeldung zu erhalten:

```
http://localhost/paramtest.php
```

Damit hätten wir etwas umständlich die Mechanik für die Steuerung der Datensatzausgabe erarbeitet. Diese sollte natürlich nicht nur ein Vor- sondern auch ein Zurückblättern ermöglichen. Wir benötigen folglich zwei Links. Diese können wie folgt aussehen:

```
<?
  $Nr = 0;
  extract($_GET);
  echo $Nr;
?>
<a href="paramtest.php?Nr=<? echo $Nr+1 ?>" > Vor </a>
<a href="paramtest.php?Nr=<? echo $Nr-1 ?>" > Zurueck
</a>
```

Beachten Sie eine nicht unwesentliche Änderung: Wir haben hier das Herauf- bzw. Herunterzählen ($Nr+1 bzw. $Nr-1) in die Links hineingenommen. Das erleichtert die Steuerung und verkürzt nebenbei den Code. Für die Anzeige der Datenbankeinträge ist das Skript nun wie folgt zu ergänzen:

```
<?
  $db = mysql_connect ("localhost", "root", "geheim") ;
  $SQLBefehl = "SELECT * FROM Kunden;";
  mysql_select_db("Kontakte", $db);
  $Werte = mysql_query($SQLBefehl, $db);
  $MaxZeilen = mysql_num_rows($Werte);
?>
<h3> Datenausgabe </h3>
```

```
<?
  $Nr = 0;
  extract($_GET);

  if ($Nr < 0) {
    $Nr = 0;
  }
  if ($Nr >= $MaxZeilen) {
    $Nr = $MaxZeilen - 1;
  }
  echo mysql_result($Werte, $Nr, "KundenNr"), "<br>";
  echo mysql_result($Werte, $Nr, "Firma"), "<br>";
  echo mysql_result($Werte, $Nr, "Ort"), "<br>";
  echo mysql_result($Werte, $Nr, "Datum"), "<br>";
?>
<br>
<a href="paramtest.php?Nr=<? echo $Nr+1 ?>" >
[ Vor ]</a>
<br>
<a href="paramtest.php?Nr=<? echo $Nr-1 ?>" >
[Zurueck]</a>
```

Die beiden if-Strukturen im mittleren Teil des Skripts stellen sicher, dass wir keine Zeilennummer (Datensatznummer) erhalten, die kleiner als 0, und keine, die größer als die maximale Zahl der Zeilen ist. Damit wird die Ausgabe einer Fehlermeldung vermieden. Unabhängig davon, wie hoch der Wert des Parameters $Nr beim Aufruf des Skripts ist, die betreffende if-Struktur lässt keinen höheren Wert als die maximale Zeilenzahl minus 1 ($MaxZeilen -1) zu. Die Variable $Nr wird schließlich in den mysql_result-Funktionen als Zeilenparameter verwendet. Das vorstehende Skript zeigt auch, dass Sie PHP-Abschnitte und HTML-Code nahezu beliebig mischen können. Die Ausgabe des Skripts (*paramtest.php*) im Browser sollte ungefähr der Abbildung 21.6 entsprechen.

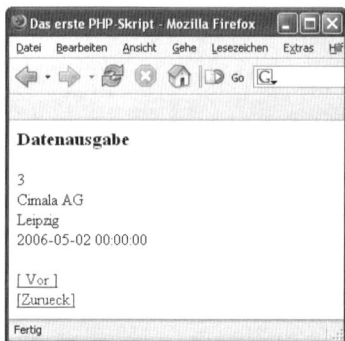

Abbildung 21.6: Datenausgabe im Browser

Sie sehen schon, dass die Darstellung noch weit von den hübschen Formularen entfernt ist, die Sie im Internet finden. Auch können Sie vorerst nur die Daten ausgeben, aber noch keine erfassen. Um das zu ändern, sind Eingabefelder und Schalter erforderlich.

Das Skript finden Sie in einer leicht modifizierten Form unter dem Namen *paramtest.php* im *php*-Ordner auf der beiliegenden CD. Beachten Sie, dass für den Einsatz des Skripts der Apache-Server, PHP und MySQL installiert und betriebsbereit sein müssen. Auch wird eine Datenbank mit dem Namen *Kontakte* benötigt, die über eine Kundentabelle verfügen muss.

HTML-Formular verwenden

In diesem Unterkapitel soll zunächst ein HTML-Formular mit Textfeldern und den notwendigen Bedienungsschaltern für die Datenausgabe erzeugt werden. Wenn Textfelder aber erst einmal vorhanden sind, lassen sich diese natürlich auch für die Dateneingabe nutzen. Auf diesen Punkt soll das nächste Unterkapitel eingehen. Der folgende Code zeigt zunächst nur das HTML-Formular:

```
<br>
<table align="center">
<form action="" method="get">
  <tr><td>
  Nr:<br>
  <input name="Nr" type="text" value="">
  </td></tr>
  <tr><td>
  KundenNr:<br>
  <input name="KundenNr" type="text" value="">
  </td></tr>
  <tr><td>
  Firma:<br>
  <input name="Firma" type="text" value="">
  </td></tr>
  <tr><td>
  Ort:<br>
  <input name="Ort" type="text" value="">
  </td></tr>
  <tr><td>
  Datum:<br>
  <input name="Datum" type="text" value="">
  </td></tr>
  <tr><td>
  <input name="schalter" type="submit" value="vor">
  <input name="schalter" type="submit" value="zurueck">
  </td></tr>
</form>
</table>
```

Das Beispiel erzeugt ein Skript, das im Browser vier Textfelder und zwei Schalter für das Vor- und Zurückblättern bereitstellt. Wie bei Formularen häufig anzutreffen, haben wir die einzelnen Elemente zur besseren Ausrichtung in eine Tabellenstruktur eingebettet.

Abbildung 21.7: HTML-Formular für die Anzeige von Daten

Das Textfeld *Nr* ist nicht für die Ausgabe von Daten gedacht, sondern dient lediglich der Steuerung. Webprogrammierer verwenden dafür natürlich ein verstecktes Feld. Für solche Feinheiten müssen wir Sie jedoch auf die gängige HTML- und PHP-Literatur verweisen.

Das Skript finden Sie unter dem Namen *formular.php* auch auf der beiliegenden CD.

Formular und Parameterübergabe

Sie sollten das Formular mit seinem Namen *formular.php* aufrufen und dann auf einen der Schalter klicken. In der Adressenleiste des Browsers erscheint dann eine Zeile wie die folgende:

```
http://localhost/formular.php?Nr=&KundenNr=&Firma=
&Ort=&Datum=&vor=vor
```

Die Seite ruft damit sich selbst auf und übergibt dabei für jedes der Formularfelder und den betätigten Schalter einen Parameter. Wenn Sie vor dem Betätigen des Schalters beispielsweise in das Textfeld *Ort* den Text »Leipzig« eingeben, erhalten Sie einen Parameter wie den folgenden:

```
Ort=Leipzig
```

Verzichten Sie auf die Eingabe, endet der Parameter nach dem Gleichheitszeichen. Der Browser trennt die einzelnen Parameter automatisch durch das Zeichen &.

Wichtig sind zunächst die beiden Schaltflächen. Diese werden im Formular mit den folgenden Zeilen definiert:

```
<input name="schalter" type="submit" value="vor">
<input name="schalter" type="submit" value="zurueck">
```

Die Tags enthalten zunächst das Attribut name. Damit werden der Name des Elements und gleichzeitig der Name des Parameters bestimmt. Die beiden Schalter haben hier den gleichen Namen erhalten (schalter). Im Attribut value können Sie einen Wert übergeben. Dieser bestimmt die Beschriftung des Schalters und gleichzeitig den Wert des Parameters. Betätigen Sie beispielsweise den Schalter *vor*, erzeugt der Browser den folgenden Parameter:

```
schalter=vor
```

Den Parameter für den Schalter *zurueck* können Sie sich sicher vorstellen. Beachten Sie, dass nur für den betätigten Schalter und die Textfelder Parameter erzeugt werden, nicht jedoch für den unbetätigten Schalter. Nur deswegen konnten wir den beiden Schaltern den gleichen Namen geben. Normalerweise muss jedes Formularelement seinen eigenen Namen erhalten.

Steuerung des Formulars

Den Umstand, dass sich die Schalter in ihrer value-Eigenschaft unterscheiden, können wir nun für die Steuerung der Anzeige nutzen. Wie schon früher gezeigt, enthält die globale Variable $_GET alle an die Seite (das Skript) übergebenen Parameter. Mit dem folgenden PHP-Abschnitt werten Sie den Parameter schalter aus:

```
<?
  $Nr = 0;
  $schalter = "";
  extract($_GET);
  if ($schalter=="vor") {
    $Nr = $Nr + 1;
  }
  if ($schalter=="zurueck") {
    $Nr = $Nr - 1;
  }
?>
```

Alle Parameter werden von der Funktion extract aus der globalen Variablen erzeugt, auch die hier noch nicht verwendeten
(KundenNr, Firma, Ort, Datum). Den Parameter schalter nutzen wir, um die Variable $Nr hoch- oder runterzuzählen. Na-
türlich müssen wir den Wert irgendwo zwischenspeichern. Dafür ist das Textfeld Nr zuständig, das wir als Erstes in das Formular eingefügt haben. Hier ist die value-Eigenschaft um einen kleinen PHP-Abschnitt zu erweitern:

```
<input name="Nr" type="text" value="<? echo $Nr ?>">
```

Bei jedem Aufruf des Skripts durch Betätigen eines Schalters
wird dann der aktuelle Wert des Parameters übergeben. Nach
dem gleichen Muster können wir auch die Werte der anderen
Textfelder übergeben:

```
<input name="Ort" type="text" value="<? echo $Ort ?>">
```

Allerdings sollen hier ja die Daten aus der Datenbank ausgegeben werden. Wir müssen diese daher zunächst mit einer Zeile
wie der folgenden zuweisen:

```
$Ort = mysql_result($Werte, $Nr, "Ort");
```

Natürlich können Sie die Funktion mysql_result erst dann
verwenden, wenn Sie, wie schon früher gezeigt, eine Datenbankverbindung hergestellt und eine Abfrage ausgeführt haben. Kurz: Das Skript *formular.php* muss noch erheblich erwei-

tert werden, so dass es schließlich ungefähr folgende Form erhält:

```php
<?
    /* ----- Datenbankverbindung herstellen -------- */
    $db = mysql_connect ("localhost", "root", "geheim");
    $SQLBefehl = "SELECT * FROM Kunden;";
    mysql_select_db("Kontakte", $db);
    $Werte= mysql_query($SQLBefehl, $db);
    $MaxZeilen = mysql_num_rows($Werte);


    /* ------ Parameter initialisieren --------------*/
    $Nr = 0;
    $KundenNr = 0;
    $Firma = "";
    $Ort = "";
    $Datum = "";
    $schalter = "";


    /* ------ Parameter auswerten ------------------*/
    extract($_GET);
    if ($schalter=="vor") {
        $Nr = $Nr + 1;
    }
    if ($schalter=="zurueck") {
        $Nr = $Nr - 1;
    }
    if ($Nr < 0) {
        $Nr = 0;    }
    if ($Nr >= $MaxZeilen) {
        $Nr = $MaxZeilen - 1;    }


    /* ------ Daten an Parameter übergeben ---------*/
    $KundenNr = mysql_result($Werte, $Nr, "KundenNr");
    $Firma = mysql_result($Werte, $Nr, "Firma");
    $Ort = mysql_result($Werte, $Nr, "Ort");
    $Datum = mysql_result($Werte, $Nr, "Datum");
?>
```

```php
<?/* ------- HTML-Formular ausgeben -------------*/ ?>
<br>
<table align="center">
<form action="" method="get">
  <tr><td>
  Nr:<br>
  <input name="Nr" type="text" value="<? echo $Nr ?>">
  </td></tr>
  <tr><td>
  KundenNr:<br>
  <input name="KundenNr" type="text"
        value="<? echo $KundenNr ?>">
  </td></tr>
  <tr><td>
  Firma:<br>
  <input name="Firma" type="text"
        value="<? echo $Firma ?>">
  </td></tr>
  <tr><td>
  Ort:<br>
  <input name="Ort" type="text"
        value="<? echo $Ort ?>">
  </td></tr>
  <tr><td>
  Datum:<br>
  <input name="Datum" type="text"
        value="<? echo $Datum ?>">
  </td></tr>
  <tr><td>
  <input name="schalter" type="submit" value="vor">
  <input name="schalter" type="submit" value="zurueck">
  </td></tr>
</form>
</table>
```

Obwohl das Skript noch nicht besonders viel Funktionalität bietet, ist es schon reichlich lang und wohl auch etwas unübersichtlich. PHP ist zwar recht leicht zu lernen, erzeugt aber keinen leicht zu pflegenden Code, nicht zuletzt wegen der Einbettung in HTML. Die eingefügten Kommentare sollten Ihnen jedoch helfen, die Struktur und Funktionalität des Beispiels nachvollziehen zu können.

 Wie bei längeren Beispielen üblich, haben wir auch das vorstehende Skript auf der beiliegenden CD untergebracht. Sie finden es dort im Ordner */php* unter der Bezeichnung *formular2.php*.

Daten bearbeiten

Für die Dateneingabe bzw. die Speicherung von geänderten Daten wird nicht unbedingt ein eigenes Skript benötig. Wir können vielmehr das zuletzt gezeigte Skript um zusätzliche Funktionen erweitern. Im ersten Schritt sind zwei zusätzliche Schalter einzufügen. Die entsprechenden HTML-Anweisungen haben beispielsweise folgende Form:

```
<input name="schalter" type="submit" value="neu">
<input name="schalter" type="submit" value="speichern">
```

Etwas mehr Aufwand erfordert allerdings der PHP-Code, der mit diesen Schaltern ausgeführt werden soll. Der Schalter *neu* muss lediglich dafür sorgen, dass der Inhalt der Textfelder gelöscht wird. Dazu ist der folgende PHP-Abschnitt erforderlich:

```
if ($schalter=="neu") {
        $Nr = "Neu";
        $KundenNr = "";
        $Firma = "";
        $Ort = "";
        $Datum = "";
}
```

Diesen PHP-Abschnitt haben wir als Letzten vor der HTML-Ausgabe des Formulars in das Skript eingefügt. Wir werden später noch das ganze Skript mit der korrekten Position zeigen. Der Abschnitt setzt lediglich die im HTML-Formular anzuzeigenden Variablen auf einen Leerstring, so dass bei der folgenden Ausgabe eben nichts angezeigt werden kann. Lediglich das Textfeld Nr erhält einen Eintrag (hier: Neu). Wir kommen auf diesen Punkt noch zurück.

INSERT oder UPDATE

Der nächste Schritt besteht darin, die vom Anwender eingegebenen Daten zu speichern. Hier müssen wir berücksichtigen, dass der *speichern*-Schalter eigentlich zwei Funktionen erfüllen soll:

✔ Speichern eines neuen Datensatzes (INSERT)

✔ Speichern von Änderungen eines bestehenden Datensatzes (UPDATE)

Grundsätzlich könnten wir einen im Formular angezeigten Datensatz einfach erst löschen (DELETE) und dann mit INSERT als neuen Datensatz einfügen. Handelt es sich um einen neuen Datensatz, bleibt die Löschanweisung eben wirkungslos. Die zweite Möglichkeit besteht darin, im PHP-Code zu kennzeichnen, dass wir gerade einen neuen Datensatz eingeben. Üblicherweise wird dafür eine Variable verwendet, die Sie auf True (= neuer Datensatz) bzw. False setzen. Wir haben eine Variante dieser Technik gewählt. Beim Betätigen des Schalters *neu* setzen wir das Textfeld *Nr* auf den Wert »Neu«. Im PHP-Code müssen wir jetzt nur noch abfragen, ob dieses Textfeld den Eintrag »Neu« enthält. Dazu verwenden wir eine if-Struktur wie die folgende:

```
if ($schalter=="speichern") {
    if ($Nr=="Neu") {
        /* INSERT-Anweisung */
    }else {
        /* UPDATE-Anweisung */
    }
}
```

Innerhalb des Neu-Zweigs können Sie nun eine INSERT-Anweisung erzeugen, die Sie beispielsweise mit folgenden Zeilen erhalten:

```
$SQLString = "INSERT INTO Kunden(Firma, Ort, Datum)
              VALUES ('Bolte', 'Köln', '2004-11-11');";
mysql_select_db("Kontakte", $db);
$Werte = mysql_query($SQLString, $db);
$Nr = 0;
```

Besonders interessant ist zunächst der SQL-String, der die eigentliche Anweisung enthält. Im vorstehenden Beispiel haben wir einfach feste Werte (Konstanten) in die VALUES-Klausel eingefügt. Die Formulareinträge werden daher noch gar nicht verwendet. Um das zu ändern, müssen wir die Variablen $Firma, $Ort und $Datum in den String einfügen. In anderen Sprachen sind dafür komplexe Verkettungen erforderlich. PHP kennt solche Umstände nicht. Wie die folgende Konstruktion zeigt, setzen Sie die Variablen einfach ein:

```
$SQLString = "INSERT INTO Kunden(Firma, Ort, Datum)
              VALUES ('$Firma', '$Ort', '$Datum');";
```

Wenn es sich bei den Einträgen um Text handelt, müssen Sie auch die Anführungszeichen setzen. Numerische Werte kommen ohne diese aus.

Der SQL-String wird anschließend mit der schon bekannten Funktion mysql_query ausgeführt. Eigentlich könnten wir noch den Rückgabewert der Funktion auswerten, den wir hier in der Variablen $Werte speichern. Um das Beispiel einfach zu halten, haben wir aber zunächst darauf verzichtet.

Wichtig ist dann noch das Setzen der Variablen $Nr auf den Wert 0. Weil dieser Wert später auch im Textfeld *Nr* landet, überschreiben (löschen) wir damit in diesem Feld den Eintrag Neu. Beim nächsten Betätigen des Schalters *speichern* wird dann nicht mehr der Neu-Zweig der if-Struktur ausgeführt, sondern der Else-Zweig.

Datensatzänderung speichern

Wenn der Anwender den Schalter *speichern* betätigt, ohne zuvor den Schalter *neu* betätigt zu haben, gehen wir davon aus, dass am angezeigten Datensatz Änderungen vorgenommen wurden, die nun gespeichert werden sollen. Dafür sind dann im else-Zweig der zuletzt gezeigten if-Struktur folgende Anweisungen unterzubringen:

```
$SQLString = "UPDATE Kunden
              SET Firma = '$Firma',
              Ort = '$Ort',
              Datum = '$Datum'
              WHERE KundenNr = $KundenNr;";
mysql_select_db("Kontakte", $db);
$Werte = mysql_query($SQLString, $db);
```

Auch hier dürfte wieder die einfache Zusammensetzung des SQL-Strings mit den PHP-Variablen das Wichtigste sein. Sie können diese nahezu beliebig innerhalb des durch doppelte Anführungszeichen eingeschlossenen Strings verwenden.

Damit hätten wir auch schon die komplette Steuerung für ein schlichtes Ein- und Ausgabeformular zusammen. Abbildung 21.8 zeigt zunächst, was Sie nun im Browser sehen sollten.

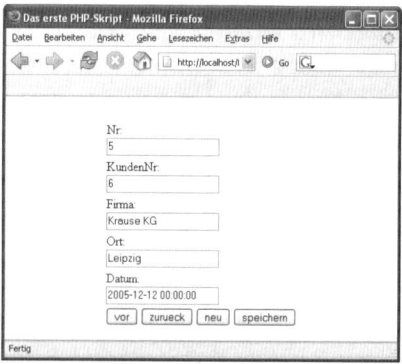

Abbildung 21.8: Formular für Ein- und Ausgabe

Allerdings ist ein kleiner Punkt noch offen: PHP-Skripte werden ja grundsätzlich top-down abgearbeitet. Es kann daher wichtig sein, wie die einzelnen PHP-Abschnitte abgearbeitet werden. Das folgende (unvollständige) Skript zeigt die Reihenfolge, in der wir die Abschnitte angeordnet haben:

```php
<?
    /* ----- Datenbankverbindung herstellen ------- */
    $db = mysql_connect ("localhost", "root", "geheim");
    $SQLBefehl = "SELECT * FROM Kunden;";
    mysql_select_db("Kontakte", $db);
    $Werte = mysql_query($SQLBefehl, $db);
    $MaxZeilen = mysql_num_rows($Werte);


    /* ------ Parameter initialisieren --------------*/
    $Nr = 0;
    $KundenNr = 0;
    $Firma = "";
    $Ort = "";
    $Datum = "";
    $schalter = "";
    extract($_GET);


    /*------ Neueingabe/Änderungen speichern -----*/
    if ($schalter=="speichern") {
        if ($Nr=="Neu") {
            $SQLString = "INSERT INTO
                            Kunden(Firma, Ort, Datum)
                            VALUES ('$Firma', '$Ort',
                            '$Datum');";
            $Werte = mysql_query($SQLString, $db);
            $Nr = 0;
        }else {
            $SQLString = "UPDATE Kunden
                            SET Firma = '$Firma',
                            Ort = '$Ort',
                            Datum = '$Datum'
                            WHERE KundenNr = $KundenNr;";
```

```php
        $Werte = mysql_query($SQLString, $db);
    }
}


/* ------ Parameter auswerten ----------------*/
if ($schalter=="vor") {
  $Nr = $Nr + 1;
}
if ($schalter=="zurueck") {
  $Nr = $Nr - 1;
}


if ($Nr < 0) {
  $Nr = 0;
}
if ($Nr >= $MaxZeilen) {
  $Nr = $MaxZeilen - 1;
}


/* ------ Daten an Parameter übergeben ---------*/
if ($schalter != "speichern") {
    $KundenNr = mysql_result($Werte, $Nr,
                            "KundenNr");
    $Firma = mysql_result($Werte, $Nr, "Firma");
    $Ort = mysql_result($Werte, $Nr, "Ort");
    $Datum = mysql_result($Werte, $Nr, "Datum");
}


/*------ Textfelder für Neueingabe löschen ----- */
if ($schalter=="neu") {
    $Nr = "Neu";
    $KundenNr = "";
    $Firma = "";
    $Ort = "";
    $Datum = "";
}
?>
```

Gleich nach der Herstellung der Verbindung und der Initialisierung der Variablen kommt der speichern-Abschnitt. Dieser muss mit den gerade im Formular angezeigten Daten ausgeführt werden. Die späteren Manipulationen an den Variablen können das Speichern dann nicht mehr beeinflussen. Natürlich wird der Abschnitt nur beim Betätigen des Schalters *speichern* ausgeführt.

Beachten Sie auch den Abschnitt Daten an Parameter übergeben. Hier haben wir eine if-Struktur vorgesehen, die dafür sorgt, dass dieser Abschnitt nur ausgeführt wird, wenn nicht der Schalter *speichern* betätigt wurde. Dazu enthält die if-Bedingung den Ungleich-Operator (!=).

Auf die Wiedergabe des HTML-Formulars haben wir hier verzichtet. Es schließt ganz einfach an den hier gezeigten PHP-Code an. Ganz weit oben können Sie nachschauen, wie dieses Formular aufgebaut wird.

Wie nicht anders zu erwarten, haben wir auch dieses Skript (inklusive des Formulars mit den zusätzlichen Schaltern) auf die beiliegende CD gebrannt. Sie finden es unter dem Namen *eingabe.php* im *php*-Ordner.

Fehlertolerante Programmierung

Die im vorstehenden Text erarbeiteten Beispiele sind so einfach wie möglich gehalten, um die Funktionsweise und insbesondere die Zusammenarbeit von HTML- und PHP-Code leicht verständlich darstellen zu können. Schon eine kleine Unpässlichkeit des MySQL-Servers oder eine momentan nicht vorhandene Ressource kann aber dazu führen, dass die Ausführung des Skripts abgebrochen und im Browser eine Fehlermeldung ausgegeben wird. Skripte, die Sie in Produktionsumgebungen einsetzen wollen, sollten daher jede Menge Prüfcode enthalten, um einen Fehler eventuell korrigieren oder die Anwendung korrekt beenden zu können. Prüfroutinen machen den Programmcode fehlertolerant. Um diesen Zustand zu erreichen, stehen Ihnen unter anderem folgende Techniken zur Verfügung:

✔ Rückgabewerte der Funktionen auswerten

✔ Fehlermeldungen auswerten

✔ Datentyp prüfen

✔ Existenz von Ressourcen prüfen

Zu den Ressourcen gehören MySQL-Objekte wie Datenbanken, Tabellen, Spalten, Indizes, aber auch PHP-Variablen. Auf diesen Punkt werden wir in dieser sehr kurzen Einführung nicht eingehen können. Auch die Typprüfung bei MySQL-Spalten und PHP-Variablen kann aus diesem Grund nicht zur Sprache kommen. Wir beschränken uns daher auf die Prüfung des Funktionswertes und auf Hinweise zur Auswertung von Fehlermeldungen.

Rückgabewerte der Funktionen auswerten

Praktisch alle PHP-MySQL-Funktionen liefern einen Rückgabewert. Wir haben diese auch schon regelmäßig verwendet, beispielsweise bei den Funktionen `mysql_connect` und `mysql_query`. In diesen Fällen besteht der Rückgabewert aus einer ID bzw. einem Verweis (auch Zeiger genannt) auf Datenstrukturen. Genau genommen liefern die Funktionen einen kompletten String, der etwa folgende Form haben kann:

```
Resource id #1
```

Konnten die Funktionen nicht korrekt ausgeführt werden, liefern sie hingegen eine leere Zeichenfolge. Diese lässt sich dann in `if`-Strukturen wie der folgenden auswerten:

```
<?
    $db = mysql_connect ("localhost", "root", "geheim");
    $SQLBefehl = "SELECT * FROM Kunden;";
    mysql_select_db("Kontakte", $db);
```

```
$Werte = mysql_query($SQLBefehl, $db);
if ($Werte) {
    echo "Ergebnistabelle enthält ";
    echo mysql_num_rows($Werte);
    echo " Datensätze.";
}else{
    echo "Abfrage liefert keine Daten. ";
    echo "Die Anwendung wird beendet!";
    exit;
}
?>
```

Sie können in der if-Bedingung problemlos auf True/False prüfen, weil PHP alles, was nicht 0 oder eine leere Zeichenfolge ist, als True betrachtet. Im vorstehenden Beispiel beenden wir die Ausführung des Skripts, wenn die Abfrage keine Daten geliefert hat. Zuständig ist dafür die Funktion exit, die dafür sorgt, dass weder der folgende PHP-Code noch die HTML-Anweisungen ausgeführt werden. Sie können die Funktion des Skripts testen, indem Sie einfach einen Fehler einbauen, etwa in die SELECT-Anweisung (beispielsweise Kundenx statt Kunden).

Einen Rückgabewert erhalten Sie auch von der Funktion mysql_result. Wenn die auszulesende Spalte keinen Wert enthält oder bei der Ausführung ein Fehler aufgetreten ist, liefert die Funktion eine leere Zeichenfolge. Bevor Sie den Wert also weiter verwenden, können Sie daher wieder eine if-Struktur wie im folgenden (unvollständigen) Skriptabschnitt einsetzen:

```
$Firma = mysql_result($Werte, 1, "Firma");
if ($Firma) {
    echo "Rechnung an ", $Firma;
}else{
    echo "Nur Barzahlung!";
}
```

Je nach Ergebnis der Funktion wird in diesem Fall eine Anweisung ausgeführt. Die Anwendung produziert also immer eine definierte Ausgabe und lässt den Anwender nicht ratlos vor einer PHP-Fehlermeldung zurück.

PHP-Fehlermeldung ausschalten

Wie früher schon beschrieben, müssen Sie jedoch darauf achten, dass in der Datei *php.ini* die Einstellung display_errors auf off gesetzt ist. Im Browser werden sonst auch die PHP-Fehlermeldungen ausgegeben. Alternativ lässt sich die PHP-Fehlermeldung auch für jede einzelne Anweisung deaktivieren. Dazu verwenden Sie den so genannten *Error Control Operator*, den bekannten »Klammeraffen« @. Wie das folgende (unvollständige) Beispiel zeigt, setzen Sie den Operator direkt vor die Funktion:

```
$Firma = @mysql_result($Werte, 1, "Firmax");
```

Diese lokale Unterdrückung der Fehlermeldung hat keine Auswirkung auf die Ausgabe von Fehlermeldungen bei anderen Funktionsaufrufen.

Fehlermeldungen auswerten

Kann eine Anweisung nicht korrekt ausgeführt werden, generiert PHP grundsätzlich eine Fehlernummer und eine Fehlermeldung. Auch wenn Sie deren Ausgabe im Browser unterbinden sollten, können Sie diese dennoch im Programmcode nutzen. Sie programmieren damit eine eigene Fehlerbehandlung. PHP stellt dafür vor allem zwei Funktionen zur Verfügung:

```
mysql_errno
mysql_error
```

Die Funktion mysql_errno liefert die Fehlernummer, während mysql_error die zugehörige Meldung ausgibt. Beide Funktionen erwarten als Argument die Angabe einer Verbindungs-ID (den Rückgabewert der Funktion mysql_ connect). Die folgenden Anweisungen zeigen, wie Sie die Funktionen grundsätzlich verwenden:

```
<?
  $db = @mysql_connect ("localhost", "root", "geheim");
  $SQLBefehl = "SELECT * FROM Kundenx;";
  mysql_select_db("Kontakte", $db);
  $Werte= @mysql_query($SQLBefehl, $db);
  echo mysql_errno($db);
  echo "<br>";
  echo mysql_error($db);
?>
```

Sie können das Beispiel variieren, indem Sie in der SQL-Abfrage beispielsweise eine nicht existierende Tabelle angeben. Im Programmcode werden Sie gezielt nach bestimmten Fehlercodes suchen, um darauf angemessen reagieren zu können. So liefert PHP bei der Angabe eines falschen Tabellennamens beispielsweise den Code 1146. Mit dieser Information lässt sich eine if-Struktur wie die folgende bilden:

```
if (mysql_errno($db) == 1146) {
  echo "Tabelle nicht gefunden. ";
  echo "Bitte korrekte Bezeichnung eingeben!";
}
```

Natürlich müssen Sie zuvor eine Datenbankverbindung herstellen und die Verbindungs-ID in der Variablen $db speichern.

Ausgabe mit mysql_fetch_row

Die Ausgabe mit mysql_result gehört nicht zu den schnellsten. Es wird daher häufig empfohlen, für die Ausgabe von großen Ergebnistabellen die Funktionen mysql_fetch_row und mysql_fetch_array zu verwenden. Die Funktion mysql_fetch_row eignet sich vor allem für die serielle Ausgabe von Ergebnistabellen, weil jeder Aufruf der Funktion den jeweils nächsten Datensatz ausgibt. Sie müssen sich folglich nicht um die Positionierung des Datensatzzeigers kümmern. Als Rückgabewert erhalten Sie ein Array, dessen Elemente (die Spalten des Datensatzes) sich wie üblich mit echo ausgeben lassen. Das folgende Beispiel gibt lediglich drei Spalten der ersten beiden Datensätze aus:

```
<?
    $db = @mysql_connect ("localhost", "root", "geheim");
    $SQLBefehl = "SELECT * FROM Kunden;";
    mysql_select_db("Kontakte", $db);
    $Werte= mysql_query($SQLBefehl, $db);
    $Satz = mysql_fetch_row($Werte);
    echo $Satz[0], ", ";
    echo $Satz[1], ", ";
    echo $Satz[2];
    $Satz = mysql_fetch_row($Werte);
    echo "<br>";
    echo $Satz[0], ", ";
    echo $Satz[1], ", ";
    echo $Satz[2];
?>
```

Die Funktion wird hier zwei Mal aufgerufen und liefert beim zweiten Aufruf eben den zweiten Datensatz. Beachten Sie die Behandlung der Array-Variablen $Satz. Die einzelnen Array-Elemente werden durch Indizes in eckigen Klammern angesprochen.

Es dürfte allerdings etwas mühsam sein, für jeden Datensatz auch eine oder gar mehrere Programmzeilen zu schreiben. Die Ausgabe erfolgt daher üblicherweise in einer while-Schleife. Dabei nutzen wir die Option, dass mysql_fetch_row den Wert False liefert, wenn alle Datensätze der Ergebnistabelle durchlaufen sind. Die Schleifenbedingung, die hier lediglich aus der Array-Variablen $Satz besteht, wird dann falsch, so dass die Schleife abbricht:

```
<?
    $db = @mysql_connect ("localhost", "root", "geheim");
    $SQLBefehl = "SELECT * FROM Kunden;";
    mysql_select_db("Kontakte", $db);
    $Werte= mysql_query($SQLBefehl, $db);
```

```
$Satz = mysql_fetch_row($Werte);
while ($Satz) {
    echo $Satz[0], ", ";
    echo $Satz[1], ", ";
    echo $Satz[2];
    $Satz = mysql_fetch_row($Werte);
    echo "<br>";
}
?>
```

Der Nachteil der Funktion `mysql_fetch_row` besteht darin, dass Sie nicht frei auf jeden beliebigen Datensatz der Ergebnistabelle zugreifen können (wie mit `mysql_result`). Die Funktion ermöglicht lediglich einen Top-down-Durchlauf.

Das Skript finden Sie unter dem Namen *ausgabe1.php* auch im *php*-Ordner der beiliegenden CD.

Ausgabe mit mysql_fetch_array

Die Funktion `mysql_fetch_array` ist nahezu identisch mit der oben vorgestellten Funktion `mysql_fetch_row`. Sie erzeugt jedoch ein so genanntes assoziatives Array, dessen Elemente sich mit den Spaltennamen der Ergebnistabelle ansprechen lassen. Das folgende Beispiel variiert daher nur das zuletzt gezeigte Skript:

```
<?
    $db = @mysql_connect ("localhost", "root", "geheim");
    $SQLBefehl = "SELECT * FROM Kunden;";
    mysql_select_db("Kontakte", $db);
    $Werte= mysql_query($SQLBefehl, $db);
    $Satz = mysql_fetch_array($Werte);
    while ($Satz) {
        echo $Satz["KundenNr"], ", ";
        echo $Satz["Firma"], ", ";
        echo $Satz["Ort"];
        $Satz = mysql_fetch_array($Werte);
```

```
    echo "<br>";
}
?>
```

Diese Variante ist sicher leichter zu lesen als das zuvor gezeigte Beispiel. Sie müssen dafür aber die Struktur der auszulesenden Tabelle genau kennen.

 Unter dem Namen *ausgabe2.php* haben wir das Skript auch auf der beiliegenden CD untergebracht. Sie finden es dort im *php*-Ordner.

Datenbankobjekte erstellen

Mit Hilfe von PHP können Sie natürlich auch komplette Datenbanken mit allen Tabellen und Indizes erzeugen. Dazu verwenden Sie in der Regel SQL-Anweisungen, die Sie mit `mysql_query` ausführen. Tabelle 21.3 zeigt zunächst, welche Funktionen PHP für die Bearbeitung und Auswertung von Datenbankstrukturen zur Verfügung stellt.

Funktion	Beschreibung
`mysql_drop_db`	Löscht eine Datenbank
`mysql_fetch_field`	Liefert Informationen über eine Spalte, etwa Namen und Typ
`mysql_field_flags`	Liefert zusätzliche Informationen über eine Spalte, beispielsweise Attribute wie `primary_key`
`mysql_field_name`	Liefert den Namen einer Spalte
`mysql_field_len`	Ermittelt die Länge eines Feldes (Zahl der Zeichen bzw. Bytes)
`mysql_field_type`	Ermittelt den Typ einer Spalte
`mysql_field_table`	Ermittelt zu einem Spaltennamen die zugehörige Tabelle

Funktion	Beschreibung
`mysql_list_dbs`	Erzeugt eine Liste mit den Namen der vorhandenen Datenbanken
`mysql_list_fields`	Erzeugt eine Liste mit den Spaltennamen einer Tabelle
`mysql_list_tables`	Erzeugt eine Liste mit den Namen der Tabellen einer Datenbank

Tabelle 21.3: Funktionen für die Bearbeitung von Datenbankstrukturen

Für die Erzeugung einer neuen Datenbank konnten Sie früher auch die Funktion `mysql_create_db` einsetzen. In Funktionsreferenzen wird diese auch immer noch beschrieben. Die PHP-Entwickler empfehlen jedoch, nur noch die Funktion `mysql_query` zu verwenden. Eine neue, zunächst leere Datenbank erhalten Sie dann mit den folgenden Zeilen:

```
<?
    $db = @mysql_connect ("localhost", "root", "geheim");
    $SQLString = "CREATE DATABASE Kontakte;";
    if (mysql_query($SQLString, $db)) {
        echo "Datenbank erzeugt.";
    }else{
        echo "Fehler! Datenbank nicht erzeugt.";
    }
?>
```

Damit Sie den Erfolg der Operation auch überprüfen können, verwendet das vorstehende Beispiel eine `if`-Struktur. Wie auch die anderen Funktionen liefert `mysql_query` im Erfolgsfall einen ganzzahligen Wert ungleich 0, also `True`, so dass sich die Funktion wie oben gezeigt in eine `if`-Bedingung einsetzen lässt. Wenn Sie unseren bisherigen Beispielen gefolgt sind, wird das vorstehende Skript vermutlich keine neue Datenbank erzeugen, weil eine solche mit dem Namen *Kontakte* dann schon existiert. Sie können den Namen der Datenbank im SQL-String aber beliebig variieren.

Liste der Datenbanken ausgeben

Ob die Datenbank korrekt angelegt wurde, können Sie auch mit der Funktion mysql_list_dbs überprüfen. Diese liefert einen Zeiger auf eine Liste mit den vorhandenen Datenbanken. Als Argument ist lediglich die Verbindungs-ID zu übergeben:

```
<?
   $db = @mysql_connect ("localhost", "root", "geheim");
   $Liste = mysql_list_dbs($db);
   $Zeilen = mysql_num_rows($Liste);
   for ($n = 0; $n < $Zeilen; $n++) {
      echo mysql_result($Liste, $n, 0);
      echo "<br>";
   }
?>
```

Die Ausgabe der Liste erfolgt in einer for-Schleife mit Hilfe der schon bekannten Funktion mysql_result. Die Liste besteht lediglich aus einer Spalte, weswegen im dritten Argument der Wert 0 (= 1. Spalte) anzugeben ist.

Sie finden dieses kleine Skript unter dem Namen *db_liste.php* auch auf der beiliegenden CD.

Tabellen erzeugen

Im nächsten Schritt sind nun die einzelnen Objekte einer Datenbank, also vor allem Tabellen und Indizes, zu erstellen. Auch dafür können bzw. müssen Sie mysql_query verwenden. Eigentlich ändert sich an dem weiter oben gezeigten Skript zur Erstellung einer Datenbank lediglich der SQL-String:

```
<?
   $db = @mysql_connect("localhost", "root", "geheim");
   mysql_select_db("Kontakte", $db);
   $SQLString = "CREATE TABLE Kunden (
                  KundenNr INTEGER NOT NULL,
                  Firma CHAR(100),
```

```
                        Ort CHAR(100),
                        Datum DATE );";
        echo $SQLString;
        if (mysql_query($SQLString, $db)) {
            echo "Tabelle erzeugt.";
        }else{
            echo "Fehler! Tabelle nicht erzeugt.";
        }
    ?>
```

Allerdings bezieht sich die Operation auf eine bestimmte Datenbank. Sie müssen daher erst noch mit mysql_select_db die gewünschte Datenbank (hier *Kontakte*) aktivieren. Im vorstehenden Skript geben wir mit echo auch den SQL-String aus. Diese Anweisung dient lediglich dazu, den SQL-Befehl, der beim Anlegen einer Tabelle oft sehr komplex wird, im Browser noch überprüfen zu können.

Auch das vorstehende Skript finden Sie wieder auf der beiliegenden CD. Dazu öffnen Sie im *php*-Ordner die Datei *tabelle.php*.

Tabellenliste ausgeben

Sie können sich die Liste der vorhandenen Tabellen einer bestimmten Datenbank anzeigen lassen. Dazu verwenden Sie die Funktion mysql_list_tables, die als Argumente den Namen der Datenbank und die Verbindungs-ID erwartet:

```
<?
    $db = @mysql_connect("localhost", "root", "geheim");
    $Liste = mysql_list_tables("Kontakte", $db);
    $Zeilen = mysql_num_rows($Liste);
    for ($n = 0; $n < $Zeilen; $n++) {
        echo mysql_result($Liste, $n, 0);
        echo "<br>";
    }
?>
```

Die Ausgabe der Liste erfolgt wie üblich in einer for-Schleife. Da die Ausgabe lediglich aus einer Spalte besteht, ist der Spaltenindex (das dritte Argument der Funktion mysql_result) auf den Wert 0 zu setzen.

Wie Sie sicher schon vermutet haben, müssen Sie auch dieses Skript nicht abtippen, sondern können es als Datei (*tabliste.php*) von der beiliegenden CD laden.

Tabellenstruktur anzeigen

Etwas umständlicher ist die Ausgabe der Tabellenstruktur. Sie benötigen dafür die Funktionen mysql_list_fields und für die Anzeige der Spaltenattribute auch die Funktionen mysql_field_name, mysql_field_type und mysql_field_len. Als Argumente erwartet mysql_list_fields den Datenbanknamen, den Tabellennamen und die Verbindungs-ID:

```
<?
$db = @mysql_connect("localhost", "root", "geheim");
$Liste = mysql_list_fields("Kontakte", "Kunden", $db);
$Zeilen = mysql_num_fields($Liste);

for ($n = 0; $n < $Zeilen; $n++) {
    echo mysql_field_name($Liste, $n), " - ";
    echo mysql_field_type($Liste, $n), " ";
    echo "(", mysql_field_len($Liste, $n), ")";
    echo "<br>";
}
?>
```

Ganz wichtig ist die Funktion mysql_num_fields, weil diese die Anzahl der Spalten ermittelt. Das Skript sollte im Browser eine Ausgabe wie die folgende erzeugen:

```
KundenNr - int (11)
Firma - string (100)
PLZ - string (5)
```

```
Ort - string (100)
Strasse - string (100)
Bemerkung - blob (65535)
Datum - date (10)
```

Wie Sie daraus ersehen, können die Typangaben von dem abweichen, was Sie bei der Erzeugung der Tabelle bestimmt haben. So verbergen sich hinter dem »Typ« string beispielsweise die MySQL-Typen CHAR und VARCHAR. Der hier als blob bezeichnete Typ steht für den MySQL-Typ TEXT usw.

Das vorstehende Skript finden Sie unter dem Namen *feldliste.php* auch im *php*-Ordner der beiliegenden CD.

Weitere Datenbankfunktionen

Unser Schnellkurs »PHP/MySQL-Datenbankprogrammierung« wäre damit weitgehend abgeschlossen. In diesem Unterkapitel wollen wir lediglich noch auf einige Funktionen hinweisen, die gelegentlich ebenfalls relevant werden könnten.

Funktion	Beschreibung
mysql_change_user	Wechselt den aktuellen Benutzer
mysql_insert_id	Ermittelt den Wert einer Auto_Increment-Spalte für einen mit INSERT eingefügten Datensatz
mysql_pconnect	Erzeugt eine dauerhafte (persistente) Verbindung

Tabelle 21.4: Weitere PHP/MySQL-Funktionen

PHP schließt eine Verbindung normalerweise automatisch, wenn das betreffende Skript beendet wird. Sie können jedoch eine dauerhafte Verbindung herstellen, indem Sie dafür die Funktion mysql_pconnect verwenden. Beim Öffnen einer neuen Verbindung mit den gleichen Verbindungsdaten (Host, Benutzer, Passwort) verwendet PHP dann diese dauerhafte Verbindung.

Probleme dynamischer Seiten

Wenn Sie datenbankgestützte Webanwendungen mit PHP oder Perl erstellen, erzeugen Sie dynamische HTML-Seiten. Solche Seiten werden durch die Anwendung immer nur auf Anforderung generiert. Im Gegensatz zu statischen Seiten sind sie in der Form, in der sie schließlich zum Browser geliefert werden, gar nicht vorhanden. Das hat Auswirkungen auf die Sichtbarkeit im Web und insbesondere auf die Indizierung durch die so genannten Suchmaschinen, beispielsweise *yahoo* oder *Google*. Eine dynamische Seite wird häufig durch Adressen wie die folgende aufgerufen:

www.provider.de?id=123456

Suchmaschinen können zwar auch dynamische Seiten wie die vorstehend gezeigte verfolgen, sie können jedoch nicht mehr kalkulieren, wie tief eine solche Seite geschachtelt ist. Zudem haben sie keine Kontrolle darüber, ob nicht die gleiche Seite über mehrere unterschiedliche Adressen zu erreichen ist. So können die folgenden Adressen durchaus die gleiche Seite liefern:

www.provider.de?id=123456

www.provider.de?Name=Mayer

Im ersten Fall wird lediglich die ID verwendet, um auf den Datensatz mit dem Kunden *Mayer* zuzugreifen. Der zweite verwendet den Eintrag im Feld *Name*. Zudem kann die Suchmaschine nicht sicher sein, unter der genannten Adresse immer die gleiche Seite zu finden.

Da Suchmaschinen aber auf die Eindeutigkeit von Adressen angewiesen sind, um valide Ergebnisse liefern zu können, und sie die gleichen Seiten auch nicht mehrfach indizieren wollen, wird in der Regel auf die Verfolgung und damit auf die Indizierung solcher Seiten verzichtet. Das Fragezeichen in der Webadresse veranlasst die Suchmaschine dann, die Indizierung zu beenden.

Eine Ausnahme von dieser Regel bilden beispielsweise die Suchmaschinen *Google* und *forschungsportal.net*. Letztere indiziert lediglich wissenschaftliche Datenbanken, wie sie vor allem von Universitäten und Forschungsinstituten zur Verfügung gestellt werden. Allerdings scheint *Google* nur eingeschränkt auf dynamische Seiten einzugehen. Das Suchportal *forschungsportal.net* ist hingegen gezwungen, solche Seiten zu berücksichtigen, weil die Forschungsinformationen nun mal üblicherweise in Datenbanken verwaltet werden.

Voraussetzung für dynamische Seiten

Damit Suchmaschinen wie *forschungsportal.net* auch auf dynamische Seiten zugreifen können, müssen die betreffenden Webanwendungen bestimmten Anforderungen genügen. Die wichtigste lautet:

Die Informationen (Seiten) müssen über Links erreichbar sein!

Diese Forderung bedeutet, dass es nicht genügt, wenn eine bestimmte Information nur über die Eingabe in die Formularfelder eines HTML-Formulars erreicht werden kann. Da der Roboter der Suchmaschinen nicht weiß, welche Suchbegriffe ein Anwender eventuell eingibt, sind Seiten (Informationen), die nur so zu erreichen sind, für ihn eben nicht erreichbar.

Die zweite Forderung lautet, dass Sie Datenfelder, die in der URL-Parameterliste verwendet werden, immer in der gleichen Reihenfolge verwenden. Nur dann kann der Roboter erkennen, dass es sich um die gleiche Adresse handelt.

SessionID und Indizierung

Ein ähnliches Problem erzeugen so genannte *SessionIDs*. Diese bewirken, dass die gleiche Seite bei jedem Browserstart mit einer anderen Adresse aufgerufen wird. Suchmaschinen, die auch dynamische Seiten indizieren, müssen die SessionID daher ignorieren. Zu diesem Zweck ist es erforderlich, dass der Roboter die SessionID auch als solche erkennen kann. Bei der Verwendung von SessionIDs sollten Sie diese also möglichst wie in der folgenden Adresse benennen:

www.provider.de?sessionid=12345

Der Roboter wird dann beim Aufruf der Seite die SessionID weglassen. Sie müssen folglich noch sicherstellen, dass die Seite auch ohne SessionID erscheint.

22 Java-Programmierung

Die vielen Vorteile, die der Programmiersprache *Java* durchaus zu Recht nachgesagt werden, sind leider auch mit einigen gewichtigen Nachteilen verbunden; der wichtigste: Java ist kompliziert. Eigentlich handelt es sich bei Java nicht mehr um eine »normale« Programmiersprache, sondern um ein umfassendes Entwicklungssystem für praktisch alle Aufgaben der System- und Anwendungsprogrammierung. Viele Möglichkeiten, die Java bietet, können in diesem Buch nicht einmal angedeutet werden. Zudem müssen wir unbedingt voraussetzen, dass Sie mit Java schon ein wenig vertraut sind. Wir werden auch nicht auf die Installation des *Java-SDK* (*Software Developer Kit*) bzw. *JDK* (*Java Development Kit*) eingehen. Diese läuft ohnehin automatisch ab, so dass Sie üblicherweise nur das Installationsverzeichnis wählen können. Da Sun, der Hersteller und Copyright-Inhaber von Java, das SDK zwar kostenlos zur Verfügung stellt, aber erwartet, dass Interessenten das Kit von der Sun-Homepage (*www.sun.com*) herunterladen, finden Sie dieses auch nicht auf der beiliegenden CD.

SDK-Verzeichnis in PATH-Variable aufnehmen

Bei der Installation des SDK wird leider kein Eintrag für die Umgebungsvariable PATH erstellt. Nur ein solcher Eintrag stellt aber sicher, dass Sie den Java-Compiler (*javac.exe*) aus jedem Verzeichnis heraus aufrufen können. Sie sollten die PATH-Variable daher unbedingt um den Verweis auf den *java-bin*-Ordner ergänzen. Für das vom Autor verwendete Kit in der Version 1.3 wird das normalerweise der folgende Pfad sein:

c:\jdk1.3\bin

Unter Windows XP können Sie die Erweiterung in der Systemsteuerung (*Start / Systemsteuerung / Leistung und Verwaltung / System*) vornehmen. Im Dialog *Systemeigenschaften* wählen Sie dazu die Seite *Erweitert.*

Abbildung 22.1: PATH-Umgebungsvariable erweitern (hier Windows XP)

Hier klicken Sie auf den Schalter *Umgebungsvariablen* und markieren im dann erscheinenden Dialog die Variable PATH. Mit dem Schalter *Bearbeiten* öffnen Sie dort den *Eingabe*-Dialog, in welchem sich die Ergänzung vornehmen lässt. Diese ist, durch ein Semikolon getrennt, an die vorhandene Pfaddefinition anzuhängen. Am Kommandozeilen-Prompt, den Sie wie üblich über die Eingabeaufforderung erhalten, können Sie den Erfolg der Operation überprüfen. Dazu genügt es, den Java-Compiler (*javac*) aufzurufen. Wenn das Betriebssystem den Compiler findet, gibt dieser eine Hilfeseite aus.

JDBC-Treiber

Java stellt mit *JDBC* (*Java Database Connectivity*) eine eigene Programmierschnittstelle für Datenbanken zur Verfügung. Diese besteht üblicherweise aus einem zum Lieferumfang von Java gehörenden Package (*java.sql*) und einem vom Hersteller der Datenbank bereitzustellenden JDBC-Treiber. Solche Treiber sind auch für MySQL verfügbar. Allerdings sind Sie nicht unbedingt darauf angewiesen, weil der Zugriff von Java-Anwendungen auf MySQL-Datenbanken relativ flexibel ist und daher grundsätzlich auf zwei Wegen erfolgen kann:

✔ per ODBC oder

✔ über datenbankspezifische JDBC-Treiber.

Für den Zugriff über ODBC ist es wiederum erforderlich, dass Sie eine MySQL-Datenbank als ODBC-Datenquelle einrichten. Sie benötigen dann jedoch keinen speziellen JDBC-Treiber, weil dieser, die so genannte *JDBC/ ODBC-Bridge*, bereits im Java-SDK enthalten ist. Diese Konstellation ist zum Lernen recht sinnvoll, denn Sie greifen auf jeden Fall über JDBC-Methoden auf die Datenbank zu, unabhängig vom verwendeten Treiber. Der Programmcode lässt sich später recht leicht auf andere, »echte« JDBC-Treiber umstellen.

Treibertypen

JDBC kennt vier verschiedene Treibertypen, die sich vor allem danach unterscheiden lassen, wie sie auf die Datenbank zugreifen. Tabelle 22.1 zeigt deren Zuordnung.

Typ	Zuordnung
Typ 1 JDBC/ ODBC-Bridge	Wird für die Anbindung von Datenbanken verwendet, für die kein spezieller Treiber vorhanden ist. Dieser Treiber wird als Typ 1 bezeichnet.
Typ 2 Treiber mit einer herstellerspezifischen API	Treiber dieses Typs verwenden Programmierschnittstellen, die vom Hersteller der Datenbank definiert wurden. Häufig sind diese in C bzw. C++ geschrieben.
Typ 3 Java-Treiber, die per Middleware auf die Datenbank zugreifen	Treiber dieses Typs greifen per Netzprotokoll auf so genannte Middleware zu, die dann ihrerseits auf die Datenbank zugreift. Dieses umständliche Verfahren ist mit einigen Nachteilen bezüglich der Performance verbunden.
Typ 4 Reine Java-Treiber, die direkt auf die Datenbank zugreifen	Der Zugriff bei Treibern vom Typ 4 erfolgt über Sockets bzw. das Netzprotokoll der Datenbank selbst. Die Ausschaltung von Zwischenstufen macht Treiber dieses Typs schnell und in der Regel auch zuverlässig.

Tabelle 22.1: Zuordnung der JDBC-Treibertypen

Obwohl die JDBC/ODBC-Bridge als Hilfslösung dient, wollen wir uns wegen der einfachen Anwendung auf diese konzentrieren. Hinweise zur Verwendung des auf der MySQL-Homepage angebotenen MySQL-JDBC-Treibers finden Sie am Schluss dieses Kapitels.

JDBC/ODBC-Brücke

Die JDBC/ODBC-Bridge gilt nicht gerade als besonders leistungsfähig. Auch ist diese Lösung nicht sehr flexibel und nur sehr eingeschränkt auf andere Systeme portierbar. Für große Datenbankanwendungen in verteilten Umgebungen sollten Sie daher andere Treiber, insbesondere vom Typ 4, bevorzugen. ODBC kann jedoch als ausgereift und recht zuverlässig gelten und eignet sich daher nicht nur für Lernzwecke, sondern auch für einfache Datenbankanwendungen mit relativ wenigen Benutzern.

Für die Beispiele des folgenden Textes nehmen wir an, dass eine ODBC-Datenquelle mit dem Namen *Kontakte* eingerichtet ist und dass diese über eine Tabelle mit der Bezeichnung *Kunden* verfügt.

Verbindung herstellen

Bevor eine Verbindung hergestellt werden kann, sind die notwendigen Packages zu laden. Das erste Beispiel soll noch keine grafische Ausgabe erzeugen und begnügt sich daher mit dem Package *java.sql* und dem JDBC/ODBC-Treiber. Die Grundstruktur unserer Klasse hat dann folgende Form:

```
import java.sql.*;
public class test
{
    public static void main(String[] args)
```

```
        throws Exception
    {
        Class.forName("sun.jdbc.odbc.JdbcOdbcDriver");

        Connection Verbindung =
        DriverManager.getConnection("jdbc:odbc:Kontakte",
        "root", "geheim");

        System.out.println(
            Verbindung.getMetaData().getStringFunctions());
    }
}
```

Ganz zu Anfang importieren wir das Package *java.sql*. In der main-Methode laden wir als Erstes den Treiber (die JDBC/ODBC-Bridge) mit der Anweisung Class.forName. Der Treiber steht damit für die Herstellung einer Verbindung zur Verfügung.

Im nächsten Schritt wird die eigentliche Verbindung hergestellt. Zuständig ist dafür die Methode getConnection, die für den so genannten DriverManager definiert ist. Dabei sind neben der Verbindungs-URL (im ersten Argument) gegebenenfalls auch der Benutzername und das Passwort zu übergeben. Das zweite und das dritte Argument sind jedoch grundsätzlich optional, so dass Sie, wenn die Datenquelle dies nicht erfordert, auch darauf verzichten können. Sind für MySQL keine Benutzerdaten eingerichtet, müssen Sie sogar auf Benutzername bzw. Passwort verzichten. Sie erhalten sonst eine Fehlermeldung angezeigt.

Verbindung testen

Eigentlich wäre damit die Verbindung, für die wir auch die Bezeichnung *Verbindung* gewählt haben, schon hergestellt. Damit das kleine Programm aber auch eine Ausgabe erzeugt und sich nach der Ausführung nicht kommentarlos verabschiedet, gibt die letzte Anweisung noch einige Informationen über die Datenbank aus. In diesem Fall handelt es sich um die von der Datenquelle unterstützten String-Funktionen (LEFT, RTRIM, SUBSTRING etc.). Sie können daran erkennen, dass die Verbindung erfolgreich hergestellt wurde. Die Ausgabe der String-Funktionen gehört zu den Informationen (Metadaten), die sich über die Datenquelle, das Connection-Objekt, abrufen lassen. Wir kommen noch darauf zurück.

Programmcode speichern

Java-Quellcode speichern Sie unter dem Namen, den Sie der Klasse gegeben haben. Unsere Klasse trägt die Bezeichnung test. Folglich müssen wir die Datei unter dem Namen *test.java* speichern. Da der Compiler beim Aufruf der Datei nach einer Klasse mit dem Namen der Datei sucht, erhalten wir andernfalls eine Fehlermeldung angezeigt.

Anwendung kompilieren

Damit hätten wird die Java-MySQL-Anwendung in ihrer einfachsten Form auch schon abgeschlossen. Vor der Ausführung ist der Programmcode allerdings noch zu kompilieren. Am Prompt der Eingabeaufforderung ist dafür die folgende Zeile einzugeben und mit ⏎ abzuschicken:

```
javac test.java
```

Wenn alles wie vorgesehen klappt, erhalten Sie damit eine Datei mit dem Namen *test.class*, die Sie nun direkt ausführen können.

Anwendung starten

Da wir keine grafischen Komponenten verwendet haben, müssen Sie die Mini-Anwendung am Kommandozeilen-Prompt der Eingabeaufforderung ausführen. Ist die Java-Laufzeitumgebung korrekt installiert, genügt dafür folgende Zeile:

```
java test
```

Die Anwendung sollte natürlich auch eine Ausgabe erzeugen, die beispielsweise wie in Abbildung 22.2 aussehen könnte.

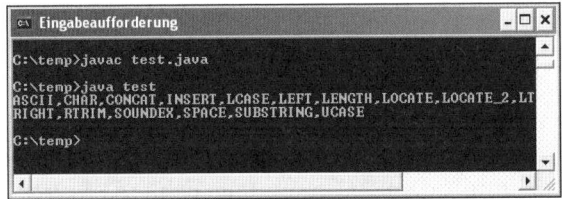

Abbildung 22.2: Ausgabe der Java-Anwendung

Die Anzeige auf Ihrem Bildschirm wird normalerweise mit der in Abbildung 22.2 identisch sein. Nur wenn ein Fehler auftritt, etwa weil die Datenquelle nicht gefunden werden konnte, sollten Sie etwas anderes zu sehen bekommen.

JDBC-URL definieren

Die Einrichtung einer Verbindung erfordert die Angabe einer JDBC-URL. Diese hat grundsätzlich folgende Form:

Protokoll:SubProtokoll:Datenquelle

Als Protokoll ist das Kürzel *jdbc* anzugeben. Für das Sub-Protokoll sind Sie auf die Angaben des Herstellers angewiesen. Bei Verwendung der JDBC/ ODBC-Bridge genügt die Angabe *odbc*. Die Datenquelle steht grundsätzlich für den Ort, an dem die Datenquelle zu finden ist. Wenn Sie eine ODBC-Datenquelle verwenden, müssen Sie hier deren Namen angeben. Für unser Beispiel mit der ODBC-Datenquelle *Kontakte* erhalten Sie damit folgende URL:

jdbc:odbc:kontakte

Bei anderen Treibern kann als Datenquelle eine komplette URL mit Port-Angabe gefordert sein (*///localhost:3306: Datenbankname*). Auch weitere Eigenschaften, etwa der Benutzername und das Passwort, sind gelegentlich als Teil des Datenquellenabschnitts anzugeben. Dies gilt beispielsweise für den MySQL-JDBC-Treiber. In der getConnection-Methode können diese Angaben dann entfallen.

Exceptions (Ausnahmen) behandeln

Unsere noch sehr einfache Anwendung dürfte eigentlich noch keine Probleme bereiten. Bei zunehmender Komplexität ist jedoch mit dem Auftreten von Fehlern (*Exceptions*) zu rechnen. Ein ordentlicher Java-Programmierer wird daher für jede Klasse eine Ausnahmebehandlung vorsehen. Diese hat grundsätzlich folgende Form:

```
try {
    // Anweisung 1;
    // Anweisung 2;
    // ...;
}
catch(Ausnahmetyp1) {
    // Fehlerbehandlung;
}
catch (Ausnahmetyp2) {
    // Fehlerbehandlung;
}
```

Der try-Zweig enthält die kompletten Anweisungen. Wenn alles gut geht, wird nur dieser Zweig ausgeführt. Ein catch-Zweig kommt hingegen nur zum Zuge, wenn ein Fehler auftritt. Hier bestimmen Sie zunächst den Ausnahmetyp. Dieser lässt sich dann für die Auswertung bzw. Behandlung der Ausnahme verwenden. Sie können mehrere catch-Zweige definieren, um unterschiedliche Ausnahmen zu behandeln. Als Ausnahmetypen stehen beispielsweise Typen wie Exception oder SQLException zur Verfügung. Letztere werden Sie in Datenbankanwendungen regelmäßig benötigen. Die Behandlung einer Ausnahme kann beispielsweise in der Ausgabe einer eigenen Meldung bestehen:

```
catch(Exception Fehler) {
    System.out.println("Fehler im Programm!");
    System.out.println(Fehler.toString());
    System.exit(0);
}
```

In der zweiten Anweisung wird die Java-Meldung ausgegeben, die den Fehler näher beschreibt. Dazu verwenden wir das Fehler-Objekt, das zuvor in der Klammer der catch-Anweisung definiert wurde. Die letzte Anweisung sorgt für eine geordnete Beendigung der Anwendung. Um die Ausnahmebehandlung in unser weiter oben gezeigtes Beispiel einzubauen, ist der Code wie folgt zu erweitern:

```
import java.sql.*;
import sun.jdbc.odbc.*;
public class test
{
    public static void main(String[] args)
            throws Exception
    {
        try {
            Class.forName("sun.jdbc.odbc.JdbcOdbcDriver");
            Connection Verbindung =
            DriverManager.getConnection(
                "jdbc:odbc:Kontakte", "root", "geheim");
            System.out.println(
            Verbindung.getMetaData().getStringFunctions());
        } catch(Exception Fehler) {
            System.out.println("Fehler im Programm: ");
            System.out.println(Fehler.toString());
            System.exit(0);
        }
    }
}
```

Die notwendigen Zeilenumbrüche im vorstehenden Beispiel erschweren möglicherweise ein wenig das Verständnis des Codes. Sie sollten daher unbedingt auf die Semikolons achten, die jede vollständige Anweisung abschließen. Auch der Java-Compiler orientiert sich nur daran und ignoriert Zeilen-umbrüche in der Regel.

> Im Folgenden beschränken wir uns aus Platzgründen meist auf die Anweisungen, die innerhalb des try-Zweiges stehen, also auf den eigentlichen Programmcode. Sie müssen diesen dann nach dem oben gezeigten Schema in das Gerüst der Klasse einfügen.

Datenbankinformationen ermitteln

Vor der Bearbeitung von Daten kann es sinnvoll sein, sich über die Datenquelle zu informieren. JDBC stellt zu diesem Zweck eine Reihe von Methoden und Eigenschaften zur Verfügung, mit denen sich Datenbankinformationen ermitteln lassen. Diese sind üblicherweise dem Connection-Objekt zugeordnet. Ein erstes Beispiel mit der Methode getString-Functions finden Sie ganz zu Anfang dieses Kapitels. Die Übersicht der wichtigsten Methoden zeigt Tabelle 22.2.

Methode	Beschreibung
getDatabaseProductName	Ermittelt den Namen der Datenbank
getDriverName	Ermittelt den Namen des Treibers
getSQLKeywords	Ermittelt die Namen der von der Daten-quelle unterstützten Schlüsselwörter, so-weit diese nicht zum SQL/92-Entry-Level gehören
getTables	Ermittelt Informationen über die Tabel-len der Datenquelle
isReadOnly	Ermittelt, ob der Zugriff auf die Daten-quelle nur im Lesemodus erfolgen kann

Tabelle 22.2: Methoden für die Ausgabe von Datenbank-informationen

Der Aufruf der Methoden erfolgt über die Methode getMeta-Data, die ein so genanntes DatabaseMetaData-Objekt liefert. Für dieses Objekt sind dann die in Tabelle 22.2 genannten Methoden definiert. Ist ein Connection-Objekt mit der Bezeichnung Verbindung eingerichtet, genügen die folgenden Konstruktionen:

```
Verbindung.getMetaData().getDatabaseProductName()
Verbindung.getMetaData().getDriverName()
Verbindung.getMetaData().getSQLKeywords()
```

Allerdings erhalten Sie damit keine Ausgabe. Sie müssen vielmehr die für das Systemobjekt definierte Methode println verwenden, damit die Anwendung bei der Ausführung auch eine Ausgabe erzeugt. Eine komplette Anweisung könnte folgende Form haben:

```
System.out.println(
        Verbindung.getMetaData().getSQLKeywords());
```

Java schreibt die Information dann in die so genannte Standardausgabe des Rechners.

Resultset erzeugen

Die Basis für die Bearbeitung und Auswertung von Daten ist ein Resultset-Objekt. Darunter ist eine Datensatzgruppe zu verstehen, die eine Teilmenge der Daten einer Tabelle umfassen kann, aber auch die ganze Tabelle bzw. die Daten von mehreren verknüpften Tabellen (Joins). Die Erzeugung eines Resultsets erfordert, dass zunächst ein Statement-Objekt erzeugt wird. Dieses erhalten Sie mit der Methode createStatement, die für das Connection-Objekt definiert ist. Erst im nächsten Schritt liefert dann die Methode executeQuery, die zum Statement-Objekt gehört, das gewünschte Resultset-Objekt:

```
Connection Verbindung;
String db = "jdbc:odbc:Kontakte";
String user = "root";
```

```
String pw = "geheim";
String SQLString = "SELECT * FROM Kunden";
Class.forName("sun.jdbc.odbc.JdbcOdbcDriver");


Verbindung = DriverManager.getConnection(db, user, pw);
Statement Abfrage = Verbindung.createStatement();
ResultSet Daten = Abfrage.executeQuery(SQLString);
```

Die letzten drei Anweisungen enthalten den Code, um den es in diesem Abschnitt gehen soll. Wie Sie aus den Anweisungen ersehen, bauen diese aufeinander auf. Die Methode execute-Query erwartet einen SQL-String als Argument, den wir zuvor in der Variablen SQLString definiert haben. Die übrigen Anweisungen bestehen aus Deklarationen, mit denen wir Variablen und ihren jeweiligen Typ vereinbaren. Die folgenden Anweisungen lassen sich dadurch kürzer und übersichtlicher fassen. Auch die Objektvariablen Abfrage und Daten können Sie zuvor deklarieren:

```
Statement Abfrage;
ResultSet Daten;
```

Bei der Zuweisung der Objekte sind dann nur noch die Namen der Variablen anzugeben:

```
Abfrage = Verbindung.createStatement();
Daten = Abfrage.executeQuery(SQLString);
```

Wenn Sie sich vom Erfolg der Operation, hier der Erzeugung eines Resultsets mit dem Namen Daten, überzeugen wollen, sollten Sie noch folgende Anweisung hinzufügen:

```
System.out.println(
    Daten.getMetaData().getTableName(1) );
```

Sie erhalten damit den Namen der Tabelle angezeigt, die dem Resultset zugrunde liegt. Auf die Möglichkeit, Informationen über das Resultset zu ermitteln, kommen wir später noch zurück. Zum Schluss können Sie Resultset- und Connection-Objekt wieder schließen. Dazu verwenden Sie die close-Methode, die sich auf beide Objekte anwenden lässt:

```
Daten.close();
Verbindung.close();
```

Für unser Beispiel sollte dass nicht unbedingt erforderlich sein, weil beim Beenden der Anwendung auch die darin erzeugten Objekte wieder gelöscht werden.

Resultset-Typ

JDBC differenziert zwischen verschiedenen Resultset-Typen. Wenn Sie bei der Erzeugung eines Resultset-Objekts auf die Angabe des Typs verzichten, erhalten Sie automatisch den Typ `TYPE_FORWARD_ONLY`. Resultsets dieses Typs können Sie lediglich einmal vorwärts durchlaufen, aber nicht ändern. Um sich frei im Resultset bewegen zu können, benötigen Sie beispielsweise den Typ `TYPE_SCROLL_SENSITIVE`. Soll das Resultset auch noch die Bearbeitung der Daten zulassen, ist auch dafür eine Konstante anzugeben. Die Übergabe erfolgt in der Methode `createStatement`, die für das Connection-Objekt definiert ist:

```
Statement Abfrage = Verbindung.createStatement(
    ResultSet.TYPE_SCROLL_SENSITIVE,
    ResultSet.CONCUR_UPDATABLE ) ;
```

Die `createStatement`-Methode verfügt über zwei optionale Argumente. Im ersten geben Sie, wie gezeigt, den Typ des Resultsets an, im zweiten bestimmen Sie, ob die Daten bearbeitet werden können. Wir werden im Folgenden in der Regel diese Variante der `createStatement`-Methode verwenden.

Informationen über ein Resultset ermitteln

Ein Resultset weist eine Tabellenstruktur auf. Folglich können Sie unter anderem die Zahl und Bezeichnung der Spalten und andere Tabelleninformationen ermitteln. Eine Auswahl der wichtigsten Resultset-Methoden zeigt Tabelle 22.3.

Methode	Beschreibung
getColumnCount	Ermittelt die Anzahl der Spalten des Resultsets
getColumnName	Ermittelt den Namen einer Spalte
getColumnType	Ermittelt den Typ einer Spalte als numerische Konstante
getColumnTypeName	Ermittelt den Typ einer Spalte als Name
getTableName	Ermittelt den Namen der Tabelle, die einem Resultset zugrunde liegt
isAutoIncrement	Prüft, ob es sich bei einer Spalte um eine AutoIncrement-Spalte handelt

Tabelle 22.3: Methoden für die Ermittlung von Resultset-Informationen

Die Methoden benötigen ein Argument. Bei den Methoden, die Informationen über eine Spalte liefern, ist das die Position der Spalte in der Tabelle. Für ein Resultset mit der Bezeichnung Daten könnte die Anwendung wie folgt aussehen:

```
String Ausgabe = Daten.getMetaData().getTableName(1);
System.out.println(Ausgabe);
Ausgabe = Daten.getMetaData().getColumnName(1);
System.out.println(Ausgabe);
Ausgabe = Daten.getMetaData().getColumnTypeName(1);
System.out.println(Ausgabe);
```

Der Wert 1 steht für die erste Spalte, der Wert 2 für die zweite usw. Sie werden diese Methoden benötigen, wenn Sie auf unbekannte Datenbanken zugreifen müssen. Wichtig kann auch die Methode isAutoIncrement sein. In Spalten mit diesem Attribut müssen Sie selbst keinen Wert eintragen, was Ihnen unter Umständen die Berechnung von Schlüsseln erspart:

```
boolean Autowert;
Autowert = Daten.getMetaData().isAutoIncrement(1);
if (Autowert) {
    System.out.println("AutoIncrement-Spalte!");
```

```
} else {
    System.out.println("Keine AutoIncrement-Spalte!");
}
```

Mit den vorstehenden Zeilen werten wir den Rückgabewert der Methode aus. Dieser Wert dient dann zur Steuerung der Ausgabe in einer if-Struktur. Üblicherweise stehen hier Anweisungen, die einen eigenen Schlüsselwert in die Tabelle schreiben (else-Zweig) bzw. darauf verzichten (if-Zweig).

Daten bearbeiten

Beim Hinzufügen, Ändern und Löschen von Daten lassen sich grundsätzlich zwei Zugriffsverfahren unterscheiden:

✔ Verwendung der SQL-Anweisungen INSERT, UPDATE und DELETE

✔ Verwendung der JDBC-Resultset-Methoden

Am einfachsten sind in der Regel SQL-Anweisungen. JDBC übergibt dabei lediglich die SQL-Strings an die Datenbank-Engine und hat dann mit den eigentlichen Operationen nichts mehr zu tun. Sie benötigen noch nicht einmal ein Resultset, weil die entsprechenden Methoden bereits dem Statement-Objekt zugeordnet sind. Etwas mehr Kontrolle, aber auch mehr Aufwand haben Sie mit den Methoden der Klasse ResultSet. Wir wollen uns hier auf die einfache Methode der direkten SQL-Anweisung beschränken.

SQL-Anweisungen direkt ausführen

Für die direkte Ausführung von SQL-Anweisungen sind die folgenden zwei Methoden definiert, die beide zur Statement-Klasse gehören.

✔ execute

✔ executeUpdate

Mit *execute* führen Sie nahezu beliebige SQL-Anweisungen aus. Als Rückgabe erhalten Sie einen Wert vom Typ boolean, der lediglich anzeigt, ob die Operation erfolgreich ausgeführt wurde. Die Methode liefert dann den Wert *true*. Die Methode executeUpdate dient vor allem der Ausführung von INSERT-, UPDATE- und DELETE-Anweisungen. Sie liefert als Rückgabewert die Anzahl der betroffenen (hinzugefügten, geänderten oder gelöschten) Datensätze. Das folgende Beispiel fügt einen neuen Datensatz hinzu und gibt zum Schluss die Zahl der geänderten Datensätze (hier nur einen) aus:

```
Connection Verbindung;
Statement Abfrage;
String db = "jdbc:odbc:Kontakte";
String user = "root";
String pw = "geheim";
int Zahl = 0;
String SQLString = "INSERT INTO Kunden(Firma) " +
                   "VALUES('Bauer KG')";


Class.forName("sun.jdbc.odbc.JdbcOdbcDriver");
Verbindung = DriverManager.getConnection(db, user, pw);
Abfrage = Verbindung.createStatement(
              ResultSet.TYPE_SCROLL_SENSITIVE,
              ResultSet.CONCUR_UPDATABLE);
Zahl = Abfrage.executeUpdate(SQLString);
System.out.println(Zahl + " Zeile(n) geaendert");
```

Nach dem gleichen Muster definieren Sie UPDATE- und DELETE-Anweisungen. So ändert das folgende Beispiel alle Datensätze, die in der Spalte *Ort* den Eintrag *Leipzig* enthalten:

```
Connection Verbindung;
Statement Abfrage;
String db = "jdbc:odbc:Kontakte";
String user = "root";
String pw = "geheim";
int Zahl = 0;
```

```
String SQLString = "UPDATE Kunden " +
                   "SET Bemerkung = '20 % Rabatt'" +
                   "WHERE Ort = 'Leipzig'";
Class.forName("sun.jdbc.odbc.JdbcOdbcDriver");
Verbindung = DriverManager.getConnection(db, user, pw);
Abfrage = Verbindung.createStatement();
Zahl = Abfrage.executeUpdate(SQLString);
System.out.println(Zahl + " Zeile(n) geaendert");
```

Auf ein Beispiel für das Löschen von Datensätzen soll hier verzichtet werden. Sie müssen dafür lediglich den SQL-String ändern.

Resultset-Methoden

Für die Bearbeitung von Resultsets, also das Hinzufügen, Ändern und Löschen von Daten, sowie für das Navigieren im Resultset stehen unter anderem die in Tabelle 22.4 genannten Methoden zur Verfügung.

Methode	Beschreibung
absolute	Setzt den Datensatzzeiger auf den angegebenen Datensatz
deleteRow	Löscht einen Datensatz (eine Zeile) des Resultsets
first	Setzt den Datensatzzeiger auf den ersten Datensatz
getChar	Liefert einen Spaltenwert vom Typ Char
getDouble	Liefert einen Spaltenwert vom Typ Double
getInt	Liefert einen Spaltenwert vom Typ Int (Integer)
getRow	Ermittelt die Datensatznummer des aktuellen Datensatzes
getString	Liefert einen Spaltenwert vom Typ String
insertRow	Fügt einen neuen Datensatz ein

Methode	Beschreibung
isFirst	Prüft, ob der Datensatzzeiger auf den ersten Datensatz zeigt
isLast	Prüft, ob der Datensatzzeiger auf den letzten Datensatz zeigt
last	Setzt den Datensatzzeiger auf den letzten Datensatz
moveToInsertRow	Positioniert den Datensatzzeiger auf die Einfügeposition für einen neuen Datensatz
next	Setzt den Datensatzzeiger auf den nächsten Datensatz
previous	Positioniert den Datensatzzeiger auf dem vorhergehenden Datensatz
updateDate	Weist Spalten vom Typ Date einen Wert zu oder ändert diesen
updateInt	Weist Spalten vom Typ Int einen Wert zu oder ändert diesen
updateString	Weist Spalten vom Typ String einen Wert zu oder ändert diesen

Tabelle 22.4: Methoden der Klasse ResultSet (Auswahl)

Die Bearbeitung setzt voraus, dass Sie zunächst den Datensatzzeiger auf den betreffenden Datensatz positionieren. Dazu stehen Methoden wie absolute, next, first und andere zur Verfügung. Das folgende Beispiel positioniert den Datensatzeiger im Resultset Daten auf ersten Datensatz und gibt die Werte von drei Spalten aus:

```
Daten.first();
System.out.println(Daten.getInt("KundenNr"));
System.out.println(Daten.getString("Firma"));
System.out.println(Daten.getString("Ort"));
```

Damit haben wir auch schon einige Ausgabefunktionen kennen gelernt. Mit Methoden wie getInt und getString lesen Sie jeweils einen Spaltenwert des betreffenden Typs aus.

Daten mit deleteRow löschen

Die Resultset-Methoden zum Ändern von Daten sind nicht ganz unproblematisch, weswegen wir in der Regel die schon gezeigte direkte Ausführung von SQL-Anweisungen empfehlen würden. Wir gehen daher auch nur kurz auf die Methoden ein. Die folgenden Anweisungen löschen mit Hilfe der Methode deleteRow den letzten Datensatz der Tabelle *Kunden*:

```
Daten.last();
```

```
Daten.deleteRow();
```

Der Aufruf der Methode insertRow löste in unseren Beispielen einen nicht behebbaren Fehler im ODBC-Treiber aus, der Windows veranlasste, die Ausführung der Java-Laufzeitumgebung abzubrechen. Beim Zugriff auf eine Access-Datenbank (über ODBC) trat dieser Fehler hingegen nicht auf. Ein Beispiel für das Einfügen von Daten müssen wir Ihnen daher vorenthalten. Weil aber die direkte Ausführung der SQL-INSERT-Anweisung problemlos funktioniert, sollte diese Einschränkung zu verschmerzen sein.

Daten auslesen

Wir haben weiter oben schon gezeigt, wie Sie Daten mit Hilfe eines Resultsets und der Methoden getString, getInt, getDate usw. ausgeben. Nachfolgend wollen wir daher nur noch ein kurzes Beispiel vorstellen und auf einige Besonderheiten hinweisen. Wichtig ist zunächst schon die Definition des SQL-Strings, mit dem Sie das Resultset erzeugen:

```
String SQLString = "SELECT * FROM Kunden;";
Daten = Abfrage.executeQuery(SQLString);
```

Nur Spalten, die im Resultset enthalten sind, lassen sich auch ausgeben. Wir haben in diesem Fall einfach die ganze Tabelle *Kunden* als Resultset definiert. In einer Schleife lassen sich nun die Daten wie folgt ausgeben:

```
while (Daten.next()) {
  System.out.println(Daten.getInt("KundenNr"));
  System.out.println(Daten.getString("Firma"));
  System.out.println(Daten.getString("Ort"));
  System.out.println(Daten.getDate("Datum"));
}
```

In der Schleifenbedingung verwenden wir die Methode next, die bei jedem Durchlauf zum jeweils nächsten Datensatz geht. Nur dadurch kommen wir irgendwann auch beim letzten Datensatz an. Die Methode liefert den Wert true, wenn sie den Datensatzzeiger erfolgreich auf den nächsten Datensatz positionieren konnte. Trifft das nicht mehr zu, etwa weil der letzte Datensatz erreicht ist, erzeugt next den Wert false, so dass die while-Schleife beendet wird. Sie sollten das Beispiel natürlich nicht auf eine Tabelle mit Tausenden von Datensätzen anwenden. Es könnte sonst etwas länger dauern.

Abfragen mit execute

Die Methode execute, die für das Statement-Objekt definiert ist, kann ebenfalls eine SQL-Anweisung ausführen. Wenn dabei ein Resultset erzeugt wird, liefert die Methode den Wert true. Auf das Resultset selbst lässt sich dann mit der Methode getResultSet zugreifen, die ebenfalls für das Statement-Objekt definiert ist. Das folgende Beispiel zeigt zur Abwechslung eine vollständige Klasse. Die wichtigen Stellen haben wir fett hervorgehoben:

```
import java.sql.*;
public class test
{
  public static void main(String[] args)
        throws Exception
  {
    try {
    Connection Verbindung;
    Statement Abfrage;
```

```
ResultSet Daten = null;
String db = "jdbc:odbc:Kontakte";
String user = "root";
String pw = "geheim";
String SQLString = "SELECT * FROM Kunden";
Class.forName("sun.jdbc.odbc.JdbcOdbcDriver");
Verbindung=DriverManager.getConnection(db,user,pw);
Abfrage = Verbindung.createStatement(
          ResultSet.TYPE_SCROLL_SENSITIVE,
          ResultSet.CONCUR_UPDATABLE ) ;
if (Abfrage.execute(SQLString)) {
    Daten = Abfrage.getResultSet();
    Daten.next();
    System.out.println(Daten.getInt("KundenNr"));
    System.out.println(Daten.getString("Firma"));
    System.out.println(Daten.getString("Ort"));
} else {
    System.out.println("Fehler!");
}
Daten.close();

} catch(Exception Fehler) {
    System.out.println("Fehler im Programm: ");
    System.out.println(Fehler.toString());
    System.exit(0);
}
}
}
```

Die Methode execute erlaubt die Ausführung von SQL-Anweisungen, auch wenn dabei nicht bekannt ist, ob es sich um eine Auswahl- oder Änderungsabfrage handelt. Sie können daher zunächst prüfen, ob ein Resultset erzeugt wurde. Nur dann handelt es sich um eine Auswahlabfrage (SELECT), so dass Sie anschließend versuchen können, die Daten auszugeben.

Datenstruktur ändern

Die Änderung der Datenstruktur, also das Erzeugen, Löschen und Ändern von Tabellen und anderen Datenbankobjekten, ist ebenfalls möglich. Sie verwenden dazu in der Regel SQL-Anweisungen wie CREATE TABLE, ALTER TABLE etc., die Sie mit Hilfe der execute-Methode ausführen. Das folgende Beispiel erzeugt eine Tabelle mit drei Spalten:

```java
import java.sql.*;
import java.util.*;
public class tabelle
{
    public static void main(String[] args)
            throws Exception
    {
        try {
            Connection Verbindung;
            Statement Abfrage;
            String db = "jdbc:odbc:Kontakte";
            String user = "root";
            String pw = "geheim";
            String SQLString = "CREATE TABLE Artikel( " +
                        "ArtikelNr INTEGER NOT NULL, " +
                        "Bezeichnung VARCHAR(255), " +
                        "Preis DECIMAL(10,2) )" ;
            System.out.println(SQLString);
            Class.forName("sun.jdbc.odbc.JdbcOdbcDriver");
            Verbindung = DriverManager.getConnection(
                        db, user, pw);
            Abfrage = Verbindung.createStatement(
                        ResultSet.TYPE_SCROLL_SENSITIVE,
                        ResultSet.CONCUR_UPDATABLE);

            Abfrage.execute(SQLString);
            Verbindung.close();
        } catch(Exception Fehler) {
            System.out.println("Fehler im Programm: ");
```

```
          System.out.println(Fehler.toString());
          System.exit(0);
        }
      }
    }
```

Anschließend können Sie mit `executeUpdate` Daten in die neue Tabelle einfügen. Achten Sie im vorstehenden Beispiel besonders auf die Zusammensetzung des SQL-Strings. Wir geben diesen mit `println` aus, damit Sie den String vor der Ausführung nochmals überprüfen können.

 Das Beispiel finden Sie unter der Bezeichnung *tabelle.java* im Ordner *java* auf der beiliegenden CD.

Grafische Ausgabe mit Swing

Reine Kommandozeilen-Tools wie unsere bisherige Java-Anwendung sind eigentlich ein Relikt aus längst vergangenen Zeiten. Nur Benutzer, die ständig damit arbeiten, können diese zuverlässig handhaben. Mit grafischen Anwendungen kommen hingegen auch Benutzer zurecht, die eine Anwendung nur gelegentlich benötigen. Java verfügt daher über umfangreiche grafische Bibliotheken. In diesem Buch wollen wir uns auf die am häufigsten verwendete Bibliothek beschränken, die unter dem Namen *Swing* jedem Java-Programmierer vertraut sein dürfte. Sie bietet nicht nur die üblichen Schalter, Eingabefelder und Listen, sondern auch Tabellen, mit denen sich Datensätze besonders gut darstellen lassen. Für die Programmierung benötigen Sie folgende Packages:

✔ *javax.swing*

✔ *java.awt*

✔ *java.awt.event*

Eventuell kann auch noch das Package *java.util* erforderlich sein. Natürlich sind auch wieder alle Packages zu importieren, die für den Zugriff auf die ODBC-Datenquelle benötigt werden.

Swing und Layout-Manager

Eine Eigenart, die Java-Einsteiger regelmäßig abschreckt, sind die so genannten *Layout-Manager*. Diese legen fest, wie die einzelnen Komponenten (Schalter, Textfelder, Listen etc.) im Formular angeordnet werden. Sie können also eigentlich nicht genau bestimmen, an welcher Position und in welcher Größe die Komponenten im Formular erscheinen sollen. Der Vorteil eines solchen Formulars besteht jedoch darin, dass es sich beim Skalieren automatisch anpasst und daher auf Ausgabegeräten mit unterschiedlichen Auflösungen immer das gleiche Bild liefert.

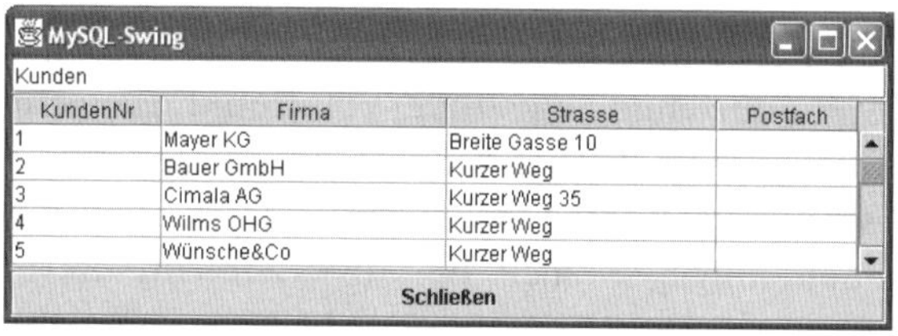

Abbildung 22.3: MySQL-Daten in einer Java-Swing-Tabelle

Allerdings kennt Swing auch ein so genanntes *Null-Layout*, bei dem eine exakte Positionierung möglich ist. In diesem Fall gehen aber auch die Vorteile des Layout-Managers verloren. Unser Beispiel (Abbildung 22.3) soll nur aus drei Komponenten (Textfeld, Tabelle und Schalter) bestehen. Wir kommen daher mit einem sehr einfachen Layout-Manager aus.

Ausgabe in Swing-Tabelle

Nachfolgend wollen wir Schritt für Schritt ein Beispiel entwickeln, das die Daten einer Abfrage in einer Swing-Tabelle ausgibt. Zunächst sind dazu die schon angedeuteten Packages zu importieren. Die entsprechenden Zeilen könnten folgende Form haben:

```
import java.sql.*;
import java.awt.*;
import java.awt.event.*;
import javax.swing.*;
import javax.swing.table.*;
import java.util.*;
```

Im nächsten Schritt soll das Grundgerüst der Klasse entstehen. Diese wird die Bezeichnung mysqlswing tragen. Folglich müssen Sie die Datei auch unter dem Namen *mysqlswing.java* speichern:

```
public class mysqlswing extends JFrame
implements ActionListener
{
   public static void main(String[] args)
        throws Exception
   { }
}
```

Mit der Erweiterung extends JFrame wird unsere Klasse als eine Ableitung der Klasse JFrame definiert. Diese steht praktisch für ein Fenster, also einen rechteckigen Bereich, in welchem sich später beliebige Komponenten einfügen lassen. Den ActionListener benötigen wir, um auf die Betätigung des *Schließen*-Schalters reagieren zu können. Bei der Darstellung des grafischen Teils kommen wir auf beide Punkte zurück.

Die Funktionalität der Klasse ist nicht mehr ganz trivial und soll daher auf mehrere Methoden verteilt werden. Zuvor sind jedoch oberhalb der main-Methode einige Variablen zu deklarieren:

```
Connection Verbindung;
Statement Abfrage;
ResultSet Daten;
```

```
String user = "root";
String pw = "geheim";
JTable Tabelle;
JTextField Eingabe;
JButton Schliessen;
String db = "jdbc:odbc:Kontakte";
String SQLString = "SELECT * FROM Kunden";
```

Die meisten Variablen sollten Ihnen aus früheren Beispielen noch vertraut sein. Neu sind die Variablen JTextField, JTable und JButton, die für Swing-Komponenten stehen. Ein Teil der Variablen wird gleich im nächsten Schritt benötigt, um die Verbindung zur Datenquelle herzustellen. Dieser Abschnitt könnte folgende Form haben:

```
Class.forName("sun.jdbc.odbc.JdbcOdbcDriver");
Verbindung = DriverManager.getConnection(db, user, pw);
Abfrage = Verbindung.createStatement();
Daten = Abfrage.executeQuery(SQLString);
```

Die Daten müssen nun ausgelesen werden. Da wir sie in einer Swing-Tabelle anzeigen wollen, ist es sinnvoll, die Daten in ein Array bzw. in mehrere Arrays zu schreiben. Dazu sind zunächst die benötigten Variablen zu deklarieren:

```
int i = 0;
int max = 50;
String[][] Zeilen = new String[max][3];
String [] Kopf = new String[3];
```

Die Variablen i und max sind Hilfsvariablen, die im folgenden Programmcode noch für die Steuerung einer Schleife benötigt werden. Die Daten sollen im Array Zeilen landen. Für die Kopfzeile, also die Spaltenbezeichnungen, ist das Array Kopf vorgesehen. Die folgenden Anweisungen lesen zunächst die Spaltenbezeichnungen ein:

```
Kopf[0] = Daten.getMetaData().getColumnName(1);
Kopf[1] = Daten.getMetaData().getColumnName(2);
Kopf[2] = Daten.getMetaData().getColumnName(3);
```

Für das Einlesen der Daten muss hingegen das Resultset durchlaufen werden, um alle Datensätze zu erhalten. Die Operation benötigt daher eine Schleife wie die folgende:

```
while (Daten.next() & i < max)
{
    Zeilen[i][0] = Daten.getString(1);
    Zeilen[i][1] = Daten.getString(2);
    Zeilen[i][2] = Daten.getString(3);
    i++;
}
```

Allerdings lesen wir nicht unbedingt alle Datensätze ein. Die Variable max, die wir weiter oben auf den Wert 50 begrenzt haben, sorgt dafür, dass spätestens nach dem 50. Datensatz Schluss ist.

Bezüglich des Datenzugriffs wären damit alle notwendigen Operationen abgeschlossen. Der letzte Schritt erfordert nun die Bereitstellung der grafischen Oberfläche mit Hilfe von Swing-Komponenten. Natürlich dürfen Sie in diesem Buch keine Einführung in die Grafik-Programmierung mit Java erwarten. Es sollen daher nur einige Eigenschaften des betreffenden Code-Abschnitts angesprochen werden:

```
getContentPane().setLayout(new BorderLayout());
```

Ein Fenster haben wir bereits bei der Definition unserer Klasse mit der Erweiterung extends JFrame erhalten. Die erste Zeile des vorstehenden Codes bestimmt nun den Layout-Manager. Wir definieren ein so genanntes *Border-Layout*, bei dem sich Komponenten an allen vier Seiten und im Zentrum anordnen lassen. Die folgenden Zeilen definieren drei Komponenten: eine Tabelle, einen scrollbaren Bereich (Bildlauf), in den wir auch gleich die Tabelle einfügen, und eine Schaltfläche, die das Programm beenden und das Fenster schließen soll.

```
Tabelle = new JTable(Zeilen, Kopf);
JScrollPane Bildlauf = new JScrollPane(Tabelle);
Schliessen = new JButton("Schließen");
```

Beachten Sie auch die Übergabe der Arrays Zeilen und Kopf, mit denen der Tabelle auch gleich der anzuzeigende Inhalt aus der MySQL-Datenbank zugewiesen wird.

Die folgenden zwei Zeilen fügen nun den Bildlauf (mit der darin enthaltenen Tabelle) und die Schaltfläche in das Fenster (JFrame) ein.

```
getContentPane().add("Center", Bildlauf);
getContentPane().add("South", Schliessen);
```

Beachten Sie die Positionsangaben (Center und South), die den Komponenten ihren Platz im Layout zuweisen. Da die Anwendung über eine Schaltfläche verfügt, muss diese natürlich auch eine bestimmte Funktion erfüllen. Zu diesem Zweck ruft die folgende Anweisung einen so genannten *ActionListener* auf:

```
Schliessen.addActionListener(this);
```

Mit dem Argumentwert this verweisen wir auf das aktuelle Objekt unserer Klasse, also auf die gerade laufende Version unserer Anwendung (die in diesem Fall nur aus der Klasse mysqlswing besteht). Die Aktion, die wir hier abfangen und auswerten wollen, besteht in der Betätigung des *Schließen*-Schalters durch den Anwender. Für die Behandlung der Aktion ist eine eigene Methode zuständig, die folgende Form haben kann:

```
public void actionPerformed(ActionEvent e)
{
    if(e.getActionCommand()== "Schließen")
    {
        setVisible(false);
        System.exit(0);
    }
}
```

Zunächst wird das Fenster (JFrame) ausgeblendet und dann die Anwendung beendet. Allerdings muss das Anwendungsfenster nach dem Start der Anwendung erst einmal angezeigt werden. Dazu ist vor der obigen Methode noch der folgende Programmcode einzufügen:

```java
setTitle("MySQL-Swing");
setSize(600, 400);
setLocation(100, 100);
setVisible(true);
```

Die Zeilen definieren zunächst einen Fenstertitel und bestimmen dann die Abmessungen und die Position des Fensters. Erst dann wird es angezeigt. Nur die letzte Zeile sorgt dafür, dass Sie überhaupt etwas zu sehen bekommen.

Der komplette Programmcode der Klasse zeigt, wie sich die einzelnen Abschnitte zu einer lauffähigen Anwendung zusammensetzen lassen. Beachten Sie vor allem die verschiedenen Methoden. Ergänzend haben wir noch eine minimale Ausnahmebehandlung hinzugefügt, die allerdings nur eine schlichte Fehlermeldung ausgibt:

```java
//----------------------------------------------------
// MySQL/ODBC-Datenquelle
// Ausgabe in Swing-Tabelle
//----------------------------------------------------
import java.sql.*;
import java.awt.*;
import java.awt.event.*;
import javax.swing.*;
import javax.swing.table.*;
import java.util.*;

public class mysqlswing extends JFrame
implements ActionListener
{
  Connection Verbindung;
  Statement Abfrage;
  ResultSet Daten;
  String user = "root";
  String pw = "geheim";
  String TabName = "";
```

```java
JTextField Eingabe;
JTable Tabelle;
JButton Schliessen;
String db = "jdbc:odbc:Kontakte";
String SQLString = "SELECT * FROM Kunden";

public static void main(String[] args)
throws Exception
{
    new mysqlswing();
}

public mysqlswing()
{
    int i = 0;
    int max = 50;
    String[][] Zeilen = new String[max][4];
    String [] Kopf = new String[4];
    try
    {
        // ---- Resultset erzeugen ------------------
        Class.forName("sun.jdbc.odbc.JdbcOdbcDriver");
        Verbindung = DriverManager.getConnection(db,
                    user, pw);
        Abfrage = Verbindung.createStatement();
        Daten = Abfrage.executeQuery(SQLString);

        // ---- Daten in Arrays schreiben -----------
        Kopf[0] = Daten.getMetaData().getColumnName(1);
        Kopf[1] = Daten.getMetaData().getColumnName(2);
        Kopf[2] = Daten.getMetaData().getColumnName(3);
        Kopf[3] = Daten.getMetaData().getColumnName(4);

        while (Daten.next() & i < max)
        {
            Zeilen[i][0] = Daten.getString(1);
            Zeilen[i][1] = Daten.getString(2);
```

```
            Zeilen[i][2] = Daten.getString(3);
            Zeilen[i][3] = Daten.getString(4);
            i++;
        }
        TabName = Daten.getMetaData().getTableName(1);
        Daten.close();
        Verbindung.close();
    }
    catch(Exception ex) {
        System.out.println(ex.getMessage());
    }

    // --- Fenster und Swing-Komponenten erzeugen ---
    getContentPane().setLayout(new BorderLayout());
    Eingabe = new JTextField(20);
    Tabelle = new JTable(Zeilen, Kopf);
    JScrollPane Bildlauf = new JScrollPane(Tabelle);
    Schliessen = new JButton("Schließen");

    // --- Swing-Komponenten in Fenster einfügen ----
    getContentPane().add("North", Eingabe);
    getContentPane().add("Center", Bildlauf);
    getContentPane().add("South", Schliessen);
    Schliessen.addActionListener(this);
    Eingabe.setText(TabName);

    // --- Fenster anzeigen und positionieren -----
    setTitle("MySQL-Swing");
    setSize(600, 400);
    setLocation(100, 100);
    setVisible(true);
}

// --- Anwendung schließen ----------------
public void actionPerformed(ActionEvent e)
{
    if(e.getActionCommand()== "Schließen")
```

```
    {
        setVisible(false);
        System.exit(0);
    }
  }
}
```

Der Programmcode enthält einige zusätzliche Elemente, auf
die wir bei der Besprechung des Beispiels wegen ihrer geringen Bedeutung nicht weiter eingegangen sind. Zudem haben
wir einige Kommentare eingefügt, die Ihnen das Lesen des
Codes etwas erleichtern sollen.

Natürlich finden Sie das Beispiel als Java-Quellcode auch
auf der beiliegenden CD. Wir haben die Datei unter dem
Namen *mysqlswing.java* im Java-Ordner abgelegt.

Hinweis zum JDBC-Treiber

Auch aus Java heraus können Sie per ODBC auf Datenbanken
zugreifen. Das sollte jedoch nicht erforderlich sein, weil für
Java-Anwendungen auch ein MySQL/JDBC-Treiber zur Verfügung steht. Dieser wird in der Regel einen wesentlich schnelleren Zugriff auf MySQL-Datenbanken erlauben. Neben dem
JDBC-Treiber, den Sie auf der MySQL-Homepage finden, existieren noch weitere, zum Teil kommerzielle Treiber, die in
diesem Buch jedoch nicht vorgestellt werden sollen.

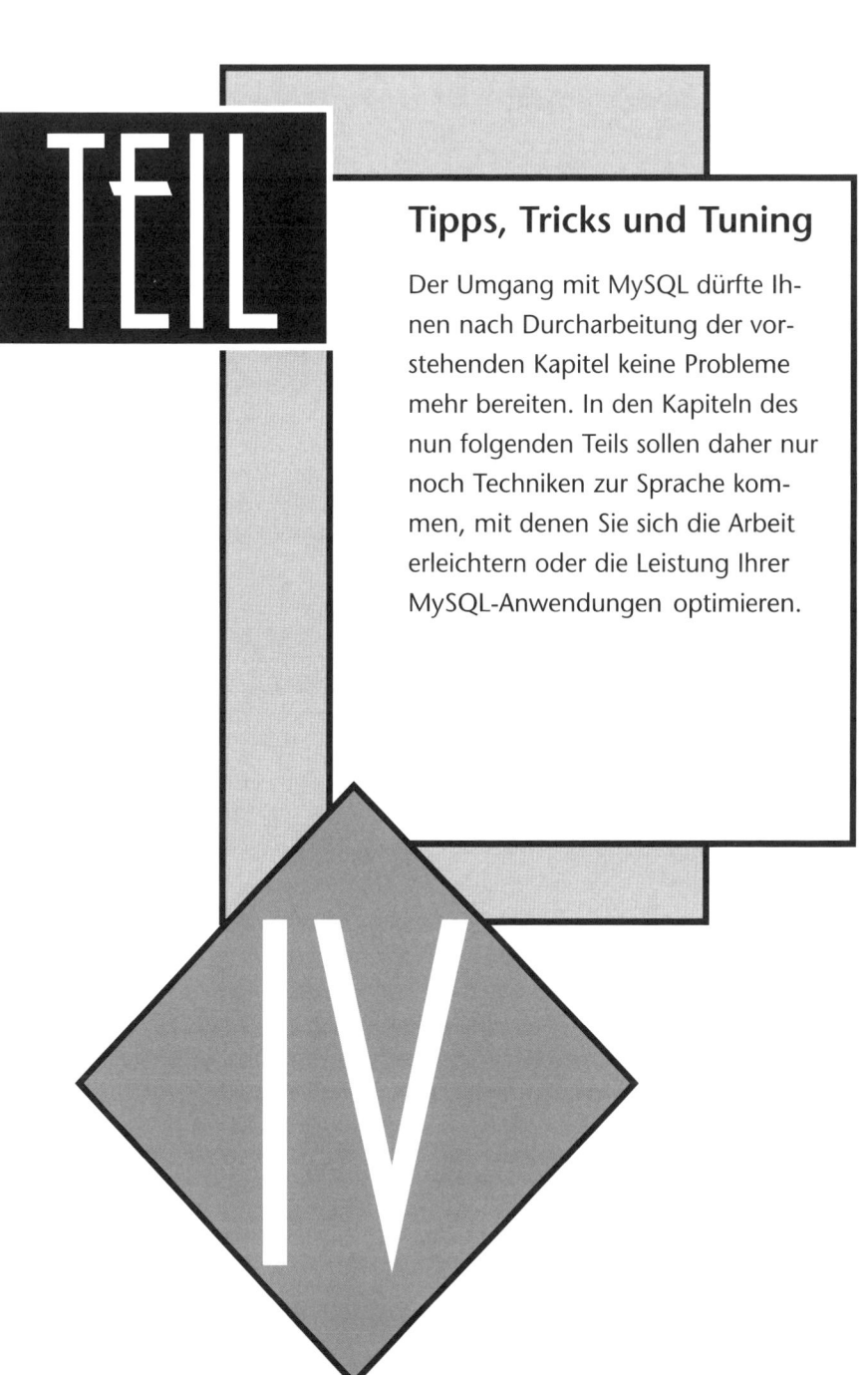

TEIL

Tipps, Tricks und Tuning

Der Umgang mit MySQL dürfte Ihnen nach Durcharbeitung der vorstehenden Kapitel keine Probleme mehr bereiten. In den Kapiteln des nun folgenden Teils sollen daher nur noch Techniken zur Sprache kommen, mit denen Sie sich die Arbeit erleichtern oder die Leistung Ihrer MySQL-Anwendungen optimieren.

IV

23 Inside MySQL

Wie wohl die meisten Anwender können Sie MySQL als eine Art Blackbox betrachten, in die Sie Befehle eingeben und von der Sie Daten zurückerhalten. Dieser Ansatz ist auch durchaus praktikabel. Schließlich ist das Innere von MySQL Sache der MySQL-Entwickler. Gelegentlich kann es jedoch sinnvoll sein, selbst etwas tiefer in den »Maschinenraum« von MySQL hineinzuschauen, beispielsweise um bestimmte Abläufe besser zu verstehen und dann vielleicht auch optimieren zu können. Wer weiß, wie MySQL mit bestimmten Anweisungen umgeht, kann beispielsweise Performance-Fallen vermeiden und alternative Wege finden.

Das vorliegende Kapitel ist im Wesentlichen ein Nur-lese-Kapitel. Sie können die Tastatur also vorerst zur Seite schieben und sich etwas zurücklehnen.

Im Maschinenraum

Mit dem Begriff »Maschinenraum« liegen wir gar nicht so falsch, weil der eigentliche Datenbankkern in der Regel als *Engine* bzw. *Datenbank-* oder *Storage-Engine* bezeichnet wird. In diesem Teil des Servers werden die eigentlichen Datenbankoperationen ausgeführt. Nur die Engine greift wirklich auf die Dateien, die Tabellen und Indizes zu. Um die Engine herum sind Anwendungsmodule gruppiert, die beispielsweise SQL-Anweisungen prüfen und in Funktionsaufrufe der Engine umsetzen. Damit Anwender und Programmierer auch in der Lage sind, Befehle an MySQL zu übergeben und Ergebnisse von dort zu übernehmen, verfügt MySQL noch über eine API (*Application Programming Interface*), also eine Programmierschnittstelle. Die eigentliche MySQL-API wurde in C bzw. C++ programmiert.

Die Programmierschnittstelle bildet die Basis für die vielen Tools, die zum Lieferumfang von MySQL gehören (*mysql*, *mysqladmin* etc.) und für praktisch alle Anwendungen, die auf My-SQL zugreifen wollen. Selbst andere APIs, etwa ODBC, Perl und PHP, nutzen die C/C++-API.

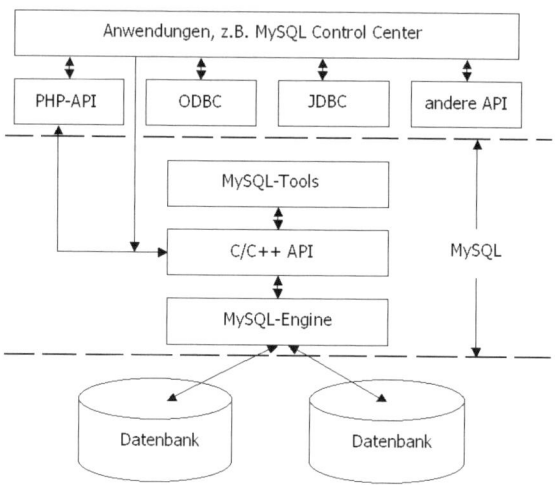

Abbildung 23.1: MySQL-Struktur (schematische Darstellung)

Abbildung 23.1 zeigt eine stark vereinfachte Darstellung der Funktionsbereiche. Alles, was sich innerhalb der gestrichelten Linien befindet, gehört zum MySQL-Datenbanksystem. Für die MySQL-Tools gilt das jedoch nur eingeschränkt, weil sie recht leicht durch entsprechende Tools von anderen Anbietern ersetzt werden können. In der Abbildung haben wir aus Gründen der Übersichtlichkeit auch darauf verzichtet, alle Beziehungen durch Pfeile darzustellen. Natürlich greifen auch ODBC, PHP und andere APIs über die C/C++-API auf My-SQL zu.

Die Datenbank-Engine

Beachten Sie, dass es sich bei Abbildung 23.1 wirklich nur um ein vereinfachtes Schema handelt. Speziell für die so genannte

Engine lassen sich unter anderem folgende Funktionsbereiche unterscheiden:

✔ Syntaxanalyse

✔ Befehlsoptimierung

✔ Speichern und Lesen von Daten

Jeder SQL-Befehl wird zunächst einer Syntaxanalyse unterzogen. Syntaktisch fehlerhafte Anweisungen gelangen erst gar nicht zur Ausführung, sondern werden mit einer entsprechenden Fehlermeldung zurückgewiesen. Im nächsten Schritt versucht MySQL die optimale Strategie für die Ausführung der Anweisung zu finden. Dabei wird beispielsweise geprüft, ob vorhandene Indizes die Ausführung beschleunigen können.

Client-Server-Kommunikation

Die Kommunikation mit MySQL erfolgt nach dem so genannten *Client-Server-Prinzip*. MySQL ist der Server, der Anforderungen eines oder mehrerer Clients bedient.

Jede Anwendung, die auf MySQL-Datenbanken zugreifen will, also jeder Client, kommuniziert mit dem MySQL-Server auf einem von drei Wegen:

✔ über die C-Programmierschnittstelle (C-API),

✔ über Named Pipes (Windows NT/2000/XP) oder

✔ über das Netzwerkprotokoll TCP/IP.

Diese Möglichkeiten werden, je nach Betriebssystem, auch von anderen Programmierschnittstellen, etwa der PHP-MySQL-Bibliothek oder dem ODBC-Treiber, genutzt.

TCP/IP

Konkret kann die Kommunikation im dritten Fall über TCP/IP-Sockets (Windows 98/ME) oder UNIX-Sockets (UNIX/LINUX) erfolgen. Auf dem Client-Rechner muss folglich auch die TCP/IP-Unterstützung aktiviert sein. Auf Windows-95-Systemen ist das nicht automatisch der Fall. Eventuell müssen Sie TCP/IP dann von der Windows-CD nachinstallieren. Andere Windows-Versionen wie 98/ME oder 2000/XP sollten eigentlich immer mit TCP/IP-Unterstützung eingerichtet sein, weil diese eben auch für den Internet-Zugang benötigt wird.

Threads

MySQL ist ein *Multi-Thread-System*. Für jede Verbindung wird ein eigener Thread erzeugt. Hinzu kommen Threads für die Behandlung von Fehlermeldungen oder die Handhabung von Windows-Pipes (NT/2000/XP). Bestimmte Anweisungen, etwa INSERT DELAYED, erzeugen weitere Threads. Threads gleichen Prozessen, die jeweils in einem eigenen Kontext ablaufen und daher fast vollständig gegeneinander isoliert sind. Dadurch wird es möglich, mehrere Abfragen gleichzeitig auszuführen, ohne dass sich diese gegenseitig beeinflussen. Threads sind jedoch nicht so stark wie Prozesse gegeneinander isoliert. Der Vorteil dieser Beschränkung besteht unter anderem darin, dass Threads sich schneller erzeugen lassen. Sie benötigen eben keinen vollständig eigenen Kontext. Die Trennlinie zwischen Prozessen und MySQL-Threads lässt sich allerdings nicht so scharf ziehen, weswegen viele MySQL-Funktionen, die sich eigentlich auf Threads beziehen, mit dem Begriff *Prozess* arbeiten. So ermittelt die Anweisung SHOW PROCESSLIST die gerade laufenden Threads.

Mehrere Threads starten

Um die Arbeit mit mehreren Threads kennen zu lernen, können Sie auch auf einem einzelnen Rechner mehrere Threads starten. Dazu starten Sie das Tool *mysql* eben in mehreren DOS-Fenstern oder rufen verschiedene grafische Clients auf. Die gerade laufenden Threads erhalten Sie dann mit dem schon vorgestellten SHOW-Befehl angezeigt. Threads können sich in unterschiedlichen Zuständen befinden. Wenn gerade keine Abfrage ausgeführt wird, handelt es sich eben um einen »schlafenden« Thread.

Threads (Prozesse) beenden

Normalerweise müssen Sie sich nicht um die Beendigung von Threads kümmern. Ein Thread wird automatisch beendet, wenn Sie den betreffenden Client, beispielsweise *mysql*, schließen. Zudem lassen sich Threads mit dem Befehl KILL auch direkt beenden. Dazu müssen Sie lediglich die Prozess-ID des Threads als Argument angeben, die Sie mit dem Befehl SHOW PROCESSLIST angezeigt erhalten. Die manuelle Beendigung eines Threads kann erforderlich werden, wenn beispielsweise eine so genannte Deadlock-Situation eingetreten ist. Dabei blockieren sich zwei oder mehr Threads gegenseitig, weil sie versuchen, die gleiche Tabelle zu sperren.

Struktur von MySQL-Datenbanken

Grundsätzlich gilt, dass eine Datenbank aus den Tabellen und den zugehörigen Hilfsobjekten, etwa den Indizes, besteht. Die tatsächliche Struktur einer MySQL-Datenbank ist jedoch etwas komplexer. Schon eine einzelne Tabelle besteht aus mehreren Dateien. Abbildung 23.2 zeigt beispielsweise, welche Dateien die Datenbank *Kontakte* bilden, die lediglich vier Tabellen umfasst.

Eine einzelne Tabelle (Typ *MyISAM*) besteht in der Regel mindestens aus den folgenden drei Dateien:

✔ Definitionsdatei (*frm*)

✔ Datendatei (*myd*)

✔ Indizes (*myi*)

Die Klammern geben die Dateiendungen an. In der Definitionsdatei (*frm*) findet sich die komplette Strukturbeschreibung der Tabelle.

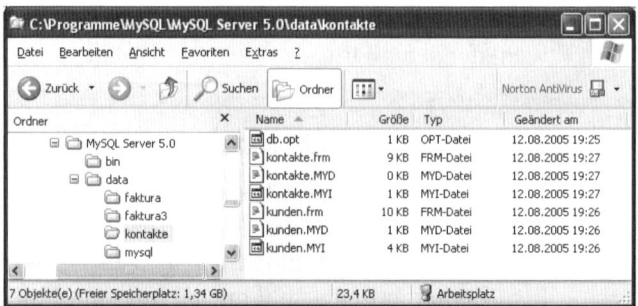

Abbildung 23.2: Die Dateien der Datenbank *Kontakte*

Selbst wenn Sie die anderen Dateien löschen, bleiben die Strukturinformationen erhalten. Die Daten legt MySQL in der Datei mit der Endung *myd* ab. Eine Indexdatei wird nur erstellt, wenn die Datei auch über einen Index verfügt. Das ist allerdings schon dann der Fall, wenn Sie in der Tabelle eine Spalte als Primärschlüssel definieren.

Tabellentypen

Seit der Einführung von *InnoDB*-Tabellen muss sich der MySQL-Anwender mit zwei *Tabellentypen* beschäftigen: *MyISAM* und *InnoDB*. Die anderen Typen, die MySQL zurzeit ebenfalls (noch) unterstützt, sind nicht besonders relevant und sollen daher in diesem Kapitel nicht weiter beachtet werden. Eine Ausnahme könnte für Typen wie *HASH* und *MERGE* gelten. Der Autor betrachtet diese jedoch nicht als »richtige« Tabellentypen, sondern eher als Optimierungsfunktionen. Sie sollen daher auch im Optimierungskapitel bzw. im Unterkapitel »Tipps und Tricks« vorgestellt werden.

MyISAM-Tabellen

MyISAM-Tabellen bilden den Standardtyp, den MySQL automatisch wählt, wenn Sie den Typ bei der Erzeugung der Tabelle nicht vorgeben. Die Voreinstellung können Sie über die Variable table_type ermitteln:

```
SHOW VARIABLES LIKE 'table_type';
```

Mit *MyISAM*-Tabellen lassen sich nahezu alle Aufgaben erledigen, die üblicherweise in Datenbankumgebungen anfallen. Eine Ausnahme machen Anwendungen, die unbedingt auf Transaktionen angewiesen sind. *MyISAM*-Tabellen sind nicht transaktionssicher. Das bedeutet jedoch nicht, dass *MyISAM*-Tabellen unsicher wären. Vielmehr gelten *MyISAM*-Tabellen als schnell und zuverlässig. Es fehlt lediglich die Unterstützung für eine Funktion, die recht selten benötigt wird und die sich durch Programmierung durchaus ersetzen lässt.

MyISAM steht eigentlich für drei verschiedene Tabellentypen: Tabellen mit Spalten bzw. Zeilen variabler Länge werden in einem anderen Format gespeichert (Row_format=Dynamic) als Tabellen, die nur Spalten fester Länge enthalten (Row_format=Fixed). Hinzu kommt ein komprimiertes Format, das Sie mit dem Tool *myisampack* erzeugen.

InnoDB-Tabellen

Ziemlich anders sieht es beim Typ *InnoDB* aus. MySQL verwendet dafür einen eigenen »Handler«. Damit ist eigentlich gemeint, dass für den Zugriff auf *InnoDB*-Tabellen ein eigenes Backend, also praktisch eine eigene Datenbank-Engine zuständig ist. Man könnte fast sagen, dass bei Verwendung von *MyISAM*- und *InnoDB*-Tabellen zwei verschiedene Datenbank-Server zum Einsatz kommen. *InnoDB*-Tabellen werden auch ganz anders verwaltet. Wie die kommerzielle Konkurrenz Oracle nutzt *InnoDB* so genannte Table-Spaces. Dennoch können Sie beide Tabellentypen auch gemischt einsetzen. Der größte Nachteil von *InnoDB*-Tabellen besteht darin, dass diese aufgrund der höheren Komplexität immer noch recht langsam sind. Sie sollten *InnoDB*-Tabellen daher nicht oder noch nicht als Standardtabellen verwenden.

Indizes

Indizes sind Hilfsdateien, die der Beschleunigung des Datenzugriffs dienen. Sie halten die Daten einer oder mehrerer Spalten in einer sortierten Ordnung vor, so dass der Zugriff wesentlich schneller erfolgen kann. Ohne Indizes müsste MySQL alle Datensätze einer Tabelle durchlaufen, wenn bestimmte Daten ausgewählt werden sollen.

Binär-Bäume

Etwas komplexer als einfache sortierte Listen sind die My-SQL-Indizes allerdings schon. MySQL verwendet eine so genannte *B-Baum-Struktur* (*B-Trees*, *Binär-Baum*). In dieser Struktur werden die einzelnen Einträge in Knoten gespeichert. Knoten ohne Nachfolger heißen Blätter, Knoten mit Nachfolgern sind Äste. Abbildung 23.3 zeigt schematisch, wie eine solche Struktur aufgebaut sein kann.

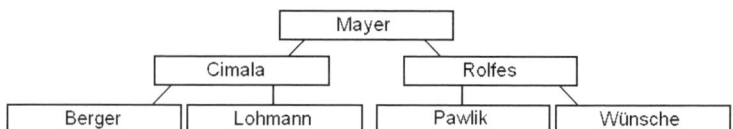

Abbildung 23.3: Schema einer B-Baum-Struktur

Wenn Sie sich die Struktur ansehen, werden Sie vermutlich schon erkennen, dass die Suche in einer solchen Struktur recht schnell erfolgen kann. Die Suche beginnt immer beim Wurzelknoten. Je nach Ergebnis des Vergleichs folgt der nächste Knoten. Der jeweils linke Zweig führt zu Werten, die in der Sortierordnung kleiner sind als der vorhergehende Knotenwert, der rechte zu größeren Werten. Kurz: Binär-Bäume bilden für jeden Wert einer Spalte einen Pfad, der sich mit Größer-kleiner-Vergleichen durchlaufen lässt. Die Zahl der Ebenen gibt dabei praktisch auch die Zahl der maximal erforderlichen Zugriffe an.

Wenn wir in der Struktur aus Abbildung 23.3 nach dem Namen *Lohmann* suchen, vergleichen wir diesen zunächst mit dem Wert des Wurzelknotens. Da *Lohmann* in der Sortierung kleiner als *Mayer* ist, wird der linke Zweig gewählt. Im nächsten Schritt vergleichen wir unseren Suchbegriff mit dem Knotenwert *Cimala*. *Lohmann* ist hier größer, so dass von *Cimala* ausgehend der rechte Zweig genommen wird. Damit wären wir auch schon beim Knotenwert *Lohmann* angekommen. Hier ist noch zu prüfen, ob es sich auch um den gesuchten Wert handelt, so dass sich bei sieben Werten maximal drei Vergleiche ergeben.

Der große Vorteil eines Binär-Baumes gegenüber einfachen Listen ergibt sich jedoch bei der Anpassung der Struktur, also beim Einfügen, Ändern und Hinzufügen von Datensätzen. Während eine Liste eventuell neu geschrieben werden muss, um eine korrekte Sortierung zu gewährleisten, lässt sich ein Binär-Baum recht schnell anpassen.

MySQL speichert Indizes unabhängig von den eigentlichen Daten in separaten Dateien. Dieses Schema ist eigentlich langsamer als die gemeinsame Speicherung, weil eine zusätzliche Datei geöffnet, gelesen und geschrieben werden muss. Allerdings versucht MySQL, Indizes möglichst vollständig in den Arbeitsspeicher zu laden, was die Geschwindigkeit wieder positiv beeinflusst.

Systemzustand ermitteln

MySQL ist bei Bedarf auch recht mitteilsam. So können Sie umfangreiche Informationen über den aktuellen Zustand des Systems, also des Servers selbst, und auch der Datenbanken bzw. der Tabellen ermitteln. Diese Informationen können insbesondere auch für Programmierer von Interesse sein, weil sie sich für die Programmsteuerung nutzen lassen. Informationen liefert MySQL nach Aufruf bestimmter Befehle oder schreibt diese in separate Dateien, so genannte *Log-Dateien*. Für Letztere haben wir ein eigenes Kapitel vorgesehen. An dieser Stelle wollen wir nur darauf eingehen, wie Sie mit Hilfe von bestimmten Befehlen Informationen zum Systemzustand ermitteln.

 MySQL kennt viele Parameter, die sich, wenn auch nicht immer eindeutig, in Konfigurationsparameter (bzw. Systemvariablen) und Statusvariablen unterteilen lassen. Wir wollen an dieser Stelle nur Statusvariablen betrachten. Auf Konfigurationsparameter geht das nächste Hauptkapitel ausführlich ein.

Server-Status

Einen tiefen Einblick in den aktuellen Zustand des Systems erhalten Sie mit Hilfe des SHOW-Befehls. So gibt die folgende Anweisung eine lange Liste von Parametern aus, die sich auf den Server beziehen:

SHOW STATUS;

Die Liste ist so lang, dass Sie sie üblicherweise nicht mehr vollständig im DOS-Fenster anschauen können. Es dürfte daher vorteilhafter sein, die Anweisung in einer grafischen Benutzerumgebung auszuführen. Eine Übersicht der wichtigsten Parameter zeigt Tabelle 23.1.

Parameter	Beschreibung
aborted_clients	Zeigt die Zahl der beendeten Verbindungen an
aborted_connects	Zeigt die Zahl der gescheiterten Verbindungsversuche an
Connections	Zeigt die Zahl der Verbindungen an
Open_files	Zeigt die Zahl der geöffneten Dateien an
Open_tables	Zeigt die Zahl der geöffneten Tabellen an
Threads_created	Zeigt die Zahl der erzeugten Threads an
Threads_running	Zeigt die Zahl der aktiven Threads an

Tabelle 23.1: Statusinformationen des MySQL-Servers

Einige dieser Parameter lassen sich für die Optimierung nutzen. So kann eine hohe Zahl für den Parameter Threads_ created bedeuten, dass zu wenig Cache-Speicher für Threads bereitgestellt wurde. Wir kommen im Kapitel »Optimierung« darauf zurück.

Tabellenstatus

Der Tabellenstatus umfasst eine sehr große Zahl von Parametern, die Sie am einfachsten mit dem SHOW TABLE STATUS-Befehl ermitteln. Der Befehl hat folgende Syntax:

```
SHOW TABLE STATUS [FROM Datenbank] [LIKE Ausdruck];
```

In Kapitel 12 sind wir bereits recht ausführlich auf diese Variante des SHOW-Befehls eingegangen, so dass Sie dort nachlesen können, welche Möglichkeiten der Befehl insgesamt bietet. Hier sollen nur noch einige wichtige Parameter angesprochen werden, die Sie für die Beurteilung der Tabelle, insbesondere mit Blick auf die Optimierung, benötigen. Die wichtigsten Parameter zeigt Tabelle 23.2.

Parameter	Beschreibung
Auto_increment	Zeigt den nächsten Wert an, der beim Erzeugen eines neues Datensatzes in eine AutoIncrement-Spalte eingetragen wird
charset	Zeigt den verwendeten Zeichensatz an
data_free	Zeigt den zugewiesenen, aber nicht genutzten Speicher an
Row_format	Zeigt, ob die Tabelle eine feste oder eine dynamische Datensatzstruktur verwendet
Rows	Zeigt die Zahl der Spalten an

Tabelle 23.2: Wichtige Parameter einer Tabelle

Sehr wichtig ist der Parameter Row_format, der uns schon gelegentlich begegnet ist. Hier können Einträge wie dynamic und fixed stehen. Tabellen mit dem Eintrag dynamic verwenden eine dynamische Datensatzstruktur. Diese passt sich an die Länge der Einträge an. MySQL kann Abfragen auf Tabellen dieses Typs jedoch nicht besonders gut optimieren, so dass die Performance darunter leidet. Allerdings haben Sie auch keine große Wahl: Immer wenn Sie Spalten der Typen VARCHAR, TEXT oder BLOB verwenden, erzeugt MySQL automatisch eine Tabelle mit diesem Datensatzformat. Das wesentlich einfachere und damit auch schnellere Format fester Länger (*fixed*) erhalten Sie nur, wenn Sie statt VARCHAR lediglich CHAR-Spalten verwenden und auf Typen wie TEXT und BLOB ganz verzichten.

Auto_increment

Interessant ist die Eigenschaft Auto_increment. Aus diesem Eintrag können Sie ersehen, welcher AutoIncrement-Wert beim nächsten INSERT-Befehl in die *AutoIncrement*-Spalte der betreffenden Tabelle eingetragen wird. Enthält die Tabelle keine *AutoIncrement*-Spalte, wird hier der Wert NULL ausgegeben.

Charset

Der Parameter Charset gibt den verwendeten Zeichensatz an. In der Regel dürfte hier der Eintrag Default stehen. Bis zur Version 4.1 hatten Sie auch keine Möglichkeiten, den Zeichensatz separat für jede Tabelle zu bestimmen. Mit der Version 4.1 hat sich das jedoch geändert.

Die MySQL-Systemdatenbank

MySQL verwendet eine Systemdatenbank (*mysql*), in der unter anderem Benutzerkonten und Benutzerrechte verwaltet werden. Üblicherweise greifen Sie nur indirekt auf diese Datenbank zu, indem Sie beispielsweise Rechte an Benutzer vergeben. Sie können sich die Struktur aber auch mit den üblichen SQL-Befehlen bzw. den weiter oben vorgestellten Tools anzeigen lassen. Abbildung 23.4 zeigt diese im *MySQL Query Browser* an.

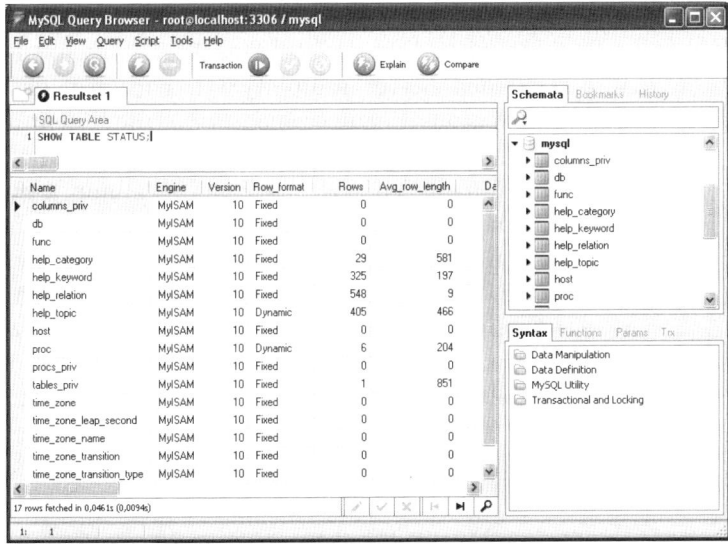

Abbildung 23.4: Struktur der *mysql*-Datenbank

Mit den entsprechenden Rechten können Sie grundsätzlich beliebige Datensätze in die Tabellen der Systemdatenbank schreiben bzw. diese löschen oder ändern. MySQL liest die Tabellen jedoch nicht einfach nur aus, sondern interpretiert sie gegebenenfalls. So können Sie nicht einfach ein Passwort eintragen (Spalte *password* in der Tabelle *user*). MySQL geht grundsätzlich davon aus, dass die Einträge in dieser Spalte nach einer bestimmten Methode verschlüsselt sind. Klartexteinträge würden dazu führen, dass MySQL dem betreffenden Anwender den Zugriff verweigert.

Kurz: Auf die Tabellen der Benutzerverwaltung sollten Sie ausschließlich über die zuständigen SQL-Kommandos (GRANT, REVOKE) bzw. die dafür vorgesehenen Tools zugreifen.

Hierarchie der Benutzerverwaltung

Jede Tabelle der Benutzerverwaltung besteht aus Spalten, die den Benutzer, die Objekte und die für diesen Benutzer-Objekte-Kontext bestehenden Rechte beschreiben. Die Tabellen der Datenbank *mysql* bilden eine Art Hierarchie. Bei einem Zugriff auf den Server prüft MySQL zunächst, ob für die Kombination aus Benutzername (*user*) und Client-Rechner (*host*) in der Tabelle *user* ein Eintrag enthalten ist. Nur wenn das zutrifft (und natürlich auch das Passwort stimmt), werden die Rechte in dieser Tabelle geprüft. Rechte in der Tabelle *user* sind so genannte *Superuser-Rechte*. Sie gelten für alle Objekte (Datenbanken, Tabellen etc.), auf die MySQL zugreifen kann. Sind hier bereits alle Rechte eingeräumt, die der Benutzer für den jeweiligen Zugriff benötigt, erübrigt sich die Prüfung der anderen Tabellen. Ist das nicht der Fall, durchsucht MySQL absteigend die Tabellen *db*, *tables_priv* und *columns_priv* nach passenden Rechten.

24 Konfiguration

MySQL sollte nach der Installation in der Regel ohne weitere
Einstellungen funktionieren. Allerdings sind die Voreinstel-
lungen nicht für jede Anwendung optimal. Sie können My-
SQL daher an Ihre spezifische Arbeitsumgebung anpassen.
Dazu stehen folgende Optionen zur Verfügung:

✔ Systemvariablen

✔ SET-Optionen

✔ Umgebungsvariablen

✔ Kommandozeilen-Parameter des MySQL-Servers

✔ Konfigurationsdateien

Die Einstellungsmöglichkeiten sind zum Teil redundant.
Wenn Sie identische Einstellungen auf verschiedenen Wegen
vornehmen, gelten zunächst die Kommandozeilen-Parameter.
Umgebungsvariablen werden immer nur wirksam, wenn die
gleichen Optionen nicht schon per Kommandozeile oder Konfigurationsdatei bestimmt wurden. Beachten Sie auch, dass
sich nicht jeder Parameter auf jedem Wege einstellen lässt. So
können Sie viele Parameter nur beim Start des Servers setzen
und nicht mehr im laufenden Betrieb.

Systemvariablen

MySQL unterscheidet etwas willkürlich zwischen Systemvariablen und Statusvariablen. *Statusvariablen* liefern Informationen über den aktuellen Zustand des MySQL-Servers, beispielsweise die Zahl der gerade aktiven Verbindungen (*connections*). Der Wert dieser Variablen ergibt sich automatisch aus
dem Betrieb des Servers und den Aktivitäten der Clients. Folglich lassen sich Statusvariablen auch nicht ändern. Sie liefern
lediglich Informationen, mit deren Hilfe sich der Server admi-

nistrieren lässt. *Systemvariablen* sind hingegen Konfigurationsparameter, deren aktuellen Wert Sie in der Regel auch ändern
können. Auf Statusvariablen sind wir bereits in Kapitel 23
kurz eingegangen. In diesem Kapitel geht es um die Konfiguration. Wir wollen daher nur die Systemvariablen behandeln.

Gelegentlich werden Sie auch noch Bezeichnungen wie
SQL-Variablen finden. Zudem kennt MySQL auch noch Variablen, die eine abweichende Syntax aufweisen und die daher nur mit dem SET-Befehl gesetzt werden können, nicht
jedoch durch einen Eintrag in einer Konfigurationsdatei.
Wir kommen noch darauf zurück.

Konfiguration mit Systemvariablen

Die meisten Konfigurationsparameter werden von MySQL in
den Systemvariablen vorgehalten. Diese Parameter können Sie
zum Teil mit dem später noch vorzustellenden SET-Befehl zur
Laufzeit setzen. In der Regel bestimmen Sie die Werte jedoch
in einer Konfigurationsdatei. Einige Variablen sind schreib-
geschützt und lassen sich daher gar nicht setzen. Eine kleine
Auswahl zeigt Tabelle 24.1. Für eine vollständige Übersicht
müssen wir Sie auf die MySQL-Dokumentation verweisen.

Systemvariable	Beschreibung
basedir	Bezeichnet das MySQL-Basisverzeichnis. Der Parameter kann nur in der Konfigurationsdatei gesetzt werden.
character_set	Bezeichnet den eingestellten Zeichensatz.
datadir	Bezeichnet das Datenbankverzeichnis. Der Parameter kann nur in der Konfigurationsdatei gesetzt werden.
language	Bestimmt die Sprache, die für Fehlermeldungen und Warnungen verwendet wird.
log	Bestimmt, ob alle Abfragen in einer Log-Datei gespeichert werden.

Systemvariable	Beschreibung
log_bin	Bestimmt, ob das Binär-Log aktiviert ist.
log_update	Bestimmt, ob das Update-Log aktiviert ist.
lower_case_table_names	Bewirkt, dass Tabellennamen nur in Kleinbuchstaben gespeichert werden.
max_connections	Bestimmt die Anzahl der Verbindungen und damit die Anzahl der Clients, die gleichzeitig bestehen können.
max_sort_length	Bestimmt die Tiefe (Anzahl der Zeichen) der Sortierung (Voreinstellung: 1024).
max_user_connections	Bestimmt die Anzahl der maximal pro Benutzer zulässigen Verbindungen.
port	Bestimmt den Port, über den die Kommunikation zwischen Client und MySQL-Server läuft. Der Parameter kann nur in der Konfigurationsdatei gesetzt werden.
query_cache_size	Bestimmt die Größe des Arbeitsspeichers, der für Abfrageergebnisse reserviert wird.
sort_buffer_size	Bestimmt die Größe des Speichers, die jeder Thread für die Zwischenspeicherung reserviert.
table_type	Bestimmt den voreingestellten Tabellentyp. Dieser Typ wird beim Anlegen einer neuen Tabelle verwendet, wenn Sie diesen nicht ausdrücklich festlegen.
tmpdir	Bezeichnet das Verzeichnis, in dem MySQL temporäre Dateien speichert. Die Variable kann nur in der Konfigurationsdatei gesetzt werden.

Tabelle 24.1: Systemvariablen (Auswahl)

Nicht alle Variablen lassen sich vom Anwender bzw. von einem Client aus setzen. Das gilt beispielsweise für die Variable version, mit der Sie die Nummer der verwendeten MySQL-Version ausgeben. In der Tabelle finden Sie daher auch Hinweise auf die Verwendung der betreffenden Variable. Zudem sind bestimmte Variablen nur per Konfigurationsdatei zu setzen. Das gilt beispielsweise für den Port.

Hinweis zur Groß- und Kleinschreibung

Systemvariablen sind MySQL-Elemente, die Sie beliebig groß-
oder kleinschreiben können. Die MySQL-Dokumentation verwendet dafür jedoch vorzugsweise die Kleinschreibung. Einige
Variablen mit spezieller Syntax, auf die wir später noch eingehen, erscheinen in Großbuchstaben. Um Irritationen zu vermeiden, haben wir diese Schreibweise übernommen.

Variableninhalte anzeigen

MySQL unterscheidet bei Systemvariablen zwischen einem lokalen und einem globalen Geltungsbereich. Sie können sich
die aktuellen Werte aller lokalen Variablen anzeigen lassen, indem Sie den folgenden Befehl ausführen:

```
SHOW VARIABLES;
```

Mit dem Befehl erhalten Sie eine Ergebnistabelle wie in Abbildung 24.1 angezeigt. Für die Darstellung haben wir das grafische Tool *MySQL Query Browser* verwenden.

Variable_name	Value
back_log	50
basedir	C:\Programme\MySQL\MySQL Server 5.0\
binlog_cache_size	32768
bulk_insert_buffer_size	8388608
character_set_client	utf8
character_set_connection	utf8
character_set_database	latin1
character_set_results	utf8
character_set_server	latin1
character_set_system	utf8
character_sets_dir	C:\Programme\MySQL\MySQL Server 5.0\share\charsets/
collation_connection	utf8_general_ci
collation_database	latin1_swedish_ci

Abbildung 24.1: Lokale Variableninhalte anzeigen

Um nur globale Variablen auszugeben, ergänzen Sie die Anweisung durch das Wort GLOBAL:

```
SHOW GLOBAL VARIABLES;
```

Wollen Sie nur den Wert einer bestimmten Variable ermitteln, können Sie diese mit dem LIKE-Operator angeben:

```
SHOW VARIABLES LIKE "max_sort_length";
```

Eine größere Zahl von Variablen mit teilweise übereinstimmenden Zeichenfolgen erhalten Sie durch Verwendung der schon bekannten Wildcards »%« und »_«. So liefert die folgende Anweisung alle Variablen, die mit »max« beginnen:

```
SHOW VARIABLES LIKE 'max%';
```

Soll eine globale Variable ausgegeben werden, ist wieder die GLOBAL-Klausel hinzuzufügen:

```
SHOW GLOBAL VARIABLES LIKE "max_sort_length";
```

Alternativ haben Sie auch die Möglichkeit, eine spezielle Schreibweise wie die folgende zu verwenden:

```
SELECT @@max_sort_length;
```

Achten Sie auf den Unterschied. Hier kommt nicht SHOW, sondern SELECT zum Einsatz. Wenn Sie dabei zwischen lokalen und globalen Variablen unterscheiden wollen, müssen Sie eine Punktschreibweise wie die folgende verwenden:

```
SELECT @@GLOBAL.MAX_SORT_LENGTH;
```

Beachten Sie, dass einige Variablen nur lokal sind und sich daher auch nicht nach dem vorstehenden Schema auslesen lassen. MySQL beantwortet den Versuch, diese als global zu setzen oder auszulesen, mit einer Fehlermeldung.

Temporäre Konfiguration mit SET

Wenn Konfigurationsparameter nur bis zum Ende der jeweiligen Verbindung bzw. bis zum nächsten Start des Servers gelten sollen, also nur temporär, nehmen Sie diese mit Hilfe des SET-Kommandos vor. Der Befehl hat folgende Syntax:

```
SET [GLOBAL | SESSION] Variable = Ausdruck,
  [[GLOBAL | SESSION] Variable = Ausdruck,...]
```

Die Konfiguration erfolgt grundsätzlich durch Zuweisung eines numerischen oder logischen Werts bzw. einer Zeichenfolge. Jeder SET-Befehl kann mehrere Einstellungen gleichzeitig setzen.

Geltung der SET-Einstellungen

Einstellungen, die Sie mit SET vornehmen, gelten zunächst nur bis zum Beenden der betreffenden Verbindung (der Session); sie sind dann lokal. Anstelle der Bezeichnung SESSION können Sie daher auch die Bezeichnung LOCAL verwenden. Allerdings können Sie auf beide Erweiterungen auch ganz verzichten, weil in der Voreinstellung alle Zuweisungen nur lokal, also für die jeweilige Verbindung gelten. Die folgenden Zuweisungen sind daher in ihrer Wirkung identisch:

```
SET max_sort_length=256;
SET LOCAL max_sort_length=256;
SET SESSION max_sort_length=256;
```

Mit den hier gezeigten Anweisungen bestimmen Sie die Sortiertiefe, also die Anzahl der Zeichen, die bei der Sortierung berücksichtigt werden. Wenn Sie anschließend im gleichen Client die folgende Anweisung ausgeben, erhalten Sie den oben eingestellten Wert angezeigt (hier 256):

```
SHOW VARIABLES LIKE 'max_sort_length';
```

Starten Sie jedoch einen neuen Client und führen Sie dort die gleiche Anweisung aus, wird vermutlich ein anderer Wert erscheinen (in der Voreinstellung 1024). Damit auch neu zu startende Clients den gleichen Wert erhalten, müssen Sie die Zuweisung als GLOBAL kennzeichnen:

```
SET GLOBAL max_sort_length=256;
```

Alle Clients, für die kein lokaler Wert gesetzt ist, akzeptieren dann den hier vorgegebenen Wert. Eine lokale Zuweisung überschreibt jedoch den globalen Wert, allerdings nur für den betreffenden Client selbst.

> Wie schon früher angedeutet, sind einige Variablen nur lokal oder nur global. Gegebenenfalls werden Sie von MySQL mit einer Fehlermeldung darauf hingewiesen. Zudem war der *MySQL Query Browser* in der von uns verwendeten Beta-Version nicht in der Lage, die temporäre Änderung von Variableninhalten anzuzeigen. Änderungen globaler Variablen wurden hingegen erkannt. Die Beispiele werden Sie daher wohl mit dem Kommandozeilen-Tool *mysql.exe* nachvollziehen müssen.

Standardwert zuweisen

Viele Parameter verfügen über einen Standardwert (character_set und max_sort_length beispielsweise), den Sie mit DEFAULT zuweisen:

```
SET GLOBAL max_sort_length=DEFAULT;
```

Die vorstehende Anweisung bewirkt, dass MySQL die Variable max_sort _length für alle neuen Verbindungen, für die kein lokaler Wert bestimmt wird, wieder auf den voreingestellten Wert (in der Regel 1024) setzt.

Wichtige Systemvariablen

In diesem Abschnitt wollen wir beispielhaft einige für die Administration wichtige Systemvariablen und ihre Bedeutung für den Betrieb des MySQL-Servers vorstellen. Dazu gehören vor allem die FLUSH-Variablen und Variablen für die Steuerung von Fulltext-Indizes. Auf weitere Variablen kommen wir noch im Zusammenhang mit der Optimierung zurück (Kapitel 25).

Flush

Mit dem FLUSH-Befehl versetzen Sie viele MySQL-Objekte wie beispielsweise Tabellen und Speicherbereiche für die Zwischenspeicherung und auch bestimmte Statusvariablen wieder in einen definierten Zustand. Der FLUSH-Befehl steht folglich für eine Art Reset-Funktion. So schließt der folgende Befehl alle Tabellen (und bereinigt nebenbei auch den Abfragespeicher):

```
FLUSH TABLES;
```

Sie können das Ergebnis überprüfen, indem Sie vor und nach dem obigen Befehl die Statusvariable Open_tables ausgeben. Dazu verwenden Sie den SHOW STATUS-Befehl. Die FLUSH-Anweisung bewirkt indirekt, dass alle noch ausstehenden Schreiboperationen ausgeführt und alle von der Tabelle belegten Ressourcen freigegeben werden. Tabellen, die nur einmal kurz benötigt wurden, belegen dann nicht unnötig lange wertvollen Arbeitsspeicher. Mit der folgenden Anweisung veranlassen Sie MySQL, alle in der Datenbank *mysql* gespeicherten Rechte erneut einzulesen:

```
FLUSH PRIVILEGES;
```

Sie können das Verhalten von MySQL bezüglich der FLUSH-Befehle ein wenig steuern, wenn Sie dafür die in Tabelle 24.2 gezeigten Systemvariablen einsetzen.

Variable	Beschreibung
flush	Ermittelt, ob Tabellen nach dem Schreiben gleich wieder geschlossen werden. Diese Option kann nur als Kommandozeilen-Parameter gesetzt werden. In der Voreinstellung ist diese Option deaktiviert (Off).
flush_time	Mit dieser Variablen setzen Sie einen Wert in Sekunden, der bestimmt, in welchen Abständen die Tabellen automatisch geschlossen werden. Voreingestellt ist in der Regel ein Wert von 1800 Sekunden, so dass MySQL automatisch alle 30 Minuten die Tabellen schließt.

Tabelle 24.2: Variablen für die Steuerung von FLUSH-Befehlen

Den Zustand beider Variablen können Sie sich mit dem folgenden Befehl anzeigen lassen:

```
SHOW VARIABLES LIKE 'flush%';
```

Setzen lassen sich die Variablen jedoch nur beim Start des Servers, nicht mehr nachträglich durch Aufruf des SET-Kommandos. In der Regel werden Sie beide Variablen, soweit diese verwendet werden sollen, in der Konfigurationsdatei setzen. Die Variable mysql_time setzen Sie in der Konfigurationsdatei beispielsweise mit der folgenden Zuweisung:

```
flush-time=333
```

Dieses Beispiel soll hier genügen, weil wir weiter unten noch ausführlich auf die Konfigurationsdateien eingehen. Beachten Sie aber schon mal den kleinen Unterschied bei der Schreibweise der Variablen: Innerhalb von MySQL wird der Unterstrich benötigt, während bei den gleichen Parametern in der Konfigurationsdatei (und in der Kommandozeile) auch ein Bindstrich zulässig ist.

Fulltext-Optionen

Fulltext-Indizes gehören zu den interessantesten MySQL-Funktionen. Wir sind daher auch schon recht ausführlich auf diese MySQL-Spezialität eingegangen (Kapitel 5). Nur die Möglichkeiten der Konfiguration von Fulltext-Indizes mit Hilfe von Systemvariablen haben wir dabei noch unterschlagen. Nachfolgend wollen wir das Versäumte nachholen. Tabelle 24.3 zeigt zunächst, welche Variablen für diesen Zweck zur Verfügung stehen:

Variable	Beschreibung
ft_boolean_syntax	Zeigt die Boolean-Operatoren für die Verknüpfung von Suchbegriffen an. Der Wert dieser Variablen ist schreibgeschützt. Sie können hier nur ersehen, welche Operatoren zurzeit unterstützt werden.

Variable	Beschreibung
ft_max_word_len	Bestimmt die größte Wortlänge, die bei der Bildung des Fulltext-Index berücksichtigt wird. Voreingestellt ist ein Wert von 254.
ft_min_word_len	Bestimmt die kürzeste Wortlänge, die bei der Bildung des Fulltext-Index berücksichtigt wird. Wörter, die kürzer sind, werden nicht in den Index übernommen. Voreingestellt ist der Wert 4.
ft_max_word_len_for_sort	Bestimmt die Sortiertiefe, also die Zahl der Zeichen, die bei der Sortierung des Index berücksichtigt werden. Voreingestellt ist ein Wert von 20.
ft_stopword_file	Bestimmt eine Datei mit so genannten Stopwörtern. Diese Wörter werden bei der Erzeugung des Index nicht berücksichtigt. Voreingestellt ist eine interne Liste (built in).

Tabelle 24.3: Variablen für die Konfiguration von Fulltext-Indizes

Auch die Fulltext-Variablen können Sie nicht mit SET-Anweisungen, sondern nur beim Start des Servers, also in einer Konfigurationsdatei bzw. mit dem Kommandozeilen-Tool *myisamchk.exe* (siehe Kapitel 27), setzen.

Sinnvoll ist die Änderung der Einstellungen vor allem für die Werte, mit denen die zu berücksichtigenden Wortlängen bestimmt werden. Vier Zeichen sind für kurze Wörter, etwa die vielen inzwischen üblichen Kurzbezeichnungen, zu lang. Die beliebtesten Abkürzungen enthalten in der Regel nur drei Zeichen und fallen damit vollständig aus dem Index heraus. Der Wert für die längsten Wörter ist hingegen meistens zu lang. Kaum jemand wird Wörter bzw. Begriffe mit 254 Zeichen verwenden oder als Suchbegriff eingeben wollen (mehr als drei Zeilen Text). Die folgenden Zuweisungen zeigen, wie die Konfiguration aussehen könnte:

```
ft_min_word_len=2
ft-max-word-len=80
```

Mit der ersten Zuweisung schließen wir nur Wörter aus, die weniger als drei Zeichen umfassen. Die zweite Zeile begrenzt die Länge der möglichen Indexeinträge auf maximal 80 Zeichen. Beachten Sie auch wieder die Schreibweise: Wir haben beide Möglichkeiten (Unterstrich und Bindestrich) verwendet. In der Konfigurationsdatei akzeptiert MySQL beide Varianten, nicht jedoch in der SHOW VARIABLES-Anweisung; hier ist der Unterstrich zu verwenden.

Eigene Stopwortlisten

In der Voreinstellung verwendet MySQL eine eingebaute Stopwortliste, die im deutschsprachigen Raum wohl nicht sehr sinnvoll ist. Sie können diese zunächst deaktivieren, indem Sie der Variablen ft_stopword_file eine leere Zeichenfolge zuweisen:

```
ft_stopword_file=""
```

Sinnvoller ist es allerdings, eine eigene Stopwortliste als Datei zu erstellen und in der Variablen zu benennen. Dazu ist der komplette Dateipfad anzugeben. Beim Setzen der Variablen im *Ausführen*-Fenster von Windows (DOS-Fenster) hätte der Aufruf mit *myisamchk* folgende Form:

```
myisamchk --ft_stopword_file=""
```

Da sich das Tool *myisamchk.exe* im */bin*-Verzeichnis des MySQL-Ordners befindet, müssten Sie zunächst zu diesem Verzeichnis wechseln. Mehr zur Verwendung des Tools finden Sie in Kapitel 27.

Die Änderungen, die Sie durch Setzen der Fulltext-Variablen vornehmen, erfordern in der Regel, dass anschließend die Indexdateien neu aufgebaut werden. Sie können die betreffenden Indizes zu diesem Zweck löschen (DROP INDEX) und dann wieder neu erzeugen (CREATE INDEX). Etwas schneller geht es, wenn Sie dafür den REPAIR TABLE-

Befehl verwenden, den wir bereits im zweiten Teil dieses Buches vorgestellt haben.

SET-Parameter einstellen

Mit SET konfigurieren Sie die Parameter der aktuellen Verbindung (Session) bzw. der anschließend herzustellenden Verbindungen (globale Einstellungen). Dazu gehören zu einem kleinen Teil die weiter oben vorgestellten Systemvariablen, aber vor allem Einstellungen, die nicht als Systemvariablen zur Verfügung stehen bzw. die eine spezielle Syntax aufweisen. Diese »Variablen« werden in der Regel weder mit SHOW STATUS noch mit SHOW VARIABLES ausgegeben, sondern nur mit SELECT:

```
SELECT @@SQL_SAFE_UPDATES;
```

Sie sind nicht an die Großschreibung gebunden. Wir haben diese für das vorstehende Beispiel nur verwendet, weil auch die MySQL-Dokumentation bei solchen »Variablen« auf die Großschreibung zurückgreift.

Variablen mit SET einstellen

Das folgende Beispiel setzt die Variable SQL_SAFE_UPDATES auf den Wert 1. Damit aktivieren Sie einen Sicherheitsmodus, der DELETE- und UPDATE-Anweisungen nur noch zulässt, wenn diese über eine WHERE-Klausel verfügen:

```
SET SESSION SQL_SAFE_UPDATES=1;
```

Ein vollständiges Löschen oder Überschreiben aller Datensätze ist damit (fast) nicht mehr möglich. Um Datensätze wieder unbeschränkt löschen und ändern zu können, müssen Sie die Option auf den Wert 0 setzen. Tabelle 24.4 zeigt eine Auswahl der Einstellungen, die Sie mit SET vornehmen können.

Option	Beschreibung
AUTOCOMMIT	Legt fest, ob jeder Befehl automatisch mit COMMIT abgeschlossen wird (=1) oder ein COMMIT bzw. ROLLBACK erforderlich ist (=0). In der Voreinstellung ist die Funktion aktiviert (=1).
CHARACTER SET	Ändert den Zeichensatz (=Zeichensatz). Mit DEFAULT aktivieren Sie wieder den voreingestellten Standardzeichensatz. Sie setzen damit auch die Systemvariable *character_set*.
INSERT_ID	Bestimmt den AutoIncrement-Wert für den nächsten INSERT-Befehl.
LAST_INSERT_ID	Bestimmt den Wert für die Funktion LAST_INSERT_ID().
PASSWORD	Weist dem aktuellen Anwender ein Passwort zu. Die Zuweisung muss mit der PASSWORD-Funktion erfolgen.
PASSWORD FOR	Ändert das Passwort eines Anwenders. Auch hierfür ist die PASSWORD-Funktion erforderlich.
SQL_LOG_OFF	Deaktiviert die Standard-Protokollierung (=1) oder aktiviert diese wieder (= 0).
SQL_SAVE_UPDATES	Verhindert die Ausführung von UPDATE- und DELETE-Anweisungen, wenn diese keine WHERE-Klausel enthalten.
SQL_SELECT_LIMIT	Bestimmt die maximale Zahl von Datensätzen, die eine SELECT-Abfrage liefert.

Tabelle 24.4: SET-Optionen

Die Zuweisung von Werten kann gelegentlich eine Funktion erfordern. Dies gilt beispielsweise für die PASSWORD-Variable. Da MySQL immer davon ausgeht, dass das Passwort verschlüsselt ist, können Sie keinen Klartext übergeben. MySQL würde versuchen, diesen zu entschlüsseln, und dabei natürlich scheitern. Die Zuweisung muss deshalb auch die PASSWORD-Funktion nutzen:

```
SET PASSWORD = PASSWORD('geheim');
```

Um das Passwort eines bestimmten Anwenders zu ändern, verwenden Sie die folgende Konstruktion:

```
SET PASSWORD FOR peter@"localhost" =
PASSWORD('geheim');
```

Die Angabe des Benutzers sollte in der Form benutzer@host erfolgen. Die Zuweisung setzt voraus, dass der Anwender, der diesen Befehl ausführt, auf die mysql-Datenbank zugreifen darf.

Zahl der Ergebniszeilen begrenzen

Die Einstellung SQL_SELECT_LIMIT kann ebenfalls der Sicherheit dienen. Sie verhindert, dass bei einer ungeschickten Abfrage Zehntausende von Datensätzen über das Netz zum Client geschickt werden:

```
SET SQL_SELECT_LIMIT=2;
```

Allerdings sind lediglich zwei Datensätze, wie im vorstehenden Beispiel, doch etwas knapp. Sie sollten schon einen Wert vorgeben, der im normalen Betrieb nicht erreicht wird.

Auto_increment-Wert setzen

Mit der Zuweisung eines Wertes an die Variable INSERT_ID bestimmen Sie für das Einfügen neuer Datensätze den Startwert bzw. den nächsten Wert für die *AutoIncrement*-Spalte:

```
SET INSERT_ID=77;
INSERT INTO Kunden (Firma) VALUES ('Neue Firma');
SELECT * FROM Kunden;
```

Das Beispiel besteht aus drei Anweisungen. In der ersten setzen wir den Wert für INSERT_ID auf 77. Anschließend erzeugen wir einen neuen Datensatz und geben dann die Daten der Tabelle aus. Natürlich kann die letzte Anweisung nur funktionieren, wenn nicht noch, wie weiter oben gezeigt, ein Limit für die Zeilenzahl gesetzt ist.

> Beachten Sie, dass auch die INSERT_ID-Einstellung für alle folgenden Anweisungen gilt. Wenn Sie beispielsweise anschließend Artikel in die Artikeltabelle einfügen, erhält auch hier die nächste *AutoIncrement*-Spalte den in der Variablen bestimmten Wert. Bei weiteren Einfügeoperationen in der gleichen Tabelle zählt MySQL den Wert dann weiter hoch. Setzen Sie mit der Variablen INSERT_ID jedoch einen schon in der Tabelle vorhandenen Wert, erhalten Sie eine Fehlermeldung angezeigt.

Einstellungen zurücksetzen

Um die SET-Optionen wieder zu deaktivieren, weisen Sie normalerweise den »Wert« DEFAULT zu:

```
SET SQL_SELECT_LIMIT=DEFAULT;
```

Für andere Optionen können Sie auch den Wert 0 verwenden:

```
SET INSERT_ID=0;
```

In der Regel sollte für alle Optionen der «Wert" DEFAULT funktionieren. Den Wert 0 können Sie hingegen nicht immer verwenden. Wenn Sie beispielsweise die Option SQL_SELECT_LIMIT auf den Wert 0 setzen, erhalten Sie keine Datensätze mehr angezeigt.

Umgebungsvariablen

Umgebungsvariablen (Environment-Variablen) sind Objekte, die vom jeweiligen Betriebssystem, also beispielsweise von LINUX oder Windows, zur Verfügung gestellt werden. Wie bei solchen Objekten üblich, bestehen Umgebungsvariablen aus einem Namen und einem Wert. Anwendungen wie My-

SQL können auf diese Objekte zugreifen und sie auswerten oder auch ändern. Allerdings sei gleich angemerkt, dass My-SQL keinen besonders intensiven Gebrauch von Umgebungsvariablen macht. Normalerweise kommen Sie ohne diese Parameter sehr gut aus. Wir werden diesen Teil der Konfiguration daher auch etwas knapp abhandeln.

Umgebungsvariablen verwenden

Die bekannteste Umgebungsvariable ist PATH. Hier kann ein Betriebssystem bestimmte Pfade veröffentlichen. Häufig nutzen Anwendungen diese Variable, um Dateien, die für den Betrieb benötigt werden, aufzufinden. Die Anwendung (bzw. der Anwender) muss dann nicht die ganze Verzeichnisstruktur durchsuchen, um benötigte Dateien zu finden. Die folgende Zeile definiert beispielsweise drei Pfade:

```
C:\WINDOWS; C:\WINDOWS\SYSTEM32; C:\mysql\bin
```

Mit diesen Angaben findet das Betriebssystem (hier Windows) alle Anwendungen, die sich in den genannten Verzeichnissen befinden. Der Anwender kann solche Anwendungen starten, auch wenn er nicht genau weiß, wo diese gespeichert sind. Sie können sich die aktuelle Einstellung der PATH-Variablen anschauen, wenn Sie unter Windows ein DOS-Fenster bzw. die Eingabeaufforderung öffnen und im dann erscheinenden Befehlsfenster den folgenden Befehl starten:

```
SET PATH
```

Alle zurzeit definierten Umgebungsvariablen erhalten Sie angezeigt, wenn Sie lediglich SET eingeben und ausführen (⌐⌐⌐⌐):

```
SET
```

Die meisten dieser Variablen werden nur von einigen Programmen gesetzt und verwendet. MySQL und die MySQL-Tools nutzen Umgebungsvariablen für verschiedene Zwecke. Eine kleine Übersicht zeigt Tabelle 24.5.

Variable	Beschreibung
MYSQL_HISTFILE	Bestimmt den Speicherpfad für eine Datei, in welcher das Tool *mysql* die bereits ausgeführten Befehle speichert (das History-File).
MYSQL_PWD	Speichert ein Standard-Passwort, das verwendet wird, wenn Sie bei der Herstellung einer Verbindung kein Passwort übergeben. Von der Nutzung dieser Variablen ist allerdings aus Sicherheitsgründen abzuraten.
MYSQL_TCP_PORT	Der Standard-Port, der verwendet wird, wenn Sie bei der Herstellung einer Verbindung keinen Port angeben.
PATH	In der PATH-Variablen werden Suchpfade für den Start von Programmen definiert.
TMPDIR	In diesem Ordner legen Programme zur Laufzeit Dateien ab, die sie für den Betrieb benötigen und die üblicherweise beim Beenden des Programms wieder gelöscht werden. MySQL verwendet diesen Pfad für temporäre Tabellen.
WINDIR	Enthält den Pfad zum Windows-Systemverzeichnis (in der Regel *c:/windows* oder *c:/winnt*). Diese Variable liest MySQL beim Start aus, um den Pfad für die Konfigurationsdatei *my.ini* zu ermitteln.
USER	Bezeichnet den Standard-Benutzer, der verwendet wird, wenn Sie bei der Herstellung der Verbindung keinen Benutzer angegeben haben (nur unter Windows).

Tabelle 24.5: Umgebungsvariablen für den MySQL-Einsatz (Auswahl)

PATH und WINDIR sind Standard-Variablen, die auch vom Betriebssystem bzw. von vielen anderen Programmen verwendet werden. Bei den anderen Variablen handelt es sich um spezielle MySQL-Umgebungsvariablen, die nur von MySQL bzw. den MySQL-Clients genutzt werden. In der Standard-Konfiguration verwendet MySQL diese Variablen nicht.

Umgebungsvariablen setzen

Für die Wertzuweisung an Umgebungsvariablen ist das Betriebssystem zuständig. Die Zuweisung nehmen Sie an der Kommandozeile vor (Windows 98/ME) oder in einem recht versteckten Dialog der Windows-Systemsteuerung (2000/XP). Für die Kommandozeile öffnen Sie, wie schon mehrfach gezeigt, ein Fenster für die Eingabeaufforderung. Zuständig ist der SET-Befehl des Betriebssystems (nicht der von MySQL), den Sie beispielsweise wie folgt verwenden:

```
SET Variable=Wert
```

Mit der folgenden Zuweisung setzen Sie die Variable TMPDIR auf den Wert *c:/temp*. Allerdings können Sie auf SET in der Regel auch verzichten und die Zuweisung direkt vornehmen, so dass die folgenden Anweisungen gleichwertig sind:

```
SET TMPDIR = c:/temp
TMPDIR = c:/temp
```

Wenn Sie allerdings die Umgebungsvariable PATH setzen wollen, müssen Sie etwas anders vorgehen. Diese enthält in der Regel bereits Pfadangaben, welche von Windows und eventuell von anderen Programmen benutzt werden. Um die vorhandenen Einstellungen nicht zu überschreiben, müssen Sie den neuen Pfad an die bestehenden Pfadangaben anfügen. Dazu ist eine Anweisung wie die folgende erforderlich:

```
SET PATH=c:/mysql/bin;%PATH%
```

In diesem Beispiel ergänzen wir den bisherigen Inhalt der PATH-Variablen um den Pfad c:\mysql\bin. Sie haben dann die Möglichkeit, die MySQL-Tools, die sich üblicherweise in dem genannten Ordner befinden, von jedem anderen Ordner aus aufzurufen. Es ist dann nicht mehr unbedingt erforderlich, erst mit dem cd-Kommando zum *mysql/bin*-Ordner zu wechseln.

Die direkte Zuweisung an eine Umgebungsvariable hat leider den kleinen Nachteil, dass sie nur so lange erhalten bleibt, bis

Sie den Rechner herunterfahren. Beim nächsten Start hat Windows alle derart vorgenommenen Einstellungen wieder vergessen. Um die Zuweisungen dauerhaft zu machen, müssen Sie sie in die Dateien *Autoexec.bat* schreiben, die Sie unter Windows 98 im Wurzelverzeichnis *C:/* finden.

Umgebungsvariablen unter Windows 2000/XP setzen

Um die Zuweisungen unter Windows 2000/XP vorzunehmen, müssen Sie einen Dialog öffnen, den Sie über die Systemsteuerung aufrufen (unter Windows XP: *Systemsteuerung / Leistung und Wartung / System / Erweitert / Umgebungsvariablen*). Hier können Sie bestehende Variablen editieren und neue hinzufügen. Achten Sie auf den Unterschied zwischen System- und Benutzervariablen. Bei Letzteren handelt es sich um Umgebungsvariablen, die lediglich für den gerade angemeldeten Benutzer gelten. Für MySQL sollten Sie die Systemvariablen setzen. Dazu müssen Sie allerdings als Administrator angemeldet sein.

Einige Konfigurationsparameter, die sich per Umgebungsvariable einstellen lassen, stehen auch in Konfigurationsdateien oder als Kommandozeilen-Parameter zur Verfügung. Diese überschreiben dann die in den Umgebungsvariablen gesetzten Werte.

Konfigurationsdateien

MySQL verwendet verschiedene *Konfigurationsdateien* (gelegentlich auch *Optionsdateien* genannt), von denen Sie in der Regel nur die Datei *my.ini* benötigen. Diese enthält Einstellungen, die Sie auch als Kommandozeilen-Parameter des MySQL-Servers übergeben und zu einem kleinen Teil auch per SQL-SET-Anweisung setzen können. Die MySQL-Entwickler empfehlen jedoch die Verwendung von Konfigurationsdateien. Wenn Sie die gleichen Parameter in Konfigurationsdateien und als Kommandozeilen-Parameter verwenden, gehen die Werte der Kommandozeile vor. Wir kommen auf diesen Punkt noch zurück. Tabelle 24.6 zeigt zunächst, welche Dateien Sie für die Konfiguration nutzen können.

Konfigurationsdatei	Beschreibung
my.ini	Speichert globale Einstellungen. Die Datei finden Sie unter Windows im Windows-Verzeichnis. Unter Windows NT/2000/XP ist das üblicherweise das Verzeichnis *c:\winnt* bzw. *c:\windows*.
my.cnf	Enthält im Grunde die gleichen Parameter wie die Datei my.ini. Die Datei speichern Sie normalerweise im Wurzelverzeichnis (*C:*).
Init-Datei	Enthält gegebenenfalls SQL-Kommandos, die der MySQL-Server beim Start ausführen soll. Diese Datei ist optional.

Tabelle 24.6: MySQL-Konfigurationsdateien

In den beiden ersten Dateien können die gleichen Parameter enthalten sein. In diesem Fall gelten die Einstellungen der Datei *my.cnf*. Die Reihenfolge hat ihre Ursache darin, dass MySQL zunächst die Datei *my.ini* auswertet und dann erst die Einstellungen der Datei *my.cnf* lädt. Sie können diese Reihenfolge nutzen, um zunächst globale Einstellungen in der Datei *my.ini* vorzunehmen und anschließend in der Datei *my.cnf* clientbezogene Parameter zu setzen.

Die Datei *my.ini* muss sich nicht unbedingt im Windows-Verzeichnis befinden. So wird bei der Installation der Version 5 als Dienst der Speicherort als Aufrufparameter übergeben. Die von uns verwendeten MySQL-Versionen griffen daher auf die *my.ini*-Datei im MySQL-Installationsverzeichnis zu.

Die Einstellungen, die Sie in den Konfigurationsdateien vornehmen, wirken erst beim nächsten Start des Servers bzw. der Clients. Zumindest anfangs sollten Sie jedoch nur eine der beiden Dateien verwenden, vorzuziehen ist die Datei *my.ini*, weil MySQL diese auch dann findet, wenn das Laufwerk *C:* nicht das Bootlaufwerk ist.

Wichtig! Wenn Sie in den Konfigurationsdateien fehlerhafte Einstellungen vornehmen, kann es passieren, dass sich anschließend weder Server noch Clients starten bzw. verwenden lassen. Sie müssen schon sehr genau wissen, welche Einstellungen möglich sind. Sollte nach Änderungen an den Konfigurationsdateien einmal nichts mehr gehen, müssen Sie die Änderungen zunächst wieder zurücknehmen (auskommentieren).

Die Datei my.ini editieren

Sie können die Konfigurationsdateien mit jedem beliebigen ASCII-Editor bearbeiten, beispielsweise mit dem Windows-Editor oder einem Programm-Editor.

```
# CLIENT SECTION
# -----------------------------------------------------------------
# The following options will be read by MySQL client applications.
# Note that only client applications shipped by MySQL are guaranteed
# to read this section. If you want your own MySQL client program to
# honor these values, you need to specify it as an option during the
# MySQL client library initialization.
#
[client]

port=3306
default-character-set=latin1


# SERVER SECTION
# -----------------------------------------------------------------
# The following options will be read by the MySQL Server. Make sure that
# you have installed the server correctly (see above) so it reads this
# file.
#
[mysqld]

# The TCP/IP Port the MySQL Server will listen on
port=3306

#Path to installation directory. All paths are usually resolved relative to this.
basedir="C:/Programme/MySQL/MySQL Server 5.0/"
```

Abbildung 24.2: *my.ini* bearbeiten

Änderungen der Konfiguration können natürlich erst wirksam werden, wenn Sie den MySQL-Server erneut starten.

Struktur der Konfigurationsdateien

Die beiden Dateien *my.ini* und *my.cnf* verwenden die gleichen Einstellungen und damit auch die gleiche Struktur. Diese ist in der Regel zweigeteilt und besteht aus Abschnitten für den MySQL-Server und den Client. Zudem lassen sich Abschnitte für bestimmte MySQL-Tools hinzufügen, beispielsweise für *myisamchk.exe* (siehe Kapitel 27).

Server-Abschnitt

Ein Abschnitt wird durch eine in eckige Klammern gesetzte Abschnittskennzeichnung, hier [mysqld], eingeleitet. Die Bezeichnung *mysqld* steht dabei für den MySQL-Server. Eine einfache Struktur, die nur Server-Einstellungen enthält, könnte beispielsweise folgende Form haben:

```
[mysqld]
#Servereinstellungen
basedir=C:/Programme/MySQL/MySQL Server 5.0/
datadir=C:/Programme/MySQL/MySQL Server 5.0/Data/
port=3306
```

Anschließend folgt eine optionale Kommentarzeile, die Sie mit dem Nummernzeichen einleiten. Sie können beliebige Kommentarzeilen in die Datei einfügen. Diese Zeilen werden vom Server nicht ausgewertet. Sie haben damit die Möglichkeit, auch alternative Einstellungen »auszukommentieren«, so dass der Server diese nicht berücksichtigt.

Pfadangaben in den MySQL-Konfigurationsdateien müssen auch unter Windows mit dem Slash (/) separiert werden, nicht mit dem Backslash (\).

Client-Abschnitt

Der Client-Abschnitt enthält Einstellungen, die nur für My-SQL-Clients gelten. Vom Server werden diese Einstellungen ignoriert. Clients sind beispielsweise die Kommandozeilen-Tools, die zum Lieferumfang von MySQL gehören. Im Client-Abschnitt werden häufig benutzerspezifische Angaben gespeichert, etwa Benutzername und Passwort:

```
[Client]
user=peter
password=geheim
port:3306
```

Allerdings sind gerade Passwörter in Konfigurationsdateien nicht besonders empfehlenswert. In der Regel ist es sicherer, das Passwort vom Anwender beim Herstellen der Verbindung zu erfragen.

Beachten Sie die Port-Einstellung für den Client. Damit bestimmen Sie nicht den Port, den der Server benutzt, den stellen Sie im Server-Abschnitt ein. Vielmehr handelt es sich um den Port, über den die Clients, etwa das Tool *mysql*, mit dem Server zu kommunizieren versuchen. Beide, sowohl der Server- als auch der Client-Port, müssen natürlich übereinstimmen, wenn eine Kommunikation zustande kommen soll. Tools wie *mysql* starten erst gar nicht oder werden gleich wieder beendet, wenn Sie an dieser Stelle für den Client einen von der Server-Einstellung abweichenden Wert vorgeben.

Individuelle Client-Abschnitte

Während der [Client]-Abschnitt für alle Clients gilt, gelten individuelle Client-Abschnitte nur für den in den eckigen Klammern genannten Client. Das können beispielsweise einige der MySQL-Kommandozeilen-Tools sein. So können Sie unter anderem einen Abschnitt für das Tool *mysqladmin* hinzufügen:

```
[mysqladmin]
port=3306
user=peter
password=geheim
```

Beachten Sie, dass *mysqladmin* auch den [Client]-Abschnitt auswertet und die dortigen Einstellungen berücksichtigt. Dabei kommt es gegebenenfalls auf die Position der Abschnitte in der Konfigurationsdatei an. Wenn Sie identische Einstellungen in beiden Abschnitten vornehmen, gelten die späteren. Sollen immer die Einstellungen des benannten Clients zum Zuge kommen, müssen Sie folgende Reihenfolge einhalten.

```
[Clients]
# Einstellungen für alle Clients (auch mysqladmin)
[mysqladmin]
# Einstellungen nur für mysqladmin
```

Individuelle Abschnitte können Sie auch für MySQL-Tools wie *mysqldump, mysql, mysqlcheck* und andere vornehmen. Hier bringen Sie Parameter unter, die für diese Tools auch als Kommandozeilen-Parameter verfügbar sind. Die genannten Tools und ihre Parameter behandeln wir später in einem eigenen Kapitel (Kapitel 27).

Wichtige Einstellungen

Die Einstellungen, die Sie in den Konfigurationsdateien vornehmen können, haben wir zu einem großen Teil bereits im Abschnitt über die Systemvariablen angesprochen. Da wir weiter unten auch noch recht ausführlich auf die möglichen Einstellungen per Kommandozeile eingehen wollen, zeigt Tabelle 24.7 nur eine kleine Auswahl von Parametern, die sich besonders sinnvoll in der Datei *my.ini* unterbringen lassen.

Einstellung	Bedeutung/Wirkung
datadir	Bestimmt das Verzeichnis, in dem MySQL nach Datenbanken sucht bzw. in dem der MySQL-Server Datenbanken erzeugt. In diesem Verzeichnis muss sich auch die mysql-Datenbank befinden.
default-character-set	Bestimmt den voreingestellten Zeichensatz. Üblicherweise ist *latin1* voreingestellt.
default-storage-engine	Bestimmt die Speicher-Engine, wenn Sie diese bei der Erzeugung von Tabellen nicht explizit angeben. Mögliche Werte sind beispielsweise *MyISAM* oder *InnoDB*.
language	Hier können Sie den Pfad für die Einstellung der Landessprache vorgeben. Für den deutschsprachigen Raum wird das in der Regel der Pfad *C:/Programme/MySQL/MySQL Server 5.0/share/german* sein.
lower-case-tabel-names	Bestimmt, ob Tabellen- und Datenbanknamen immer kleingeschrieben werden (ON / OFF).
port	Bestimmt den Port, über den Clients mit dem MySQL-Server kommunizieren. Client und Server müssen natürlich den gleichen Port verwenden.
skip-innodb	Mit dieser Einstellung können Sie, wenn Sie nicht mit *InnoDB*-Tabellen arbeiten wollen oder müssen, die *InnoDB*-Unterstützung abschalten. Sie sparen damit Speicherplatz. Diese Einstellung kommt ohne Parameter aus.

Tabelle 24.7: Wichtige Einstellungen in der Datei *my.ini*

Bei der Installation einer MySQL-Binärversion wird auch eine inzwischen recht umfangreiche *my.ini*-Datei angelegt. Diese enthält unter anderem Pfadangaben für die Einstellungen basedir und datadir. Der Port muss hingegen nicht unbedingt gesetzt sein, weil MySQL dann automatisch den Port 3306 verwendet. In der Regel ist auch die Sprache (language) nicht angegeben. In diesem Fall wird automatisch die englische Sprache verwendet. Ein erweiterter Server-Abschnitt mit einem Teil der in Tabelle 24.7 genannten Einstellungen und mit einigen zusätzlichen Parametern könnte wie folgt aussehen:

```
[mysqld]
basedir= C:/Programme/MySQL/MySQL Server 5.0/
datadir= C:/Programme/MySQL/MySQL Server 5.0/data
# -- InnoDB-Einstellungen --
default-storage-engine=INNODB
# -- Fulltext-Einstellungen --
ft_min_word_len=2
ft-max-word-len=80
# -- sonstige Einstellungen --
lower-case-table-names=OFF
```

In das vorstehende Beispiel haben wir auch Systemvariablen für die Konfiguration von Fulltext-Indizes aufgenommen. Welche Bedeutung diese haben, können Sie weiter oben in diesem Kapitel nachlesen.

lower_case_table_names

Mit der Variablen lower_case_table_names legen Sie fest, dass Tabellennamen und ab Version 4.0 auch Datenbanknamen (die Bezeichnungen der Datenbankordner) in Kleinbuchstaben gespeichert werden. Diese Variable, die in der Voreinstellung auf ON steht, ist recht nützlich, weil sie dafür sorgt, dass die Schreibweise automatisch vereinheitlicht und so unter Betriebssystemen wie UNIX bzw. LINUX eine Fehlerquelle ausgeschaltet wird. Unter Windows hilft Ihnen diese Einstellung normalerweise nicht, weil Windows bei Datei- und Verzeichnisnamen nicht zwischen Groß- und Kleinschreibung unterscheidet. Hier können Sie die Option abschalten, um beispielsweise besser lesbare Dateinamen (Tabellennamen) zu erhalten.

Voreinstellungen nutzen

Praktisch alle Konfigurationsparameter verfügen über Voreinstellungen, die immer wirksam werden, wenn Sie die Parameter nicht in der Konfigurationsdatei oder der Kommandozeile setzen. Normalerweise sind die Voreinstellungen so gewählt, dass sie für die meisten Arbeitsumgebungen passen sollten. Es ist dann am sinnvollsten, die Konfigurationsdatei möglichst knapp zu halten.

InnoDB-Einstellungen

Inzwischen ist *InnoDB* vollständig in MySQL integriert und sogar als Standard-Engine voreingestellt (*default-storage-engine=INNODB* in *my.ini*). Viele Einstellungen der Konfigurationsdateien beziehen sich aber noch auf *MyISAM*-Tabellen. Wenn Sie vorzugsweise *InnoDB* nutzen wollen, sollten Sie daher auch spezielle Einstellungen dafür vornehmen. Tabelle 24.8 zeigt, auf welche Einstellungen es dabei unter anderem ankommen kann.

Einstellung	Beschreibung
innodb_additional _mem_pool_size	Zusätzlicher Speicher für Metadaten. Voreingestellt ist in der Regel ein Wert von 2 MB
innodb_data_ home_dir	Der gemeinsame Teil des Pfades für alle *InnoDB*-Dateien
innodb_data_file _path	Der relative Pfad zu den *InnoDB*-Dateien. Der vollständige Pfad kommt durch Verkettung mit dem in der Einstellung innodb_data_home_dir angegebenen Pfad zustande
innodb_log_ buffer_size	Größe des Speichers für Log-Daten (üblich sind 1 bis 8 MB)
innodb_log_group_ home_dir	Pfad zu den *InnoDB*-Log-Dateien
innodb_log_file_ size	Größe der einzelnen Log-Dateien

Tabelle 24.8: Einstellungen für die *InnoDB*-Unterstützung

Einige Einstellungen, insbesondere innodb_data_file_path, erübrigen sich, wenn Sie *MyISAM*- und *InnoDB*-Tabellen im selben Ordner verwalten. Es gelten dann Einstellungen wie beispielsweise datadir. MySQL legt in diesem Fall die Datei für *InnoDB*-Tabellen unter der Bezeichnung *ibdata* im MySQL-Datenbankordner an. Für alle übrigen Einstellungen gelten Default-Werte, die für nahezu alle Anwendungsfälle ausreichen sollten. Die Zuweisung von Speicherplatz hat folgende Form:

```
innodb_log_buffer_size=2M
```

Damit stellen Sie für die Zwischenspeicherung von Log-Daten 2 MB zur Verfügung.

Kommandozeilen-Parameter

Eine weitere Möglichkeit, MySQL zu konfigurieren, besteht darin, den MySQL-Server mit bestimmten *Kommandozeilen-Parametern* zu starten. Diese Einstellungen gelten natürlich nur bis zum nächsten Neustart des Servers. Die wichtigsten zeigt Tabelle 24.9.

Seit der MySQL-Server auf Windows-Systemen aber eigentlich nur noch als Dienst gestartet wird, macht die Konfiguration per Kommandozeile unter Windows nicht mehr viel Sinn. Lediglich auf LINUX-/UNIX-Systemen stellt diese Variante noch eine überlegenswerte Alternative dar. Um einen Dienst unter Windows per Aufruf-Parameter zu konfigurieren, müssen Sie extra im Dienste-Manager den *Eigenschaften*-Dialog des MySQL-Dienstes öffnen oder sogar einen Eintrag in der Registry editieren. Mit Einschränkungen ist auch noch der nicht weniger umständliche manuelle Start des Dienstes im *Ausführen*-Fenster (DOS-Fenster) möglich. In Kapitel 1 (Installation) sind wir bereits auf diesen Punkt eingegangen.

Aufgrund der recht umständlichen Kommandozeilen-Parameter würden wir Ihnen daher empfehlen, unter Windows 2000/

XP und neueren Versionen nur noch die Konfigurationsdatei *my.ini* zu verwenden.

Parameter	Kürzel	Beschreibung
--ansi		Startet den MySQL-Server im ANSI-Modus
--bind-address		Bindet MySQL an eine IP-Adresse. Diese muss als Parameter übergeben werden
--big-tables		Schreibt Abfrageergebnisse in Dateien und ermöglicht so sehr große Ergebnistabellen. Die Performance kann jedoch darunter leiden
--console		Gibt Meldungen und Fehler in das DOS-Fenster aus, in welchem Sie den Server gestartet haben (die so genannte Standardausgabe)
--datadir=path	-h	Bestimmt das Datenbankwurzelverzeichnis, beispielsweise *c:/mysql/data*
--default-table-type=type		Bestimmt den Standard-Tabellentyp, in der Voreinstellung ist das der Typ *MyISAM*
--enable-named-pipe		Aktiviert die Unterstützung für Named Pipes (Windows NT/2000/XP)
--flush		Sichert nach jedem SQL-Kommando alle Änderungen auf die Festplatte
--init-file=file		Bewirkt, dass MySQL beim Start eine Datei mit SQL-Kommandos einliest und die darin enthaltenen SQL-Anweisungen ausführt

Parameter	Kürzel	Beschreibung
`--log[=file]`	-l	Schreibt Verbindungsdaten und Abfragen in eine Log-Datei
`--log-long-format`		Schreibt zusätzliche Informationen in die Update-Log-Datei
`--log-slow-queries`		Protokolliert alle Abfragen, die länger dauern, als die im Parameter `long_query_time` angegebene Zeit (Sekunden)
`--port=...`	-P	Bestimmt den von MySQL verwendeten Port.
`--skip-bdb`		Unterbindet die Verwendung von BDB-Tabellen. Einige Operationen können dadurch schneller ausgeführt werden
`--skip-grant-tables`		Verhindert die Verwendung des Rechtesystems. Damit erhalten alle Benutzer Zugriff auf alle Datenbankobjekte
`--skip-innodb`		Unterbindet die Verwendung von *InnoDB*-Tabellen. Einige Operationen können dann schneller ausgeführt werden. Die Einstellung, die Sie mit diesem Parameter vornehmen, speichert MySQL in der Systemvariablen `have_innodb`
`--tmpdir=path`	-t	Bestimmt ein Verzeichnis für temporäre Dateien
`--user= [user_name | beuserid]`	-u	Startet MySQL für einen stimmten Benutzer
`--version`	-V	Gibt die Version und weitere Informationen aus und beendet MySQL dann wieder

Tabelle 24.9: Kommandozeilen-Parameter für *mysqld*

Viele Kommandozeilen-Parameter kommen ohne Wertzuweisungen aus. Sie geben dann einfach den Namen oder das Kürzel an:

```
mysqld-nt --flush
```

Einige Parameter erwarten jedoch die Angabe von zusätzlichen Werten, etwa einen Dateipfad. So ist für die Zuweisung eines anderen Datenbankwurzelverzeichnisses unter älteren Windows-Versionen (9.x bzw. ME) folgende Anweisung erforderlich:

```
mysqld --datadir=c:\database
```

Das Datenbankwurzelverzeichnis sollten Sie allerdings nur ändern, wenn Sie Ihre Datenbanken nicht mehr im Verzeichnis *c:/mysql/data* bzw. *c:/Programme/MySQL/MySQL Server 5.0/data* speichern wollen. Die Änderung bewirkt nämlich, dass MySQL die alten Datenbanken nicht mehr findet.

Problematisch ist natürlich die gleichzeitige Verwendung von mehreren Parametern. Die Kommandozeile kann in diesem Fall sehr lang und unübersichtlich werden. Ein wenig kürzer wird die Zeile, wenn Sie die Kurzbezeichnungen der Parameter verwenden.

Die Init-Datei

Per Eintrag in eine Konfigurationsdatei oder per Kommandozeile können Sie eine Datei benennen, die SQL-Anweisungen enthält. Die Anweisungen dieses SQL-Skripts werden dann beim Start des Servers ausgeführt. Da die Konfiguration zum Teil auch per SQL möglich ist, bietet diese Option ebenfalls die Möglichkeit, Konfigurationseinstellungen vorzunehmen. Natürlich lassen sich über die Init-Datei nahezu beliebige SQL-Anweisungen ausführen, so dass Sie damit auch komplexe Operationen automatisieren können. In der Konfigurationsdatei *my.ini* aktivieren Sie das Init-Skript mit dem folgenden Eintrag:

```
init-file=c:/mysql/start.sql
```

Die Zeile startet den MySQL-Server mit dem Verweis auf die Datei *start.sql*, die in diesem Fall im Ordner *c:/mysql* enthalten sein muss. Sie können natürlich beliebige eigene Namen verwenden. Fehlt die Datei, wird der Server in der Regel gleich wieder beendet.

SQL-Startbefehle im Init-Skript

Natürlich lässt sich nicht jede SQL-Anweisung sinnvoll in der Init-Datei unterbringen. So werden SELECT-Anweisungen üblicherweise keinen Sinn machen, weil sich die Ergebnistabelle nicht anzeigen lässt. Dafür benötigen Sie bestimmte Clients wie beispielsweise das Tool *mysql*. Das folgende Beispiel zeigt einige Anweisungen, die in einer Init-Datei enthalten sein könnten:

```
USE Kontakte;
DROP TABLE test;
```

Wir wählen hier zunächst eine Datenbank und löschen dann temporäre Tabellen wie beispielsweise die Tabelle *test*. Für solche Aufräumarbeiten ist ein Init-Skript recht gut geeignet, weil dann jeder Neustart des Servers für eine saubere Arbeitsumgebung sorgt.

Beachten Sie, dass die Datei mehrere Anweisungen enthalten kann, die dann jeweils durch ein Semikolon von der folgenden Anweisung abzugrenzen sind.

25 Optimierung

Die *Optimierung* einer MySQL-Anwendung kann sich auf die Struktur der Tabellen, auf die Verwendung von SQL-Kommandos und auf bestimmte Strategien beim Entwurf der Datenbank beziehen. In fast allen Fällen geht es darum, das Antwortverhalten, also die Leistung des Systems beim Zugriff auf die Daten, positiv zu beeinflussen. Da MySQL-Datenbanken sehr häufig in Webanwendungen zum Einsatz kommen und hier in der Regel sehr viele Clients gleichzeitig zu bedienen sind, kommt der Optimierung eine erhebliche Bedeutung zu. Eine fehlerhaft entworfene Datenstruktur und nicht optimierte SQL-Abfragen können das Antwortverhalten des MySQL-Servers und damit der betreffenden Website stark reduzieren. Eine Website, die dem Anwender zu lange Wartezeiten auferlegt, verliert jedoch schnell an Akzeptanz.

In diesem Kapitel gehen wir davon aus, dass es vor allem darauf ankommt, Lesezugriffe bezüglich der Performance zu optimieren. Zwar lassen sich auch Schreibzugriffe beschleunigen, dieser Punkt ist aber in der Regel nicht so drängend. Wir wollen daher nur am Rande darauf eingehen.

Optimierungsstrategien

Bei vielen Anwendungen lassen sich eindeutige Belastungsschwerpunkte ausmachen. So müssen Internet-Portale und auch Shops vor allem lesenden Zugriffe verarbeiten. Da schreibende Zugriffe das System erheblich belasten und gelegentlich auch Sperrungen des Lesezugriffs erfordern, ist es nicht unbedingt sinnvoll, schreibende und lesende Zugriffe parallel erfolgen zu lassen. Um Anwendern bzw. Kunden unnötige Wartezeiten zu ersparen, lassen sich daher Strategien nutzen, die lesende und schreibende Zugriffe entflechten. Auch die Struktur der Datenbank lässt sich gegebenenfalls optimieren, so dass Ihnen unter anderem folgende Strategien zur Verfügung stehen:

① schreibende Zugriffe in Zeiten mit geringer Belastung vornehmen, also beispielsweise außerhalb von Bürozeiten

② für lesende Zugriffe eine Kopie der Tabellen vorhalten

③ Abfragebefehle optimieren

④ Tabellenstruktur optimieren

⑤ Indizes verwenden

⑥ Normalisierung begrenzen

Die erste Strategie kann es erforderlich machen, temporäre Tabellen für die Dateneingabe vorzuhalten. So können die Daten zu normalen Tages- bzw. Bürozeiten ergänzt, geändert und ausgewertet werden. Die Aktualisierung erfolgt dann durch einen automatischen Prozess zur Nachtzeit.

Die zweite Strategie wird relativ häufig eingesetzt. Sie erfordert zwar eine redundante Datenhaltung, diese ist jedoch nicht mit Gefahren für die Konsistenz der Daten verbunden, da die Kopien nur für lesende Zugriffe zur Verfügung stehen. Viele Internet-Shops werden so betrieben. Bei den Kopien kann es sich zudem um vereinfachte Strukturen handeln, die auf Spalten verzichten, die nur für interne Zwecke benötigt werden. Auch kann die Kopie andere Indizes vorhalten, beispielsweise einen Volltext-Index, der für die schnelle Suche mit ungenauen Begriffen geeignet ist.

Nachteile einer Entflechtung von Lese- und Schreibzugriffen

Beide Strategien haben den Nachteil, dass die Datenbank bzw. die für den lesenden Zugriff vorgesehenen Tabellen nicht immer auf dem neuesten Stand sind. Sie sind daher nur sinnvoll, wenn die betreffende Anwendung mit einem Aktualisierungsrückstand von mehreren Stunden auskommen kann. Für die Angebote eines normalen Internet-Shops dürfte das durchaus zutreffen, für Börsensysteme oder auch für Nachrichtenportale vermutlich nicht. Hier ist Aktualität gefragt, die sich nur durch den Eingriff in Strukturen und Prozesse sicherstellen lässt.

Tabellenstruktur ändern

Auch die Struktur der Tabelle kann Abfrage- und Update-Operationen positiv bzw. negativ beeinflussen. Die Optimierung kann unter anderem an folgenden Punkten ansetzen:

✔ Wahl des Tabellentyps

✔ Begrenzung der Spaltenzahl

✔ Wahl schnellerer Spaltentypen

✔ Wahl des Datensatzformats

✔ Nutzung von Tabellenoptionen

✔ Sortierung der Datensätze

✔ Defragmentierung der Tabellen

Auf die Wahl des Tabellentyps sind wir inzwischen schon mehrfach eingegangen. Es sollte daher klar sein, dass für schnelle Abfragen, auf die es bei der Optimierung vor allem ankommt, *MyISAM*-Tabellen am besten geeignet sind. Dies gilt ganz besonders, wenn Sie reine Lesetabellen verwenden. Der Einsatz von *InnoDB*-Tabellen verbietet sich in diesem Fall von selbst.

Zahl, Typ und Länge der Spalten

Der Verwaltungsaufwand, den MySQL treiben muss, steigt mit der Zahl der Spalten. Das gilt vor allem für Tabellen mit einer variablen (dynamischen) Datensatzstruktur. Leider lassen sich Spalten nicht einfach nach Belieben streichen. Sie können jedoch folgende Techniken nutzen, um die Zahl der Spalten in den für Abfragen häufig benötigten Tabellen zu reduzieren:

✔ In Abfragen nicht oder selten benötigte Spalten lassen sich in separate Tabellen auslagern. Zwischen der häufig und der nur selten benötigten Tabelle wird dann bei Bedarf eine 1:1-Verknüpfung hergestellt.

✔ Bei der Verwendung von Kopien für den reinen Lesezugriff können Sie auf Spalten, die für den »normalen« Lesezugriff nicht benötigt werden, verzichten. So müssen Kunden, die über das Internet eine Artikeltabelle abfragen, viele Spalten gar nicht zu sehen bekommen.

✔ In Kopien für den Lesezugriff lassen sich Spalten eventuell zusammenfassen. So können Sie beispielsweise anstelle der Spalten *Straße*, *PLZ* und *Ort* ein Adressenfeld vorsehen, das diese Spalten zusammenfasst.

Insgesamt sind die Möglichkeiten, die Zahl der Spalten zu begrenzen, jedoch sehr eingeschränkt. In der Regel funktioniert das nur, wenn Sie zwischen Arbeitstabellen und Tabellen für den reinen Lesezugriff unterscheiden. Auch ein Performance-Gewinn dürfte nur erzielbar sein, wenn sich die Tabelle auf diese Art erheblich verkleinern lässt. Etwas mehr Gewinn versprechen die sorgfältige Wahl des Spaltentyps und der Feldlänge.

Spaltentyp und -länge

Bei vielen Spalten haben Sie bezüglich des Typs und der Feldlänge keine Wahl. Sie werden einfach durch die Erfordernisse der Daten bestimmt. Wenn die Daten jedoch eine Wahl des Speicherformats zulassen, sollten Sie dabei folgende Regeln berücksichtigen:

✔ Die Feldlänge ist immer so zu wählen, dass der längste mögliche Eintrag gerade noch hineinpasst. Das gilt sowohl für numerische als auch für Stringtypen.

✔ Typen variabler Länge sollten möglichst zu Gunsten von Typen fester Länge vermieden werden. Dies gilt besonders für die Wahl zwischen CHAR und VARCHAR. Hier ist, zumindest unter Performance-Aspekten, der CHAR-Typ vorzuziehen.

✔ Wenn sich Spalten vom Typ TEXT (auch MEDIUMTEXT etc.) durch CHAR-Spalten ersetzen lassen, wenn Sie also in der Regel mit maximal 255 Zeichen auskommen, sollten Sie diese Option auch nutzen.

✔ Verwenden Sie möglichst keine BLOB-Spalten. Diese sind ähnlich wie TEXT-Spalten nur sehr umständlich zu verwalten. Statt Binärformate in BLOB-Spalten abzulegen, sollten Sie diese als normale Dateien in einem beliebigen Ordner ablegen und in einer CHAR- bzw. VARCHAR-Spalte lediglich den Pfad zu dieser Datei speichern.

✔ Spaltentypen wie ENUM und SET sind zwar auch mit etwas mehr Aufwand verbunden. Wenn sie jedoch als Alternativen für Nachschlagetabellen verwendet werden, ist ihr Einsatz sehr sinnvoll.

Vermutlich lassen sich noch weitere Details finden, die unter Performance-Aspekten eine Optimierung der Tabellenstruktur ermöglichen. Wenn Sie jedoch die Optimierung zu weit treiben, handeln Sie sich andere Nachteile ein. Unter anderem dient die Differenzierung der Tabellentypen auch der Eingabekontrolle und damit der Datenkonsistenz.

Spaltentyp und Datensatzformat

Mit der Wahl des Spaltentyps bestimmen Sie (bei *MyISAM*-Tabellen) gegebenenfalls auch das Datensatzformat. MySQL unterscheidet hier zwischen den Formaten Dynamic und Fixed. Das dynamische Datensatzformat hört sich zwar gut an, ist aber in der Tat ein echter Performance-Killer. Leider können Sie das Format nicht wirklich frei wählen. Wenn Sie bestimmte Spaltentypen verwenden (vor allem VARCHAR, TEXT, BLOB), erhalten Sie automatisch das dynamische Datensatzformat.

Während beim Fixed-Format jeder Datensatz unabhängig von den gespeicherten Daten eine feste Datensatzlänge aufweist, können beim dynamischen Format die Datensätze unterschiedlich lang sein. Das spart zwar Speicherplatz, macht das Verwalten und Auffinden von Daten jedoch unvergleichlich aufwändiger. Beim festen Format ist die Datensatzlänge bekannt. Jeder Datensatz lässt sich dann durch einen Versatzwert (Offset), der sich aus dem Produkt von Datensatzlänge und Datensatznummer ergibt, auffinden. Beim dynamischen Typ funktioniert dieser einfache Mechanismus nicht. Beim Ändern von Datensätzen kann es sogar vorkommen, dass ein Datensatz nicht zusammenhängend gespeichert wird. Sie können sich vorstellen, dass solche Strukturen nicht gerade leicht zu verwalten sind.

Das Datensatzformat Fixed zuweisen

Das Datensatzformat Fixed erhalten Sie automatisch, wenn Sie bei der Erzeugung der Tabelle für alle Textspalten ausschließlich den Typ CHAR verwenden. Allerdings können Sie das Datensatzformat grundsätzlich auch noch nachträglich per ALTER-Anweisung in das Fixed-Format überführen. Zu diesem Zweck ändern Sie die Tabellenoption Row_format:

```
ALTER TABLE Kunden Row_format=Fixed;
```

In diesem Fall ändert MySQL einfach alle Spalten vom Typ VARCHAR in den Typ CHAR. Die ALTER-Anweisung funktioniert jedoch nicht, wenn die betreffende Tabelle TEXT- oder BLOB-Spalten enthält. Das gilt leider für praktisch alle unsere Beispieltabellen. Die vorstehende Anweisung erzeugt zwar keine Fehlermeldung, bleibt in diesem Fall jedoch wirkungslos.

Tabellen mit dem Datensatzformat Fixed sind zwar sehr leicht und damit sehr schnell abzufragen, sie können aber auch sehr groß werden. Wird beispielsweise die mögliche Datensatzlänge nur zu 10 % ausgenutzt, besteht die Tabelle zu fast 90 % aus Luft (Leerzeichen). Eine Tabelle vom dynamischen Format speichert hingegen nur die reinen Daten und einige Verwaltungsinformationen. Sie wird in diesem Fall wesentlich kleiner sein.

Tabellenoptionen berücksichtigen

Schon bei dem weiter oben vorgestellten Datensatzformat (Row_format) handelte es sich um eine so genannte *Tabellenoption*, also eine Tabelleneigenschaft. MySQL kennt jedoch noch weitere Eigenschaften, die sich einer Tabelle beim Erzeugen (CREATE TABLE) oder nachträglich mit ALTER TABLE zuweisen lassen. Für die Optimierung können unter anderem die in Tabelle 25.1 gezeigten Eigenschaften von Interesse sein.

Tabellenoption	Beschreibung
DELAY_KEY_WRITE	Verzögert die Aktualisierung von Indexdateien bis zum Schließen der Tabelle. Schreibzugriffe lassen sich dadurch ein wenig beschleunigen. Dazu setzen Sie die Option auf den Wert 1 (DELAY_KEY_WRITE=1).
MAX_ROWS	Gibt die voraussichtliche maximale Zahl der in der Tabelle zu speichernden Datensätze an. Diesen Wert verwendet MySQL für die Berechnung der Größe der Ergebnistabelle.
MIN_ROWS	Gibt die voraussichtliche minimale Zahl der in der Tabelle zu speichernden Datensätze an.
PACK_KEYS	Komprimiert Indizes. SELECT-Abfragen werden dadurch beschleunigt, während Schreibzugriffe etwas mehr Zeit benötigen (PACK_KEYS=1).
ENGINE	Bestimmt den Typ der Tabelle (die dafür zuständige Datenbank-Engine). Sie können den Typ wie gezeigt bei der Erzeugung der Tabelle oder auch nachträglich mit Hilfe des ALTER TABLE-Befehls bestimmen.

Tabelle 25.1: Tabellenoptionen für die Optimierung

Bestimmte Tabellenoptionen lassen sich nur mit Einschränkungen anwenden. So werden bei der Umwandlung des Tabellentyps *InnoDB* in *MyISAM* natürlich Fremdschlüsseldefinitionen unwirksam. Auch die Unterstützung von Transaktionen fällt in diesem Fall weg. Die folgende Anweisung ändert den Typ der Tabelle *Kunden*:

```
ALTER TABLE Kunden ENGINE=MYISAM;
```

Sie sollten von den Tabellenoptionen aber nicht zu viel erwarten. In der Regel dürfte der Perfomance-Gewinn relativ gering ausfallen. Mit Ausnahme der Umwandlung in den Typ *MyISAM* handelt es sich um wirklich kleine Optimierungsschritte, die nur zusammen etwas bewirken können.

Datensätze (fest) sortieren

Mit der festen Sortierung ist nicht die ORDER BY-Klausel der SELECT-Anweisung gemeint, die Sie in Abfragen verwenden. Vielmehr handelt es sich um eine dauerhafte Sortierung, in der die Datensätze dann auch auf der Festplatte gespeichert werden. Da die feste Sortierung eine physische Änderung der Tabelle bewirkt, verwenden Sie dafür die ALTER TABLE-Anweisung. Die Syntax für die Sortierung hat folgende Form:

```
ALTER TABLE Tabelle ORDER BY Spalte
```

Sinnvoll ist die feste Sortierung für eine häufig in der WHERE-Klausel benötigte Spalte. Die Umsetzung für die Tabelle *Kunden* könnte folgende Form haben:

```
ALTER TABLE Kunden ORDER BY Firma;
```

Beachten Sie, dass es wenig Sinn macht, eine Schlüsselspalte wie etwa den Primärschlüssel für die Sortierung zu verwenden. Für solche Spalten ist in der Regel ein Index definiert, der ja im Wesentlichen aus einer Sortierung besteht.

Da die feste Sortierung im Gegensatz zum Index nicht automatisch aktualisiert wird, bewirkt in der Regel schon das Einfügen eines einzigen Datensatzes, dass die Sortierung nicht mehr stimmt. Sie müssen den vorgestellten ALTER TABLE-Befehl dann erneut ausführen. Für Arbeitstabellen dürfte diese Option daher nicht geeignet sein. Sie ist jedoch hilfreich, wenn sie auf reine Lesetabellen, etwa für Informationsportale im Internet, angewendet wird. Unter Umständen sparen Sie damit einen Index ein. Der Performance-Gewinn kann, verglichen mit einer Spalte ohne Index, durchaus beachtlich sein.

Tabellen komprimieren

Der Standardtabellentyp *MyISAM* lässt sich komprimieren. Allerdings kann danach nicht mehr in die Tabelle geschrieben werden (Nur-lese-Modus). Durch die Komprimierung sparen Sie Speicherplatz auf der Festplatte und reduzieren gegebenenfalls die Ladezeiten. MySQL behandelt die Komprimierung als eine spezielle Variante des Datensatzformats, so dass Sie diese auch über die schon vorgestellte Tabellenoption Row_format einstellen können. Die folgende Anweisung ist ab Version 4.1 zulässig und soll ab Version 5 auch funktionieren:

```
ALTER TABLE Kunden Row_format=Compressed;
```

Für ältere Versionen müssen Sie das Kommandozeilen-Tool *myisampack* verwenden. Die Anwendung ist ein wenig umständlich. An der Kommandozeile der Eingabeaufforderung wechseln Sie zum /bin-Ordner des MySQL-Verzeichnisses und führen dann für die Komprimierung der *Kunden*-Tabelle die folgende Anweisung aus:

```
myisampack c:/mysql/data/kontakte/kunden.myi
```

Die Pfadangabe ist hier erforderlich, weil das Tool das Datenbankverzeichnis (hier *c:/mysql/data*) nicht kennt. Zudem ist natürlich der Datenbankordner (hier *kontakte*) anzugeben.

Der Befehl lässt sich nur ausführen, wenn zuvor der MySQL-Server heruntergefahren wurde. Zudem sollte die Tabelle schon eine größere Zahl von Datensätzen enthalten, weil *myisampack* die Komprimierung sonst wegen zu geringer Tabellengröße ablehnt.

Da die Tabelle anschließend nur noch gelesen werden kann, führen INSERT-, UPDATE- und DELETE-Anweisungen zu einer Fehlermeldung. MySQL verspricht eine Verkleinerung der Dateigröße auf ungefähr die Hälfte. Gleichzeitig soll die Komprimierung eine Beschleunigung der Zugriffe bewirken.

Vielleicht ist Ihnen aufgefallen, dass in der Kommandozeile die Index-Datei (*myi*) angegeben wurde, nicht die Datendatei (*myd*). Komprimiert wird jedoch die Datendatei. Sie können dies überprüfen, indem Sie vorher und nachher im Windows-Explorer die Dateigröße ermitteln.

Indizes reorganisieren

Die Komprimierung hat zur Folge, dass die Indizes nicht mehr mit der Tabelle zusammenarbeiten. Sie müssen folglich auch die Indizes neu aufbauen. Dazu verwenden Sie das Kommandozeilentool *myisamchk*. Für die komprimierte *Kunden*-Tabelle in der Datenbank *Kontakte* ist dann beispielsweise folgende Anweisung erforderlich:

```
myisamchk -rq --sort-index c:/mysql/data/kontakte/
kunden.myi
```

Die Optionen r und q stehen für recover und quick. Wichtig ist natürlich die Option r, weil diese dafür sorgt, dass die Indizes neu aufgebaut werden. Mit der Option sort-index werden die Indizes auch gleich noch neu sortiert.

Komprimierung wieder aufheben

Grundsätzlich lassen sich komprimierte Tabellen wieder dekomprimieren. Dazu verwenden Sie das *myisamchk*-Tool mit der Option --unpack:

```
myisamchk --unpack c:/mysql/data/kontakte/kunden.myi
```

Allerdings kann es beim Dekomprimieren zu Fehlfunktionen kommen. Wenn Sie dann auf die Empfehlung des Tools eingehen, auch noch die Option `--force` zu verwenden, droht im Ergebnis ein Datenverlust. Zusätzlich besteht die Möglichkeit, die Option `--save-recover` zu verwenden. Diese ist zwar langsam, erzwingt aber eine sorgfältigere Prüfung der Datensätze.

Die Verwendung des *myisamchk*-Tools lässt sich jedoch umgehen. Dazu erzeugen Sie aus der komprimierten Tabelle einfach eine neue Tabelle, kopieren die Daten hinein, löschen die komprimierte Tabelle und benennen zum Schluss die neue Tabelle um.

```
CREATE TABLE KundenNeu LIKE Kunden;
INSERT INTO KundenNeu SELECT * FROM Kunden;
RENAME TABLE Kunden TO KundenAlt;
RENAME TABLE KundenNeu TO Kunden;
```

Auf das Löschen (mit DROP TABLE) haben wir im vorstehenden Beispiel verzichtet. Erst wenn die Anweisungen korrekt ausgeführt wurden und Sie die Daten zumindest einer Sichtkontrolle unterzogen haben, sollten Sie die nun überflüssigen Zwischentabellen (hier *KundenNeu* und *KundenAlt*) entfernen. Allerdings müssen Sie sich keine großen Sorgen machen; die im vorstehenden Beispiel verwendeten SQL-Anweisungen gehören zum MySQL-Alltag und sind sehr zuverlässig.

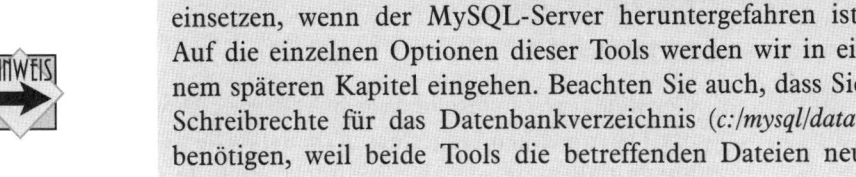

Das Tool *myisamchk* können Sie, wie schon *myisampack*, nur einsetzen, wenn der MySQL-Server heruntergefahren ist. Auf die einzelnen Optionen dieser Tools werden wir in einem späteren Kapitel eingehen. Beachten Sie auch, dass Sie Schreibrechte für das Datenbankverzeichnis (*c:/mysql/data*) benötigen, weil beide Tools die betreffenden Dateien neu schreiben und auch temporäre Dateien erzeugen.

Tabellen defragmentieren

MyISAM-Tabellen mit dynamischer Datensatzstruktur (Tabellenoption Row_format = Dynamic) gehen im Gegensatz zu Tabellen mit fester Struktur zwar sehr sparsam mit dem Platz auf der Festplatte um, sie haben jedoch erhebliche Nachteile bei der Performance. Diese werden zunächst durch den höheren Verwaltungsaufwand verursacht, den Sie leider nicht vermeiden können. Dieser Typ neigt aber auch stark zur Fragmentierung der Daten. Beim häufigen Einfügen, Ändern und Löschen von Daten können selbst einzelne Datensätze auseinander gerissen werden. Die regelmäßige Defragmentierung von Tabellen mit dynamischer Datensatzstruktur ist daher unverzichtbar. Sie können dafür grundsätzlich folgende SQL-Befehle bzw. Tools verwenden:

✔ OPTIMIZE TABLE

✔ *myisamchk*

Nachfolgend soll nur der SQL-Befehl OPTIMIZE TABLE näher vorgestellt werden. Hinweise zur Verwendung des Tools *myisamchk* finden Sie in Kapitel 27.

OPTIMIZE TABLE

Mit OPTIMIZE TABLE veranlassen Sie MySQL, Tabellen neu zu erstellen sowie Indizes und eventuell ungültige Metainformationen (Datenbankinformationen) zu aktualisieren. Die Syntax besteht eigentlich nur aus dem Befehl und einer Auflistung von Tabellennamen:

```
OPTIMIZE TABLE Tabelle1 [, Tabelle2, ...]
```

Der Befehl wird vor allem nach Änderung bzw. Löschung großer Datenmengen eingesetzt. Arbeitstabellen in einer Mehrbenutzerumgebung sollten praktisch täglich defragmentiert werden. Das folgende Beispiel defragmentiert die Tabellen *Kunden* und *Rechnungen*:

```
OPTIMIZE TABLE Kunden, Rechnungen;
```

Der Befehl erzeugt eine Ergebnistabelle, in der die ausgeführten Operationen kurz beschrieben werden (Abbildung 25.1). Jeder Tabelle ist dabei eine eigene Zeile gewidmet.

Table	Op	Msg_type	Msg_text
▶ kontakte.kunden	optimize	status	Table is already up to date
kontakte.rechnungen	optimize	status	OK

Abbildung 25.1: Ausgabe der OPTIMIZE TABLE-Anweisung

Die schlichte Meldung *OK* besagt, dass die betreffende Tabelle erfolgreich defragmentiert wurde. Im vorstehenden Beispiel hätten wir uns die Optimierungsanweisung für die Tabelle *Rechnungen* auch sparen können, weil diese sich schon zuvor in einem optimalen Zustand befand.

Auch Tabellen mit fester Datensatzstruktur können mit OPTIMIZE TABLE defragmentiert werden. Dies dürfte jedoch recht selten der Fall sein. In der Regel bewirkt eine Defragmentierung solcher Tabellen nur, dass größere Lücken, die durch das Löschen von Datensätzen entstanden sind, geschlossen werden. Die Datei wird dadurch etwas kleiner. Ein wesentlicher Performance-Gewinn lässt sich damit jedoch nicht erzielen.

Normalisierung begrenzen

Wie schon dargestellt, soll die Normalisierung der Tabellen vor allem die Konsistenz der Daten sicherstellen. Der Normalisierungsprozess ist daher grundsätzlich unverzichtbar. Er ist aber auch mit Kosten verbunden, die etwa bei der Programmierung von Datenbankanwendungen anfallen. So ist bei der Aufteilung auf viele Tabellen ein größerer Aufwand erforderlich, um die Daten zu bearbeiten und zu verwalten. Eine sehr weit getriebene Normalisierung kann zudem das Antwortverhalten der Datenbank negativ beeinflussen. Es gibt daher durchaus gute Gründe, die Normalisierung nicht immer vollständig durchzuführen.

Natürlich müssen sicherheitskritische Anwendungen auf konsistente Datenstrukturen vertrauen können. Nicht alle Anwendungen bzw. nicht alle Teile einer Anwendung unterliegen jedoch höchsten Sicherheitsanforderungen. In solchen Fällen ist zwischen den Anforderungen der Normalisierung und der Leistung des Systems abzuwägen. Die Einschränkung der Normalisierung sollte immer die letzte Option sein, die Sie bei der Optimierung in Erwägung ziehen.

Denormalisierung

Wenn Sie, wie schon für bestimmte Anwendungen empfohlen, für den reinen Lesezugriff Kopien der eigentlichen Arbeitstabellen erzeugen, können Sie den Kopiervorgang nutzen, um Tabellenstrukturen zu vereinfachen, also bestimmte Normalisierungsschritte bei den Kopien wieder zurückzunehmen. Denkbar sind unter anderem folgende Optionen:

✔ Zusammenlegung von Spalten (etwa der Spalten *Straße*, *PLZ* und *Ort* zur Spalte *Adresse*)

✔ Auflösung von Referenzen auf Nachschlagetabellen (der eigentliche Wert aus der Nachschlagetabelle wird direkt in die betreffende Spalte geschrieben)

Das Ziel bei der Rücknahme von Normalisierungsschritten ist immer eine Verringerung der Zahl der Spalten und der Tabellen. In der Regel vereinfacht sich dadurch nicht nur die Handhabung der Daten, etwa für die Ausgabe in einer Webanwendung (beispielsweise einem PHP-Skript), vielmehr verbessert sich auch das Antwortverhalten, weil sowohl MySQL als auch die Webanwendung weniger Aufwand treiben müssen.

Im Kapitel »Tipps und Hinweise« stellen wir ein kleines PHP-Beispiel vor, das insbesondere die Zusammenlegung von Spalten demonstriert.

SELECT-Befehle optimieren

Häufig können Sie eine Datenbankoperation mit unterschiedlichen SQL-Befehlen erreichen. Die syntaktisch einfachste SQL-Anweisung ist daher unter dem Gesichtspunkt der Performance nicht immer auch die sinnvollste. Insbesondere bei der Aktualisierung der Daten müssen Sie je nach SQL-Anweisung mit erheblichen Differenzen rechnen. Das hat vorzugsweise mit den erforderlichen Sperren zu tun.

EXPLAIN SELECT

Voraussetzung für die Optimierung von Abfragen ist ein Grundwissen über die Techniken, die MySQL bei deren Ausführung anwendet. Diese Informationen liefert zum Teil der EXPLAIN-Befehl, den Sie vor eine zu testende SELECT-Anweisung setzen. Die SELECT-Anweisung wird dann nicht ausgeführt. Vielmehr zeigt MySQL nur an, wie es die Abfrage ausführen wird. Dazu trifft MySQL Annahmen über die Zahl der zu durchsuchenden Zeilen und gibt an, welche Indizes es nutzen will. Eine mit EXPLAIN zu testende SELECT-Anweisung könnte beispielsweise folgende Form haben:

```
EXPLAIN SELECT *
FROM Artikel
WHERE Bezeichnung LIKE "%Bohnen%";
```

Als Ausgabe erhalten Sie eine in der Regel einzeilige Tabelle, die etwa die in Abbildung 25.2 gezeigte Struktur aufweisen sollte.

id	select_type	table	type	possible_keys	key	key_len	ref	rows	Extra
1	SIMPLE	Artikel	ALL	NULL	NULL	NULL	NULL	9	Using where

Abbildung 25.2: EXPLAIN-Ausgabe

Wenn die Abfrage mehrere Tabellen umfasst, wird für jede Tabelle eine separate Zeile ausgegeben. Wie Sie die einzelnen

Spalten und die darin angezeigten Werte interpretieren können, zeigt Tabelle 25.2.

Spalte	Beschreibung
select_type	Typ der Abfrage, beispielsweise SIMPLE für einfache SELECT-Anweisungen, UNION für Vereinigungsabfragen oder SUBSELECT für Unterabfragen
table	Der Name der von Abfrage betroffenen Tabelle
type	Join-Typ. Hier können Angaben wie system, const, eq_ref, ref, range, index und ALL erscheinen
possible_keys	Die Indizes, die für die Abfrage genutzt werden könnten
key	Der Index, der für die Abfrage genutzt werden soll
key_len	Die von MySQL verwendete Indexlänge
ref	Die Spalten, die für die Abfrage genutzt werden
rows	Schätzung über die Zahl der auszulesenden Zeilen
Extra	Zusätzlich von MySQL verwendete Optimierungstechniken

Tabelle 25.2: Struktur der EXPLAIN-Ausgabe

Wichtig ist zunächst der Typ (der Join-Typ). Wenn hier die Angaben *system* oder *const* erscheinen, wird lediglich eine Zeile
ausgelesen. Solche Abfragen sind naturgemäß sehr schnell.
Der Typ *eq_ref* zeigt an, dass alle Spalten in einem UNIQUE- oder
Primärschlüsselindex genutzt werden. Handelt es sich weder
um einen UNIQUE- noch um einen Primärschlüsselindex, zeigt
die Spalte den Wert *ref* an. Der Wert *range* steht für einen Bereich von Zeilen. Die Werte *Index* und *ALL* bezeichnen Joins,
bei denen immer alle Zeilenkombinationen gelesen werden,
wobei *Index* jedoch die Verwendung eines Index anzeigt, während ALL ohne Index auskommen muss.

possible_key und key

In der Spalte *possible_keys* werden alle für die WHERE-Klausel theoretisch nutzbaren Indizes angezeigt und in *key* derjenige, den MySQL bei der Ausführung der Abfrage verwenden will. Für unser Beispiel aus Abbildung 25.2 sind hier keine Angaben enthalten. Das kann schon ein Hinweis für die Optimierung sein. Da unser Beispiel eine WHERE-Klausel enthält, sollte für die dort genutzte Spalte auch ein Index existieren. Das gilt besonders für intensiv genutzte Spalten wie die Artikelbezeichnung. Allerdings hilft in unserem Fall auch ein Index nicht weiter. Wenn Sie diesen für die Spalte *Bezeichnung* hinzufügen (beispielsweise mit dem Namen *IndBez*) und den EXPLAIN-Befehl dann erneut ausführen, erhalten Sie genau die gleiche Anzeige wie zuvor: keine nutzbaren (possible) Keys und keinen, der genutzt wird. Das kann natürlich nicht sein, weil der Index für die Spalte *Bezeichnung* nun existiert. In diesem Fall kann der Fehler eigentlich nur noch in der WHERE-Klausel selbst liegen:

```
... WHERE Bezeichnung LIKE "%Bohnen%"
```

Der Fehler wird Ihnen natürlich gleich auffallen: Am Anfang des Suchbegriffs steht ein Wildcard-Zeichen (%). Dadurch wird der Einsatz eines Index praktisch unmöglich. Wir müssen also das Wildcard-Zeichen entfernen. Allerdings können wir nicht sicher sein, dass sich die »Bohnen« immer am Anfang des Suchbegriffs befinden (Grüne Bohnen). Eigentlich hilft bei der Suche in zusammengesetzten Begriffen nur ein FULLTEXT-Index.

```
ALTER TABLE Artikel
ADD FULLTEXT IndBez (Bezeichnung);
```

Natürlich muss jetzt auch die WHERE-Klausel des SELECT-Befehls geändert werden, weil die Suche in einem Volltext-Index eine etwas andere Syntax erfordert. Die komplette EXPLAIN-Anweisung hat nun folgende Form:

```
EXPLAIN SELECT *
FROM Artikel
WHERE MATCH (Bezeichnung)
AGAINST ('Bohnen');
```

Mit dieser Anweisung erhalten Sie eine Ausgabe, die auf vorhandene Indizes zurückgreift. Abbildung 25.3 zeigt die Ausgabe für die vorstehende EXPLAIN-Anweisung.

id	select_type	table	type	possible_keys	key	key_len	ref	rows	Extra
1	SIMPLE	Artikel	fulltext	IndBez	IndBez	0		1	Using where

Abbildung 25.3: EXPLAIN-Ausgabe nach Änderung der WHERE-Klausel

Sowohl die Spalte *possible_keys* als auch *key* zeigen nun den Index an. Zumindest bei größeren Tabellen sollte daraus eine erhebliche Beschleunigung der Abfrage resultieren. Für unsere kleine Tabelle mit lediglich acht Datensätzen dürfte das jedoch nicht gelten. Hier wird der zusätzliche Verwaltungsaufwand den Gewinn wohl weitgehend kompensieren. Auf die Beziehung zwischen der Zahl der Datensätze und dem Perfomance-Gewinn gehen wir später im Unterkapitel »*Indizes*« ein.

key_len

Die Spalte *key_len* gibt die Länge des Indizes an, den MySQL bei der Ausführung der Abfrage verwenden will. Je größer dieser Wert ist, umso höher sind wieder Verwaltungsaufwand und Speicherbedarf. Dieser Punkt soll im Unterkapitel »Indizes« noch zur Sprache kommen.

ref und type

Der Wert *ref* zeigt normalerweise die Referenzspalte an, die bei Joins für die Verknüpfung der Datensätze verwendet wird. Das folgende Beispiel hilft vielleicht, die Bedeutung dieses Wertes zu verstehen:

```
EXPLAIN SELECT Kunden.*, Betrag
FROM Kunden, Rechnungen
WHERE KundenNr = KdNr AND Ort = 'Leipzig';
```

Mit der vorstehenden SELECT-Anweisung sollen alle Leipziger Kunden und deren Rechnungsbeträge ausgegeben werden. EXPLAIN erzeugt dafür die in Abbildung 25.4 gezeigte Ausgabe (hier ohne *id* und *select_type*).

	table	type	possible_keys	key	key_len	ref	rows	Extra
▶	Rechnungen	ALL	NULL	NULL	NULL	NULL	11	
	Kunden	eq_ref	PRIMARY,Ort	PRIMARY	4	kontakte.Rechnungen.KdNr	1	Using where

Abbildung 25.4: EXPLAIN-Ausgabe für Abfrage über zwei Tabellen

Sie erhalten für jede der beteiligten Tabellen eine Zeile angezeigt. Wir schauen uns zunächst die untere Zeile an (Kunden): In der Spalte *possible_ keys* sehen Sie, dass zwei Indizes zur Verfügung stehen. Verwendet wird aber nur der Primärschlüssel. In der Spalte *ref* wird nun angezeigt, was MySQL mit dem Primärschlüssel (der Kundentabelle) vergleicht: Hier ist das die Spalte *KdNr* aus der Tabelle *Rechnungen*. Unter *ref* könnte auch der Eintrag *const* stehen. Das wird beispielsweise der Fall sein, wenn Sie eine simple Abfrage mit einer einfachen WHERE-Klausel verwenden:

```
... WHERE Ort = 'Leipzig'
```

Mit *const* (Konstante) ist dann der Wert ‚Leipzig' gemeint. Interessant ist noch die Angabe im Feld *type*. Die untere Zeile (Kunden) enthält hier den Wert *eq_ref*. Das bedeutet, dass nur jeweils eine Zeile mit den verknüpften Werten der zweiten Tabelle verglichen wird. Die zweite Tabelle *(Rechnungen)* enthält hier den Wert *ALL*. Damit ist gemeint, dass für jeden Wert in der Tabelle *Kunden* alle Werte der Tabelle *Rechnungen* durchlaufen werden. Die beiden Einträge im Feld *type* beschreiben die Beziehung der Tabellen; diese hat für das Beispiel also folgende Form:

```
eq_ref : ALL
```

Wir kennen diese Beziehung unter der folgenden Schreibweise:

1 : n

Der hohe Interpretationsaufwand und die Vorkenntnisse, die der Einsatz von EXPLAIN verlangt, dürften viele Gelegenheitsanwender davon abhalten, diesen Befehl zu verwenden. EXPLAIN ist ein Werkzeug für Anwender, die professionell und regelmäßig mit der Optimierung von MySQL-Anwendungen zu tun haben. Zudem kann EXPLAIN die Struktur einer Abfrage nur unvollständig abbilden. Dies gilt besonders für Abfragen mit komplexen WHERE-Klauseln. Kurz: Der Befehl bietet eine Hilfestellung bei der Optimierung von Abfragen, jedoch keine vollständige Lösung.

Die Ergebnisse der EXPLAIN-Anweisung können je nach Tabellentyp etwas variieren. Möglicherweise werden *MYI-SAM*- und *InnoDB*-Tabellen unterschiedlich optimiert. Für das vorstehende Beispiel wurden Tabellen vom Typ *InnoDB* verwendet.

SELECT-Erweiterungen

Die SELECT-Syntax enthält einige Erweiterungen, die unter dem Gesichtspunkt der Optimierung von Interesse sein können. Die folgenden Erweiterungen sollen nachfolgend vorgestellt werden:

HIGH_PRIORITY
SQL_BIG_RESULT
SQL_SMALL_RESULT
SQL_BUFFER_RESULT

Mit HIGH_PRIORITY veranlassen Sie, dass die betreffende Abfrage gegenüber Änderungsabfragen mit Priorität ausgeführt wird. Die höhere Ausführungsgeschwindigkeit geht in diesem

Fall zu Lasten anderer Abfragen, insbesondere von Änderungsabfragen. Die Erweiterung lässt sich wie folgt einsetzen:

```
SELECT HIGH_PRIORITY * FROM Kunden;
```

Die Erweiterung SQL_BIG_RESULT stellt einen Hinweis für den MySQL-Optimierer dar. Dieser kann sich dann schon vor Ausführung der Abfrage darauf einrichten, die Abfrageergebnisse in eine temporäre Datei zu schreiben. Wenn Sie mit Ihrem Hinweis richtig liegen, wenn die Abfrage also tatsächlich sehr viele Daten liefert, können Sie damit etwas Zeit gewinnen; andernfalls müssen Sie jedoch bezüglich der Performance mit Einbußen rechnen.

```
SELECT SQL_BIG_RESULT DISTINCT * FROM Kunden;
```

Das gilt grundsätzlich auch für die Erweiterung SQL_SMALL_RESULT. Hier geht MySQL von wenigen Ergebniszeilen aus und erzeugt dafür im Arbeitsspeicher eine temporäre Tabelle. Nur wenn die Spekulation aufgeht, erzielen Sie auch einen Performance-Gewinn.

> Beachten Sie, dass beide Erweiterungen nur auf Abfragen wirken, die eine DISTINCT- bzw. GROUP BY-Klausel enthalten.

Mit SQL_BUFFER_RESULT erzwingen Sie die Speicherung der Ergebniszeilen in einer temporären Tabelle. Eine Beschleunigung der Abfrage kann sich bei langsamen Client-Server-Verbindungen ergeben.

STRAIGHT JOIN-Klausel

Die Klausel STRAIGHT_JOIN steht für eine MySQL-Spezialität, mit der Sie die Einhaltung einer bestimmten Reihenfolge bei der Verknüpfung von Tabellen erzwingen können. STRAIGHT_JOIN ist also keine spezielle Join-Variante. Vielmehr bewirken Sie damit eine Optimierung der Abfrage. Die Klausel veranlasst MySQL, die Tabellen in der von der FROM-Klausel vorgegebenen Ordnung zu verwenden. Durch eine Änderung dieser Reihenfolge lässt sich eventuell die Performance verbessern.

Änderungsabfragen optimieren

Die Optimierung ist vor allem für SELECT-Abfragen wichtig, weil der Anwender Verzögerungen bei Abfragen deutlich zu spüren bekommt. INSERT-, UPDATE und DELETE-Operationen (Schreibzugriffe) laufen hingegen im Hintergrund ab. Der Anwender wird die Daten in der Regel nicht sofort wieder auslesen, so dass ihm selbst Schreibverzögerungen von einigen Minuten nicht unbedingt auffallen müssen. Schreibzugriffe wirken sich aber auch auf die Gesamtleistung des Systems aus und können auch SELECT-Abfragen verzögern. Es ist daher durchaus sinnvoll, auch Schreibzugriffe zu optimieren. Nachfolgend sollen folgende Punkte angesprochen werden:

✔ INSERT mit mehreren Wertelisten

✔ verzögerte Einfügeoperationen

✔ verzögerte Änderungsoperationen

✔ verzögerte Indexaktualisierung

✔ schnelle Löschoperationen

Wenn sich mehrere Einfügeoperationen zu einer INSERT-Anweisung zusammenfassen lassen, verringert sich der Verwaltungsaufwand erheblich. Daraus resultiert ein unmittelbarer Performance-Gewinn. Allerdings ist der Aufwand für das Zusammenfassen nur sinnvoll, wenn Einfügeoperationen sehr häufig anfallen. Wie Sie eine INSERT-Anweisung mit mehreren Wertelisten bilden, können Sie im zweiten Teil dieses Buches nachlesen (Kapitel 6).

Änderungsoperationen

Bei der Verzögerung von Änderungsabfragen werden nicht die Änderungsoperationen beschleunigt. Vielmehr soll das Ge-

samtsystem optimiert werden. Davon profitieren vor allem
SELECT-Abfragen, während Änderungen, wie der Titel schon
sagt, eventuell sogar verzögert werden.

INSERT-Operationen verzögern

Mit der INSERT-Erweiterung DELAYED veranlassen Sie MySQL,
die Einfügeoperation sofort zu bestätigen, auch wenn diese
vorläufig noch nicht ausgeführt wird. Ein Beispiel:

```
INSERT DELAYED INTO Artikel(Bezeichnung)
VALUES('Neuer Artikel');
```

Damit beschleunigen Sie scheinbar, also für den Client, den
Schreibzugriff. Tatsächlich werden Schreibzugriffe aber auch
verkürzt, weil MySQL mehrere verzögerte INSERT-Anweisungen zusammenfasst. Allerdings finden diese eben zu einem
späteren Zeitpunkt statt, was Auswirkungen auf die Aktualität
der Daten haben kann. Erst wenn kein Lesezugriff mehr erfolgt, schreibt MySQL die neuen Daten in die Tabelle.

Die Erweiterung LOW PRIORITY wirkt ähnlich wie DELAYED.
Eine Einfügeoperation wird in diesem Fall jedoch nicht schon
vorab bestätigt, so dass der Client mit weiteren Operationen
warten muss, bis die Daten tatsächlich eingefügt sind. Beachten Sie, dass MySQL den Einsatz der Erweiterung LOW PRIO-
RITY nicht unbedingt empfiehlt, weil diese die Cuncurrent-In-
sert-Funktion deaktiviert, die unter bestimmten Bedingungen
ein gleichzeitiges Lesen und Schreiben erlaubt. Wir wollen auf
diese noch etwas wackelige Funktion nicht weiter eingehen.

UPDATE-Operationen verzögern

Wie INSERT-Anweisungen lassen sich auch UPDATE-Anweisungen mit der Erweiterung LOW PRIORITY verzögern. Auch die
Wirkung ist weitgehend identisch. Änderungen werden erst
ausgeführt, wenn keine anderen Threads mehr auf die Tabelle
zugreifen.

Verzögerte Indexaktualisierung

Ein Problem bei Schreibzugriffen ist die Aktualisierung der Index-Dateien, die oft recht langsam abläuft. Wenn diese nicht sofort erfolgen muss, lässt sich erheblich Zeit einsparen. Ob *MyISAM*-Tabellen (nur für diesen Typ ist die Option verfügbar) die verzögerte Indexaktualisierung unterstützen, legen Sie bei der Erzeugung der Tabelle mit CREATE TABLE bzw. durch Änderung mit ALTER TABLE fest. Es handelt sich dabei um eine Tabellenoption, die Sie beispielsweise wie folgt zuweisen:

```
CREATE TABLE KundenNeu (
    KundenNr INTEGER,
    Firma CHAR(100),
    INDEX IndFirma(Firma)
) DELAY_KEY_WRITE=1;
```

Änderungen der Indizes erfolgen dann zunächst nur im Speicher. Erst beim Schließen der Tabelle werden auch die Index-Dateien aktualisiert.

Separate Schreibtabellen

MySQL gehört bei den Lesezugriffen (SELECT-Abfragen) zu den schnellsten SQL-Servern. Lesezugriffe können jedoch unter häufigen Schreibzugriffen leiden, auch wenn MySQL die Zugriffe auf mehrere Prozesse bzw. Threads verteilt. Ist keine minutengenaue Aktualisierung gefordert, wird es häufig sinnvoll sein, Schreibzugriffe, also das Hinzufügen, Ändern und Löschen von Datensätzen, in separaten Tabellen vorzunehmen. Die Aktualisierung der für Lesezugriffe vorgesehenen Tabellen kann dann zu Tageszeiten erfolgen, zu denen üblicherweise wenige Zugriffe anfallen, etwa mitten in der Nacht. Bei der Aktualisierung können verschiedene Techniken zum Einsatz kommen:

✔ Die Daten werden mit INSERT- und UPDATE-Anweisungen aus den Schreibtabellen in die Lesetabellen übernommen. Diese Methode hat den Vorteil, dass die Lesetabellen ohne Unterbrechung für Lesezugriffe zur Verfügung stehen.

✔ Die Schreibtabellen werden dupliziert (inklusive der Indizes). Anschließend sind die bisherigen Lesetabellen zu löschen und durch Umbenennen der duplizierten Tabellen zu ersetzen. Die Tabellen stehen dann kurzfristig nicht zur Verfügung.

Erfordert die Datenbankpflege nur wenige Änderungen, dürfte die erste Methode einfacher und vermutlich auch zuverlässiger sein. MySQL kann dabei auf Mechanismen zurückgreifen, die durch Zusammenfassung von einzelnen Operationen eine schnelle Aktualisierung ermöglichen.

Ein wenig problematisch sind jedoch Löschoperationen (DELETE). Sie können Datensätze in den Schreibtabellen nicht einfach löschen, weil damit auch die Informationen verloren gehen, welche Datensätze zu löschen sind. In der Regel kennzeichnen Sie die zu löschenden Datensätze daher nur mit einer Löschmarkierung. Erst nach der Ausführung der Löschoperationen in der Lesetabelle dürfen dann auch die markierten Datensätze in den Schreibtabellen entfernt werden.

Löschabfragen optimieren

Das Löschen von Datensätzen kann allein schon wegen der nachzuführenden Indizes und eventueller Fremdschlüssel erhebliche Verarbeitungszeit kosten. Die Optimierung der entsprechenden Abfragen ist daher nicht ganz unwichtig. Beim Löschen von Datensätzen sind zunächst zwei Fälle zu unterscheiden:

✔ Löschen einzelner Datensätze

✔ Löschen aller Datensätze einer Tabelle

DELETE ist zumindest bei großen Tabellen entschieden zu langsam, weil es die Datensätze Satz für Satz löscht. Sollen alle Datensätze gelöscht werden, kommen Sie in der Regel schneller zum Ziel, wenn Sie beispielsweise die ganze Tabelle löschen und dann die Struktur neu erzeugen. Genau diesen Weg geht der TRUNCATE-Befehl. Im Unterschied zu DELETE meldet TRUN-CATE jedoch nicht die Zahl der gelöschten Datensätze.

Sollen einzelne Datensätze gelöscht werden, kann eine Vergrößerung des Zwischenspeichers (Cache) für Indizes sinnvoll sein. Wir kommen auf diesen Punkt noch zurück. Der DELETE-Befehl profitiert zudem von der oben vorgestellten Tabellenoption DELAY_KEY_WRITE. Zudem können Sie auch die LOW PRIO-RITY-Erweiterung hinzufügen, um die Ausführung der Löschoperationen zu verzögern, bis keine Lesezugriffe mehr stattfinden.

Indizes verwenden

Indizes sind das Zaubermittel für den schnellen Zugriff in relationalen Datenbanken. Allerdings haben auch Indizes ihren Overhead. Zu viele oder falsch angelegte Indizes können bestimmte Operationen auch wieder verzögern. Grundsätzlich gilt zunächst: Der schnellere Zugriff bei Leseoperationen (SELECT) erfolgt zum Teil auf Kosten verzögerter Schreibzugriffe (INSERT, UPDATE, DELETE), weil Index-Dateien bei Änderungen in der Tabelle nachgeführt werden müssen. Daraus folgt: Ein Index ist grundsätzlich das ideale Mittel, um Datenzugriffe zu beschleunigen. Dennoch gibt es Einschränkungen, auf die wir nachfolgend eingehen wollen.

Indizes und Sortierung

Eine unsortierte Liste erfordert im schlimmsten Fall, dass alle Werte mit dem Suchbegriff verglichen werden, bei 1.000 Datensätze können das eben auch 1.000 Vergleiche und damit 1.000 Zugriffe sein. In einer sortierten Liste lassen sich Vergleiche hingegen sehr schnell durchführen, weil nur ein sehr kleiner Teil der Einträge mit dem Suchbegriff verglichen werden muss. So wird beim ersten Zugriff der möglichst genau in der Mitte der Liste stehende Wert mit dem Suchbegriff verglichen. Ist der Suchbegriff kleiner als der Eintrag, berücksichtigt MySQL nur noch die obere Hälfte der Liste. Die untere Hälfte und damit auch die Hälfte der möglichen Vergleiche fällt weg. Jeder weitere Zugriff halbiert also die Zahl der noch zu vergleichenden Werte. Bei 1.000 Einträgen sind in der Regel weniger als zehn Vergleiche erforderlich, um jeden Eintrag in der Liste zu finden.

> Im Kapitel 23 (»Inside MySQL«) sind wir auf die Funktionsweise eines Index eingegangen. Sie können dort nachlesen, wie insbesondere die Binär-Baumstruktur zu verstehen ist, die den MySQL-Indizes zugrunde liegt.

Indexverwendung optimieren

Bei der Optimierung von Indizes bzw. deren Verwendung können Sie die folgenden Strategien nutzen:

✔ die richtigen Indizes erzeugen

✔ Zahl der Indizes begrenzen

✔ temporäre Indizes verwenden

✔ Indexlänge begrenzen

✔ keine Wildcards am Anfang von Suchbegriffen

✔ keine Vergleiche zwischen Spalten

✔ Mehrspaltenindizes

Nicht jede Spalte benötigt einen Index. Grundsätzlich gilt: Kandidaten für einen Index sind nur solche Spalten, die regelmäßig in WHERE- bzw. ORDER BY- und GROUP BY-Klauseln benötigt werden. Spalten, die gar nicht in solchen Klauseln erscheinen, sollten normalerweise auch nicht indiziert werden.

Zahl der Indizes begrenzen

Der zweite Punkt, die Zahl der Indizes, knüpft an den ersten an. Er bedeutet, dass viele Indizes auch viel Aufwand für ihre

Aktualisierung erfordern. Es kann daher sogar sinnvoll sein, auf nur gelegentlich benötigte Indizes zu verzichten oder diese erst bei Bedarf, quasi als temporäre Indizes, zu erzeugen. Temporäre Indizes werden lediglich für bestimmte Abfragen angelegt und danach wieder gelöscht (DROP INDEX).

Indizes und Zahl der Datensätze

Dieser Punkt wird in der Regel gar nicht beachtet, obwohl er für die Optimierung sehr wichtig sein kann. In der Praxis enthalten viele Tabellen nur wenige Datensätze, oft nur einige hundert. In solchen Fällen ist zu überlegen, ob überhaupt Indizes benötigt werden. Der Aufwand, den MySQL für die Unterhaltung und Nutzung von Indizes treiben muss, kann die Vorteile des grundsätzlich schnelleren Zugriffs vollständig kompensieren. In Zweifelsfällen bietet es sich an, die Antwortzeiten mit und ohne Indexnutzung zu vergleichen. MySQL gibt diesen Wert bei jeder Abfrage aus.

Indexlänge begrenzen

Eine Option, die schon zum Feintuning gehört, ist die Begrenzung der Indexlänge. In der Regel sind bei Vergleichen nur relativ wenige Zeichen relevant. Normalerweise macht es daher keinen Sinn, Spalten mit 30, 40 oder noch mehr Zeichen vollständig zu indizieren. Üblichweise reichen schon die ersten 10 bis 20 Zeichen. Der Vorteil besteht unter anderem darin, dass die Index-Dateien kleiner werden und MySQL diese eventuell vollständig im Arbeitsspeicher halten kann. Einen Index auf das Feld Firma, der nur die ersten 10 Zeichen berücksichtigt, erhalten Sie mit der folgenden Anweisung:

```
CREATE INDEX Firma10 ON Kunden(Firma(10));
```

Die Zahl der zu indizierenden Zeichen (die Indextiefe) übergeben Sie als Argument des Spaltennamens. Der Nachteil eines solchen Index besteht darin, dass bei Vergleichen, die mehr als 10 Zeichen benötigen, auf die Tabelle zugegriffen werden muss, weil in diesem Fall der Index nicht mehr genutzt werden kann. Zugriffe auf die Tabelle sind aber recht langsam.

Index-Dateien komprimieren

Sie können Index-Dateien komprimieren, indem Sie beim Erzeugen die Tabellenoption PACK_KEYS auf den Wert 1 setzen. Der Index wird dadurch kleiner, was Leseoperationen tendenziell beschleunigt:

```
CREATE TABLE KundenNeu (
    KundenNr INTEGER,
    Firma CHAR(100),
    INDEX IndFirma(Firma)
) PACK_KEYS=1;
```

Allerdings hat die Komprimierung den Nachteil, dass Schreibzugriffe einen höheren Aufwand erfordern und daher normalerweise mehr Zeit beanspruchen.

WHERE-Bedingung optimieren

Wir sind bisher hauptsächlich auf die Struktur der Index-Dateien eingegangen. Die Verwendung erfolgt jedoch vorzugsweise in den Bedingungen von WHERE-Klauseln. Wenn Sie hier Fehler machen, kann die ganze Mühe, die Sie auf die Struktur verwendet haben, vergeblich gewesen sein. Unter bestimmten Bedingungen ignoriert MySQL einen Index sogar vollständig.

Keine Wildcards am Anfang des Suchbegriffs

Sehr problematisch kann die Mustersuche mit Hilfe von Wildcards sein. Ersatzzeichen (Wildcards) am Anfang eines Suchbegriffs verhindern die Verwendung von Indizes. So wird die folgende Abfrage direkt auf die Tabelle zugreifen, auch wenn für die Spalte *Firma* ein Index definiert ist:

```
SELECT * FROM Kunden
WHERE Firma LIKE '%GmbH';
```

MySQL kann den Index nicht einsetzen, weil sich der Suchbegriff auf nahezu beliebig viele Einträge beziehen kann. Der Ausdruck *GmbH* kann schon im ersten Eintrag enthalten sein (*abc GmbH*) und auch im letzten (*xyz GmbH*). Die Indexsortierung hilft dann nicht weiter. Wenn Sie solche durchaus sinnvollen Abfragen benötigen, müssen Sie sich daher auf längere Antwortzeiten gefasst machen oder gleich einen Volltext-Index verwenden.

Unproblematisch sind hingegen Wildcards in der Mitte oder am Ende eines Suchbegriffs. Die folgende Anweisung nutzt daher einen eventuell vorhandenen Index:

```
SELECT * FROM Kunden
WHERE Firma LIKE 'Cimala%AG';
```

Sie können sich von MySQL über die Verwendung eines Index informieren lassen, indem Sie den schon vorgestellten Befehl EXPLAIN vor die Anweisung setzen:

```
EXPLAIN SELECT * FROM Kunden
WHERE Firma LIKE '%GmbH';
```

Für die vorstehende Anweisung wird MySQL in den Spalten *possible_ keys* und *key* der EXPLAIN-Ergebnistabelle den Wert NULL ausgeben.

Keine Vergleiche zwischen Spalten

Auch bei Vergleichen zwischen Spalten hat MySQL keine Möglichkeit, vorhandene Indizes einzusetzen. Dies gilt beispielsweise für die folgende Anweisung, die das Erstellungsdatum und das Datum der letzten Änderung vergleicht:

```
SELECT * FROM Kunden
WHERE Datum = Geaendert;
```

Unabhängig davon, ob Sie für eine oder beide der in der WHERE-Klausel verwendeten Spalten einen Index erzeugt haben, MySQL verwendet keinen davon. Praktisch bedeutet das, dass Sie nur Konstanten als Vergleichswerte angeben können, wenn die Abfrage vorhandene Indizes nutzen soll. Das ist natürlich nicht immer durchzuhalten. Schließlich bestimmt die Anwendung, welche Abfragen benötigt werden, und nicht die Optimierungsstrategie.

Mehrspaltenindizes

Mehrspaltenindizes nutzt MySQL nur, wenn die Spalten in der WHERE-Klausel mit den Index-Spalten übereinstimmen bzw. nur die erste Index-Spalte in der WHERE-Klausel verwendet wird. Existiert beispielsweise ein Mehrspaltenindex für die Spalten *Ort* und *Strasse*, greift MySQL bei folgenden WHERE-Klauseln auf diesen Index zu:

```
...WHERE Ort = 'Leipzig' AND Strasse = 'Ritterstraße';
...WHERE Ort = 'Leipzig';
```

Sie können die Bedingungen der ersten WHERE-Klausel auch vertauschen. Hingegen muss die folgende WHERE-Klausel ohne Unterstützung durch den Mehrspaltenindex auskommen:

```
...WHERE Strasse = 'Ritterstraße';
```

Diese einfache Abfrage mit nur einer Bedingung wird dann langsamer ausgeführt als die komplexe Abfrage mit den verknüpften Bedingungen.

In bestimmten Fällen verwendet MySQL keinen Index, auch wenn dies grundsätzlich möglich wäre. Das gilt beispielsweise dann, wenn eine Index-Spalte häufig identische Werte enthält und die Abfrage über den Index deshalb sehr große Datenmengen liefert.

Query-Cache-Optionen

Ein nicht unerheblicher Teil der großen Geschwindigkeit bei Abfragen (SELECT-Anweisungen) basiert auf dem Query-Cache, über den MySQL seit der Version 4.x verfügt. MySQL speichert Abfragen und deren Ergebnisse im Arbeitsspeicher und kann bei identischen Abfragen auf die Daten im Cache zugreifen.

Der Query-Cache ist allerdings nur sinnvoll, wenn die Daten der betreffenden Tabellen relativ selten durch INSERT-, UPDATE-oder DELETE-Anweisungen geändert werden. Diese Operationen bewirken in der Regel, dass die Daten im Cache nicht mehr aktuell sind, so dass Abfragen auf Basis dieser Daten fehlerhafte Ergebnisse liefern würden.

MySQL speichert nicht nur die Daten, sondern auch den Abfragebefehl. Befehle müssen unbedingt die gleiche Groß-/ Kleinschreibung verwenden, damit MySQL die Identität einer Abfrage feststellen und diese beim zweiten Aufruf gegebenenfalls aus dem Cache bedienen kann.

Einschränkungen

Nicht alle Abfragen lassen sich im Cache zwischenspeichern. Das betrifft vor allem die Verwendung von Funktionen, die zeitabhängige Werte liefern, etwa NOW, CURRENT_DATE usw. Auch andere Funktionen, die grundsätzlich unabhängig von den Daten bei jedem Aufruf unterschiedliche Rückgabewerte erzeugen, lassen sich nicht »cachen«, beispielsweise RAND oder ENCRYPT. Schließlich verhindern auch Benutzervariablen, dass MySQL den Cache nutzt. Diese Liste der Einschränkungen scheint auf den ersten Blick sehr umfangreich zu sein. Die hier genannten Optionen werden in Abfragen jedoch recht selten benötigt und sollten den Einsatz des Query-Cache nur marginal beeinträchtigen.

Query-Cache konfigurieren

Je nach Konfiguration des Zwischenspeichers lassen sich wiederholte Abfragen zum Teil erheblich beschleunigen. Zuständig für die Konfiguration sind die in Tabelle 25.3 aufgelisteten Variablen.

Variable	Beschreibung
query_cache_limit	Bestimmt die maximale Größe des Speichers für die Ergebnisse einer Abfrage
query_cache_min_res_unit	Bestimmt die Größe der Speicherblöcke für die Speicherung der Daten. Voreingestellt ist ein Wert von 4 KB. Diese Variable ist erst ab Version 4.1 verfügbar
query_cache_size	Bestimmt die Größe des Caches für alle Abfragen
query_cache_type	Bestimmt den Cache-Typ

Tabelle 25.3: Variablen für die Query-Cache-Konfiguration

Sie können sich den aktuellen Wert der Variablen anzeigen lassen. Dazu verwenden Sie den SHOW-Befehl in der folgenden Form:

```
SHOW VARIABLES LIKE "query_cache%";
```

Mit der vorstehenden Anweisung erhalten Sie eine Ausgabe wie die in Abbildung 25.5. Bei den dort gezeigten numerischen Default-Werten handelt es sich um Bytes. Der Wert 0 für die Variable query_cache_size bedeutet, dass der Cache deaktiviert ist.

Variable_name	Value
query_cache_limit	1048576
query_cache_min_res_unit	4096
query_cache_size	0
query_cache_type	ON
query_cache_wlock_invalidate	OFF

Abbildung 25.5: Ausgabe der query_cache-Variablen

Die Variable query_cache_type kann die Zustände ON, OFF und DEMAND annehmen. Diese Werte entsprechen den numerischen Werten 1, 0 und 2, die Sie alternativ zuweisen können.

Cache aktivieren

Die Konfiguration kann per Konfigurationsdatei, per Kommandozeile oder per SET-Anweisung erfolgen. Wie Sie Variablen in Konfigurationsdateien setzen, haben wir bereits im Kapitel »Konfiguration« gezeigt. Um den Cache per SET-Anweisung zu aktivieren, setzen Sie diesen mit einer der folgenden Anweisungen auf den Wert ON:

```
SET QUERY_CACHE_TYPE=1;
SET QUERY_CACHE_TYPE=ON;
```

Beide Anweisungen sind in ihrer Wirkung identisch. Sie aktivieren den Cache, wenn diese Option in der SELECT-Abfrage nicht ausdrücklich unterbunden wird. Alternativ können Sie auch die Einstellung DEMAND wählen:

```
SET QUERY_CACHE_TYPE=2;
SET QUERY_CACHE_TYPE=DEMAND;
```

In diesem Fall wird eine Abfrage nur dann im Cache gespeichert, wenn die SELECT-Anweisung dies ausdrücklich vorsieht. Auf die erforderlichen SELECT-Klauseln kommen wir noch zurück. Allerdings reicht es nicht, nur den Cache zu aktivieren. Erst wenn Sie mit query_cache_size auch noch Speicher zur Verfügung stellen, kann der Cache zum Einsatz kommen.

Sie sollten sich über die abweichende Groß-/Kleinschreibung nicht wundern. Wir folgen hier nur der allgemeinen Praxis, SQL-Anweisungen großzuschreiben. Die Kleinschreibung in Tabelle 25.3 beruht darauf, dass Sie die gleichen Variablen auch in Konfigurationsdateien verwenden können.

Cache-Größe bestimmen

Die maximale Größe für alle Abfragen bestimmen Sie mit der Systemvariablen query_cache_size. Im Gegensatz zum Typ können Sie die Größe jedoch nicht zur Laufzeit setzen oder ändern. Sie müssen die Variable als Kommandozeilenparameter oder in der Konfigurationsdatei übergeben. Mit der folgenden Einstellung in der Konfigurationsdatei *my.ini* setzen Sie die Größe des Zwischenspeichers auf 5.000.000 Byte:

```
[mysqld]

basedir=c:/mysql
datadir=c:/mysql/data
query_cache_size=5000000
```

Der Eintrag muss natürlich im Serverabschnitt stehen, weshalb wir hier auch einen Teil der Serverkonfiguration angegeben haben. Nach dem Neustart des Servers können Sie die Größe mit SHOW VARIABLES überprüfen.

Speicher für einzelne Abfragen begrenzen

Die Variable Query_cache_limit bezieht sich auf einzelne Abfragen. Setzen Sie diesen Wert so gering an, dass einzelne SEL-ECT-Ergebnisse nicht mehr in den Speicher passen, werden lediglich die Abfragen selbst gespeichert. Auch diese Variable lässt sich nicht mit dem SET-Befehl, sondern nur in der Konfigurationsdatei einstellen. Die folgende Zeile müssen Sie also an die weiter oben gezeigten Zeilen der Konfigurationsdatei anfügen:

```
query_cache_limit=100000
```

Voreingestellt ist ein Wert von 1 MB. Wenn Sie häufig Abfragen mit kleinen Ergebnismengen durchführen, kann es sinnvoll sein, den Wert wie vorstehend gezeigt zu verringern.

SELECT-Klausel

Die Variable query_cache_type bezieht sich auf zwei SELECT-Klauseln, mit denen Sie die Cache-Verwendung von Abfrage zu Abfrage steuern können:

```
SQL_CACHE
SQL_NO_CACHE
```

Die Klausel SQL_CACHE bewirkt, dass eine Abfrage gespeichert wird, wenn die Variable query_cache_type den Wert DEMAND enthält. Mit der Klausel SQL_NO_CACHE verhindern Sie die Speicherung der Abfrage, auch wenn alle Variablen für den Cache eingerichtet sind. Eine Abfrage wird immer im Cache gespeichert, wenn Sie keine der Klauseln verwenden und die Variable query_cache_type auf ON steht. Wie schon angesprochen, muss allerdings auch die Variable query_cache_size einen positiven Wert aufweisen.

Abfragen gezielt im Cache speichern

Wie aus dem vorstehenden Absatz hervorgeht, können Sie gezielt einzelne Abfragen speichern, indem Sie wie folgt die betreffende SELECT-Anweisung mit der SQL_CACHE-Klausel versehen:

```
SELECT SQL_CACHE * FROM Kunden;
```

Die Variable query_cache_type muss zu diesem Zweck den Wert DEMAND enthalten.

Cache überwachen

Für die Überwachung stehen mehrere Statusvariablen zur Verfügung. Diese erhalten Sie angezeigt, wenn Sie den Befehl SHOW STATUS ausführen. Die Variablen, die sich auf den Cache beziehen, ersehen Sie aus Abbildung 25.6.

Variable_name	Value
Qcache_free_blocks	1
Qcache_free_memory	4977984
Qcache_hits	0
Qcache_inserts	5
Qcache_lowmem_prunes	0
Qcache_not_cached	34
Qcache_queries_in_cache	5
Qcache_total_blocks	14

Abbildung 25.6: Statusvariablen zur Cache-Überwachung

Die Variable Qcache_queries_in_cache zeigt an, wie viele Abfragen zurzeit im Cache gespeichert werden. Sehr wichtig ist die Variable Qcache_hits. Hier können Sie die Zahl der Treffer ablesen, also die Zahl der eingesparten Abfragen. Jeder Treffer bedeutet, dass MySQL die Daten aus dem Cache holen konnte und keine wirkliche Abfrage durchführen musste. Ein Hinweis auf die Speichernutzung liefert die Variable Qcache_free_memory. Der hohe Wert in Abbildung 23.6 lässt erkennen, dass wir mit unserer Einstellung für die Systemvariable query_cache_size (5 MB) wohl etwas hoch gegriffen haben. Die Abfrageergebnisse, die unsere kleinen Tabellen liefern, kommen vermutlich schon mit einigen KByte aus.

Den Cache steuern

Sie können die Belegung des Zwischenspeichers steuern. Dafür stehen folgende SQL-Befehle zur Verfügung:

```
FLUSH QUERY CACHE
RESET QUERY CACHE
```

Die erste Anweisung ordnet die Speicherinhalte neu. Der Speicher wird also praktisch defragmentiert. Mit der zweiten Anweisung löschen Sie den kompletten Cache-Inhalt.

Automatischer Reset

Bestimmte Operationen löschen im Cache gespeicherte Abfragen. Dieser automatische Reset stellt sicher, dass der Cache keine ungültigen Daten liefert. Löschen Sie beispielsweise mit DELETE einige Datensätze, die bei vorhergehenden SELECT-Abfragen zwischengespeichert wurden, verhindert die automatische Zurücksetzung einen erneuten Zugriff auf diese eigentlich gelöschten Daten. Die Rücksetzung wirkt auch bei Verwendung von INSERT- und UPDATE-Anweisungen. Bei *InnoDB*-Tabellen gilt das auch für ein COMMIT.

Temporäre Tabellen

Temporäre Tabellen sind solche, die MySQL beim Beenden einer Verbindung wieder löscht bzw. die lediglich im Speicher angelegt werden und deshalb beim Schließen der Verbindung automatisch verloren sind. Es handelt sich also grundsätzlich um lokale Tabellen, die von anderen Clients nicht gesehen werden.

MySQL erzeugt temporäre Tabellen nicht nur im Arbeitsspeicher, sondern schreibt diese durchaus auch auf die Festplatte. Somit dürfen temporäre Tabellen auch sehr groß werden. Die Syntax für die Erzeugung einer temporären Tabelle hat folgende Form:

```
CREATE TEMPORARY TABLE Tabelle (
    Spaltendefinitionen
) ENGINE=Tabellentyp
```

Eine temporäre Tabelle kann beispielsweise für komplexe Auswertungen erzeugt werden, um die eigentliche Arbeitstabelle nicht übermäßig zu belasten. Die folgenden Anweisungen erzeugen eine temporäre Kundentabelle und kopieren die Daten aus der Tabelle *Kunden* hinein:

```
CREATE TEMPORARY TABLE Kundentemp (
    KundenNr INTEGER,
    Firma CHAR(100),
    Strasse CHAR(100),
    PLZ CHAR(5),
    Ort CHAR(100),
    TELEFON CHAR(30)
) ENGINE=MYISAM;

INSERT INTO Kundentemp
SELECT KundenNr, Firma, Strasse, PLZ, Ort, Telefon
FROM Kunden;

SELECT * FROM Kundentemp;
```

Sie können die Erzeugung temporärer Tabellen nutzen, um die Zahl der Spalten zu verringern. Im vorstehenden Beispiel haben wir zudem nur Spalten fester Länge verwendet, so dass wir auch eine feste Datensatzstruktur erhalten, die sich wesentlich schneller auslesen lässt.

> Die Anweisungen sollten Sie als Skript speichern (beispielsweise unter *temptable.sql*) und dann über den Client *mysql.exe* mit dem Befehl source temptable.sql starten (wie schon in Kapitel 2 beschrieben). Der *MySQL Query Browser* konnte das Skript zwar abarbeiten, wollte aber das Ergebnis nicht anzeigen.

HEAP-Tabellen

Noch etwas mehr Performance versprechen Tabellen vom Typ HEAP. Dabei handelt es sich praktisch immer um temporäre Tabellen, weil MySQL diese lediglich im Arbeitsspeicher anlegt. HEAP-Tabellen sind daher automatisch verloren, sobald Sie die betreffende Sitzung beenden (oder diese aus einem anderen Grund abgebrochen wird). Die Syntax für die Erzeugung von HEAP-Tabellen hat folgende Form:

```
CREATE TABLE Tabelle (
    Spaltendefinitionen
) TYPE=HASH
```

Das folgende Beispiel erzeugt eine temporäre Artikeltabelle mit der Bezeichnung *ArtikelTemp* und kopiert anschließend alle Datensätze aus der Tabelle *Artikel* hinein:

```
CREATE TABLE Artikeltemp (
    ArtikelNr INTEGER,
    Bezeichnung CHAR(255),
    Artikelgruppe CHAR(100),
    Preis DECIMAL(10, 2)
) TYPE=HEAP;
```

```
INSERT INTO Artikeltemp
SELECT ArtikelNr, Bezeichnung, Artikelgruppe, Preis
FROM Artikel;

SELECT * FROM Artikeltemp;
```

Aufgrund der Haltung im Arbeitsspeicher sind HEAP-Tabellen grundsätzlich schneller als »normale« temporäre Tabellen, die auf der Festplatte gespeichert werden. Der Nachteil besteht darin, dass die Größe einer HEAP-Tabelle durch den zur Verfügung stehenden Arbeitsspeicher begrenzt ist. Wird diese Grenze überschritten, erhalten Sie mit älteren MySQL-Versionen eine Fehlermeldung angezeigt. Aktuellere Versionen verwandeln eine HEAP-Tabelle bei Bedarf in eine festplattenbasierte temporäre Tabelle. Sie können aber gegebenenfalls den Wert der Variablen tmp_table_size heraufsetzen, um für größere Tabellen etwas Luft zu schaffen:

```
tmp_table_size=50000000
```

Die Einstellung lässt sich als Kommandozeilen-Parameter, als Einstellung in der Konfigurationsdatei oder auch mit Hilfe des SET-Kommandos, also zur Laufzeit des Servers, vornehmen:

```
SET tmp_table_size = 50000000;
```

Mit der vorstehenden Anweisung setzen Sie den Wert der Variablen nur für die aktuelle Verbindung (LOCAL bzw. SESSION). Um den Wert für alle noch herzustellenden Verbindungen zu setzen, müssen Sie den Befehl noch mit der Erweiterung GLOBAL qualifizieren. Den aktuellen Wert der Variablen ermitteln Sie wie üblich mit dem SHOW-Kommando:

```
SHOW VARIABLES LIKE 'tmp_table_size';
```

HEAP-Tabellen können zudem keine BLOB-Spalten enthalten. Sie werden dann ebenfalls als temporäre Tabellen auf der Festplatte gespeichert.

Weitere Optimierungstechniken

Die Möglichkeiten der Optimierung haben wir mit den bisher vorgestellten Strategien und Techniken schon zu einem erheblichen Teil ausgeschöpft. Natürlich lassen sich weitere Maßnahmen denken, die in bestimmten Situationen noch etwas bringen können. Auf einige davon wollen wir zum Schluss noch eingehen.

Zugriffsrechte vereinfachen

Auf die Bedeutung der Zugriffsrechte für die Sicherheit und Konsistenz der Daten haben wir schon gelegentlich hingewiesen. Allerdings geht eine ausgeklügelte Benutzer- und Rechteverwaltung auch zu Lasten der Performance. Für jeden Zugriff muss MySQL prüfen, ob der betreffende Benutzer auch die dafür erforderlichen Rechte besitzt. Sind diese tief verschachtelt, eventuell bis hinunter zur Spaltenebene, wird der Verwaltungsaufwand schnell zu einer echten Leistungsbremse. Sie sollten daher die Differenzierung der Rechte nicht zu weit treiben.

Für die Programmierung von Datenbankanwendungen bietet sich eine Alternative an, die MySQL nicht so sehr belastet. Dabei übernimmt die Anwendung einen großen Teil der Zugriffskontrolle, während die Zugriffsrechte für die Anwendung selbst (den Client) nur wenig eingeschränkt werden. Die Rechteverwaltung erfolgt dann weitgehend im Client und entlastet damit den Server von dieser Aufgabe. Wenn der Client die Rechteverwaltung erledigt, genügt für den MySQL-Server eventuell schon die Zugangskontrolle per Benutzername und Passwort.

Zeitverhalten messen

Wenn Sie MySQL-Abfragen ausführen, liefert der Server in der Regel auch Informationen über die dafür benötigte Zeit.

Das *mysql*-Tool zeigt diese üblicherweise in der letzten Zeile in Klammern an. Grafische Tools verfügen zu diesem Zweck über einen Message-Bereich oder geben entsprechende Meldungen in einer Fußzeile aus.

Durch Variation der Befehle können Sie so schon erste Informationen über das Zeitverhalten bestimmter Befehle gewinnen. Allerdings sollten Sie dafür Tabellen mit wesentlich mehr Datensätzen verwenden, als unsere Beispieltabellen enthalten. Selbst einige hundert Datensätze werden nicht reichen, um halbwegs zuverlässige Zeitangaben zu erhalten. Der Verwaltungsaufwand, der mit jeder Abfrage verbunden ist, frisst in diesem Fall den größten Teil der Zeit.

Die Funktion BENCHMARK

Die Funktion BENCHMARK kann Ausdrücke bezüglich ihrer Ausführungsgeschwindigkeit testen. Dazu wird ein Ausdruck lediglich beliebig oft wiederholt. Die Zeit können Sie dann wie üblich als Zusatzinformation zur Abfrage auslesen. BENCHMARK hat folgende Syntax:

```
BENCHMARK(Anzahl, Ausdruck)
```

Mit dem Argument Anzahl bestimmen Sie die Anzahl der Wiederholungen für die Auswertung des Ausdrucks. Das folgende Beispiel wertet einen mathematischen Ausdruck 10.000-mal aus:

```
SELECT BENCHMARK(10000, 1234 * 23)
```

Beachten Sie, dass die Funktion immer den Wert 0 ausgibt. Es kommt nicht auf den Ausgabewert der Funktion an, sondern auf die Laufzeit. Diese erhalten Sie wie bei jeder SELECT-Abfrage als zusätzliche Information angezeigt.

Auch die BENCHMARK-Funktion »profitiert« von einem Abfrage-Cache. Das ist in diesem Fall natürlich nicht erwünscht, weil Sie so keine korrekten Ergebnisse erhalten. Wenn Sie die Funktion verwenden wollen, sollten Sie daher den Cache deaktivieren.

In der Regel werden Sie die BENCHMARK-Funktion verwenden, um Ausdrücke zu bewerten, die mit anderen MySQL-Funktionen aufgebaut sind. Für komplexe Ausdrücke in vollständigen Abfragen ist die Funktion leider nur bedingt geeignet. Mit der folgenden Anweisung testen Sie einen String-Ausdruck:

```
SELECT SQL_NO_CACHE
    BENCHMARK(1000000, LEFT('04105 Leipzig', 5) );
```

Die vorstehende Anweisung schließt ausdrücklich die Verwendung des Cache aus, um nur die Zeit zu ermitteln, die für die Auswertung des Ausdrucks benötigt wird. Wenn Sie den Wert für die Anzahl der Wiederholungen jeweils um den Faktor 10 erhöhen, sollte auch die Zeit um diesen Faktor zunehmen.

Grundsätzlich lassen sich auch Ausdrücke prüfen, die Tabellenspalten verwenden. So prüft die folgende Anweisung einen Vergleichsausdruck für die Tabelle *Kunden*:

```
SELECT SQL_NO_CACHE
    BENCHMARK(10000000, Ort = 'Leipzig')
FROM Kunden LIMIT 1;
```

Wir haben die Zahl der Datensätze gleich auf einen Datensatz begrenzt, damit nicht auch noch die ganze Tabelle durchlaufen wird. Die Funktion würde sonst für jeden Datensatz erneut aufgerufen werden. Noch eine Stelle mehr bei der Anzahl der Durchläufe kann zudem bewirken, dass Ihr Rechner für längere Zeit blockiert ist. Sie sollten die Anzahl der Wiederholungen daher nur mit Vorsicht heraufsetzen.

MySQL-Benchmark-Suite

Für ganz harte Optimierer existiert eine so genannte MySQL-Benchmark-Suite, mit der sich die Performance von MySQL mit anderen Datenbanken vergleichen lässt. Der Autor hat bisher keinen Bedarf für diese Suite verspürt, weil MySQL immer noch alle Anforderungen bezüglich der Geschwindigkeit erfüllen konnte. Wer es jedoch genau wissen will, kann sich unter der URL *www.mysql.com* informieren.

26 Log-Dateien

MySQL erzeugt bei Bedarf Einträge in so genannten *Log-* bzw. *Protokoll-Dateien*. Solche Dateien enthalten nicht nur Fehlermeldungen, sondern auch SQL-Befehle, die im Laufe einer Sitzung ausgeführt wurden. Unter anderem kann MySQL folgende Logs generieren:

✔ Error Log

✔ Binary Log

✔ Slow Query Log

✔ General Query Log

Das *Error Log* protokolliert Fehlermeldungen, während das *Binary Log* Abfragen speichert, die zu einer Änderung von Daten geführt haben. Alle Abfragen können Sie mit dem *General Log* und besonders langsame mit dem *Slow Query Log* festhalten. Letzteres dient beispielsweise der Optimierung von Abfragen.

Sie werden nicht immer alle Log-Dateien benötigen. Läuft ein System erst zur allgemeinen Zufriedenheit, kommen Sie im Prinzip sogar ohne Log-Dateien aus. Da das Schreiben von Log-Dateien auch etwas Performance kostet, können Sie in der Regel vorab bestimmen, welche Log-Dateien MySQL erzeugen soll.

In der oben vorgestellten Liste fehlt das so genannte *Update Log*. Dieser Log-Mechanismus kann durch das neuere Binary-Log ersetzt werden. Sie sollten das *Update Log* daher auch nicht mehr verwenden. Im folgenden Text gehen wir nur noch auf das *Binary Log* ein.

Informationen über Log-Dateien

Sie können sich anzeigen lassen, welche Log-Dateien zurzeit verwendet werden. Dazu rufen Sie wie folgt den Befehl SHOW VARIABLES auf:

```
SHOW VARIABLES LIKE 'log%';
```

Der Befehl erzeugt eine tabellarische Ausgabe, die ungefähr die in Abbildung 26.1 gezeigte Form haben wird.

Variable_name	Value
▶ log	OFF
log_bin	OFF
log_bin_trust_routine_creators	OFF
log_error	.\McMaier.err
log_slave_updates	OFF
log_slow_queries	OFF
log_warnings	1

Abbildung 26.1: Ausgabe der log-Variablen

In der Voreinstellung schreibt MySQL bis auf das so genannte *Error Log* keine Log-Dateien. Alle anderen Log-Variablen stehen daher zunächst auf OFF.

Standard-Error-Log-Dateien

Auf einem Windows-System finden Sie üblicherweise eine hostspezifische Log-Datei mit der Bezeichnung *Rechnername.err*, auch wenn Sie noch keine Log-Option aktiviert haben.

Mit *Rechnername* ist der Name des Rechners gemeint, auf dem MySQL läuft (der so genannte Host-Name). Betreiben Sie MySQL lokal, ist das eben der Name Ihres Rechners. Wenn Sie Ihren Rechner beispielsweise *mcmaier* genannt haben, erhalten Sie eine Datei wie *mcmaier.err*. Alle Log-Dateien finden Sie normalerweise im MySQL-Datenbankordner.

Error-Log

Die Fehler-Datei *Rechnername.err* protokolliert alle Fehler und Warnungen, die während einer MySQL-Sitzung auftreten. MySQL kennzeichnet die Fehler mit einem Zeitstempel und einer kurzen Fehlerbeschreibung. Die Protokollierung kann nützlich sein, wenn im Betrieb häufig Fehler auftreten. Sie haben damit die Möglichkeit, die Fehlerursache leichter aufzudecken.

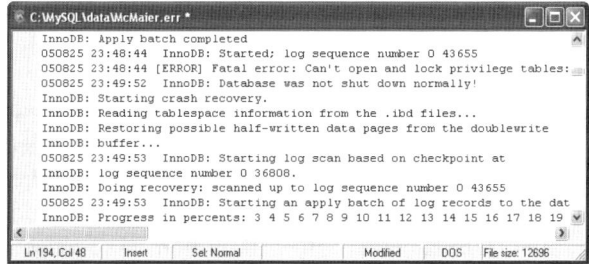

Abbildung 26.2: MySQL-Protokollierung

Beachten Sie, dass die Datei keineswegs jeden Fehler speichert, den Sie bei der Arbeit mit MySQL vielleicht auslösen. Geben Sie beispielsweise einen fehlerhaften SQL-Befehl ein, schickt MySQL eine entsprechende Fehlermeldung an den Client. In der Log-Datei erscheint dieser Fehler jedoch nicht. Vielmehr werden Fehler ausgegeben, die sich direkt auf den Serverbetrieb beziehen. Dazu gehören folgende:

✔ Fehler, die beim Start des Servers auftreten, etwa durch falsche Konfigurations- bzw. Kommandozeilen-Parameter

✔ Fehler, die beim Herunterfahren des Servers auftreten

Sie können hier insbesondere überprüfen, warum MySQL beispielsweise nicht starten will. Häufig wird es sich dann um fehlerhafte Konfigurationsparameter handeln.

Wie Sie aus Abbildung 26.2 ersehen, werden aber nicht nur Fehler ausgegeben, sondern auch ganz normale Meldungen, die den korrekten Start bzw. die korrekte Beendigung des Servers protokollieren.

> Grundsätzlich können Sie sich Log-Dateien in jedem Editor anschauen. Der Windows-Editor ist dafür jedoch nicht geeignet, weil er die Zeilenumbrüche nicht korrekt darstellt. Mit Wordpad gibt es hingegen keine Probleme. Besser geeignet sind jedoch so genannte Programm-Editoren, die Sie als Shareware für viele Programmiersprachen erhalten.

Error-Log-Datei bestimmen

Die hostspezifische Error-Datei lässt sich separat konfigurieren. Dazu setzen Sie in der Konfigurationsdatei *my.ini* die Variable log-error. Sie können die Variable aber auch als Kommandozeilen-Parameter übergeben. Es ist zudem möglich, einen Dateinamen zu bestimmen (log-error= Dateiname). Wenn Sie darauf verzichten, wird die Datei *rechnername.err* verwendet. Unter Windows ist log-error voreingestellt. Hier macht die Aktivierung der Option nur Sinn, wenn Sie dem *Error Log* einen eigenen Namen zuweisen wollen.

General Query Log

Mit einem *General Query Log* protokollieren Sie nahezu alle Datenbankoperationen, also Verbindungen und Abfragen. Sie erhalten damit einen vollständigen Überblick über die Anweisungen, mit denen Anwender bzw. Clients auf den Server zugreifen. Die Option können Sie unter anderem in der Konfigurationsdatei *my.ini* setzen. Hier ist dann im Serverabschnitt [mysqld] einfach der folgende Eintrag vorzunehmen:

```
log
```

In diesem Fall erzeugt MySQL im Datenbankverzeichnis (*/mysql/data*) eine Log-Datei mit dem Namen des Rechners, auf dem MySQL gerade läuft. Die Dateiendung (*.log*) fügt MySQL ebenfalls automatisch hinzu. Alternativ können Sie auch einen Dateinamen bzw. einen kompletten Pfad angeben:

```
log=c:/temp/mysql.log
```

Wenn Sie nun einige Operationen ausführen, wird die Log-Datei auch recht schnell gefüllt. Da es sich um eine ASCII-Datei handelt, können Sie sich das Ergebnis grundsätzlich mit jedem beliebigen Editor anschauen. Wie schon weiter oben empfohlen, sollten Sie jedoch besser einen Programm-Editor verwenden, der Zeilenumbrüche korrekt handhabt und eventuell noch Zeilennummern einblendet. Abbildung 26.3 zeigt, wie das Ergebnis dann aussehen könnte.

Die beiden ersten Spalten zeigen Datum und Zeit an. Das Datum ist allerdings etwa schwer zu entziffern, weil MySQL dieses ohne Punkt oder Bindestrich im Format JJMMTT erzeugt.

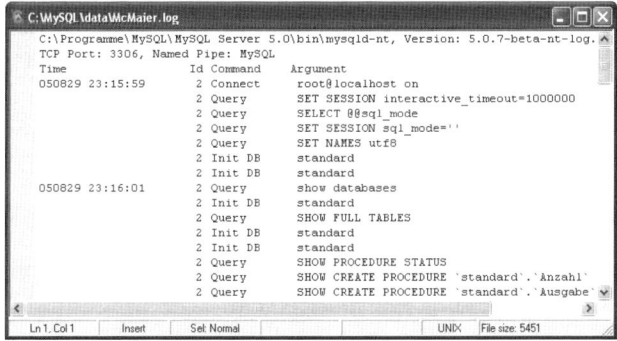

Abbildung 26.3: Anzeige eines General Query Logs im Programm-Editor

Da auch viele Clients in regelmäßigen Abständen Abfragen generieren, werden Sie hier auch Abfragen finden, die Sie nicht selbst erzeugt haben. Das betrifft vor allem Statusabfragen. Ist ein solcher Client aktiv, können Sie praktisch zusehen, wie die Log-Datei wächst. Diese automatischen Abfragen können das System extrem belasten, so dass Sie eventuell das *General Query Log* sogar abschalten müssen. Oft haben Sie allerdings die Möglichkeit, die Refresh-Rate der Clients einzustellen. Dazu können Sie in der Datei *my.ini* die Option Query-Interval auf einen höheren Wert setzen (Voreinstellung = 2 Sekunden), um nicht laufend neue Einträge in der Log-Datei zu erhalten.

MySQL schreibt die Abfragen so in die General-Query-Log-Datei, wie diese beim MySQL-Server ankommen. Verschiedene Optimierungsstrategien können jedoch bewirken, dass MySQL diese in einer etwas anderen Reihenfolge ausführt.

Binary Log

Alle Operationen, die eine Änderung der Daten bewirken, werden bei Bedarf im Binär-Protokoll erfasst. Diese Datei dient eigentlich nicht der Fehlersuche oder Optimierung, sondern wird für Backups und auch für die Replikation verwendet. Im Serverabschnitt der Konfigurationsdatei *my.ini* ist dazu eine Zeile wie die folgende einzufügen:

```
log-bin=c:/temp/binlog
```

Sie erhalten damit eine Log-Datei, die beispielsweise eine Bezeichnung wie *binlog.000001* tragen könnte. Wenn Sie auf den Pfad verzichten, schreibt MySQL die Log-Datei in das Datenbankverzeichnis. Verzichten Sie auch noch auf den Dateinamen, verwendet MySQL den Namen des Rechners und ergänzt diesen noch durch den Anhang *–bin*.

Bevor Sie eine Log-Datei mit einem Programm-Editor öffnen können, müssen Sie in der Regel erst den MySQL-Server herunterfahren. Viele Editoren weigern sich, die Dateien zu öffnen, wenn der MySQL-Server diese noch geöffnet hält.

Neue Log-Datei erzeugen

MySQL erzeugt bei bestimmten Ereignissen, etwa bei einem Neustart des Servers, bzw. bei Ausführung bestimmter Befehle eine neue Log-Datei mit fortlaufender Nummer (*.000001*, *.000002* etc.). Sie können diesen Vorgang beispielsweise mit dem folgenden SQL-Befehl selbst veranlassen:

```
FLUSH LOGS;
```

Damit schließen und öffnen Sie die Log-Dateien wieder. Da MySQL Log-Dateien nicht automatisch löscht, finden Sie anschließend eine weitere Log-Datei im betreffenden Verzeichnis.

Direkt nach dem Start macht es allerdings noch keinen Sinn, sich den Inhalt des *Binary Logs* anschauen zu wollen. Sie müssen erst einige `INSERT`-, `DELETE`- oder `UPDATE`-Anweisungen ausführen, damit MySQL diese in den Dateien protokollieren kann.

Zusätzlich zu den eigentlichen Log-Dateien erzeugt MySQL eine gleichnamige Datei mit der Endung `.index`:

```
meinRechner-bin.index
```

Diese Datei listet alle Binary-Log-Dateien auf. Im Gegensatz zu den eigentlichen Log-Dateien enthält die Index-Datei nur lesbare Zeichen. Sie können diese daher mit jedem Editor öffnen.

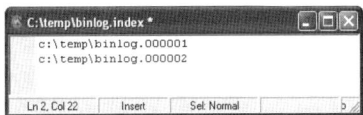

Abbildung 26.4: Inhalt der Binär-Log-Index-Datei

Allerdings sollten Sie nicht in der Datei editieren, weil MySQL diese für die Organisation von Backups benötigt.

Log-Optionen

Der Umfang der von *Binary Log* protokollierten Operationen lässt sich in Grenzen vorgeben. So haben Sie die Möglichkeit, nur Operationen festzuhalten, die sich auf bestimmte Datenbanken beziehen. Dazu stehen für die Konfiguration folgende Einstellungen zur Verfügung:

```
binlog-do-db=Datenbank
binlog-ignore-db=Datenbank
```

Mit der ersten Option schließen Sie eine bestimmte Datenbank ein. Operationen auf andere Datenbanken werden dann nicht protokolliert. Die zweite Option schließt eine bestimmte Datenbank aus. In diesem Fall protokolliert MySQL Operationen auf alle Datenbanken, jedoch nicht auf die hier genannte.

Binary Logs zurücksetzen

Sie löschen die Log-Dateien, die in der Index-Datei aufgelistet sind, indem Sie wie folgt das RESET-Kommando ausführen:

```
RESET MASTER;
```

Auch die Einträge in der Index-Datei werden anschließend gelöscht, so dass Sie mit dieser Anweisung das *Binary Log* praktisch ganz zurücksetzen. Allerdings erzeugt MySQL gleich wieder ein neues *Binary Log* mit der Endung *.000001* und schreibt dieses auch gleich wieder in die Index-Datei.

Weitere Optionen

Die Log-Funktion lässt sich in Grenzen noch konfigurieren. So haben Sie beispielsweise die Möglichkeit, die maximale Größe der Binlog-Dateien vorzugeben:

```
max_binlog_size= 1000000
```

Voreingestellt ist ein Wert von 1 GB. Das ist auch der maximal zulässige Wert. Der kleinste einstellbare Wert beträgt 1.024 Byte (1 MB). Die Einstellung nehmen Sie wie üblich nach dem vorstehenden Muster im Serverabschnitt der Konfigurationsdatei *my.ini* vor.

Weil für die Replikation die Reihenfolge der SQL-Anweisungen von großer Bedeutung ist, schreibt MySQL Änderungsabfragen grundsätzlich sofort in das Binär-Log. Das gilt jedoch nicht, wenn Sie *InnoDB*-Tabellen einsetzen und dabei Transaktionen verwenden. In diesem Fall werden die Anweisungen zunächst in einem Cache gehalten und erst nach Abschluss der Transaktion mit COMMIT in die Log-Datei geschrieben. Die Größe des Cache für jeden Thread können Sie mit der folgenden Variablen setzen:

```
binlog_cache_size=10000
```

Voreingestellt ist hier ein Wert von 32 KByte. Der gesamte Cache für alle aktiven Threads beträgt (theoretisch) 4 GB. Dieser Wert wird in der folgenden Variablen gespeichert:

```
max_binlog_cache_size
```

Der Default-Wert dieser Variablen bestimmt auch die maximale Größe des Cache. Müssen mehr Transaktionen gespeichert werden, als Platz im Cache zur Verfügung steht, werden die Transaktionen zurückgesetzt (ROLLBACK).

Binär-Protokolle auslesen

Das Binary Log wird in einem nur bedingt lesbaren Format erzeugt. Es ist auch eigentlich nicht zur Einsichtnahme gedacht, sondern soll eben die Anweisungen festhalten, die zu Änderungen der Daten geführt haben. Zwar können Sie es in einem normalen Editor öffnen, Sie erhalten aber fast nur unlesbare Zeichen (Binär-Daten) angezeigt. Um sich die Befehle anschauen zu können, müssen Sie das Kommandozeilen-Tool *mysqlbinlog* verwenden, das Sie wie üblich im Verzeichnis */mysql/bin* finden. Dieses Tool dient der Wiederherstellung der Daten mit Hilfe des Binary Logs sowie der Replikation. Es ist aber auch in der Lage, die Daten des Binary Logs auszulesen und im Klartext in eine Textdatei auszugeben. Die Syntax für diese Variante des Befehls hat folgende Form:

```
mysqlbinlog --result-file=Textdatei binary-log-Datei
```

Um die Daten der Binary-Log-Datei *binlog.000001* in die Datei *binlog.txt* zu schreiben, ist dann in der Eingabeaufforderung das *bin*-Verzeichnis zu wählen und dort folgende Kommandozeile auszuführen:

```
mysqlbinlog --result-file=binlog.txt
            c:/temp/binlog.000001
```

Wir sind hier davon ausgegangen, dass sich die Log-Datei im Verzeichnis *c:/temp* befindet. Die Textdatei enthält keine Pfadangabe und wird daher im selben Verzeichnis erzeugt, in dem sich das Tool *mysqlbinlog* befindet. In der Regel handelt es sich dabei um das Verzeichnis */mysql/bin* (bzw. */mysql Server 5.0/bin*). Abbildung 26.5 zeigt, welche Ausgabe Sie erwarten dürfen.

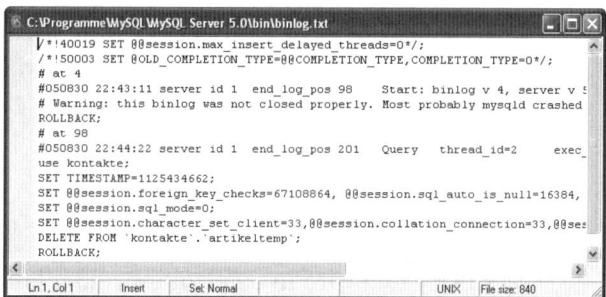

Abbildung 26.5: Ausgabe des Binary Logs in eine Textdatei

Sie können die Ausgabe auf die reinen SQL-Anweisungen beschränken, wenn Sie zusätzlich noch die Option –s (bzw. --short-form) in die Kommandozeile aufnehmen.

Backup-Lösung mit Binary Logs

Das Binary-Log ist unter anderem dazu gedacht, nach einem Crash ein möglichst vollständiges Backup zu ermöglichen. Dazu sind zwei Schritte erforderlich:

✔ Zunächst spielen Sie ein zu einem beliebigen Zeitpunkt erzeugtes Backup ein. Dieses wird üblicherweise nicht auf dem letzten Stand sein. Für das Einspielen des Backups verwenden Sie beispielsweise den RESTORE-Befehl, den wir bereits im zweiten Teil dieses Buches vorgestellt haben.

✔ Im zweiten Schritt verwenden Sie die Binary Logs, um das eingespielte Backup auf den neuesten Stand zu bringen.

Der zweite Schritt setzt voraus, dass Sie mindestens seit dem letzten Backup das Binary Log aktiviert hatten. Die Log-Dateien werden nun genutzt, um das nicht ganz aktuelle Backup auf den neuesten Stand zu bringen. An der Eingabeaufforderung ist dazu beispielsweise der folgende Befehl einzugeben:

```
mysqlbinlog c:/temp/binlog.000002 | mysql
```

Wir sind hier davon ausgegangen, dass sich die Binary-Log-Dateien im Verzeichnis *c:/temp* befinden. Eventuell sind auch mehrere Log-Dateien zu berücksichtigen. Das Kommandozeilen-Tool *mysqlbinlog* liest die in der angegebenen Log-Datei gespeicherten Abfragen und schickt diese an das Tool *mysql*. Je nach Serverkonfiguration und vor allem in Abhängigkeit von Benutzerrechten kann es sein, dass weitere Angabe benötigt werden, beispielsweise Benutzername und Passwort.

Binary Logs und Replikation

Binär-Logs werden auch für die Replikation benötigt. Der jeweilige Slave-Server liest dabei das Binär-Log des Masters aus und führt die darin protokollierten Anweisungen auf seinen Datenbestand aus.

Slow Query Log

In dieser Log-Datei werden Anweisungen gespeichert, deren Ausführung mehr Zeit benötigen, als dafür in der Variablen long_query_time vorgesehen ist. Sie können die Einträge dieser

Datei nutzen, um Anweisungen zu identifizieren, die sich bezüglich des Zeitverhaltens noch optimieren lassen. Dazu schreiben Sie die folgende Zeile in die Datei *my.ini* und starten dann den MySQL-Server neu:

```
log-slow-queries
```

MySQL bestimmt in diesem Fall den Dateinamen selbst (Name des Rechners plus *slow.log*) und legt diese im Datenbankverzeichnis ab. Um einen eigenen Dateinamen zu vergeben, ist die Zeile wie folgt zu erweitern:

```
log-slow-queries=Dateiname
```

Statt eines einfachen Dateinamens können Sie auch wieder einen kompletten Pfad vorgeben. Die Datei lässt sich mit jedem einfachen ASCII-Editor (beispielsweise dem Windows-Editor) auslesen.

Zeitlimit vorgeben

Um das Zeitlimit für Slow Query Logs zu bestimmen, setzen Sie die Variable long_query_time. Dazu ist das folgende SQL-Kommando auszuführen:

```
SET long_query_time=5;
```

Voreingestellt ist ein Wert von 10 Sekunden. Mit der vorstehenden Anweisung wird ein Wert von 5 Sekunden eingestellt.

Log-Dateien überwachen

Wenn Sie Log-Dateien verwenden, protokolliert MySQL darin laufend alle möglichen Operationen. Log-Dateien können folglich sehr schnell sehr groß werden. Sie müssen daher nicht nur die in den Log-Dateien ausgegebenen Meldungen überwachen, sondern auch die Log-Dateien selbst. Nicht mehr benötigte Log-Dateien sollten Sie (mit Ausnahme des Binary Logs) regelmäßig löschen oder zumindest komprimieren und (für einige Zeit) archivieren.

27 MySQL-Tools

Wir haben uns bisher fast nur mit dem Client-Tool *mysql* beschäftigt. Solange Sie keine zusätzlichen Tools wie beispielsweise die später noch vorzustellenden grafischen Tools verwenden, wird *mysql* auch das wichtigste Werkzeug bleiben. Vor allem als Administrator müssen Sie aber gelegentlich auch die folgenden Tools einsetzen, die alle zur Standard-Distribution gehören:

✔ *mysqladmin*

✔ *mysqldump*

✔ *mysqlcheck*

✔ *mysqlimport*

✔ *myisamchk*

✔ *mysqlshow*

Besonders wichtig ist *mysqladmin*, das nachfolgend auch recht ausführlich vorgestellt werden soll. Dabei handelt es sich um das eigentliche Administrations-Tool, das für die Steuerung und Konfiguration des Servers benötigt wird.

Für spezifische Aufgaben, etwa die Überprüfung von Tabellen, können Sie spezielle Tools wie beispielsweise *myisamchk* einsetzen. Andere Tools, etwa *mysqldump*, haben wir bereits bei der Besprechung der Datenbanksicherheit (Kapitel 14) vorgestellt.

Beachten Sie, dass sich viele Konfigurations- und Steuerungsfunktionen inzwischen redundant am *mysql*-Prompt per SQL-Anweisung ausführen lassen. Wir werden im folgenden Text gelegentlich auf solche Befehle hinweisen.

Kommandozeilen-Tools

Viele Windows-Anwender werden mit *Kommandozeilen-Tools* nicht mehr viel anzufangen wissen. Versierte Mausakrobaten denken dabei bestenfalls an archaische Werkzeuge aus der Steinzeit der EDV. Ganz unbegründet ist diese Ansicht nicht. Für Anwender, die nur gelegentlich eine MySQL-Datenbank administrieren müssen, sind diese Tools schlicht eine Zumutung. Nur wer regelmäßig mit MySQL zu tun hat, wird deren Vorteile zu schätzen lernen. Insbesondere lassen sich damit eigene Skripte, gelegentlich auch Batch-Dateien genannt, erstellen. Diese können komplette Befehlsfolgen enthalten, die dann wie kleine Programme sequenziell abgearbeitet werden. Wir werden weiter unten noch darauf zurückkommen.

Kommandozeilen-Tools sind zunächst auch nur Anwendungen. Im Gegensatz zu anderen Anwendungen führen sie jedoch bestimmte Operationen aus und geben dann die Kontrolle an das aufrufende Programm zurück. In der Regel handelt es sich beim aufrufenden Programm um eine so genannte Shell, ein Programm zur Abarbeitung von Kommandozeilen, das als Teil des Betriebssystems betrachtet werden kann. Die Rückgabe der Kontrolle an die Shell macht es, wie schon angedeutet, möglich, mehrere Kommandos in einer Datei (*Skript, Batch*) zusammenzufassen und von der Shell nacheinander ausführen zu lassen.

Für die Ausführung der Tools öffnen Sie über das Windows-Startmenü die Eingabeaufforderung (Windows 2000/XP) oder ein so genanntes DOS-Fenster (Windows 98/ME) und wechseln dann mit dem cd-Kommando zum Ordner */mysql/bin*.

mysqladmin

Das Tool *mysqladmin*, das Sie wie praktisch alle anderen Tools im */bin*-Verzeichnis finden, übernimmt eine Vielzahl von Funktionen. Unter anderem erledigen Sie damit folgende Aufgaben:

✔ MySQL-Server beenden (herunterfahren)

✔ Statusinformationen zum MySQL-Server abfragen

✔ Variableninhalte ermitteln

✔ Variablen setzen

✔ Prozesse verwalten

Unter Windows 2000/XP installieren Sie den MySQL-Server in der Regel als Dienst. In diesem Fall beenden Sie MySQL nicht mit dem Tool *mysqladmin*, sondern manuell oder automatisch über den Dienste-Dialog. Damit Sie auch in diesem Fall feststellen können, ob der MySQL-Server läuft, sollten Sie zunächst das folgende Kommando ausführen:

```
mysqladmin ping
```

Das Tool prüft in diesem Fall, ob der Server bereit ist, eine Verbindung aufzubauen und Befehle entgegenzunehmen (*mysqld is alive*). Besonders interessant ist der Parameter ping allerdings nicht. Die folgende Tabelle listet wichtigere Parameter des Tools auf. Für eine vollständige Übersicht müssen wir Sie jedoch auf das MySQL-Online-Manual verweisen, das Sie im Verzeichnis */mysql/docs* finden.

Parameter	Beschreibung
create	Erzeugt eine neue Datenbank. Als Parameter ist der Name der Datenbank zu übergeben
flush-privileges	Bewirkt, dass die Tabellen für die Rechteverwaltung neu ausgelesen werden
flush-tables	Schreibt Änderungen in die Tabellendatei auf der Festplatte und schließt die Tabellen
drop	Löscht eine Datenbank. Als Parameter ist der Name der Datenbank zu übergeben
kill	Beendet einen MySQL-Prozess (*Thread*)
ping	Prüft, ob der MySQL-Server läuft
processlist	Listet die zurzeit laufenden Prozesse auf

Parameter	Beschreibung
refresh	Wirkt zunächst wie der Befehl flush-tables. Zusätzlich werden alle Log-Dateien geschlossen und wieder neu geöffnet
reload	Gleiche Wirkung wie flush-privileges
shutdown	Beendet MySQL (fährt den MySQL-Server herunter)
status	Gibt eine Meldung über den Zustand des MySQL-Servers aus. Eine ausführliche Darstellung erhalten Sie mit extended-status
variables	Gibt die Systemvariablen und deren aktuellen Wert aus
version	Liefert die Version des MySQL-Servers

Tabelle 27.1: Kommandos des *mysqladmin*-Tools (Auswahl)

Einige Kommandos des Tools sind identisch mit SQL-Kommandos, die Sie auch zur Laufzeit im Client (*mysql.exe* oder einem grafischen Client) ausführen können, beispielsweise FLUSH TABLES.

Bei den Parametern des *mysqladmin*-Tools ist zwischen Befehlen (Kommandos) und Optionen zu unterscheiden. Die Syntax hat daher folgende Form:

```
mysqladmin [Optionen] Kommando1 Kommando2 ...
```

Optionen sind optional. Sie beziehen sich in der Regel auf das Tool selbst bzw. auf die Kommunikation zwischen dem Tool und dem Server. Kommandos richten sich hingegen an den Server. Ein Beispiel:

```
mysqladmin --user=root create neuedb
```

Mit Passwort ist folgende Anweisung erforderlich:

```
mysqladmin --user=root --password=geheim create neuedb
```

Die Anweisung erzeugt eine neue Datenbank. Dazu wird das Kommando create mit dem Parameter neuedb (dem Namen der neuen Datenbank) an den Server geschickt. Mit der Option --user übergeben Sie den Namen des Benutzers. Optionen leiten Sie mit dem Doppelstrich (--) ein, während Kommandos ohne weitere Kennzeichnung übergeben werden.

Alle Kommandos lassen sich auf ihren eindeutigen Teil abkürzen. Aus dem Kommando version wird dann beispielsweise ver und aus status stat.

mysqladmin-Optionen

Tabelle 27.1 listet lediglich Kommandoparameter auf. Eine Übersicht der wichtigsten Optionen zeigt hingegen Tabelle 27.2. In der Regel existieren Optionen in einer lesbaren Form und als Kürzel.

Option	Kürzel	Beschreibung
--help	-?	Gibt eine ausführliche Darstellung der Kommandos und Optionen des Tools aus
--host	-h	Bestimmt den Host, zu dem eine Verbindung aufgebaut werden soll
--password	-p	Übergibt das Passwort oder veranlasst, dass beim Start des Tools nach dem Passwort gefragt wird
--sleep	-i	Bewirkt die wiederholte Ausführung eines Befehls. Die Pause zwischen den Versuchen bestimmen Sie mit dem Parameter der Option (in Sekunden). Die Zahl der Versuche setzen Sie mit der Option --count
--user	-u	Übergibt den Benutzernamen für den Aufbau der Verbindung

Tabelle 27.2: Optionen des *mysqladmin*-Tools (Auswahl)

Beachten Sie den Unterschied bei der Verwendung des Optionsnamens und des Kürzels, insbesondere, wenn noch Parameter zu übergeben sind:

```
mysqladmin --host=localhost status
mysqladmin --host localhost status
mysqladmin -h localhost status
```

Die vorstehenden Anweisungen sind in der Wirkung identisch. Sie geben eine kurze Beschreibung des Serverzustands (status) aus. Die Normalform der Option (hier host) erwartet üblicherweise ein Gleichheitszeichen, während Sie bei der Kurzform darauf verzichten können. Allerdings ist das Tool in dieser Hinsicht nicht sehr streng, so dass in der Regel ein Leerzeichen genügt.

Server verwalten

Grundsätzlich lassen sich die Parameter in solche für die Serververwaltung und solche für die Verwaltung von Datenbanken unterteilen. Der Schwerpunkt liegt aber eindeutig bei den Serverparametern. Zwei davon wollen wir in diesem Unterkapitel exemplarisch ansprechen.

Bei vielen Benutzern lässt sich nicht ganz ausschließen, dass gelegentlich eine so genannte Deadlock-Situation eintritt. Sie müssen dann gegebenenfalls Threads gezielt beenden können. Dazu dient der Parameter kill. Zuvor ist allerdings die Prozess-ID zu ermitteln, die Sie mit der Prozessliste erhalten:

```
mysqladmin -u root -p processlist
```

Das Tool zeigt Ihnen dann eine Tabellenstruktur mit allen zurzeit laufenden Threads an. Die Prozess-ID finden Sie in der ersten Spalte. Mit der folgenden Anweisung beenden Sie nun die Threads mit den IDs 6 und 7:

```
mysqladmin -u root -p kill 6,7
```

Beachten Sie, dass bei der Angabe von mehreren Prozess-IDs Kommata als Trennzeichen zu setzen sind. Nach einem Komma darf dabei kein Leerzeichen stehen. Sind bereits Passwörter vergeben, müssen Sie natürlich auch die Option --password verwenden (oder zumindest die Option -p; Sie werden dann vom Tool nach dem Passwort gefragt). Wie sich die hier vorgestellten Kommandos auswirken, zeigt Abbildung 27.1.

```
Eingabeaufforderung

C:\MySQL\bin>mysqladmin -u root processlist
+----+------+----------------+----------+---------+-------+-------+------------------+
| Id | User | Host           | db       | Command | Time  | State | Info             |
+----+------+----------------+----------+---------+-------+-------+------------------+
| 2  | ODBC | 127.0.0.1:1153 |          | Sleep   | 2     |       |                  |
| 3  | root | 127.0.0.1:1154 | kontakte | Sleep   | 51070 |       |                  |
| 6  | root | 127.0.0.1:1158 | test     | Killed  | 2884  |       |                  |
| 7  | root | 127.0.0.1:1159 |          | Sleep   | 8301  |       |                  |
| 35 | root | 127.0.0.1:1189 |          | Query   | 0     |       | show processlist |
+----+------+----------------+----------+---------+-------+-------+------------------+

C:\MySQL\bin>mysqladmin -u root kill 6,7

C:\MySQL\bin>mysqladmin -u root processlist
+----+------+----------------+----------+---------+-------+-------+------------------+
| Id | User | Host           | db       | Command | Time  | State | Info             |
+----+------+----------------+----------+---------+-------+-------+------------------+
| 2  | ODBC | 127.0.0.1:1153 |          | Sleep   | 2     |       |                  |
| 3  | root | 127.0.0.1:1154 | kontakte | Sleep   | 51102 |       |                  |
| 6  | root | 127.0.0.1:1158 | test     | Killed  | 2900  |       |                  |
| 7  | root | 127.0.0.1:1159 |          | Killed  | 8325  |       |                  |
| 37 | root | 127.0.0.1:1191 |          | Query   | 0     |       | show processlist |
+----+------+----------------+----------+---------+-------+-------+------------------+

C:\MySQL\bin>
```

Abbildung 27.1: Prozessliste ausgeben und Threads beenden

Bei der zweiten Ausgabe der Prozessliste werden die beendeten Threads zwar noch angezeigt, aber als beendet (*killed*) gekennzeichnet.

Die Prozessliste können Sie auch innerhalb eines Clients mit dem SQL-Befehl SHOW PROCESSLIST ausgeben. Zudem steht auch KILL als SQL-Befehl zur Verfügung.

Datenbanken verwalten

Zu den wenigen Parametern, mit denen Sie direkt auf Datenbanken einwirken können, gehören create und drop. Den Parameter create haben wir weiter oben bereits vorgestellt. Mit der folgenden Anweisung löschen Sie die dort erzeugte Datenbank *neuedb* wieder:

```
mysqladmin -u root -p drop neuedb
```

Da es sich beim Löschen von Datenbanken um eine ausgesprochen kritische Operation handelt, erhalten Sie von *mysql-*

admin zunächst noch eine Sicherheitsabfrage angezeigt, die Sie mit y (yes) quittieren müssen.

Mehrere Parameter gleichzeitig übergeben

Sie können mehr als einen Parameter gleichzeitig übergeben. Diese werden einfach durch jeweils ein Leerzeichen getrennt in der Kommandozeile aufgelistet:

```
mysqladmin --user=root -p proc stat var > admin.txt
```

Die vorstehende Anweisung gibt nicht nur die Prozessliste (proc), den Status (stat) und die Systemvariablen (var) aus, sondern schreibt die Ausgabe auch gleich noch in die Textdatei *admin.txt*. Die Ausgabe, insbesondere der Variablen, kann nämlich sehr lang werden, so dass der Überblick an der Konsole darunter leidet. Eine Textdatei lässt sich hingegen im Editor öffnen und bezüglich der Darstellungsbreite auch anpassen. Wenn Sie keinen Pfad angeben, wird die Datei im *bin*-Verzeichnis abgelegt.

mysqlcheck/myisamchk

Mit *mysqlcheck* prüfen und reparieren Sie *MyISAM*-Tabellen. Für diese Zwecke steht grundsätzlich auch das noch vorzustellende Tool *myisamchk* zur Verfügung. Im Unterschied zu *myisamchk* setzen Sie *mysqlcheck* jedoch ein, wenn der MySQL-Server läuft. Die Grundsyntax des Kommandos hat folgende Form:

```
mysqlcheck Option Datenbank [Tabelle]
```

Als Option verwenden Sie Kürzel, die *mysqlcheck* beispielsweise veranlassen, ein Datenbankobjekt zu überprüfen. Das folgende Beispiel analysiert die Tabelle *Kunden* in der Datenbank *Kontakte*:

```
mysqlcheck -r Kontakte Kunden
```

Sind Benutzer definiert, müssen Sie die Option -u (oder --user) und den Benutzernamen hinzufügen:

```
mysqlcheck -u root -r Kontakte Kunden
mysqlcheck -u root -p -r Kontakte Kunden
```

Sobald Sie komplette Benutzer-Accounts mit Passwörtern eingerichtet haben, ist auch noch ein Passwort (-p bzw. --password) erforderlich. Sie können gleich alle Tabellen einer Datenbank überprüfen lassen. Dazu verwenden Sie die Option –B (alternativ --databases), mit der Sie in der Kurzform eine Kommandozeile wie die folgende erhalten:

```
mysqlcheck -B Kontakte
```

In der Kommandozeile können, getrennt durch jeweils ein Leerzeichen, gleich mehrere Datenbanken aufgelistet werden. Um jedoch alle Datenbanken zu überprüfen, auf die der Server momentan zugreifen kann, verwenden Sie folgende Syntaxvariante:

```
mysqlcheck --all-databases
```

Alternativ zur ausgeschriebenen Variante der Option für alle Datenbanken genügt auch die Kurzform -A.

Beachten Sie, dass *mysqlcheck* nicht alle Varianten des *MyISAM*-Tabellentyps unterstützt. So können Sie damit beispielsweise keine *Merge*-Tabellen behandeln. Zudem sind bestimmte Optionen auf *MyISAM*-Tabellen beschränkt. Die Option -r (Repair) lässt sich beispielsweise nicht auf *InnoDB*-Tabellen anwenden.

Wie bei den meisten Kommandozeilen-Tools, die Sie mit MySQL erhalten, ist die Liste der Optionen riesig. Tabelle 27.3 zeigt daher nur eine kleine Auswahl. Eine vollständige Übersicht finden Sie im Online-Manual.

Option	Kürzel	Beschreibung
--analyze	-a	Prüft Tabellen
--auto-repair		Prüft Tabellen und versucht, fehlerhafte Tabellen gleich zu reparieren
--check	-c	Prüft Tabellen auf Fehler. Diese Option kann bei großen Tabellen sehr viel Zeit erfordern
--databases	-B	Prüft mehrere Datenbanken. Diese sind als Parameter zu übergeben. Das Tool betrachtet dann alle auf den Parameter folgenden Namen als Datenbanknamen
--fast	-F	Geprüft werden nur Tabellen, die nicht korrekt geschlossen wurden (beispielsweise nach einem Absturz des Servers)
--help	-?	Zeigt eine Hilfeseite an
--medium-check	-m	Prüft (wie check) Tabellen auf Fehler. Der Umfang der Prüfung ist jedoch etwas geringer, was die Durchlaufzeit vermindern kann
--repair	-r	Repariert nahezu alle Tabellenfehler. Diese Option kann bei großen Tabellen einen erheblichen Zeitaufwand erfordern

Tabelle 27.3: Optionen für *mysqlcheck*

Sie können mehrere Optionen kombinieren. So prüft und repariert die folgende Anweisung nur Tabellen der Datenbank *Kontakte*, die nicht korrekt geschlossen wurden:

```
mysqlcheck -r -F Kontakte
```

Beachten Sie, dass Sie die Aufgaben, für die *mysqlcheck* vorgesehen ist, zu einem großen Teil auch mit den SQL-Kommandos REPAIR und CHECK TABLE erledigen können.

myisamchk

Im Gegensatz zum *mysqlcheck*-Tool setzen Sie *myisamchk* ein, wenn kein MySQL-Server läuft. Sie müssen also gegebenenfalls erst den Server herunterfahren. Viele wichtige Parameter (--check und --fast beispielsweise) sind mit denen des Tools *mysqlcheck* identisch. Weitere Parameter des Tools zeigt Tabelle 27.4.

Option	Kürzel	Beschreibung
--extended-check	-e	Führt eine gründliche und damit in der Regel sehr zeitaufwändige Prüfung der Tabellen durch.
--help	?	Zeigt eine Hilfeseite an.
--silent	-s	Erzeugt nur dann eine Ausgabe, wenn Fehler aufgetreten sind.
--sort-index	-S	Sortiert Indizes neu.
--unpack	-u	Hebt die Komprimierung einer mit *myisampack* komprimierten Tabelle wieder auf.

Tabelle 27.4: Optionen für *myisamcheck*

Das Tool *myisamchk* bezieht sich immer auf bestimmte Tabellen. Die Syntax des Kommandos hat daher folgende Form:

```
myisamchk [Option] Tabellenpfad
```

Der Tabellenname muss aus einem vollständigen Pfad bestehen und kann gegebenenfalls auch Wildcards (*) enthalten. Die Anweisung wirkt dann auf alle Tabellen, die dem Dateimuster entsprechen. Die Pfadangabe ist erforderlich, weil das Tool unabhängig vom Server auf die Tabellen zugreift und auch die Konfigurationsdatei nicht ausliest. Für die Überprüfung der Tabelle *Kunden* im Ordner *c:/mysql/data* ist dann folgende Anweisung erforderlich:

```
myisamchk -e c:/mysql/data/kontakte/kunden.myi
```

In der folgenden Variante werden alle *MyISAM*-Tabellen (jedoch keine *InnoDB*-Tabellen) der Datenbank *Kontakte* berücksichtigt:

```
myisamchk -e c:/mysql/data/kontakte/*.myi
```

Die Option -e steht für --extended-check. Beim Tabellennamen ist die Dateiendung für die Index-Datei (*myi*) anzugeben. Für den Befehl sind weder Benutzername noch Passwort erforderlich.

Variablen setzen

Mit Hilfe von *myisamchk* lassen sich auch einige Variablen setzen, die das Tool für die Bearbeitung von Tabellen benötigt. Die folgende Anweisung verwendet eine dieser Variablen:

```
myisamchk --key_buffer_size=1000000 -e
          c:/mysql/data/kontakte/*.myi
```

Die Variable --key_buffer_size bestimmt die Größe eines Bereichs im Arbeitsspeicher, den das Tool beim Prüfen und Reparieren von Indizes reserviert.

mysqlimport

Mit diesem Tool, das ungefähr die gleiche Funktionalität wie der SQL-Befehl LOAD DATA INFILE bietet, importieren Sie Daten aus Text- bzw. CSV-Dateien in MySQL-Tabellen. Die Syntax des Tools hat folgende Form:

```
mysqlimport [Optionen] Datenbank Textdatei1
            Textdatei2 …
```

In der einfachsten Form genügt die folgende Kommandozeile:

```
mysqlimport --delete Kontakte Kunden.txt
```

Damit importieren Sie die Daten der Textdatei *Kunden.txt* in die Datenbank *Kontakte*. Zu diesem Zweck muss in der Datenbank bereits eine Tabelle mit dem Namen *Kunden* existieren.

Die Dateiendung (hier *txt*) wird dabei ignoriert. Diese ist nur anzugeben, damit das Tool die Importdatei findet.

Der Import-Befehl setzt voraus, dass der MySQL-Server gestartet ist. Zudem müssen Sie gegebenenfalls, wie schon früher gezeigt, Benutzer (-u) und Passwort (-p) angeben.

Ohne Pfadangabe erwartet *mysqlimport* die Textdatei im Datenbankverzeichnis (*mysql/data*). Üblicherweise befinden sich die zu importierenden Dateien jedoch in anderen Verzeichnissen, so dass Sie auch den Pfad angeben müssen:

```
mysqlimport --delete Kontakte c:/temp/Kunden.txt
```

Im vorstehenden Beispiel verwenden wir die Option --delete, die bewirkt, dass die alten Datensätze in der Tabelle *Kunden* zunächst gelöscht werden. Eine Auswahl der Optionen des Tools zeigt Tabelle 27.5.

Option	Kürzel	Beschreibung
--columns	-c	Ermöglicht die Angabe einer Liste von Spalten
--delete	-d	Löscht die Datensätze in der Tabelle, bevor die Daten importiert werden
--fields-terminated-by		Bestimmt ein Trennzeichen für Spaltenwerte
--fields-enclosed-by		Bestimmt ein Einschließungszeichen für die Spaltenwerte
--lines-terminated-by		Bestimmt ein Zeichen für den Zeilenumbruch
--force	-f	Ignoriert Fehler beim Import
--local	-L	Sucht die Textdatei auf dem Client. Ohne diese Option erwartet *mysqlimport* die Datei auf dem Server

Option	Kürzel	Beschreibung
--replace	-r	Bestimmt, dass vorhandene Datensätze von zu importierenden Datensätzen mit identischen Schlüsselwerten ersetzt werden

Tabelle 27.5: Optionen des *mysqlimport*-Tools

Per Voreinstellung werden die Daten der Textdatei nur dann in die Spalten der Tabelle geschrieben, wenn die einzelnen Werte der Textdatei durch Tab und die einzelnen Datensätze durch Zeilenumbrüche getrennt sind. Sie können diese Vorgaben jedoch ändern, indem Sie Trennzeichen und Einschließungszeichen bestimmen:

```
mysqlimport --delete --fields-terminated-by=;
            Kontakte c:/temp/Kunden.txt
```

Im vorstehenden Beispiel haben wir das voreingestellte Trennzeichen (Tab) durch das Semikolon ersetzt. Die einzelnen Werte in der zu importierenden Textdatei müssen dann natürlich auch per Semikolon getrennt sein.

Spalten zuordnen

Wichtig ist auch die Option columns, mit der Sie die Spalten bestimmen, in die Sie die Werte aus der Importdatei schreiben wollen. Sie können dann auch Textdateien importieren, deren Struktur nicht mit der Tabellenstruktur übereinstimmt. Bei der Auflistung der Tabellenspalten müssen Sie sich natürlich an der Reihenfolge der Felder in der Importdatei orientieren:

```
mysqlimport --delete --fields-terminated-by=;
            --columns=KundenNr,Firma,Ort
            Kontakte c:/temp/Kunden.txt
```

Die vorstehende Anweisung schreibt das erste Feld der Importdatei in die Spalte *KundenNr*, das zweite in die Spalte *Fir-*

ma und das dritte in die Spalte *Ort*. Die Spalten *Strasse, Postfach* und *PLZ*, die in unserer *Kunden*-Tabelle alle noch vor dem Ort kommen, werden dabei übergangen.

Beachten Sie, dass es sich bei der obigen Anweisung um eine einzige Kommandozeile handelt, die wir nur aus Gründen des Layouts umbrechen mussten. Jeder Zeilenumbruch steht lediglich für ein Leerzeichen. Die Spalten in der `columns`-Option werden durch Kommata separiert. Hier dürfen Sie auf keinen Fall zusätzliche Leerzeichen einfügen. Die Spaltennamen schließen also direkt an das vorhergehende Komma an.

Die Optionen des Tools *mysqlimport* sind denen des SQL-Befehls `LOAD DATA INFILE` sehr ähnlich. Sie können daher in Kapitel 13 nachlesen, welche Möglichkeiten beim Import noch zur Verfügung stehen.

mysqldump

Das Tool *mysqldump* haben wir bereits in Kapitel 14 kurz vorgestellt. Es produziert ein SQL-Skript, also eine Datenbank- bzw. Tabellenkopie, die aus den `CREATE`- und `INSERT`-Anweisungen besteht, mit denen sich Tabellen und Daten generieren lassen. Der MySQL-Server muss gestartet sein, wenn Sie *mysqldump* einsetzen wollen.

An dieser Stelle sollen nur noch einige der zahlreichen Optionen des Tools nachgeliefert werden. So können Sie beispielsweise die von *mysqldump* erzeugten `INSERT`-Anweisungen genauer bestimmen. Tabelle 27.6 zeigt die dafür erforderlichen Optionen.

Option	Kürzel	Beschreibung
`--allow-keywords`		Ermöglicht die Verwendung von MySQL-Schlüsselwörtern als Spaltennamen

Option	Kürzel	Beschreibung
`--complete-insert`	`-c`	Erzeugt vollständige INSERT-Anweisungen mit allen Spaltennamen
`--extended-insert`	`-e`	Erzeugt mehrzeilige INSERT-Anweisungen (Übergabe mehrerer Datensätze in einer INSERT-Anweisung)
`--force`	`-f`	Erzwingt die weitere Ausgabe, auch wenn dabei Fehler auftreten. Sie müssen in diesem Fall mit einem unvollständigen Dump rechnen
`--no-create-info`	`-t`	Unterdrückt die Ausgabe der CREATE-Anweisungen
`--no-data`	`-d`	Unterdrückt die Ausgabe der Daten (der INSERT-Anweisungen). Es werden lediglich die Strukturinformationen (CREATE TABLE) ausgegeben
`--result-file=...`	`-r`	Leitet die Ausgabe in eine bestehende Datei um
`--xml`	`-X`	Erzeugt eine XML-Ausgabe

Tabelle 27.6: Optionen für die Beschreibung der INSERT-Anweisungen

Das Tool erwartet neben den Optionen die Angabe der Datenbank und der Tabellen:

```
mysqldump [Optionen] Datenbank Tabellen
```

Einen Ausgabe der CREATE- und INSERT-Anweisungen für die Tabelle *Kunden* erhalten Sie mit der folgenden Kommandozeile:

```
mysqldump Kontakte Kunden
```

Sind Benutzerdaten erforderlich, kann die Anweisung auch wie folgt aussehen:

```
mysqldump -u root -p Kontakte Kunden
```

Die Ausgabe erfolgt an der Konsole. Wollen Sie diese dauerhaft speichern, was zum Zweck der Datensicherung natürlich zu empfehlen ist, müssen Sie die Ausgabe in eine Datei umleiten:

```
mysqldump -u root -p Kontakte Kunden
         > c:/temp/Kundendump.txt
```

Die vorstehende Anweisung schreibt die Daten in die Textdatei *Kundendump.txt* und legt diese im Ordner *c:/temp* ab.

XML erzeugen

Recht interessant ist die Option, mit *mysqldump* eine XML-Ausgabe zu erzeugen. In diesem Fall erhalten Sie kein SQL-Skript, das Sie mit *mysql* ausführen können, sondern eine so genannte wohlgeformte XML-Datei. Die Kommandozeile hat dann folgende Form:

```
mysqldump -u root -p --xml Kontakte Kunden
         > c:/temp/Kundendump.xml
```

Allerdings konnten wir damit noch keine saubere (wohlgeformte) XML-Datei generieren (MySQL 5.07 beta). Probleme traten insbesondere im Zusammenhang mit Null-Werten auf. Die Datei musste daher manuell nachbearbeitet werden.

Weitere Tools und Optionen

Aus Platzgründen können wir nicht alle Tools ausführlich darstellen. Einige sind auch nicht besonders wichtig oder lassen sich leicht durch SQL-Kommandos ersetzen. Dazu gehört unter anderem *mysqlshow*. Auch *mysqlshow* stellt die Kommandozeilen-Version einer SQL-Anweisung, hier der Anweisung SHOW, dar. Sie erhalten damit Informationen über die verschiedenen Datenbankobjekte. Ein kleiner Vorteil gegenüber dem SQL-Befehl besteht darin, dass Sie die Ausgabe der Kommandozeilen-Version recht einfach in eine Datei umleiten können.

Zudem verfügte zumindest die Beta-Version (5.07) über ein grafisches Konfigurationsprogramm (*MySQLInstance Config.exe*), das Sie, wenn vorhanden, ebenfalls im *bin*-Verzeichnis finden. Es ist allerdings nicht sicher, ob dieses Programm auch in späteren Versionen enthalten sein wird. Da sich damit auch nur wenige Konfigurationsparameter setzen lassen, soll es hier nicht explizit vorgestellt werden.

Skripte erstellen

Die Kommandozeilen-Tools werden Sie selten dafür verwenden, den Datenbankbetrieb mit einzelnen Kommandos zu steuern. Vielmehr nutzen Sie diese häufig für die Erstellung von Skripten (auch Batch-Dateien oder Shell-Skripte genannt), die eine bestimmte Aufgabe erledigen sollen und die zu diesem Zweck mehrere Anweisungen zusammenfassen. Unter Windows verwenden Sie dafür die Dateiendung *.bat*. Das Betriebssystem betrachtet solche Dateien als ausführbare Dateien und versucht, die darin enthaltenen Anweisungen direkt auszuführen.

Shell-Skripte versus SQL-Skripte

Sie können nicht nur Kommandozeilen in Skripten zusammenfassen. Auch beliebige SQL-Anweisungen lassen sich in eine Datei schreiben und dann in einem Rutsch ausführen. In bestimmten Bereichen konkurrieren Shell-Skripte (Kommandozeilen-Skripte) mit SQL-Skripten.

28 Grafische MySQL-Tools

Wie unkomfortabel und abschreckend Kommandozeilen-Tools sein können, haben offensichtlich auch einige Programmierer bemerkt und daher eigene Tools erstellt. Auf dem so genannten Freeware-, Shareware- und Open-Source-Markt sind inzwischen grafische Anwendungen verfügbar, die einen sehr komfortablen Umgang mit dem MySQL-Server bzw. mit MySQL-Datenbanken erlauben. Die für MySQL verfügbaren Tools wechseln jedoch häufig. Lediglich *phpMyAdmin* zeigt Durchhaltevermögen und wird seit Jahren nicht nur gepflegt, sondern auch weiterentwickelt. Neu ist das grafische Tool *MySQL Query Browser*, das Sie über die MySQL-Homepage herunterladen können. Beide sollen hier vorgestellt werden.

Eine zentrale Rolle nimmt dabei *phpMyAdmin* ein. Dabei handelt es sich um eine in PHP programmierte Webanwendung, die Sie aber auch lokal einsetzen können. Die Anwendung läuft mit nahezu jedem Browser. Der einzige Nachteil besteht darin, dass auf dem betreffenden System ein Webserver (beispielsweise Apache) und PHP installiert sein müssen. Wer diesen Aufwand scheut, sollte sich den *MySQL Query Browser* anschauen. Dieses Tool kommt ohne weitere Voraussetzungen aus.

Auf der beiliegenden CD finden Sie *phpMyAdmin* und den *MySQL Query Browser*.

Die grafischen Tools greifen in der Regel nicht auf die MySQL-Konfigurationsdateien *my.ini* bzw. *my.cnf* zu. Die Einstellungen, die Sie hier im Client-Abschnitt vorgenommen haben, werden folglich nicht berücksichtigt. Wenn Sie beispielsweise die Port-Einstellung für den MySQL-Server (und die Clients) geändert haben, können die grafischen

Tools nicht mehr auf den Server zugreifen. Sie müssen die Port-Einstellung in den grafischen Tools dann separat anpassen.

MySQL Query Browser

Der *Query Browser* ist ein recht einfaches Tool, das hauptsächlich dazu dient, SQL-Anweisungen abzusetzen. Das wichtigste Fenster der Oberfläche nimmt diese Anweisungen auf, während im Fenster darunter die Ergebnisse angezeigt werden. Im rechten Fenster können Sie sich die Struktur der verfügbaren Datenbanken anzeigen lassen.

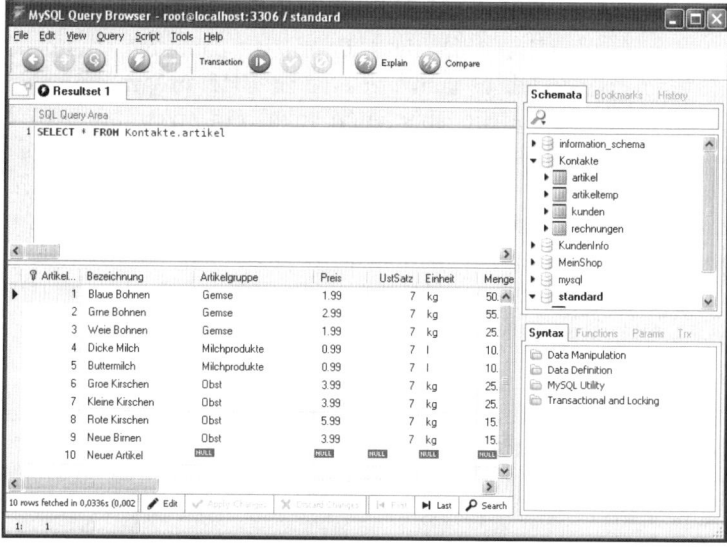

Abbildung 28.1: Der *MySQL Query Browser*

Der Browser ist grundsätzlich auf die Ausführung von SQl-Anweisungen ausgelegt. Komfortfunktionen, wie sie von anderen, heute nicht mehr gepflegten Benutzeroberflächen geboten wurden, dürfen Sie also nur bedingt erwarten. Dafür unterstützt der *Query Browser* auch neuere SQL-Befehle wie beispielsweise CREATE PROCEDURE.

Installation

Den *Query Browser* erhalten Sie ebenfalls über die MySQL-Homepage (*www.mysql.com*). Da er der GPL-Lizenz unterliegt, kann er wie MySQL selbst frei heruntergeladen und verteilt werden. Üblicherweise liegt der *Query Browser* für Windows als msi-Paket vor, so dass Sie über den Microsoft-Installer verfügen müssen, um die Installation starten zu können. Unter Windows XP sollte das immer der Fall sein. Für frühere Windows-Versionen müssen Sie den Installer eventuell von der Microsoft-Homepage herunter laden. Das von uns verwendete Paket hatte folgende Bezeichnung:

```
mysql-query-browser-1.1.3-win.msi
```

Die Installation erfolgt weitgehend automatisch. Sie können lediglich das Zielverzeichnis bestimmen. Unter Windows 2000/XP erfordert die Installation im *Programme*-Verzeichnis, dass Sie über Admin-Rechte verfügen.

Starten und Verbindung herstellen

Bei der Installation wird zumindest ein Eintrag im *MySQL*-Menü angelegt. Beim Aufruf der Menüoption (*Programme / MySQL/ MySQL Query Browser*) erscheint zunächst der *Verbindungs*-Dialog, der insbesondere die Angabe von Benutzernamen und Passwort verlangt. Der *Query Browser* lässt sich jedoch nur starten, wenn MySQL bereits läuft. Andernfalls erhalten Sie eine Fehlermeldung angezeigt.

Neben Benutzername und Passwort werden mindestens noch die Angaben für den Server (auf dem lokalen Rechner: »localhost«) und den Port benötigt. Den voreingestellten Wert für den Port sollten Sie nur ändern, wenn Sie den betreffenden Wert auch in der MySQL-Konfigurationsdatei *my.ini* geändert haben. Diese beiden Werte müssen natürlich übereinstimmen.

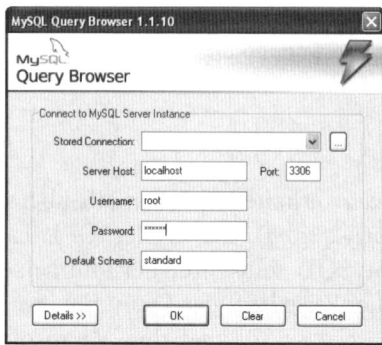

Abbildung 28.2: Serververbindung herstellen

> Der Browser versucht beim Start, eine Verbindung zum Internet herzustellen. Dies kann zu Problemen mit einer aktiven Firewall führen. Allerdings startet der Browser auch dann, wenn keine Internet-Verbindung besteht.

Datenbankstruktur anzeigen

Im so genannten *Schemata*-Fenster werden die bereits vorhandenen Datenbanken angezeigt. Mit einem Doppelklick auf die gewünschte Datenbank öffnen Sie deren Struktur. Alle wichtigen Funktionen finden Sie im Kontextmenü des jeweiligen Objekts.

Abbildung 28.3: Datenbankstrukturen im *Schemata*-Fenster des Browsers (Ausschnitt)

Bei einem Doppelklick auf eine Tabelle wird eine SQL-Standardabfrage erzeugt und ausgeführt, die im *Ergebnis*-Fenster (unten) alle Datensätze der Tabelle anzeigt. Komplexere Abfragen müssen Sie in der Regel jedoch selbst eingeben. Der Start einer SQL-Anweisung kann über den Symbolschalter *Execute*, die Menüoption *Query/Execute* oder die Tastenkombination Strg + ↵ erfolgen.

Datenbanken und Tabellen anlegen

Zumindest für die Definition von Datenbanken und Tabellen können Sie auf SQL verzichten. Eine neue Datenbank erhalten Sie beispielsweise über die Option *Create New Schema*, die Sie im Kontextmenü (rechte Maustaste) des rechten Fensters *(Schemata)* finden. Da eine Datenbank eigentlich nur aus einem Ordner besteht, müssen Sie lediglich dessen Namen angeben.

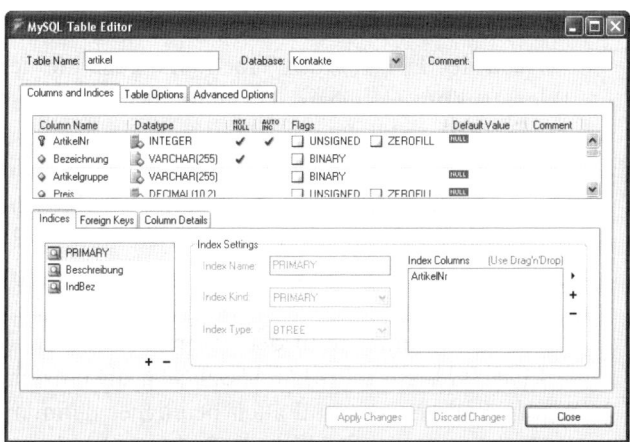

Abbildung 28.4: Tabellen erzeugen

Komplexer ist natürlich die Definition einer Tabelle *(Create New Table*, ebenfalls im Kontextmenü des rechten Fensters). Dafür bietet der *Query Browser* einen speziellen Dialog (Abbildung 28.4), der auch die Erstellung der zugehörigen Indizes erlaubt. Tabelle und Indizes definieren Sie auf der ersten Seite des Dialogs.

Tabellen definieren

Zunächst ist die Tabelle zu benennen. Über den Tab *Table Option* wechseln Sie dann zu den Einstellungen für die Tabelleneigenschaften. Hier wählen Sie zunächst die Datenbank-Engine und damit den Tabellentyp. In Kapitel 5 sind wir auf diesen Punkt ausführlich eingegangen.

Auf der Seite *Advanced Option* haben Sie unter anderem noch die Möglichkeit, ein Passwort für den Zugriff auf die Tabelle zu vergeben (*Table Password*) und Indizes zu komprimieren (*Packed Keys*). Beachten Sie, dass einige Optionen nur für *MyISAM*-Tabellen gelten oder in der MySQL-Standardversion nicht zur Verfügung stehen (beispielsweise *Password*).

Spalten definieren

Nach der Eingabe des Tabellennamens können Sie die Tabellenstruktur eingeben. Dazu wechseln Sie zur Seite *Columns and Indizes*, klicken zweimal auf die erste Spalte und geben dann den Spaltennamen ein. Nach Betätigen der Eingabetaste werden in der gleichen Zeile weitere Eigenschaften der betreffenden Spalte angegeben (siehe Abbildung 28.5). Diese Vorgaben können Sie natürlich überschreiben. Für jede Spalte der neuen Tabelle verwenden Sie eine weitere Zeile der Eingabestruktur. Wenn Sie in der unteren Hälfte des Dialogs den Tab *Coloum Details* aufrufen, lassen sich die einzelnen Spalten noch sehr viel genauer und auch bequemer definieren. Die Position des Cursors in der Eingabestruktur bestimmt, welche Spalte gerade angezeigt und bearbeitet wird.

Die meisten Optionen dürften Ihnen aus früheren Kapiteln (u.a. Kapitel 5) hinreichend vertraut sein. An dieser Stelle soll daher nicht weiter darauf eingegangen werden.

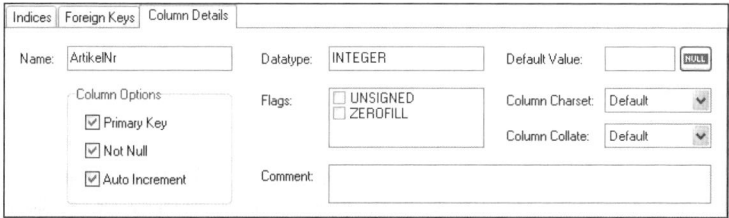

Abbildung 28.5: Details einer Spalte definieren (Ausschnitt)

Indizes definieren

Etwas umständlich ist die Definition von Indizes realisiert, auf die hier nur ganz kurz eingegangen werden soll. Die Einstellungen finden Sie im unteren Bereich des Tabellen-Editors hinter dem Tab *Indices*.

Einen neuen Index erzeugen Sie, indem Sie im linken Feld auf das Pluszeichen klicken. Sie erhalten damit einen Dialog für die Eingabe des Namens angezeigt. Anschließend wählen Sie in der Liste *Index Kind* die Indexart (UNIQUE, FULLTEXT etc.). Schließlich bestimmen Sie die für den Index benötigten Spalten. Dazu markieren Sie in der oberen Tabellenstruktur die gewünschte Spalte und betätigen dann im Feld *Index Columns* den *Plus*-Schalter. Diesen Vorgang wiederholen Sie, bis Sie die erforderlichen Spalten beisammen haben.

Mit dem Schalter *Apply Changes* speichern Sie die Tabellendefinition. Diese steht nun für die Dateneingabe zur Verfügung.

Beachten Sie, dass neue Tabellen, die Sie per SQL-Anweisung oder außerhalb des Tools erzeugen, erst dann in der Auflistung der Tabellen angezeigt werden, wenn Sie im Kontextmenü des Datenbankfensters die Option *Refresh* aufgerufen haben.

SQL-Anweisungen ausführen

Üblicherweise werden Sie den *Query Browser* verwenden, um beliebige SQL-Kommandos auszuführen. Der *Query Browser* speichert die ausgeführten SQL-Anweisungen (Reiter *History* im *Datenbank-* bzw. *Schemata-*Fenster) und ermöglicht so deren erneute Verwendung. Gespeicherte SQL-Anweisungen lassen sich natürlich auch editieren, so dass Sie diese nicht immer komplett neu eingeben müssen. Die gerade im *Editor-*Fenster angezeigt SQL-Anweisung starten Sie mit einem Mausklick auf den *Execute-*Schalter oder durch Aufruf der Menüoption *Query / Execute*.

Sie können SQL-Anweisung aus der *History-*Liste per Doppelklick in den Editor befördern. Der Befehl wird erst ausgeführt, wenn Sie wieder den *Execute-*Schalter betätigen.

Mit Hilfe der *Select-*, *Where-* und anderer Schalter in der Icon-Leiste lassen sich Kommandos auch per Mausklick zusammensetzen. Dazu klicken Sie zunächst auf das gewünschte Icon (beispielsweise *Select*), wobei sich der Mauszeiger ändert. Anschließend klicken im *Schemata-*Fenster auf ein Objekt, beispielsweise eine Tabelle, und schieben diese bei gedrückter linker Maustaste in das *Editor-*Fenster. Dort wird dann automatisch eine entsprechende SELECT-Anweisung generiert.

Ausgabe im Ergebnisfenster und Datenexport

Das Ergebnisfenster zeigt nur die Ausgabe von SELECT-Befehlen an. Bei der Ausführung von UPDATE- und INSERT-Anweisungen bleibt das Fenster daher leer. Per Kontextmenü (*Export Resultset*) lassen sich die im Ergebnisfenster angezeigten Daten in verschiedene Formate (csv, xml etc.) exportieren.

Datenen im Ergebnisfenster editieren

Der *Query Browser* stellt im Ergebnisfenster auch einfache Editierfunktionen zur Verfügung. Ohne die UPDATE-Anweisungen zu bemühen, lassen sich Daten bearbeiten. Voraussetzung ist, dass Sie eine normale SELECT-Anweisung ausgeführt haben. Nur dann können Sie am unteren Rand des Ergebnis-Fensters den *Edit*-Schalter betätigen. Mit einem Doppelklick versetzen Sie dann den gewünschten Spaltenwert in den Editiermodus. Zum Schluss ist noch der Schalter *Apply Changes* zu betätigen, den Sie ebenfalls unterhalb des Ergebnisfensters finden.

SQL-Skripten ausführen

Der *Query Browser* unterscheidet zwischen einem *Query*- und einem *Skript*-Fenster. Im *Query*-Fenster (Menüoption *File / New Query Tab*) führen Sie, wie schon gezeigt, einzelne SQL-Anweisungen aus. Im Skript-Fenster (Menüoption *File / New Script Tab*) lassen sich ganze Anweisungsfolgen zusammenfassen und gemeinsam ausführen. Entweder geben Sie die Anweisungsfolgen direkt in das *Skript*-Fenster ein, wobei jede einzelne Anweisung unbedingt mit dem Semikolon abzuschließen ist, oder Sie öffnen bereits bestehende *Skript*-Dateien (Menüoption *File / Open Script...*). Auf diese Weise können Sie beispielsweise die SQL-Skripte öffnen und ausführen, die Sie auf der beiliegenden CD finden.

Das *Skript*-Fenster kennt allerdings kein Ergebnisfenster. Es ist daher nicht sinnvoll, SELECT-Anweisungen in Skripten zu verwenden. Üblicherweise enthalten Skripte nur Anweisungen, die Objekte wie beispielsweise Tabellen erzeugen, Daten einfügen bzw. ändern oder Konfigurationsparameter setzen.

Das *Skript*-Fenster verfügt über einen so genannten Debug-Modus, was die Fehlersuche in komplexen Skripten sehr erleichtert. Sie können Breakpoints setzen und ein Skript Schritt für Schritt abarbeiten lassen.

Stored Procedures editieren

Der *Query Browser* unterstützt auch gespeicherte Prozeduren und Funktionen. Dazu öffnen Sie mit der Menüoption *Script / Create Stored Procedure / Function* den Skript-Editor.

```
  Ausgabe

 1 DELIMITER $$
 2
 3 DROP PROCEDURE IF EXISTS `standard`.`Ausgabe`$$
 4 CREATE PROCEDURE `standard`.`Ausgabe`(IN x INT)
 5 BEGIN
 6 SELECT ArtikelNr, Bezeichnung, Preis,
 7        Preis / 100 * x AS Bruttopreis
 8 FROM Artikel;
 9 END$$
10
11 DELIMITER ;
12
```

Abbildung 28.6: Stored Procedure erstellen (Ausschnitt)

Das Grundgerüst wird automatisch erstellt, so dass Sie lediglich noch den eigentlichen Code schreiben müssen. Für die Erzeugung, also die Übernahme in die Datenbank, ist der Symbolschalter *Execute* zuständig. Prozeduren und Funktionen werden wie Tabellen im *Schemata*-Fenster angezeigt. Gegebenenfalls ist dort für die Anzeige erst noch die *Refresh*-Option des Kontextmenüs aufzurufen.

Grundsätzlich können Sie *Stored Procedures* auch wie andere SQL-Anweisungen im normalen *Editor*-Fenster (*Query*-Fenster) ausführen. Der spezielle Skript-Modus verfügt jedoch über Debugging-Funktionen, beispielsweise das Setzen von so genannten Breakpoints.

Eine bereits bestehende Prozedur oder Funktion editieren Sie, indem Sie im *Schemata*-Fenster die betreffende Prozedur markieren und dann das Kontextmenü öffnen (rechte Maustaste). Hier finden Sie die Option *Edit Procedure*, mit der Sie Prozeduren und Funktionen wieder im *Skript*-Fenster öffnen.

phpMyAdmin

phpMyAdmin ist eine komplexe PHP-Anwendung, die folglich in einem Browser aufgerufen und ausgeführt wird. Um *phpMyAdmin* ausführen zu können, benötigen Sie einen Webserver und die PHP-Laufzeitumgebung. Am besten eignet sich natürlich der Apache-Server. Auf die Installation dieser Komponenten kann an dieser Stelle nicht weiter eingegangen werden. Auch eine Einführung in die Verwaltung des Apache-Servers muss aus Platzgründen unterbleiben. Wir verweisen hier auf die entsprechende Literatur des Verlags. Hinweise zur Installation einer PHP-Distribution finden Sie im Programmierkapitel des dritten Teils.

Leistungsumfang

phpMyAdmin ist ein professionelles Tool, das nahezu alle Funktionen anbietet, die bei der Administration des Servers und der Datenbanken anfallen. Unter anderem kann die Anwendung folgende Aufgaben übernehmen:

✔ Erzeugen von Datenbanken und Tabellen

✔ Änderung an bestehenden Datenbanken und Tabellen

✔ Verwaltung von Benutzerrechten

✔ Eingabe von Daten

✔ direkte Eingabe von SQL-Kommandos (SQL-Editor)

Grundsätzlich lassen sich mit dem Tool alle Aufgaben erledigen, die nach der Installation des MySQL-Servers anfallen. Einschränkend ist allerdings anzumerken, dass *phpMyAdmin* aufgrund der browserbasierten Benutzeroberfläche nicht so komfortabel zu bedienen ist wie beispielsweise der *MySQL Query Browser*.

Download, Installation und Konfiguration

Die jeweils aktuelle Version des Programms erhalten Sie unter der folgenden Webadresse:

www.phpmyadmin.net

Die Installation besteht in der Regel darin, dass Sie das Zip-File in den für PHP-Anwendungen eingerichteten Ordner entpacken. Dabei handelt es sich um den Ordner, den Sie in der Konfigurationsdatei des Apache-Servers (*http.conf*) für PHP-Anwendungen vorgeben. Wenn Sie Apache, MySQL und PHP nur lokal (auf *localhost*) einsetzen, sind für *phpMyAdmin* keine Einstellungen in den Konfigurationsdateien erforderlich. Wollen Sie hingegen auf einen MySQL-Server im Netz zugreifen, wird es etwas komplizierter. Vor allem kommt es dann auf Ihre Arbeitsumgebung an. Wir können auf die vielen Möglichkeiten an dieser Stelle nicht eingehen und müssen Sie daher auf die zum Programmpaket gehörende Dokumentation verweisen.

Sowohl die Installation des Apache-Servers und des PHP-Interpreters als auch die des *phpMyAdmin*-Tools können sich von Version zu Version ändern. Sie sollten sich daher tatsächlich die Zeit nehmen, um die jeweiligen Installationshinweise zumindest »anzulesen«. Für *phpMyAdmin* finden Sie diese in der Datei *documentation.html*, die nach dem Entpacken des Zip-Files im Zielordner liegen sollte.

phpMyAdmin starten

Sie starten *phpMyAdmin* mit der Datei *index.php*, die Sie nach dem Entpacken im Zielordner (dem Ordner für PHP-Skripte) finden. Arbeiten Sie nur auf Ihrem lokalen Rechner, ist dafür im Browser die folgende Zeile anzugeben:

```
http://localhost/index.php
```

Verwenden Sie für *phpMyAdmin* ein separates Unterverzeichnis im php-Skripte-Verzeichnis (zum Beispiel /*phpmyadmin*), müssen Sie natürlich auch dieses Unterverzeichnis mit angeben. Die Aufrufzeile hat dann folgende Form:

```
http://localhost/phpmyadmin/index.php
```

Die Anwendung startet dann mit einer Eingangsseite, die je nach Version ungefähr der in Abbildung 28.7 gezeigten gleichen dürfte.

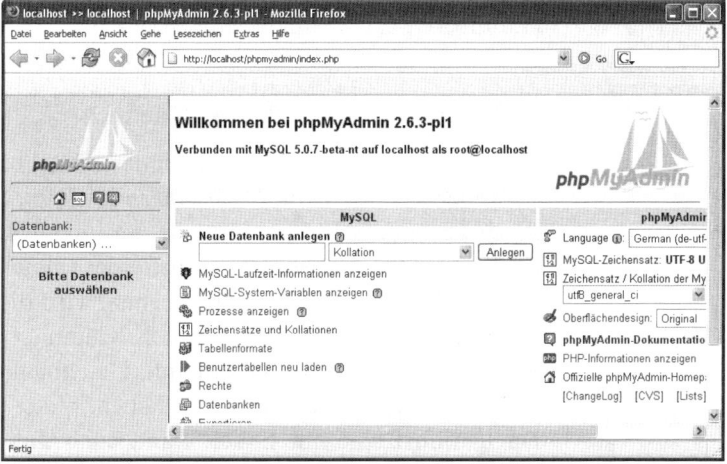

Abbildung 28.7: *phpMyAdmin*-Eröffnungsseite

Auf der Startseite haben Sie die Möglichkeit, neue Datenbanken anzulegen und Informationen über den Zustand des MySQL-Servers anzeigen zu lassen. Die Links, die auf verschiedene Dokumentationen verweisen, setzen in der Regel jedoch einen aktiven Internet-Zugang voraus, weil *phpMyAdmin* damit die entsprechenden Seiten der MySQL-Homepage aufruft. Oben rechts lässt sich die Sprache (der Zeichensatz) wählen. In der Regel wird die deutsche Sprache schon voreingestellt sein.

Konfiguration

Ist für MySQL ein Passwort vereinbart worden, müssen Sie sich vor dem Herstellen einer Verbindung zum MySQL-Server zunächst einloggen oder die Konfigurationsdatei *config.inc.php* editieren. Die Datei finden Sie im *phpMyAdmin*-Ordner. Hier setzen Sie den Parameter *password*. Der bereits vorbereitete Eintrag hat beispielsweise folgende Form:

```
$cfg['Servers'][$i]['password']  = 'geheim';
```

Ohne Passwort haben Sie hingegen einen freien Zugriff auf alle für MySQL verfügbaren Datenbanken.

Bestehende Datenbank auswählen

Für die Auswahl einer bestehenden Datenbank können Sie entweder auf den Link *Datenbanken* klicken oder in der Dropdown-Liste der Navigationsleiste am linken Rand eine Datenbank auswählen. Dieser Weg dürfte der schnellste sein. Sobald Sie eine Datenbank ausgewählt haben, wird diese mit ihren Tabellen dargestellt. Die Zahl in den Klammern zeigt Ihnen an, wie viele Tabellen die betreffende Datenbank enthält. Sobald Sie eine Datenbank ausgewählt haben, bietet *phpMyAdmin* im Navigationsframe am linken Rand auch die zugehörigen Tabellen zur Auswahl an.

Auf praktisch allen Seiten finden Sie im Hauptframe am oberen Rand eine horizontale Steuerleiste (*Struktur, Anzeigen, SQL, Suche* etc.), über die Sie zu den verschiedenen Funktionsbereichen gelangen. Die Ansicht, die Sie nach der Auswahl der ersten Datenbank erhalten, steht für die Struktur der Datenbank selbst. Wenn Sie nun eine Tabelle im Navigationsframe am linken Rand anklicken, wird deren Struktur angezeigt. Auf die einzelnen Funktionen kommen wir später noch zurück.

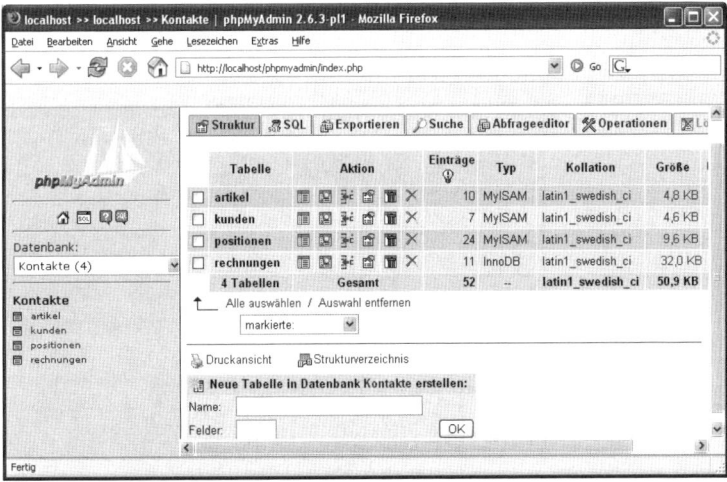

Abbildung 28.8: Die Tabellen einer ausgewählten Datenbank

Daten auswählen

Um die Daten einer Tabelle einzusehen und gegebenenfalls er-
gänzen bzw. ändern zu können, wählen Sie diese zunächst im
Navigationsframe aus. Über den Link *Anzeigen* wechseln Sie
zur Datensicht. *phpMyAdmin* zeigt dann einen Teil des
Tabelleninhalts an. Voreingestellt sind jeweils 30 Datensätze.
Die jeweils nächsten 30 Datensätze erhalten Sie nach Betätigen eines Schalters am oberen Tabellenrand angezeigt. My-
SQL liefert zunächst alle Spalten und beim Betätigen des genannten Schalters auch alle Zeilen. Sie haben aber auch die
Möglichkeit, die Auswahl der Spalten (hier Felder genannt)
und Zeilen zu begrenzen. Dazu betätigen Sie den Link *Suche*
(in früheren Versionen *Teilweise anzeigen*). Das Tool präsentiert
daraufhin die in Abbildung 28.9 gezeigte Seite, auf der Sie
Spalten auswählen und eine WHERE-Bedingung definieren können.

Praktisch handelt es sich bei dieser Seite um einen Abfragegenerator, der für eine browserbasierte Anwendung sogar recht
komfortabel gestaltet ist.

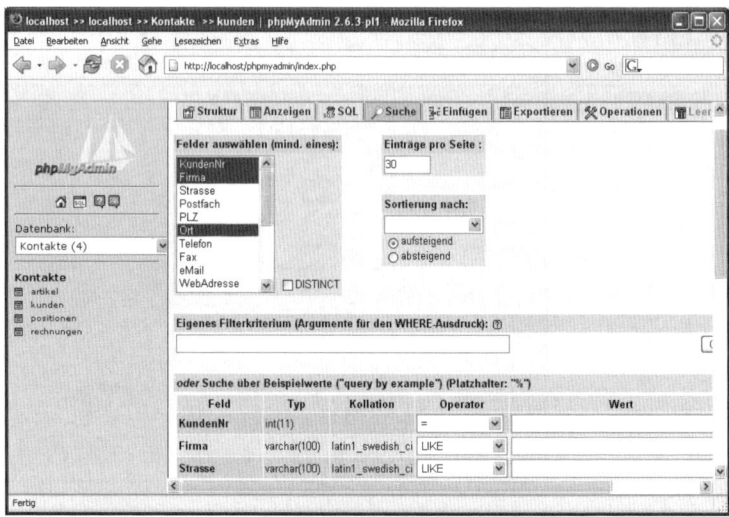

Abbildung 28.9: Zeilen und Spalten auswählen

In der Liste *Felder auswählen* markieren Sie zunächst die gewünschten Felder. Sie können mehrere Felder markieren, wenn Sie dabei die [Strg]-Taste gedrückt halten. Anschließend definieren Sie eine Bedingung. Das Tool unterstützt Sie dadurch, dass für jede Spalte nur die für den betreffenden Datentyp zulässigen Operatoren zur Auswahl angeboten werden. Lediglich den Operanden müssen Sie noch selbst eingeben.

Mit dem Schalter *OK*, den Sie ganz unten im Hauptframe finden, schicken Sie die Abfragedefinition ab. Das Tool erzeugt daraus eine SELECT-Abfrage und zeigt das Ergebnis umgehend an.

Daten bearbeiten

Naturgemäß etwas umständlich ist die Bearbeitung der Daten geregelt. Hier wirken sich die Nachteile einer browserbasierten Benutzeroberfläche am stärksten aus: Sie können nicht direkt in der Tabellenanzeige editieren. Vielmehr müssen Sie jeden Datensatz separat für die Bearbeitung aufrufen. In der Tabellendarstellung (Modus *Anzeigen*) werden zu diesem Zweck für jeden Datensatz Links für die Bearbeitung angeboten (früher der Link *Bearbeiten*, jetzt ein Bleistiftsymbol). Sobald Sie einen dieser Links betätigen, erscheint der betreffende Datensatz in einem editierbaren Formular (siehe Abbildung 28.10).

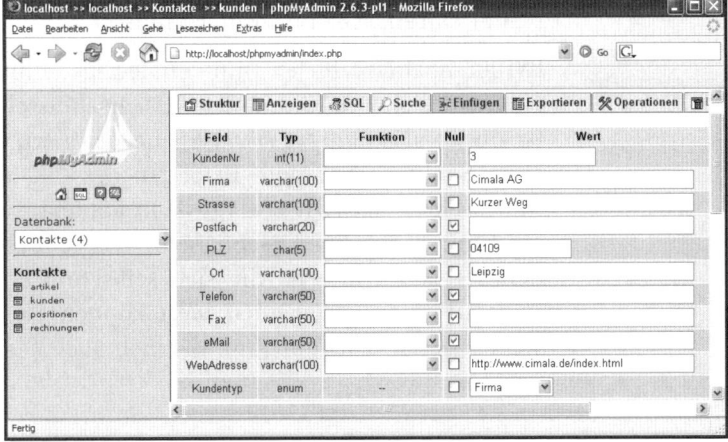

Abbildung 28.10: Einzelne Datensätze editieren

Änderungen nehmen Sie direkt in den Eingabefeldern vor oder wählen den gewünschten Wert (beim Typ *enum*) aus einer vorgegebenen Liste. Zur besseren Orientierung werden auch die Feldtypen angezeigt. Sie wissen dann gleich, dass Sie beispielsweise im Feld *Ort* bis zu 100 Zeichen eingeben können. Mit dem Schalter *OK* schließen Sie die Eingabe ab. Die Anzeige springt dann zurück in die Tabellendarstellung, so dass Sie gleich den nächsten Datensatz zum Editieren aufrufen können. Ein Blättern zwischen den Datensätzen ist in der Einzelsatzdarstellung allerdings nicht möglich.

Als neuen Datensatz einfügen

Unterhalb der Eingabefelder finden Sie in der Einzelsatzdarstellung mehrere Optionsfelder. Voreingestellt ist das Optionsfeld *Speichern*. In diesem Fall werden Änderungen in den gleichen Datensatz zurückgeschrieben. Wenn Sie hier jedoch das Optionsfeld *Als neuen Datensatz speichern* aktivieren, erzeugt das Tool mit den gerade angezeigten Werten einen neuen Datensatz. Dabei ist aber unbedingt auf den Inhalt von UNIQUE-Spalten zu achten.

Neuer Datensatz und Primärschlüssel

UNIQUE-Spalten dürfen nur eindeutige Einträge enthalten. Handelt es sich dabei um den Primärschlüssel der Tabelle und ist dieser als *Auto_Increment*-Spalte definiert, müssen Sie den alten Schlüssel vor dem Betätigen des *OK*-Schalters einfach nur löschen. MySQL erzeugt dann automatisch einen korrekten Eintrag. Bei Primärschlüsseln, die nicht als *Auto_Increment* definiert sind, müssen Sie sich selbst um einen eindeutigen Wert kümmern. Den alten Wert können Sie jedenfalls nicht stehen lassen. Das gilt grundsätzlich auch für andere UNIQUE-Spalten.

Keine Bearbeitung von BLOBs

Mit *phpMyAdmin* lassen sich keine BLOB-Spalten bearbeiten. Solange Sie in solchen Spalten spezielle Daten wie beispielsweise Grafiken oder Sound-Files speichern, ist das eigentlich nicht besonders tragisch. Auch andere MySQL-GUIs müssen in diesem Fall passen und die Arbeit speziellen Grafik- oder Soundprogrammen überlassen. Allerdings werden gelegentlich auch BLOBs für das Speichern von normalen Texten verwendet. An diese Daten kommen Sie mit *phpMyAdmin* dann nicht heran. Sie können jedoch Dateien in solche Spalten einfügen. Dazu klicken Sie auf den Schalter *Durchsuchen* und wählen im daraufhin erscheinenden Dialog die gewünschte Datei aus.

Löschen eines Feldeintrags

Üblicherweise löschen Sie einen Eintrag mit Hilfe der Tasten Entf und ⇐. Soll eine Eintrag jedoch auf den Wert NULL gesetzt werden und lässt die Spalte dies auch zu, ist zusätzlich das Kontrollkästchen NULL zu aktivieren (siehe Abbildung 26.16). Beachten Sie, dass es nicht genügt, nur das Kontrollkästchen zu aktivieren. Ist im betreffenden Feld noch ein Eintrag vorhanden, verweigert *phpMyAdmin* das Zurücksetzen des Feldes.

Neuen Datensatz einfügen

Die Möglichkeit, einen bestehenden Datensatz (mit einigen Änderungen) als neuen Datensatz einfügen zu können, ist eigentlich recht komfortabel und sollte auch unbedingt genutzt werden. Sie können aber auch einen ganz neuen Datensatz einfügen. Dazu klicken Sie in der horizontalen Steuerleiste auf den Link *Einfügen*. *phpMyAdmin* zeigt Ihnen dann ein leeres Eingabeformular an.

Für das Löschen von Datensätzen finden Sie in der Datenanzeige (Modus *Anzeigen*) vor jedem Datensatz den Link *Löschen* in Form eines Kreuzsymbols.

Datenbanken und Tabelle erstellen

Um eine neue Datenbank zu erstellen, wählen Sie in der Auswahlliste des Navigationsframes den Eintrag *Datenbanken*. Damit rufen Sie praktisch wieder die Startseite des Tools auf. Hier definieren Sie eine neue Datenbank, indem Sie deren Namen eingeben, die Sprache (den Zeichensatz) wählen und dann auf den Schalter *Anlegen* klicken. *phpMyAdmin* präsentiert Ihnen dann umgehend eine neue Seite, auf der Sie eine Tabelle erzeugen können. Sie müssen sowohl den Namen der Tabelle als auch die Zahl der Spalten angeben, andernfalls erhalten Sie eine Fehlermeldung angezeigt. Bei der Bestimmung der geplanten Spaltenzahl können Sie ruhig etwas großzügig kalkulieren. Spalten, die Sie später nicht benötigen, werden auch nicht erzeugt.

Wollen Sie eine neue Tabelle in eine schon bestehende Datenbank einfügen, wählen Sie zunächst die Datenbank im Navigationsframe aus, so dass deren Struktur im Hauptframe erscheint. Ganz unten im Hauptframe finden Sie dann wieder die Eingabefelder für den Namen und die Spaltenzahl einer neuen Tabelle.

Tabellenstruktur definieren

Wenn Sie den Namen und die Anzahl der (geplanten) Spalten bestimmt und den *OK*-Schalter betätigt haben, erscheint die in Abbildung 28.11 gezeigte Seite. Hier können Sie jede Spalte bezüglich Name, Datentyp und Erweiterungen (DEFAULT, NOT NULL etc.) definieren. Dabei sollten Sie auch den Tabellentyp nicht vergessen. Diesen stellen Sie ganz unten auf der Seite durch Auswahl aus einer Dropdown-Liste ein.

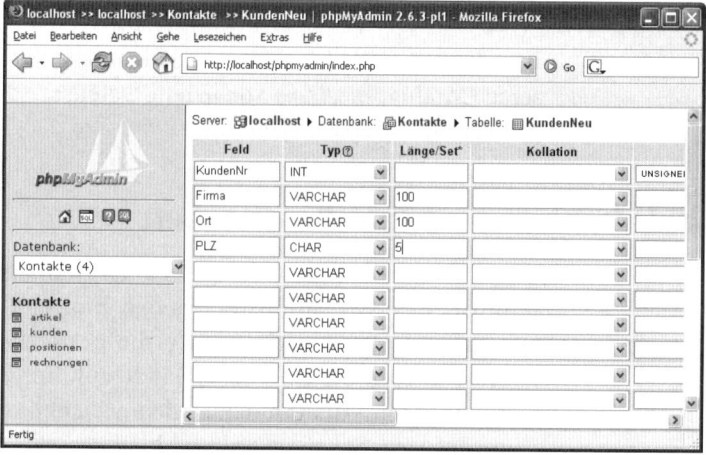

Abbildung 28.11: Tabellenstruktur definieren

Für jede Tabellenspalte, die Sie vorgegeben haben, wird auf der Seite eine Definitionszeile angezeigt. Spalten, die Sie nicht benötigen, ignorieren Sie einfach. *phpMyAdmin* verwendet dann auch nur die von Ihnen ausgefüllten Definitionszeilen. Vor dem Speichern der Tabelle können Sie noch einen Kommentar hinzufügen.

Tabellenstruktur bearbeiten

Einzelne Felddefinitionen lassen sich ändern. Dazu klicken Sie in der Strukturansicht der Tabelle (Modus *Struktur*) in der betreffenden Definitionszeile auf den Link *Ändern* (das Bleistiftsymbol). Sie erhalten dann genau diese Felddefinition angezeigt.

SQL-Abfragen definieren

phpMyAdmin verfügt über einen kleinen SQL-Editor, in welchem Sie auch freie SQL-Kommandos eingeben können. Naturgemäß ist dieser Editor nicht sehr komfortabel. Längere Kommandos formulieren Sie besser in einem etwas leistungsfähigeren Editor und kopieren den Text dann in das Eingabefenster von *phpMyAdmin*. Den eingebauten SQL-Editor erhalten Sie angezeigt, wenn Sie in der horizontalen Steuerleiste auf den Link *SQL* klicken.

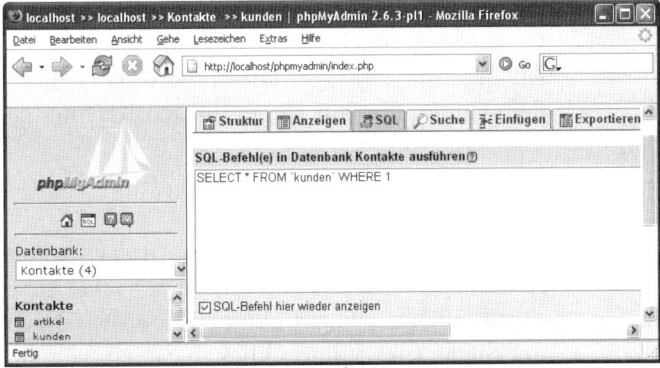

Abbildung 28.12: SQL-Editor für direkte SQL-Kommandos

SQL-Skripte lassen sich auch als Dateien ausführen. Dazu geben Sie im Feld *Datei* den kompletten Dateipfad an. Alternativ besteht die Möglichkeit, den Pfad über einen *Datei*-Dialog auszuwählen, den Sie mit dem Schalter *Durchsuchen* öffnen. Das auf diese Art importierte Skript wird nicht sofort im Editorfeld angezeigt. Erst nach der Ausführung des Skripts mit *OK* erscheint dessen Text auch im Editor.

Daten exportieren

Die Ausgabe von Abfragen lässt sich auch in Dateien verschiedener Formate exportieren. Dazu klicken Sie in der Steuerleiste auf den Link *Exportieren*. Unterstützt werden Zielformate wie Excel 2000, CSV, LaTeX, SQL, Word 2000 und XLM. Wählen Sie beispielsweise das Excel-CSV-Format, versucht *phpMyAdmin*, die exportierten Daten gleich in Excel zu öffnen. Sie können zudem die Zahl der zu exportierenden Datensätze bestimmen und dabei auch die Startposition vorgeben.

Wenn Sie das Kontrollkästchen *Senden* nicht aktivieren, generiert MySQL die Daten nur innerhalb des Browsers. Sie können diese dann mit den üblichen Browserfunktionen selbst als Datei speichern. Soll *phpMyAdmin* die Daten direkt in eine Datei schreiben, ist *Senden* zu aktivieren. In diesem Fall wird ein Download durchgeführt, so dass Sie auch noch das Zielverzeichnis angeben können. MySQL läuft ja üblicherweise auf einem Webserver. Die Export-Dateien werden jedoch auf dem Client, also auf Ihrem lokalen Rechner gespeichert.

Datenauswahl exportieren

Sie haben auch die Möglichkeit, nur eine Auswahl der Daten zu erzeugen. Dazu wechseln Sie zunächst zur *Export*-Seite und anschließend wieder zur Seite *Suchen*. Nach der Definition der Suche (des Filters) klicken Sie einfach auf den *OK*-Schalter, den Sie unten auf der *Suchen*-Seite finden. Sie landen dann automatisch wieder auf der *Export*-Seite.

Gerade beim Suchen (Filtern) und beim Export hat sich gegenüber früheren *phpMyAdmin*-Versionen doch einiges geändert. Wenn Sie also eine ältere Version verwenden, gelten die vorstehenden Aussagen nicht oder nur eingeschränkt.

XML-Export

Eine Funktion, mit der *phpMyAdmin* sich außerordentlich nützlich macht und die wir bei keiner anderen Benutzeroberfläche gefunden haben, ist der XML-Export. Sie können ganze Datenbanken oder eine beliebige Auswahl von Tabellen exportieren. Diese Funktion scheint nicht die rudimentären Export-Funktionen zu nutzen, die MySQL für die XML-Ausgabe zur Verfügung stellt. Vielmehr wird eine saubere XML-Struktur generiert, die eine problemlose Weiterverwendung der exportierten Daten erlaubt.

Editoren

Benutzeroberflächen wie beispielsweise der *MySQL Query Browser* enthalten Editoren, die zumindest teilweise in der Lage sind, bestimmte SQL-Sprachelemente farblich hervorzuheben. Oft können Sie die Anweisungen auch speichern, so dass sich damit auch SQL-Skripte erstellen lassen. Trotzdem kann es sinnvoll sein, einen separaten Editor zu verwenden. Dies gilt besonders, wenn Sie nicht nur SQL-Kommandos erzeugen, sondern auch Skriptsprachen wie PHP verwenden wollen. Häufig sind solche Editoren in der Lage, zwischen verschiedenen Sprachen zu wechseln. Der Editor hebt dann jeweils die Sprachelemente der eingestellten Sprache hervor. In diesem Buch wollen wir jedoch nicht auf einzelne Editoren eingehen. Sie finden eine Unzahl dieser nützlichen Werkzeuge im Internet auf den Download-Seiten von Zeitschriften wie der *ct* und anderen. Regelmäßig liegen den Internet-Zeitschriften auch CDs bei, die ebenfalls häufig verschiedene Editoren enthalten.

29 Was Sie noch wissen sollten

In diesem Kapitel haben wir ergänzende Themen zusammengefasst, die nicht unbedingt den Kernbereich der MySQL-Administration bilden, die aber auch nicht ganz unwichtig sind. Dazu gehören unter anderem Benutzervariablen, das Sperren von Tabellen, der Umgang mit Fehlermeldungen, die Definition von Unterabfragen und die mit der Version 5.0 eingeführten Trigger. Sie sollten dieses Kapitel daher zumindest »quer lesen«.

Benutzervariablen

In MySQL-Anweisungen können *benutzerdefinierte Variablen* verwendet werden. Damit haben Sie die Möglichkeit, Ergebnisse aus anderen Abfragen für weitere Abfragen zu nutzen. MySQL speichert diese Variablen, so dass sie auch in weiteren Abfragen über die gleiche Verbindung (also im gleichen Client) zur Verfügung stehen. Eine Variable wird mit ihrem Namen und einem einleitenden At-Zeichen »@« gekennzeichnet. Die Wertzuweisung erfolgt mit dem Operator »:=«, so dass sich folgende Syntax ergibt:

```
SET @Variable := Ausdruck
```

Die folgende Anweisung definiert eine Variable mit der Bezeichnung Gruppe:

```
SET @Gruppe := 'Obst';
```

Anschließend können Sie die Variable verwenden, beispielsweise in einer WHERE-Klausel:

```
SELECT * FROM Artikel
WHERE Artikelgruppe = @Gruppe;
```

Die Wertzuweisung muss aber nicht zwingend mit SET erfolgen. Vielmehr lässt sich diese auch innerhalb einer Spaltendefinition vornehmen:

```
SELECT @Variable:=Ausdruck FROM ...
```

Beim »Ausdruck« kann es sich um nahezu beliebige Ausdrücke handeln, die einen bestimmten Wert zurückgeben. Häufig werden Sie die Wertzuweisung an Benutzervariablen in Gruppierungsabfragen vornehmen. Den Wert liefert dann irgendeine Aggregatfunktion. Die folgende Anweisung verwendet noch keine Variable. Sie gibt den über alle Artikel summierten Lagerwert aus:

```
SELECT SUM(Preis * Menge) As Lagerwert
FROM Artikel;
```

Eine leichte Variation sorgt dafür, dass der Wert gleichzeitig in einer Benutzervariablen (hier @Bestand) landet:

```
SELECT @Bestand:=SUM(Preis * Menge)
       As Lagerwert
FROM Artikel;
```

In einer neuen Anweisung können Sie die Variable nun weiterverwenden. Die nächste Anweisung gibt den Wert einfach nur aus:

```
SELECT @Bestand;
```

Etwas sinnvoller ist die folgende Anweisung, die den Prozentanteil der einzelnen Artikel am Gesamtlagerwert ermittelt:

```
SELECT ArtikelNr, Bezeichnung,
       Preis*Menge / @Bestand * 100
       As Prozentanteil
FROM Artikel;
```

Addiert sollten die einzelnen Anteilswerte 100 % ergeben. Allerdings dürfte die Ausgabe noch etwas unbefriedigend ausfallen. MySQL erzeugt einen Wert mit sehr vielen Dezimalstellen. Etwas sauberer wird die Ausgabe, wenn Sie diesen noch runden.

```
SELECT ArtikelNr, Bezeichnung,
       ROUND(Preis * Menge / @Bestand*100,1)
       As Prozentanteil
FROM Artikel;
```

Benutzervariablen haben wie viele MySQL-Erweiterungen einen kleinen Nachteil: Sie funktionieren nicht mit anderen SQL-Servern.

```
C:\Programme\MySQL\MySQL Server 5.0\bin\mysql.exe                    _ □ ×

mysql> SELECT ArtikelNr, Bezeichnung, ROUND(Preis * Menge / @Bestand*100,1)
rozentanteil FROM Artikel;
+----------+----------------+---------------+
| ArtikelNr | Bezeichnung   | Prozentanteil |
+----------+----------------+---------------+
|        1 | Blaue Bohnen   |          14.6 |
|        2 | Grne Bohnen    |          24.1 |
|        3 | Weie Bohnen    |           7.3 |
|        4 | Dicke Milch    |           1.5 |
|        5 | Buttermilch    |           1.5 |
|        6 | Groe Kirschen  |          14.6 |
|        7 | Kleine Kirschen|          14.6 |
|        8 | Rote Kirschen  |          13.2 |
|        9 | Neue Birnen    |           8.0 |
|       10 | Neuer Artikel  |          NULL |
+----------+----------------+---------------+
10 rows in set (0.00 sec)

mysql> _
```

Abbildung 29.1: Ausgabe einer Abfrage mit Benutzervariable

Wenn Sie ANSI-konformen Code schreiben wollen, bleiben Ihnen als Alternative aber noch Unterabfragen. Diese stehen seit der Version 4.1 ebenfalls zur Verfügung und bieten bei etwas komplexerer Syntax eine ähnliche Funktionalität.

Aus Abbildung 29.1 ersehen Sie, dass wir für die Beispiele wieder den *mysql*-Client verwendet haben. Leider war der *Query Browser* (Beta-Version) nicht in der Lage, in Abfragen auf zuvor deklarierte Variablen zuzugreifen.

Merge-Tabellen

Merge-Tabellen sind eine Zusammenfassung von gleich strukturierten *MyISAM*-Tabellen, die von MySQL wie eine Tabelle behandelt werden. Operationen wie SELECT, DELETE und UPDATE wirken auf die Gesamtheit der zusammengefassten Tabellen. Lediglich die INSERT-Anweisung bezieht sich normaler-

weise auf eine bestimmte Tabelle. Hier kommt es jedoch auf
bestimmte Parameter an, die Sie bei der Definition von *Merge*-
Tabellen vorgeben. Auf den REPLACE-Befehl müssen Sie hingegen ganz verzichten.

Der Vorteil von *Merge*-Tabellen besteht zunächst darin, dass
diese oft eine höhere Performance bieten als eine einzelne große Tabelle. Hinzu kommt, dass Beschädigungen von Tabellen
nicht gleich den ganzen Datenbestand bedrohen, sondern immer nur einzelne Tabellen. Problematisch ist hingegen die
Verwendung von Schlüsseln, wenn diese über alle Teiltabellen
eindeutig sein sollen. Wir kommen noch darauf zurück.

Identische Tabellen

Die wichtigste Voraussetzung für die Zusammenfassung von
Tabellen ist eine identische Struktur. Dies gilt zunächst für die
Tabellen selbst, die über die gleichen Spalten in derselben Reihenfolge verfügen müssen. Gemeint sind damit aber auch die
Indizes, die ebenfalls identisch sein müssen. Die Tabellen dürfen sich folglich nur im Namen unterscheiden. Das ist allerdings auch unvermeidlich, weil *MyISAM*-Tabellen nun mal als
Dateien gespeichert werden. Beim Zusammenfassen ist jedoch
ein zusätzlicher Name zu vergeben, also eine Art Alias, unter
welchem dann SELECT, DELETE und UPDATE auf die *Merge*-Tabel-
len zugreifen.

Tabellen erzeugen

Die Definition von *Merge*-Tabellen erfolgt in zwei Schritten:
Zunächst sind wie üblich die einzelnen, bezüglich Spalten und
Indizes identischen Tabellen zu erzeugen:

```
CREATE TABLE KundenNord (
        ID INTEGER PRIMARY KEY,
        Firma VARCHAR(100),
        Ort VARCHAR(100) );

CREATE TABLE KundenSued ( …);
```

Auf die Wiedergabe der vollständigen Definition der zweiten Tabelle haben wir hier verzichtet, weil sie bis auf den Namen der ersten Tabelle gleicht. Im zweiten Schritt sind nun beide Tabellen zu »mergen«. Dazu dient folgende CREATE-Anweisung:

```
CREATE TABLE AlleKunden (
    ID INTEGER PRIMARY KEY,
    Firma VARCHAR(100),
    Ort VARCHAR(100)
    ) ENGINE=MERGE UNION= (KundenNord, KundenSued);
```

Entscheidend für die Verwendung von Merge-Tabellen ist die Angabe des Tabellentyps (ENGINE). Hier ist in der CREATE TABLE-Anweisung der Typ MERGE anzugeben. In der Erweiterung UNION benennen Sie dann die Tabellen, die Sie zusammenfassen wollen.

INSERT-Methoden

Bei der zuletzt erzeugten *Merge*-Tabelle können sich INSERT-Anweisungen immer nur auf eine der Teiltabellen beziehen:

```
INSERT INTO KundenNord (ID, Firma, Ort)
VALUES (123, 'Rolfes KG', 'Leipzig');
```

So fügt das vorstehende Beispiel einen neuen Datensatz in die Tabelle *KundenNord* ein. Lesen lässt sich der Datensatz über die gleiche Tabelle oder über die *Merge*-Tabelle (hier *AlleKunden*):

```
SELECT * FROM AlleKunden;
```

Merge-Tabellen können aber auch so eingerichtet werden, dass sich auch INSERT auf die Gesamttabelle anwenden lässt. Dazu ist die CREATE-Anweisung um den INSERT_METHOD-Parameter zu erweitern. Der Parameter kann die Werte FIRST, LAST und NO annehmen. Der letzte Parameter ist voreingestellt, so dass Sie in diesem Fall ganz auf die INSERT-Methode verzichten können. Mit FIRST bestimmen Sie, dass neue Datensätze in die erste Tabelle der UNION-Liste geschrieben werden. Mit LAST wählen Sie die letzte Tabelle:

```
CREATE TABLE AlleKunden (
    ID INTEGER PRIMARY KEY,
    Firma VARCHAR(100),
    Ort VARCHAR(100)
) ENGINE=MERGE UNION= (KundenNord, KundenSued)
    INSERT_METHOD= LAST;
```

Die vorstehende Anweisung erzeugt eine Merge-Tabelle, die auch INSERT-Anweisungen auf die Merge-Tabelle selbst (hier *AlleKunden*) zulässt. Die neuen Datensätze landen dann in der letzten Tabelle der UNION-Liste (hier *KundenSued*):

```
INSERT INTO AlleKunden (ID, Firma, Ort)
VALUES (345, 'Kallis & Co', 'Bonn');
```

Sie können INSERT aber auch weiterhin auf die einzelnen Tabellen anwenden.

Fehlende Eindeutigkeit von Schlüsseln

Ein großes Problem in *Merge*-Tabellen bilden Schlüssel bzw. die damit geforderte Eindeutigkeit. MySQL ist (momentan?) nicht in der Lage, diese für die Gesamttabelle sicherzustellen. Sie können folglich in die Tabellen *KundenNord* und *KundenSued* Datensätze mit identischen Kundennummern einfügen, trotz PRIMARY KEY- bzw. UNIQUE-Index. Selbst INSERT-Anweisungen auf die Gesamttabelle prüfen nur, ob in der betroffenen Teiltabelle schon gleiche Schlüssel enthalten sind.

Kurz: Als Anwender (bzw. Programmierer) müssen Sie selbst dafür sorgen, dass für die Gesamttabelle und damit über alle Teiltabellen nur eindeutige Schlüssel vergeben werden.

UPDATE und DELETE

Änderungen mit UPDATE und das Löschen mit DELETE dürfen sich sowohl auf einzelne Tabellen als auch auf die Gesamttabelle beziehen. Die folgende Anweisung ändert die Ortsangabe für den Datensatz der Firma »*Rolfes KG*«:

```
UPDATE AlleKunden SET Ort = 'Dresden'
WHERE Firma = 'Rolfes KG';
```

Sie müssen in diesem Fall gar nicht wissen, in welcher Teiltabelle sich dieser Datensatz befindet. Allerdings werden mit der vorstehenden Anweisung alle Datensätze in allen Teiltabellen geändert, die im Feld *Firma* den gleichen Eintrag enthalten. Das hat in diesem Fall jedoch nichts mit *Merge* zu tun, sondern mit der fehlenden Eindeutigkeit der Bedingung. Für das Löschen mit DELETE gelten grundsätzlich die gleichen Regeln wie für UPDATE-Anweisungen.

In den von uns verwendeten Versionen erforderte DELETE unbedingt auch eine WHERE-Klausel, wenn wirklich Datensätze gelöscht werden sollten.

Merge-Tabellen löschen

Löschen Sie die *Merge*-Tabelle (die Gesamttabelle) mit DROP, bleiben die Einzeltabellen und damit sämtliche Daten erhalten. Um tatsächlich auch die Tabellen mit allen Daten zu löschen, müssen Sie DROP auf jede Einzeltabelle anwenden.

Sperren

In einer Mehrbenutzerumgebung können viele Operationen, insbesondere schreibende Zugriffe wie das Ändern und Hinzufügen von Datensätzen, zu Konflikten führen. Es ist grundsätzlich nicht möglich, dass zwei Anwender zur gleichen Zeit denselben Datensatz ändern. Deshalb kann es notwendig werden, Datensätze oder auch ganze Tabellen zu sperren.

Deadlocks

Ein ständiges Thema beim Sperren von Ressourcen, und dazu gehören auch Datensätze bzw. Tabellen, sind so genannte *Deadlocks*. Dabei haben zwei oder mehr Prozesse bestimmte

Ressourcen gesperrt und warten nun darauf, dass der jeweils andere Prozess eine benötigte Ressource freigibt. Solange diese Ressource nicht zur Verfügung steht, können die Prozesse nicht weiterarbeiten und folglich auch die gerade gesperrten Ressourcen nicht wieder freigeben. Im wirklichen Leben eines Datenbankadministrators kommen Deadlocks relativ selten vor. Dennoch wollen sie bedacht werden. Die wichtigste Aufgabe besteht natürlich darin, Deadlocks zu verhindern. Die zweitwichtigste lautet, Deadlocks wieder aufzulösen. Da Deadlocks normalerweise nur im Zusammenhang mit Transaktionen auftreten, sind sie eigentlich auch nur ein Problem für *InnoDB*-Tabellen.

Eine Strategie zur Verhinderung von Deadlocks kann darin bestehen, erst alle Ressourcen (Tabellen), die für eine Transaktion benötigt werden, zunächst zu sperren. Kann eine Ressource nicht gesperrt werden, sind die übrigen gleich wieder freizugeben.

Sperren anfordern

MySQL kümmert sich in der Regel selbst darum, wenn für bestimmte Operationen Sperren benötigt werden. Wenn Sie jedoch größere Operationen ausführen wollen, etwa die gleichzeitige Änderung mehrerer Datensätze oder größere Änderungen in abhängigen Tabellen, können Sie gegebenenfalls selbst Sperren anfordern.

Locking Reads

Sperren auf ausgelesene Datensätze, so genannte *Locking Reads*, erhalten Sie mit den Klauseln FOR UPDATE und LOCK IN SHARE MODE, die der SELECT-Anweisung zugeordnet sind. Die vereinfachte Syntax hat folgende Form:

```
SELECT ...
FOR UPDATE   |  LOCK IN SHARE MODE
```

Mit der Klausel FOR UPDATE sperren Sie alle ausgelesenen Datensätze für Schreibzugriffe von anderen Clients:

```
SELECT * FROM Konten
WHERE Name = 'Schulze' FOR UPDATE;
```

Mit LOCK IN SHARE MODE lesen Sie die aktuellen Daten und sperren dabei die ausgelesenen Datensätze. Sie haben nun die Möglichkeit, entsprechende Änderungen vorzunehmen, etwa an abhängigen Datensätzen in anderen Tabellen, ohne befürchten zu müssen, dass andere Clients die gerade gelesenen Daten zwischendurch ändern oder löschen.

Die genannten Klauseln nutzen Sie bei der Ausführung von Transaktionen, also innerhalb einer BEGIN/COMMIT-Sequenz und damit üblicherweise nur mit *InnoDB*-Tabellen.

Tabellen sperren

Für bestimmte Operationen kann es sinnvoll sein, die ganze Tabelle zu sperren. Das gilt beispielsweise, wenn die Tabellen vom Typ MyISAM sind und daher keine Transaktionen unterstützen. Sie müssen dann selbst dafür sorgen, dass andere Clients nicht auf Daten zugreifen können, die Sie gerade ändern wollen. Diese Aufgabe übernimmt der LOCK TABLE-Befehl, der folgende Syntax aufweist:

```
LOCK TABLES Tabelle1 [AS Alias]
        {READ | [READ LOCAL] | [LOW_PRIORITY] WRITE}
        [, Tabelle2 [AS Alias]
        {READ | [READ LOCAL] | [LOW_PRIORITY] WRITE}
        [, ...]
```

Für das Nachvollziehen der folgenden Beispiele werden Sie wieder auf das Kommandozeilen-Tool *mysql.exe* zurückgreifen müssen. Der *MySQL Query Browser* wollte keine Sperren setzen.

Eine READ-Sperre bewirkt, dass alle Benutzer (bzw. Threads), auch derjenige, der den Befehl ausgeführt hat, nur noch lesend auf die Tabelle zugreifen können:

```
LOCK TABLES Kunden READ;
```

Die Sperren heben Sie mit UNLOCK TABLES wieder auf. Diese Anweisung erfordert keine weiteren Angaben. Sie gibt daher auch alle von dem betreffenden Client (bzw. Thread) gesperrten Tabellen wieder frei:

```
UNLOCK TABLES;
```

Mit einer WRITE-Sperre verhindern Sie jeden lesenden und schreibenden Zugriff durch andere Benutzer (Threads). Nur der Benutzer, der den LOCK-Befehl ausgeführt hat, kann weiterhin lesend und schreibend auf die Tabelle zugreifen:

```
LOCK TABLES Kunden WRITE;
```

Wie aus der Syntax hervorgeht, können Sie mit einem Befehl gleich mehrere Tabellen sperren. Diese Option werden Sie beim Schreiben in abhängige Tabellen auch gelegentlich nutzen müssen, weil sich nur so sicherstellen lässt, dass alle erforderlichen Operationen auch abgeschlossen werden. Tabellensperren sind jedoch ein Instrument, das extrem in die Datenbankverwaltung eingreift und das Sie daher nur einsetzen sollten, wenn es keine anderen Möglichkeiten gibt.

Die MySQL-Entwickler empfehlen eine Tabellensperre auch für die Erzeugung von Backups. So lässt sich sicherstellen, dass Sie auch ein konsistentes Backup erhalten. Damit vor dem Backup auch alle Daten in die Dateien geschrieben werden, sollten Sie nach der LOCK TABLES-Anweisung noch den Befehl FLUSH TABLES ausführen.

MySQL im ANSI-Modus

Die vielen Erweiterungen, die MySQL gegenüber dem Sprachstandard ANSI-SQL (bzw. SQL/92) bietet, sind außerordentlich hilfreich. Kaum ein Entwickler verzichtet daher auf die eine oder andere nicht standardkonforme Erweiterung. Es sind jedoch Situationen denkbar, in denen der ANSI-Standard unbedingt einzuhalten ist. Das wird beispielsweise der Fall sein, wenn eine Anwendung auf verschiedene Datenbanken zugreifen muss. In diesem Fall fungiert ANSI-SQL als der kleinste gemeinsame Nenner. Damit Sie beim Zugriff auf My-SQL-Datenbanken erst gar nicht auf die Idee kommen, My-SQL-Erweiterungen zu nutzen, können Sie MySQL veranlassen, nur im ANSI-Modus zu arbeiten. Dazu ist das folgende SQL-Kommando erforderlich:

```
SET GLOBAL sql_mode='ansi';
```

Alternativ besteht auch die Möglichkeit, die Option bereits in der Konfigurationsdatei *my.ini* zu setzen. Hier genügt die folgende Angabe:

```
ansi
```

In diesem Modus werden nicht ANSI-konforme Befehle ignoriert bzw. erzeugen eine Fehlermeldung.

Portabilität sicherstellen

Um die Portabilität im ANSI-Modus sicherzustellen, müssen Sie auf verschiedene Datentypen, Befehle, Klauseln, Operatoren und Funktionen verzichten. Nachfolgend können wir nur die wichtigsten Elemente vorstellen. Für eine vollständige und vor allem aktuelle Übersicht müssen wir Sie auf das Online-Manual verweisen, das zu jeder MySQL-Distribution gehört.

Datentypen

Zu den nicht ANSI-konformen Datentypen gehören die verschiedenen BLOB- und TEXT-Varianten sowie die komplexen Typen ENUM und SET. Auch der Typ MEDIUMINT wird von ANSI-konformen SQL-Servern normalerweise nicht unterstützt. Schade ist es eigentlich nur um die komplexen Datentypen ENUM und SET, die besonders bei der Implementierung von Nachschlagefunktionen hilfreich sind.

Befehle

Bei den Anweisungen sieht es eigentlich noch recht gut aus. Praktisch alle wichtigen ANSI-Befehle werden auch von My-SQL angeboten. Zudem hält MySQL sich mit zusätzlichen Statements zurück. Verzichten müssen Sie gegebenenfalls nur auf relativ unwichtige MySQL-Befehle wie ANALYZE TABLE, CHECK TABLE, EXPLAIN SELECT, REPAIR TABLE, SHOW und SET. Kritischer sind die Klauseln. Diese Befehlsergänzungen werden von MySQL eher locker behandelt und erschweren damit eine ANSI-konforme SQL-Programmierung.

Klauseln

MySQL ergänzt die ANSI-Syntax durch eine Vielzahl von eigenen, oft sehr nützlichen Klauseln. Der Verzicht fällt daher nicht immer leicht. Zu diesen in der Regel nützlichen Erweiterungen gehören unter anderem STRAIGHT_ JOIN, INTO OUT-FILE, IF NOT EXISTS, RENAME (in ALTER TABLE-Anweisungen), REGEXP (für reguläre Ausdrücke), LIMIT und noch einige mehr.

Operatoren

Kritisch sind eventuell auch Abweichungen bei den Operatoren. Diese können bei anderen Datenbank-Servern nicht nur zu Fehlermeldungen führen, sondern auch zu Fehlfunktionen. So lässt sich der Operator LIKE in ANSI-konformen Datenbanksystemen nicht, wie unter MySQL, auf numerische Vergleiche anwenden.

Funktionen

Sehr umfangreich sind die MySQL-Erweiterungen und damit die Abweichungen gegenüber dem Standard bei den Funktionen. Hier müssen Sie auf Funktionen wie LAST_INSERT_ID, CONCAT, BIT_COUNT, ENCODE, DECODE und viele andere verzichten.

Wie Sie aus den vorstehenden Aufzählungen ersehen, ist eine ANSI-konforme SQL-Programmierung unter MySQL nicht ganz einfach. Sie sollten sich dieser Mühe daher auch nur unterziehen, wenn Sie unbedingt auf ANSI-Konformität angewiesen sind.

Anweisungen auskommentieren

Einige der MySQL-spezifischen Befehle lassen sich auskommentieren, ohne dass MySQL diese Texte als Kommentare betrachtet und ignoriert. Vielmehr führt MySQL die eigentlich als Kommentare gekennzeichneten Befehle wie alle anderen Befehle aus. Von anderen SQL-Servern werden solche Befehle jedoch als Kommentare betrachtet und folglich nicht ausgeführt. Sie haben so die Möglichkeit, bestimmte MySQL-Sprachelemente zu verwenden, ohne auf Portabilität verzichten zu müssen.

MySQL-Fehlerbehandlung

MySQL ist eine sehr stabile Anwendung. Sie müssen daher nicht ständig befürchten, mit Fehlermeldungen belästigt zu werden. Dennoch quittieren der MySQL-Server und die MySQL-Tools bestimmte Anweisungen gelegentlich mit Fehlermeldungen. Sie sollten dann wissen, wie es weitergeht.

MySQL und MySQL-Tools geben im Fall des Falles Meldungen aus, die in der Voreinstellung in englischer Sprache erscheinen. Weil vermutlich die meisten Anwender bzw. Programmierer über ausreichende Englischkenntnisse verfügen, haben wir diese Sprache für die in Tabelle 29.1 gezeigten Meldungen beibehalten.

Meldung	Fehlerhinweise
Access denied	Diese Meldung erhalten Sie unter anderem, wenn Sie nicht über ausreichende Rechte verfügen oder wenn Sie ein falsches Passwort eingegeben haben
Can't connect to [local] MySQL server	In der Regel bedeutet diese Meldung, dass MySQL nicht gestartet ist. Möglich ist auch eine fehlende TCP- Unterstützung oder die Verwendung eines falschen Ports
Can't create/ write to file	MySQL kann im angegebenen Verzeichnis keine temporäre Datei für das Ergebnis einer Abfrage anlegen. Möglicherweise fehlen die erforderlichen Schreibrechte
Can't initialize character set xxx	Diese Meldung kann unter anderem bedeuten, dass der betreffende Zeichensatz vom Client nicht unterstützt wird
File not found	Möglicherweise sind zu viele Dateien geöffnet
Host '...' is blocked	Diese Meldung erscheint, wenn MySQL mehrere unvollständige bzw. abgebrochene Anfragen von einem Host erhalten hat. In diesem Fall blockiert MySQL diesen Host, bis die Blockade unter Verwendung des Tools *mysqladmin* wieder aufgehoben wird
Ignoring user	MySQL hat beim Laden der Systemtabellen ein ungültiges Passwort entdeckt. Der betreffende Eintrag wird dann ignoriert
MySQL server has gone away	Dieser Fehler tritt vor allem dann auf, wenn der Server die Verbindung geschlossen hat, weil diese über eine längere Zeit nicht benutzt wurde (*timeout*)
Out of memory	Das Abfrageergebnis ist zu groß und kann nicht gespeichert werden
Some non-transactional changed tables couldn't be rolled back	Einige der innerhalb einer Transaktion verwendeten Tabellen unterstützen keine Transaktionen. Bei einem Rollback lassen sich die darin vorgenommenen Änderungen nicht zurücknehmen.

Meldung	Fehlerhinweise
Table 'Tabellenname' doesn't exist	Die Tabelle, auf die zugegriffen werden soll, exi-stiert nicht. Diese Fehlermeldung verweist häufig auf einen Schreibfehler im Tabellennamen
The table is full	Der Grund für diese Meldung kann unter anderem sein, dass die maximale Dateigröße des jeweiligen Betriebssystems erreicht ist. Bei Tabellen vom Typ *InnoDB* muss eventuelle die mögliche Tabellengröße (*tablespace*) angepasst werden
Too many connections	Die Zahl der maximal möglichen Verbindungen ist erreicht bzw. überschritten

Tabelle 29.1: MySQL-Fehlermeldungen

Sie können die Sprache für die Ausgabe von Fehlermeldungen ändern und sie unter anderem auch in Deutsch ausgeben lassen. Dazu ist beim Start des MySQL-Servers bzw. in der Konfigurationsdatei *my.ini* der Parameter language zu setzen. Mit dem folgenden Eintrag in der Konfigurationsdatei startet MySQL mit deutschen Fehlermeldungen:

```
language=C:/Programme/MySQL/MySQL Server 5.0/share/german/
```

Mit dem Parameter wird auf ein Unterverzeichnis im MySQL-Verzeichnis verwiesen (*/share/german*), das die notwendige Datei mit den deutschen Fehlermeldungen enthält.

Fehlerinformationen mit perror

Im Lieferumfang von MySQL ist auch ein kleines Kommandozeilen-Tool enthalten, das einen Fehler beschreibt (*perror*). Das Tool erwartet allerdings die Angabe einer Fehlernummer. In der Regel werden Sie es daher nur einsetzen, wenn MySQL einen Fehler erzeugt hat. Mit der folgenden Kommandozeile erhalten Sie beispielsweise nähere Informationen über den Fehler mit der Nummer 135:

```
perror 135
```

Es ist auch möglich, in einer perror-Anweisung gleich mehrere Fehlernummern zu übergeben:

```
perror 24 135 148
```

Sie werden dieses Tool vermutlich kaum direkt an der Konsole einsetzen. Es ist auch eher dazu gedacht, bei der Programmierung von Shell-Skripts bzw. Batch-Dateien verwendet zu werden.

Fehlermeldung ausgeben

Ab Version 4.1 unterstützt MySQL zwei neue Befehle, mit denen Sie nach dem Auftreten eines SQL-Fehlers die entsprechenden Meldungen ausgeben können:

```
SHOW ERRORS
SHOW WARNINGS
```

SHOW WARNING gibt alle Warnungen und Fehlermeldungen aus, während SHOW ERRORS sich auf reine Fehlermeldungen beschränkt. Die Befehle konnten wir nur mit *mysql.exe* ausführen, nicht mit dem *MySQL Query Browser*.

Unterabfragen

Lange haben sich die Entwickler von MySQL geziert, *Unterabfragen* in den Leistungsumfang von MySQL aufzunehmen. Diese Zurückhaltung ist durchaus verständlich. Unterabfragen sind grundsätzlich keine zentrale Funktion eines relationalen Datenbanksystems. Oft lässt sich das gleiche Ergebnis auch mit Hilfe von Joins erzielen. Unterabfragen können jedoch eine nützliche Ergänzung sein, weswegen ihre Unterstützung ab MySQL 4.1 durchaus zu begrüßen ist. Wir wollen diesem Thema deshalb auch einige Zeilen widmen.

Unterabfragen konstruieren

Eine Unterabfrage steht natürlich nicht allein, sondern ist immer Teil einer übergeordneten Abfrage. Die sehr schematische Beschreibung der Syntax könnte daher wie folgt aussehen:

```
SELECT Spaltenliste FROM Tabelle
WHERE Spaltenwert IN (Spalte aus Unterabfrage)
```

Konkret hat die Syntax (etwas verkürzt) folgende Form:

```
SELECT Spaltenliste FROM Tabelle
WHERE Spaltenwert IN (SELECT Spalte FROM Tabelle ...)
```

Die in runde Klammern zu setzende Unterabfrage liefert eine Spalte, mit deren Werten dann die Werte der WHERE-Klausel der übergeordneten Abfrage verglichen werden. Eigentlich handelt es sich bei Unterabfragen also um eine Erweiterung der WHERE-Klausel. Wie diese Werte verglichen werden, bestimmt ein Operator. Im obigen Schema ist das der IN-Operator. Das folgende Beispiel zeigt zunächst, wie dieser Operator funktioniert:

```
SELECT Firma FROM Kunden
WHERE KundenNr IN (3, 5, 7);
```

Die Abfrage gibt alle Kunden aus, deren Kundennummer in der Werteliste der IN-Klausel enthalten ist. Statt der Liste können Sie nun eine Abfrage in die Klammern setzen. Diese muss eine (und wirklich nur eine) Spalte mit möglichen Vergleichswerten liefern:

```
SELECT Firma FROM Kunden
WHERE KundenNr IN
    (SELECT KdNr FROM Rechnungen WHERE Betrag > 0);
```

Wenn Sie das Kapitel über Joins durchgearbeitet haben, sollte Ihnen auffallen, dass Sie das gleiche Ergebnis auch mit einem Join erreichen können. Die Anweisung hätte dann folgende Form:

```
SELECT DISTINCT Firma
FROM Kunden, Rechnungen
WHERE KundenNr = KdNr AND Betrag > 0;
```

Wir müssen allerdings schon DISTINCT verwenden, damit Kunden mit mehreren Rechnungen nicht auch mehrfach angezeigt werden. Dennoch dürfte der Join etwas einfacher zu verstehen sein.

Operatoren

Der Schlüssel zum Verständnis von Unterabfragen liegt in der Interpretation des Operators, mit dessen Hilfe die WHERE-Klausel gebildet wird. Im weiter oben präsentierten Beispiel haben wir den IN-Operator verwendet. Wie Tabelle 29.2 zeigt, kennt MySQL jedoch noch eine Reihe weiterer Operatoren.

Operator	Beschreibung
=, <, >, <=, >=	Liefert nur Zeilen (Datensätze) der übergeordneten Abfrage, deren Verknüpfungswerte mit dem von der Unterabfrage gelieferten Wert übereinstimmen bzw. kleiner, größer, kleiner/gleich oder größer/gleich dem von der Unterabfrage gelieferten Wert sind
ALL	Liefert nur Zeilen der übergeordneten Abfrage, deren Verknüpfungswerte mit allen von der Unterabfrage gelieferten Werten übereinstimmen. Der ALL-Operator wird mit Vergleichsoperatoren eingesetzt
ANY, SOME	Liefert Zeilen der übergeordneten Abfrage, deren Verknüpfungswerte mit einigen der von der Unterabfrage gelieferten Werte übereinstimmen. Diese Operatoren werden mit Vergleichsoperatoren eingesetzt
EXISTS	Liefert die Zeilen der übergeordneten Abfrage, wenn die Ergebnismenge der Unterabfrage überhaupt Zeilen enthält
IN	Liefert Zeilen der übergeordneten Abfrage, deren Verknüpfungswerte in den von der Unterabfrage gelieferten Werten enthalten sind

Tabelle 29.2: Operatoren für die Verknüpfung mit Unterabfragen

Recht einfach ist der EXISTS-Operator zu verstehen. Hier wird kein Vergleich mit einem Spaltenwert der übergeordneten Abfrage vorgenommen, sondern nur die Ergebnismenge der Unterabfrage geprüft. Enthält diese mindestens eine Zeile, liefert die Gesamtabfrage alle Zeilen der übergeordneten Abfrage. EXISTS ist ein einstelliger Operator, der nur die Unterabfrage als Operand benötigt. Ein Beispiel:

```
SELECT DISTINCT 'Spitzenergebnis' FROM Rechnungen
WHERE EXISTS
    (SELECT RechnungsNr FROM Rechnungen
    WHERE Betrag > 300);
```

Die vorstehende Anweisung erzeugt die Ausgabe »Spitzenergebnis«, wenn die Unterabfrage mindestens eine Rechnung findet, deren Betrag 300 (Euro) übersteigt. Zwischen der übergeordneten Abfrage und der Unterabfrage besteht also praktisch keine Verknüpfung.

SOME/ANY/ALL

Die Operatoren SOME, ANY und ALL sind in der Anwendung etwas schwerer zu verstehen. Sie lassen sich nur in Kombination mit einem Vergleichsoperator einsetzen. Die WHERE-Klausel hat dann beispielsweise folgende Syntax:

```
... WHERE Spalte < SOME (Unterabfrage)
```

Die Unterabfrage muss wieder eine Spalte mit Werten liefern, die sich mit den Werten in der Spalte der übergeordneten Abfrage vergleichen lässt. In diesem Fall wird aber grundsätzlich jeder Wert der übergeordneten Abfrage mit allen Werten der Unterabfrage verglichen. Bei SOME und ANY reicht es allerdings, wenn für mindestens einen Wert der Vergleich wahr ist. Das folgende Schema kann vielleicht helfen, die Funktion des Operators zu verstehen. Die linke Liste repräsentiert die Vergleichsspalte aus der übergeordneten Abfrage. Geprüft wird nun für jeden Wert, ob dieser kleiner ist als ein beliebiger Wert aus der rechten Liste (der Ergebnisspalte der Unterabfrage):

```
(1, 2, 3 ) < SOME (1, 2, 3)
```

Das dürfte für die Werte 1 und 2 zutreffen, die kleiner sind als der Wert 3 in der rechten Liste. Im Ergebnis würden die ersten beiden Datensätze der übergeordneten Abfrage angezeigt werden. Der ALL-Operator ist restriktiver:

```
(1, 2, 3 ) < ALL (1, 2, 3)
```

Hier muss ein Vergleichswert aus der linken Liste kleiner sein als alle Werte aus der rechten Liste. Nur dann wird der betreffende Datensatz angezeigt. Für das vorstehende Schema trifft das auf keinen Wert zu. Der Wert 1 aus der linken Liste ist zwar kleiner als die Werte 2 und 3 der rechten Liste; er ist aber nicht kleiner als der Wert 1 dieser Liste. Wir müssen den Vergleichsoperator ändern, damit wenigstens die erste Zeile angezeigt wird:

```
(1, 2, 3 ) <= ALL (1, 2, 3)
```

Der Kleiner/gleich-Operator bewirkt, dass zumindest der erste Wert der linken Liste die Bedingung erfüllt, nämlich kleiner oder gleich allen Werten der rechten Liste zu sein. Eine praktische Anwendung zeigt das folgende Beispiel:

```
SELECT * FROM Artikel
WHERE Preis > ALL
    (SELECT Preis FROM Positionen
    WHERE Menge*Preis > 200);
```

Die Unterabfrage in den Klammern ermittelt zunächst die Preise aller Rechnungspositionen, deren Bestellwert (Menge *
Preis) mehr als 200 (Euro) beträgt. Mit dieser Liste von Preisen werden nun die Preise der *Artikel*-Tabelle verglichen. Da wir den ALL-Operator verwendet haben, erhalten wir nur Artikel, deren Preis größer ist als alle von der Unterabfrage gelieferten Preise.

Damit beantworten wir die vielleicht etwas esoterische Frage, welche Artikel trotz ihres hohen Preises noch nie einen Bestellwert von über 200 Euro erzielt haben. Eine solche Frage lässt sich eigentlich nicht mehr mit einem Join beantworten. Wir müssten in diesem Fall schon auf Benutzervariablen zurückgreifen, um das gleiche Ergebnis zu erzielen.

Vergleichsoperatoren

Die Verwendung von Vergleichsoperatoren ohne ALL/ANY/ SOME bedingt, dass die Unterabfrage lediglich einen einzigen Wert liefert. Üblicherweise wird es sich daher um eine Gruppierungsabfrage mit Aggregatfunktion handeln. So liefert die folgende Anweisung alle Rechnungen, deren Betrag größer als der durchschnittliche Rechnungsbetrag ist:

```
SELECT KdNr, RechnungsNr FROM Rechnungen
WHERE Betrag >
    (SELECT AVG(Betrag) FROM Rechnungen);
```

Diese Anweisung liefert auch wieder ein Beispiel für die Nützlichkeit von Unterabfragen, weil sich eine solche Fragestellung mit normalen Abfragen eigentlich nicht mehr formulieren lässt. Wie Sie vielleicht schon vermuten, gilt das ganz besonders für Fälle, in denen sich die übergeordnete Abfrage und die Unterabfrage auf die gleiche Tabelle beziehen. Allerdings bietet MySQL mit der Möglichkeit, Benutzervariablen zu verwenden, eine Alternative an, die zum gleichen Ergebnis führt:

```
SELECT @Durchschnitt := AVG(Betrag) FROM Rechnungen;
SELECT KdNr, RechnungsNr FROM Rechnungen
WHERE Betrag > @Durchschnitt;
```

Das vorstehende Beispiel (das wieder mit *mysql.exe* ausgeführt werden musste) besteht aus zwei Abfragen. In der ersten ermitteln wir den durchschnittlichen Rechnungsbetrag und speichern diesen in der Benutzervariablen @Durchschnitt. Anschließend verwenden wir diese Variable in der zweiten Anweisung in einem Vergleich mit den Rechnungsbeträgen.

Unterabfragen lassen sich nicht nur mit einfachen Abfragen, sondern auch mit Joins verbinden. So erhalten Sie mit der folgenden Abfrage alle Rechnungen (inklusive der Kundendaten), die über dem durchschnittlichen Rechnungsbetrag liegen:

```
SELECT Firma, KdNr, RechnungsNr, Betrag
FROM Kunden, Rechnungen
```

```
WHERE KundenNr = KdNr AND
      Betrag > (SELECT AVG(Betrag) FROM Rechnungen);
```

Allerdings liefert diese Abfrage nur dann die gleichen Datensätze wie die weiter oben gezeigte, wenn zu jeder Rechnung auch ein Kunde existiert. Ist das nicht der Fall, werden Rechnungen, die zu keinem Kunden gehören, ignoriert.

Unterabfragen in HAVING-Klauseln

Nicht nur in WHERE-, sondern auch in HAVING-Klauseln lassen sich Unterabfragen verwenden. Die Konstruktion kann in diesem Fall aber schon recht unübersichtlich werden. Die Verwendung der HAVING-Klausel bedeutet, dass es sich bei der übergeordneten Abfrage um eine Gruppierungsabfrage handeln muss. Das folgende Beispiel zeigt zunächst diesen Teil der Abfrage. Es ermittelt alle Kunden, die überhaupt Umsatz erzeugt haben:

```
SELECT Firma, SUM(Betrag) AS Umsatz
FROM Kunden, Rechnungen
WHERE KundenNr = KdNr
GROUP BY Firma
HAVING Umsatz > 0;
```

Anstelle des festen Betrags (hier 0) soll nur eine Unterabfrage angefügt werden, die den durchschnittlichen Rechnungsbetrag pro Kunde ermittelt. Beachten Sie den Unterschied zur Fragestellung beim vorletzten Beispiel: Dort haben wir Rechnungen ermittelt, deren Betrag über dem durchschnittlichen Rechnungsbetrag lag. Hier wollen wir Kunden ermitteln, deren Umsatz über dem durchschnittlichen Umsatz aller Kunden liegt. Die Kundenumsätze erhalten wir mit der obigen Gruppierungsabfrage. Für den durchschnittlichen Umsatz aller Kunden müssen wir das folgende Schema in eine Unterabfrage umsetzen:

```
Summe alle Rechnungsbeträge / Anzahl der Kunden
```

Die Unterabfrage muss folglich wieder beide Tabellen in einem Join verbinden. Dabei sollen nur die »echten« Kunden gezählt werden, also diejenigen, die auch Umsätze erzeugt haben. Das funktioniert nur mit einem etwas hinterhältigen Trick. Sie müssen dazu das DISTINCT-Attribut in die Aggregatfunktion COUNT hineinnehmen:

```
COUNT(DISTINCT Kunden.KundenNr)
```

Andernfalls erhalten Sie die Anzahl der Rechnungen, auch wenn Sie über die Kundennummer der Kundentabelle zählen. Bei fünf »echten« Kunden mit elf Rechnungen würde die Formel ohne DISTINCT den Wert 11 liefern. Mit DISTINCT erhalten Sie den Wert 5. Die komplette Unterabfrage hat nun folgende Form:

```
SELECT SUM(Betrag) / COUNT(DISTINCT Kunden.KundenNr)
FROM Kunden, Rechnungen
WHERE Kunden.KundenNr = Rechnungen.KdNr;
```

Wenn wir die beiden Abfragen nun über die HAVING-Klausel verknüpfen und die Unterabfrage in Klammern setzen, erhalten wir die vollständige Anweisung:

```
SELECT Firma, SUM(Betrag) AS Umsatz
FROM Kunden, Rechnungen
WHERE KundenNr = KdNr
GROUP BY Firma
HAVING Umsatz > (SELECT SUM(Betrag) /
                 COUNT(DISTINCT Kunden.KundenNr)
FROM Kunden, Rechnungen
WHERE Kunden.KundenNr = Rechnungen.KdNr);
```

Bei derart komplexen Abfragen ist dringend anzuraten, dass Sie, wie vorstehend gezeigt, die übergeordnete Abfrage und die Unterabfrage getrennt entwickeln und auf Plausibilität testen und erst zum Schluss beide zusammenführen. Die Gefahr, dass Sie zwar ein Ergebnis angezeigt erhalten, aber ein irreguläres, ist sonst sehr groß.

> Unser Beispiel enthält eine kleine Unsauberkeit: Eigentlich können wir nicht nach der Spalte *Firma* gruppieren, weil es unterschiedliche Firmen mit gleichem Namen geben kann. Lediglich die Kundennummer garantiert Eindeutigkeit. Aus Gründen der besseren Verständlichkeit haben wir hier jedoch den Firmennamen verwendet.

Alternative Lösung mit Benutzervariablen

Sie können das Ergebnis kontrollieren, indem Sie wieder auf die Unterabfrage verzichten und stattdessen Benutzervariablen verwenden. Die folgenden zwei Anweisungen ermitteln zunächst den Gesamtumsatz und die Zahl der »echten« Kunden:

```
SELECT @Gesamtumsatz := SUM(Betrag)
FROM Rechnungen;
SELECT @AnzahlKunden := COUNT(DISTINCT Rechnungen.KdNr)
FROM Rechnungen;
```

Die jeweiligen Ergebniswerte werden in die Variablen @Gesamtumsatz und @AnzahlKunden geschrieben. Mit diesen Variablen erhalten wir dann folgende Anweisung:

```
SELECT Firma, SUM(Betrag) AS Umsatz
FROM Kunden, Rechnungen
WHERE Kunden.KundenNr = Rechnungen.KdNr
GROUP BY Firma
HAVING Umsatz > @Gesamtumsatz / @AnzahlKunden;
```

Dieses Beispiel ist sicher etwas einfacher zu verstehen. Es hat jedoch den Nachteil, dass es nur mit MySQL funktioniert, während Unterabfragen von vielen SQL-Servern unterstützt werden.

Mehrspaltige Vergleiche

Wir sind bisher davon ausgegangen, dass die Unterabfrage immer nur eine Spalte liefert und die Vergleiche sich folglich auch nur auf die Werte einer Spalte beziehen. Sie können aber auch mehrere Spalten verwenden, so dass sich für die WHERE-Klausel beispielsweise das folgende Syntaxschema ergibt:

```
... WHERE Spalte1, Spalte2
    IN (SELECT Spalte1, Spalte2 FROM ...)
```

Das erste Beispiel verwendet zunächst eine sehr einfache Unterabfrage, die lediglich zwei Konstanten liefert (3 und Leipzig):

```
SELECT KundenNr, Firma, Ort FROM Kunden
WHERE (KundenNr, Ort) IN
      (SELECT 7, 'Leipzig');
```

Nur Datensätze, bei denen sowohl die Kundennummer als auch der Ort mit diesen Konstanten übereinstimmen, werden angezeigt. Da die Kundennummer immer eindeutig ist, kann das bestenfalls ein einziger Datensatz sein.

Das folgende Beispiel ließe sich eigentlich auch mit einer komplexeren WHERE-Klausel und dafür ohne Unterabfrage definieren. Es zeigt aber recht eindeutig, wie Sie Unterabfragen mit zwei Verknüpfungsspalten konstruieren können. In der Unterabfrage werden zunächst alle Rechnungen ermittelt, die vom Kunden bar bezahlt wurden. Anschließend prüfen wir, welche Datensätze des Joins (der übergeordneten Abfrage) bezüglich KundenNr und Betrag mit den von der Unterabfrage gelieferten Werten übereinstimmen:

```
SELECT Firma, Ort, Zahlungsweg
    FROM Kunden, Rechnungen
    WHERE Kunden.KundenNr = Rechnungen.KdNr
    AND
    (KundenNr, Betrag)
    IN
    (SELECT KdNr, Betrag
     FROM Rechnungen
     WHERE Zahlungsweg = 'bar');
```

Leider ist der IN-Operator für komplexe Verknüpfungen nicht so gut geeignet. Die anderen Operatoren und insbesondere die Kleiner/größer-Vergleiche lassen sich jedoch nicht in einer Abfrage wie der oben gezeigten verwenden.

Abgeleitete Tabellen

MySQL 4.1 unterstützt eine neue Variante des CREATE TABLE-Befehls, mit der sich eine neue Tabelle nach dem Muster einer bereits bestehenden Tabelle erzeugen lässt. Die Syntax ist denkbar einfach:

```
CREATE TABLE NeueTabelle LIKE AlteTabelle
```

Entsprechend einfach gestaltet sich auch die Anwendung. So erzeugt das folgende Beispiel die Tabelle *KundenBackup* und verwendet dafür als Vorlage die Tabelle *Kunden*:

```
CREATE TABLE KundenBackup LIKE Kunden;
```

Es ist allerdings nicht möglich, den Befehl zu präzisieren, also beispielsweise bestimmte Spalten von der Übernahme auszuschließen. Dazu müssen Sie die Anweisung mit einer nachfolgenden ALTER-Anweisung kombinieren, welche die überflüssigen Spalten wieder entfernt. Beachten Sie, dass natürlich nur die Struktur der Ursprungstabelle übernommen wird. Sie erhalten also eine leere neue Tabelle.

Trigger

Trigger sind Anweisungen, die mit einer bestimmten Tabelle verbunden sind und beim Auftreten bestimmter Ereignisse, etwa dem Anfügen oder Ändern eines neuen Datensatzes, automatisch ausgeführt werden. Bereits die Beta-Version 5.02 enthält diese durchaus nützliche Erweiterung, wenn auch in einer noch sehr eingeschränkten Variante. Erst spätere Versionen sollen Trigger vollständig unterstützen.

Die Syntax

Da Trigger komplexe Anweisungen enthalten dürfen, kann ein Trigger-Befehl sehr umfangreich werden. Die Grundsyntax ist jedoch recht einfach und hat folgende Form:

```
CREATE TRIGGER Name Zeit Ereignis
ON Tabelle
FOR EACH ROW Trigger-Anweisung
```

Das Attribut Name steht für den Namen des Triggers. Mit dem Argument Zeit bestimmen Sie, ob die Aktion vor (BEFORE) oder nach (AFTER) dem Ereignis ausgeführt werden soll. Als Ereignis lassen sich die Operationen INSERT, UPDATE und DELETE einsetzen.

In der ON-Klausel geben Sie den Namen der Tabelle an und mit Trigger-Anweisung ist die Aktion gemeint, die Sie beim Auftreten des Ereignisses ausführen wollen. Das folgende Beispiel ist zwar nicht sehr sinnvoll; es zeigt aber die Funktionsweise eines Triggers:

```
CREATE TRIGGER neu BEFORE INSERT
ON Kunden
FOR EACH ROW SET @NeuerSatz = 'ja';
```

Jedes Mal, wenn ein neuer Datensatz eingefügt wird, setzt der Trigger die Variable @NeuerSatz auf den Wert »Ja«. Natürlich müssten Sie die Variable nach dem Auslesen mit SELECT immer wieder zurücksetzen, damit der Trigger diese erneut verwenden kann.

Spalten der Trigger-Tabelle referenzieren

In der Trigger-Anweisung lassen sich momentan noch keine Tabellennamen, wohl aber Spalten der Trigger-Tabelle referenzieren. Dazu nutzen Sie die Bezeichnungen NEW und OLD nach dem folgenden Muster:

```
NEW.Spaltenname
OLD.Spaltenname
```

Mit OLD referenzieren Sie den Wert einer Spalte vor der Änderung mit UPDATE bzw. vor dem Löschen mit DELETE. Mit NEW
erhalten Sie den Wert nach dem Einfügen mit INSERT bzw. der
Änderung mit UPDATE. Das folgende Beispiel referenziert die
Spalte *Geaendert_von* in der Kundentabelle:

```
CREATE TRIGGER aendern BEFORE UPDATE
ON Kunden
FOR EACH ROW SET NEW.Geaendert_von = 'peter';
```

Sobald ein Datensatz in der Kundentabelle geändert wird,
schreibt der Trigger den Benutzernamen »peter« in das Feld
Geaendert_von. Sie können aber auch mehrere Anweisungen in
einem Trigger unterbringen. Die einzelnen Anweisungen sind
dann in eine BEGIN/END-Struktur einzubetten:

```
CREATE TRIGGER aendern BEFORE UPDATE ON Kunden
FOR EACH ROW
BEGIN
  SET NEW.Geaendert_von = 'peter';
  SET NEW.Geaendert = NOW();
END
```

So schreibt das vorstehende Beispiel zusätzlich noch die aktuelle Zeit in die Spalte *Geaendert*. Da die einzelnen Anweisungen in der BEGIN/END-Struktur wieder per Semikolon abzugrenzen sind, müssen Sie (wie schon in Kapitel 19 beschrieben) gegebenenfalls ein anderes Begrenzungszeichen (DELIMI-
TER) für die ganze Anweisung setzen.

Weitere Einschränkungen in der Trigger-Anweisung

In der Trigger-Anweisung, die die auszuführende Aktion beschreibt, sind einige Optionen ausgeschlossen. Wie schon gesagt, können Sie momentan noch keine Tabelle referenzieren.
Auch der Aufruf gespeicherter Prozeduren ist nicht möglich.
Sie können zudem für die gleiche Tabelle keinen zweiten Trigger definieren, der dieselbe Kombination aus Zeit und Ereignis verwendet. Es kann also beispielsweise nur einen AFTER

UPDATE-Trigger pro Tabelle geben. Zudem lassen sich Befehle, die eine Transaktion einleiten oder beenden, nicht in Triggern verwenden.

Trigger löschen

Für das Löschen eines Triggers benötigen Sie den Namen der Tabelle sowie den Triggernamen:

```
DROP TRIGGER Tabellenname.Trigger
```

Den Trigger *aendern* löschen Sie folglich mit der nachstehenden Anweisung:

```
DROP TRIGGER Kunden.aendern
```

30 Tipps und Hinweise

In diesem Kapitel finden Sie vor allem Themen, die im Prinzip für alle Datenbanken gelten. Darunter sind auch einige Tipps, die sich nicht immer mit einem lehrbuchmäßig normalisierten Datenbankentwurf vertragen, die aber oft zu einer schnelleren und einfacher zu programmierenden Datenbankanwendung führen.

Zeichensätze und Sortierung

MySQL kann verschiedene Zeichensätze verwenden, ab Version 4.1 sogar für jede einzelne Tabelle. Allerdings stehen die Zeichensätze nicht automatisch zur Verfügung, sondern müssen gegebenenfalls per Konfiguration eingebunden oder sogar beim Kompilieren hinzugelinkt werden. Zeichensätze sind vor allem wichtig, wenn es um folgende Funktionen geht:

✔ Suchen

✔ Sortieren

✔ Filtern

Der jeweilige Zeichensatz bestimmt vor allem die Sortierordnung der ORDER BY-Klausel und die der Indizes. Indirekt sind auch Such- und Filteroperationen von der Wahl des Zeichensatzes abhängig.

CHARACTER SET und COLATION

Mit MySQL 4.1.1 ist die Wahl des richtigen Zeichensatzes etwas flexibler, aber auch etwas komplizierter geworden. MySQL unterscheidet seitdem zwischen dem Zeichensatz (CHARACTER SET) und der Sortierung (COLLATION). Üblicherweise müssen Sie beide Parameter setzen, um eine korrekte deutsche Sortierung zu erhalten. Zudem können Sie Zeichensatz und

Sortierung nun für jede Tabelle separat einstellen. Zuständig sind dafür Tabellen-Optionen, die Sie wie üblich mit der CREATE TABLE-Anweisung bestimmen.

Standardzeichensatz und Sortierung

MySQL verwendet als Standardzeichensatz ISO-8859-1 (*Latin-1*). Dieser ist in der Konfigurationsdatei *my.ini* mit der folgenden Zeile voreingestellt:

```
default-character-set=latin1
```

Der Zeichensatz *latin1* enthält alle Zeichen, die in Europa und Nordamerika benötigt werden. Problematisch ist, dass MySQL damit auch eine Sortierordnung verbindet, wie sie in Schweden bzw. Finnland, nicht aber in Deutschland üblich ist. Die Umlaute (*ä, ö etc.*) werden in diesem Fall nach dem *z* angeordnet und nicht, wie in Deutschland üblich, den Normallauten *a, o* und *u* bzw. den Zeichenfolgen *ae, oe* und *ue* gleichgestellt.

Sortierung bestimmen

Eigentlich können Sie den voreingestellten Zeichensatz (*latin1*) unverändert lassen. Sie sollten jedoch die Einstellung für die Sortierung ändern. Hier sind folgende Werte sinnvoll bzw. für eine deutsche Sortierung überhaupt nur möglich sind.

```
latin1_german1_ci
latin1_german2_ci (Telefonbuchsortierung)
```

Zeichensatz und Sortierung werden üblicherweise schon bei der Erzeugung einer Tabelle bestimmt. Wenn Sie diese daher schon beim Erstellen einer Tabelle zuweisen wollen, ist beispielsweise ein Befehl wie der folgende auszuführen:

```
CREATE TABLE KundenLatin1 (
    KundenNr INTEGER AUTO_INCREMENT PRIMARY KEY,
    Firma CHAR(100)
    ) ENGINE=MYISAM
    DEFAULT CHARSET=latin1 COLLATE=latin1_german1_ci;
```

Zeichensatz und Sortierung sollten sich auch mit der folgenden Syntaxvariante zuweisen lassen:

```
...
CHARACTER SET latin1 COLLATE latin1_german1_ci
```

Allerdings erhielten wir mit den von uns verwendeten My-
SQL-Binär-Versionen immer nur die schwedische Sortierung
(latin_swedish_ci). Auch der MySQL-Administrator (siehe
Kapitel 2) war nicht in der Lage, eine andere Sortierordnung
einzustellen. Vermutlich wird sich das in der endgültigen Version noch ändern. Glücklicherweise steht aber auch noch ein
Unicode-Zeichensatz zur Verfügung, mit dem sich eine deutsche Sortierung realisieren lässt.

Sortierordnung bei der Ausgabe bestimmen

Als recht zuverlässig im Sinne einer deutschen Sortierung
funktioniert die COLLATION-Erweiterung, die Sie in SELECT-Abfragen an die ORDER BY-Klausel anhängen. So liefert die die folgende Anweisung eine nach DIN-1 sortierte Ausgabe:

```
SELECT * FROM kontakte.kunden
ORDER BY Firma COLLATE latin1_german1_ci;
```

Diese Sortierung behandelt Umlaute wie die entsprechenden
Normallaute (ä=a, ö=o, ü=u). Die Endung _ci zeigt zudem an,
dass Groß- und Kleinschreibung nicht berücksichtigt werden.
Wollen Sie nach DIN-2 (Telefonbuchordnung) sortieren (ä =
ae, ö=oe, ü=ue), müssen Sie stattdessen die COLLATION
latin1_german2_ci verwenden. Gleichwertig bezüglich der Ausgabe, aber etwas umständlicher zu handhaben ist folgende Anweisung:

```
SELECT KundenNr,
       Firma COLLATE latin1_german1_ci AS Firma,
       Ort
FROM Kunden ORDER BY Firma;
```

Hier wird COLLATE schon in der Spaltenauflistung eingesetzt, so dass die ORDER BY-Klausel ohne diese Erweiterung auskommt.

Verfügbare Zeichensätze und Sortierungen

Sie können sich die verfügbaren Zeichensätze anzeigen lassen, wenn Sie den folgenden Befehl ausführen:

```
SHOW CHARACTER SET
```

Mit der Erweiterung LIKE lässt sich die Zahl der angezeigten Zeichensätze einschränken:

```
SHOW CHARACTER SET LIKE "latin%";
```

Die voreingestellte Sortierung des jeweiligen Zeichensatzes (*Collation*) finden Sie in der Spalte Default_collation. Um zu erfahren, welche Sortierungen für bestimmte Zeichensätze verfügbar sind, führen Sie einen Befehl wie den folgenden aus:

```
SHOW COLLATION LIKE 'latin%';
```

Die Vielfalt der Sortierungen und Zeichensätze wird Ihnen im deutschsprachigen Raum allerdings wenig helfen. In der Regel müssen Sie mit *latin1* und dem nachfolgend vorzustellenden *utf8*-Zeichensatz auskommen.

Unicode-Zeichensatz utf8

Unicode-Zeichensätze sind Zwei-Byte-Zeichensätze, mit denen sich mehr als 65.000 Zeichen codieren lassen. Dieser Vorteil wird mit einem im Prinzip doppelt so großen Speicherbedarf erkauft. MySQL unterstützt mehrere Unicode-Zeichensätze. Für deutschsprachige Datenbanken eignet sich insbesondere *utf8*. Als Sortierung können Sie normalerweise die Voreinstellung (*utf8_general_ci*) übernehmen. Die folgende Anweisung erzeugt eine Tabelle mit diesen Einstellungen:

```
CREATE TABLE KundenUtf8 (
  KundenNr INTEGER AUTO_INCREMENT PRIMARY KEY,
  Firma CHAR(100)
) ENGINE=MYISAM
DEFAULT CHARSET=utf8 COLLATE=utf8_general_ci;
```

Auch hier steht für die letzte Zeile wieder folgende Syntaxvariante zur Verfügung:

```
… CHARACTER SET utf8 COLLATE utf8_general_ci
```

Damit erhalten Sie, wenn Sie mit dieser Tabelle nach der Spalte *Firma* sortieren, eine Sortierung, bei der die Umlaute wie die Normallaute behandelt werden:

```
SELECT * FROM KundenUtf8 ORDER BY Firma;
```

Allerdings wird der Buchstabe »ß« nicht wie »s« behandelt, sondern landet immer am Ende der Ausgabe.

Zeichensatzkonvertierung bei der Ausgabe

Auch bei der Ausgabe lässt sich der Zeichensatz unter Umständen noch ändern. Sie verwenden dazu die Funktion CONVERT, die wie folgt anzuwenden ist:

```
SELECT * FROM Kunden
ORDER BY CONVERT(Firma USING utf8)
```

Wir möchten allerdings nicht garantieren, dass Sie damit immer eine sinnvolle Ausgabe erhalten. Zumindest für eine *latin1*-Tabelle sollte die Umwandlung in *utf8* aber funktionieren.

Zeichensatz auf Spaltenebene

Grundsätzlich ist es auch möglich, Zeichensätze und Sortierung bereits auf Spaltenebene (CHAR-, VARCHAR- und TEXT-Spalten) zu bestimmen. Diese dürfen sich sogar von den in den Tabellenoptionen angegebenen Einstellungen unterscheiden. Das folgende Beispiel definiert eine *utf8*-Spalte in einer *latin1*-Tabelle:

```
CREATE TABLE KundenUtf (
  KundenNr INTEGER AUTO_INCREMENT PRIMARY KEY,
  Firma CHAR(50) CHARACTER SET utf8 NULL,
  Ort CHAR(50) NULL
) ENGINE=MYISAM
DEFAULT CHARSET=latin1;
```

Spalten, die keine eigene Zeichensatzdefinition besitzen (hier
Ort), werden mit dem Zeichensatz der Tabelle ausgestattet. Mit
dem folgenden Befehl können Sie sich anzeigen lassen, was
MySQL aus der vorstehenden Definition macht:

```
SHOW FULL COLUMNS FROM KundenUtf;
```

Für jede Spalte vom Typ CHAR, VARCHAR oder TEXT wird damit
unter anderem die Sortierung (nicht der Zeichensatz) ausgegeben. Wegen der engen Verbindung zwischen Sortierung und
Zeichensatz ergibt sich Letzterer automatisch. Die Sortierung
utf8_general_ci gibt es eben nur mit dem *utf8*-Zeichensatz.

MySQL-Server wählen

Wir sind bisher davon ausgegangen, dass unter Windows 98/
ME normalerweise nur der MySQL-Server mit dem Dateinamen *mysqld* verwendet wird. Für die genannten Betriebssysteme ist das in der Regel auch die beste Wahl. Unter Windows
2000/XP setzen Sie hingegen eine spezielle NT-Variante ein.
Mit praktisch jeder MySQL-Distribution erhalten Sie jedoch
mehrere Server, die sich für unterschiedliche Einsatzzwecke
eignen. Eine Übersicht zeigt Tabelle 30.2.

Server	Funktionsumfang/Verwendung
mysqld	Standardserver für Windows 98/ME mit Unter-stützung für *MyISAM-*, *InnoDB-* (= Transaktionen) und *BDB*-Tabellen. Dieser Server verfügt zudem über so genannte Debug-Funktionen

Server	Funktionsumfang/Verwendung
mysqld-nt	Eine für die unter Windows NT/2000/XP optimierte Variante, die auch so genannte *Named Pipes* unterstützt
mysqld-max	Eine Variante, die unter anderem auch Transaktionen und *BDB*-Tabellen unterstützt
mysqld-max-nt	Eine für Windows NT/2000/XP optimierte Variante, die unter anderem auch Transaktionen und *BDB*-Tabellen unterstützt. Zudem nutzt diese Version auch *Named Pipes*

Tabelle 30.1: Unterschiedliche Server für unterschiedliche Zwecke

Bei *mysql-nt* handelt es sich um die Standardvariante für den Einsatz unter Windows NT/2000/XP. Diese Version installieren Sie als so genannten Dienst.

Die Varianten *mysqld-max* (Windows 98/ME) und *mysqld-max-nt* (NT/ 2000/ XP) sollten Sie nur verwenden, wenn Sie die volle Unterstützung für *MyISAM-*, *InnoDB-* und *BDB*-Tabellen benötigen.

Versionierung

Viele Geschäftsvorfälle müssen aus praktischen oder gesetzlichen Gründen dokumentiert und die betreffenden Daten oft über mehrere Jahre aufbewahrt werden. Sie können daher nicht einfach einen Datensatz, etwa den eines Kunden oder Artikels, löschen oder beliebig überschreiben. Wenn sich bei einem Kunden die Adresse oder bei einem Artikel der Preis ändert, müssen Sie in der Regel auch nach Jahren noch in der Lage sein, die alte Adresse bzw. den alten Preis wieder aufzufinden. Stellen Sie sich vor, Sie ändern die Adresse eines Kunden. Alle alten, längst erledigten Rechnungen erhalten dann aufgrund der Verknüpfung mit der Rechnungstabelle die neue Adresse zugewiesen. Das ist aber nicht korrekt, weil diese Rechnungen niemals an die neue Adresse gerichtet waren.

Ihre Datenbank verfälscht in diesem Fall die Tatsachen. Um dieses Problem zu lösen, können Sie grundsätzlich drei Techniken anwenden:

✔ redundante Datenhaltung

✔ Archivierung

✔ Versionierung

Die redundante Datenhaltung haben wir bereits als nicht sehr hilfreich verworfen. Sie bedeutet praktisch einen weitgehenden Verzicht auf die Normalisierung von Tabellen.

Daten archivieren

Die zweite Option ist schon etwas sinnvoller. Sie können »alte« Datensätze in spezielle Archiv-Tabellen schreiben. Dazu kopieren Sie einen Datensatz in die Archiv-Tabelle und nehmen dann die Änderung am Originaldatensatz in der Arbeitstabelle vor. Bei Bedarf können Sie dann jederzeit auf die alte Version des betreffenden Datensatzes zurückgreifen. Da sich eine Kundenadresse oder auch ein Artikelpreis im Laufe der Zeit mehrfach ändern können, müssen in der Archiv-Tabelle die Spalten für Kunden- oder Artikelnummer jedoch mehrere identische Einträge zulassen. Zudem benötigen Sie in der Regel Datumsfelder, welche den Zeitraum der Gültigkeit des betreffenden Datensatzes erfassen. Wir kommen auf diesen Punkt noch zurück.

Daten versionieren

Die dritte Option, mit der wir uns im Folgenden beschäftigen wollen, ist die *Versionierung*. Dabei stellt jeder Datensatz nur eine Version des betreffenden Objekts dar.

KundenNr	Firma	Strasse	PLZ	Ort
1	Mayer KG	Breite Gasse 10	04109	Leipzig
1	Mayer Kg	Langer Weg 3	04109	Leipzig
1	Mayer Kg	Kurzer Weg 55	04103	Leipzig

Abbildung 30.1: Drei Versionen des gleichen Artikels

Abbildung 30.1 zeigt, wie eine solche Tabelle mit drei Versionen des eigentlich gleichen Objekts aussehen könnte. Die Datensätze unterscheiden sich dabei nur bezüglich der Anschrift.

Versionsnummer und Schlüsselbildung

Wie aus Abbildung 30.1 hervorgeht, genügt die Kundennummer nun nicht mehr den Anforderungen, die wir an einen Schlüssel stellen. Die Kundennummer kann bei mehrfachen Änderungen der Anschrift auch mehrfach auftreten. Um wieder einen Schlüssel zu erhalten, benötigen wir eine zusätzliche Spalte, in der wir eine Versionsnummer unterbringen.

KundenNr	Version	◆ Firma	Strasse	**PLZ**	◆ Ort
1	1	Mayer K.G	Breite Gasse 10	04109	Leipzig
1	2	Mayer K.g	Langer Weg 3	04109	Leipzig
1	3	Mayer K.g	Kurzer Weg 55	04103	Leipzig

Abbildung 30.2: Tabellenstruktur mit Versionsnummer

Nur die Verbindung zwischen Kunden- und Versionsnummer kann einen Datensatz eindeutig identifizieren. Sie bildet damit den neuen Schlüssel (den Primärschlüssel). Wenn Sie die Struktur in eine CREATE TABLE-Anweisung umsetzen, sollte diese ungefähr wie folgt aussehen:

```
CREATE TABLE Kunden (
  KundenNr INTEGER NOT NULL,
  Version SMALLINT NOT NULL,
  PRIMARY KEY (KundenNr, Version),
  Firma CHAR(100),
  Strasse CHAR(100),
  Ort CHAR(100)
);
```

Die Syntax lässt es nicht mehr zu, dass Sie den Primärschlüssel als Eigenschaft einer Spalte bestimmen. Vielmehr müssen Sie die Primärschlüsseldefinition wie eine Spaltendefinition behandeln und hier die beiden Spalten *KundenNr* und *Version* zusammenfassen. Beachten Sie, dass beide Spalten mit der Ergänzung NOT NULL zu definieren sind.

Versionierung und Gültigkeit

Mit dem Einfügen einer Versionsnummer ist es allerdings noch nicht getan. In der Regel müssen Sie auch wissen, zu welchem Zeitpunkt welche Version gültig ist bzw. war. Das kann beispielsweise wichtig werden, wenn ein Kunde eine Änderung seiner Anschrift mitteilt, die aber erst in der Zukunft wirksam wird (»Ich ziehe nächsten Monat um«). Wenn wir die Änderung sofort in die Datenbank eingeben, kann es passieren, dass die nächste Rechnung schon an die neue Anschrift geht, obwohl diese noch gar nicht existiert. Wir können den Kunden natürlich auch nicht bitten, gleich nach dem Umzug nochmals anzurufen und uns die neue Adresse erneut mitzuteilen.

Eigentlich bleibt uns nur, die neue Adresse sofort mit dem Datum der Änderung (des Umzugs) zu notieren, entweder auf einen Zettel (um die neue Anschrift dann nach dem Umzug in die Datenbank einzutragen) oder gleich in der Datenbank. Natürlich kommt nur die letzte Option wirklich in Betracht. In diesem Fall muss die Kundentabelle jedoch um Spalten für den Gültigkeitsbereich erweitert werden. Wir benötigen zwei Datumsspalten mit Bezeichnungen wie *Gueltig_von* und *Gueltig_bis*. Abbildung 30.3 zeigt, wie die Struktur der Kundentabelle nun aussehen könnte.

Field	Type
KundenNr	int(11)
Version	smallint(6)
Firma	char(100)
Strasse	char(100)
Ort	char(100)
Gueltig_von	date
Gueltig_bis	date

Abbildung 30.3: Kundentabelle mit Spalten für Gültigkeit

Grundsätzlich würde es auch genügen, für die Gültigkeit nur eine Datumsspalte zu verwenden (*Gültig_von*). Das Ende der Gültigkeit der vorhergehenden Version würde sich dann immer aus dem Gültigkeitsdatum der Folgeversion abzüglich eines Tages ergeben. Die Verwendung von zwei Datumsspalten erleichtert später jedoch die Formulierung von Abfragen. Die folgende Anweisung erweitert die schon gezeigte CREATE-Definition um die beiden Datumsspalten:

```
CREATE TABLE Kundenx (
    KundenNr INTEGER NOT NULL,
    Version SMALLINT NOT NULL,
    PRIMARY KEY (KundenNr, Version),
    ...,
    Gueltig_von DATE NOT NULL,
    Gueltig_bis DATE
);
```

Einige Spalten haben wir aus Platzgründen ausgelassen. Sie müssen diese natürlich ergänzen. Beachten Sie, dass die Spalte *Gueltig_von* keine NULL-Werte enthalten darf, während dies beim *bis*-Datum durchaus zulässig ist.

Neue Versionen

Die Versionierung nach dem hier beschriebenen Schema hat zur Folge, dass in den betreffenden Tabellen praktisch keine Datensätze mehr geändert werden. Vielmehr erfordert jede Änderung einer Kundenadresse, dass ein neuer Datensatz (eine neue Version) zu erzeugen ist. Bezogen auf Tabellen mit versionierten Datensätzen kommen also kaum noch UPDATE-Anweisungen zum Einsatz. Bei zwei Datumswerten ist in der alten Version lediglich das Datum *Gültig_bis* auf einen Wert zu setzen, der dem Gültigkeitsbeginn der neuen Version abzüglich 1 entspricht.

Verknüpfung mit Kindtabellen

Bei der Verknüpfung mit Kindtabellen, etwa einer Rechnungstabelle, ist natürlich auch die Version zu beachten. Als Fremdschlüssel genügt die Kundennummer in diesem Fall nicht mehr. Sie müssen nun auch in der Rechnungstabelle die Version des Kundendatensatzes angeben.

Die CREATE-Anweisung für die Definition einer solchen Tabelle könnte in etwas verkürzter Form wie folgt aussehen:

```
CREATE TABLE Rechnungen (
   RechnungsNr INTEGER AUTO_INCREMENT PRIMARY KEY,
   KdNr INTEGER NOT NULL,
   KdVersion SMALLINT NOT NULL,
   Betrag DECIMAL(10, 2)
   );
```

Der Fremdschlüssel umfasst in diesem Fall die Spalten *KdNr* und *KdVersion*. Natürlich müssen Sie die Version auch beim Erzeugen neuer Rechnungsdatensätze berücksichtigen.

Datensätze einfügen

Das Einfügen neuer Versionen eines Kundendatensatzes ist relativ unkompliziert. Wenn die Kundennummer bekannt ist, erhalten Sie eine neue Version des Datensatzes in drei Schritten:

✔ die bisher höchste Versionsnummer ermitteln

✔ neue Version des Datensatzes erzeugen und dabei Versionsnummer um 1 erhöhen

✔ Setzen des *Gueltig_bis*-Datums der alten Version

Zunächst ermitteln Sie für die bekannte Kundennummer (hier 2) mit der Aggregatfunktion MAX die bisher höchste Versionsnummer:

```
SELECT @Version:=MAX(Version)
FROM Kunden
WHERE KundenNr = 2;
```

Die Versionsnummer speichern Sie beispielsweise in einer Benutzervariablen (hier @Version). Diese Variable wird nun in der INSERT-Anweisung verwendet:

```
INSERT INTO Kunden (KundenNr, Version,
                    Firma, Strasse, Ort,
                    Gueltig_von)
VALUES (2, @Version + 1, 'Mayer GmbH',
        'Kleiner Weg 19', 'Leipzig',
        '2004-01-01');
```

Auf den von der Variablen @Version gelieferten Wert addieren wir noch den Wert 1. Die Kundennummer (hier 2) bleibt natürlich die gleiche, während sich die anderen Attribute (Firma, Strasse, Ort etc.) ändern können. Das Datum *Gueltig_von* muss auf das neue Gültigkeitsdatum gesetzt werden, während das Datum *Gueltig_bis* frei bleiben kann (NULL). Es wird dann als »unendlich« angenommen. Das *Gueltig_bis*-Datum der aktuellen Version sollte sogar frei bleiben, damit ein Datensatz nicht irgendwann ungültig wird, ohne einen gültigen Nachfolger zu hinterlassen.

Allerdings ist nun noch das Datum *Gueltig-bis* der vorletzten Version auf das *Gueltig_von*-Datum der neuen Version minus 1 zu setzen. Dazu ist eine UPDATE-Anweisung wie die folgende erforderlich:

```
UPDATE Kunden
SET Gueltig_bis = '2003-12-31'
WHERE KundenNr = 2 AND Version = @Version;
```

In der WHERE-Klausel kommt wieder die selbst definierte Benutzervariable zum Einsatz, die nach der vorhergehenden INSERT-Anweisungen die Versionsnummer der nun vorletzten Version enthalten sollte.

Rechnungen einfügen

Nicht viel mehr Aufwand erfordert das Einfügen neuer Rechnungen. Auch hier müssen Sie zunächst die Versionsnummer ermitteln. Allerdings ist dabei zu berücksichtigen, dass die Kundentabelle auch schon eine Adresse enthalten kann, die vielleicht erst in einem Monat gültig wird. Es ist daher zu prüfen, ob das vorgesehene Rechnungsdatum innerhalb der Gültigkeit der betreffenden Version liegt. Als Rechnungsdatum soll in diesem Fall das Tagesdatum gelten, das Sie beispielsweise mit der Funktion SYSDATE erhalten:

```
SELECT @Version:=MAX(Version)
FROM Kunden
WHERE Gueltig_von <= SYSDATE()
  AND (Gueltig_bis >= SYSDATE() OR ISNULL(Gueltig_bis))
  AND KundenNr = 2;
```

Die Gültigkeit umfasst immer auch die Grenzwerte selbst, so dass die Werte mit kleiner/gleich (<=) bzw. größer/gleich (>=) zu prüfen sind. Zudem kann das *Gueltig_bis*-Datum der letzten Version auch den Wert NULL enthalten. Es ist daher bei dieser Spalte auch auf NULL zu prüfen.

Sobald Sie die Version ermittelt haben, können Sie eine neue Rechnung erzeugen. Dazu genügt beispielsweise folgende Anweisung:

```
INSERT INTO Rechnungen(KdNr, KdVersion, Betrag)
VALUES (2, @Version, 123.45);
```

Auf die Angabe der Rechnungsnummer konnten wir hier verzichten, weil diese als *AutoIncrement*-Spalte definiert ist und daher automatisch vergeben wird.

Abfragen mit SELECT

Bei der Auswertung der verknüpften Datensätze aus Kunden- und Rechnungstabelle ist die Version natürlich ebenfalls zu berücksichtigen. Den üblichen Natural Join erhalten Sie beispielsweise mit der folgenden Anweisung:

```
SELECT * FROM Kunden, Rechnungen
WHERE Kunden.KundenNr = Rechnungen.KdNr
  AND Kunden.Version = Rechnungen.KdVersion;
```

Sie müssen in der WHERE-Klausel also unbedingt auch die Version berücksichtigen, damit die Rechnungen korrekt der richtigen Kundenversion zugeordnet werden. Die Verknüpfung der beiden Bedingungen erfolgt natürlich mit dem Operator AND, weil eben beide erfüllt (wahr) sein müssen.

Versionen archivieren

Natürlich müssen Sie nicht alle alten Versionen dauerhaft in der normalen Kundentabelle halten. In regelmäßigen Abständen kopieren Sie daher alte Versionen in eine Archiv-Tabelle und löschen dann die betreffenden Versionen in der Arbeitstabelle. Dabei dürfen nur Datensätze berücksichtigt werden, die eine gültige Nachfolgeversion besitzen. Sie müssen daher prüfen, ob das *Gueltig_bis*-Datum gesetzt ist.

Webdatenbanken optimieren

Datenbanken, die als Datenlieferanten für Webanwendungen dienen, müssen häufig nur lesende Zugriffe verarbeiten. In diesem Fall ist es sinnvoll, nur Kopien der eigentlichen Arbeitstabellen für den Zugriff aus dem Internet bereitzustellen. Dieser Ansatz dient zum einen der Sicherheit, weil dann die eigentlichen Arbeitstabellen im Web nicht mehr sichtbar sind. Er kann aber auch genutzt werden, um Lesezugriffe zu beschleunigen und damit die Antwortzeiten der Webanwendung zu reduzieren. Bei den Kopien der Arbeitstabellen wird es sich in diesem Fall selten um echte Kopien, sondern vielmehr um abgeleitete und für Webabfragen optimierte Kopien handeln. Nicht benötigte Spalten können entfallen, andere lassen sich zu einer Spalte zusammenfassen. Nachfolgend wollen wir ein MySQL/PHP-Schema vorstellen, das diesen Ansatz für unsere Artikel-Tabelle umsetzt.

Struktur der Tabelle erzeugen

Im ersten Schritt ist die Struktur der für das Web gedachten Artikel-Tabelle zu entwerfen. Diese muss separat erzeugt werden, weil sie nicht mit der Struktur der ursprünglichen Artikel-Tabelle identisch ist. Die folgende Anweisung zeigt, wie die Struktur aussehen könnte:

```
CREATE TABLE WebArtikel (
    ArtikelNr INTEGER,
    Bezeichnung CHAR(255),
    Artikelgruppe CHAR(255),
    Preis DECIMAL(10,2),
    Details CHAR(255)
);
```

Die Spalten *ArtikelNr*, *Bezeichnung*, *Artikelgruppe* und *Preis* haben wir unverändert übernommen, weil diese auch in Webanwendungen als Suchfelder oder für Berechnungen (*Preis*) benötigt werden. Neu ist die Spalte *Details*, die, wie der Name schon andeutet, mehrere Informationen aufnehmen soll. In diesem konkreten Fall wollen wir darin die folgenden, auf den ersten Blick etwas verwirrenden Informationen unterbringen:

```
'Preis: ', Preis, ' pro ', Einheit,
'<br> Lieferzeit: ', Lieferfrist, ' Tage'
```

Hier handelt es sich um eine Liste von Zeichenfolgen und Spalten (*Preis, Einheit, Lieferfrist*). Beachten Sie auch die unscheinbare Zeichenfolge »
«. Damit schreiben wir HTML-Code in die Tabelle. Dieses HTML-Tag sorgt bei der Ausgabe im Browser für einen Zeilenumbruch. Zusammengesetzt, beispielsweise mit der Funktion CONCAT, erhalten Sie bei einem Preis von 1.99 und einer Lieferfrist von 14 Tagen später im Browser folgende Ausgabe:

```
Preis: 1.99 / kg
Lieferzeit: 14 Tage
```

Damit die entsprechenden Daten aus der Tabelle *Artikel* auch in der Tabelle *WebArtikel* landen, ist folgende INSERT... SELECT-Anweisung auszuführen:

```
INSERT INTO WebArtikel
SELECT ArtikelNr,
       Bezeichnung,
       Artikelgruppe,
       Preis,
       CONCAT('Preis: ', Preis, ' / ', Einheit,
              '<br> Lieferzeit: ', Lieferfrist,
              ' Tage')
FROM Artikel;
```

Die vereinfachte Struktur der *WebArtikel*-Tabelle ermöglicht nicht nur einfachere und schnellere Abfragen; auch der Programmcode in einem PHP-Skript kann dadurch schlichter ausfallen.

PHP-Code

Der PHP-Code muss weniger Spalten auslesen und weniger Formatierungsanweisungen enthalten, wenn die betreffenden Informationen bereits in der Tabelle vorformatiert und zu einer Spalte zusammengefasst sind. Das folgende Beispiel zeigt, wie die Daten des ersten Datensatzes mit PHP-Anweisungen ausgelesen und ausgegeben werden.

```
<?
  $db = mysql_connect ("localhost", "root") ;
  $SQLBefehl = "SELECT * FROM WebArtikel;";
  $Werte = mysql_db_query("Kontakte", $SQLBefehl, $db);
  $MaxZeilen = mysql_num_rows($Werte);
?>
<h3> Datenausgabe </h3>
<?
  echo "ArtikelNr: ";
  echo mysql_result($Werte, 1, "ArtikelNr"), "<br>";
  echo mysql_result($Werte, 1, "Bezeichnung"), "<br>";
```

```
echo mysql_result($Werte, 1, "Artikelgruppe"),"<br>";
echo mysql_result($Werte, 1, "Details"), "<br>";
?>
```

Aus Platzgründen haben wir in diesem Beispiel auf die komplette Darstellung des eigentlich erforderlichen HTML-Gerüsts verzichtet. Das Beispiel erzeugt im Browser die in Abbildung 30.4 gezeigte Ausgabe.

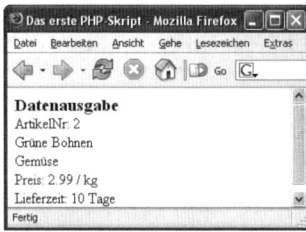

Abbildung 30.4: Ausgabe von vorformatierten Daten im Browser

Weitere Hinweise zur PHP-Programmierung finden Sie im Kapitel »PHP-Programmierung« des dritten Teils dieses Buches.

Das Beispiel haben wir als PHP-Skript in einer leicht überarbeiteten Form auch auf der beiliegenden CD gespeichert. Sie finden es dort im /php-Verzeichnis unter dem Namen *webartikel.php*.

Das vorstehend geschilderte Beispiel ist natürlich unvollständig. Wir haben viele Details unterschlagen, damit die zentralen Elemente nicht in der Menge der Informationen untergehen. So muss gerade auch eine Webdatenbank über Indizes verfügen, um die häufig vorkommenden Suchanfragen zu beschleunigen.

TEIL

Anhang

Der letzte Teil des vorliegenden Buches dient dem Nachschlagen. Hier finden Sie eine Auflistung der MySQL-Datentypen und der MySQL-Funktionen, eine MySQL-Kurzreferenz, die Beschreibung der beiliegenden CD, Beispieltabellen, ein Glossar und das Stichwortverzeichnis.

V

A Datentypen

Die folgende Übersicht zeigt in knapper Darstellung alle in MySQL verfügbaren *Datentypen*. Üblicherweise werden numerische, alphanumerische, logische und Datumstypen unterschieden. Für die folgende Übersicht haben wir auch noch Binär-Typen und so genannte komplexe (zusammengesetzte) Typen als eigenständige Kategorien betrachtet.

Die MySQL-Datentypen unterscheiden sich zum Teil erheblich von den im ANSI-SQL-Standard definierten Datentypen. In der Regel verfügt MySQL aber für jeden ANSI-Datentyp über einen kompatiblen Typ. Häufig bietet MySQL auch Synonyme an, die in der Bezeichnung mit den jeweiligen ANSI-Typen übereinstimmen.

Wir gehen in dieser Übersicht nicht mehr auf die Syntax der Datentypen ein, weil wir diese im zweiten Teil des Buches bereits ausführlich vorgestellt haben. Die dort gezeigten Beispiele lassen sich analog auch auf Typen anwenden, die im Text nicht explizit angesprochen wurden.

Numerische Typen

Numerische Typen speichern alle Arten von Zahlen. Innerhalb der numerischen Typen lassen sich noch Ganzzahlen und Dezimal- bzw. Fließkommazahlen unterscheiden.

Typ	Beschreibung
BIGINT	Der größte ganzzahlige Typ mit einem Wertebereich von –9.223.372.036.854.777.808 bis 9.223.372.036.854.777.807. Beim Verzicht auf ein Vorzeichen (UNSIGNED) verdoppelt sich der positive Wert

Typ	Beschreibung
DEC	Synonym für DECIMAL
DECIMAL	Dezimalzahl. Der von DECIMAL abgedeckte Wertebereich entspricht dem des Typs DOUBLE. Im Unterschied zu DOUBLE wird der Wert jedoch als Zeichenfolge gespeichert. Jede Ziffer belegt dabei ein Zeichen. Alternativ kann auch die Bezeichnung DEC verwendet werden
DOUBLE	Fließkommazahl mit doppelter Genauigkeit. Der Wertebereich umfasst mit Vorzeichen Werte von -1,7976931348623157E+308 bis 2,2250738585072014E-308 und von 2,2250738585072014E-308 bis 1,7976931348623157E+308
DOUBLE PRECISION	Synonym für DOUBLE
FLOAT	Fließkommazahl mit einfacher Genauigkeit
INT	Synonym für INTEGER
INTEGER	Ganzzahliger Typ mit einem Wertebereich von −2.147.483.648 bis 2.147.483.647 oder von 0 bis 4.294.967.295 (UNSIGNED). Dieser Typ ist identisch mit dem Typ INT
MEDIUMINT	Ganzzahliger Typ mit einem Wertebereich von −8.388.608 bis 8.388.607. Beim Verzicht auf ein Vorzeichen (UNSIGNED) verdoppelt sich der positive Wert
NUMERIC	Synonym für DECIMAL
REAL	Synonym für DOUBLE
SMALLINT	Ganzzahliger Typ mit einem Wertebereich von −32.768 bis 32.767 oder 0 bis 65.535 (UNSIGNED)
TINYINT	Ganzzahliger Typ mit einem Wertebereich von −128 bis 127 oder 0 bis 255 (UNSIGNED)

Tabelle A.1: Numerische Datentypen

Einen speziellen Typ für Währungsformate (wie beispielsweise unter Access) kennt MySQL nicht. Sie verwenden dafür in der Regel den Dezimaltyp. Wie angedeutet, lassen sich die numerischen Typen mit dem Attribut UNSIGNED als vorzeichenlose Typen definieren.

Texttypen

Die *Texttypen* speichern beliebige Zeichenfolgen. Ein wesentlicher Unterschied besteht zwischen Typen fester Länge (CHAR etc.) und solchen variabler Länge (VARCHAR etc.). Letztere benötigen in der Regel weniger Platz, sind aber bei vielen Operationen langsamer.

Typ	Beschreibung
CHAR	Typ fester Länge. Eine CHAR-Spalte kann bis zu 255 Zeichen aufnehmen
CHARACTER	Synonym für CHAR
CHARACTER VARYING	Synonym für VARCHAR
LONGTEXT	Typ variabler Länge für lange Texte, der theoretisch bis zu 4 GB speichern kann
MEDIUMTEXT	Typ variabler Länge für lange Texte bis zu 16 MB
NATIONAL CHAR	Synonym für CHAR
NATIONAL CHARACTER	Synonym für CHAR
TINYTEXT	Typ für kurze Zeichenfolgen bis zu 255 Zeichen
VARCHAR	Typ variabler Länge. Auch dieser Typ ist für maximal 255 Zeichen vorgesehen
TEXT	Typ variabler Länge für bis zu 65.535 Zeichen

Tabelle A.2: Datentypen für Textspalten

Beim Typ VARCHAR ist zu beachten, dass MySQL Leerzeichen am Ende der Zeichenfolge entfernt. Für die TEXT-Typen gilt das jedoch nicht. Ein weiterer Unterschied zwischen CHAR/VARCHAR und TEXT besteht darin, dass Erstere DEFAULT-Werte akzeptieren, Letztere jedoch nicht. Sowohl CHAR als auch VAR-CHAR begrenzen die Länge von Zeichenfolgen und schneiden überstehende Zeichen ab.

Bei der Sortierung der vorstehend genannten Typen und bei Vergleichen achtet MySQL nicht auf die Unterscheidung von Groß- und Kleinschreibung. Sie können diese jedoch erzwingen, wenn Sie die Spalten mit dem Attribut BINARY erzeugen.

Da MySQL bei Verwendung von Spalten mit variabler und fester Länge gegebenenfalls selbstständig die Spalten fester Länge in den variablen Typ verwandelt, macht es in der Regel wenig Sinn, beide Typvarianten in einer Tabellendefinition zu verwenden.

Logische Typen

Logische Datentypen speichern lediglich zwei Zustände (True/False). In der Regel werden dafür die numerischen Werte 1 (True) und 0 (False) verwendet.

Typ	Beschreibung
BIT	Speichert die logischen Werte 1 (True) und 0 (False)
BOOL	Synonym für BIT

Tabelle A.3: Logische Datentypen

Bei beiden Typen handelt es sich eigentlich nur um Synonyme für den Typ TINYINT mit einer Länge von 1. Sie können daher auch diesen Typ für die Speicherung logischer Werte verwenden. .

Binär-Datentypen

Die *Binär-Datentypen* lassen sich auch als Variante der Texttypen interpretieren. Sie werden daher häufig auch mit diesen zusammengefasst. Wir haben sie hier jedoch separat aufgeführt, weil sich Binär-Datentypen in Vergleichen anders verhalten können als reine Texttypen. Im Gegensatz zu den Texttypen unterscheiden BLOB-Typen beispielsweise automatisch zwischen Groß- und Kleinschreibung, ohne dass Sie dafür ein Attribut wie BINARY verwenden müssen.

Typ	Beschreibung
BLOB	Speichert bis zu 65.535 Bytes. Dieser Typ ähnelt damit dem Typ TEXT
LONGBLOB	Typ variabler Länge für Binärdaten mit bis zu 4 GB; entspricht weitgehend dem Typ LONGTEXT
MEDIUMBLOB	Typ variabler Länge für Binärdaten mit bis zu 16 MB; entspricht weitgehend dem Typ MEDIUM-TEXT
TINYBLOB	Typ für Binärdaten mit bis zu 255 Bytes; entspricht weitgehend dem Typ TINYTEXT

Tabelle A.4: Datentypen für die Speicherung von Binärdaten

Grundsätzlich können Sie auch normale Zeichenfolgen in BLOB-Spalten speichern. Üblicherweise verwenden Sie diese aber für spezielle Daten wie beispielsweise Grafiken, Sound oder Videos.

Beachten Sie jedoch, dass Sie die mögliche Speichergröße der hier genannten Typen nicht immer ausnutzen können, weil diese auch durch die Zwischenspeicher (Buffer) begrenzt wird, die bei der Übertragung der Daten zum Einsatz kommen. Diese Einschränkung gilt grundsätzlich auch für die großen TEXT-Typen.

Datum und Zeit

MySQL behandelt insbesondere Datumswerte recht locker. Sie können grundsätzlich alle Werte eingeben, solange sie sich im Bereich von 0 bis 12 Monaten bzw. 0 bis 31 Tagen bewegen. Damit lassen sich auch Datumswerte mit dem Monat bzw. dem Tag 0 definieren (beispielsweise 2004-00-00). Die Festlegung des *Datumstyps* bewirkt daher nur eine begrenzte Eingabekontrolle. Es ist in der Regel die Aufgabe des Programmierers, auf korrekte Datumswerte zu achten.

Typ	Beschreibung
DATE	Speichert Datumswerte im Format jjjj-mm-tt. Der Zeitraum umfasst den Bereich von »1000-01-01« bis zum »9999-12-31«. Für normale Datumsangaben verwenden Sie in der Regel nur diesen Typ.
DATETIME	Speichert einen kombinierten Datums- und Zeitwert im Format jjjj-mm-tt hh:mm:ss. Der Wertebereich ist begrenzt auf den Zeitraum vom »1000-01-01 00:00:00« bis zum »9999-12-31 23:59:59«.
TIME	Speichert Zeitangaben im Format hh:mm:ss.
TIMESTAMP	Speichert einen kombinierten Datums- und Zeitwert im Format jjjjmmtthhmmss. Ein Unterschied zu DATETIME besteht darin, dass MySQL den Wert beim Erzeugen eines neuen Datensatzes automatisch auf den aktuellen Zeitpunkt setzt. Enthält die Tabelle mehrere Timestamp-Spalten, wird die jeweils erste auch bei Änderungen am betreffenden Datensatz auf den aktuellen Wert gesetzt. Sie können die Anzeigenbreite des TIMESTAMP-Wertes durch Angabe eines Argumentwertes zwischen 2 und 14 steuern.
YEAR	Speichert Jahresangaben zwischen 1901 und 2155 im Format JJJJ.

Tabelle A.5:   Datumstypen

Die eingeschränkte Typkontrolle gilt auch für den Type TIME. Hier geht MySQL automatisch davon aus, dass der am weitesten rechts stehende Teil der Zeitangabe für Sekunden steht. Ein verkürzter Zeitwert kann folglich zu einer Fehlinterpretation durch MySQL führen.

Komplexe Datentypen

MySQL unterstützt zwei *komplexe (zusammengesetzte) Datentypen*, die sich insbesondere für die Auswahl von einfachen Nachschlagewerten eignen. Diese können im begrenzten Umfang so genannte Nachschlagetabellen ersetzen. Daraus ergeben sich wiederum Performance-Vorteile, weil für die Auswertung keine Abfragen über mehrere Tabellen ausgeführt werden müssen.

Datentyp	Beschreibung
ENUM	Speichert einen Wert (eine Zeichenfolge) aus einer vorgegebenen Liste von maximal 65.535 Werten
SET	Speichert beliebig viele Werte aus einer vorgegebenen Liste von maximal 64 Werten. Im Prinzip handelt es sich beim Typ SET um eine Erweiterung des ENUM-Typs.

Tabelle A.6:   Komplexe Datentypen

Ein weiterer Vorteil der komplexen Typen besteht in einer gewissen Eingabekontrolle. Der Anwender kann nur noch Werte auswählen, die in der Liste enthalten sind.

B MySQL-Kurzreferenz

Bei der folgenden Kurzreferenz halten wir uns an die übliche Syntaxbeschreibung. Optionale Elemente werden deshalb in eckige Klammern gesetzt und alternative Sprachelemente durch einen senkrechten Strich getrennt. Alle SQL-Sprachelemente werden großgeschrieben. Für eigene Bezeichner verwenden wir eine gemischte Schreibweise. Von Alternativen, die in geschweifte Klammern eingeschlossen sind, muss eine verwendet werden.

ALTER DATABASE | SCHEMA

Der Befehl ALTER DATABASE ändert die Spezifikationen einer bestehenden Datenbank.

```
ALTER DATABASE | SCHEMA Datenbankname
Spezifikation1 [, Spezifikation2]
```

Zur Änderung der Spezifikation einer Datenbank lassen sich folgende Elemente verwenden:

```
[DEFAULT] CHARACTER SET Zeichensatz
| [DEFAULT] COLLATE Collation
```

ALTER PROCEDURE | FUNCTION

Ändert eine gespeicherte Prozedur oder Funktion.

```
ALTER {PROCEDURE | FUNCTION} Name [Characteristic ...]
```

Für den Ausdruck *Characteristic* lassen sich folgende Elemente einsetzen:

```
{CONTAINS SQL | NO SQL | READS SQL DATA
| MODIFIES SQL DATA } | SQL SECURITY { DEFINER
| INVOKER } | COMMENT Zeichenfolge
```

Eigentlich lässt sich nur die Characteristic ändern, nicht die komplette Prozedur (oder Funktion). In der Regel wird es daher einfacher sein, eine gespeicherte Prozedur (oder Funktion) zunächst zu löschen (DROP PROCEDURE) und dann mit CREATE PROCEDURE / CREATE FUNCTION neu aufzubauen.

ALTER TABLE

ALTER TABLE dient der Änderung bestehender Tabellen. Damit lassen sich praktisch alle Details einer Tabelle ändern. Beachten Sie aber, dass Änderungen der Struktur auch einen Datenverlust bewirken können. Die folgende Beschreibung zeigt zunächst die Basissyntax. Diese ist durch Spezifikationen zu ergänzen:

```
ALTER [IGNORE] TABLE Tabelle Spezifikation [,
        Spezifikation, ...]
```

Die Art der Strukturänderung bestimmen Sie im Argument Spezifikation, diese ergibt sich aus einer der folgenden Syntaxbeschreibungen. Beachten Sie, dass bestimmte Spezifikationen im selben Befehl mehrfach verwendet werden können, etwa mehrere Spaltenspezifikationen. Dies gilt aber nicht für alle.

Spezifikation für die Erzeugung einer Spalte::

```
ADD [COLUMN] Spaltendefinition [FIRST | AFTER Spalte ]
```

Alternativ ist auch folgende Variante möglich:

```
ADD [COLUMN] (Spaltendefinition1,
        Spaltendefinition2, ...)
```

Mit den vorstehenden Spezifikationen erzeugen Sie eine neue Spalte, wobei die Spaltendefinition folgende Struktur hat:

```
Spaltenname Typ [NOT NULL | NULL]
        [DEFAULT Standardwert] [AUTO_INCREMENT]
        [PRIMARY KEY] [Referenzdefinition]
```

Spezifikation für die Erzeugung eines Index:

```
ADD INDEX [Index-Name] (Spalte1 [, Spalte2, ...])
```

Spezifikation für die Erzeugung eines eindeutigen Index:

```
ADD UNIQUE [Index-Name] (Spalte1 [, Spalte2, ...])
```

Spezifikation für die Erzeugung eines Volltext-Index:

```
ADD FULLTEXT [Index-Name] (Spalte1 [, Spalte2, ...])
```

Spezifikation für die Erzeugung eines Primärschlüssels:

```
ADD PRIMARY KEY (Spalte1 [, Spalte2, ...])
```

Spezifikation für die Erzeugung eines Fremdschlüssels:

```
ADD [CONSTRAINT Symbol]
    FOREIGN KEY [Index-Name]
    (Spalte1 [, Spalte2, ...])
    [Referenzdefinition]
```

Spezifikation für die Änderung einer Spalte:

```
ALTER [COLUMN] Spalte

    {SET DEFAULT Literal | DROP DEFAULT}
```

Alternative Spezifikation für die Änderung einer Spalte:

```
CHANGE [COLUMN] AlteSpalte Spaltendefinition
       [FIRST | AFTER Spalte]
```

Alternative Spezifikation für die Änderung einer Spalte:

```
MODIFY [COLUMN] Spaltendefinition
       [FIRST | AFTER Spalte]
```

Spezifikation für das Löschen einer Spalte:

```
DROP [COLUMN] Spalte
```

Spezifikation für das Löschen des Primärschlüssels:

```
DROP PRIMARY KEY
```

Spezifikation für das Löschen eines Index:

```
DROP INDEX Index
```

Spezifikation für das Deaktivieren/Aktivieren nicht eindeutiger Indizes:

```
{DISABLE KEYS | ENABLE KEYS}
```

Spezifikation für die Änderung des Tabellennamens:

```
RENAME [TO] NeuerTabellenname
```

Spezifikation für die Sortierung:

```
ORDER BY Spalte
```

Spezifikation für Tabellenoptionen:

Die Tabellenspezifikationen werden im Abschnitt über den Befehl CREATE TABLE vorgestellt.

ALTER VIEW

ALTER VIEW dient der Änderung von Views (ab Version 5.0).

```
ALTER VIEW View-Name [(Spaltenliste)]
    AS Select-Anweisung
    [WITH [CASCADED | LOCAL] CHECK OPTION]
```

Die Syntax ist nahezu identisch mit der CREATE VIEW-Syntax.

ANALYZE TABLE

ANALYZE TABLE analysiert *BDB*- und *MyISAM*-Tabellen. Als Ergebnis wird eine Tabelle mit dem Namen der Tabelle, der Operation, dem Message-Typ (*status*, *error* oder *warning*) und dem Message-Text erzeugt.

```
ANALYZE TABLE Tabelle1 [,Tabelle2, ...]
```

Die gleiche Funktion stellt das zur MySQL-Distribution gehörende Kommandozeilen-Tool *myisamchk* zur Verfügung.

BACKUP TABLE

Mit dem BACKUP-Befehl erzeugen Sie Sicherheitskopien von beliebigen Tabellen. Der Befehl hat folgende Syntax:

```
BACKUP TABLE Tabelle1 [, Tabelle2, ...] TO 'Pfad'
```

Mit RESTORE TABLE nutzen Sie die mit BACKUP gesicherten Tabellen, um beschädigte Tabellen wiederherzustellen. Alternativ lässt sich für Backups auch der Befehl SELECT INTO OUTFILE nutzen.

BEGIN/COMMIT/ROLLBACK

Die drei SQL-Kommandos für die Behandlung von Transaktionen werden ohne weitere Klauseln und Argumente verwendet.

```
BEGIN
COMMIT
ROLLBACK
```

BEGIN kennzeichnet den Anfang einer Transaktion, COMMIT schließt eine erfolgreiche Transaktion ab und ROLLBACK macht bereits ausgeführte Operationen einer Transaktion wieder rückgängig.

CALL

Mit CALL rufen Sie eine gespeicherte Prozedur auf. In Klammern sind dabei die Parameter zu übergeben:

```
CALL Name ([Parameter1, Parameter2, …])
```

Die Parameterklammern sind auch dann anzugeben, wenn keine Parameter übergeben werden.

CHECK TABLE

Der Befehl überprüft eine Tabelle und deren Spalten und erzeugt eine tabellarische Ausgabe. Die Syntax hat folgende Form:

```
CHECK TABLE Tabelle1 [,Tabelle2, ...] [Option1
          [Option2 ...]]
```

Als Option lassen sich die in Tabelle 1 dargestellten Klauseln verwenden. Beachten Sie, dass Sie mehrere Optionen angeben können und dass diese nicht durch Kommata zu trennen sind.

Option	Beschreibung
QUICK	Verzicht auf die Überprüfung der Zeilen nach fehlerhaften Verknüpfungen
FAST	Überprüft nur Tabellen, die nicht korrekt geschlossen wurden
CHANGED	Überprüft nur Tabellen, die geändert oder nicht korrekt geschlossen wurden
MEDIUM	Überprüft Spalten, um festzustellen, ob gelöschte Verbindungen in Ordnung sind
EXTENDED	Überprüft alle Schlüsselwerte für alle Schlüsselspalten

Tabelle B.1: Optionen für CHECK TABLE

Die einzelnen Optionen erfordern einen unterschiedlichen Zeitaufwand, wobei EXTENDED am meisten Zeit beansprucht.

CREATE DATABASE

Der Befehl CREATE DATABASE erzeugt eine neue, leere Datenbank.

```
CREATE DATABASE | SCHEMA [IF NOT EXISTS] Datenbankname
[Spezifikation1 [, Spezifikation2], ...]
```

Da eine MySQL-Datenbank aus einem Verzeichnis bzw. den darin gespeicherten Dateien besteht, erzeugt der Befehl eigentlich nur ein neues Verzeichnis. Ab Version 5.02 können Sie auch die Variante CREATE SCHEMA verwenden. Zur Spezifikation einer Datenbank lassen sich folgende Elemente einsetzen:

```
[DEFAULT] CHARACTER SET Zeichensatz
| [DEFAULT] COLLATE Collation
```

CREATE FUNCTION

Bindet eine benutzerdefinierte Funktion in MySQL ein. Diese Funktion kann dann wie eine normale MySQL-Funktion verwendet werden:

```
CREATE [AGGREGATE] FUNCTION Funktionsname
    RETURNS {STRING|REAL|INTEGER}
    SONAME Pfad_der_Shared_library
```

Eine benutzerdefinierte Funktion wird in einer gängigen Programmiersprache, beispielsweise C bzw. C++, programmiert und als DLL (Windows) kompiliert.

CREATE INDEX

Der Befehl dient der Erzeugung von eindeutigen und nicht eindeutigen sowie von Volltext-Indizes. Indizes werden in separaten Dateien gespeichert.

```
CREATE [UNIQUE|FULLTEXT] INDEX Indexname

    ON Tabelle (Spaltenname[(Länge)],... )
```

Die Definition bezieht sich aber immer nur auf eine Tabelle. Für jeden Index wird eine separate Anweisung benötigt. Um die Größe von Indizes zu begrenzen, können Sie die Länge vorgeben. Dies gilt vor allem für CHAR- und VARCHAR-Spalten. Für Spalten vom Typ BLOB bzw. TEXT ist die Vorgabe der Länge sogar zwingend, weil diese Spalten sehr große Datenmengen speichern können.

CREATE PROCEDURE/CREATE FUNCTION

Der Befehl erzeugt eine gespeicherte Prozedur bzw. Funktion. Die Basis-Syntax hat folgende Form:

```
CREATE PROCEDURE Name ([Parameter1, Paremeter2, ...])
[Characteristic]
BEGIN
   SQL-Anweisungen
END
```

Die Parameter sind mit den Bezeichnungen IN, OUT und INOUT zu qualifizieren. Verzichten Sie darauf, wird der Parameter als IN-Parameter gewertet. Innerhalb der BEGIN/END-Struktur sind alle Anweisungen mit einem Semikolon abzuschließen. Sie müssen daher in der Regel für den kompletten Befehl einen anderen Begrenzer setzen. Dazu verwenden Sie den Befehl DELIMITER.

Für den optionalen Ausdruck *Characteristic* können Sie folgende Elemente einsetzen:

```
LANGUAGE SQL | [NOT] DETERMINISTIC
| { CONTAINS SQL | NO SQL | READS SQL DATA
| MODIFIES SQL DATA }
| SQL SECURITY { DEFINER | INVOKER }
| COMMENT 'Zeichenfolge'
```

In gespeicherten Prozeduren und Funktionen lassen sich Kontrollstrukturen wie beispielsweise IF/ELSE/END IF oder WHILE/DO verwenden.

Gespeicherte Funktionen verwenden zusätzlich noch einen Rückgabewert, so dass sich folgende Basissyntax ergibt:

```
CREATE FUNCTION Name ([Parameter1, Parameter2, ...])
RETURNS Typ
[Characteristic]
BEGIN
   SQL-Anweisungen;
   RETURN Wert;
END
```

Mit RETURNS *Typ* bestimmen Sie zunächst den Typ des Rückgabewerts (den Funktionstyp). Als Rückgabetyp sind praktisch alle einfachen MySQL-Datentypen zulässig. Die Anweisung RETURN *Wert* bestimmt den Rückgabewert. Sie kann im BEGIN/END-Block mehrfach vorkommen.

CREATE TABLE

Der CREATE TABLE-Befehl erzeugt eine neue Tabelle. Die Grundsyntax hat folgende Form:

```
CREATE [TEMPORARY] TABLE
    [IF NOT EXISTS] Tabellenname
    [(Spaltendefinition1,
     Spaltendefinition2, ...)]
    [Tabellenoptionen] [SELECT-Anweisung]
```

Mit Hilfe von Definitionen werden Spalten, Indizes und Primärschlüssel definiert. Jede Definition ist von der vorhergehenden durch ein Komma abzugrenzen.

Bei der Erzeugung einer neuen Tabelle können Spaltendefinitionen aus einer bestehenden Tabelle übernommen werden. Zu diesem Zweck ist eine SELECT-Anweisung an die eigentliche Tabellendefinition anzuhängen (siehe SELECT-Syntax).

Spaltendefinitionen

Sie können unterschiedliche der nachfolgend vorgestellten Definitionen gleichzeitig verwenden.

Spaltendefinition für eine Spalte:

```
Spaltenname Typ [NOT NULL | NULL]
            [DEFAULT Standardwert]
            [AUTO_INCREMENT] [PRIMARY KEY]
            [Referenzdefinition]
```

Die Typangabe bezieht sich auf einen der von MySQL bereitgestellten Datentypen (siehe Anhang A »Datentypen«). Für einige Typen ist in Klammern noch die Länge in Zeichen (beispielsweise CHAR(100)) bzw. die Zahl der Stellen (Genauigkeit) und Nachkommastellen (Dezimalstellen) anzugeben (DECIMAL(10,2)).

Spaltendefinition für den Primärschlüssel:

```
PRIMARY KEY (Spalte1, Spalte2, ...)
```

Jede Tabelle kann nur einen Primärschlüssel enthalten.

Spaltendefinition für Indizes:

```
INDEX [Indexname] (Spalte1 [, Spalte2, ...])
```

Alternative Definition für Indizes:

`KEY [Indexname] (Spalte1 [, Spalte2, ...])`

Spaltendefinition für eindeutigen Index:

`UNIQUE [INDEX] [Indexname] (Spalte1, Spalte2, ...)`

Spaltendefinition für Volltext-Index:

`FULLTEXT [INDEX] [Indexname] (Spalte1, Spalte2, ...)`

Spaltendefinition für Fremdschlüssel:

```
[CONSTRAINT Symbol] FOREIGN KEY [Indexname]
    (Spalte1, Spalte2,...)
    [Referenzdefinition]
```

Tabellenoptionen

Eine `CREATE TABLE`-Anweisung kann die folgenden Tabellenoptionen enthalten.

Tabellentyp:

```
ENGINE | TYPE = {BDB | HEAP | ISAM | InnoDB |
    MERGE | MRG_MYISAM | MYISAM }
```

Wenn Sie auf die Angabe des Typs verzichten, wird üblicherweise der Typ `MYISAM` erzeugt. Beachten Sie, dass die Klausel `TYPE` zukünftig wohl wegfallen wird. Sie sollten also nur noch `ENGINE` verwenden.

Startwert für Autoincrement-Spalte:

`AUTO_INCREMENT = Wert`

Durchschnittliche Länge für variable Spalten:

`AVG_ROW_LENGTH = Länge`

Prüfsummen berechnen:

`CHECKSUM = {0 | 1}`

Kommentar zur Tabelle:

```
COMMENT = 'Zeichenfolge'
```

Maximale Zahl von Datensätzen:

```
MAX_ROWS = Wert
```

Minimale Zahl von Datensätzen:

```
MIN_ROWS = Wert
```

Schlüsselkomprimierung (*ISAM*- und *MyISAM*-Tabellen):

```
PACK_KEYS = {0 | 1 | DEFAULT}
```

Passwort (nur kommerzielle Versionen):

```
PASSWORD = "string"
```

Verzögerte Schlüsselaktualisierung:

```
DELAY_KEY_WRITE = {0 | 1}
```

Art der Speicherung von Datensätzen (*MyISAM*):

```
ROW_FORMAT= { default | dynamic | fixed | compressed }
```

Umgehung der 2-GB- bzw. 4-GB-Grenze für Dateigrößen (*MyISAM*):

```
RAID_TYPE= {1 | STRIPED | RAIDO }
RAID_CHUNKS=#   RAID_CHUNKSIZE=#
```

Zusammenfassung (collection) von gleich strukturierten Tabellen:

```
UNION = (table_name,[table_name...])
```

INSERT-Methode:

```
INSERT_METHOD= {NO | FIRST | LAST }
```

Datenpfad (absoluter Pfad erforderlich):

```
DATA DIRECTORY="Absoluter Pfad"
```

Pfad für Index-Dateien (absoluter Pfad erforderlich):

```
INDEX DIRECTORY=" Absoluter Pfad"
```

Wie aus der Basissyntax des CREATE TABLE-Befehls weiter oben
zu ersehen, sind die Tabellenoptionen an die eigentliche Tabellendefinition anzuhängen. Sollen mehrere Definitionen in einer CREATE-Anweisung verwendet werden, sind sie durch
Kommata zu trennen.

Referenzdefinition

Die Referenzdefinition stellt über einen Fremdschlüssel eine
Beziehung zu einer anderen Tabelle her:

```
REFERENCES Fremdtabelle [(Fremdschlüsselspalten)]
                [MATCH FULL | MATCH PARTIAL]
                [ON DELETE Referenzoption]
                [ON UPDATE Referenzoption]
```

Als Referenzoptionen kommen alternativ folgende Angaben in
Betracht:

```
RESTRICT | CASCADE | SET NULL | NO ACTION | SET DEFAULT
```

Mit den Optionen bestimmen Sie, ob beispielsweise eine
Löschanweisung an die abhängige Tabelle weitergegeben wird
(CASCADE). In diesem Fall löscht MySQL beim Löschen eines
Datensatzes der übergeordneten Tabelle auch die zugehörigen
Datensätze der untergeordneten Tabelle.

CREATE TRIGGER

Die Anweisung CREATE TRIGGER erzeugt eine Befehlsfolge, die
beim Auftreten eines bestimmten Ereignisses (etwa dem Hinzufügen eines Datensatzes) automatisch ausgeführt wird. Die
Syntax hat folgende Form:

```
CREATE TRIGGER Name Zeit Ereignis
ON Tabelle
FOR EACH ROW Trigger-Anweisungen
```

Für den Parameter *Zeit* lassen sich die Werte BEFORE und AF-
TER einsetzen. Zusammen mit dem *Ereignis* (INSERT, UPDATE

oder DELETE) bestimmt die *Zeit*, wann auf welches Ereignis die Trigger-Anweisung ausgeführt werden soll. Die Kombination AFTER DELETE besagt eben, dass die Trigger-Anweisung nach dem Löschen eines Datensatzes zur Ausführung kommen soll. Als Trigger-Anweisung werden SQL-Befehle eingesetzt. Bei mehreren SQL-Befehlen sind diese in eine BEGIN/END-Struktur einzubetten (siehe CREATE PROCEDURE).

Da die einzelnen Anweisungen innerhalb der BEGIN/END-Struktur mit einem Semikolon abzugrenzen sind, müssen Sie für den ganzen Befehl in der Regel einen anderen Begrenzer setzen. Sie verwenden dazu den Befehl DELIMITER.

CREATE VIEW

Views schränken die Sicht auf Tabellen ein, indem sie dem Anwender lediglich ausgewählte Spalten einer oder mehrerer Tabellen zur Verfügung stellen. Views sind also keine eigenen Tabellen, sondern »Ansichten« von bereits vorhandenen Tabellen. Die Syntax hat folgende Form:

```
CREATE [ALGORITHM = {UNDEFINED | MERGE | TEMPTABLE }]
VIEW Name [(Spalte1, Spalte2, …)]
AS Select-Anweisung
[WITH [CASCADED | LOCAL] CHECK OPTION]
```

Da die *Select-Anweisung* auch eine WHERE-Klausel enthalten kann, lässt sich in VIEWS auch eine Zeilenauswahl vornehmen. In der Regel können die Daten eines Views editiert werden. Da ein View nur eine Ansicht der betreffenden Tabelle(n) liefert, werden die Änderungen natürlich in den Ursprungstabellen wirksam.

DELETE

Der DELETE-Befehl löscht einzelne Zeilen (Datensätze). MySQL unterscheidet zwischen drei Syntaxvarianten. Die erste Variante hat folgende Form:

```
DELETE [LOW_PRIORITY] [QUICK] FROM Tabelle
    [WHERE Bedingung]
    [ORDER BY ...]
    [LIMIT Zeilen]
```

Damit löschen Sie eine beliebige Zahl von Datensätzen. Die Auswahl erfolgt mit Hilfe einer WHERE-Klausel und/oder der Angabe der maximal zu löschenden Datensätze (LIMIT).

Die zweite Syntaxvariante bezieht sich auf verknüpfte Tabellen (Mehrtabellen-DELETE). Sie haben damit die Möglichkeit, zugehörige Datensätze (beispielsweise Kunden-> Rechnungen) gleichzeitig zu löschen:

```
DELETE [LOW_PRIORITY] [QUICK]
    Tabelle1[.*] [,Tabelle2[.*], ...]
    FROM Tabellenreferenz
    [WHERE Bedingung]
```

Dieser Befehl sichert bei verknüpften Tabellen die Referenzintegrität, ohne dass Sie mehrere Löschbefehle ausführen müssen.

Die dritte Variante dient grundsätzlich dem gleichen Zweck, sie verwendet jedoch die Klausel USING:

```
DELETE [LOW_PRIORITY] [QUICK]
    FROM Tabelle1[.*] [,Tabelle2[.*], ...]
    USING Tabellenreferenz
    [WHERE Bedingung]
```

Grundsätzlich sind beide Varianten gleichwertig, die letzte ist jedoch etwas umständlicher. Als Tabellenreferenz ist eine per Kommata separierte Liste von Tabellen anzugeben, die bei der Bildung der Bedingung in der WHERE-Klausel benötigt werden.

DESCRIBE

Mit DESCRIBE erhalten Sie Informationen über Tabellen und Spalten. Die Anweisung steht in den folgenden zwei Varianten zur Verfügung:

```
DESCRIBE Tabelle {Spalte | Muster für Spaltenname}
DESC Tabelle {Spalte | Muster für Spaltenname}
```

Die zweite Variante stellt lediglich eine Abkürzung der ersten dar. Zudem erfüllt die Anweisung SHOW CLOLUMNS FROM die gleiche Funktion. Wenn Sie keinen Spaltennamen angeben, sondern ein Muster, kann dieses die Ersatzeichen »%« und »_« enthalten.

DROP DATABASE

Datenbanken können Sie eigentlich schon löschen, indem Sie das entsprechende Datenbankverzeichnis löschen. Sicherer ist jedoch der folgende Befehl:

```
DROP DATABASE [IF EXISTS] Datenbank
```

Um für den Fall, dass die Datenbank nicht (mehr) existiert, eine Fehlermeldung zu vermeiden, können Sie die Klausel IF EXISTS einsetzen.

DROP FUNCTION

Entfernt eine benutzerdefinierte Funktion aus der MySQL-Systemtabelle für Funktionen:

```
DROP FUNCTION Funktionsname
```

Benutzerdefinierte Funktionen werden mit CREATE FUNCTION in die Systemtabelle eingebunden.

DROP INDEX

Die Anweisung DROP INDEX löscht beliebige Indizes. Die Syntax hat folgende Form:

```
DROP INDEX Indexname ON Tabelle
```

Die Anweisung kann auch als Teilanweisung im Rahmen eines ALTER TABLE-Befehls eingesetzt werden.

DROP TABLE

Mit DROP TABLE löschen Sie eine oder mehrere Tabellen inklusive der Daten und Definitionen:

```
DROP TABLE [IF EXISTS] Tabelle1 [, Tabelle2, ...]
          [RESTRICT | CASCADE]
```

Die Klauseln RESTRICT und CASCADE werden von MySQL nur aus Kompatibilitätsgründen akzeptiert. Sie sind momentan noch wirkungslos.

DROP TRIGGER

Die DROP TRIGGER-Anweisung löscht einen Trigger. Sie hat folgende Form:

```
DROP TRIGGER Tabellenname.Triggername
```

DROP VIEW

Mit DROP VIEW löschen Sie einen oder mehrere Views:

```
DROP VIEW [IF EXISTS] View1 [, View2] ...
[RESTRICT | CASCADE]
```

Da es sich bei einem View lediglich um eine abgeleitete Struktur handelt, gehen dabei keine Daten verloren.

EXPLAIN

Die EXPLAIN-Anweisung informiert über die Struktur von Tabellen und SELECT-Abfragen. Sie ist daher in zwei Syntaxvarianten verfügbar:

```
EXPLAIN Tabelle;
```

```
EXPLAIN SELECT Select-Optionen;
```

Die erste Variante erzeugt Informationen über eine Tabelle. Mit der zweiten können Sie sich Informationen über die Struktur einer Abfrage anzeigen lassen.

FLUSH

Mit FLUSH versetzen Sie verschiedene MySQL-Objekte bzw. Prozesse wieder in einen Anfangszustand. Die Grundsyntax hat folgende Form:

```
FLUSH Option1 [, Option2, ...]
```

Eine Option kann aus verschiedenen Befehlsfragmenten bestehen. Diese haben die nachfolgend beschriebenen Funktionen.

DES-Schlüssel erneut laden:

```
DES_KEY_FILES
```

Cache-Tabellen löschen:

```
HOSTS
```

Alle Log-Dateien schließen und dann erneut öffnen:

```
LOGS
```

Systemtabellen mit Zugriffsrechten erneut laden:

```
PRIVILEGES
```

Query-Cache defragmentieren:

```
QUERY CACHE
```

Statusvariablen zurücksetzen:

```
STATUS
```

Nur die angegebenen Tabellen »flushen«:

```
[TABLE | TABLES] Tabelle1 [,Tabelle2, ...]
```

Alle offenen Tabellen schließen und mit einem READ LOCK sperren (die Sperrung lässt sich nur mit UNLOCK TABLES wieder aufheben):

```
TABLES WITH READ LOCK
```

Alle Benutzer-Ressourcen zurücksetzen:

```
USER_RESOURCES
```

GRANT

Mit GRANT gewähren Sie den Anwendern Rechte (Privilegien),
die es diesen erlauben, bestimmte MySQL-Objekte zu nutzen:

```
GRANT Privileg [(Spaltenliste)]
    [,Privileg [(Spaltenliste)] ...]
    ON {Tabelle | * | *.* | Datenbank.*}
    TO Anwender [IDENTIFIED BY [PASSWORD] 'Passwort']
        [, Anwender [IDENTIFIED BY 'Passwort'] ...]
    [REQUIRE NONE | [{SSL| X509}]
    [CIPHER cipher [AND]]
    [ISSUER issuer [AND]]
    [SUBJECT subject]]
    [WITH [GRANT OPTION | MAX_QUERIES_PER_HOUR # |
        MAX_UPDATES_PER_HOUR # |
        MAX_CONNECTIONS_PER_HOUR #]]
```

Als Privileg (Recht) können Sie im Prinzip beliebige Elemente
aus Tabelle B.2 einsetzen. Allerdings lassen sich nicht alle Privilegien mit jedem Datenbankobjekt kombinieren.

Privileg	Beschreibung
ALL	Verwendung aller einfachen Rechte mit Ausnahme von WITH GRANT OPTION
ALTER	Tabellenstruktur ändern (ALTER TABLE)
CREATE	Tabellen anlegen (CREATE TABLE)
CREATE TEMPORARY TABLE	Temporäre Tabellen anlegen
DELETE	Datensätze löschen
DROP	Tabellen entfernen (DROP TABLE)
EXECUTE	In Version 4.0 noch nicht implementiert
FILE	Verwendung von SELECT ... INTO OUTFILE und LOAD DATA INFILE

Privileg	Beschreibung
INDEX	Indizes anlegen und entfernen (CREATE INDEX, DROP INDEX)
INSERT	Datensätze einfügen (INSERT, REPLACE)
LOCK TABLES	Tabellen sperren, soweit der Anwender für die betreffenden Tabellen das SELECT-Privileg besitzt
PROCESS	Verwendung von SHOW FULL PROCESSLIST
RELOAD	Verwendung von FLUSH
REPLICATION CLIENT	Ermöglicht bei der Replikation die Ermittlung des Slaves bzw. Masters
REPLICATION SLAVE	Wird bei der Replikation für das Lesen der Master-BinLogs benötigt
SELECT	SELECT-Abfragen ausführen
SHOW DATABASES	Erlaubt die Anzeige aller Datenbanken mit SHOW DATABASES
SHUTDOWN	MySQL-Server beenden (herunterfahren mit mysqladmin shutdown)
SUPER	Ermöglicht die Herstellung einer Verbindung und die Ausführung der Befehle MASTER, KILL thread, mysqladmin debug, PURGE MASTER LOGS und SET GLOBAL
UPDATE	Datensätze ändern (UPDATE)
USAGE	Keine Privilegien

Tabelle B.2: Privilegien

Für den Entzug der mit GRANT eingeräumten Rechte ist die Anweisung REVOKE zuständig.

HANDLER

Mit dem HANDLER-Befehl erhalten Sie direkten Zugriff auf den Kern des MySQL-Servers. Der Befehl existiert in fünf Syntaxvarianten. Die erste Variante öffnet eine Tabelle:

```
HANDLER Tabelle OPEN [AS Alias]
```

Mit der zweiten Variante lesen Sie Daten aus der geöffneten
Tabelle aus. Sie können zusätzlich eine WHERE- und eine LIMIT-
Klausel angeben. Ohne LIMIT wird immer nur ein Datensatz
ausgegeben:

```
HANDLER Tabelle
READ Index { = | >= | <= | < } (Wert1, Wert2, ...)
[WHERE Bedingung ] [LIMIT Zahl ]
```

Die dritte Variante liefert jeweils den ersten, den nächsten, den
vorhergehenden oder den letzten Datensatz der Tabelle in der
Sortierung des verwendeten Index:

```
HANDLER Tabelle
READ Index { FIRST | NEXT | PREV | LAST }
[ WHERE Bedingung ] [LIMIT Zahl ]
```

Die vierte Variante ist eine Abwandlung der dritten:

```
HANDLER Tabelle READ { FIRST | NEXT }
[ WHERE ... ] [LIMIT ... ]
```

Mit der letzten Syntaxvariante schließen Sie eine Tabelle wieder:

```
HANDLER Tabelle CLOSE
```

HANDLER dient vor allem der Programmierung von Datenbankanwendungen.

INSERT

INSERT fügt Datensätze in eine Tabelle ein. Der Befehl ist zunächst in drei Versionen verfügbar. Die Syntax der ersten Version hat folgende Form:

```
INSERT [LOW_PRIORITY | DELAYED] [IGNORE]
       [INTO] Tabelle [(Spalte, ...)]
       VALUES (Ausdruck1 | DEFAULT,
       ...),
       (...), ...
       [ON DUPLICATE KEY UPDATE spalte=Ausdruck,... ]
```

Die leere Klammer am Ende der Syntaxbeschreibung soll andeuten, dass Sie mehrere Wertelisten, jede durch ein Komma von der vorhergehenden Liste getrennt, übergeben können. Damit besteht die Möglichkeit, gleich mehrere Zeilen einzufügen.

Die Klausel `ON DUPLICATE KEY UPDATE` bewirkt, dass kein neuer Datensatz eingefügt wird, wenn der angegebenen Primärschlüssel bereits in der Tabelle enthalten ist. In diesem Fall können Sie mit der Auflistung von Wertzuweisungen nach dem Muster Spalte = Ausdruck Update-Operationen bestimmen, die auf den betreffenden Datensatz angewendet werden.

Die zweite Syntaxvariante verwendet eine eingebettete `SELECT`-Anweisung, um die einzufügenden Daten aus einer anderen Tabelle zu entnehmen:

```
INSERT [LOW_PRIORITY | DELAYED] [IGNORE]
       [INTO] Tabelle [(Spalte, ...)]
       SELECT-Anweisung
```

Diese Variante kann nur funktionieren, wenn die Strukturen der Quell- und der Zieltabelle weitgehend übereinstimmen.

Die dritte Variante verwendet eine `SET`-Klausel und damit eine Syntax, wie sie auch beim `UPDATE`-Befehl zum Einsatz kommt:

```
INSERT [LOW_PRIORITY | DELAYED] [IGNORE]
       [INTO] Tabelle
       SET Spalte =(Ausdruck | DEFAULT), ...
```

Diese Variante ist nicht unbedingt zu empfehlen. Einerseits leistet sie nicht mehr als die erste Variante, andererseits weicht sie recht stark von der ANSI-Syntax ab.

KILL

Der `KILL`-Befehl beendet einen Thread. Zu diesem Zweck ist lediglich die Thread-ID zu übergeben:

```
KILL ThreadID
```

Die IDs der gerade aktiven Threads erhalten Sie mit Hilfe der Anweisung SHOW PROCESSES.

LOAD

Mit LOAD laden (importieren) Sie Daten aus Fremddateien in MySQL-Tabellen. Die Syntax hat folgende Form:

```
LOAD DATA [LOW_PRIORITY | CONCURRENT] [LOCAL]
    INFILE 'Datenname'
    [REPLACE | IGNORE]
    INTO TABLE tbl_name
    [FIELDS [TERMINATED BY '\t']
        [[OPTIONALLY] ENCLOSED BY '']
        [ESCAPED BY '\\' ]]
    [LINES TERMINATED BY '\n']
    [IGNORE number LINES]
    [(Spalte,...)]
```

Der Dateiname ist vollständig, inklusive der Dateiendung, anzugeben. Befindet sich die Datei nicht im aktuellen Datenbankverzeichnis, erwartet MySQL auch die komplette Pfadangabe.

LOCK TABLES

Für einige Operationen kann es sinnvoll sein, eine oder mehrere Tabellen für andere Benutzer zu sperren. Diese Aufgabe übernimmt der LOCK TABLE-Befehl:

```
LOCK TABLES Tabelle1 [AS Alias]
        {READ | [READ LOCAL] | [LOW_PRIORITY] WRITE}
        [, Tabelle2 [AS Alias]
        {READ | [READ LOCAL] | [LOW_PRIORITY] WRITE}
        [, ...]
```

Eine READ-Sperre bewirkt, dass andere Benutzer (bzw. Threads) nur noch lesend auf die Tabelle(n) zugreifen können. Mit einer WRITE-Sperre verhindern Sie jeden lesenden oder schreibenden Zugriff durch andere Benutzer (Threads). Für die Aufhebung von Sperren ist der Befehl UNLOCK TABLES zuständig.

OPTIMIZE TABLE

Mit OPTIMIZE TABLE veranlassen Sie MySQL, Tabellen zu reorganisieren sowie Indizes und eventuell ungültige Metainformationen (Datenbankinformationen) zu aktualisieren:

```
OPTIMIZE TABLE Tabelle1 [, Tabelle2, ...]
```

Der Befehl wird vor allem nach Änderung bzw. Löschung großer Datenmengen eingesetzt.

RENAME TABLE

Die Umbenennung von Tabellen kann auch im Rahmen einer ALTER TABLE-Anweisung erfolgen. RENAME TABLE ist jedoch einfacher anzuwenden:

```
RENAME TABLE AlterName TO NeuerName
       [, AlterName TO NeuerName, …]
```

Für die Umbenennung wird die Tabelle automatisch gesperrt, so dass kein anderer Thread darauf zugreifen kann.

REPAIR TABLE

Die REPAIR TABLE-Anweisung repariert, soweit möglich, eventuell beschädigte Tabelle:

```
REPAIR TABLE Tabelle1 [, Tabelle2,...]
       [QUICK] [EXTENDED] [USE_FRM]
```

Als Rückgabe liefert REPAIR eine tabellarische Struktur mit Informationen über die wiederhergestellten Tabellen. In der Version 4.x funktioniert der Befehl nur mit *MyISAM*-Tabellen.

REPLACE

REPLACE fügt Datensätze in eine Tabelle ein oder ersetzt bestehende durch neue Datensätze. Die Syntax ähnelt der des IN-
SERT-Befehls und wird daher auch in drei verschiedenen Varianten angeboten. Die erste hat folgende Form:

```
REPLACE [LOW_PRIORITY | DELAYED]
        [INTO] Tabelle [(Spalte1, Spalte2, ...)]
        VALUES (Ausdruck1, Ausdruck2, ...)
        [,(...)], ...
```

Diese Standardvariante erwartet in der INTO-Klausel die Angabe der Zieltabelle sowie eine in Klammern gesetzte Spaltenliste. In der VALUES-Klausel ist die ebenfalls in Klammern gesetzte Werteliste (bzw. Liste von Ausdrücken) zu übergeben.
Sollen mehrere Zeilen eingefügt werden, muss jede Werteliste
in separaten Klammern übergeben werden.

Die zweite Variante selektiert die einzufügenden Daten aus einer anderen Tabelle. Sie kombiniert zu diesem Zweck den RE-
PLACE-Befehl mit einer SELECT-Anweisung:

```
REPLACE [LOW_PRIORITY | DELAYED]
        [INTO] Tabelle [(Spalte1, Spalte2, ...)]
        SELECT-Anweisung
```

Die dritte Variante verwendet eine SET-Klausel und damit eine
Syntax, wie sie auch beim UPDATE-Befehl zum Einsatz kommt:

```
REPLACE [LOW_PRIORITY | DELAYED]
        [INTO] Tabelle
        SET Spalte = Ausdruck1,
            Spalte = Ausdruck1, ...
```

Diese Variante bietet eigentlich keinen Vorteil gegenüber der
erstgenannten. Da sie auch nicht ANSI-kompatibel ist, sollte
sie normalerweise nicht verwendet werden.

REPLACE ist zunächst nur eine Variante des INSERT-Befehls. Die
Funktion der beiden Befehle unterscheidet sich jedoch in einem wichtigen Punkt: REPLACE überschreibt einen alten Da-

tensatz, wenn ein neuer Datensatz einen bereits vorhandenen Schlüsselwert enthält. INSERT bricht in diesem Fall entweder mit einer Fehlermeldung ab oder verzichtet auf das Einfügen des neuen Datensatzes.

RESET

Ähnlich dem FLUSH-Befehl setzt RESET bestimmte MySQL-Objekte zurück. Der Befehl hat folgende Syntax:

```
RESET Resetoption1 [,Resetoption2, …]
```

Unter anderem lassen sich mit RESET Binär-Logs löschen und alle Abfrageergebnisse aus dem Query Cache entfernen. Als Reset-Optionen stehen Elemente wie MASTER, SLAVE und QUERY CACHE zur Verfügung. MASTER löscht alle Binary-Log-Dateien. SLAVE kommt bei der Replikation zum Einsatz und bewirkt ein Zurücksetzen der Position der Replikation im Master Log. QUERY CACHE entfernt alle Abfrageergebnisse aus dem Cache.

RESTORE TABLE

Mit RESTORE greifen Sie auf zuvor mit BACKUP gesicherte Tabellen zu, um beschädigte bzw. gelöschte Tabellen wiederherzustellen:

```
RESTORE TABLE Tabelle1 [, Tabelle2, ...] FROM 'Pfad'
```

Bestehende Tabellen werden allerdings nicht überschrieben. MySQL bricht die Operation in diesem Fall mit einer Fehlermeldung ab.

REVOKE

Der REVOKE-Befehl widerruft die mit GRANT zugewiesenen Rechte (Privilegien). Der Befehl hat folgende Syntax:

```
REVOKE Privileg [(Spaltenliste)] [,Privileg]
               [(Spaltenliste)] [,Privileg]
               [...]
```

```
ON {Tabelle | * | *.* | Datenbank.*}
FROM Benutzer1 [, Benutzer2, ...]
```

Als Privileg (Recht) können Sie im Prinzip beliebige Elemente aus Tabelle 2 einsetzen (siehe GRANT-Syntax).

SELECT

Der wichtigste SQL-Befehl ist mit seinen vielen Klauseln auch der komplizierteste. Die meisten werden Sie jedoch nur selten benötigen:

```
SELECT [STRAIGHT_JOIN]
       [SQL_SMALL_RESULT]
       [SQL_BIG_RESULT]
       [SQL_BUFFER_RESULT]
       [SQL_CACHE | SQL_NO_CACHE] [SQL_CALC_FOUND_ROWS]
       [HIGH_PRIORITY]
       [DISTINCT | DISTINCTROW | ALL]
       Spalte1 [AS Alias], Spalte2 [AS Alias], …
       [INTO {OUTFILE | DUMPFILE} 'Dateipfad'
             Optionen]
       [FROM Tabelle]
       [WHERE Bedingung]
       [GROUP BY {Spalte | Formel}
             [ASC | DESC], ...
       [HAVING Bedingung]
       [ORDER BY {unsigned_integer | Spalte | Formel}
             [ASC | DESC] ,...]
       [LIMIT [Offset,] Zeilen]
       [PROCEDURE Prozedur]
       [FOR UPDATE | LOCK IN SHARE MODE]]
```

Mit SELECT lassen sich Abfragen über mehrere Tabellen (Joins) definieren. Die Syntaxerweiterungen, die Sie in die Tabellenreferenz der FROM-Klausel einfügen, können alternativ folgende Form haben:

```
Tabelle1, Tabelle2, ...
Tabelle1 [CROSS] JOIN Tabelle2
Tabelle1 INNER JOIN Tabelle2 Join-Bedingung
Tabelle1 STRAIGHT_JOIN Tabelle2
Tabelle1 LEFT [OUTER] JOIN Tabelle2 Join-Bedingung
Tabelle1 LEFT [OUTER] JOIN Tabelle2
Tabelle1 NATURAL [LEFT [OUTER]] JOIN Tabelle2
Tabelle1 RIGHT [OUTER] JOIN Tabelle2 Join-Bedingung
Tabelle1 RIGHT [OUTER] JOIN Tabelle2
Tabelle1 NATURAL [RIGHT [OUTER]] JOIN Tabelle2
```

Eine Join-Bedingung kann sich wie folgt zusammensetzen:

```
ON Bedingung | USING (Spaltenliste)
```

SET

Mit SET konfigurieren Sie die Parameter (SQL-Variablen) der aktuellen Verbindung. Unter anderem bestimmen Sie damit den Autocommit-Modus, setzen ein Passwort oder aktivieren Log-Dateien. Der Befehl hat folgende Syntax:

```
SET [GLOBAL | SESSION] SQL-Variable = Ausdruck,
    [[GLOBAL | SESSION] SQL-Variable = Ausdruck,...]
```

Einstellungen, die Sie mit SET vornehmen, gelten zunächst nur bis zum Beenden der betreffenden Verbindung (SESSION). Mit GLOBAL können Sie aber auch globale Einstellungen vornehmen, die dann für alle nachfolgend hergestellten Verbindungen gelten. Tabelle B.3 zeigt, welche Einstellungen möglich sind:

Optionen	Beschreibung
AUTOCOMMIT	Bestimmt, ob jede Anweisung automatisch mit COMMIT abgeschlossen wird (= 1) oder ein COMMIT bzw. ROLLBACK erforderlich ist (= 0), um eine Transaktion abzuschließen
CHARACTER SET	Ändert den Zeichensatz (= Zeichensatz). Mit DEFAULT aktivieren Sie wieder den voreingestellten Standarddatensatz

Optionen	Beschreibung
INSERT_ID	Bestimmt den Auto-Increment-Wert für den nächsten INSERT-Befehl
LAST_INSERT_ID	Bestimmt den Wert für die Funktion LAST_INSERT_ID()
MAX_JOIN_SIZE	Verhindert die Ausführung von Abfragen, die vermutlich mehr als die angegebene Zahl von Joins erfordern
PASSWORD	Bestimmt ein Passwort für den aktuellen Anwender. Für die Übergabe ist das Passwort mit der PASSWORD-Funktion zu verschlüsseln
QUERY_CACHE_TYPE	Bestimmt, ob MySQL keinen Cache verwendet (= 0), alle Ergebnisse im Cache ablegt (= 1) oder den Cache nur auf Anforderung (DEMAND) verwendet (= 2)
SQL_AUTO_IS_NULL	Ermöglicht das Auffinden des letzten Datensatzes mit Auto-Increment-Spalte durch den Vergleich des Spaltenwertes mit dem Wert NULL. Die Option dient der ODBC-Kompatibilität
SQL_BIG_TABLES	Bestimmt, dass temporäre Tabellen in der Regel auf der Festplatte gespeichert werden (= 1) oder nicht (= 0). MySQL akzeptiert alternativ auch die Option BIG_TABLES
SQL_BUFFER_RESULT	Bestimmt, dass das Ergebnis einer SELECT-Abfrage als temporäre Tabelle gespeichert wird
SQL_LOG_OFF	Deaktiviert die Standard-Protokollierung (= 1) oder aktiviert diese wieder (= 0)
SQL_LOG_UPDATE	Aktiviert die Verwendung des Update-Logs (=1) bzw. deaktiviert dieses (=0)
SQL_LOW_PRIORYTY_UPDATES	Bestimmt, dass Schreibzugriffe warten müssen, bis alle SELECT-Anweisungen ausgeführt wurden (=1), oder deaktiviert diese Option (=0)
SQL_SAFE_UPDATES	Verhindert die Ausführung von UPDATE- und DELETE-Anweisungen, die keine WHERE-Klausel enthalten

Optionen	Beschreibung
SQL_SELECT_LIMIT	Bestimmt die Anzahl der maximal auszugebenden Datensätze (= Zahl)
TIMESTAMP	Bestimmt die Session-Zeit

Tabelle B.3: SET-Optionen

Die Zuweisung erfolgt üblicherweise als Wertzuweisung. Es ist aber auch möglich, Ausdrücke zu verwenden, die Funktionen oder Variablen enthalten.

SET TRANSACTION

Mit SET TRANSACTION bestimmen Sie den Umfang der Isolation der einzelnen Transaktionen voreinander. Die Anweisung gilt für alle Transaktionen der jeweiligen Verbindung bzw. die folgende Transaktion.

```
SET [GLOBAL | SESSION]
TRANSACTION ISOLATION LEVEL
{ READ UNCOMMITTED | READ COMMITTED |
  REPEATABLE READ | SERIALIZABLE }
```

Voreingestellt ist der Level REPEATABLE READ.

SHOW

Mit SHOW erhalten Sie eine Vielzahl von Informationen über den Zustand von Datenbanken und Tabellen. Entsprechend umfangreich ist auch das Angebot von Syntaxvarianten.

Datenbanken anzeigen:

```
SHOW DATABASES [LIKE Muster]
```

Tabellen anzeigen:

```
SHOW [OPEN] TABLES [FROM Datenbank] [LIKE Muster]
```

Spalten anzeigen:

```
SHOW [FULL] COLUMNS FROM Tabelle [FROM Datenbank]
      [LIKE Muster]
```

Indizes anzeigen:

```
SHOW INDEX FROM Tabelle [FROM Datenbank]
```

Tabellenstatus anzeigen:

```
SHOW TABLE STATUS [FROM Datenbank] [LIKE Muster]
```

Systemstatus anzeigen:

```
SHOW STATUS [LIKE Muster]
```

Wert von Variablen anzeigen:

```
SHOW VARIABLES [LIKE Muster]
```

Informationen über Log-Dateien anzeigen:

```
SHOW LOGS
```

Prozessliste anzeigen:

```
SHOW [FULL] PROCESSLIST
```

Rechte eines Benutzers anzeigen:

```
SHOW GRANTS FOR user
```

Die von MySQL unterstützten Rechte anzeigen:

```
SHOW PRIVILEGES
```

Code einer CREATE TABLE-Anweisung anzeigen:

```
SHOW CREATE TABLE table_name
```

Statusinformationen über das Bin Log des Masters ermitteln:

```
SHOW MASTER STATUS
```

Bin Logs des Masters ausgeben:

```
SHOW MASTER LOGS
```

Statusinformationen über das Bin Log des Slaves ermitteln:

```
SHOW SLAVE STATUS
```

Warnungen und Fehlermeldungen ausgeben:

```
SHOW WARNINGS | ERRORS
```

Status von gespeicherten Prozeduren und Funktionen anzeigen:

```
SHOW {PROCEDURE | FUNCTION} STATUS [LIKE 'Muster']
```

CREATE-Syntax von gespeicherten Prozeduren und Funktionen anzeigen:

```
SHOW CREATE {PROCEDURE | FUNCTION} Name
```

TRUNCATE TABLE

Löscht alle Datensätze einer Tabelle. Zu diesem Zweck wird die ganze Tabelle gelöscht und neu erstellt:

```
TRUNCATE TABLE Tabelle
```

Da TRUNCATE zunächst die ganze Tabelle löscht, gibt der Befehl im Gegensatz zu DELETE FROM nicht die Zahl der betroffenen (gelöschten) Datensätze zurück.

UNLOCK TABLES

Hebt alle durch einen Thread (Client) veranlassten Sperren wieder auf. Wie die Syntax zeigt, müssen die Tabellen nicht separat benannt werden:

```
UNLOCK TABLES
```

UPDATE

Mit UPDATE ändern Sie bestehende Datensätze. Die Bedingung der WHERE-Klausel bestimmt, welche Datensätze aktualisiert werden. Ohne diese Klausel ändert eine UPDATE-Anweisung alle Datensätze. Auch mit LIMIT lässt sich die Zahl der zu ändernden Datensätze begrenzen.

```
UPDATE [LOW_PRIORITY] [IGNORE] Tabelle
    SET Spalte1 = Ausdruck1
        [, Spalte2 = Ausdruck2, ...]
    [WHERE Bedingung]
    [ORDER BY ...]

    [LIMIT Zeilenzahl]
```

Die Klausel LOW_PRIORITY bestimmt, dass die UPDATE-Anweisung erst ausgeführt wird, wenn auf die Tabelle keine Lesezugriffe mehr erfolgen.

USE

Mit USE wählen Sie die aktuelle Datenbank. Auf diese Datenbank beziehen sich dann alle folgenden Befehle:

```
USE Datenbank
```

Um trotzdem auf Objekte in anderen Datenbanken zugreifen zu können, verwenden Sie qualifizierte Namen nach dem Muster *Datenbank.Tabelle*.

C MySQL-Funktionen

Die Einteilung der Funktionen folgt zunächst den Kategorien, die wir bereits bei den Datentypen vorgefunden haben. So lassen sich numerische bzw. mathematische/arithmetische Funktionen, String-Funktionen, logische und Datumsfunktionen unterscheiden. Diese Einteilung ist jedoch etwas sehr oberflächlich. Die folgende Übersicht unterscheidet daher noch trigonometrische und sonstige Funktionen.

Mathematische Funktionen

Mathematische bzw. *mathematische/arithmetische Funktionen* verarbeiten numerische Parameter und geben in der Regel numerische Werte zurück.

`ABS(Zahl)`

Ermittelt den Absolutwert einer Zahl.

`BIN(Dezimalwert)`

Konvertiert einen Dezimalwert in einen Binärwert.

`BIT_COUNT(Dezimalwert)`

Ermittelt für den Binärwert einer Dezimalzahl die Anzahl der auf 1 gesetzten Stellen.

`CEILING(Zahl)`

Ermittelt die kleinste Ganzzahl, die nicht kleiner ist als der Argumentwert.

`CONV(Zahl, Basis1, Basis2)`

Konvertiert einen Wert aus einem beliebigen Zahlensystem in ein anderes Zahlensystem. Die Basis der im ersten Argument genannten Zahl geben Sie im Argument `Basis1` an. Das Argument `Basis2` bezeichnet die Basis des Zielsystems.

`EXP(Exponent)`

Potenziert die natürliche Zahl e mit dem im Argument angegebenen Exponenten.

`FLOOR(Zahl)`

Ermittelt die größte Ganzzahl, die nicht größer ist als der Argumentwert. Praktisch erhalten Sie damit den ganzzahligen Anteil eines numerischen Wertes.

`FORMAT(Zahl, Dezimalstellen)`

Formatiert einen numerischen Wert durch die Bestimmung der Anzahl der Dezimalstellen.

`GREATEST(Zahl1, Zahl2, ...)`

Liefert den höchsten Wert aus einer Liste von numerischen Werten.

`HEX(Dezimalwert)`

Konvertiert einen Dezimalwert in einen hexadezimalen Wert.

`LEAST(Zahl1, Zahl2, ...)`

Liefert den niedrigsten Wert aus einer Liste von numerischen Werten. Für den höchsten Wert ist die Funktion GREATEST zuständig.

`LN(Zahl)`

Ermittelt den natürlichen Logarithmus eines Wertes.

`LOG(Zahl)`

Ermittelt den natürlichen Logarithmus eines Wertes; synonym zur Funktion LN.

`LOG2(Zahl)`

Ermittelt den Logarithmus zur Basis 2.

`LOG10(Zahl)`

Ermittelt den Logarithmus zur Basis 10.

`MOD(Zahl, Teiler)`

Ermittelt den Divisionsrest (*Modulo*).

`OCT(Dezimalwert)`

Konvertiert einen Dezimalwert in einen Oktalwert.

`POW(Zahl, Exponent)`

Potenziert einen Wert mit dem im zweiten Argument angegebenen Exponenten.

`POWER(Zahl, Exponent)`

Potenziert einen Wert mit dem im zweiten Argument angegebenen Exponenten, synonym zur Funktion POW.

`RAND([Zahl])`

Berechnet eine Zufallszahl zwischen 0 und 1.

`ROUND(Zahl [, Dezimalstellen])`

Rundet einen Wert auf die vorgegebene Anzahl von Dezimalstellen auf oder ab.

`SIGN(Zahl)`

Prüft, ob eine Zahl negativ ist, und gibt dann den Wert −1 zurück. Bei einer positiven Zahl liefert die Funktion den Wert 1 und bei der Zahl 0 den Wert 0.

`SQRT(Zahl)`

Ermittelt die Quadratwurzel eines numerischen Wertes.

`TRUNCATE(Zahl, Dezimalstellen)`

Schneidet Dezimalstellen ab. Das zweite Argument bestimmt, wie viele Dezimalstellen erhalten bleiben.

Trigonometrische Funktionen

Trigonometrische Funktionen dienen der Berechnung von Winkeln. Sie werden daher auch Dreiecks- bzw. Winkelfunktionen genannt. Die Argumentwerte sind in der Regel in Bogenmaß anzugeben. Ein Vollkreis (360°) entspricht dabei ungefähr 6,28 Bogenmaß. Den genauen Wert für einen Vollkreis erhalten Sie mit der Formel 2*pi. Die Zahl *pi* können Sie mit der gleichnamigen Funktion ermitteln.

ACOS(Bogenmaß)

Ermittelt den Arcuscosinus eines Winkels.

ASIN(Bogenmaß)

Ermittelt den Arcussinus eines Winkels.

ATAN(Bogenmaß)

Ermittelt den Arcustangens eines Winkels.

ATAN2(X, Y)

Ermittelt den Arcustangens eines Winkels.

COS(Bogenmaß)

Ermittelt den Cosinus eines Winkels.

COT(Bogenmaß)

Ermittelt den Cotangens eines Winkels.

DEGREES(Bogenmaß)

Konvertiert Bogenmaß in Grad.

PI()

Liefert den Wert pi.

RADIANS(Grad)

Konvertiert Grad in Bogenmaß.

SIN(Bogenmaß)

Ermittelt den Sinus eines Winkels.

TAN(Bogenmaß)

Ermittelt den Tangens eines Winkels.

String-Funktionen

Die *String-Funktionen* umfassen solche, die vorzugsweise Zeichenfolgen auswerten bzw. manipulieren. Die Abgrenzung ist nicht immer ganz eindeutig. Wenn Sie in der folgenden Auflistung eine bestimmte Funktion vermissen, finden Sie diese eventuell im Abschnitt »Sonstige Funktionen«.

`AES_DECRYPT(Zeichenfolge, Schlüssel)`

Entschlüsselt eine mit `AES_ENCRYPT` verschlüsselte Zeichenfolge.

`AES_ENCRYPT(Zeichenfolge, Schlüssel)`

Verschlüsselt eine Zeichenfolge. Der Schlüssel (das Passwort) besteht ebenfalls aus einer Zeichenfolge.

`ASCII(Zeichenfolge)`

Ermittelt den ASCII-Wert des ersten Zeichens einer Zeichenfolge.

`BIT_LENGTH(Zeichenfolge)`

Ermittelt die Länge einer Zeichenfolge in Bit.

`CHAR(Zahl1, Zahl2, …)`

Verwandelt eine Folge von ASCII-Codes in die entsprechende Zeichenfolge.

`CHAR_LENGTH(Zeichenfolge)`

Ermittelt die Länge einer Zeichenfolge (synonym zu `LENGTH`).

`CONCAT(Zeichenfolge1, Zeichenfolge2, ...)`

Verknüpft mehrere Zeichenfolgen zu einer Zeichenfolge.

`CONCAT_WS(Trennzeichen, Zeichenfolge1,`
`        Zeichenfolge2, ...)`

Verknüpft mehrere Zeichenfolgen zu einer Zeichenfolge und fügt Trennzeichen hinzu.

`DECODE(Zeichenfolge, Schlüssel)`

Entschlüsselt eine mit `ENCODE` verschlüsselte Zeichenfolge.

`ELT(n, Zeichenfolge1, Zeichenfolge2, ...)`

Liefert die erste Zeichenfolge, wenn n = 1 ist, die zweite, wenn n = 2 ist usw.

`ENCODE(Zeichenfolge, Schlüssel)`

Verschlüsselt eine Zeichenfolge.

`ENCRYPT(Zeichenfolge [, salt])`

Verschlüsselt eine Zeichenfolge mit Hilfe der UNIX-Funktion `crypt`.

`FIELD(Zeichenfolge, Zeichenfolge1,`
      `Zeichenfolge2, ...)`

Ermittelt die erste Position der ersten Zeichenfolge in einer Liste von Zeichenfolgen.

`FIND_IN_SET(Suchstring, Zeichenfolgeliste)`

Prüft, ob eine Zeichenfolge (Suchstring) in einer Liste von Zeichenfolgen enthalten ist. Die Zeichenfolgeliste wird insgesamt in Anführungszeichen eingeschlossen und intern per Kommata separiert (`'zf1, zf2, ...'`).

`INSERT(Zeichenfolge, Position, Länge, Ersatzfolge)`

Ersetzt einen Teil einer Zeichenfolge durch eine andere Zeichenfolge (Ersatzfolge). Die Argumente `Position` und `Länge` bestimmen den zu ersetzenden Ausschnitt.

`INSTR(Zeichenfolge, Teilstring)`

Ermittelt die erste Position eines Teilstrings in einer Zeichenfolge.

`LCASE(Zeichenfolge)`

Verwandelt die Zeichen einer Zeichenfolge in Großbuchstaben.

`LEFT(Zeichenfolge, Länge)`

Liefert links beginnend einen Teil einer Zeichenfolge bestimmter Länge.

`LENGTH(Zeichenfolge)`

Ermittelt die Länge einer Zeichenfolge (synonym zu `CHAR_LENGTH`).

`LTRIM(Zeichenfolge)`

Entfernt führende Leerzeichen aus einem String.

LOCATE(Teilstring, Zeichenfolge)

Ermittelt die erste Position einer Zeichenfolge (Teilstring) in einer anderen Zeichenfolge. Sie können alternativ auch die Funktionen INSTR und SUBSTRING verwenden.

LOAD_FILE(Pfad)

Öffnet eine Datei und gibt den Inhalt als Zeichenfolge zurück. Als Argument ist in der Regel der komplette Dateipfad anzugeben.

LOWER(Zeichenfolge)

Konvertiert eine Zeichenfolge in Kleinbuchstaben.

LPAD(Zeichenfolge, Länge, Füllzeichenfolgen)

Füllt eine Zeichenfolge am Anfang (links) bis zu einer bestimmten Gesamtlänge mit einer vorzugebenden Zeichenfolge auf.

MD5(Zeichenfolge)

Ermittelt für eine Zeichenfolge eine MD5-Prüfsumme.

MID(Zeichenfolge, Position, Länge)

Ermittelt einen Teilstring aus einem String (synonym zu SUBSTRING).

ORD(Zeichenfolge)

Ermittelt den Multibyte-Code für das erste Zeichen einer Zeichenfolge, soweit es sich um ein Multibyte-Zeichen handelt. Andernfalls wird der ASCII-Code zurückgegeben.

PASSWORD(Zeichenfolge)

Verschlüsselt eine Zeichenfolge als MySQL-Passwort.

POSITION(Zeichenfolge1 IN Zeichenfolge2)

Ermittelt die erste Position einer Zeichenfolge in einer anderen Zeichenfolge (vergleichbar mit LOCATE). Beachten Sie die Schreibweise des Arguments: Dieses wird mit dem Operator IN gebildet.

QUOTE(Zeichenfolge)

Setzt eine Zeichenfolge in einfache Anführungszeichen und fügt gegebenenfalls Escape-Zeichen ein, so dass die Zeichenfolge in SQL-Anweisungen verwendet werden kann.

REPEAT(Zeichenfolge, Anzahl)

Vervielfältigt eine Zeichenfolge. Das Argument Anzahl bestimmt, wie oft die Zeichenfolge wiederholt wird.

REPLACE(Zeichenfolge, Suchfolge, Ersatzfolge)

Ersetzt in einer Zeichenfolge alle Abschnitte einer bestimmten Zeichenfolge (Suchfolge) durch eine andere Zeichenfolge (Ersatzfolge).

REVERSE(Zeichenfolge)

Kehrt eine Zeichenfolge um.

RIGHT(Zeichenfolge, Länge)

Ermittelt rechts beginnend einen Teil aus einer Zeichenfolge mit der im zweiten Argument angegebenen Länge.

RPAD(Zeichenfolge, Länge, Füllzeichenfolge)

Füllt eine Zeichenfolge bis zu einer bestimmten Gesamtlänge mit Füllzeichen auf.

SHA(Zeichenfolge)

Berechnet eine Prüfsumme.

SOUNDEX(Zeichenfolge)

Erzeugt eine SOUNDEX-Zeichenfolge, die für ähnlich klingende Zeichenfolgen identisch ist.

SPACE(Anzahl)

Erzeugt eine vorzugebende Anzahl von Leerzeichen.

STRCMP(Zeichenfolge1, Zeichenfolge2)

Vergleicht zwei Zeichenfolgen und gibt 0 zurück, wenn beide identisch sind. Die Funktion liefert den Wert 1, wenn der erste, und 2, wenn der zweite vor dem jeweils anderen sortiert wird.

SUBSTRING(Zeichenfolge, Position [,Länge])

Ermittelt einen Teilstring aus einem String (synonym zu MID). Wenn Sie auf das Argument Länge verzichten, wird ab der Position die restliche Zeichenfolge zurückgegeben.

SUBSTRING_INDEX(Zeichenfolge, Begrenzer, Anzahl)

Liefert ausgehend vom Begrenzungszeichen einen Teil der Zeichenfolge. Das Argument Anzahl bestimmt dabei, welcher Begrenzer als Ausgangspunkt gelten soll. Ist das Argument Anzahl positiv, wird der linke Teil zurückgegeben, andernfalls liefert die Funktion den rechten Teil.

TRIM(Zeichenfolge)

Entfernt führende und folgende Leerzeichen aus einem String. Für die Entfernung von Leerzeichen stehen auch noch die Funktionen LTRIM (nur führende) und RTRIM (nur folgende Leerzeichen) zur Verfügung.

UCASE(Zeichenfolge)

Verwandelt alle Buchstaben einer Zeichenfolge in Großbuchstaben.

UPPER(Zeichenfolge)

Synonym für UCASE.

Datums-/Zeitfunktionen

Die *Datums- und Zeitfunktionen* erwarten in der Regel einen Datums- bzw. Zeitwert oder auch einen kombinierten Datums-/Zeitwert als Argument.

ADDDATE(Datum INTERVAL Anzahl Typ)

Ermittelt das Datum, das sich aus Addition eines Zeitintervalls zu einem Datumswert ergibt.

CURDATE()

Ermittelt das aktuelle Datum (Systemdatum des Rechners).

`CURTIME()`

Ermittelt die aktuelle Zeit (Systemzeit).

`CURRENT_DATE()`

Ermittelt das aktuelle Datum (Systemdatum des Rechners).

`CURRENT_TIME()`

Ermittelt die aktuelle Zeit (Systemzeit des Rechners).

`CURRENT_TIMESTAMP()`

Liefert das aktuelle Datum und die aktuelle Zeit. Synonym für die Funktion `NOW`.

`CURDATE()`

Ermittelt das aktuelle Datum (synonym zu `CURRENT_DATE`).

`CURTIME()`

Ermittelt die aktuelle Zeit (synonym zu `CURRENT_TIME`).

`DATE_ADD(Datum, INTERVAL Anzahl Typ)`

Ermittelt das Datum, das sich aus Addition eines Zeitintervalls zu einem Datumswert ergibt (synonym zu `ADDDATE`).

`DATE_SUB(Datum, INTERVAL Anzahl Typ)`

Ermittelt das Datum, das sich aus Subtraktion eines Zeitintervalls von einem Datumswert ergibt.

`DATE_FORMAT(Datum, Format)`

Formatiert ein Datum für die Ausgabe. Für das Format sind verschiedene Formatcodes definiert, deren Zusammensetzung über die Darstellung des Datums entscheidet.

`DAYNAME(Datumsausdruck)`

Ermittelt aus einem Datumswert den Namen des Wochentags.

`DAYOFMONTH(Datumsausdruck)`

Ermittelt aus einem Datumswert den Monatstag als numerischen Wert.

EXTRACT(Typ FROM Datum)

Liefert einen bestimmten Datumsteil (Jahr, Monat, Tag) aus einem Datumswert.

FROM_DAYS(Tage)

Berechnet das Datum, das sich aus einer Anzahl von Tagen seit dem Datum 0000.00.00 ergibt.

FROM_UNIXTIME(Sekunden)

Liefert einen Datums-/Zeitwert durch Addition der im Argument angegebenen Sekunden auf den Datums-/Zeitwert »1970-01-01 01:00:00«.

HOUR(Zeitausdruck)

Liefert die Stunden eines Zeit- bzw. Zeit-/Datumswertes.

MINUTE(Zeitausdruck)

Liefert die Minuten eines Zeit- bzw. Zeit-/Datumswertes.

MONTH(Datumsausdruck)

Ermittelt aus einem Datumswert den Monat als Zahl.

MONTHNAME(Datumsausdruck)

Ermittelt den Monatsnamen aus einem Datumswert.

NOW()

Liefert das aktuelle Datum und die aktuelle Zeit (Systemdatum und Systemzeit des betreffenden Rechners).

PERIOD_ADD(Datumswert, Monate)

Errechnet ein neues Datum durch Addition eines Monatsintervalls, wobei der Datumswert im Format JJMM bzw. JJJJMM anzugeben ist.

PERIOD_DIFF(Datumswert1, Datumswert2)

Errechnet die Differenz aus zwei Datumswerten in Monaten, wobei die Datumswerte im Format JJMM bzw. JJJJMM anzugeben sind.

`QUARTER(Datumsausdruck)`

Ermittelt das Quartal als numerischen Wert.

`SECOND(Zeitausdruck)`

Liefert die Sekunden eines Zeit- bzw. Zeit-/Datumswertes.

`SEC_TO_TIME(Sekunden)`

Verwandelt einen Sekundenwert in ein Zeitformat mit Stunden, Minuten und Sekunden.

`SUBDATE(Datum, INTERVAL Anzahl Typ)`

Synonym für DATE_SUB.

`SYSDATE()`

Liefert das aktuelle Datum und die aktuelle Zeit (Synonym für NOW).

`TIMESTAMPDIFF(Intervall, Datum_Zeit1, Datum_Zeit2)`

Ermittelt die Differenz zwischen zwei Datums-/Zeit-Ausdrükken. Das Intervall für die Differenz geben Sie im ersten Argument an (DAY, MONTH).

`TIME_TO_SEC(Zeitausdruck)`

Rechnet einen Zeitausdruck in die Zahl der Sekunden um.

`TO_DAYS(Datumsausdruck)`

Ermittelt für ein Datum die Anzahl der Tage seit dem Jahre 0.

`UNIX_TIMESTAMP(Datumsausdruck)`

Ermittelt für einen Datums-/Zeitwert die Zahl der Sekunden seit dem 1970-01-01 01:00:00.

`WEEK(Datum, Wochenbeginn)`

Ermittelt die Woche eines Jahres als numerischen Wert (1 – 53). Das Argument Wochenbeginn bestimmt, ob die Woche mit einem Sonntag (0) oder Montag (1) beginnen soll.

`WEEKDAY(Datumsausdruck)`

Ermittelt den Wochentag als numerischen Wert.

`YEAR(Datumsausdruck)`

Ermittelt das Jahr eines Datums.

`YEARWEEK(Datum, Wochenbeginn)`

Liefert für einen Datumswert Jahr und Woche als Ziffernfolge (200432 = 32. Woche des Jahres 2004). Das Argument `Wochenbeginn` bestimmt, ob die Woche mit einem Sonntag (0) oder Montag (1) beginnen soll.

Sonstige Funktionen

Die Rubrik »Sonstige« enthält unter anderem Funktionen für die Administration des MySQL-Servers sowie Funktionen, mit denen sich Verzweigungen realisieren lassen.

`BENCHMARK(Anzahl, Ausdruck)`

Wertet einen Ausdruck mehrfach aus und ermittelt die dafür erforderliche Zeit.

`CAST(Ausdruck AS Typ)`

Konvertiert einen Ausdruck in einen bestimmten Datentyp. Als Typ können Sie Bezeichnungen wie `BINARY`, `DATE`, `DATETIME`, `SIGNED`, `TIME` und `UNSIGNED` verwenden. Der Ausdruck muss sich im Sinne dieser Typen interpretieren lassen.

`COALESCE(Ausdruck1, Ausdruck2, ...)`

Ermittelt die Position des ersten Ausdrucks aus einer Liste von Ausdrücken, der nicht `NULL` ist.

`CONNACTION_ID()`

Ermittelt die ID der aktuellen Verbindung.

`CONVERT(Ausdruck AS Typ)`

Konvertiert einen Ausdruck in einen bestimmten Datentyp; Synonym für die Funktion `CAST`.

CASE

Vergleicht einen Wert mit mehreren Ausdrücken und liefert bei Übereinstimmung einen zum jeweiligen Ausdruck gehörenden Rückgabewert.

DATABASE()

Ermittelt den Namen der aktuellen Datenbank.

DEFAULT(Spaltenname)

Ermittelt den Default-Wert einer Spalte. Die Funktion verwenden Sie beispielsweise in SELECT-Abfragen.

EXPORT_SET(Bit, On, Off [, Trennzeichen]
          [, AnzahlBits])

Liefert eine Zeichenfolge, die nach einem Bitmuster aus On- und Off-Werten gebildet wird. Für die Trennung der Ausgabewerte lässt sich ein Trennzeichen vorgeben.

FOUND_ROWS()

Ermittelt die Zahl der von der letzten SELECT-Abfrage gelieferten Datensätze, wenn diese mit SQL_CALC_FOUND_ROWS ausgeführt wurde.

GET_LOCK(Bezeichnung, Timeout)

Versucht eine Sperrung zu erzeugen. Im Argument Bezeichnung können Sie einen Namen für die Sperre vergeben. Mit Timeout bestimmen Sie ein Zeitintervall (Sekunden), innerhalb dessen MySQL versucht, die Sperre einzurichten.

IF(Bedingung, Wert1, Wert2)

Liefert in Abhängigkeit vom Wahrheitswert einer Bedingung einen von zwei Werten.

IFNULL(Wert1, Wert2)

Liefert Wert1, wenn dieser nicht NULL ist. Andernfalls wird der zweite Wert zurückgegeben.

INTERVAL(Wert, Element1, Element2, ...)

Ermittelt die Position eines Wertes in einer Liste von geordneten Werten. Der Wert muss nicht in der Liste enthalten sein.

Ist er kleiner als das erste Element, liefert die Funktion den Wert 0, liegt er zwischen dem ersten und dem zweiten Element, wird 1 zurückgegeben usw.

`IS_FREE_LOCK(Bezeichnung)`

Prüft, ob eine benannte Sperre momentan frei für die Benutzung ist. In diesem Fall liefert die Funktion den Wert 1. Wird die Sperre bereits benutzt, gibt die Funktion 0 zurück.

`ISNULL(Ausdruck)`

Prüft, ob ein Ausdruck den Wert NULL liefert, und gibt dann 1 zurück. Andernfalls liefert ISNULL den Wert 0.

`LAST_INSERT_ID()`

Ermittelt den letzten (höchsten) Wert einer Auto-Increment-Spalte.

`MAKE_SET(bits, Zeichenfolge1, Zeichenfolge2, ...)`

Erzeugt ein MySQL-Set.

`NULLIF(Ausdruck1, Ausdruck2)`

Liefert NULL, wenn zwei Werte identisch sind, andernfalls wird der erste Wert zurückgegeben.

`RELEASE_LOCK(Bezeichnung)`

Hebt die mit GET_LOCK angeforderten Sperren wieder auf.

`SYSTEM_USER()`

Ermittelt den Namen des aktuellen Benutzers.

`USER()`

Synonym für SYSTEM_USER.

`VERSION()`

Ermittelt die Versionsnummer der verwendeten MySQL-Version.

Escape-Sequenzen

Sie benötigen Escape-Sequenzen, um bestimmte Zeichen, beispielsweise den Backslash »\«, in Spalten zu speichern bzw. in
Bedingungen zu verwenden.

Sequenz	Zeichen/Wert
\0	ASCII 0
\'	Hochkomma
\"	Anführungszeichen
\b	Backspace
\n	Zeilenvorschub
\r	Wagenrücklauf
\t	Tabulator
\z	Dateiendezeichen
\\	Backslash
\%	Prozentzeichen
_	Unterstrich

Tabelle C.1: Escape-Sequenzen in MySQL

D Beispieltabellen

Die nachfolgend präsentierten Tabellen sind mit Blick auf die Tauglichkeit für die Beispiele des Buches entworfen worden. Sie sind daher nicht vollständig normalisiert.

Die Skripte finden Sie auch auf der beiliegenden CD. Diese enthalten neben den Tabellendefinitionen auch INSERT-Anweisungen, mit denen Daten eingefügt werden. Wenn Sie die Skripte ausführen, erhalten Sie die Tabellen, die wir für die komplexeren Beispiele des dritten und vierten Teils des vorliegenden Buches verwendet haben.

Tabelle Kunden

Bei der *Kunden*-Tabelle haben wir uns auf eine Minimalausstattung beschränkt. In der Regel werden Sie schon für die Bezeichnung der *Firma* zwei oder gar drei Felder vorsehen.

Spaltenname	Typ	Bemerkung
KundenNr	INTEGER	Auto-Increment-Spalte, Primärschlüssel
Firma	VARCHAR(100)	nicht eindeutiger Index
Strasse	VARCHAR(100)	
Postfach	VARCHAR(20)	
PLZ	VARCHAR(5)	
Ort	VARCHAR(100)	nicht eindeutiger Index
Telefon	VARCHAR(50)	
Fax	VARCHAR(50)	
eMail	VARCHAR(50)	

Spaltenname	Typ	Bemerkung
WebAdresse	VARCHAR(200)	Auch wenn die meisten Webadressen recht kurz sind, kann etwas Luft nicht schaden
Kundentyp	ENUM	Firma, Institut, Behörde, Privatkunde
Kundensegment	SET	Kunde, Lieferant, Interessent
Bemerkung	TEXT	Memofeld für Texte bis zu 64 KB
Datum	DATETIME	Datum der Erfassung des Datensatzes. Das Datum wird beim Erzeugen des Datensatzes als DEFAULT-Wert gesetzt
Erzeugt_von	VARCHAR(16)	
Geaendert	DATETIME	Datum der letzten Änderung
Geaendert_von	VARCHAR(16)	Speichert den Namen des Benutzers, der den Datensatz zuletzt geändert hat
Geloescht	DATETIME	Datum der Löschung. Wenn dieser Wert gesetzt ist, soll der Datensatz als gelöscht gelten
Geloescht_von	VARCHAR(16)	Speichert den Namen des Benutzers, der den Datensatz gelöscht hat

Tabelle D.1: Struktur der verwendeten *Kunden*-Tabelle

Neben der Primärschlüsselspalte sollten Indizes für die Spalten *Firma*, *Ort* und eventuell *Datum* definiert werden.

Das Skript

Nachfolgend finden Sie das Skript für die Erzeugung der *Kunden*-Tabelle. Es ist in dieser Form auch auf der beiliegenden CD gespeichert.

```
CREATE TABLE Kunden (

    KundenNr INTEGER AUTO_INCREMENT PRIMARY KEY,
    Firma VARCHAR(100),
    Strasse VARCHAR(100),
    Postfach VARCHAR(20),
    PLZ CHAR(5),
    Ort VARCHAR(100),
    Telefon VARCHAR(50),
    Fax VARCHAR(50),
    eMail VARCHAR(50),
    WebAdresse VARCHAR(100),
    Kundentyp ENUM('Firma','Institut',
                   'Behörde','Privatperson'),
    Kundensegment SET('Kunde', 'Lieferant',
                      'Interessent'),
    Bemerkung TEXT,
    Datum DATETIME,
    Erzeugt_von VARCHAR(16),
    Geaendert DATETIME,
    Geaendert_von VARCHAR(16),
    Geloescht DATETIME,
    Geloescht_von VARCHAR(16),
    INDEX Firma(Firma),
    INDEX Ort(Ort)
) ENGINE=MYISAM;
```

Als Tabellentyp haben wir *MyISAM* gewählt, weil die *Kunden*-Tabelle nicht unbedingt Transaktionen unterstützen muss. Zusätzlich enthält das Skript Index-Definitionen für die Spalten *Firma* und *Ort*.

Tabelle Rechnungen

Die *Rechnungen*-Tabelle ist ebenfalls auf die wesentlichen Attribute beschränkt, weil wir sie hauptsächlich für die Darstellung von Joins benötigten. Das wichtigste Feld ist daher die

Kundennummer (*KdNr*), die hier als Fremdschlüssel für die Verknüpfung mit der *Kunden*-Tabelle dient.

Spaltenname	Typ	Bemerkung
RechnungsNr	INTEGER	Primärschlüssel, AutoIncrement
KdNr	INTEGER	Fremdschlüssel für Anbindung an Kundentabelle
Datum	DATE	Rechnungsdatum. Als DEFAULT-Wert wird das Tagesdatum verwendet.
Betrag	DECIMAL(10,2)	Rechnungsbetrag (netto)
Zahlungsweg	SET	Bar, Überweisung, Kreditkarte; dem Kunden können mehrere Zahlungswege gleichzeitig angeboten werden
Zahlungsziel	TINYINT	Angabe in Tagen. Als DEFAULT-Wert sind 14 Tage voreingestellt

Tabelle D.2:   Struktur der Tabelle *Rechnungen*

Felder wie der Rechnungsbetrag sollten sich auch aus den Rechnungspositionen (siehe Tabelle *Positionen*) ermitteln lassen. Dieses Feld ist daher redundant.

Das Feld *Datum* (Rechnungsdatum), das relativ häufig in Abfragen vorkommen dürfte, sollte einen Index erhalten. Dieser kann natürlich nicht eindeutig sein.

Das Skript

Die Tabelle *Rechnungen* nutzt nicht die FOREIGN KEY-Option von MySQL 4.x und kommt daher mit dem Tabellentyp *MYISAM* aus:

```
CREATE TABLE Rechnungen (
    RechnungsNr INTEGER AUTO_INCREMENT PRIMARY KEY,
    KdNr INTEGER NOT NULL,
```

```
Datum DATE,
INDEX Rechnungsdatum (Datum),
Betrag DECIMAL(10,2),
Zahlungsweg SET('Bar', 'Überweisung',
               'Kreditkarte'),
Zahlungsziel TINYINT DEFAULT 14
) ENGINE=MYISAM;
```

Wie üblich finden Sie das vorstehende Skript auch wieder auf der beiliegenden CD.

Tabelle Positionen

In der Tabelle *Positionen* werden die Rechnungspositionen aufgelistet. Die Tabelle muss folglich über einen Fremdschlüssel für die Verknüpfung mit der *Rechnungen*-Tabelle verfügen.

Spaltenname	Typ	Bemerkung
PosNr	INTEGER	Auto-Increment, Primärschlüssel
RechnungsNr	INTEGER	Fremdschlüssel für Verknüpfung mit *Rechnungen*-Tabelle
ArtikelNr	INTEGER	Verweis auf *Artikel*-Tabelle
Bezeichnung	VARCHAR(255)	Bezeichnung des Artikels bzw. der Dienstleistung. Diese Spalte enthält die gleichen Daten wie die gleichnamige Spalte der Tabelle *Artikel* und ist daher redundant
Preis	DECIMAL(10,2)	Einzelpreis netto
MwStSatz	TINYINT	Mehrwertsteuersatz (0, 7, 16), der DEFAULT-Wert ist 16
Menge	DOUBLE	
Einheit	CHAR(10)	Enthält die Einheit aus der gleichnamigen Spalte der *Artikel*-Tabelle

Tabelle D.3: Struktur der Tabelle *Positionen*

Die Tabelle *Positionen* enthält ein Feld für die Artikelnummer. Damit soll jedoch kein richtiger Fremdschlüssel für die Verknüpfung mit der *Artikel*-Tabelle erzeugt werden. Zwar wird hier in der Regel die Artikelnummer dieser Tabelle stehen, die Tabelle *Positionen* muss aber auch Dienstleistungen aufnehmen können, die sich nicht schon im Voraus genau definieren und daher auch nicht als Artikel erfassen lassen.

Keine Verknüpfung mit Artikel-Tabelle

Eine Verknüpfung zwischen den Tabellen *Positionen* und *Artikel* ist auch deshalb nicht vorgesehen, weil die Tabelle *Positionen* eine Art Protokoll darstellt. Hier wird festgehalten, welche Artikel (und Dienstleistungen) ein Kunde in der Vergangenheit erhalten hat. Eine Änderung der hier einmal erfassten Daten darf nicht mehr erfolgen bzw. nur zur unmittelbaren Korrektur von Fehleingaben. Deshalb enthält die Tabelle auch Spalten, die schon in der *Artikel*-Tabelle enthalten sind (*Einzelpreis, MwStSatz, Einheit*). Die Daten der Tabelle *Artikel* können sich jedoch häufig ändern, etwa durch Preisänderungen für Artikel oder eine Heraufsetzung der Mehrwertsteuer. Solche Änderungen dürfen keine Auswirkungen auf die bereits früher erfassten Positionen haben.

Das Skript

Die Datentypen können eventuell von den Datentypen der gleichen Felder in der *Artikel*-Tabelle abweichen. Das gilt beispielsweise für das Feld *Einheit*. In der *Artikel*-Tabelle verwenden wir hierfür eine Aufzählung (SET). Die Tabelle *Positionen* speichert die Einheit jedoch als festen Wert (CHAR).

```
CREATE TABLE Positionen (
    PosNr INTEGER PRIMARY KEY AUTO_INCREMENT,
    Bezeichnung CHAR(255),
    RechnungsNr INTEGER,
    ArtikelNr INTEGER,
```

```
Menge DECIMAL(10,3),
Preis DECIMAL(10,2),
MwStSatz TINYINT DEFAULT 16,
INDEX Artikel_ind(ArtikelNr)
) ENGINE=MYISAM;
```

Beachten Sie, dass für Spalten wie beispielsweise *MwStSatz* der Typ ENUM nicht geeignet ist, auch wenn grundsätzlich nur wenige Wertausprägungen möglich sind. Diese können sich jedoch ändern.

Tabelle Kontakte

Die *Kontakte*-Tabelle ist über die Kundennummer mit der *Kunden*-Tabelle verknüpft. Sie speichert Kontakte, etwa Telefonate, Briefe, Faxe etc. Jedem Kunden können beliebig viele Kontakte zugeordnet sein.

Name	Typ	Bemerkung
ID	INTEGER	AutoIncrement, Primärschlüssel
KdNr	INTEGER	Fremdschlüssel für die Verknüpfung mit der Kundentabelle
Datum	DATE	Datum des Kontakts
Thema	VARCHAR(255)	Beschreibung des Kontakts
Typ	ENUM	Brief, Fax, E-Mail, Telefonat
Inhalt	TEXT	Eine Art Memo-Feld für eine längere Beschreibung des Kontakts
Status	ENUM	Status des Kontakts (offen, erledigt)
Prio	ENUM	Priorität; diese kann mit Ziffern wie 1, 2, 3 etc. bestimmt werden
Wiedervorlage	BIT	Ja/Nein-Spalte

Tabelle D.4: Struktur der Tabelle *Kontakte*

Anstelle von Nachschlagetabellen verwendet die *Kontakte*-Tabelle im größeren Umfang ENUM-Spalten. Diese Wahl ist gelegentlich nicht unproblematisch. Nur wenn wenige Auswahlmöglichkeiten bestehen und diese sich im Zeitablauf praktisch nicht ändern, sollten Sie ENUM- bzw. SET-Spalten anstelle von Nachschlagetabellen verwenden.

Das Skript

Über die Spalte *KdNr* ist die Tabelle *Kontakte* mit der Tabelle *Kunden* verknüpft. Es ist daher sinnvoll, für diese Spalte einen Index zu verwenden. Da in einer *Kontakte*-Tabelle häufig das Datum benötigt wird, sollten Sie auch dafür einen Index vorsehen:

```
CREATE TABLE Kontakte (
    ID INTEGER AUTO_INCREMENT PRIMARY KEY,
    KdNr INTEGER NOT NULL,
    Datum DATE,
    Thema VARCHAR(255),
    Typ ENUM('Brief','Fax','Memo',
            'eMail', 'Telefonat'),
    Inhalt TEXT,
    Status ENUM('offen', 'erledigt'),
    Prio ENUM('1','2','3','4','5'),
    Wiedervorlage CHAR(3),
    INDEX IndKdNr (KdNr),
    INDEX IndDatum (Datum)
) ENGINE=MYISAM;
```

Beachten Sie die *Prio*-Spalte. Hier werden eigentlich numerische Werte verwendet, diese sind aber trotzdem in Anführungszeichen zu setzen. Das Skript finden Sie auch wieder auf der beiliegenden CD.

Tabelle Artikel

Auch die folgende *Artikel*-Tabelle ist nicht vollständig normalisiert. Sie dient, wie schon die weiter oben gezeigten Beispieltabellen, überwiegend als Basis für SQL-Beispiele.

Name	Typ	Bemerkung
ArtikelNr	INTEGER	AutoIncrement-Spalte, Primärschlüssel
Bezeichnung	VARCHAR(255)	
Artikelgruppe	VARCHAR(255)	oder ENUM
Preis	DECIMAL(10,2)	Einzelpreis (netto)
UstSatz	TINYINT	0, 7, 16
Einheit	ENUM	l (Liter), kg, g, St (Stück)
Menge	DECIMAL(10,2)	Aktueller Lagerbestand
Lagerort	VARCHAR(100)	
Beschreibung	TEXT	Beschreibung des Artikels
Datum	DATE	Datum der Aufnahme des Artikels
Abbildung	MEDIUMBLOB	Speichert Abbildungen
Geaendert	DATE	Datum der letzten Änderung
GeaendertVon	VARCHAR(20)	Speichert den Namen des Benutzers, der den Datensatz zuletzt geändert hat

Tabelle D.5: Struktur der Tabelle *Artikel*

Die *Artikel*-Tabelle dient unter anderem auch dazu, die Verwendung von BLOB-Daten zu demonstrieren. Sie enthält folglich eine Spalte für die Speicherung von Abbildungen.

Das Skript

Die *Artikel*-Tabelle ist nicht mit anderen Tabellen verknüpft.
Sie verfügt daher auch nicht über eine Fremdschlüsselspalte.

```
CREATE TABLE Artikel (
    ArtikelNr INTEGER AUTO_INCREMENT PRIMARY KEY,
    Bezeichnung VARCHAR(255) NOT NULL,
    Artikelgruppe VARCHAR(255),
    Preis DECIMAL(10,2),
    UstSatz TINYINT,
    Einheit ENUM('l', 'g', 'kg', 'st'),
    Menge DECIMAL(10,2),
    Lagerort VARCHAR(255),
    Lieferfrist TINYINT,
    Beschreibung TEXT,
    Datum DATE,
    Geandert DATE,
    GeaendertVon VARCHAR(20),
    Abbildung MEDIUMBLOB,
    FULLTEXT (Beschreibung)
) ENGINE=MYISAM;
```

Für die Spalte *Beschreibung* ist ein FULLTEXT-Index vorgesehen.
Das Skript finden Sie in dieser Form auch auf der beiliegenden CD.

E Die CD-ROM zum Buch

Um Ihnen den Einstieg in MySQL zu erleichtern, haben wir die wichtigsten Anwendungen und Skripte auf die beiliegende CD gepackt. Die Struktur der CD besteht aus den folgenden Ordnern:

/mysql

/php

/java

/skripte

/guis

Das Verzeichnis */mysql* enthält verschiedene MySQL-Versionen. Alle etwas längeren SQL-Skripte des Buches haben wir im Verzeichnis */skripte* zusammengefasst, und die im letzten Abschnitt vorgestellten GUIs sind im gleichnamigen Verzeichnis untergebracht. Die Ordner */php* und */java* enthalten die längeren Beispiele aus dem Programmierteil. Im Wurzelverzeichnis finden Sie zudem eine *Readme*-Datei (*readme.html*), die Sie mit einem Doppelklick im Browser öffnen können. Diese Datei enthält gegebenenfalls Hinweise, die wir nicht mehr im Buch unterbringen konnten.

MySQL-Versionen

Wir haben die zum Zeitpunkt der Drucklegung aktuellen Binärversionen auf die CD gepackt (Verzeichnis */mysql*). Informationen zur Installation finden Sie in Kapitel 1.

Da die MySQL-Entwicklung jedoch ständig weitergeht, würden wir Ihnen grundsätzlich empfehlen, die aktuellen Versionen aus dem Netz zu laden. Die Versionen auf der CD sollten nur dann zum Einsatz kommen, wenn Sie momentan keinen Zugriff auf das Internet haben.

SQL-Skripte

Um Ihnen das umständliche Abtippen von SQL-Skripten zu ersparen, haben wir die etwas längeren Skripte auch auf der CD gespeichert. Die betreffenden Skripte sind zudem im Buch mit dem CD-Zeichen markiert.

Sie können die Dateien normalerweise per Doppelklick im Windows-Editor öffnen. Natürlich ist es sinnvoller, einen ordentlichen Programm-Editor oder den *MySQL Query Browser* zu verwenden.

Zusatzanwendungen

Die CD enthält zudem Zusatzanwendungen (GUIs), von denen wir die wichtigsten in Kapitel 28 vorgestellt haben. Auch für diese Anwendungen gilt, dass Sie zunächst im Internet nachsehen sollten, ob Sie dort nicht aktuellere Versionen finden.

F   Glossar

Abfrage
Grundsätzlich jede Datenbankoperation, die mit Hilfe von SQL ausgeführt wird. Auch das Hinzufügen, Ändern und Löschen von Daten wird in der Regel als Abfrage bezeichnet (Änderungsabfrage, Löschabfrage etc.). Im engeren Sinne sind Abfragen jedoch nur Operationen, die Daten auslesen und zurückgeben. Es handelt sich dann um Auswahl- oder SELECT-Abfragen.

ACID
Atomicity, Consistency, Isolation und Durability. Zusammenfassung der Anforderungen, denen Transaktionen genügen sollten.

Aggregatfunktion
Funktionen für die Zusammenfassung von Spaltenwerten, beispielsweise die Summierung bzw. die Ermittlung von Min- und Maxwerten.

Apache
Der am häufigsten benutzte Webserver. Apache ist Open-Source-Software und wird wie MySQL unter der GPL vertrieben. Die typische datenbankgestützte Webanwendung besteht aus den Programmen Apache, PHP und MySQL.

API
Application Programming Interface (Programmierschnittstelle). Datenbanksysteme wie MySQL verfügen in der Regel über eine bzw. mehrere Programmierschnittstellen. Diese ermöglichen die Programmierung von Datenbankanwendungen.

Attribut
Element einer Relation (einer Tabelle), auch Eigenschaft, Spalte oder Feld genannt.

Ausdruck
Eine Kombination aus Operanden und Operatoren, die für einen bestimmten Wert und in der Regel auch einen bestimmten Datentyp steht.

Binärdaten
Daten, die sich nicht als Folge beliebiger ASCII-Zeichen interpretieren lassen. MySQL kann Binärdaten in der Regel auch nicht verarbeiten, sondern lediglich speichern und in eine Datei ausgeben.

BLOB
Binary Large Objects. Ein Datentyp für die Speicherung von Binärdaten.

Client
Programm oder Rechner, das/der Dienste von einem anderen Programm bzw. Rechner (dem Server) anfordert.

Constraints
Einschränkungen. Dabei handelt es sich um SQL-Klauseln, die die Konsistenz der Daten sichern sollen und zu diesem Zweck die Zulässigkeit von Eingaben regeln.

Data Dictionary
Systemtabellen, die Informationen über die Struktur einer Datenbank (Tabellen, Spalten, Indizes etc.) enthalten.

Datenbank
Grundsätzlich jede geordnete Datensammlung. Im engeren Sinn ist mit Datenbank eine strukturierte Sammlung von thematisch zusammengehörenden Daten gemeint. Häufig werden auch die Programme zur Verwaltung und Pflege der Daten als Datenbank bezeichnet.

Datenmodell
Die Struktur der Tabellen, die zusammen eine Datenbank bilden, und die Regeln für die Verknüpfung dieser Tabellen.

Datensatz

Ein Datensatz, auch Zeile genannt, beschreibt ein Objekt, beispielsweise einen Kunden oder einen Artikel. Jeder Datensatz besteht zu diesem Zweck aus einer Reihe von Spalten, die einzelne Eigenschaften (Attribute) des betreffenden Objekts bezeichnen.

DBMS

Database Management System. Ein DBMS besteht üblicherweise aus dem eigentlichen Datenbank-Server (in der Regel ein SQL-Server) sowie verschiedenen Administrations-Tools. Wegen der eingeschränkten und nicht sehr komfortablen Administrations-Tools kann MySQL nur bedingt als vollständiges DBMS bezeichnet werden.

DCL

Data Control Language. Die Zusammenfassung der SQL-Sprachelemente, die für Transaktionen zuständig sind.

DDL

Data Definition Language. Die Zusammenfassung der SQL-Befehle, die für die Erzeugung und Änderung von Datenstrukturen (Tabellen, Spalten etc.) zuständig sind.

Deadlock

Die gegenseitige Blockade von zwei Prozessen beim Zugriff auf die gleichen Datenbankobjekte. Jeder Prozess wartet darauf, dass der jeweils andere ein benötigtes Objekt (beispielsweise eine Tabelle) freigibt.

DML

Data Manipulation Language. Die Zusammenfassung der SQL-Befehle, die für die Datenbearbeitung und Auswertung zuständig sind. Dazu gehören vor allem die Befehle INSERT, UPDATE, DELETE und SELECT sowie die zugehörigen Klauseln.

Embedded SQL

In Programmiersprachen eingebettete SQL-Anweisungen.

ER-Modell
Entity Relationship Model. Ein mathematisches Modell zur
Beschreibung von relationalen Datenbanken.

Fremdschlüssel
Spalten, die der Herstellung von Beziehungen zu anderen Ta-
bellen dienen. So bildet die Kundennummer in der Kundenta-
belle den Primärschlüssel. In der Rechnungstabelle wird die
Kundennummer Fremdschlüssel genannt. Sie dient hier der
Zuordnung der Rechnungen zum jeweiligen Kunden.

GPL
General Public License. Das Lizenzmodell, das vielen Programmen aus der so genannten Open-Source-Szene zugrunde
liegt. Inzwischen existieren verschiedene Varianten dieses
Modells.

Gruppierung
Die Zusammenfassung von Datensätzen nach bestimmten
Merkmalen. So können beispielsweise alle Kunden eines bestimmten Ortes eine Gruppe bilden. Für Gruppierungen lassen sich gemeinsame Werte bzw. Eigenschaften ermitteln, etwa
die Summe der Umsätze aller Kunden eines Ortes (einer Gruppe).

Index
Eine Hilfsdatei für den schnellen Zugriff auf Datensätze. Vereinfacht besteht ein Index aus einer sortierten Spalte und einem Verweis auf den zugehörigen Datensatz in der eigentlichen Tabelle. Wie andere SQL-Server verwendet MySQL jedoch eine recht komplexe Binär-Baumstruktur, die eine
schnelle Aktualisierung der Index-Datei ermöglicht.

Integrität
Die Zuverlässigkeit und Fehlerfreiheit der Daten in einer Datenbank. Die Integrität wird durch Regeln sichergestellt, denen die Operationen auf die Datenbank genügen müssen.

Intranet
Internes Netzwerk, das Techniken des Internets wie TCP/IP und http verwendet.

Java
Objektorientierte Programmiersprache, die besonders häufig für Internet-Anwendungen eingesetzt wird. Java-Anwendungen können über JDBC bzw. JDBC/ODBC auf MySQL-Datenbanken zugreifen.

JDBC
Java Database Connectivity. Eine Datenbankschnittstelle für die Programmiersprache Java, die von vielen Datenbanksystemen unterstützt wird. Auch für MySQL steht ein JDBC-Treiber zur Verfügung.

Join
Eine Beziehung zwischen zwei Tabellen, bei der Datensätze aus der einen Tabelle über gemeinsame Spalten Datensätze in der anderen Tabelle referenzieren.

Katalog
Siehe Data Dictionary.

Konsistenz
Ein Datenbestand wird konsistent genannt, wenn die Daten sich in einem widerspruchsfreien Zustand befinden. Die Sicherstellung der Konsistenz soll durch Normalisierung der Datenstruktur und Mechanismen wie die referenzielle Integrität gewährleistet werden.

LINUX
Open-Source-Betriebssystem, das schon sehr häufig auf Servern, etwa im Internet, eingesetzt wird. Zunehmen kommt LINUX aber auch auf Desktop-Rechnern zum Einsatz. MySQL ist auch in einer LINUX-Version verfügbar.

Localhost
Bezeichnung für den eigenen (lokalen) Rechner. Läuft auf diesem Rechner ein Webserver, können Sie in der Regel über die Bezeichnung *Localhost* auf das Basisverzeichnis des Webservers zugreifen.

Metadaten/Metainformationen
Daten, die Daten bzw. deren Struktur beschreiben (Daten bzw. Informationen über Daten).

Mutationen
Änderungen an einem Datenbestand. Treten bei der Änderung Fehler auf, spricht man von Mutationsanomalien.

Normalisierung
Ein mathematisch begründetes Schema zur Formulierung redundanzarmer Datenstrukturen.

NULL
Steht für eine noch nicht erfolgte Wertzuweisung. Wenn der Spalte eines Datensatzes noch kein Wert zugewiesen wurde, hat diese in der Regel den »Wert« NULL.

ODBC
Open Database Connectivity. Eine von Microsoft entwickelte Programmierschnittstelle für den Zugriff auf Datenquellen. Nahezu alle Datenbanksysteme unterstützen ODBC inzwischen, so dass es als Standard bezeichnet werden kann.

Persistenz
Dauerhaftigkeit. Die Daten einer Datenbank werden in der Regel persistent, also dauerhaft auf der Festplatte gespeichert.

PHP
Skriptsprache für die Programmierung von Webanwendungen. PHP verfügt über Funktionen, mit denen auf MySQL-Datenbanken zugegriffen werden kann.

Port
Kommunikationskanäle, denen in TCP-Netzen bestimmte Dienste zugeordnet sind. Der Port 80 steht beispielsweise für HTTP-Server (Webserver).

Primärschlüssel
Eine Spalte oder Spaltenkombination, die einen Datensatz eindeutig identifiziert. In der Regel wird unter allen Schlüsseln ein erster (wichtigster) Schlüssel ausgezeichnet und als Primärschlüssel bezeichnet.

Python
Skriptsprache, für die ebenfalls eine MySQL-API existiert. Python wird unter anderem für Webanwendungen eingesetzt.

Query
Andere Bezeichnung für Abfrage.

Redundanz
Die mehrfache Beschreibung desselben Objekts (beispielsweise desselben Kunden) in einer Datenbank. Redundanz erzeugt die Gefahr von so genannten Mutationsanomalien. Dasselbe Objekt wird dann möglicherweise mit unterschiedlichen Eigenschaften gespeichert. Die Datenbank ist folglich nicht mehr konsistent (widerspruchsfrei).

Referenzielle Integrität
Die Sicherstellung, dass notwendige Referenzen auf Datensätze in anderen Tabellen auch aufgelöst werden können. Das bedeutet, dass die referenzierten Datensätze (beispielsweise Rechnungen -> Kunden) auch existieren müssen.

Relation
Mathematischer Begriff, der in etwa mit einer Tabelle gleichgesetzt werden kann. Der Begriff Relation steht nicht für die Beziehung zwischen Tabellen. Diese wird als Relationship bezeichnet.

Rollback
Die Rücknahme von Datenbankoperationen im Rahmen einer Transaktion. Damit wird der Zustand der Datenbank wiederhergestellt, wie er vor Beginn der Transaktion bestand.

Schlüssel
Eine Spalte oder Kombination von Spalten, die einen Datensatz eindeutig identifiziert. In der Regel werden künstliche Schlüssel wie beispielsweise Kunden- oder Artikelnummer als Schlüssel verwendet.

Schlüsselkandidat
Eine Spalte oder Kombination von Spalten, die in der Regel nur eindeutige Werte enthalten kann.

Spalte
Siehe Attribut.

SQL
Structured Query Language. Die klassische und inzwischen weitgehend standardisierte Abfragesprache für Datenbanksysteme.

Stored Functions
In der Datenbank gespeicherte benutzerdefinierte Funktionen, die mit ihrem Namen und gegebenenfalls einer Liste von Parametern aufgerufen werden. Im Gegensatz zu Stored Procedures liefern Stored Functions einen Rückgabewert.

Stored Procedures
In der Datenbank gespeicherte Prozeduren, die mit ihrem Namen aufgerufen werden und die nahezu beliebige SQL-Anweisungen enthalten können. MySQL unterstützt Stored Procedures (und Stored Functions) ab Version 5.

Subselect
Eine Unterabfrage. Die Unterabfrage liefert in der Regel Kriterien für die WHERE-Klausel der übergeordneten Abfrage. MySQL unterstützt Subselects seit der Version 4.1.

Tabelle
In relationalen Datenbanken bilden Datensätze (Tupel, Zeilen) die Grundstruktur der Datenhaltung. Alle Datensätze, die ähnliche Objekte beschreiben, werden in einer Tabelle (Relation) zusammengefasst.

TCP/IP
Das Transportprotokoll in heterogenen Netzwerken wie beispielsweise dem Internet. Auch MySQL kommuniziert per TCP.

Threads
Eine eingeschränkte Variante der Prozesse. Dabei werden separate Ausführungsbereiche für die pseudo-parallele Ausführung von Programmanweisungen verwendet. MySQL kann Anfragen auf mehrere Threads verteilen und damit weitgehend unabhängig voneinander ausführen.

Transaktion
Eine Menge von zusammengehörenden Datenbankoperationen. Die zu einer Transaktion zusammengefassten Operationen dürfen nur gemeinsam oder gar nicht ausgeführt werden. Können Teiloperationen einer Transaktion nicht ausgeführt werden, sind die bereits durchgeführten Teiloperationen zurückzunehmen (-> Rollback).

Trigger
Trigger sind Befehlssequenzen, die beim Eintreten bestimmter Ereignisse, etwa beim Einfügen oder Löschen von Datensätzen, ausgelöst werden.

UDF
User Defined Function (benutzerdefinierte Funktion). MySQL lässt sich durch in C bzw. C++ programmierte Funktionen erweitern.

Unterabfrage
Siehe Subselect.

Verteilte Systeme

Anwendungen, deren Teile, etwa Client, Anwendungslogik und Datenbank, auf verschiedenen Rechnern und auch auf verschiedenen Plattformen laufen können.

Views

Virtuelle Tabellen, auch Ansichten genannt. Diese werden mit Hilfe von SELECT-Anweisungen erzeugt. Sie können wie normale Tabellen verwendet werden, beispielsweise in Joins.

Webserver

Anwendungen, die auf Anforderung von Browsern HTML-Dokumente an diese liefern. Der bekannteste und am häufigsten verwendete Webserver ist der Apache-Server. Webserver werden nach dem von ihnen verwendeten Protokoll auch als http-Server bezeichnet.

XML

Extended Markup Language. Ein Datenaustauschformat, das ursprünglich nur das wenig leistungsfähige HTML ersetzen sollte. Inzwischen wird XML aber auch als Speicherformat für unstrukturierte, semi-strukturierte und strukturierte Daten verwendet. Der wesentliche Unterschied zu HTML besteht darin, dass XML Daten und Darstellung trennt. In Konkurrenz zum relationalen Modell eignet es sich daher auch als Speicherformat für Datenbanken.

Zeile

Synonym für Record bzw. Datensatz.

Index